Teoria da ação comunicativa
Volume 2

FUNDAÇÃO EDITORA DA UNESP

Presidente do Conselho Curador
Mário Sérgio Vasconcelos

Diretor-Presidente / Publisher
Jézio Hernani Bomfim Gutierre

Superintendente Administrativo e Financeiro
William de Souza Agostinho

Conselho Editorial Acadêmico
Divino José da Silva
Luís Antônio Francisco de Souza
Marcelo dos Santos Pereira
Patricia Porchat Pereira da Silva Knudsen
Paulo Celso Moura
Ricardo D'Elia Matheus
Sandra Aparecida Ferreira
Tatiana Noronha de Souza
Trajano Sardenberg
Valéria dos Santos Guimarães

Editores-Adjuntos
Anderson Nobara
Leandro Rodrigues

JÜRGEN HABERMAS

Teoria da ação comunicativa
Volume 2

Para a crítica da razão funcionalista

Tradução e apresentação

Luiz Repa

© 1981 Suhrkamp Verlag Frankfurt am Main
Todos os direitos reservados e controlados pela Suhrkamp Verlag Berlin

© 2022 Editora Unesp

Título original: *Theorie des kommunikativen Handelns:*
Bd. 2. Zur Kritik der funktionalistischen Vernunft

Direitos de publicação reservados à:
Fundação Editora da Unesp (FEU)
Praça da Sé, 108
01001-900 – São Paulo – SP
Tel.: (0xx11) 3242-7171
Fax: (0xx11) 3242-7172
www.editoraunesp.com.br
www.livrariaunesp.com.br
atendimento.editora@unesp.br

Dados Internacionais de Catalogação na Publicação (CIP) de acordo com ISBD
Elaborado por Odilio Hilario Moreira Junior – CRB-8/9949

H114t

Habermas, Jürgen
    Teoria da ação comunicativa – Volume 2: Para a crítica da razão funcionalista / Jürgen Habermas; tradução e apresentação por Luiz Repa. – São Paulo: Editora Unesp, 2022.

    Inclui bibliografia.
    ISBN: 978-65-5711-117-8

    1. Antropologia. 2. Sociologia. 3. Teoria da ação comunicativa. I. Repa, Luiz. II. Título.

2022-494   CDD 301
                                                                              CDU 572

Editora afiliada:

Asociación de Editoriales Universitarias de América Latina y el Caribe

Associação Brasileira de Editoras Universitárias

Sumário

Apresentação à edição brasileira. A colonização sistêmica do mundo da vida: Uma introdução à teoria habermasiana do capitalismo tardio . 11
Luiz Repa

V A mudança de paradigma em Mead e Durkheim: da atividade voltada a fins para a ação comunicativa

Observação preliminar . 25

1 Sobre a fundamentação das ciências sociais nos termos da teoria da comunicação . 27
   (1) O questionamento da teoria da comunicação de Mead . 31
   (2) A passagem da linguagem gestual sub-humana para a interação simbolicamente mediada: a adoção de atitude . 39
   (3) Excurso: aprimoramento da teoria do significado de Mead com o auxílio do conceito wittgensteiniano de seguir uma regra . 45
   (4) A passagem da interação simbolicamente mediada para a interação guiada por normas . 55
   (5) A estrutura complementária de mundo social e mundo subjetivo . 62
      (a) Proposição e percepção de coisas . 62
      (b) Norma e ação de papéis . 67
      (c) Identidade e natureza carencial . 79

2 A autoridade do sagrado e o pano de fundo
normativo da ação comunicativa . 83
- (1) Durkheim sobre as raízes sagradas da moral . 89
- (2) Debilidades da teoria durkheimiana . 99
- (3) Excurso sobre as três raízes da ação comunicativa . 110
    - (a) O componente proposicional . 113
    - (b) O componente expressivo . 116
    - (c) O componente ilocucionário . 117
    - (d) Formas reflexivas da ação orientada
ao entendimento e autorrelação refletida . 124

3 A estrutura racional da linguistificação do sagrado . 131
- (1) O desenvolvimento do direito e mudança
de forma da integração social . 132
    - (a) Os fundamentos não contratuais do contrato . 133
    - (b) Da solidariedade mecânica à solidariedade orgânica . 139
- (2) A lógica dessa mudança de forma, explicada pelo caso-limite
fictício de uma sociedade totalmente integrada . 145
- (3) A fundamentação de uma ética do discurso por Mead . 152
- (4) Excurso sobre identidade e individualização.
Identificação numérica, genérica e qualitativa de uma pessoa
(Henrich, Tugendhat) . 159
- (5) Duas reservas contra a teoria da sociedade de Mead . 173

VI Segunda consideração intermediária: sistema e mundo da vida

Observação preliminar sobre integração social
e integração sistêmica com referência à teoria
durkheimiana da divisão do trabalho . 183

1 O conceito de mundo da vida e o idealismo hermenêutico
da sociologia compreensiva . 191
- (1) O mundo da vida como horizonte e pano de fundo
da ação comunicativa . 192

(2) O conceito da fenomenologia social sobre o mundo
da vida à luz da teoria da comunicação . *201*
(3) Do conceito pragmático-formal ao conceito sociológico
de mundo da vida, passando pelo conceito narrativo . *213*
(4) Funções da ação comunicativa para a reprodução do mundo
da vida: dimensões da racionalização do mundo da vida . *220*
(5) Limites da sociologia compreensiva que identifica mundo
da vida com sociedade . *230*

2 Desacoplamento de sistema e mundo da vida . *235*
(1) Sociedades tribais como mundos da vida socioculturais . *239*
(2) Sociedades tribais como sistemas autocontrolados . *246*
(3) Quatro mecanismos de diferenciação sistêmica . *252*
(4) A ancoragem institucional dos mecanismos de integração
sistêmica no mundo da vida . *262*
(5) Racionalização *versus* tecnificação do mundo da vida.
A desoneração do *medium* da linguagem corrente por *media*
de comunicação deslinguistificados . *272*
(6) O desacoplamento de sistema e mundo da vida e uma
reformulação da tese da reificação . *280*
(a) O conceito de forma de entendimento . *284*
(b) Sistemática das formas de entendimento . *288*

VII Talcott Parsons: problemas de construção da teoria social

Reflexão preliminar sobre a posição de Parsons
na história da teoria . *301*

1 Da teoria normativista da ação à teoria da sociedade
como sistema . *309*
(1) O projeto de teoria da ação de 1937 . *311*
(a) Um conceito voluntarista de ação . *311*
(b) Um conceito normativista de ordem . *314*
(c) O dilema utilitarista . *317*
(d) O problema hobbesiano . *320*

(e) Interação social. O problema da coordenação da ação sob condições da dupla contingência: primeira decisão de estratégia teórica . *326*

(2) A teoria da ação no começo do período intermediário . *329*

    (a) O vínculo de motivações e orientações axiológicas . *331*

    (b) Como cultura, sociedade e personalidade determinam as orientações da ação . *334*

    (c) A introdução das *pattern variables*: segunda decisão de estratégia teórica . *340*

(3) Precisão do conceito de sistema e renúncia ao primado da teoria da ação: terceira decisão de estratégia teórica . *346*

2 O desdobramento da teoria dos sistemas . *361*

(1) O desenvolvimento da teoria desde os *Working Papers* . *367*

    (a) Nivelamento da diferença entre integração social e funcional . *370*

    (b) O esquema das quatro funções e o processo de formação sistêmica . *374*

    (c) Adaptação das *pattern variables* ao esquema das quatro funções . *377*

    (d) Reinterpretação dos valores culturais como valores-alvo cibernéticos . *381*

    (e) Determinismo cultural . *384*

(2) A filosofia antropológica tardia e a fragilidade do compromisso entre a teoria dos sistemas e a teoria da ação . *386*

(3) A teoria dos *media* de controle . *395*

    (a) Interações controladas por *media* como desoneração da ação comunicativa: a tecnificação do mundo da vida . *403*

    b) Características estruturais, propriedades qualitativas e efeito do *medium* dinheiro em formar sistema . *406*

    (c) Dificuldades em transpor o conceito de *media* para as relações de poder . *412*

    d) O problema da supergeneralização: influência e compromisso axiológico *versus* dinheiro e poder . *419*

      (e) A fundamentação parsoniana dos *media* em termos de teoria da ação. Formas generalizadas de comunicação *versus media* de controle . *424*

  3 Teoria da modernidade . *433*
    (1) Desdiferenciação de racionalização do mundo da vida e aumento da complexidade sistêmica . *436*
    (2) Excurso sobre uma tentativa de rekantianizar Parsons . *452*

VIII Consideração final: De Parsons a Marx via Weber

Observação preliminar . *461*

1 Retrospectiva sobre a teoria weberiana da modernidade . *463*
  (1) A tese de Weber sobre a burocratização reformulada em termos de sistema e mundo da vida . *467*
  (2) Reconstrução da explicação weberiana do surgimento do capitalismo . *476*
  (3) Colonização do mundo da vida: retomada do diagnóstico de época weberiano . *484*
    (a) Relações de intercâmbio entre sistema e mundo da vida em sociedades modernas . *485*
    (b) Estilos unilateralizados de conduta de vida e ressecamento burocrático da esfera pública política . *490*
    (c) Marx *versus* Weber: dinâmica de desenvolvimento *versus* lógica de desenvolvimento . *494*
    (d) Teses sumarizantes . *498*

2 Marx e a tese da colonização interna . *503*
  (1) Abstração real ou coisificação dos contextos de ação socialmente integradores . *506*
    (a) As realizações da teoria do valor . *508*
    (b) Algumas debilidades da teoria do valor . *512*
  (2) O modelo das relações de intercâmbio entre sistema e mundo da vida . *518*

- (a) Intervencionismo estatal, democracia de massas e Estado de bem-estar social . *518*
- (b) O compromisso do Estado de bem-estar social . *524*
- (c) A decomposição das ideologias e a consciência cotidiana fragmentada . *529*

(3) Tendências de juridificação . *534*

Quatro ondas de juridificação . *537*

- (a) O Estado burguês . *537*
- (b) O Estado de direito burguês . *539*
- (c) O Estado democrático de direito . *541*
- (d) O Estado social e democrático de direito . *542*

3 Tarefas de uma teoria crítica da sociedade . *559*

(1) O espectro temático da primeira teoria crítica . *565*

(2) Os pontos de contato para a teoria da ação comunicativa . *572*

- (a) Sobre as formas de integração das sociedades pós-liberais . *573*
- (b) Socialização familial e desenvolvimento do Eu . *577*
- (c) Mídias de massa e cultura de massa . *581*
- (d) Novos potenciais de protesto . *585*

(3) Teoria da racionalidade e contexto social. Rechaço de pretensões fundamentalistas . *592*

Referências bibliográficas . *603*

Índice onomástico . *649*

Apresentação à edição brasileira

A colonização sistêmica do mundo da vida: Uma introdução à teoria habermasiana do capitalismo tardio

Luiz Repa*

Em grande medida, a *Teoria da ação comunicativa* incorpora os resultados de longas e intrincadas investigações que Habermas empreendeu por mais de vinte anos sobre a natureza das crises estruturais nas sociedades do capitalismo tardio. Seu interesse se volta sobretudo à compreensão crítica daquelas formas de sociedade que emergem no final do século XIX, no Ocidente, com o controle mais presente do Estado sobre a economia de mercado, com compensações sociais para os trabalhadores, com o emprego sistemático de técnica e ciência na configuração da vida socioeconômica e com um padrão de legitimação nos moldes da democracia de massas.

Nesse aspecto, o segundo volume, sob o subtítulo de *Para a crítica da razão funcionalista*, tem o maior relevo, já que é sobretudo aqui que se ergue a tese nuclear da compreensão habermasiana do capitalismo tardio: a tese da colonização sistêmica do mundo da vida. De acordo com essa tese, os sistemas dinheiro e poder, uma vez desacoplados do horizonte simbólico e normativo da sociedade, do mundo da vida, interligam-se entre si e invadem os âmbitos centrais da reprodução social, cultural e psicológica dos indivíduos socializados, ao preço de inúmeras formas de patologia social, fenômenos de crise, de resistência, desencadeando também inúmeros tipos de protesto.

---

* Professor associado do Departamento de Filosofia da Universidade de São Paulo.

Se o primeiro volume, *Racionalidade da ação e racionalização social*, centrava-se na tese da modernização seletiva, buscando explicar como a modernidade cultural desdobra um conceito complexo de racionalidade comunicativa que é aproveitado de modo unilateral na racionalização social, gerando a predominância da racionalidade cognitivo-instrumental, o segundo volume absorve essa tese de acordo com o conceito de sociedade em dois níveis, sistema e mundo da vida. Desse modo, a seletividade da modernização é uma espécie de efeito da colonização sistêmica, da imposição dos imperativos do dinheiro e do poder sobre a práxis comunicativa cotidiana.

A tese da colonização envolve uma série de passos efetuados metodicamente por Habermas. De modo geral, reconstruindo a história da teoria da sociedade com apoio em Mead, Durkheim e Parsons, ele procura erguer um conceito de sociedade como sistema e como mundo da vida que em Marx ainda mantinha uma unidade interna. "Pode-se compreender a história da teoria desde Marx como uma *desamalgamação de dois paradigmas* que não puderam mais ser integrados em um conceito de sociedade em dois níveis, associando sistema e mundo da vida." A ambição de Habermas consiste, portanto, em recuperar o que se perdera com a teoria marxiana do valor, a ideia de sociedade como sistema e mundo da vida, porém em uma perspectiva alterada, não como dois lados de um mesmo processo, mas como antagonismo de dois âmbitos de relações vitais, cada qual contando com lógicas e estruturas distintas.

Nessa perspectiva, diferentemente do que ocorreria em Marx, as realizações sistêmicas (a valorização do capital) não se traduziram imediatamente na experiência cotidiana do proletariado (exploração, pauperização, luta), como momentos de um mesmo processo, traduzíveis um pelo outro. Em vez disso, o sistema colonizaria internamente o mundo da vida, extraindo recursos para sua manutenção e aumento de complexidade, provocando reações e patologias sociais. Tudo se passa, portanto, como se a sociedade moderna se cindisse nela mesma a uma certa altura do seu desenvolvimento. Como escreve Habermas, para a teoria da sociedade "o próprio objeto se altera no curso da evolução social".

A tese da colonização supõe primeiramente o desacoplamento de sistema e mundo. Até as sociedades tradicionais, pré-modernas, os processos sistêmicos de reprodução material estariam incrustados nos âmbitos de reprodução simbólica do mundo da vida, em seu quadro institucional, em suas imagens de mundo. No curso da racionalização, como Habermas já sustentava no primeiro volume ao reconstruir a teoria weberiana, esses âmbitos simbólicos e normativos teriam se diferenciando, oferecendo as condições de possibilidade de um sistema de ação econômico interligado por um *medium* de comunicação abstrato, o dinheiro, e em seguida, assimilado ao dinheiro, o sistema de ação político-administrativo, interligado pelo *medium* poder. A "ironia da modernidade" consistiria justamente nisso: a racionalização teria permitido o desacoplamento de tal modo que os sistemas dinheiro e poder puderam colonizar a práxis comunicativa cotidiana como de fora, induzindo uma adaptação da linguagem natural à racionalidade instrumental – "como senhores coloniais em uma sociedade tribal".

A formação de sistemas especializados na reprodução material é, de acordo com Habermas, uma característica incontornável de sociedades funcional e estruturalmente diferenciadas como as modernas. Os mundos da vida alcançam a modernidade por meio de uma diferenciação de funções e estruturas, umas voltadas à reprodução material, outras voltadas à reprodução simbólica. Nesse contexto, as ciências, as normas jurídicas e morais, as artes e a crítica de arte ganham autonomias próprias e não há mais imagens de mundo totalizantes capazes de reunir, como a religião, todo o saber em um único feixe de significação, o que tem consequências duradouras para a educação e para a socialização. Porém, "o capitalismo tardio faz uso do desacoplamento relativo de sistema e mundo da vida ao seu modo", expandindo-se para além do que seria funcionalmente necessário para a reprodução material da sociedade.

Com isso, surge um espectro amplo e variado de patologias sociais, desde a perda de sentido na reprodução cultural até a anomia social na reprodução da solidariedade, passando por psicopatologias nas estruturas da personalidade, para citar aquelas que mais chamam a atenção de Habermas. A ideia mais geral dessa nova teoria da reificação consiste em que dois processos de colonização, a monetarização e a burocratização, afetam a estrutura simbólica do mundo da vida, afetam um certo uso da linguagem sem o qual a cultura, a solidariedade e a personalidade não podem se reproduzir e se desenvolver, ou seja, o uso da linguagem voltado ao entendimento recíproco.

Na medida em que a interação social se organiza segundo esse uso, destaca-se para Habermas um tipo de ação social fundamental denominado de ação comunicativa. A ação comunicativa pode ser descrita então como um tipo de interação social em que a coordenação da ação entre os participantes depende de tudo aquilo que é exigido na situação de fala para alcançar o entendimento recíproco.

O que intriga Habermas é a capacidade da linguagem de reproduzir e criar vínculos sociais, de integrar socialmente, para além das próprias intenções dos falantes e dos ouvintes. As ações comunicativas cotidianas — desde um gesto, um aceno, um cumprimento, até discussões mais vivas, desde acordos tácitos até deliberações e negociações — sustentam-se sempre em determinados pressupostos de que os falantes não podem dispor a bel-prazer e em um saber de fundo sem o qual a interpretação da situação não é possível.

Para proferir algo tão simples como "a bola é vermelha", é preciso supor um acervo cultural que os falantes não podem atualizar na fala; não só um acervo cultural, mas um acervo de intuições normativas, um acervo de aprendizados coletivos e individuais. O mundo da vida é justamente esse saber de fundo, uma totalidade que não se deixa decompor a não ser na medida em que ela se desloca a cada vez. A cor "vermelho" só é compreensível por meio de um sistema de cores cujos usos são aprendidos desde a infância. Esses usos supõem um sistema de regras semânticas, mas também um sistema de regras normativas, e igualmente um desenvolvimento do indivíduo à medida que é socializado. Nada pode ser significativo sem o contexto de remissões que o mundo da vida constitui enquanto saber ligado ao contexto e saber de fundo.

Na ação comunicativa, o mundo da vida não só se reproduz como também se modifica. Ele meramente se reproduz quando a ação comunicativa segue uma espontaneidade quase intacta; ele se modifica quando a ação comunicativa precisa lidar com conflitos e precisa alcançar soluções para os conflitos que não seja a violência e a ameaça. Em suma, há uma relação complementar entre mundo da vida e ação comunicativa. O mundo da vida sustenta o significado dos atos de fala, os atos de fala reproduzem e transformam o mundo da vida.

Essa relação complementar é analisada por Habermas segundo três dimensões de racionalidade: os atos de fala cotidianos apresentam a forma de enunciados sobre o mundo e operações no mundo, dotados então de uma dimensão cognitivo-instrumental. Mas todos os atos de fala também possuem uma dimensão prático-moral, supõe direta ou indiretamente um contexto normativo em que se inserem. O conteúdo de um proferimento pode variar muito de sentido dependendo do contexto normativo. Além disso, todos os atos de fala possuem uma dimensão estético-expressiva pelo fato de manifestar, direta ou indiretamente, as vivências dos mundos subjetivos de cada um segundo padrões valorativos esteticamente constituídos.

A capacidade de transformação da ação comunicativa, seu potencial de emancipação, se deve às estruturas de racionalidade da fala, às estruturas pragmáticas do ato de fala. Como Habermas estabelece já no primeiro volume, o uso da linguagem voltado ao entendimento recíproco não é uma mera opção dada aos participantes das interações sociais. Todo proferimento somente pode se realizar como um ato de fala, como uma manifestação linguística que produz efeitos sociais imediatos. Pois todo ato de fala – essa é a tese de Habermas – ergue simultaneamente três pretensões de validade que reclamam do ouvinte uma determinada posição. O ato de fala ergue uma pretensão de verdade a respeito do conteúdo descrito na proposição, por exemplo, que é verdade que a bola seja vermelha. O ato de fala ergue uma pretensão de correção normativa a respeito do contexto normativo, que orienta a compreensão do significado de dizer, aqui e agora, que a bola seja vermelha. E por fim o ato de fala ergue a pretensão de veracidade do falante, já que o mundo subjetivo de cada um é um aspecto sempre presente no proferimento, ainda que ele seja aparentemente tão simples quanto "a bola é vermelha". Por isso, um ato de fala pode ser questionado e problematizado pelo ouvinte devido a aspectos que o falante não pretendia tematizar diretamente.

Como a posição em relação ao ato de fala depende da liberdade e da igualdade, mutuamente pressuposta pelos participantes, em discutir as razões que apoiam ou não as pretensões de validade problematizadas, a racionalidade comunicativa se revela imanente a todos os processos dependentes da linguagem. Ela se faz valer em todos os processos estruturais de reprodução do mundo vida, seja na tradição cultural, seja na individualização por meio da socialização, seja na formação de normas e solidariedades.

Em correspondência com isso, torna-se compreensível o que significam, por outro lado, as patologias desencadeadas pela colonização sistêmica. Elas remontam às distorções na infraestrutura linguística das interações simbólicas cotidianas. Essas distorções, por sua vez, precisam ser compreendidas no sentido mais geral de uma usurpação da racionalidade cognitivo-instrumental efetuada sobre duas outras dimensões da racionalidade: a prático-moral e a estético-expressiva. E isso não apenas no sentido de que a monetarização e a burocratização forçam a linguagem cotidiana a tomar a forma de códigos empobrecidos, o código dinheiro e o código poder, mas também no sentido de que o padrão cognitivo-instrumental se consolida como meio mais adequado para a solução de conflitos cotidianos. Ou seja, as dimensões prático-moral e estético-expressiva ou são anuladas ou encurtadas segundo padrões cognitivos instrumentais.

Cabe perguntar então por que os sistemas dinheiro e poder invadem e colonizam o mundo da vida no contexto do capitalismo tardio. Essa questão se encontra no fundo de toda a crítica de Habermas a Marx e à teoria crítica anterior. De modo geral, Habermas afirma que a teoria marxiana do valor não daria conta do intervencionismo estatal, da democracia de massas e dos programas de política social, e com isso não estaria apta a perceber as novas formas de reificação e alienação que se manifestam ao longo do século XX, assim como não teria potencial explicativo para entender as novas formas de resistência e manifestação de crise política.

De um lado, Habermas parte da ideia fundamental de Marx segundo a qual o capitalismo tem uma dinâmica de crescimento que provoca crise de valorização e conflitos sociais. De outro lado, ele investiga as possibilidades de intervenção estatal na economia para garantir o crescimento capitalista sem afetar as condições privadas da valorização e da acumulação. Dessa maneira, as tendências de crise econômicas passam a receber uma elaboração administrativa, mas sem afetar o primado econômico na reprodução material da sociedade. Com isso, surge apenas novas tendências de crise: aquelas provocadas pela burocratização, que se somam às causadas pela monetarização. O tratamento burocrático dos conflitos de classe gera, por seu turno, conflitos que não são específicos de classes, concernindo ao mundo da vida por inteiro: crises ecológicas, educacionais, culturais, em suma, patologias que não são suscitadas apenas pela penúria exterior, mas também por penúria interior.

Habermas considera que o capitalismo tardio vive o dilema estrutural de fazer conviver o sistema político e o sistêmico econômico, causando tendências de crise permanentes. A economia capitalista produz crises e apresenta lacunas. Ela exige, assim, um tratamento administrativo externo, mas não a ponto de alterar o seu caráter capitalista. O Estado não pode intervir a ponto de dirigir o processo econômico, mesmo que a economia precise constantemente da intervenção do Estado. O Estado só pode intervir de forma indireta, nas condições gerais das decisões de investimento e nas condições infraestruturais. Além disso, o intervencionismo estatal é mais reativo do que ativo na relação com a economia, mais reage a crises do que as evita previamente.

Por sua vez, a democracia de massas desempenha um papel central na medida em que aponta para as possibilidades intrínsecas à democratização e, ao mesmo tempo, forma a premissa institucional para explicar as crises de legitimação, típicas das sociedades contemporâneas. É nesse ponto que transparece de maneira mais nítida a contradição entre os dois princípios de integração, entre o sistema e o mundo da vida.

> Entre o capitalismo e a democracia existe uma relação de tensão *indissolúvel*; pois com eles dois princípios opostos de integração social concorrem pela primazia. [...] O motor do sistema econômico tem de ser liberado o máximo possível das restrições do mundo da vida, ou seja, também das exigências de legitimação dirigidas ao sistema de ação administrativo. Em termos de teoria da sociedade, o sentido intrínseco sistêmico do capitalismo se deixa pôr na fórmula segundo a qual as necessidades funcionais dos âmbitos de ação sistemicamente integrados devem ser satisfeitas, em caso necessário, também ao custo de uma tecnificação do mundo da vida.

A tensão entre capitalismo e, com ele, o poder administrativo, e a democracia se revela na esfera pública pelo imperativo de obter a lealdade das massas. Esse imperativo político se desdobra nas tentativas de selecionar os temas e as contribuições na esfera pública. Esse processo sucede em parte por filtros sociais e estruturais que impedem o acesso à esfera pública, mas também por deformação burocrática da comunicação pública e do controle manipulador dos processos comunicativos.

No campo de tensão entre democracia e capitalismo se colocam também os programas de política social e seus limites. O conteúdo da democracia de massas é em grande parte ocupado pelas políticas sociais. É pela compensação social e pela restrição da discussão pública que o sistema político obtém lealdade das massas, ao mesmo tempo em que coopera na satisfação dos imperativos do sistema econômico, conduzido pelo princípio de acumulação capitalista.

Assim, o dilema se desdobra igualmente na política social. Os programas de compensação têm que evitar o agravamento dos conflitos de classes que surgem com o crescimento capitalista, mas não podem tocar no fundamento capitalista desses conflitos. A política social tem de lidar com os problemas gerados pela acumulação capitalista, sem, no entanto, tocar na estrutura e no mecanismo propulsor da produção econômica. Toda tentativa de tocar nessa estrutura acende o conflito, desta vez pelo lado dos grupos privilegiados. Ao mesmo tempo, na medida em que a política de compensação mantém o conflito econômico em estado de latência, mais e mais vão surgindo outros tipos de conflito, porque, dinheiro e poder desdobram efeitos reificadores para todos os outros âmbitos além do mundo do trabalho.

É por isso que a reificação sistêmica não se limita à relação de trabalho, como Marx supôs, mas se dá por canais privados e públicos representados pelos papéis de trabalhador e consumidor, de cliente de burocracias e de cidadão. Enquanto os papéis de trabalhador e consumidor se submetem ao processo de monetarização, o papel do cidadão e de cliente é submetido à burocratização. O papel de cidadão é certamente ampliado desde o século XIX, mas é ao mesmo tempo submetido a procedimentos de neutralização, ao passo que o papel de cliente é inflado. A neutralização do cidadão é paga com as políticas de compensação.

Contudo, para que o sistema desdobre seus efeitos reificadores por meio desses canais, papéis e processos, é preciso que o próprio mundo da vida se fragmente, a ponto de a racionalidade cognitivo-instrumental se expandir pelas lacunas da fragmentação. Não se trata de uma nova ideologia, mas de um equivalente funcional para o que as ideologias tradicionais realizavam antes nas sociedades burguesas:

> No lugar da consciência 'falsa' aparece hoje a consciência fragmentada, que evita o esclarecimento sobre o mecanismo de reificação. Somente com isso são preenchidas as condições de uma colonização do mundo da vida: os imperativos dos subsistemas autonomizados invadem de fora o mundo da vida, tão logo despidos de seu véu ideológico – como senhores coloniais em uma sociedade tribal – forçando-o à assimilação.

A fragmentação da consciência possibilita a colonização sistêmica porque permite a usurpação da racionalidade instrumental. Quanto mais fragmentada é a consciência cotidiana diante de uma sociedade cada vez mais complexa, mais e mais a racionalidade prático-moral e a racionalidade estético-expressiva cedem à racionalidade cognitivo-instrumental. A fragmentação leva à reificação, ao sobrepeso de uma racionalidade talhada para a relação com coisas. Por seu turno, a reificação reforça a fragmentação.

O sistema coloniza o mundo da vida justamente porque se diferencia radicalmente em seus núcleos organizacionais e em suas linguagens próprias, em seus mecanismos de controle, de tudo o que o mundo da vida apresenta como estruturante: o saber cultural, as redes de solidariedade e as estruturas da personalidade, ou seja, dos processos de transmissão do saber, de integração social e socialização. Não se trata, portanto, da imagem metafórica de uma colonização em que os dominadores imprimem seus valores; antes, trata-se de uma imagem em que a estrutura simbólica e normativa é destituída e substituída por formas abstratas e reificantes de conhecimento e sociabilidade.

Nesse contexto, no interior dos sistemas de ação formalmente organizados, controlados mediante processos de troca e poder, os membros se comportam como sediados em um "fragmento da realidade natural", "a sociedade se coagula em uma segunda natureza". Tudo se passa, mais uma vez, como se a sociedade se cindisse ela mesma em dois âmbitos totalmente distintos. De um lado, o mundo da vida com toda a sua carga de símbolos e normatividade; de outro, o sistema como combinação de dinheiro e poder, desprovidos de normatividade, puramente formais, objetivadores, ressecados. O capitalismo tardio representa um momento de autonomização sistêmica inédito, já que a política se cinde em um subsistema também destinado a fazer o subsistema econômico funcionar. Daí o resultado paradoxal de a política se tornar um subsistema isento de normas no momento em que ela é decisiva para o destino do capitalismo e da democracia com as intervenções estatais no ciclo de crescimento e nas reações às crises econômicas. Não só o dinheiro é um sistema autonomizado "isento de normas", também a esfera política, naqueles âmbitos de organização desacoplados da esfera pública, apresenta a mesma sociabilidade normativamente ressecada, formalmente constituída.

Surge assim um arranjo paradoxal de repolitização, porque o Estado tem papel decisivo, e despolitização, na medida em que a política estatal tem de satisfazer os imperativos de valorização do capital. O Estado precisa manter condições ótimas de crescimento, abrandar as crises econômicas, mas também evitar o agravamento das crises sociais, e por isso compensar socialmente os trabalhadores, no que ele pode satisfazer o seu próprio imperativo de manter a lealdade das massas.

Juntamente com as crises de legitimação, as novas formas de patologia não têm a ver diretamente com as estruturas de classe com que o capitalismo se desenvolve de início, mas antes com as distorções nas estruturas de reprodução simbólica de modo geral. Assim, o arranjo domesticador do antagonismo na esfera do trabalho é pago com novas formas de patologia que não são apreensíveis pelas organizações do trabalho social. Isso porque a domesticação do antagonismo tem por condição um alastramento do sistema dinheiro como um processo de monetarização e um alastramento do sistema poder como um processo de burocratização. Em suma, as patologias são expressão de um novo tipo de reificação e alienação que difere daquele que Marx percebeu diretamente no mundo do trabalho.

No entanto, uma vez que o mundo da vida racionalizado depende cada vez mais do uso da linguagem orientado ao entendimento, pois não há mais um tipo de saber capaz de fundamentar o todo da cultura, da individualização e das instituições normativas, uma vez que o capitalismo tardio não pode dispensar os processos de legitimação democráticos, a teoria da ação comunicativa poderia explicar o surgimento de novas formas de protesto. Estas formas de protesto já não se ligam imediatamente às distribuições desiguais no mundo do trabalho, mas aos ataques à "gramática de formas de vida", simbolicamente constituídas.

Assim, ocorrem manifestações periódicas de insatisfação política em relação ao próprio sistema de partidos e à organização da democracia de massas, manifestações que se ligam à crise de legitimação do capitalismo tardio. A contradição entre capitalismo e democracia se expressa em protestos que se alojam à margem do sistema político. Por sua natureza, esses protestos evitam o tipo de organização formal que os relançariam ao núcleo do sistema, assumindo os moldes de uma oposição extraparlamentar. A esse tipo de protesto vem se somar uma série de outras, geralmente ambivalentes, que lembram o caráter de uma revolução cultural. Ganha o primeiro plano a crítica ecológica ao padrão de industrialização, a crítica à cultura da produtividade e do trabalho profissional, a defesa de estilos de vida alternativos, a defesa de grupos minorizados, e, na vanguarda, o movimento das mulheres.

Em resumo, Habermas pretende explicar, com a tese da colonização sistêmica do mundo da vida, boa parte do que entra em jogo com os chamados "novos movimentos sociais", que ganham a cena sobretudo a partir dos anos 1960. Porém, ainda mais do que isso, a tese da colonização sistêmica busca elevar ao conceito toda uma época, cujos impasses, lutas e contradições ainda se fazem presentes no século XXI.

V
A mudança de paradigma em Mead e Durkheim: da atividade voltada a fins para a ação comunicativa

Observação preliminar

Na recepção da teoria weberiana da racionalização que vai de Lukács a Adorno, torna-se evidente que a racionalização social sempre foi pensada como reificação da *consciência*; os paradoxos a que leva semelhante estratégia conceitual mostram que esse tema não pode ser elaborado satisfatoriamente no contexto conceitual dado pela filosofia da consciência. Antes de reformular a problemática da reificação nos termos da ação comunicativa, de um lado, e nos termos de uma formação de subsistemas que transcorre por meio de *media* de controle, de outro, gostaria de desenvolver essas categorias partindo de seu contexto no interior da história da teoria. Enquanto a problemática da racionalização e da reificação tem sua sede em uma linha de pensamento da teoria social "alemã" que é determinada por Kant e Hegel e que, passando por Weber, vai de Marx até Lukács e a Teoria Crítica, a mudança de paradigma da atividade voltada a fins para a ação comunicativa abre caminho com George Herbert Mead e Émile Durkheim. Mead (1863-1931) e Durkheim (1858-1917) pertencem, como Weber (1864-1920), à geração dos pais fundadores da sociologia moderna. Ambos desenvolvem categorias com as quais é possível retomar a teoria weberiana da racionalização, libertando-a da aporética da filosofia da consciência – Mead com uma fundamentação da sociologia nos termos da teoria da comunicação, Durkheim com uma teoria da solidariedade social que acaba por fim também relacionando entre si a integração social e a integração sistêmica.

As ideias de reconciliação e liberdade que Adorno se limita a circundar com uma dialética negativa, em última instância preso no círculo mágico do pensamento hegeliano, carecem de explicação; e elas podem ser desdobradas também com base no conceito de racionalidade comunicativa, ao qual já remetem no próprio Adorno. Para tanto, é apropriada uma teoria da ação que, como a de Mead, orienta-se pelo projeto de uma comunidade ideal de comunicação. Pois essa utopia serve à reconstrução de uma intersubjetividade intacta, possibilitando o entendimento sem coerção dos indivíduos entre si, tanto quanto a identidade de um indivíduo que se entende consigo mesmo sem coerção. Os limites de uma semelhante abordagem baseada na teoria da comunicação são palpáveis. A reprodução da sociedade em seu todo não pode certamente ser explicada de maneira suficiente partindo-se das condições da racionalidade comunicativa – mas sim a reprodução simbólica do mundo da vida dos grupos sociais, descerrada em uma perspectiva interna.

É por esse motivo que gostaria de investigar primeiramente como Mead desenvolve, no sentido de uma gênese lógica, o quadro categorial da interação regulada por normas e da interação mediada pela linguagem, partindo dos começos da interação guiada por instintos e mediada por gestos, e passando pela etapa da interação da linguagem de sinais, simbolicamente mediada (1). Na passagem da interação simbolicamente mediada até a interação guiada por normas, torna-se patente, no entanto, uma lacuna na linha do desenvolvimento filogenético, lacuna esta que pode ser suprida com as suposições de Durkheim a respeito dos fundamentos sagrados da moral, o fundo de solidariedade social nutrido pelos ritos (2). Quando se elege como fio condutor a ideia de uma linguistificação desse acordo normativo fundamental, assegurado pelos ritos, é possível obter o conceito de um mundo da vida racionalizado, diferenciado em suas estruturas simbólicas. Trata-se de um conceito que deixou para trás as barreiras categoriais da teoria weberiana da ação, talhadas para a atividade e racionalidade com respeito a fins (3).

1
Sobre a fundamentação das ciências sociais nos termos da teoria da comunicação

No início do século XX, o modelo de sujeito e objeto que caracteriza a filosofia da consciência é atacado em duas frentes: do lado da filosofia analítica da linguagem e do lado da teoria psicológica do comportamento. Ambas abdicam do acesso direto aos fenômenos da consciência, substituindo o saber intuitivo de si mesmo, a reflexão ou a introspecção, por modos de proceder que não se reportam à intuição. Elas propõem análises que se apoiam nas expressões linguísticas ou no comportamento observado, mantendo-se abertas ao exame intersubjetivo. A análise da linguagem se apropria dos procedimentos da reconstrução racional do saber de regras, usuais na lógica e na linguística; a psicologia comportamental adota os métodos de observação e as estratégias de interpretação oriundos da pesquisa do comportamento animal.[1]

As duas orientações de crítica à filosofia da consciência acabaram se distanciando uma da outra, em que pese a origem comum, situada no pragmatismo de Ch. S. Peirce; em suas expressões radicais, elas passaram

---

1 O próprio Mead observa isso na introdução metodológica para suas preleções de psicologia social: *Geist, Identität, Gesellschaft*, p.40: "Visto historicamente, o behaviorismo encontrou entrada na psicologia por meio da psicologia animal". Cito de acordo com a edição alemã da obra postumamente organizada em 1934 por Ch. W. Morris: Mead, *Mind, Self, Society* (ed. alemã: Frankfurt am Main, 1969). Vou corrigir, no entanto, a tradução em algumas passagens, quando me pareceu indispensável. Sobre a tradução de "self" por "identidade", cf. as observações de Tugendhat, *Selbstbewußtsein und Selbstbestimmung*, p.247.

a desenvolver-se com independência entre si. Acresce que o positivismo lógico e o behaviorismo conseguiram remover o paradigma da filosofia da consciência ao preço de reduzir o acervo tradicional de problemas com golpes de mão, seja recorrendo à análise de linguagens de construtos científicos, seja restringindo-se ao esquema do comportamento de organismos isolados, induzido por estímulos. A análise da linguagem livrou-se, no entanto, da estreiteza de seus começos dogmáticos. Por duas linhas – de Carnap e Reichenbach até a teoria pós-empirista da ciência, passando por Popper, de um lado, e de Wittgenstein I até a teoria dos atos de fala, passando por Wittgenstein II e Austin, de outro lado –, ela terminou reconquistando a complexidade da problematização desenvolvida por Peirce. Em contraposição a isso, a teoria psicológica do comportamento tomou um desenvolvimento que, a despeito de ondas eventuais de liberalização, manteve-se no interior de uma metodologia objetivista. Se quisermos liberar a força revolucionária das categorias da teoria do comportamento, o potencial dessa abordagem para explodir paradigmas, precisaremos remontar à psicologia social de G. H. Mead.

A teoria da comunicação de Mead se impõe também porque forma um ponto de intersecção entre as duas tradições de crítica da filosofia da consciência que remontam a Peirce.[2] Embora Mead não tenha tomado co-

---

2 Uma boa introdução à obra inteira é dada por H. Joas, "George Herbert Mead", em Käsler, *Klassiker des soziologischen Denkens*, v.2, p.17ss. Aí também se encontra uma bibliografia detalhada, p.417ss. Emprego além disso as edições: Mead, *Selected Writings* (org. A. J. Reck); id., *Philosophie der Sozialität* (org. H. Kellner); id., *On Social Psychology* (org. A. Strauss) (em alemão: *Sozialpsychologie*).

A literatura mais importante sobre Mead: Natanson, *The Social Dynamics of G. H. Mead*; Reck, "The Philosophy of G. H. Mead", *Tulane Studies in Philosophy*, v.12, p.5ss., 1963; Blumer, "Sociological Implications of the Thought of G. H. Mead", *American Journal of Sociology*, v.71, p.535ss., 1966; Cook, *The Self as Moral Agent*; Raiser, *Identität und Sozialität: George Herbert Meads Theorie der Interaktion und ihre Bedeutung für die theologische Anthropologie*; a respeito do influente desenvolvimento que Blumer faz do interacionismo simbólico, cf. McPhail; Rexroat, "Mead vs. Blumer", *American Sociological Rewiew*, v.44, p.449ss., 1979; Miller, *G. H. Mead: Self, Language and the World*. Na maior parte das vezes, sou devedor da excelente dissertação de H. Joas, *Praktische Intersubjektivität*.

nhecimento da virada linguística efetuada na filosofia, resultam, quando se olha hoje em retrospectiva, convergências surpreendentes entre uma análise da linguagem e uma teoria da ciência que avançam rumo à pragmática formal, de um lado, e a psicologia social de Mead, de outro. Mead analisa os fenômenos da consciência de acordo com o ponto de vista de como estes se constituem nas estruturas da interação mediada linguística ou simbolicamente. A linguagem tem um significado constitutivo para a forma de vida sociocultural: "No ser humano, a diferenciação funcional cria por meio da linguagem um princípio de organização de gênero completamente diferente, que não somente produz um outro indivíduo como também uma outra sociedade".[3]

Mead introduz sua teoria sob o nome de "behaviorismo social", visto que ele gostaria de acentuar a nota de crítica à consciência: as interações sociais formam, a partir de proposições e ações, uma estrutura simbólica à qual a análise pode se referir como a algo objetivo. Entre a abordagem de Mead e o behaviorismo existem, porém, duas diferenças de método. Não é o comportamento do organismo *individual*, reagindo aos estímulos de seu entorno, o modelo de que parte Mead, mas antes a interação na qual ao menos dois organismos reagem um ao outro, relacionando-se entre si. "Na psicologia social, não construímos o comportamento do grupo social tendo em vista o comportamento dos seres individuais que compõem esse grupo. Pelo contrário, partimos de um todo social, de uma atividade complexa de grupo, no interior da qual nós (como elementos individuais) analisamos cada indivíduo em particular".[4] Mead rejeita, porém, não apenas o individualismo metodológico da teoria do comportamento, mas também seu objetivismo. Ele não gostaria de ver o conceito de "comportamento" restrito às reações comportamentais observáveis; deveria incluir também o comportamento simbolicamente orientado e admitir a reconstrução de estruturas universais da interação linguisticamente mediada: "A psicologia social é behaviorista no sentido de que começa com uma atividade observável – com o processo social dinâmico e com as ações sociais que o constituem. Ela não

---

3 Mead, *Geist, Identität, Gesellschaft*, p.291.
4 Ibid., p.45.

é, porém, behaviorista no sentido de que se ignora a experiência interna do indivíduo – a fase interna desse processo ou dessa atividade".[5] O sentido corporificado em uma ação social é algo não exterior, em comparação com o aspecto do comportamento; contudo, ele é publicamente acessível como algo objetivado em manifestações simbólicas, não é meramente interior como fenômenos da consciência: "Há um campo no interior do próprio ato que não é externo, mas que pertence ao ato, e há características desse comportamento orgânico interno que se evidenciam em nossas próprias ações, particularmente aquelas vinculadas à linguagem".[6]

Visto que Mead adota no behaviorismo um conceito não reducionista de linguagem, vinculam-se nele as duas abordagens de crítica da consciência que de hábito se encontram separadas depois de Peirce: a teoria comportamental e a análise da linguagem. Sua teoria da comunicação não se limita, no entanto, aos atos de entendimento, ela se refere à *ação* comunicativa: Mead se interessa pelos símbolos linguísticos e os similares à linguagem apenas na medida em que eles fazem a mediação de interações, modos de comportamento e ações de vários indivíduos. Na ação comunicativa, a linguagem assume, para além da função do entendimento, o papel de coordenação de atividades dirigidas a fins de diversos sujeitos da ação, assim como o papel de *medium* da própria socialização desses sujeitos da ação. Mead considera a comunicação linguística quase exclusivamente sob esses dois aspectos da integração social de sujeitos que agem dirigidos a fins e da socialização de sujeitos capazes de agir, ao passo que ele negligencia as operações de entendimento e a estrutura interna da linguagem. Nesse aspecto, sua teoria da comunicação depende de análises complementares, como as que foram efetuadas entrementes na semântica e na teoria dos atos de fala.[7]

Em nosso contexto, a mudança de paradigma cujo caminho se abre com a psicologia social de Mead é interessante porque libera o olhar em favor de um conceito de racionalidade como comunicação, ao qual ainda retornarei.

---

5 Ibid., p.46.
6 Ibid., p.44.
7 Cf. v.I, "Primeira consideração intermediária".

Nesta seção, vou caracterizar primeiramente o questionamento de que Mead parte em sua teoria da comunicação (1), para mostrar como ele explica a passagem da interação sub-humana, mediada por gestos, para a interação simbolicamente mediada (2). O resultado da teoria do significado de Mead deve ganhar em precisão com a ajuda das investigações de Wittgenstein sobre o conceito de regra (3). Logo em seguida, gostaria de mostrar como a linguagem se diferencia de acordo com as funções de entendimento, integração social e socialização, possibilitando a passagem da interação simbolicamente mediada para a interação guiada por normas (4). Uma percepção dessocializada de coisas, a normatização de expectativas de comportamento e a constituição da identidade de sujeitos capazes de agir formam o fundamento para a construção complementar do mundo social e subjetivo (5). No entanto, Mead não desenvolve os conceitos fundamentais para objetos, normas e sujeitos como os conceitos fundamentais da teoria do significado em uma perspectiva filogenética, mas ontogenética. Essa lacuna pode ser fechada depois com a teoria de Durkheim a respeito da origem da religião e do rito.

(1) *O questionamento da teoria da comunicação de Mead*

Mead se põe a tarefa de apreender as características estruturais da interação simbolicamente mediada. Esta o interessa de início do ponto de vista segundo o qual os símbolos empregáveis com identidade semântica possibilitam uma forma evolucionariamente nova de comunicação. Ele considera a *linguagem de gestos* difundida nas sociedades desenvolvidas dos vertebrados – *conversation of gestures* – como a situação evolucionária inicial de um desenvolvimento da linguagem que conduz primeiramente à *etapa da linguagem de sinais* própria da interação simbolicamente mediada e, depois, para a *fala proposicionalmente diferenciada*. Os símbolos simples, não articulados sintaticamente, que possuem, para pelo menos dois participantes da interação, o *mesmo* significado em contextos iguais (ou suficientemente similares), são denominados por Mead como *significant gestures*, visto que devem ter se desenvolvido a partir de gestos ou gesticulações. Exemplos são os gestos vocais que assumiram o caráter de sinais similares à linguagem ou manifestações de uma só palavra, com os quais começa a aquisição infantil da linguagem, mas que também são usuais entre falantes adultos – aqui, no entanto, somente como formas elípticas de proferimentos linguisticamente explícitos.

No caso de gritos como "comida", "fogo" ou "ataque", trata-se de atos de fala dependentes de contexto, não diferenciados proposicionalmente, embora integrais, que somente podem ser usados quase indicativamente, quase imperativamente ou quase expressivamente. Manifestações de uma só palavra são empregadas com propósito comunicativo; porém, na qualidade de expressões não articuladas sintaticamente, não permitem ainda uma distinção gramatical entre diversos modos. Assim, "ataque" significa um alerta, se do contexto se depreende, por exemplo, que surgiram inimigos inesperados; o mesmo grito pode significar uma solicitação com o conteúdo de enfrentar os inimigos que surgiram inesperadamente; ele pode ser também a manifestação de susto com o fato de que os inimigos que surgiram inesperadamente ameaçam a vida de quem fala, a vida dos membros próximos e assim por diante. De certo modo, a exclamação significa tudo isso ao mesmo tempo; falamos aqui de um "sinal".

Ora, os *sinais* ou manifestações de uma só palavra podem ser utilizados apenas em dependência com o contexto, uma vez que faltam os termos singulares, com base nos quais os objetos poderiam ser identificados em referência à situação, mas independentemente do contexto.[8] Sinais estão inseridos de tal forma em contextos de interação que *sempre* servem para coordenar ações dos diversos participantes da interação: o sentido quase indicativo ou o quase expressivo da manifestação formam uma unidade com o sentido quase imperativo. Tanto a constatação alarmante do fato de que inesperadamente surgiram inimigos, como também a expressão de susto quanto ao perigo que o surgimento inesperado de inimigos torna iminente, remetem à *mesma* expectativa de comportamento, a qual alcança imediatamente uma manifestação linguística na exigência de defender-se contra os inimigos surgidos inesperadamente. É por isso que existe uma relação uní-

---

8 Sobre a teoria dos termos singulares, cf. Tugendhat, *Vorlesungen zur Einführung in die sprachanalytische Philosophie*.

voca entre o significado de um sinal, mais precisamente em todos os seus componentes modais de significação, e o modo de comportamento que o emissor espera do destinatário a título de resposta adequada.

Sinais linguísticos podem também ser substituídos por sinais similares à linguagem, mas não linguísticos, por símbolos *fabricados* (como rufar de tambor e sons de sino). Igualmente, o começo de uma ação significante pode adotar funções de sinais (o chefe estende a mão às armas de maneira demonstrativa). Nesses casos, contudo, já se trata de sinais com significado convencional; estes deixam de dever seu significado a um contexto espontâneo. A *etapa da interação simbolicamente mediada* é caracterizada então pelo fato de que exclusivamente sinais estão à disposição de uma comunidade linguística – sistemas primitivos de chamados e signos. Para fins analíticos, Mead simplifica a situação ao abstrair inicialmente que o significado de um símbolo se aplica a todos os membros de uma comunidade linguística; ele parte da possibilidade de dois participantes distintos da interação empregar e entender o mesmo símbolo com o mesmo significado sob condições suficientemente parecidas. Todavia, a condição de uma convenção semântica constatada como idêntica para diversos participantes se aplica apenas à linguagem de sinais genuína, não às linguagens de sinais difundidas também no nível sub-humano.

Mead ilustra essas linguagens com o exemplo da *interação mediada por gestos* entre animais que pertencem à mesma espécie, por exemplo, a luta entre dois cães. A interação se constrói de modo que os elementos iniciais do movimento de um organismo representam o gesto que serve como estímulo desencadeador para a reação comportamental do outro organismo, ao passo que os elementos iniciais desse movimento formam por sua vez um gesto que provoca uma reação de ajuste pelo lado do primeiro organismo: "Eu trouxe o exemplo dos cães em luta para introduzir o conceito de gesto. A ação de cada um dos dois cães torna-se estímulo que influencia a reação do outro. Portanto, existe uma relação entre os dois; e, uma vez que o outro cão reage à ação, esta se altera por sua vez. Justamente o fato de que o cão está pronto para o ataque ao outro se torna um estímulo para este outro modificar sua própria posição ou sua própria postura. Mal isso ocorre, a postura alterada do segundo cão desencadeia no primeiro, por sua vez, uma alteração de postura. Aqui surgiram os gestos".⁹

Para uma consideração genética, a interação mediada por gestos entre animais obtém uma posição central quando se parte, como Mead, do conceito de *significado objetivo* ou *natural*. Esse conceito de significado é tirado de empréstimo por ele da práxis de pesquisa sobre comportamento animal. Etólogos atribuem a determinados padrões comportamentais, que observam da perspectiva de uma terceira pessoa, um significado sem supor que o comportamento observado tem esse (ou de modo geral um) significado para

---

9 Mead, *Geist, Identität, Gesellschaft*, p.81-2. Em outro lugar, Mead elucida a interação mediada por gestos entre animais da seguinte maneira: "There exists thus a field of conduct even among animals below man, which in its nature may be classed as gesture. It consists of the beginning of those actions which call out instinctive responses from other forms. And these beginnings of acts call out responses which lead to readjustments of acts which have been commenced, and these readjustments lead to still other beginnings of response which again call out still other readjustments. Thus there is a conversation of gesture, a field of palaver within the social conduct of animals. Again the movements which constitute this field of conduct are themselves not the complete acts which they start out to become. They are the glance of the eye that is the beginning of the spring or the flight, the attitude of body with which the spring or flight commences, the growl or cry, or snarl with which the respiration adjusts itself to oncoming struggle, and they all change with the answering attitudes, glances of the eye, growls and snarls which are the beginnings of the actions which they themselves arouse" (Mead, *Selected Writings*, p.124). ["Existe aí, portanto, um campo de conduta mesmo entre animais abaixo do homem que em sua natureza pode ser classificado de gesto. Ele consiste do começo daquelas ações que provocam respostas instintivas de outras formas. E esses começos dos atos provocam respostas que conduzem ao reajustamento dos atos que foram começados, e esses reajustes levam a ainda outros começos de resposta que de novo provocam ainda outros reajustes. Portanto, há uma conversação de gestos, um campo de tratamento no interior da conduta social dos animais. De novo, os movimentos que constituem esse campo de conduta não são eles mesmos os atos completos que eles começaram a se tornar. Eles são o relance de olhos que é o começo do salto ou da fuga, a atitude do corpo com a qual o salto ou a fuga começa, o rosnado ou o berro, ou o rangido de dentes com que a respiração se ajusta para a luta iminente, e eles todos mudam com as atitudes de resposta, os relances de olhos, os rosnados e os rangidos que são os começos das ações que eles mesmos despertam." (N. T.)]

o próprio organismo reagente. Eles exploram o significado de um comportamento a partir da posição funcional que ocupa em um sistema de modos comportamentais. Um fundamento para a atribuição de significado são os conhecidos círculos funcionais de comportamento animal: busca de alimentos, cópula, ataque e defesa, cuidado com a cria, comportamento lúdico e assim por diante. O significado é uma propriedade do sistema. Expresso na linguagem da etologia mais antiga: significados se constituem em entornos específicos das espécies (von Uexküll), sem que estivessem disponíveis como tais para o exemplar individual.

Mead persegue então o surgimento da formação da comunicação linguística tomando como fio condutor uma metamorfose sucessiva no significado objetivo ou natural de relações sistemicamente ordenadas de meios e fins, as quais existem entre reações comportamentais observadas, constituindo um significado que esses modos de comportamento passam a obter para os próprios organismos implicados. Os significados simbólicos surgem de uma subjetivação ou interiorização de estruturas de sentido objetivas. Uma vez que estas são depreendidas precipuamente do comportamento social de animais, Mead procura explicar o surgimento da linguagem com o fato de que o *potencial semântico inscrito nas interações mediadas por gestos torna-se simbolicamente disponível para os participantes da interação mediante uma interiorização da linguagem de gestos.*

Nesse processo, Mead distingue duas etapas. Na primeira, surge uma *linguagem de sinais* que converte o significado objetivo de padrões comportamentais típicos em significados simbólicos, tornando-o acessível para um entendimento entre os participantes da interação. Esta é a *passagem da interação mediada por gestos para a interação simbolicamente mediada*; e essa passagem é investigada por Mead como uma semanticização de significados naturais, segundo os pontos de vista da teoria do significado. Na segunda etapa, os papéis sociais não somente tornam semanticamente acessível para os participantes o significado natural de sistemas comportamentais funcionalmente especificados, como caça, reprodução sexual, cuidado com a cria, defesa do território, rivalidade por *status* etc.; eles também o tornam normativamente vinculante. Essa *etapa da ação regulada por normas*, deixo-a inicialmente fora de consideração. Concentro-me na etapa da interação simbolicamente mediada e pretendo elucidar como Mead entende sua tarefa de "explicar" a emergência dessa etapa primeira de comunicação similar à linguagem no sentido de uma reconstrução.

Mead começa com uma análise da interação mediada por gestos porque ele constata aqui os começos de um processo de semanticização. Um determinado recorte daquela estrutura de sentido alojada nos círculos funcionais do comportamento animal já se torna tema na linguagem de gestos: "O sentido é o desenvolvimento de uma relação objetivamente dada entre fases determinadas da ação social; ele não é um apêndice psíquico para essa ação e uma 'ideia' na acepção tradicional. O gesto de um organismo, os resultados da ação social, na qual o gesto representa uma fase inicial, e a reação de um outro organismo a ele, são os fatores relevantes em uma relação tripla ou trilátera entre o gesto e o primeiro organismo, o gesto e o segundo organismo e o gesto e as fases subsequentes da ação social respectiva; essa relação trilátera é a substância fundamental do sentido, ou ao menos a substância da qual se desenvolve o sentido".[10]

Na linguagem gestual, portanto, as *relações* que existem entre o gesto do primeiro organismo e a ação que lhe é subsequente, por um lado, e a reação comportamental de um segundo organismo, estimulado por ele, por outro lado, formam o fundamento objetivo para a significação que o gesto de um participante da interação obtém *para o respectivo outro*. Visto que o gesto do primeiro organismo é corporificado pelos elementos iniciais de uma reação de movimento que aparece repetidamente e, nessa medida, é um *indício* do estado em que resultará o movimento completo, o segundo organismo pode reagir a isso como se o gesto fosse a expressão de uma intenção de suscitar esse resultado. Com isso, ele concede ao gesto um significado que, contudo, este possui de início apenas *para ele*.

Se supomos então que o primeiro organismo efetua uma atribuição semelhante à do segundo, resulta a seguinte situação: na medida em que o segundo organismo reage ao gesto do primeiro com um determinado comportamento, e o primeiro organismo aos elementos dessa reação comportamental por sua parte, ambos expressam como interpretam, isto é, como

---

10 Mead, *Geist, Identität, Gesellschaft*, p.115-6.

compreendem o gesto do outro respectivo. Assim, cada um dos participantes da interação vincula com os gestos do outro respectivo um significado típico, mas válido apenas para ele.

Quando se deixa claro esse ponto, podem-se indicar as transformações que precisam ocorrer no caminho da interação mediada por gestos para a interação simbolicamente mediada. Em primeiro lugar, os *gestos* se transformam em *símbolos* porque os significados válidos para um organismo em particular são substituídos por significados que são idênticos para todos os participantes. Em segundo lugar, o comportamento dos participantes da interação se altera, de sorte que, no lugar de uma relação causal entre estímulo-reação-estímulo, aparece uma relação interpessoal entre falante e destinatário: ambos se relacionam entre si com propósito comunicativo. E finalmente se efetua uma mudança estrutural da interação, de tal forma que os participantes aprendem a distinguir entre atos de entendimento e ações orientadas ao êxito. Com essas três tarefas, resolve-se o problema da passagem da etapa da interação mediada por gestos para a etapa da interação simbolicamente mediada.

Mead tenta explicar essa passagem com base em um mecanismo que denomina de adoção de atitude, "taking the attitude of the other". Piaget e Freud também introduzem o *mecanismo de aprendizagem do tornar interior*, um no sentido de uma "interiorização" de esquemas de ação, o outro no sentido da "internalização" das relações com um objeto social, mais precisamente com uma pessoa de referência (dada). De modo análogo, Mead concebe a internalização como interiorização de estruturas objetivas de sentido. Diferentemente do que sucede no caso de uma relação reflexiva, que se dá pelo fato de um sujeito se debruçar sobre si mesmo para fazer-se objeto de si mesmo, o modelo da interiorização implica que o sujeito se reencontra em algo exterior ao trazer para dentro de si o que se lhe defronta como objeto, apropriando-o. A estrutura da *apropriação* se distingue da estrutura do *espelhamento* em virtude do sentido de direção oposto: o *self* não se relaciona consigo mesmo ao fazer-se objeto, mas sim ao reconhecer, no objeto exterior, no esquema da ação e no esquema da relação, o elemento subjetivo exteriorizado.

Essas elucidações permanecem, no entanto, presas ainda ao modelo da filosofia da consciência. Mead se orienta por um modelo mais antigo, já utilizado por Agostinho, mais exatamente, aquele do pensamento como um diálogo interno, conduzido para dentro: "Somente por meio de gestos *qua* símbolos significantes o espírito ou a inteligência se torna possível, somente por meio de gestos que são símbolos significantes pode ter lugar o pensamento, que é simplesmente uma conversa do indivíduo consigo mesmo com base em tais gestos, transferido para dentro ou implícito".[11] Esse modelo ilumina o mecanismo de adoção de atitude apenas por um lado. Por ele se torna claro que a relação intersubjetiva entre os participantes da interação que se orientam reciprocamente e tomam posição mutuamente em relação a seus proferimentos, é reproduzida na estrutura da autorrelação.[12] Por outro lado, porém, uma subjetividade de nível superior, que se destaca por poder se relacionar consigo mesma apenas de maneira mediata, isto é, por meio de relações complexas com outros, modifica a estrutura da interação inteira. Quanto mais complexas são as atitudes de um defrontante que os participantes da interação "interiorizam em sua própria experiência", tanto mais se desloca o que vincula anteriormente os participantes da interação, ou seja, de início os organismos, graças a propriedades sistêmicas, indo do plano das regulações instintivas inatas, específicas das espécies, para o plano de uma intersubjetividade comunicativamente gerada, condensada no *medium* de símbolos linguísticos, e finalmente assegurada pela tradição cultural.

Nos capítulos sobre a constituição social do *self*, Mead desperta a impressão errônea de que a adoção de atitude e a interiorização correspondente deveriam ser concebidas em primeira linha como um mecanismo para gerar uma subjetividade de grau superior. Mas esse mecanismo tem efeito sobre um sistema inteiro; suas operações abordam *todos* os componentes do sistema de interação: os *participantes* capazes de interagir, os *proferimentos* e aquelas *regulações* que asseguram a conservação do sistema de interação por meio de uma coordenação suficiente das ações. Se Mead quer explicar, como

---

11 Ibid., p.86. De modo análogo, Vygotsky, *Denken und Sprechen*. O livro de Vygotsky foi publicado pela primeira vez em 1934, em Moscou, um ano após a morte do autor, portanto na época da publicação póstuma de *Mind, Self, Society*.

12 Este é o ponto de contato para Tugendhat, *Selbstbewußtsein und Selbstbestimmung*, p.245ss.

base no mecanismo de adoção de atitude, como a interação simbolicamente mediada resulta da interação mediada por gestos, ele precisa mostrar como operações reguladoras passam de gestos, que funcionam como disparadores econômicos de descargas de movimento instintivamente ancoradas, para a comunicação por meio de linguagem de sinais, como o organismo que reage a estímulos chega à altura dos papéis de falante e destinatário, e como os atos comunicativos se diferenciam de ações não comunicativas, processos de entendimento *recíproco*, de influências *mútuas* orientadas às consequências. Portanto, trata-se não apenas da emergência de uma autorrelação refletida em si mesma ou de uma subjetividade de nível superior — essa noção se prende ainda ao modelo sujeito-objeto, que Mead gostaria de superar. Trata-se da emergência de uma forma de vida de nível superior. Esta é caracterizada por uma forma de intersubjetividade linguisticamente constituída, a qual possibilita a ação comunicativa. A implementação da análise padece, todavia, do fato de Mead não distinguir de maneira suficiente entre a etapa da interação simbolicamente mediada e a etapa da interação guiada por normas, linguisticamente mediada. Vou de início esboçar como Mead leva a cabo sua teoria do significado sob os três aspectos mencionados.

(2) *A passagem da linguagem gestual sub-humana para a interação simbolicamente mediada: a adoção de atitude*

O pensamento fundamental de Mead é simples. Na interação mediada por gestos, as gesticulações do primeiro organismo obtêm um significado para um segundo organismo que reage a elas: essa reação comportamental confere expressão ao modo como um *interpreta* o gesto do outro. Ora, se o primeiro organismo "adota a atitude do outro" e, efetuando seu gesto, já antecipa a reação do outro organismo *e com isso a interpretação dele*, a própria gesticulação obtém *para* ele o significado igual, embora não ainda o mesmo significado que ele tem *para o outro*: "Se um indivíduo indica a outro indivíduo, em uma ação ou situação social qualquer, por meio de um gesto, o que ele tem de fazer, então o primeiro indivíduo está consciente de seu próprio gesto — ou o significado do seu gesto aparece em sua própria experiência —, na medida em que adota a atitude do segundo indivíduo em relação esse gesto e tende a reagir implicitamente da mesma maneira que o segundo o faz explicitamente. Gestos se tornam símbolos significantes quando desencadeiam implicitamente no ser que os faz as mesmas reações que desencadeiam ou devem desencadear explicitamente nos outros indivíduos – naqueles seres aos quais se dirigem".[13] Mead se encontra na crença de que pode explicar a gênese dos significados idênticos para pelo menos dois participantes da interação recorrendo à ideia de que um internaliza a relação entre seus próprios gestos e a reação comportamental do outro, no que a internalização se dá porque um adota a atitude pela qual o outro reage a seu gesto. Se isso for correto, será preciso indicar ainda as condições em que pode começar a adoção de atitude, isto é, o processo de interiorização das estruturas objetivas de sentido.

Nesse aspecto, Mead oscila entre duas considerações. A primeira se apoia no teorema da reação inibida ou atrasada.[14] Em virtude da interrupção do contato imediato entre estímulo e reação, deve surgir um comportamento inteligente que se destaca pela capacidade de "resolver os problemas do comportamento atual tendo em vista as possíveis consequências futuras".[15] O organismo se detém e apercebe o que faz quando desencadeia com seu próprio gesto determinadas reações comportamentais por parte do defrontante. Mead não observa que, com esse teorema de explicação da adoção de atitude, ele já se vale de uma reflexão que, se não quer recair no modelo da filosofia da consciência, ele tem de explicar, por sua vez, recorrendo à orientação pelo significado que a própria ação tem para *outros* participantes da interação.

Mais consequente é, portanto, a outra consideração, de abordagem darwinista, segundo a qual a pressão para a adaptação, que os participantes exercem uns sobre os outros em interações mais complexas, seja sob a coerção para cooperar, seja mais ainda no caso de conflito, expõe um prêmio para as velocidades de reação elevadas. Nisso se encontram em vantagem aqueles participantes da interação que aprendem não apenas a interpretar os gestos de um outro à luz das próprias reações, instintivamente ancora-

---

13 Mead, *Geist, Identität, Gesellschaft*, p.86.
14 Ibid., p.158.
15 Ibid., p.140.

das, mas também a entender já o significado dos próprios gestos à luz das reações do outro a ser aguardadas.[16]

De resto, Mead acentua a aptidão particular de gestos acusticamente perceptíveis. Nos gestos vocais, para o organismo que emite os sons, é mais fácil adotar a atitude do outro porque o emissor pode perceber os sinais acústicos tão bem quanto o receptor.[17] É por esse motivo que Mead vê no fato de os fonemas, ou seja, os gestos sonoros, formarem o substrato sígnico da comunicação linguística, uma confirmação para a sua hipótese de que a adoção de atitudes é um mecanismo importante para o surgimento da linguagem.[18]

Não pretendo aprofundar aqui essas questões empíricas; limito-me à questão conceitual de saber se Mead pode reconstruir em geral a procedência da linguagem de sinais partindo da linguagem de gestos, de maneira que um participante da interação assuma a atitude do outro. Supondo que com isso não seja visado nada mais do que o fato de um participante adotar antecipadamente a atitude na qual o outro reagirá ao próprio gesto sonoro, de maneira alguma parece óbvio como os símbolos similares à linguagem, gestos sonoros com significado idêntico, iriam resultar daí. Dessa maneira, Mead pode explicar o surgimento de uma estrutura, que se caracteriza pelo fato de que o primeiro organismo se estimula com seu próprio som somente *de maneira análoga* ao segundo organismo. Se o mesmo gesto desperta em ambos uma disposição para o comportamento *igual* (suficientemente similar), um observador pode constatar por ambos os lados uma interpretação concordante do estímulo, mas com isso não se formou ainda nenhum significado idêntico para os próprios participantes da interação: "Do fato de que um está disposto a fazer a mesma coisa à qual o outro é estimulado não se segue que haja algo idêntico, em relação ao qual ambos se comportam".[19] Que ambos interpretem *o mesmo* estímulo de maneira *concordante* é um estado de coisas que existe em si, mas *não para si*.

---

16 Mead, *Selected Writings*, p.131.
17 "A dupla realidade dada do som, que é tanto efetuação motora do instrumento linguístico quanto som ouvido, devolvido", é acentuada por A. Gehlen, apoiando-se em W. v. Humboldt: Gehlen, *Der Mensch*, p.144, cf. também p.208-9.
18 Cf. Mead, *Geist, Identität, Gesellschaft*, p.100ss.; além disso, id., *Selected Writings*, p.136-7.
19 Tugendhat, *Selbstbewußtsein und Selbstbestimmung*, p.255.

Ora, em muitas passagens, Mead entende o mecanismo do "taking the attitude of the other" como "calling out the response in himself he calls out in another".* Caso não se entenda "response" de maneira behaviorista, no sentido de uma reação a estímulos, mas no sentido dialógico pleno como "resposta", pode-se dar à adoção de atitude o sentido mais exigente de uma internalização de tomadas de posição de sim ou não a enunciados ou imperativos. Esta é a interpretação que Tugendhat propõe: "A reação do ouvinte que é implicitamente antecipada pelo falante é, portanto, a resposta dele com 'sim' ou 'não'. [...] Quem reflete fala consigo mesmo tomando posição de sim ou não da mesma maneira como ele falaria com outros com quem deliberaria sobre o que é preciso fazer".[20] Abstraindo que essa leitura faz violência ao texto,[21] ela tira do mecanismo da adoção de atitude a força explanatória que é lhe é atribuída conceitualmente. O diálogo interiorizado não pode ser constitutivo de um entendimento por meio de significados idênticos, visto que a participação em diálogos reais ou externos já exige o emprego de símbolos linguísticos. Afora isso, falante e ouvinte precisam dispor de uma linguagem proposicionalmente diferenciada caso devam poder tomar posição com "sim" ou "não" acerca de enunciados e imperativos. Porém, Mead aborda a comunicação similar à linguagem em um patamar mais fundo, pelas manifestações modalmente não diferenciadas de uma linguagem de sinais. Contudo, precisamos buscar a solução do problema na direção tomada por Tugendhat. A adoção de atitude do outro é um mecanismo que começa pela reação comportamental de um outro ao próprio gesto, mas depois é estendido aos outros componentes da interação. Depois que o primeiro organismo aprendeu a interpretar os próprios gestos de maneira igual ao outro organismo, ele não pode deixar de produzir os gestos *na expectativa* de que ele tem um determinado significado para o segundo organismo. Com essa consciência, porém, altera-se a atitude de um organismo em relação ao outro. Este se encontra agora como um *objeto social* que não mais reage ape-

---

* Trad.: "adotar a atitude do outro" como "provocar em si mesmo a resposta que ele provoca no outro". (N. T.)

20 Tugendhat, op. cit., p.256.

21 A única passagem textual em que Tugendhat se apoia se encontra na p.149 de *Geist, Identität, Gesellschaft*.

nas de forma adaptativa ao próprio gesto, mas também confere expressão, com essa reação comportamental, a uma interpretação do próprio gesto. O segundo organismo se depara com o primeiro como intérprete do próprio comportamento, isto é, sob uma concepção alterada. Com isso, altera-se também a atitude em relação a ele. Um organismo se relaciona com o outro como destinatário que interpreta o gesto recebido de maneira determinada; isso significa, porém, que ele produz seu gesto com propósito comunicativo. Se supomos ademais que isso vale também para o segundo organismo, surge uma situação em que o mecanismo da interiorização pode ser renovado, mais precisamente, aplicado à atitude na qual ambos os organismos não manifestam mais seus gestos de maneira apenas direta, como comportamento adaptativo, mas os *endereçam um ao outro*. Tão logo eles assumem a *atitude de endereçamento* ao outro também em relação a si mesmos, eles aprendem os papéis comunicativos de ouvinte e falante: eles se comportam entre si como *ego* que dá a entender algo a um *alter ego*.

Mead não distingue suficientemente entre as duas categorias de atitudes que um adota do outro, a saber, uma vez a reação ao próprio gesto, e outra vez o endereçamento de um gesto a um intérprete. Mas se encontram muitas formulações que mostram que ele tem em mente as duas coisas: "Quando alguém se dirige a outra pessoa (*addressing another person*), então também se dirige sempre a si mesmo e provoca em si mesmo a mesma reação (*calling out the response*) que na outra pessoa".[22] A expressão "response" altera inopinadamente o sentido tão logo se pressupõe não apenas a operação simples, mas também a operação ampliada da adoção de atitude: de reação estimulada se torna então, de fato, uma "resposta". Nesse caso, há uma situação "em que se reage àquilo que se *endereça* a um outro, e em que essa reação se torna parte do próprio comportamento, em que não se *ouve* apenas a si mesmo, mas também se *responde* a si mesmo, se *fala* a si mesmo exatamente como se fala a uma outra pessoa" (grifado por mim).[23]

Com a *primeira* adoção de atitude, os participantes da interação aprendem a interiorizar um recorte da estrutura objetiva de sentido, a tal ponto que ambos podem vincular interpretações concordantes ao mesmo gesto, quando

---

22 Mead, *Geist, Identität, Gesellschaft*, p.149.
23 Ibid., p.181.

cada um deles reage implícita ou explicitamente da mesma maneira a ele. Com a *segunda* adoção de atitude, eles aprendem o que significa *empregar* um gesto *com propósito comunicativo* e estabelecer uma relação recíproca entre *falante e ouvinte*. Agora os participantes podem diferenciar entre o objeto social no papel de um falante ou de um ouvinte e o outro como objeto de influência externa. Em correspondência com isso, eles aprendem a distinguir entre atos comunicativos que são endereçados a um defrontante e ações orientadas às consequências, as quais causam algo. Isso, por seu turno, é o pressuposto para uma *terceira* adoção de atitude que é constitutiva para que os participantes da interação não apenas efetuem interpretações objetivamente *concordantes*, mas também atribuam ao mesmo gesto um significado *idêntico*.

Um significado idêntico existe quando o *ego* sabe como o *alter teria* de reagir a um gesto significante; não basta aguardar que o *alter reagirá* de uma maneira determinada. Depois das primeiras duas adoções de atitude, o *ego* pode apenas predizer, isto é, aguardar em sentido prognóstico, como o *alter* agirá caso ele entenda o sinal. No entanto, ele já distingue, como foi mostrado, entre dois aspectos sob os quais o *alter* reage ao seu gesto: a reação comportamental do *alter* é (a) uma ação visada, orientada às consequências, ao mesmo tempo ela confere (b) expressão ao modo como o *alter* interpreta o gesto do *ego*. Ora, uma vez que o *ego* já interpretou seu gesto à luz da antecipação da reação comportamental do *alter*, existe por sua parte, tendo em vista (b), uma expectativa prognóstica que pode falhar. Vamos supor por ora que o *ego* manifesta seu desapontamento, caso seja surpreendido a respeito de *alter* por uma reação comportamental inesperada. Sua reação revela então o desapontamento sobre uma *comunicação fracassada*, e não absolutamente sobre as consequências indesejadas do comportamento factual do *alter*. Se supomos ademais que isso também se aplica ao *alter*, surge uma situação em que o mecanismo de interiorização pode ser aplicado uma terceira vez, mais precisamente, àquela tomada de posição com que *ego* e *alter* conferem expressão a seu desapontamento a respeito dos mal-entendidos. Ao assumir em relação a si mesmo a tomada de posição crítica do outro a respeito da interpretação falha de um ato comunicativo, eles constituem *regras de emprego simbólico*. Eles podem considerar agora, de antemão, se empregam em uma situação dada um gesto munido de um significado (*signi-*

ficant gesture), de sorte que o outro não tem razão alguma para uma tomada de posição crítica. Dessa maneira, formam-se as *convenções de significado* e os símbolos empregáveis com identidade de significado.

Essa terceira categoria de adoção de atitude não é delineado com nitidez por Mead; alude a ela, no entanto, quando elucida o surgimento de convenções semânticas recorrendo ao exemplo da operação do lírico na criação de palavras: "É tarefa do artista encontrar aquele modo de expressão que desencadeia nos outros os mesmos sentimentos. O lírico tem uma experiência de beleza em vínculo com uma excitação afetiva, e como artista que emprega palavras, ele busca por aquelas palavras que correspondem a suas atitudes afetivas e que provocarão nos demais as mesmas atitudes [...]. É decisivo para a comunicação que o símbolo provoque em um *self* o mesmo que em outro indivíduo. Ele precisa demonstrar a mesma universalidade para cada pessoa que se encontra na mesma situação".[24]

A introdução criativa de convenções semânticas novas, mais exatamente valorativas, em um sistema linguístico já proposicionalmente diferenciado é um caso que está longe do desenvolvimento de uma linguagem de sinais. No aspecto que nos interessa, esse caso é, porém, instrutivo. Um poeta que busca novas formulações cria suas inovações a partir do material de convenções semânticas vigentes. Ele precisa presentificar para si, de maneira intuitiva, as tomadas de posições previsíveis de falantes competentes para que suas inovações não sejam rejeitadas como meras infrações contra o uso linguístico convencional. Não obstante, Mead não consegue ter uma clareza suficiente sobre o passo importante da internalização da tomada de posição de um outro a respeito do emprego falho de símbolos. Essa lacuna pode ser preenchida pela análise de Wittgenstein dedicada ao conceito de regra.

(3) *Excurso: aprimoramento da teoria do significado de Mead com o auxílio do conceito wittgensteiniano de seguir uma regra*

O sistema de categorias que permite a demarcação de "comportamentos" em contraposição a eventos ou estados observáveis[25] e que contém conceitos

---

24 Ibid., p.190-1.
25 Shwayder, *The Stratification of Behavior*, p.21ss.

como disposição comportamental, reação comportamental, estímulo desencadeador de comportamento, tornou-se fecundo para uma semiótica geral, na sequência da obra de Mead, com Morris e, mais tarde, no quadro da teoria do aprendizado. Com base nas categorias behavioristas, Morris introduziu as categorias semióticas de signo, intérprete de signo, significado sígnico etc., de tal modo que a relação estrutural de intenção e significado pode ser descrita sem antecipar a compreensão do comportamento guiado por regras, isto, de maneira objetivista.[26] Morris se reporta a seu mestre Mead nessa fundamentação da semiótica em termos de teoria do comportamento; com isso, porém, ele erra o ponto principal da abordagem de Mead.[27] Mead concebe a estrutura de sentido inscrita nos círculos funcionais do comportamento animal como uma propriedade de sistemas de interação que assegura uma comunidade prévia entre os organismos implicados, de início produzida em uma base instintiva. A interiorização do padrão de relações objetivamente reguladas substitui passo a passo — esta é a ideia — a regulação instintual graças à tradição cultural, que transcorre mediante a comunicação linguística. Mead deposita grande valor em reconstruir, *na perspectiva dos próprios participantes*, a comunicação linguisticamente sublimada das relações intersubjetivas que existem entre os participantes de uma interação simbolicamente mediada. Ele não pode, como Morris, se dar por satisfeito em atribuir a diversos organismos interpretações concordantes do mesmo estímulo comportamental, ou seja, uma *constância* de significados percebida na perspectiva do observador; ele tem de requerer a *identidade* dos significados. O emprego do mesmo símbolo com constância semântica não somente precisa ser dado em si mesmo, mas tem que ser reconhecível também para quem utiliza o símbolo. E essa identidade do significado pode ser assegurado apenas pela *validade intersubjetiva de uma regra*, que estabelece o significado de um signo "convencionalmente".

Nesse sentido, a passagem da interação mediada por gestos para a interação simbolicamente mediada significa ao mesmo tempo a constituição do *comportamento regulado por normas*, de um comportamento que pode ser ex-

---

26 Morris, *Foundations of the Theory of Signs*, v.I; id., *Signs, Language and Behavior*; cf. também Morris, *Pragmatische Semiotik und Handlungstheorie*.

27 Habermas, *Zur Logik der Sozialwissenschaften*, p.150ss.

plicado em termos de orientação por convenções semânticas. Gostaria de lembrar a análise de Wittgenstein do conceito de regra a fim de esclarecer, em primeiro lugar, o nexo entre significado idêntico e validade intersubjetiva, isto é, entre observância da regra e tomada de posição de sim ou não em relação às infrações à regra, e, em segundo lugar, formular com mais exatidão a proposta de Mead a respeito da gênese lógica de convenções semânticas.

No conceito de regra se unificam os dois momentos que caracterizam o uso de símbolos simples: o significado idêntico e a validade intersubjetiva. O universal que constitui o significado de uma regra pode ser exposto em não importa quantas ações exemplares. Regras estabelecem como se produz algo: objetos materiais ou construtos simbólicos como números, figuras e palavras (e apenas desses se deve falar aqui). É por isso que se pode explicar o sentido de uma regra (construtiva) com exemplos. Isso não acontece quando se apresenta a alguém a maneira como ele pode generalizar indutivamente um número finito de casos. Pelo contrário, um aluno compreendeu o sentido de uma regra assim que aprendeu a entender os construtos apresentados e gerados em conformidade com a regra como exemplos de algo que é possível ver *neles*. Para isso pode bastar em certas circunstâncias um único exemplo: "Portanto, são as regras que valem do exemplo que o tornam o exemplo".[28] Os objetos ou as ações que servem de exemplo não são, por assim dizer, exemplos de regra por si mesmos — apenas a aplicação de uma regra faz o universal se abrir para nós no particular.

O significado de uma regra não pode ser elucidado apenas lançando mão de exemplos; inversamente, a regra pode servir também para explicar o significado dos exemplos. Entende-se o significado de uma ação simbólica determinada, de um lance de xadrez, por exemplo, quando se domina a regra do emprego da peça do xadrez. A compreensão de uma ação simbólica é ligada à competência de *seguir uma regra*. Wittgenstein acentua a circunstância de que um aluno que estuda uma determinada série de números com exemplos entendeu a regra subjacente quando ele "pode prosseguir por si mesmo". O "assim por diante", com que o professor interrompe uma série de números que se destinam a exemplificar uma sequência geométrica por

---

28 Wittgenstein, "Philosophische Grammatik II", em *Schriften*, v.IV, p.272.

exemplo, representa a possibilidade de gerar não importa quantos outros casos que preenchem a regra. Um aluno que aprendeu uma regra tornou-se potencialmente um professor, graças à sua capacidade generativa de poder encontrar os próprios exemplos, inclusive exemplos novos.

Ora, o conceito de competência de regra não se refere de modo algum apenas à capacidade de produzir e entender manifestações simbólicas com propósito comunicativo; contudo, ele é uma chave para nosso problema, visto que pela capacidade de seguir uma regra é possível esclarecer aquilo a que nos referimos com a *identidade de um significado*.[29]

Com a "identidade" de um significado, não se pode referir à mesma coisa que com a identidade de um significado capaz de ser identificado por vários observadores como o mesmo objeto sob descrições diversas. Esse ato de identificação de um objeto, a respeito do qual o falante faz determinados enunciados, já pressupõe a compreensão de termos singulares. Significados simbólicos constituem ou fundam a identidade de modo análogo a regras que produzem a unidade na multiplicidade de suas corporificações exemplares, de suas diversas realizações ou preenchimentos. Significados valem como idênticos graças à regulação convencional. Nesse contexto, é importante a indicação de Wittgenstein de que o conceito de regra está entretecido com o emprego da palavra "igual". Um sujeito A somente pode seguir uma regra se ele a segue sempre de tal modo que segue a *mesma* regra sob condições cambiantes de aplicação – do contrário, ele não observaria justamente nenhuma regra. No sentido de "regra" está contido analiticamente que o que A coloca na base de sua orientação comportamental permanece igual. Esse permanecer igual não resulta da uniformidade no comportamento observável de A. Nem toda falta de uniformidade indica uma infração à regra. É preciso conhecer a regra caso se queira verificar se alguém se desvia dela. Um comportamento não uniforme somente pode se caracterizar como erro, justamente como infração à regra, com o conhecimento de uma regra subjacente. Consequentemente, a identidade de uma regra não pode ser atribuída a regularidades empíricas. Pelo contrário, ela depende da validade intersubjetiva, isto é, da circunstância de que (a) os sujeitos que orientam

---

[29] Para a sequência, cf. Winch, *The Idea of a Social Science*, p.24ss.

seu comportamento pelas regras, se desviam dela e (b) podem criticar seu comportamento desviante como infração à regra.

Faz parte disso o famoso argumento de Wittgenstein contra a possibilidade de que os sujeitos possam seguir uma regra como que por si mesmos, sozinhos. "*Crer* seguir a regra não é seguir (de fato) a regra. Por isso, não se pode seguir a regra em privado, visto que, do contrário, crer seguir a regra seria o mesmo que seguir a regra."[30] O ponto principal dessa reflexão é que A não pode estar certo de seguir uma regra de modo geral se não há uma situação em que ele expõe seu comportamento a uma crítica, em princípio passível de consenso, por parte de B. Wittgenstein quer mostrar que a identidade e a validade de regras se relacionam sistematicamente. Seguir uma regra significa seguir em *todo* caso individual a *mesma* regra. A identidade da regra na multiplicidade de suas realizações não se baseia em invariâncias observáveis, mas na intersubjetividade de sua validade. Visto que regras valem de forma contrafactual, existe a possibilidade de criticar o comportamento guiado por regras, avaliando-o como bem-sucedido ou como falho. Por conseguinte, são pressupostos *dois papéis distintos* para os participantes A e B. A tem a competência de *seguir uma regra* ao evitar sistematicamente erros. B tem a competência de *julgar* o comportamento de A guiado por regras. A competência de B para julgar pressupõe, por seu turno, a competência de regra, pois B pode efetuar o exame requerido somente se ele pode demonstrar a A um erro, suscitando, em caso de necessidade, um acordo sobre o emprego *correto* da regra. B assume então o papel de A, colocando diante de seu olhar o que ele fez de errado. Nesse caso, A adota o papel de julgador, que precisa agora, de sua parte, ter a possibilidade de justificar seu comportamento original, demonstrando a B uma aplicação falsa da regra. Sem essa possibilidade da *crítica recíproca* e de uma instrução recíproca conduzindo ao acordo, a identidade das regras não seria assegurada. Uma regra precisa ter validade intersubjetivamente para pelo menos dois sujeitos, se um sujeito deve poder seguir uma regra, e isso significa: a mesma regra.

Com a análise do conceito de "seguir uma regra", Wittgenstein conduz a demonstração de que a identidade de significados remonta à capacidade

---

30 Wittgenstein, "Philosophische Untersuchungen", em *Schriften*, v.I, p.382.

de seguir regras intersubjetivamente vigentes junto com pelo menos um outro sujeito; nesse ponto, ambos precisam dispor da competência tanto para o comportamento guiado por regras quanto também para o julgamento crítico desse comportamento. Um sujeito isolado e solitário, que além disso dispõe somente de uma das competências nomeadas, pode constituir o conceito de regra tão pouco quanto pode empregar símbolos com identidade de significado. Se analisamos a "validade intersubjetiva" de uma regra dessa maneira, deparamo-nos com dois tipos diversos de expectativa: (a) a expectativa de B de que A tem o propósito de executar uma ação na aplicação da regra, (b) a expectativa de A de que B reconhece ou faz valer sua ação como preenchimento da regra. A e B seriam aluno e professor com competência de regra e de julgamento; seja R uma regra, e m, n, q ..., manifestações simbólicas que podem valer como casos de R em um contexto dado; seja EC a expectativa de comportamento do professor, que é fundamentada por R de tal sorte que, por exemplo, $q_{(R)}$ represente um preenchimento de EC. Finalmente, seja J um juízo a respeito de se uma determinada ação pode ser reconhecida como $q_{(R)}$, isto é, como um preenchimento de EC. Seja ER a expectativa de reconhecimento correspondente, de modo que A, se ele manifesta q com a expectativa (ER), coloca uma *pretensão* que B pode reconhecer por meio de J. EC e ER simbolizam os dois tipos de expectativa de comportamento e reconhecimento, cuja distinção me interessa. Pode-se agora indicar, como segue, as condições que precisam ser preenchidas para que R valha intersubjetivamente para A e B, isto é, tenha o mesmo significado, no que pressupomos que A e B dispõem de competência de regra e de julgamento. Que A empregue em um contexto dado a regra R significa:

(1) A suscita $q_{(R)}$,
(2) com o propósito de preencher em um contexto dado a expectativa de comportamento $EC_{(q)}$ de B,
(3) e, na medida em que, por sua vez, ele espera (ER_{qR}) que B reconheça no contexto dado q como um preenchimento de sua expectativa de comportamento;
(4) A pressupõe nesse momento que (1') B está em condições de produzir, caso necessário, $q'_{(R)}$.

(5) ao preencher (2') $EC_{(q')}$ em um contexto dado;
(6) A pressupõe ademais que (3') B teria nesse caso a expectativa $ER_{(q'R)}$ de que q' é reconhecido por A como preenchimento de sua expectativa de reconhecimento $EC_{(q')}$, isto é, de A.

Essas condições precisam ser preenchidas por A, se ele deve produzir uma manifestação compreensível como $q_{(R)}$. De maneira correspondente, aplica-se a B que ele satisfaça os pressupostos (4)-(6) de A e ou preencha ou não preencha a expectativa $ER_{(R)}$ de A, isto é, tome posição com sim ou não. Caso B frustre a expectativa de comportamento de A, ele assumirá por sua vez o papel de A e preencherá condições análogas (1)-(3), no que então A satisfará os pressupostos correspondentes de B e preencherá ou não preencherá a expectativa $ER_{(qR')}$, isto é, diga sim ou não. Essa sequência pode ser repetida por muito tempo, até que um dos participantes preencha a expectativa de reconhecimento do outro, ambos objetivem um consenso fundamentado por tomadas de posição crítica, e estejam seguros de que R vale para eles intersubjetivamente, e isso significa: tem um significado idêntico.

Todavia, em nossa reconstrução o ponto de partida foi que A e B inicialmente creem conhecer o significado de R. Aluno e professor já sabem o que significa seguir *uma* regra; eles querem somente se certificar se sabem o que significa seguir a regra determinada R. Podemos diferenciar disso o caso em que um professor apresenta a um aluno o *conceito da regra*. Vou abstrair isso aqui e passar imediatamente para o caso extremo da gênese da consciência de regra por *ambas* as partes – este é o caso pelo qual se interessa Mead.

Eu recapitulei a análise de Wittgenstein do conceito de "seguir uma regra" para poder aplicar o resultado agora ao emprego de símbolos comunicativos. Até aqui "q" representa um objeto simbólico qualquer, que é produzido segundo uma regra. Na sequência, limito-me à classe de objetos simbólicos que denominamos gestos significantes ou sinais e que coordenam o comportamento, dirigido a objetivos, dos participantes da interação.

Se um membro da tribo A, para retornar ao nosso exemplo de um símbolo simples, grita "ataque" em um contexto apropriado, ele espera o auxílio de seus companheiros B, C, D..., situando-se no alcance da voz, visto que eles entendem sua manifestação q_1, ainda modalmente indiferenciada, como um pedido de auxílio em uma situação em que o gritador vê inimigos aparecerem inesperadamente, está assustado com o perigo repentino e deseja uma defesa contra os agressores. Uma tal situação – queremos supor – preenche condições sob as quais q, no sentido de um pedido de auxílio, pode ser empregado. Uma regra correspondente define o significado de q_I de maneira que os destinatários podem julgar se "ataque" é empregado *corretamente* em um contexto dado – ou se o gritador se permite uma brincadeira, ou seja, comete um erro sistemático, por exemplo, se quer assustar seus companheiros no caso da chegada de vizinhos com um grito de guerra imitado, ou se A nem mesmo sabe talvez como é empregada essa expressão simbólica no interior da comunidade linguística, ou seja, não aprendeu a convenção semântica da palavra. Esse exemplo é em alguns aspectos mais complexo e mais obscuro do que o do professor que quer examinar se um aluno compreendeu a regra para a construção de uma determinada série numérica. Mas essa complexidade se revela prestimosa se consideramos agora o caso geneticamente interessante, isto é, uma situação em que A emprega a mesma expressão simbólica sem que já possa se apoiar em uma definição *convencional* de seu significado: "q_0" não tem ainda um significado idêntico para os participantes da interação. Por outro lado, a estrutura da interação já deve demonstrar todos os caracteres que Mead introduz ao dotar os participantes da interação, em virtude de uma *dupla* adoção de atitude, com a capacidade de interpretar um gesto *em concordância* e empregar gestos sonoros *com propósito comunicativo*.

De acordo com o nosso pressuposto q_0, A *não* profere q_0 com o propósito de seguir uma regra e *não* tem a expectativa de que seus ouvintes B, C, D... reconheçam "q_0" como uma manifestação conforme à regra. A pode *endereçar*, todavia, q_0 a seus ouvintes com a expectativa de que eles (a) reagirão a isso com o propósito de prestar auxílio e que eles (b), ao reagirem assim, expressam que estão interpretando "q_0" como pedido de socorro em uma situação em que A vê surgir inimigos inesperadamente, está assustado com um perigo repentino e deseja assistência.

As expectativas de comportamento que A vincula a q_0 têm, porém, apenas o sentido prognóstico de que B, C, D... se *comportarão* de determinada maneira; elas se distinguem de $EC_{(q)}$ e de $ER_{(qR)}$ pela ausência do componente semântico convencional. As expectativas de A podem ser frustradas pela não ocorrência do comportamento *previsto*, mas não pelo comportamento *falho*.

Lembremo-nos como Mead reconstruiu essas expectativas de comportamento não convencionais: (a) A antecipa o comportamento (prestação de auxílio) de B, tão logo ele tenha aprendido a adotar a atitude na qual B reage aos gestos de A; (b) A antecipa a interpretação que B expressa com essa reação ao gesto de A (pedido-de-socorro-em-uma-situação, na qual...), tão logo ele tenha aprendido a adotar a atitude com que B lhe endereça, por sua vez, gestos como algo que é passível de uma interpretação. De que espécie é então a atitude de B, que A tem de adotar, para que ele adquira uma *consciência de regra* e daí em diante possa proferir "q" *segundo uma regra*?

Suponhamos que A, com sua manifestação q_0, se depare com ouvidos moucos, que B, C, D... não corram ao seu auxílio. A falta de prestação de auxílio é uma circunstância que frustra a expectativa de comportamento imediata (a) de A. Isso pode ter causas triviais: os companheiros não se encontram ao alcance da voz, o grito alcança apenas as crianças e os debilitados, os homens precisam primeiro buscar suas armas e caem nesse momento em uma cilada, etc. Se nenhuma circunstância desse gênero se apresenta, a prestação de auxílio não *falha*; antes, B, C, D... *recusam* prestar auxílio. No entanto, a construção de Mead exclui que essa negativa já possa ser compreendida como rejeição arbitrária de um imperativo; os acontecimentos *ainda* se desenrolam na etapa pré-simbólica de uma interação que decorre sobre o fundamento de um repertório de comportamento específico da espécie, conforme o esquema do estímulo-reação. Uma ação de assistência *recusada* somente pode ser compreendida, portanto, no sentido de uma situação que ocorre se a expectativa de comportamento de A (b) é frustrada: B, C, D... *não interpretaram "q_0" no sentido esperado*. Para isso pode haver novamente causas triviais, mas causas que residem em um *plano diferente* daquele do primeiro caso. A pode ter se equivocado a respeito das circunstâncias relevantes da situação que formam o contexto no qual "q_0" é compreendido *regularmente* como pedido de socorro. Por exemplo, A não reconheceu nos estranhos membros de uma tribo amiga, tomando seus gestos de saudação como gestos de ataque e assim por diante. Na circunstância de que a expectativa de comportamento (b) de A é frustrada por B, C, D..., mostra-se uma falha de comunicação causada por A. Os ouvintes reagem a essa falha de maneira rebarbativa, recusando-se a prestar auxílio. O passo decisivo consiste agora em que *A interioriza essa reação rebarbativa de B, C, D... a um emprego deslocado de q_o*.

Se A aprende a adotar em relação a si mesmo as tomadas de posição de negativa de B, C, D..., que o defrontam por ocasião de falhas "semânticas" (e se B, C, D..., por sua vez, elaboram frustrações análogas da mesma maneira), os membros dessa tribo aprendem a endereçar gritos entre si de modo que eles *antecipam tomadas de posição críticas* para os casos de emprego de q_0 inadequados para o contexto. E, com base nessa antecipação, podemos formar expectativas de um novo tipo, expectativas de comportamento (c) que se apoiam na convenção de que o gesto sonoro somente pode ser entendido no sentido de "q" se ele é proferido sob determinadas condições contextuais. Com isso, alcança-se a etapa de uma interação simbolicamente mediada, na qual o emprego de símbolos é estabelecido por convenções semânticas. Os participantes da interação produzem manifestações simbólicas guiados por regras, portanto, com a expectativa implícita de que elas podem ser reconhecidas por outros na qualidade de manifestação conforme à regra.

Wittgenstein acentuou o nexo interno que existe entre a competência de seguir uma regra e a capacidade de tomar posição com "sim" ou "não" em relação à questão de saber se um símbolo é empregado corretamente, isto é, de acordo com a regra. Ambas as competências são constitutivas de uma consciência de regra em igual medida; elas são, no sentido de uma gênese lógica, cooriginárias. Se adotarmos a tese de Mead da maneira como sugeri, ela poderá ser entendida como uma explicação genética do conceito wittgensteiniano de regra, mais precisamente, em primeiro lugar, o conceito de regras de emprego para símbolos que estabelecem convencionalmente os significados e, com isso, asseguram a identidade dos significados.[31]

---

[31] Sob esse ponto de vista, a explicação de Wittgenstein do conceito de regra é elucidada também pela tentativa de reconstrução de Mead: o conceito de regra que Wittgenstein desenvolve se aplica inicialmente apenas às convenções semânticas, não às normas de ação. Cf. v.I, p.174, nota 159.

(4) A passagem da interação simbolicamente mediada para a interação guiada por normas

Mead descreve de maneira vaga o lugar evolucionário no qual aparecem interações simbolicamente mediadas; a passagem da interação mediada por gestos para a interação simbolicamente mediada deve marcar o limiar da hominização. Provavelmente, sistemas primitivos de chamados foram formados já na fase de hominização, ou seja, antes do aparecimento do *homo sapiens*. Há também indícios de que gestos significantes são empregados espontaneamente nas sociedades primatas no sentido de Mead, ou seja, manifestações na linguagem de sinais. Tão logo as interações passam a ser dirigidas por símbolos empregados com identidade de significado, os sistemas de *status*, tipicamente difundidos nas sociedades de vertebrados, precisaram certamente ter se alterado. Nesse lugar, não posso examinar essas questões empíricas.[32] Para nossas reflexões conceituais, é importante que Mead se limite a explicar, com o conceito de interação simbolicamente mediada, a maneira como o entendimento é possível por meio de significados idênticos – e não ainda a maneira como um sistema linguístico diferenciado é capaz de substituir os reguladores comportamentais mais antigos, inatos segundo as especificidades do gênero.

Seguimos Mead até o ponto em que ele dotou os participantes da interação com a capacidade de permutar sinais com propósito comunicativo. A linguagem de sinais altera também o mecanismo de coordenação do comportamento. Sinais não podem mais funcionar como *disparadores*, da mesma maneira que gestos, aos quais o organismo se "atira" com a convocação de esquemas comportamentais, em virtude de suas disposições comportamentais. É possível imaginar que o emprego comunicativo de signos com identidade de significado retroaja sobre a estrutura dos impulsos e dos modos de comportamento dos organismos implicados. Só que, com o novo *medium* de comunicação ao qual se restringem as considerações de Mead sobre a teoria do significado, a estrutura da interação não é ainda recuperada linguisticamente em *todos* os seus componentes. Uma linguagem de sinais não se estende ainda

---

32 Cf. Count, *Das Biogramm*; Morin, *Das Rätsel des Humanen*.

aos impulsos e ao repertório comportamental. Enquanto os fundamentos motivacionais e o repertório de modos de comportamento não forem *estruturados simbolicamente de ponta a ponta*, a coordenação da ação permanecerá inserida em uma regulação comportamental funcionando de forma pré-linguística, em última instância, apoiada em resíduos instintuais.

Até agora consideramos como exemplo de interações simbolicamente mediadas as manifestações de uma só palavra. Essa descrição já é efetuada por nós da perspectiva de um sistema linguístico diferenciado. Mas interações simbolicamente mediadas não requerem nem uma organização sintática *constituída*, nem uma convencionalização *completa* de signos. Sistemas linguísticos se destacam, em contrapartida, por uma gramática que permite associações complexas de símbolos; e os conteúdos semânticos se desprenderam do substrato de significados naturais, a ponto de as figuras sonoras e sígnicas variarem independentemente de caracteres semânticos. O próprio Mead não distinguiu de maneira clara a etapa de interação simbolicamente mediada dessa etapa superior de *comunicação* caracterizada por uma linguagem diferenciada; ele a diferencia, porém, de uma etapa de *interação* com organização mais elevada, caracterizada pela ação de papéis. Sem mais nem menos, Mead passa da ação *mediada por símbolos* para a ação *normativamente regulada*. Ele se interessa pela estrutura complementária de mundo subjetivo e mundo social, pela gênese do *self* e da sociedade a partir dos contextos de uma interação que, ao mesmo tempo, é linguisticamente mediada e normativamente controlada. Ele segue o desenvolvimento que parte da interação simbolicamente mediada apenas pela linha que conduz à *ação* regulada por normas, negligenciando a linha que conduz a uma *comunicação* linguística proposicionalmente diferenciada.

Essa dificuldade se deixa solucionar quando se distingue, com maior evidência do que o próprio Mead, entre *linguagem* como um *medium de entendimento* e linguagem com um *medium de coordenação da ação* e de *socialização de indivíduos*. A passagem da interação mediada por gestos para a interação simbolicamente mediada é considerada por Mead, como foi mostrado, exclusivamente segundo o aspecto da comunicação; ele mostra como de gestos surgem símbolos e de significados naturais, convenções semânticas simbólicas, isto é, convenções intersubjetivamente vigentes. Disso resulta uma reestruturação conceitual das relações entre os participantes da interação: estes se defrontam nos papéis comunicativos de falante e ouvinte como objetos sociais e aprendem a distinguir atos de entendimento de ações orientadas às consequências. A nova estrutura da socialização ainda coincide com a nova estrutura do entendimento, possibilitada por símbolos. Para o desenvolvimento *ulterior*, esse já não é mais o caso; precisamente essa circunstância não é levada em conta por Mead. Depois que ele construiu a linguagem de sinais, ele se restringe aos aspectos da coordenação da ação e da socialização, àquele processo de formação que decorre por meio do *medium* da linguagem, do qual resultam cooriginariamente a identidade social dos organismos socializados, como também as instituições sociais: "Um homem tem uma personalidade porque pertence a uma comunidade, porque traz para dentro de seu próprio comportamento as instituições dessa sociedade. Ele toma sua linguagem como *medium* com base no qual desenvolve sua personalidade, e depois, pelo fato de adotar diversos papéis de outros membros, chega à postura de membros dessa comunidade. Isso constitui em certo sentido a estrutura da personalidade humana. Há determinadas reações comuns que todo indivíduo tem em relação a determinadas coisas comuns, e, na medida em que essas reações comuns são desencadeadas no indivíduo quando influi sobre outras pessoas, ele desdobra sua própria identidade. A estrutura da identidade é portanto uma reação comum a todos, uma vez que é preciso ser membro de uma comunidade para ter uma identidade".[33] Aqui Mead vê a socialização do ângulo de visão ontogenética, como a constituição do *self* mediada pela linguagem; e ele explica essa construção de um mundo interno renovado com base no mecanismo da adoção de atitude. Mas agora o *ego* adota não as reações comportamentais do *alter*, mas as suas expectativas de comportamento já normatizadas.

A *formação de identidades* e o *surgimento de instituições* podem ser representados então de tal sorte que o contexto extralinguístico das disposições comportamentais e dos esquemas comportamentais é de certa maneira linguisticamente penetrado, isto é, reestruturado de maneira simbólica. Enquanto apenas os instrumentos do entendimento são até então reelaborados com sinais, com signos dotados de significados convencionalmente definidos, o simbolismo

---

33 Mead, *Geist, Identität, Gesellschaft*, p.204-5.

na *etapa da ação guiada por normas* penetra também as motivações e o repertório comportamental; ele cria simultaneamente as orientações subjetivas e os sistemas suprassubjetivos de orientação, indivíduos socializados e instituições sociais. Nesse contexto, a linguagem funciona como *medium* não do entendimento e da transmissão do saber cultural, mas da socialização e da integração social. Estas se efetuam, sem dúvida, mediante atos de entendimento, mas eles não se sedimentam, como os processos de entendimento, em saber cultural, mas em estruturas simbólicas do *self* e da sociedade, em competências e padrões de relações.

"*Self*" e "*society*" são os títulos sob os quais Mead trata a estrutura complementária de mundo subjetivo e mundo social. Com razão, ele parte da premissa de que esses processos podem ter início somente quando se alcança a etapa da interação simbolicamente mediada, e se tornou possível o emprego de símbolos com significado idêntico. Mas ele não considera que tampouco os instrumentos do entendimento podem permanecer intocados por esse processo. A linguagem de sinais se desenvolve formando uma *fala gramatical* na medida em que o *medium* da socialização se desprende simultaneamente do *self* simbolicamente estruturado dos participantes da interação, assim como da sociedade condensada em realidade normativa.

Para ilustrar isso, gostaria de retomar o exemplo do pedido de socorro, embora com duas modificações. Os participantes devem dispor desta vez de uma linguagem comum, mais precisamente, de uma linguagem proposicionalmente diferenciada; além disso, deve haver entre A e os demais membros da tribo B, C, D... uma diferença de *status* que resulta do papel social de A como chefe da tribo. Se A grita "ataque", essa manifestação simbólica "q" vale como um ato comunicativo com o qual A se move no quadro de seu papel social. A atualiza, quando manifesta "q", a expectativa normativa de que os membros da tribo que se encontram ao alcance da voz obedecem à sua exigência de prestar auxílio por meio de determinadas ações, socialmente estabelecidas. As duas coisas, a manifestação do chefe, em conformidade com o papel, assim como também as ações dos membros da tribo, em conformidade com seus papéis, formam um *contexto de interação regulado por uma norma*. No entanto, os participantes, agora que podem efetuar atos de fala explícitos, entenderão "q" como uma manifestação elíptica que poderia ser expandida de tal modo que os ouvintes entendem "q" de maneira alternativa:

(1) como uma constatação de que surgiram inimigos inesperadamente; ou

(2) como expressão do medo do falante diante de um perigo iminente; ou

(3) como ordem do falante a seus ouvintes para prestar auxílio.

Nesse caso, os participantes sabem que

(4) A está autorizado, isto é, *tem o direito*, por causa de seu *status*, a essa exigência, e

(5) B, C, D... são *obrigados* a prestar assistência.

A manifestação "q" pode ser entendida no sentido de (1) porque os participantes, como foi suposto, sabem o que significa fazer um enunciado. Além disso, "q" pode ser entendido no sentido de (3) em função de (4) e (5), isto é, quando os participantes sabem o que significa seguir uma *norma de ação*. Finalmente, como veremos, "q" pode ser entendido no sentido de (2) somente quando (4) e (5) se aplicam por sua vez, visto que um mundo subjetivo ao qual o falante se refere com uma manifestação expressiva somente se constitui na medida em que sua *identidade* se forma na relação com um mundo de relações interpessoais legitimamente reguladas.

Se submetermos o exemplo da ação comunicativa inserida em um contexto normativo a uma análise análoga àquela da interação simbolicamente mediada, na qual os participantes não podem ainda analisar o significado dos símbolos intercambiados segundo seus componentes modais, as diferenças despontarão com evidência não apenas no grau de complexidade, mas também no *tipo de colocação de tarefas*. Até agora nos ocupamos com a conversão da comunicação de gestos em linguagem e tratamos da questão sobre as condições de um emprego de símbolos com significado idêntico; agora precisamos investigar a conversão da interação que vai de um modo de controle pré-linguístico, ligado a instintos, a um modo de controle dependente de linguagem, culturalmente vinculado, para esclarecer o novo mecanismo da coordenação da ação. Essa questão, podemos abordá-la por dois lados: ou nos termos da teoria da comunicação, pois na ação comunicativa o entendimento linguístico avança até tornar-se o mecanismo de coordenação da ação, ou — e este é o caminho que Mead elege — em termos de teoria social ou psicologia social.

Segundo os pontos de vista da teoria da comunicação, o problema se coloca da seguinte maneira: como o *ego* pode vincular o *alter* por meio das ofertas dos atos de fala de sorte que as ações do *alter* sejam conectadas com as ações do *ego* de maneira isenta de conflitos, completando-as em um contexto cooperativo? Pelo exemplo apresentado do pedido de auxílio, pode-se tornar claro que as ações de A, B, C, D... são coordenadas mediante tomadas de posição (por mais implícitas que sejam) do destinatário sobre a manifestação de um falante. Essa manifestação tem, no entanto, um *efeito de vínculo* ilocucionário apenas quando possibilita tomadas de posição que não representam simplesmente reações arbitrárias às manifestações de vontade de um falante. São arbitrárias nesse sentido, por exemplo, as tomadas de posição sobre exigências não normatizadas ou imperativos. Em nosso exemplo, porém, o pedido de auxílio "q" possibilita tomadas de posição sobre pretensões de validade criticáveis. Pois um ouvinte pode contestar essa manifestação em um triplo aspecto: caso seja expandida em uma constatação, uma manifestação de sentimento ou uma ordem, pode-se colocar em dúvida sua verdade, sua veracidade ou sua legitimidade. Na ação comunicativa, como explicado anteriormente, encontram-se à disposição exatamente três modos fundamentais. Para todos se aplica o que se deixa apreender facilmente no modo assertórico: que as ofertas do ato de fala devem sua força vinculante à relação interna entre pretensões de validade e razões. Visto que pretensões de validade não podem ser repelidas ou aceitas sem razão sob os pressupostos da ação orientanda ao entendimento, nas tomadas de posição do *alter* sobre a oferta do *ego* se insere fundamentalmente *um momento de discernimento*; e este as remove da esfera da mera arbitrariedade, do mero condicionamento ou da adaptação — é assim, em todo caso, que os participantes representam a coisa para si mesmos. Na medida em que estes levantam com seus atos de fala pretensões sobre a validez do que foi manifestado, eles partem da expectativa de que podem objetivar um acordo racionalmente motivado e coordenar com esse fundamento seus planos ou ações, sem ter de influenciar os motivos empíricos do outro, como no caso de imperativos simples e da ameaça de consequências, com coerção ou perspectiva de recompensa. Com a diferenciação dos modos fundamentais, o *medium* linguístico do entendimento ganha a força de *vincular* a vontade dos atores imputáveis. O *ego* passa a exercer essa força ilocucionária sobre o *alter* tão logo ambos estejam em condições de orientar sua ação por pretensões de validade.

Com as *pretensões de validade análogas à verdade* que são a veracidade subjetiva e a correção normativa, os efeitos de vínculo dos atos de fala são ampliados para além do domínio das convicções de teor descritivo, circunscrito por proferimentos passíveis de serem verdadeiros. No entanto, os participantes da comunicação, quando proferem ou compreendem proposições de vivência ou proposições normativas, têm de poder se referir a algo em um mundo subjetivo ou em seu mundo social comum de maneira análoga ao modo como fazem referência a algo no mundo objetivo com atos de fala constativos. Apenas quando esses mundos se constituíram, ou ao menos se diferenciaram em seus rudimentos, a linguagem funciona como mecanismo de coordenação. Isso pode ter sido uma razão para que Mead se interesse pela gênese desses mundos. Ele analisa por um lado a constituição de um mundo de objetos perceptíveis e manipuláveis e, por outro, o surgimento de normas e identidades. Nesse ponto, ele se concentra na linguagem considerada como *medium* da coordenação da ação e da socialização, ao passo que deixa sem análise, em grande medida, a linguagem como *medium* do entendimento. Ademais, ele substitui a consideração filogenética pela ontogenética; simplifica a tarefa da reconstrução da passagem da interação simbolicamente mediada para a interação guiada por normas porque pressupõe como preenchidas as condições de uma interação socializadora dos pais com os filhos. Como poderia ser resolvida com esse fundamento a tarefa da reconstrução filogenética é algo que quero esboçar mais tarde, pelo menos a traços largos, recorrendo à teoria de Durkheim sobre a solidariedade social. Pois somente então pode ser descrita a situação de partida de uma racionalização comunicativa que se aplica à ação regulada por normas.

(5) A estrutura complementária de mundo social e mundo subjetivo

Na obra de Mead, as três *raízes pré-linguísticas da força ilocucionária* dos atos de fala são tratadas sem equilíbrio. Mead explica principalmente a estrutura da ação de papéis, ao mostrar como a criança se apropria de maneira reconstrutiva do mundo social em que nasceu e cresce. De forma complementar à estrutura do mundo social, efetua-se a demarcação de um mundo subjetivo; a criança forma sua identidade ao conseguir a qualificação para participar em interações guiadas por normas. No ponto central da análise se encontram, portanto, os conceitos de *papel social* e de *identidade*. Em contraposição a isso, a diferenciação de um mundo de coisas a partir do horizonte da interação social é considerada de maneira muito mais acessória. Acresce que Mead trata os problemas da *percepção de coisas* de uma maneira muito mais psicológica do que na atitude metodológica de uma reconstrução conceitual.

(a) *Proposição e percepção de coisas*

Como vimos, um sinal permanece referido, em todos os seus componentes semânticos, ao fato de que *ego* e *alter* aguardam um determinado comportamento. Esse complexo de significado, não diferenciado de maneira modal, se abre tão logo o falante aprende a empregar proposições. Da estrutura de proposições predicativas simples se pode depreender que o falante organiza estados de coisas em objetos identificáveis e em propriedades predicativas que pode atribuir ou negar aos objetos. Com base nos termos singulares, ele pode fazer referência a objetos que estão distantes espacial e temporalmente da situação de fala, a fim de reproduzir estados de coisas também com independência em relação ao contexto, se for o caso, em modalização ôntica e temporal. Tugendhat analisou os meios que possibilitam um uso da linguagem ao mesmo tempo relacionado com a situação e transcendendo a situação.[34] A disposição sobre termos singulares liberta, por assim dizer, os atos de fala da rede imperativa de interações reguladas de forma extralinguística. A semântica formal trata com primazia os dois tipos de proposição

---

34 Tugendhat, *Vorlesungen zur Einführung in die sprachanalytische Philosophie*.

que pressupõem o conceito de um mundo objetivo como a totalidade dos estados de coisas existentes: proposições assertóricas e proposições intencionais. Os dois tipos de proposições podem ser empregados, por natureza, de maneira monológica, isto é, com propósito não comunicativo; ambos expressam a organização linguística da experiência e da ação de um sujeito que se refere a algo no mundo em atitude objetivante. Proposições assertóricas conferem expressão à opinião do falante de que algo é o caso, proposições intencionais, ao propósito do falante de executar uma ação para que algo seja o caso. Proposições assertóricas podem ser verdadeiras ou falsas; em virtude dessa referência à verdade, podemos também dizer que expressam um conhecimento do falante. Proposições intencionais possuem uma relação com a verdade apenas no que concerne à exequibilidade e à eficiência da ação intencionada. Tais ações teleológicas podem ser reconstruídas na forma de proposições intencionais, as quais o agente poderia ter dito a si mesmo; com proposições intencionais conferimos expressão, nesse caso, ao desígnio de uma ação.

Sem dúvida, Mead não despendeu nenhuma atenção à *estrutura proposicional da linguagem*; mas analisou, da perspectiva da psicologia da percepção, a *estrutura cognitiva da experiência*, a qual subjaz à formação de posições. Nisso ele segue, de uma parte, a conhecida doutrina pragmatista segundo a qual os esquemas para a percepção de objetos permanentes se formam no concurso de olho e mão durante o trato com os objetos físicos que é inibido em função dos objetivos: "A ação biológica originária se caracteriza por decorrer sem exceção até sua conclusão; não há nela, ao menos no caso das espécies animais inferiores, nenhum mundo de percepção das coisas físicas. É um mundo de estímulos e reações, um mundo de Minkowski. As coisas físicas são coisas instrumentais e encontram sua realidade perceptual em experiências de manipulação, que conduzem ao objetivo da ação. Elas trazem consigo a inibição da ação e o aparecimento de um campo que é irrelevante para o decurso (da ação) no interior do qual podem ocorrer formas alternativas de realização da ação. A ação precede ao aparecimento de coisas".[35]

---

[35] Mead, *Philosophie der Sozialität*, p.139.

Mas Mead acentua sobretudo o "caráter social da percepção". Ele desenvolve uma teoria da dessocialização progressiva do trato com objetos físicos, que de início se encontram *como* objetos sociais. A experiência de contato com a resistência de objetos manipuláveis é pensada por Mead de acordo com o modelo da adoção de atitudes de um *alter ego*: "A relação entre o campo perceptual e o organismo na perspectiva é social, isto é, no organismo foi provocada aquela reação do objeto que tende a provocar a ação do organismo. Ao adotar essa atitude do objeto, por exemplo, a atitude da resistência, o organismo está a caminho de provocar suas outras reações próprias ao objeto, e torna-se assim a si mesmo objeto".[36] Mead desenvolve o pensamento fundamental de sua teoria no ensaio sobre o *self* e o processo de reflexão da seguinte maneira: "A criança encontra suas soluções para os problemas que, segundo nosso parecer, são de natureza física – por exemplo, transporte, movimento de coisas e assim por diante –, graças à sua reação social aos semelhantes ao redor. Isso não deve ser atribuído simplesmente a que ela depende da ajuda de seus próximos durante o primeiro período de infância, mas, muito mais importante ainda, a que seu processo primitivo de reflexão é o de mediação por meio de gestos vocais no interior de um processo social cooperativo. O homem pensa de início exclusivamente em termos sociais. Como já acentuei, isso não significa que a natureza e os objetos naturais são personalizados, mas que as reações da criança à natureza e seus objetos são reações sociais e que elas pressupõem que as ações de objetos naturais são reações sociais. Em outras palavras, na medida em que a criança pequena age reflexivamente diante de seu entorno físico, ela age como se fosse estimulada ou impedida por esse entorno, e suas reações são acompanhadas de amabilidade ou ira. Esta é uma postura da qual há mais do que restos em nossas experiências complicadas. Ela se mostra certamente com a maior evidência na contrariedade em relação à completa falta de valor de objetos desprovidos de vida, em nossa preferência por objetos familiares do uso cotidiano e na postura estética perante a natureza, que é a fonte de toda lírica da natureza".[37]

---

36 Ibid., p.144.
37 Mead, *Geist, Identität, Gesellschaft*, p.428.

O próprio Mead não ligou essa perspectiva teórica à pesquisa experimental.[38] Porém, ela acabou se comprovando particularmente na tentativa de vincular os trabalhos de Piaget sobre o desenvolvimento intelectual da criança pequena com as abordagens da teoria da socialização – para o que o Piaget *da primeira fase* já havia tendido de todo modo, inspirado por Baldwin e Durkheim.[39]

Podemos partir da premissa de que, em conexão com a constituição de um "mundo perceptual de coisas físicas", os componentes proposicionais se diferenciam inicialmente das manifestações holísticas da linguagem de sinais, ligada aos contextos. Lançando mão de considerações da análise da linguagem a respeito do emprego comunicativo de proposições, é possível esclarecer como o mecanismo de coordenação da ação próprio da linguagem de sinais é perturbado e como o fundamento da interação simbolicamente mediada é abalado por isso. Na medida em que os participantes da interação dispõem linguisticamente de um mundo objetivo, ao qual se referem com proposições, ou no qual podem intervir dirigidos a objetivos, suas ações não podem mais ser coordenadas por meio de sinais. É apenas durante o tempo em que os componentes semânticos imperativos se amalgamam com os expressivos que os sinais possuem uma força de *controlar o comportamento*. Com a etapa da interação simbolicamente mediada, o círculo funcional do comportamento animal é despedaçado sem dúvida, mas os sinais permanecem ligados às disposições comportamentais e aos esquemas comportamentais. É a essa inserção que os sinais devem uma força de vínculo, que representa um equivalente funcional para o efeito de disparador dos gestos. Na etapa

---

38 Joas, *Praktische Intersubjektivität*, cap.7, p.143ss.

39 Isso é enfatizado por Oevermann, "Programmatische Überlegungen zu einer Theorie der Bildungsprozesse und einer Strategie der Sozialisationsforschung", em Hurrelmann (org.), *Sozialisation und Lebenslauf*, p.134ss. Cf. os trabalhos inspirados por Oevermann: Miller, *Zur Logik der frühkindlichen Sprachentwicklung*; Van de Voort, *Die Bedeutung der sozialen Interaktion für die Entwicklung der kognitiven Strukturen*; Harten, *Der vernünftige Organismus oder die gesellschaftliche Evolution der Vernunft*; Maier, *Intelligenz als Handlung*; além disso, Doise; Mugney; Perret-Clermont, "Social Interaction and Cognitive Development", *European Journal of Social Psychology*, v.6, p.245ss., 1976; Youniss, "Dialectical Theory and Piaget on Social Knowledge", *Human Development*, v.21, n.4, p.234ss., 1978; id., "A Revised Interpretation of Piaget", em Sigel (org.), *Piagetian Theory of Research*.

da comunicação proposicionalmente diferenciada, *linguística* em sentido mais estrito, perde-se essa espécie de motivação.

Certamente, um falante que profere um enunciado "p" com propósito comunicativo levanta a pretensão de que o enunciado "p" é verdadeiro; e a isso um ouvinte pode responder com "sim" ou "não". Com o modo assertórico do emprego da linguagem, portanto, os atos comunicativos ganham a força de coordenar as ações por meio de um acordo racionalmente motivado. Com isso, delineia-se uma alternativa a uma coordenação da ação que se apoia em última instância em regulações instintuais. Porém, o efeito de vínculo de pretensões de verdade vai somente até o ponto em que os participantes da interação se orientam em suas ações por convicções de teor descritivo. Esse efeito de vínculo não abrange os objetivos pelos quais eles se deixam guiar em suas intenções de agir.

Proposições intencionais não são talhadas imediatamente para fins comunicativos. O propósito comunicativo que um falante competente vincula a uma proposição intencional consiste em geral em anunciar uma ação própria ou as consequências positivas ou negativas que ela pode ter para o destinatário. A *anunciação* é a declaração da intenção de um falante, da qual um ouvinte pode tirar suas conclusões. Ela dá ao ouvinte o ensejo de aguardar a intervenção anunciada no mundo e predizer as modificações que ocorreriam no caso de um sucesso da ação. Com anunciações, o falante não quer obter nenhum consenso, mas ter influência sobre a situação da ação. O mesmo vale para os *imperativos*. Na medida em que não estão inseridos em um contexto normativo, os imperativos também conferem expressão somente às intenções de um falante orientado às consequências.

Com anunciações e imperativos, o falante quer ter influência sobre as intenções de um destinatário em sua ação, sem se tornar dependente da obtenção de um consenso. Imperativos conferem expressão a uma vontade à qual o destinatário pode se sujeitar ou resistir. É por isso que o "sim" ou o "não" com que o falante responde ao imperativo tampouco pode fundamentar a validade intersubjetiva de uma manifestação simbólica, eficaz sobre o comportamento; são por sua parte manifestações de vontade ou opções que não carecem de uma maior fundamentação. Neste caso, as posições de sim ou não podem ser substituídas por manifestação de intenções. Isso levou Tugendhat à tese de que as proposições intencionais seriam "aquelas proposições em primeira pessoa que correspondem aos imperativos na segunda pessoa. Se alguém me diz 'vai para casa depois da aula', então posso responder ou com 'sim' ou com a proposição intencional correspondente. As duas coisas são equivalentes. Uma proposição intencional é, portanto, a resposta afirmativa a um imperativo. Mas ao imperativo se pode responder também com 'não', em vez de 'sim' ou em vez da execução da ação".[40] Nessa relação interna entre imperativos e declarações de intenção se vê que o falante não vincula aos imperativos nenhuma pretensão de validade, isto é, nenhuma pretensão que poderia ser criticada e defendida com razões, mas apenas uma pretensão de poder.

Nem imperativos nem anunciações se apresentam dotados de pretensões que se orientassem para um acordo racionalmente motivado e remetessem à crítica ou à fundamentação. Eles não possuem um efeito de vínculo, apenas carecem, se devem provocar algo, de uma associação externa com motivos empíricos do ouvinte. *Per se* eles não podem garantir a conexão das ações do *alter* com as ações do *ego*. Eles dão testemunho das contingências que, com a arbitrariedade de atores agindo teleologicamente, irrompem na interação linguisticamente mediada, contingências que não podem ser absorvidas unicamente pela força vinculante da linguagem empregada de maneira assertórica, e isso significa: da pretensão de validade da verdade proposicional.[41]

É por isso que a regulação da ação por meio de normas pode ser apreendida como a solução de um problema que surge tão logo a coordenação das ações na linguagem de sinais deixa de funcionar.

(b) Norma e ação de papéis

Mead analisa a estrutura de um mundo social comum da perspectiva de uma criança em desenvolvimento A, que entende as anunciações e os impe-

---

40 Tugendhat, *Selbstbewußtsein und Selbstbestimmung*, p.182-3.
41 Imperativos e declarações de intenção podem ser criticados ou fundamentados naturalmente apenas do ponto de vista da exequibilidade da ação exigida ou intencionada (cf. Schwab, *Redehandeln*, p.65ss. e 79ss.); com uma pretensão de validade criticável, porém, eles podem ser vinculados apenas por meio de uma normatização secundária, cf. v.I, p.430ss.

rativos de uma pessoa de referência B, mas que precisa primeiramente adquirir a competência para agir segundo papéis, da qual B já dispõe. Lembro as duas etapas do desenvolvimento da interação que Mead ilustra pelos jogos de papéis da criança (*play*) e pelos jogos de competição do adolescente (*game*): "Crianças se ajuntam para brincar de 'índio'. Isso significa que a criança tem em si um grupo de estímulos que desencadeiam nela própria as mesmas reações que nas outras e que correspondem a um índio. Durante o período de jogo, a criança usa suas próprias reações a esses estímulos para desenvolver uma identidade. A reação à qual ela se inclina organiza esse estímulo ao qual reage. Ela brinca, por exemplo, que oferece algo a si mesma e compra isso; ela dá a si mesma uma carta e a leva para longe; ela fala para si mesma – como parte dos pais, como professor; ela se aprisiona a si mesma – como policial. Ela tem em si estímulos que desencadeiam nela as mesmas reações que nos outros. Ela apanha essas reações e as organiza formando um todo. Esta é a forma mais simples de como se pode ser si mesmo em relação a um outro".[42] A competição representa uma etapa do jogo de papéis com organização mais elevada: "A diferença fundamental entre o *play* e o *game* reside em que no último a criança tem de possuir em si a postura de *todos* os outros envolvidos. As posturas dos outros jogadores que o participante assume organizam-se em uma certa unidade, essa organização controla de novo a reação do indivíduo. Trouxemos o exemplo do jogador de beisebol. Cada uma de suas próprias ações é determinada pelas suposições sobre as ações previsíveis do outro jogador. Seu fazer e deixar fazer é controlado pelo fato de que ele é ao mesmo tempo também *cada* outro membro do time, ao menos na medida em que essas posturas influenciam suas próprias e específicas posturas. Deparamo-nos assim como um 'outro' que é uma organização de posturas de todas aquelas pessoas que estão envolvidas no mesmo processo".[43] Vou tentar reconstruir a gênese conceitual da ação de papéis seguindo a linha esboçada por Mead.[44]

---

42 Mead, *Geist, Identität, Gesellschaft*, p.192-3.
43 Ibid., p.196.
44 O desenvolvimento sociocognitivo da criança foi bem pesquisado nesse meio-tempo; essa tradição de pesquisa, remontando aos trabalhos de Flavell, associa

O mecanismo com base no qual Mead explica a aquisição da competência para papéis é novamente a adoção da atitude de um outro perante si próprio. Desta vez, o mecanismo não se aplica às reações comportamentais e não se limita às expectativas comportamentais, mas se dirige às sanções que B anuncia quando profere imperativos perante A. Essa construção pressupõe uma interação socializadora caracterizada por diferenças de competências e níveis de autoridade, cujos participantes satisfazem de maneira típica as condições a seguir.

A pessoa de referência B domina uma linguagem proposicionalmente diferenciada e preenche o papel social de um educador dotado de autoridade parental; B entende um papel no sentido de uma norma que *autoriza* os membros de um grupo social a aguardar, em situações dadas, determinadas ações uns dos outros, e os *obriga* a cumprir as expectativas de comportamento autorizadas do outro. A criança A somente pode participar, em contrapartida, em interações simbolicamente mediadas; ela aprendeu a entender imperativos e manifestar desejos. Ela pode associar reciprocamente as perspectivas de *ego* e *alter*, que se encontram mutuamente na relação comunicativa de falante e ouvinte. Ela distingue as perspectivas a partir das quais os participantes "veem" a cada vez sua situação comum de ação, mais precisamente, não apenas os diversos ângulos de visão de suas percepções, mas também as suas intenções, desejos e sentimentos diferenciais. Primeiramente, a criança adota uma perspectiva depois da outra, mais tarde ela aprende também a coordená-las. A obediência a imperativos requer, no entanto, não somente operações sociocognitivas, mas também disposições para a ação; com efeito, trata-se da estruturação simbólica de disposições

---

os pontos de vista teóricos de Mead e Piaget: Flavell, *The Development of Role-Taking and Communication Skills in Children*; Keller, *Kognitive Entwicklung und soziale Kompetenz*; Döbert; Habermas; Nunner-Winkler (orgs.), *Entwicklung des Ichs*, p.20ss.; Selman; Byrne, "Stufen der Rollenübernahme", em Döbert; Habermas; Nunner-Winkler (orgs.), op. cit., p.109ss.; Youniss, "Socialization and Social Knowledge", em Silbereisen (org.), *Soziale Kognition*, p.3ss.; Selman; Jacquette, "Stability and Oszillation in Interpersonal Awareness", em Keasy (org.), *Nebraska Symposion on Motivation*, p.261ss.; Selman, *The Growth of Interpersonal Understanding*; Youniss, *Parents and Peers in Social Development*.

comportamentais. B vincula o imperativo "q" à anunciação de sanções. Visto que A experimenta sanções positivas quando executa a ação desejada $h_{(q)}$, e negativas quando deixa de fazê-lo, ele concebe o nexo entre a obediência de um imperativo e a satisfação de um interesse correspondente. Em *obediência ao imperativo* "q", A executa a ação $h_{(q)}$ e sabe que, com isso, evita *ao mesmo tempo a sanção* ameaçada em caso de não obediência e satisfaz o *interesse* de B. Essas operações complexas são possíveis somente se A pode se referir, conhecendo e agindo, a um mundo de objetos perceptíveis e manipuláveis, objetificado ao menos em princípio.

A tarefa consiste então em investigar a organização do mundo social infantil em *uma* dimensão importante, a saber, a apropriação sociocognitiva e moral progressiva da estrutura objetivamente dada de papéis, com os quais as relações interpessoais são legitimamente reguladas. A realidade institucional independente do ator individual emerge porque A constitui uma identidade como membro de um grupo social pelo caminho da estruturação simbólica integral de suas orientações e disposições de ação. O *primeiro passo* por esse caminho é marcado pelas concepções e disposições para expectativas de comportamento particularistas enfeixadas, isto é, associadas de maneira condicional e remetidas umas às outras de modo complementar. No *segundo passo*, essas expectativas de comportamento são generalizadas, ganhando validade normativa. Esses dois passos correspondem aproximadamente às etapas de *play* e *game*, caracterizadas por Mead. A reconstrução torna-se mais nítida se separarmos duas vezes o desenvolvimento sociocognitivo do desenvolvimento moral. Também sob o aspecto moral se trata somente da reconstrução de estruturas conceituais; nesse quadro, da interiorização de sanções deve interessar-nos somente a lógica, não a dinâmica psíquica do surgimento da validade normativa.

Play. Uma vez que o comportamento de B em relação a A é determinado pelo papel social da pessoa cuidadora parental, A aprende a obediência de imperativos não apenas na dependência de sanções positivas e negativas, mas também no contexto do cuidado e da satisfação das próprias necessidades. Todavia, A não reconhecerá ainda as atenções que ele experimenta de B *como* uma ação parental regulada por normas. A pode entender essas ações de B somente no nível em que ele mesmo satisfaz os interesses de B, ao obedecer às exigências dele. A obediência de imperativos significa para A, de início, a realização de interesses. Agora, no caso mais simples, a expectativa de B de que A obedeça ao imperativo "q" e a expectativa recíproca de A de que seu imperativo "r" seja observado também por B se associam na forma de um par. Como suposto, essa associação resulta para B das normas que regulam a relação pais e filho; no contexto do cuidado parental, ao contrário, A experimenta a associação normativa de expectativas complementares de comportamento simplesmente como regularidade empírica. Esse fato pode ser interpretado de maneira correspondente por A, ao saber que, obedecendo aos imperativos de B, satisfaz também os interesses deste: A e B, quando um obedece ao imperativo do outro, aprendem a satisfazer mutuamente seus interesses.

A complementaridade de ações que têm por consequência a satisfação mútua de interesses, se ela se dá pelo caminho do cumprimento de expectativas de comportamento recíprocas, forma um esquema cognitivo que A pode aprender por meio da adoção de atitudes sob as condições iniciais mencionadas. A precisa antecipar, ao proferir "r", que B satisfaça esse imperativo na *expectativa* de que A, por seu turno, obedeça ao imperativo "q" proferido por B. Ao adotar essa expectativa de B em relação a si mesmo, A adquire o conceito de *padrão comportamental*, que associa condicionalmente as expectativas de comportamento particulares de A e B, entrelaçadas de maneira complementar.

Quando se observa de forma isolada o lado sociocognitivo desse processo, é possível que resulte a falsa impressão de que a criança possuiria uma espécie de margem de negociação para a imposição de seus interesses, ao passo que, de fato, ela aprende somente nesse processo a interpretar suas carências e articular seus desejos. As expectativas de comportamento aparecem para a criança como algo externo, atrás do qual se encontra a autoridade da pessoa de referência. Faz parte dessa situação de partida a disposição desigual de meios de sanção; é *nesse* plano que opera uma outra adoção de atitude, que Mead tem em vista sobretudo no caso da constituição da identidade.

B vincula o anúncio de sanções não mais apenas aos diversos imperativos, mas também à expectativa generalizada de que A demonstre disposição de obediência sob a condição do cuidado que experimenta de B. A antecipa essa ameaça e se apropria dessa atitude em relação a ele, quando obedece ao imperativo "q" de B. Este é o fundamento para a internalização de papéis, ou seja, primeiramente de expectativas de comportamento associadas em pares. Freud e Mead reconheceram que esses padrões comportamentais acabam se desprendendo das intenções e dos atos de fala contextualmente determinados das diversas pessoas, e assumindo a forma externa de normas sociais, na medida em que as sanções associadas a eles são *internalizadas* mediante a adoção de atitude, isto é, são inseridas na personalidade e, com isso, se tornam independentes do poder de sanção das pessoas de referência concretas.

Um padrão comportamental que A internaliza nesse sentido obtém a autoridade de um arbítrio suprapessoal. Sob essa condição, o padrão comportamental pode ser transferido para situações de ação análogas, isto é, *generalizadas espacial e temporalmente*. Assim, A aprende a entender as interações, em que A e B proferem e observam alternadamente imperativos, como o cumprimento de uma expectativa de comportamento. Nesse ponto, o sentido imperativista da "expectativa" se desloca de maneira peculiar: A e B subordinam sua vontade particular a um *arbítrio* combinado, por dizer *delegado* a uma expectativa de comportamento generalizada espacial e temporalmente. A entende agora o imperativo de grau superior de um padrão de comportamento de que ambos, A e B, se valem quando eles proferem "q" ou "r".

O processo de constituição de uma *vontade suprapessoal*, da qual os padrões comportamentais passam a ser dotados, é observado por Mead no jogo de papéis da criança que troca ficticiamente os lados, ora ocupando o lugar do oferecedor, ora o do comprador, ora representa o policial, ora o criminoso. No entanto, não se trata ainda de papéis sociais em sentido estrito, mas de padrões comportamentais concretos. Na medida em que os padrões comportamentais que a criança exercita não são ainda socialmente generalizados, isto é, por meio de todos os membros de um grupo, eles possuem validade apenas para situações em que A e B se contrapõem. O conceito de um padrão comportamental *socialmente generalizado*, isto é, de uma norma na qual em princípio cabe a *cada um* adotar o lugar de A e B, pode ser formado por A somente quando assume uma vez mais a atitude do outro, agora, porém, a de um outro generalizado – *generalized other*.

Game. Até aqui partimos da premissa de que *ego* e *alter*, quando agem um com o outro, assumem exatamente dois papéis comunicativos, a saber, o de falante e o de ouvinte. A isso correspondem as perspectivas coordenadas dos participantes, no que o cruzamento recíproco das perspectivas intercambiáveis de falante e ouvinte descreve uma estrutura cognitiva que subjaz à compreensão das situações da ação. Além disso, supomos que ao menos teve início a constituição de um mundo de objetos; a criança tem de poder adotar em princípio uma atitude objetivante em relação a objetos perceptíveis e manipuláveis, caso deva agir intencionalmente e entender exigências e declarações de intenção. A isso corresponde a perspectiva de um observador que, todavia, só agora é introduzida no âmbito da interação. Tão logo essa condição, como a queremos requerer para a passagem do *play* para o *game*, é satisfeita, o *ego* pode dividir o papel comunicativo de *alter* nos papéis comunicativos de um *alter ego*, do defrontante participante, e de um *neuter*, do membro do grupo presente na interação como espectador. Com isso, os papéis comunicativos de falante e ouvinte são relativizados pela posição de um *terceiro* não participante, mais exatamente, como papel da *primeira pessoa* — falante — e da *segunda pessoa* — a quem se fala e quem toma posição. Assim, para as interações que ocorrem entre os membros do mesmo grupo social surge o sistema, expresso pelos pronomes sociais, de relações possíveis de um Eu com Tu e Ele, ou com Vós e Eles; inversamente, os outros se referem ao Eu no papel de segunda e de terceira pessoa. Com essa diferenciação, uma nova categoria de adoção de atitude torna-se possível, e isso segundo pontos de vista tanto cognitivos como morais.

Partimos da ideia de que A domina padrões comportamentais que ainda não são socialmente generalizados e agora adquiriu também a capacidade sociocognitiva de comutar da atitude performativa (da primeira pessoa em relação a B como segunda pessoa) para a atitude neutra de uma terceira pessoa, embora pertencente ao *grupo*, e transformar umas nas outras as perspectivas correspondentes de ação (de A em relação a B, de B em relação a A, de A em relação a *neuter* (N) e de N em relação a A e B). A pode agora *objetificar* a associação recíproca das perspectivas do participante a partir da perspectiva do observador, isto é, pode adotar uma atitude objetivante em relação à interação de A e B, e descolar o sistema de perspectivas da ação, cruzadas entre ele e B, das situações particulares em que os dois atores, A e B, se deparam. A compreende que *qualquer um* que venha a adotar a perspectiva de *ego* e *alter* assumirá o *mesmo* sistema de perspectivas. Sob essa condição, o conceito de um padrão comportamental concreto pode também se generalizar, convertendo-se no conceito de norma de ação.

Até agora, atrás do imperativo de grau superior do padrão comportamental de que A e B se valeram quando proferiram "q" ou "r", encontravam-se a vontade combinada, embora particular, e os interesses de A e B. Agora, quando A se apropria, em sua interação com B, da atitude que *neuter* adota em relação a A e B como membro não participante de seu grupo social, ele se torna consciente da intercambialidade das posições que A e B ocupam.

A reconhece que o que lhe pareceu como um padrão comportamental concreto, talhado para esta criança e estes pais, foi para B, desde o início, uma norma que regula a relação entre crianças e pais de modo geral. Com essa adoção de atitude, A forma o conceito de um padrão comportamental socialmente generalizado, isto é, por meio de *todos* os membros do grupo, cujos lugares não são reservados para *ego* e *alter*, mas, em princípio podem ser ocupados por todos os membros de um grupo social. Essa generalização social do padrão comportamental tampouco deixa intacto o sentido imperativista ligado a ele. De agora em diante, A entende as interações em que A, B, C, D... proferem ou observam os imperativos "q" ou "r", como a satisfação da *vontade coletiva* do grupo, à qual A e B subordinam seu arbítrio combinado.

Ora, é importante lembrar-se de que, nessa etapa de conceitualização, A não entende ainda papéis ou normas sociais no *mesmo* sentido que B. Sem dúvida, os imperativos "q" e "r" deixam de valer imediatamente como a manifestação factual da vontade de um falante, mas a norma de ação, até onde A a entende até o momento, expressa apenas o *arbítrio generalizado* de todos os demais, um imperativo generalizado de maneira específica ao grupo — *e cada imperativo se baseia em última instância no arbítrio*. A sabe somente que as consequências da ação normatizadas dessa forma se tornaram socialmente esperáveis no interior do grupo: quem pertence ao grupo dos pais ou das crianças e profere "q" ou "r" perante destinatários do outro grupo, de acordo com uma norma correspondente nas situações dadas, pode esperar (no sentido de prognóstico) que esses imperativos sejam observados em geral.

Pois, se A infringe um padrão comportamental socialmente generalizado com a não obediência do imperativo "q" proferido por B, ele lesa não apenas o interesse de B, mas também os interesses de todos os membros de grupo incorporados na norma. A tem de esperar nesse caso sanções do grupo que são efetuadas por B sob certas circunstâncias, mas que remontam à autoridade do grupo.

No momento, até onde reconstruímos o conceito de norma da ação, ele se refere à regulação coletiva do arbítrio dos participantes da interação que coordenam suas ações por meio de imperativos sancionados e da satisfação mútua de interesses. Na medida em que consideramos apenas o lado sociocognitivo da normatização de expectativas de ação, chega-se aos modelos conhecidos, tirados da ética empirista, de um condicionamento recíproco por meio de probabilidades de êxito. A pode saber ao que B, C, D... *visam* quando apoiam seus imperativos no imperativo de grau superior de uma norma de ação. Mas A ainda não entendeu o componente de significação decisivo presente no conceito de norma de ação: o caráter obrigatório das normas de ação vigentes. Apenas com o conceito de validade normativa A poderia superar inteiramente as assimetrias embutidas na interação socializadora.

Generalized Other. Mead vincula ao conceito de papel social o sentido de uma norma que ao mesmo tempo *autoriza* os membros de um grupo a esperar determinadas ações uns dos outros em determinadas situações, e os *obriga* a satisfazer as expectativas de comportamento autorizadas dos demais: "Se insistimos em nossos direitos, provocamos determinadas reações — uma reação que deveria ser desencadeada em cada um e talvez se apresente em cada um. Ora, essa reação é dada em nosso próprio ser; até um certo grau, estamos prontos a adotar a mesma postura em relação a um outro quando apela a nós. Se desencadeamos essa reação em outros, então podemos assumir a postura dos outros e ajustar nosso próprio comportamento a isso. Há, portanto, muitas dessas reações comuns na comunidade ao nosso redor; nós as designamos 'instituições'. A instituição é uma reação comum da parte de todos os membros da comunidade a uma situação determinada [...]. Chama-se o policial por socorro, espera-se do procurador que instaure o processo, do tribunal em seus diversos órgãos que processe o criminoso.

Adota-se a postura de todos esses órgãos que se ocupam com a proteção da propriedade; eles todos, como processo organizado, são encontráveis de alguma maneira em nossa própria vida. Se desencadeamos tais ações, então adotamos a atitude do 'outro generalizado'".[45]

Nessa passagem, Mead fala dos adultos socializados que já sabem o que significa que uma norma *vale*; ele tenta explicar esse conceito alegando que o ator que reclama um direito fala do mirante do "outro generalizado". Ao mesmo tempo, acentua que essa instância surge como uma realidade social somente na medida em que os membros de um grupo social interiorizam papéis e normas. A autoridade com que é dotada a instância do "outro generalizado" é aquela de uma *vontade geral de grupo*; ela não coincide com o poder do *arbítrio generalizado de todos os indivíduos*, que se manifesta nas sanções de um grupo contra os desvios. Mas Mead imagina, novamente em concordância com Freud, que a autoridade de normas *obrigatórias* se realiza pela via da interiorização de sanções *factualmente ameaçadas* e exercidas. Observamos a aquisição de padrões comportamentais socialmente generalizados até agora somente sob os aspectos cognitivos. Porém, de fato, a criança em crescimento aprende esses padrões ao antecipar as sanções que punem as violações de um imperativo generalizado e, com isso, *interiorizar o poder do grupo social* que se encontra atrás disso. O mecanismo da adoção de atitude opera aqui, mais uma vez, no plano moral, mas desta vez ele começa pelo poder de sanção de um grupo, não pela pessoa de referência individual. Na medida em que A passa a ancorar o poder das instituições, que o defronta factualmente, na estrutura de seu *self*, em um sistema de controles comportamentais internos, isto é, morais, os padrões comportamentais generalizados ganham para ele a autoridade de um "tu deves" (agora não mais imperativista), e com isso aquela espécie de validade deontológica graças à qual as normas possuem força vinculante.

---

45 Mead, *Geist, Identität, Gesellschaft*, p.307-8. Sobre a ontogênese de conceitos socionormativos, cf. Turiel, "The Development of Social Concepts", em De Palma; Foley (orgs.), *Moral Development*; id., "Social Regulations and Domains of Social Concepts", em Damon (org.), *New Directions for Child Development*, 2v.; Damon, *The Social World of the Child*; Furth, *The World of Grown-ups: Children's Conceptions of Society*.

Vimos como a autoridade de que inicialmente a pessoa de referência individual dispõe e que depois passa à vontade combinada de A e B se escalona mediante a generalização social de padrões comportamentais, até chegar ao arbítrio generalizado de todos os outros. Esse conceito possibilita a representação de sanções atrás da qual se encontra a vontade coletiva de um grupo social. Essa vontade permanece, no entanto, um arbítrio, por mais generalizado que seja. A autoridade do grupo consiste simplesmente em que esta pode ameaçar e exercer sanções em caso de lesões aos interesses. Essa *autoridade imperativista* é transformada em uma *autoridade normativa* somente por meio da interiorização. Apenas com isso surge a instância do "outro generalizado", que fundamenta a validade deontológica de normas.

A autoridade do "outro generalizado" se distingue de uma autoridade apoiada unicamente na disposição de meios de sanção porque se baseia no consentimento. Tão logo A observe as sanções do grupo *como suas próprias* sanções, dirigidas por ele mesmo contra si mesmo, ele *tem de pressupor* seu consentimento com a norma, cuja lesão ele castiga dessa maneira. Diferentemente de imperativos socialmente generalizados, as instituições possuem uma validade que remonta ao reconhecimento intersubjetivo, ao consentimento dos concernidos: "Contra a proteção de nossas vidas ou propriedade, assumimos a *atitude de assentimento* de todos os membros na comunidade. Tomamos o papel do que pode ser chamado 'o outro generalizado'".[46] A atitude conforme a normas que um falante adota na efetuação de um ato de fala regulativo é reconstruída por Mead como a adoção da atitude do "outro generalizado"; com uma atitude conforme a normas, A confere expressão à postura de um consenso normativo dos membros do grupo.

As tomadas de posição afirmativas que esse consenso suporta mantêm de início um *status* ambíguo. De um lado, elas *não* significam *mais* simplesmente o "sim" com que um ouvinte disposto a obedecer responde a um imperativo "q". Esse "sim" seria equivalente, como foi mostrado, a uma proposição intencional que se refere à ação exigida $h_{(q)}$, e representaria consequente-

---

46 Mead, *Selected Writings*, p.284. [Em inglês no original: "Over against the protection of our lives or property, we assume the *attitude of assent* of all members in the community. We take the role of what may be called 'the generalized other'." (N. T.)]

mente uma expressão do mero arbítrio, normativamente desvinculado. De outro lado, aquelas tomadas de posição *não* são *ainda* do tipo de "sim" em relação a pretensões de validade criticáveis. Do contrário, teríamos de supor que a validade factual de normas de ação se baseia desde o início e em toda parte em um entendimento racionalmente motivado de todos os concernidos – contra isso depõe o caráter repressivo que se manifesta no fato de que normas, demandando obediência, são eficazes na forma de controles sociais. E, no entanto, o controle social, exercido por meio de normas vigentes específicas aos grupos, não se baseia *somente* na repressão: "O controle social depende do grau em que os indivíduos na sociedade são capazes de assumir as atitudes dos outros que estão envolvidos com eles no esforço comum [...]. Todas as instituições servem para controlar os indivíduos que encontram nelas a organização de suas próprias respostas sociais".[47] Essa frase recebe um sentido preciso se entendemos "response" como resposta à questão de saber se uma instituição ou uma norma de ação é *digna* de ser reconhecida no interesse de todos os concernidos.

Para a criança em crescimento, essa questão já é respondida afirmativamente, antes que possa colocá-la a si mesma *como* uma questão. Ao momento do universal no "outro generalizado" se prende ainda o poder factual de um imperativo generalizado. Pois o conceito se forma pela via da interiorização do poder sancionado de um grupo concreto. Só que, nesse mesmo momento do universal, *já* está contida *também* a pretensão, *direcionada* ao discernimento, de que a uma norma compete validade somente na medida em que ela considera os interesses de *todos* os implicados, no tocante a uma matéria carente de regulação, e corporifica a vontade que *todos* poderiam formar *em comum* no respectivo interesse *próprio*, na qualidade de vontade do "outro generalizado". Essa duplicidade caracteriza a compreensão tradicionalista de normas. Apenas quando o poder da tradição é quebrado, à medida que

---

[47] Ibid., p.291. [Em inglês no original: "Social control depends upon the degree to which the individuals in society are able to assume the attitudes of the others who are involved with them in common endeavor [...] All of the institutions serve to control individuals who find in them the organization of their own social responses". (N. T.)]

a legitimidade das ordens existentes vem a ser considerada à luz de alternativas hipotéticas, os membros de um grupo dependente de cooperação, isto é, de esforços comuns para alcançar metas coletivas se perguntam se as normas questionáveis regulam o arbítrio dos membros de maneira que *cada um deles* possa ver defendido *seu interesse*. Com as categorias da ação regulada por normas e da constituição de um mundo de relações interpessoais legitimamente reguladas, *abre-se* em todo caso essa perspectiva, que Mead, no entanto, não investiga em termos de ontogênese, mas no contexto da evolução social. A compreensão pós-tradicional de normas se entretece com um conceito de racionalidade comunicativa que pode vir a ser atual apenas na medida em que as estruturas do mundo da vida se diferenciam, e os membros constituem interesses *próprios* divergentes. Antes de retomar esse tema, temos de tornar claro como a estrutura de um *mundo subjetivo* se efetua em complementaridade com aquela do mundo social.

(c) Identidade e natureza carencial

Consideramos o processo de socialização da perspectiva da criança em crescimento, mas de início somente no que concerne à estrutura de um mundo social que o adolescente socializado defronta finalmente na qualidade de realidade normativa do outro generalizado. Ao aprender a obedecer às normas de ação e assumir papéis cada vez mais amplos, ele adquire a capacidade generalizada de participar de interações normativamente reguladas. Sem dúvida, após a aquisição dessa competência de interação, a criança em crescimento se comporta para com as instituições também em uma atitude objetivante, como se se tratasse de componentes não normativos da respectiva situação de ação. Porém, A não poderia entender o significado do termo "instituição" se não tivesse adotado de suas pessoas de referência aquela atitude na qual somente normas são seguidas ou infringidas. A criança em crescimento pode fazer referência a algo no mundo social com um ato comunicativo somente quando sabe como se adota uma *atitude conforme a normas*, orientando a ação por pretensões de validade normativas.

Esse *know how* é de tal gênero que possibilita uma reorganização das próprias disposições comportamentais: "O *self* é essencialmente uma estrutura social, e ele se forma na experiência social".⁴⁸ A passagem da interação simbolicamente mediada para a interação normativamente regulada possibilita não apenas a transição para um entendimento modalmente diferenciado. Ela não significa apenas a estrutura de um mundo social, mas também a estruturação simbólica completa dos motivos da ação. Do ângulo de visão da socialização, esse aspecto do processo de socialização se apresenta como a constituição de uma identidade.

Mead trata a formação da identidade sob o título de uma relação entre o *Me* e o *I*. A expressão *Me* designa a perspectiva a partir da qual a criança, ao adotar para si mesma as expectativas do outro generalizado em relação a ela, constrói um sistema de controles comportamentais internos. Pela via da interiorização de papéis sociais, forma-se uma estrutura de Supereu pouco a pouco integrada, possibilitando aos agentes se orientar por pretensões de validade normativas. Em simultaneidade com esse Supereu – o *Me* –, forma-se o Eu, o mundo subjetivo de vivências de acesso privilegiado: "O Eu reage ao *Self*, que se desenvolve por meio da adoção das posturas dos demais. Na medida em que assumimos essas posturas, forma-se o 'Me', e reagimos a isso como Eu".⁴⁹

Enquanto o conceito de *Me* é definido, Mead oscila no emprego da expressão *I*. Ele o representa como uma instância que se descola dos representantes das normas sociais no *self*, elevando o *self* para "além do indivíduo institucionalizado". Mas, de um lado, Mead entende por isso a espontaneidade de intuições, desejos, sentimentos, humores, ou seja, um potencial reativo que impele para além das orientações ancoradas no Supereu, formando a circunscrição do subjetivo perante o mundo externo: "O *Me* requer um Eu determinado, na medida em que realizamos obrigações. [...] Mas o Eu é sempre um pouco distinto do que a situação requer. [...] O Eu não apenas provoca o *Me*, ele reage também a ele".⁵⁰ De outra parte, Mead concebe o

---

48 Mead, *Geist, Identität, Gesellschaft*, p.182.
49 Ibid., p.217. Sobre a relação entre adoção de perspectivas e consciência moral, cf. o levantamento bibliográfico de Kurdek, "Perspective Taking as the Cognitive Basis of Children's Moral Development", *Merrill-Palmer Quarterly*, v.24, p.3ss., 1978.
50 Mead, *Geist, Identität, Gesellschaft*, p.221.

"Eu" como a capacidade generalizada de encontrar soluções criativas para situações em que algo como a autorrealização da pessoa está em jogo: "As possibilidades em nossa essência, essas energias a que William James gostava de referir-se, representam possibilidades do *self* que se situam além de nossa própria apresentação imediata. Não sabemos exatamente como elas estão constituídas. Em certo sentido, são os conteúdos mais fascinantes que temos – na medida em que podemos apreendê-las. Na literatura, no cinema e na arte, uma grande parte de nosso deleite deriva do fato de que ao menos na fantasia são liberadas possibilidades das quais dispomos ou que desejaríamos ter. Nesse âmbito, aparece o *novo*, aqui residem nossos valores mais importantes. E é em certo sentido a realização desse *self* que continuamente estamos procurando".[51] O "Eu" é ao mesmo tempo motor e guardador de lugar de uma individualização que somente pode ser alcançada por meio da socialização. Ainda retorno a esse Eu na qualidade de instância da autorrealização.

No momento nos interessa apenas o "Eu" no sentido de uma subjetividade que se destaca do pano de fundo de um Supereu modelado de acordo com papéis sociais: "Se um indivíduo se sente limitado, então ele reconhece a necessidade de uma situação em que possa realizar *sua* contribuição para a iniciativa, não precisando ser apenas um *Me* cunhado por convenções".[52] Que Mead se refere àquele mundo subjetivo de vivências com acesso privilegiado que o agente desvela em proferimentos expressivos perante os olhos de um público, é algo que se torna patente pela seguinte passagem: "Situações em que se pode deixar ir, nas quais justamente a estrutura do *Me* abre a porta para o 'Eu', são favoráveis à autorrepresentação. Já mencionei a situação em que alguém se senta junto de um amigo e explica em detalhes o que ele pensa sobre o outro. Há uma satisfação em deixar-se ir dessa maneira. São expressas agora de maneira bem natural coisas que sob outras circunstâncias não se diria, e mesmo nem se pensaria".[53]

---

51 Ibid., p.248.
52 Ibid., p.256.
53 Ibid., p.257.

Considerando o processo do ângulo de visão da ontogênese, na mesma medida em que a criança se apropria cognitivamente do mundo social de relações interpessoais legitimamente reguladas, constrói um sistema correspondente de controles internos e aprende a orientar sua ação por pretensões de validade normativas, ela vai traçando um limite cada vez mais nítido entre um *mundo exterior* condensado na realidade institucional e o *mundo interior* de vivências espontâneas. Estas não podem se exteriorizar por meio de ações conforme a normas, mas somente pela autorrepresentação comunicativa.

2
A autoridade do sagrado e o pano de fundo normativo da ação comunicativa

Na seção anterior, apresentei de maneira sistemática como G. H. Mead procura explicar reconstrutivamente a interação simbolicamente mediada e a ação com papéis sociais. A primeira dessas duas etapas da interação é caracterizada pela emergência de um novo *medium* de comunicação, a segunda, pela normatização de expectativas de comportamento. Enquanto ali a comunicação de gestos expressivos que estimulam o comportamento se converte no emprego de símbolos, a passagem para a ação regulada por normas significa a conversão em uma base simbólica de controle comportamental – não mais apenas os meios de comunicação, mas também os esquemas e disposições comportamentais são reestruturados de forma simbólica. Como enfatiza várias vezes, Mead reconstrói inicialmente esse passo de desenvolvimento apenas da perspectiva ontogenética de uma criança em crescimento. Para o plano da interação socializadora dos pais, ele precisava pressupor a competência para a interação e para a linguagem que a criança começa a adquirir. Essa restrição metodológica é legítima na medida em que Mead trata da gênese do *self*. Mead tem também clareza de que precisa retomar, com a passagem do indivíduo à sociedade,[1] a consideração filogenética que já havia adotado para explicar a interação simbolicamente mediada.[2] Das hipóteses fundamentais da teoria da socialização, que Mead desenvolveu na

---

1 Caracterizada no texto pela cesura entre a terceira e a quarta parte. Cf. Mead, *Geist, Identität, Gesellschaft*, p.273.
2 Ibid., p.273ss.

parte precedente de sua investigação, resulta o primado genético da sociedade sobre o indivíduo socializado: "se o indivíduo alcança sua identidade apenas pela comunicação com o outro, apenas pelo refinamento dos processos sociais mediante a comunicação significante, então o *self* não pode ter antecedido o organismo social. O último tem de haver existido primeiro".[3] De maneira digna de nota, Mead não empreende, porém, nenhum esforço para explicar como esse "organismo social" normativamente integrado pode ter se desenvolvido a partir das formas de socialização da interação simbolicamente mediada.

Mead empreende comparações entre as sociedades dos seres humanos e dos insetos, compara as sociedades dos humanos e dos vertebrados, mas essas extensas explicações antropológicas sempre conduzem apenas ao único resultado de que a linguagem de sinais, o intercâmbio por meio de símbolos empregados com significados idênticos, possibilita um novo nível de socialização: "Parece-me ser o princípio fundamental da organização social do ser humano a comunicação – uma comunicação que se distingue das outras espécies que não apresentam esse princípio de ordenamento social".[4] Mesmo que essa hipótese seja correta, que os sistemas primitivos de chamados tenham inaugurado o fio evolutivo para o *homo sapiens*, com isso não se explica ainda o surgimento de instituições.

Certamente, Mead recorre nessa passagem também ao desenvolvimento cognitivo que faz nascer do círculo de funções da ação instrumental um mundo objetivo de objetos perceptíveis e manipuláveis: "Há uma outra fase, mais importante, no desenvolvimento do ser humano que é talvez tão decisiva para a evolução da inteligência típica do homem quanto a linguagem, mais precisamente, o emprego da mão para isolar objetos físicos".[5] O mundo de objetos físicos se constitui como um "contexto de envolvimentos", como Heidegger diz em *Ser e tempo*:[6] "Eu já acentuei o papel importante que com-

---

3 Ibid., p.280.
4 Ibid., p.299.
5 Ibid., p.283.
6 Heidegger, *Sein und Zeit*, p.66-89.

pete à mão na construção do ambiente. As ações dos seres vivos conduzem a um objetivo, por exemplo, pegar comida, e a mão intervém entre o começo e a conclusão desse processo. Nós apanhamos a comida, nós a manipulamos, e até onde concerne nossa explicação do ambiente, podemos dizer que a apresentamos a nós mesmos como um objeto manipulado. O fruto alcançável para nós é um objeto que podemos apanhar com a mão. Pode se tratar aí de um fruto comestível ou de uma cópia feita de cera. O objeto, porém, é um objeto físico. O mundo dos objetos físicos em torno de nós não é simplesmente o objetivo de nosso movimento, mas um mundo que possibilita a execução de uma ação".[7] Diferentemente de Heidegger, que acolhe esse motivo pragmático em sua análise do ser-no-mundo, embora insensível aos fenômenos da socialização, Mead sabe tão bem quanto Piaget que as ações instrumentais se inserem no contexto cooperativo de membros de grupos, pressupondo uma interação regulada. O círculo de funções da ação instrumental não se deixa analisar independentemente das estruturas da cooperação, e cooperação requer um controle social que regula as atividades do grupo.[8]

Ora, as coisas se passam de tal modo que Mead atribui o controle social, que serve para "integrar o indivíduo e suas ações com vista ao processo social organizado de experiência e comportamento",[9] à autoridade moral do "outro generalizado": "A organização da sociedade consciente de si mesma depende de que os membros individuais adotem a postura dos demais membros. E o desenvolvimento desse processo, por seu turno, depende de que se chegue à postura do grupo, à diferença daquela de um membro individual – a saber, ao 'outro generalizado'".[10] É digno de nota que Mead empregue a instância do "outro generalizado", cuja filogênese deve porém ser explicada, apenas no papel do *explanans*; para a elucidação do conceito,

---

7 Mead, *Geist, Identität, Gesellschaft*, p.294-5.
8 Nesse aspecto, Scheler se aproxima do pragmatismo de Mead. Cf. seu estudo sobre conhecimento e trabalho, em Scheler, *Die Wissensformen und die Gesellschaft*, p.191ss.
9 Mead, *Geist, Identität, Gesellschaft*, p.301.
10 Ibid., p.302.

ele remete também aqui, onde se trata da filogênese do consenso normal, unicamente aos exemplos conhecidos tirados da ontogênese, sobretudo do jogo de bola.[11] Mead procede de maneira circular: para a explicação do processo *filogenético* da interação simbolicamente mediada para a interação guiada por normas, ele recorre a uma instância introduzida em termos de *ontogênese*, embora a ontogênese desse "outro generalizado" não possa ser explicada, por seu turno, sem recorrer à filogênese. Minha crítica a Mead toma como medida a tarefa posta por ele mesmo de distinguir três etapas de interação a fim de esclarecê-las em suas estruturas desde dentro, isto é, da perspectiva de um participante, hierarquizando-as de tal maneira que a emergência de cada etapa superior possa ser entenida em um processo de aprendizagem internamente reconstruível. Para a compreensão dessa emergência de um complexo de estruturas a partir de um outro, Mead se reporta, como vimos, a um único "mecanismo", justamente à adoção que o *ego* faz das atitudes do *alter*. O significado da atitude conforme a normas, que um ator adota quando dirige seu comportamento segundo um papel social, é explicitado por Mead nos termos da posição do "outro generalizado"; e este, por sua vez, se destaca devido à autoridade de uma vontade geral ou suprapessoal que se despiu do caráter de mero arbítrio, visto que o respeito posterior que ele encontra não é forçado por sanções *externas*. A autoridade do "outro generalizado" funciona de maneira que as infrações possam ser sancionadas, visto que as normas lesadas são válidas; por isso, normas não pretendem validade porque estão associadas a sanções – do contrário, elas não poderiam suscitar nos atores o *dever* de obedecê-las, mas apenas coagi-los à docilidade. Mas a repressão aberta é incompatível, se não com o reconhecimento factual de imediato, então pelo menos com o *sentido* da validade das normas.

---

11 "Mencionei o exemplo do jogo de bola, no qual as posturas de um grupo são inseridas pelos indivíduos em uma reação cooperativa, na qual os diversos papéis se influenciam reciprocamente. Na medida em que o ser humano adota a postura de um dos membros do grupo, ele tem de adotá-la em sua relação com as ações dos outros membros do grupo, e, para se adaptar inteiramente, ele precisaria assumir as posturas de todos os indivíduos envolvidos nesse processo" (ibid., p.302).

Mead atribui, portanto, a validade normativa imediatamente à autoridade isenta de sanção, isto é, moral do "outro generalizado". Essa própria instância deve surgir, sem dúvida, pela via da internalização de sanções do grupo; mas essa explicação pode valer apenas para a ontogênese, pois de início os grupos precisam primeiro ter-se constituído como unidades capazes de ação, antes que sanções possam ser infligidas em seu nome. Os participantes de interações simbolicamente mediadas somente podem se transformar de exemplares de uma espécie animal com um entorno natural específico em membros de uma coletividade com mundo da vida, na medida em que se constitui a instância de um outro generalizado, podemos dizer também: uma consciência coletiva ou uma identidade de grupo. Quando se segue Mead até esse ponto, impõem-se duas questões:

em primeiro lugar, seria natural procurar os fenômenos com os quais se poderia clarificar a estrutura das identidades de grupo — estes são, na linguagem de Durkheim, as expressões da consciência coletiva, sobretudo da consciência religiosa. Sempre que Mead toca em semelhantes fenômenos, ele os analisa com base em conceitos do desenvolvimento da personalidade, a saber, como estados da consciência que se caracterizam por uma fusão do *I* e do *Me*, do Eu e do Supereu: "Onde 'Eu' e 'Supereu' podem amalgamar de alguma maneira, aí se desenvolve aquele sentimento superior específico que pertence às posturas religiosas e patrióticas, nas quais as reações provocadas nos outros são idênticas às próprias reações".[12] Durkheim, em contrapartida, investiga a fé religiosa e o patriotismo não como posturas extraordinárias dos coetâneos modernos, mas como expressão de uma consciência coletiva profundamente enraizada em termos de história tribal, que é constitutiva da identidade dos grupos;

em segundo lugar, Mead não empreende nenhuma tentativa de mostrar como os símbolos sagrados mais antigos, nos quais a autoridade do "outro generalizado", precedendo toda validade normativa, se manifesta, provêm da interação simbolicamente mediada ou ao menos podem ser entendidos como resíduos dessa etapa. Esse simbolismo religioso em sentido mais am-

---

12 Ibid., p.320.

plo, que se encontra abaixo do limiar da fala gramatical, forma manifestamente o cerne arcaico da consciência normativa.

Por isso, gostaria de examinar a teoria da religião de Durkheim para completar o programa reconstrutivo perseguido por Mead. Na consciência coletiva de Durkheim, podemos identificar uma raiz pré-linguística da ação comunicativa, que tem caráter simbólico e, por isso, pode ser ainda "construída", isto é, inserida em uma investigação reconstrutiva da ação guiada por normas (1). Durkheim não distingue suficientemente, no entanto, entre a comunidade da práxis ritual, produzida mediante o simbolismo religioso, e a intersubjetividade linguisticamente gerada. É por isso que preciso me aprofundar naquelas debilidades da teoria durkheimiana que dão ensejo para retomar o fio do desenvolvimento linguístico (também deixado para trás por Mead) (2). Está em jogo aí a passagem da interação simbolicamente mediada para a fala gramatical. Podemos tornar ao menos plausível a ideia de que a estrutura conhecida dos atos de fala é, do ponto de vista genético, o resultado de uma integração das três relações (cognitiva, moral e expressiva) com a natureza exterior, com a identidade coletiva e com a natureza interna, as quais recuam até o elemento pré-linguístico. Esse excurso não pode naturalmente ser sobrecarregado com a pretensão de explicar de maneira causal o surgimento da linguagem (3 e 4). Com esses passos, *recuperamos*, no plano filogenético, as estruturas que Mead havia *pressuposto* no plano da interação socializadora: a expectativa de comportamento normatizada e a fala gramatical. Ambas se completam, formando a *estrutura da interação guiada por normas e linguisticamente mediada*, que descreve a situação de partida do desenvolvimento sociocultural. Em concordância, Mead e Durkheim caracterizam esse desenvolvimento, por sua vez, recorrendo à tendência a uma linguistificação do sagrado, a qual vou abordar na próxima seção. Na medida em que o potencial de racionalidade inscrito na ação comunicativa é liberado, o cerne arcaico do normativo se dissolve, dando lugar à racionalização das imagens de mundo, à universalização do direito e da moral, assim como aos processos de individualização acelerados. É nessa tendência evolucionária que Mead apoia afinal o projeto idealista de uma sociedade completamente racionalizada em termos de comunicação.

(1) Durkheim sobre as raízes sagradas da moral

Durkheim se empenhou durante o tempo de sua vida[13] em esclarecer a validade normativa de instituições e valores,[14] mas apenas na última fase de sua obra, que é coroada em 1912 com a sociologia da religião,[15] ele consegue pôr à luz do dia as raízes sagradas da autoridade moral das normas sociais. Dessa fase provém a conferência "La Détermination du fait moral", que Durkheim proferiu em março de 1906 perante a Sociedade Francesa de Filosofia.[16] Aí ele define sua tarefa da seguinte maneira: "Deve ser mostrado que as regras morais são dotadas de uma autoridade particular, por força da qual elas são seguidas, visto que mandam. Desse modo, nós nos depararemos, por meio de uma análise puramente empírica, com o conceito de dever, e daremos a este uma definição que se aproxima muito da kantiana. A obrigação forma, portanto, uma da primeiras características da regra moral".[17] O fenômeno que carece de explicação é, portanto, o caráter obrigatório das normas sociais.

Durkheim circunscreve esse fenômeno distinguindo as regras técnicas, que subjazem às ações instrumentais, das regras ou normas morais que determinam a ação consensual dos participantes da interação. Mais precisamente, ele compara os dois tipos de regras a partir do ponto de vista de saber "o que se passa quando essas diversas regras são lesadas".[18] Da infração

---

13 Cf. a biografia detalhada de Lukes, *Emile Durkheim*. Ali também se encontra a bibliografia completa da obra durkheimiana (p.561ss.) e a literatura secundária (p.591ss.); além disso, König, "E. Durkheim", em Käsler, *Klassiker des soziologischen Denkens*, v.I, p.312ss.

14 Sob esse aspecto, a teoria de Durkheim é recebida principalmente por Parsons, *The Structure of Social Action*, p.302ss.; id., "Durkheim's Contribution to the Theory of Integration of Social Systems", em *Sociological Theory and Modern Society*. Além disso, Nisbet, *The Sociology of Emile Durkheim*; König, *E. Durkheim zur Diskussion*.

15 Durkheim, *Les Formes élémentaires de la vie religieuse* (ed. alemã: *Die elementaren Formen des religiösen Lebens*).

16 Durkheim, "Bestimmung der moralischen Tatsache", em *Soziologie und Philosophie*, p.84ss.

17 Ibid., p.85.

18 Ibid., p.93; a isso me associo na minha investigação entre "trabalho" e "interação". Cf. Habermas, *Técnica e ciência como "ideologia"*, p.88ss.

contra uma regra técnica válida resultam consequências para a ação que de certo modo estão associadas internamente com a ação: a intervenção falha. A finalidade almejada não é realizada, no que o insucesso se faz notar automaticamente; pois entre a regra da ação e a consequência da ação existe uma relação empírica ou nômica. Em contraposição a isso, a infração contra uma regra moral tem por consequência uma sanção que não pode ser entendida como um insucesso que se faz notar automaticamente. Entre a regra da ação e a consequência da ação existe uma relação convencional em razão da qual o comportamento conforme a normas é recompensado e o desviante, punido. Assim, por exemplo, do conceito de comportamento não higiênico se podem *inferir* consequências empíricas, ao passo que conceitos como assassinato e suicídio não possuem um conteúdo empírico comparável: "do conceito de assassinato ou de suicídio não se pode depreender *analiticamente* o mais leve conceito de desaprovação ou de respeito. O laço que associa a ação com sua consequência é aqui um laço *sintético*".[19]

Ora, para sua comparação, Durkheim escolhe com ponderação regras da moral e não regras do direito positivo. No caso das regulações legais ou dos preceitos administrativos, é natural a comparação com regras técnicas,[20] na medida em que a relação convencional entre regras legais e a sanção deve assegurar a *observação* da norma de maneira análoga a como a relação empírica entre regra técnica e consequência de ação garante a *eficiência* de uma ação conforme a regras. Isso é certo para o caso derivado de normas jurídicas sancionadas pelo Estado; mas Durkheim se interessa pelo *caso originário* das normas pré-estatais. Uma infração contra essas normas é punida *porque* ela pretende validade por força da autoridade moral; ela não desfruta dessa validade porque sanções externas forçam à obediência: "O termo 'autoridade moral' se encontra em oposição a autoridade material, a supremacia física".[21] O que carece de explicação na validade das regras morais é justamente a circunstância de que elas possuem uma força de obrigação que antes fundamenta san-

---

19 Durkheim, *Soziologie und Philosophie*, p.93.
20 Sobre a comparação de Durkheim e Max Weber, cf. Bendix, "Two Sociological Traditions", em Bendix; Roth, *Scholarship and Partisanship*.
21 Durkheim, *Soziologie und Philosophie*, p.129.

ções no caso de infrações à regra — e não pressupõe sanções por sua parte. É a *esse* fenômeno que Durkheim quer chegar com sua comparação entre regras técnicas e morais: "Assim, portanto, há regras que sustentam a seguinte característica particular: somos exortados a abster-nos das ações que elas nos proíbem simplesmente porque nos proíbem. Isso se chama o caráter *obrigatório* das regras morais".[22]

A explicação que Durkheim oferece em sua conferência é ainda muito esboçada. *De início* ele acentua duas características nos "fatos morais", a saber, o caráter do impessoal, que se adere à autoridade moral (a) e a ambivalência afetiva que esta desencadeia no ator (b).

(a) Durkheim retoma a oposição kantiana entre dever e inclinação, primeiramente sob o aspecto de que os mandamentos morais se encontram em uma relação de tensão com os interesses do indivíduo. Os imperativos da autoconservação, os interesses na satisfação de necessidades privadas, em suma: as orientações de ação autorreferidas e utilitárias não se encontram imediatamente como tais em consonância com as exigências morais. Estas requerem antes que o ator se *eleve sobre elas*. O *desprendimento* do agente moral corresponde à *universalidade* das expectativas de comportamento que se dirigem a todos os membros de uma comunidade: "A moral começa, portanto, ali onde começa o vínculo com um grupo, seja de que natureza for".[23]

(b) Durkheim se reporta à distinção kantiana de dever e inclinação também sob o segundo aspecto, de acordo com o qual os mandamentos morais exercem uma coerção peculiar sobre o indivíduo. Um sujeito agindo moralmente precisa se submeter, sem dúvida, a uma autoridade e de certo modo infligir violência à sua natureza, mas de tal sorte que ele próprio *assuma* as obrigações e *se aproprie* das exigências morais.

Visto que a vontade do agente moral não se sujeita a um poder imposto de fora, mas a uma *autoridade impondo respeito*, que "ao mesmo tempo vai além de nós e é interno a nós",[24] a coerção moral tem o caráter da autossuperação. Por outro lado, Durkheim relativiza o dualismo kantiano ao atribuir

---

22 Ibid., p.94.
23 Ibid., p.86-7.
24 Ibid., p.108.

a força vinculante da obrigação simultaneamente à coerção *e à atração*. O moralmente bom é ao mesmo tempo almejável; ele não poderia ser eficaz como *ideal* e despertar um *zelo entusiasmado* se não colocasse em perspectiva a satisfação de necessidades reais: "A despeito de seu caráter obrigatório, o fim moral, portanto, precisa ainda ser almejado e almejável; *ser almejável* forma uma segunda característica de toda ação moral".[25]

Após essa fenomenologia do elemento moral, o *segundo* passo da análise consiste em indicar as similitudes que existem entre a validade das regras morais e a aura do sagrado.

ad (a) Se investigamos as representações míticas e o comportamento ritual nas sociedades primitivas, deparamos com a demarcação dos âmbitos sagrados e profanos: "O sagrado [...] é o *separado, isolado*. Ele é caracterizado por não se deixar se misturar com o profano sem cessar de ser ele mesmo. Toda mistura, mesmo todo contato tem por consequência sua profanação, isto é, ela o priva de suas propriedades constitutivas. Todo isolamento não coloca, porém, os dois âmbitos das coisas separadas no mesmo plano; a interrupção da continuidade entre o sagrado e o profano testemunha, pelo contrário, que não há nenhuma medida comum entre eles, que eles são perfeitamente heterogêneos e incomensuráveis, que o valor do sagrado não se deixa comparar com o profano".[26] A atitude perante o sagrado é caracterizada, em semelhança com aquela diante da autoridade moral, pela devoção e autorrenúncia: na veneração do sagrado, durante as ações cultuais, na observação dos preceitos rituais e assim por diante, o fiel se aliena de suas orientações de ação profanas, isto é, autorreferidas e utilitaristas. Sem a consideração pelos imperativos da autoconservação, pelos interesses pessoais, ele contrai uma comunhão com todos os demais fiéis; ele se funde com o poder impessoal do sagrado, que se estende para além de tudo que é meramente individual.

ad (b) Além disso, o sagrado desperta a mesma atitude ambivalente que a autoridade moral; pois o sagrado é cercado de uma aura que ao mesmo tempo assusta e atrai, aterroriza e encanta: "O ser sagrado é em certo sentido o ser proibido, que não se ousa violar; ele é também o ser bom, amado e de-

---

25 Ibid., p.96.
26 Ibid., p.126ss.

sejado".²⁷ Na própria aura se expressa a intocabilidade do simultaneamente desejado, a proximidade na distância:²⁸ "O objeto sagrado nos infunde, se não medo, então certamente um respeito que nos mantém distantes dele. Ao mesmo tempo, porém, ele é um objeto de amor e de desejo; aspiramos aproximar-nos dele, procuramos alcançá-lo. Temos de lidar aqui, portanto, com um sentimento duplo, que parece contraditório e, não obstante, existe na realidade".²⁹ O sagrado gera e estabiliza exatamente aquela ambivalência que é característica dos sentimentos da obrigação moral.

Das *analogias estruturais entre o sagrado e o moral* Durkheim infere um fundamento sagrado da moral. Ele levanta a tese segundo a qual as regras morais retiram sua força vinculante, em última instância, da esfera do sagrado. Com isso ele explica o fato de que os mandamentos morais encontram obediência sem que estejam associados a sanções externas. O respeito pelo mandamento moral é concebido por ele, tanto como as sanções internas de vergonha e culpa, desencadeadas pela lesão da norma, como eco de reações mais antigas, enraizadas no sagrado: "A moral não seria mais moral se não tivesse mais nada de religioso em si. Assim também o horror que o crime nos instila pode ser comparado, em todos os aspectos, com o que um sacrilégio instila no fiel; e a veneração que a pessoa humana nos instila dificilmente pode se distinguir, a não ser em suas nuances, da veneração que os adeptos de todas as religiões sentem pelas coisas que tomam por sagradas".³⁰ Como para Max Weber, para Durkheim coloca-se o problema de saber se uma moral secularizada pode durar de modo geral — certamente não se secularização significa profanação no sentido de uma reinterpretação utilitarista. Pois, com isso, o fenômeno moral fundamental do caráter obrigatório (como em todas as éticas de base empirista) teria desaparecido.³¹

---

27 Ibid., p.86.
28 De modo análogo, W. Benjamin descreve a aura da obra de arte como a "aparição única de algo remoto"; Benjamin, "Das Kunstwerk im Zeitalter seiner technischen Reproduzierbarkeit", em *Gesammelte Schriften*, v.I, p.431-2.
29 Durkheim, *Soziologie und Philosophie*, p.99ss.
30 Ibid., p.125.
31 "Na ética de Spencer, por exemplo, mostra-se um desconhecimento completo da essência da obrigação. Para ele, a punição não é outra coisa que a consequência

Depois que Durkheim demonstrou os fundamentos sagrados da moral, ele tentou esclarecer, em um *terceiro passo*, a proveniência do sagrado e, com isso, ao mesmo tempo o significado da autoridade moral. Ora, aqui se torna notável o vínculo pendente de Durkheim com a tradição da filosofia da consciência. As religiões devem consistir em representações de crença e em práticas rituais. Partindo das representações de crença, Durkheim concebe a religião como expressão de uma consciência coletiva, supraindividual. Ora, a consciência, em virtude de sua estrutura intencional, é sempre consciência de algo. É por isso que Durkheim busca o objeto intencional, o objeto do mundo das representações religiosas; ele pergunta pela realidade que é representada nos conceitos do sagrado. A resposta que a religião mesma dá é clara: a essência divina, a ordem mundial mítica, os poderes sagrados etc. Para Durkheim, esconde-se atrás disso, porém, "a sociedade transfigurada e simbolicamente pensada". Pois a sociedade ou a coletividade, na qual os membros do grupo se associam, em suma, "a pessoa coletiva" é constituída de tal forma que vai além da consciência das pessoas individuais e, no entanto, lhes é imanente ao mesmo tempo. Acresce que possui todas as características de uma autoridade moral capaz de impor respeito. Durkheim introduz esse argumento à maneira de uma prova da existência de Deus: "se há uma moral, um sistema de deveres e obrigações, a sociedade precisa ser uma pessoa moral que se distingue qualitativamente das pessoas individuais que ela abrange e de cuja síntese ela procede".[32] Essa entidade, a sociedade, deve poder ser intuída e conhecida inicialmente apenas nas formas do sagrado.

Abstraindo que conceitos como "consciência coletiva" e "representação coletiva" induzem a uma personalização da sociedade, ou seja, a uma assimilação da sociedade a um sujeito em grande formato, a explicação proposta é circular. O fenômeno moral é remontado ao sagrado, este, às representações coletivas de uma entidade que deve consistir por sua vez em um sistema

---

mecânica da ação (em particular, isso se torna evidente em sua obra pedagógica sobre as penas escolares). Mas isso significa desconhecer a fundo as notas distintivas da obrigação moral" (ibid., p.95).

32 Ibid., p.104.

de normas obrigatórias. Só que, com seu trabalho sobre os fundamentos sagrados da moral, abre-se para Durkheim um caminho que o leva aos estudos etnológicos, em especial à ocupação com os sistemas totemistas na Austrália.[33] Esses estudos conduzem finalmente a uma clarificação da estrutura simbólica do sagrado e a uma interpretação não positivista da consciência coletiva.

Durkheim parte novamente da divisão do universo nos âmbitos da vida rigorosamente separados do sagrado e do profano. Ele distingue agora mais nitidamente entre crença e práxis, entre as interpretações míticas do mundo e as ações rituais, entre o trato cognitivo e o ativo com os objetos sagrados. Em ambos os lados, porém, expressam-se as mesmas atitudes. De novo Durkheim descreve o caráter impessoal do sagrado, avassalador e ao mesmo tempo sublime, impondo respeito e desencadeando o entusiasmo, o qual motiva o desprendimento e a autossuperação e faz esquecer a consideração pelos próprios interesses. Mais uma vez, ele analisa o parentesco peculiar entre os aspectos do santo e do terror: "Sem dúvida, os sentimentos que ambos despertam não são idênticos: o respeito é uma coisa, a aversão e o horror, outra coisa. Para que os gestos sejam iguais nos dois casos, porém, os sentimentos expressos não podem ser distintos segundo sua natureza. De fato, há horror no respeito religioso, em particular quando ele é muito grande, e o medo que os poderes maus despertam possui no geral também traços que impõem respeito. Os entretons por meio dos quais as duas posturas se distinguem são muitas vezes tão fugazes que não se pode sempre dizer facilmente em que constituição espiritual se encontram precisamente os fiéis".[34]

Lançando mão do material empírico, Durkheim se vê obrigado agora, no entanto, a pôr em relevo com mais evidência o *status simbólico dos objetos sagrados*. No caso dos animais e das plantas totêmicos se impõe o caráter simbólico de todo modo: eles são o que eles significam. As prescrições de tabu impedem que sejam tratados como coisas profanas, por exemplo, consumidos como nutrição. Todos os objetos sagrados, sejam eles bandeiras,

---

33 Id., *Die elementaren Formen des religiösen Lebens*.
34 Ibid., p.549.

emblemas, adornos, tatuagens, ornamentos, cópias, ídolos ou objetos e eventos naturais, partilham esse *status* simbólico. Eles figuram como signos com um significado convencional, no que todos possuem o mesmo cerne semântico: eles representam o poder do sagrado, são "ideais coletivos que se aderiram aos objetos materiais".[35] Essa formulação provém de um interessante ensaio em que Durkheim confere à sua teoria da consciência coletiva a forma de uma teoria das formas simbólicas: "[...] representações coletivas podem se formar somente se elas se corporificam em objetos materiais, em coisas, em seres quaisquer, figuras, movimentos, sons, palavras etc., que elas representam exteriormente e simbolizam; pois somente quando expressam seus sentimentos, traduzem-nos por meio de um signo, simbolizando-os exteriormente, as consciências individuais podem ter o sentimento de que comunicam e estão em uníssono. As coisas que desempenham esse papel participam necessariamente dos mesmos sentimentos que os estados intelectuais que representam e por assim dizer materializam. Elas são tão respeitadas, temidas e almejadas como as forças interventoras".[36]

O *medium* dos símbolos religiosos oferece a chave para solucionar um problema que Durkheim coloca na seguinte fórmula: como ao mesmo tempo podemos pertencer inteiramente a nós mesmos e também ser integralmente diferentes? Como podemos estar em nós e fora de nós simultaneamente? Os símbolos religiosos possuem para todos os membros do grupo o mesmo significado e eles possibilitam, com essa base de uma semântica sagrada unitária, uma espécie de intersubjetividade que se encontra ainda aquém dos papéis comunicativos de primeira, segunda e terceira pessoa, mas já ultrapassa, porém, o limiar de um contágio emocional coletivo.

Esse consenso, em seu cerne normativo, sem dúvida pré-linguístico mas simbolicamente mediado, é investigado por Durkheim com apoio em práti-

---

35 Durkheim, "Le Dualisme de la nature humaine et ses conditions sociales", *Scientia*, v.XV, p.206-21, 1914; impresso em *La Science sociale et l'action*, ed. e introd. Jean-Claude Filloux, p.314-32, cit. p.327. Tradução inglesa de Charles Blend em Wolff (org.), *Emile Durkheim 1858-1917: A Collection of Essays, with Translations and a Bibliography*, p.325-40.

36 Durkheim, "Le Dualism de la nature humaine et ses conditions sociales", em Filloux (org.), op. cit., p.328.

cas rituais. O rito é considerado o componente mais originário da religião. As convicções religiosas já são formuladas linguisticamente; elas são a posse comum de uma comunidade religiosa cujos adeptos se certificam de seu caráter comum em ações cultuais. A crença religiosa é sempre a crença de uma coletividade; procede de uma práxis que ao mesmo tempo interpreta. A própria práxis ritual é descrita inicialmente por Durkheim de forma mentalista, nos termos da consciência coletiva: "As representações religiosas são representações coletivas que expressam realidades coletivas; os ritos são ações que somente podem surgir no seio de grupos reunidos e que devem servir para preservar determinados estados espirituais ou restabelecê-los".[37] Mas a religião não é mais apresentada agora de maneira positivista, como uma espécie de teoria que, por mais cifrada que seja, representa a sociedade em seu todo.[38] A equiparação reificadora do referente das proposições de crença com a entidade formada pelo contexto de vida social é superado em favor de uma concepção dinâmica. Tão logo a práxis ritual é reconhecida como o fenômeno mais originário, o simbolismo religioso pode ser entendido como o meio para uma forma especial de interação simbolicamente mediada. Esta, a práxis ritual, serve a uma comunhão comunicativamente efetuada.

Pelas ações rituais se pode depreender que o sagrado é a expressão de um consenso normativo que é atualizado regularmente: "Não há sociedade alguma que não sinta a necessidade de chamar à vida e solidificar os sentimentos coletivos e as ideias coletivas em intervalos regulares. Essa reanimação moral somente pode ser alcançada com base em reuniões, assembleias e congregações nas quais os indivíduos, que se aproximam fortemente uns dos outros, reforçam coletivamente seus sentimentos coletivos. Daí as cerimônias que não se distinguem por seu fim, pelos resultados que objetivam, pelos procedimentos que são empregados ali, das verdadeiras cerimônias religiosas, de acordo com sua natureza. Que diferença essencial existe entre uma reunião de cristãos, que festejam as estações essenciais da vida de Cristo, ou dos judeus, que celebram a saída do Egito ou a anunciação dos dez mandamen-

---

37 Id., *Die elementaren Formen des religiösen Lebens*, p.28.
38 Parsons fala com razão de um "resíduo positivista" (*The Structure of Social Action*, p.426).

tos, e uma reunião de cidadãos que se lembram da instauração de uma nova carta moral ou de um grande evento da vida nacional?".[39] Com cerimônias desse gênero, nada é *representado*: são antes a *efetuação* exemplarmente repetida de um consenso ao mesmo tempo renovado dessa maneira, cujos conteúdos são peculiarmente autorreferentes. Trata-se de variações de um e mesmo tema, justamente a presença do sagrado; e este por sua vez é apenas a forma sob a qual a coletividade experimenta "sua unidade e personalidade". Visto que a compreensão normativa fundamental que se expressa na ação coletiva *estabelece* e *preserva* a identidade do grupo, o fato do consenso bem-sucedido é ao mesmo tempo o conteúdo social dele.

Em correspondência com isso, o conceito de consciência coletiva se desloca. Enquanto Durkheim havia compreendido por consciência coletiva, de início, a totalidade das representações socialmente impostas, que são partilhadas por todos os membros da sociedade, esse termo se refere, no contexto da análise do rito, muito menos aos conteúdos do que à estrutura de uma identidade de grupo produzida e renovada por meio da identificação coletiva com o sagrado. A *identidade coletiva* se forma na figura de um consenso normativo; no entanto, não se pode tratar aí de um consenso *obtido*, pois a identidade dos membros do grupo se produz em cooriginariedade com a identidade do grupo. Pois o que faz de um indivíduo uma pessoa é aquilo em que ele concorda com todos os outros membros de seu grupo social; ele é, nos termos de Mead, o *Me*, que representa a autoridade do outro generalizado no adulto socializado. Durkheim adota aqui uma posição similar à de Mead: "Pode-se dizer [...] que o que faz do ser humano uma pessoa é o que ele tem em comum com os outros seres humanos, o que o faz ser humano em si e não um determinado ser humano. Os sentidos, o corpo, tudo o que individualiza é visto por Kant, ao contrário, como antagônico para a personalidade. Isso é assim porque a individuação de modo algum é a característica essencial da pessoa".[40] A identidade da pessoa é primeiramente apenas a imagem especular da identidade coletiva; esta assegura a solidariedade social em uma forma como que "mecânica".

---

39 Durkheim, *Die elementaren Formen des religiösen Lebens*, p.571.
40 Ibid., p.367-8.

(2) Debilidades da teoria durkheimiana

Essa teoria é apropriada para fechar as lacunas filogenéticas existentes na construção de Mead. A identidade coletiva tem a forma de um consenso normativo que se constitui pelo *medium* dos símbolos religiosos e se interpreta na semântica do sagrado. A consciência religiosa garantidora da identidade se regenera e se preserva mediante a práxis ritual. Por outro lado, a teoria da comunicação de Mead pode ser aduzida para obter respostas tentativas às questões que a teoria de Durkheim deixa em aberto. Refiro-me à questão sobre o surgimento do simbolismo religioso (a); além disso, a questão de saber como a solidariedade da coletividade, monoliticamente representada, vem a ramificar-se no sistema das instituições sociais (b); e, finalmente, a questão paralela de saber como se pode conceber a individualidade de cada membro do grupo em particular, quando se parte do conceito durkheimiano de identidade coletiva (c). Atrás de (b) e (c) se ocultam duas questões fundamentais da teoria clássica da sociedade: como a ordem social ou a integração social é possível, e como o indivíduo e a sociedade se relacionam entre si.

(a) Ao se colocar a identidade coletiva de Durkheim no lugar do "outro generalizado" de Mead, sugere-se que o simbolismo das religiões tribais primordiais seja considerado à luz da construção que Mead faz da passagem da interação simbolicamente mediada para a interação guiada por normas. Esclareçamos que os sinais ou, como diz Mead, os "gestos significantes" não funcionam mais como gestos expressivos animais, na qualidade de disparadores aos quais o organismo se "atira", dotado de um programa comportamental em parte aprendido, em parte inato com a especificidade do gênero. Também na etapa da interação simbolicamente mediada, porém, a coordenação da ação permanece inserida em uma regulação comportamental funcionando de maneira pré-linguística, apoiada em última instância em resíduos instintuais. Os atos comunicativos efetuados apenas com meios simbólicos podem conectar as ações dos participantes entre si tanto menos quanto mais progride o desenvolvimento cognitivo, suscitando uma atitude objetivante dos atores em relação a um mundo de objetos perceptíveis e manipuláveis. Na medida em que a percepção de objetos e a ação teleológica se constituem, diferenciam-se da linguagem de sinais os componentes proposicionais que mais tarde assumem a forma explícita de proposições assertóricas e intencionais. Vimos que um falante não pode substituir com o emprego comunicativo *dessas* proposições os efeitos de vínculo da linguagem de sinais. Presumo, por isso, uma dissociação do *medium* de comunicação que corresponderia à separação do âmbito de vida sagrado em relação ao profano: o simbolismo religioso, que possibilita um consenso normativo e, com isso, oferece o fundamento para uma coordenação ritual da ação, é aquela parte arcaica que remanesce da etapa da interação simbolicamente mediada, quando afluem na comunicação experiências provenientes dos âmbitos de um trato com objetos perceptíveis e manipuláveis cada vez mais fortemente estruturado de maneira proposicional. Os símbolos religiosos se desengancham das funções de adaptação e de domínio da realidade e servem especialmente para integrar ao *medium* da comunicação simbólica as disposições comportamentais e as energias pulsionais, que se desligam dos programas inatos.

A favor dessa hipótese depõem as observações de Durkheim a respeito dos paleossímbolos nos contextos da práxis ritual: "Que um brasão seja para qualquer grupo um signo de reconhecimento útil não é algo que precisa ser provado. Se a unidade social é expressa em uma forma material, então ela se torna sensível para todos, e seguramente por causa disso se difundiu velozmente o uso de símbolos de armas, mal a ideia havia nascido. Além disso, essa ideia iria nascer espontaneamente das condições da vida coletiva. Pois o brasão não é apenas um meio cômodo de concretizar o sentimento que a sociedade tem de si mesma; ele serve também para provocar esse sentimento: ele é seu elemento constitutivo. Pois cada consciência individual é encerrada em si mesma; ela somente pode se comunicar com a consciência do outro com a ajuda de signos nos quais se expressam seus estados interiores. Para que esse intercâmbio se torne também uma comunhão, isto é, uma fusão de todos os sentimentos individuais formando um sentimento comum, os próprios signos que os expressam precisam se fundir novamente em um único e exclusivo signo. Quando do aparecimento dessa fusão, os indivíduos sentem que estão em uníssono e que formam uma unidade moral. Se eles emitem um mesmo grito, se falam a mesma palavra e se fazem os mesmos gestos em relação ao mesmo objeto, então eles estão e se sentem em uníssono".[41]

Veem-se as similitudes estruturais que existem entre as ações rituais e as interações simbolicamente mediadas, controladas por meio de sinais. Os paleossímbolos possuem um significado que ainda não é modalmente diferenciado, eles dispõem de uma força de controle sobre o comportamento à maneira dos sinais. Por outro lado, as ações rituais perderam suas funções de adaptação; elas servem ao estabelecimento e à conservação de uma identidade coletiva graças à qual o controle da interação pode ser transferido de um programa genético, ancorado no organismo individual, para um programa cultural intersubjetivamente partilhado. Esse programa pode ser transmitido somente se a unidade intersubjetiva de uma comunidade de comunicação é assegurada. O grupo pode se constituir como coletividade porque a economia motivacional dos indivíduos associados é apreendida simbolicamente e estruturada mediante os *mesmos* conteúdos semânticos. O caráter preponderantemente expressivo e apelativo dos ritos indica que resíduos instintuais são simbolicamente absorvidos e sublimados – talvez com base nas ritualizações que em animais aparecem de maneira característica no âmbito de ações afetivamente ambivalentes de investida.[42]

(b) Se entendemos por consciência coletiva, como proposto, um consenso por meio do qual se produz primeiramente a identidade de uma coletividade correspondente, então é preciso que seja explicado como essa estrutura simbólica fundadora de unidade se relaciona com a multiplicidade das instituições e dos indivíduos socializados. Durkheim fala do nascimento de todas as grandes instituições a partir do espírito da religião.[43] De início, isso deve significar apenas que a validade normativa possui fundamentos morais e que a moral, por seu turno, se enraíza no sagrado; de início, as próprias normas morais e jurídicas possuíam o caráter de preceitos rituais. Quanto mais amplamente as instituições se diferenciam, tanto mais solto se torna, porém, o vínculo com a práxis ritual. Então a religião não consiste somente

---

41 Ibid., p.315.
42 Eibl-Eibesfeld, *Grundriß der vergleichenden Verhaltensforschung*, p.109ss., p.179ss.
43 Durkheim, *Die elementaren Formen des religiösen Lebens*, p.561.

de ações cultuais. Penso que a origem religiosa das instituições ganha um sentido não trivial somente quando levamos em conta a interpretação religiosa do mundo como elo de vínculo entre a identidade coletiva, por um lado, e as instituições, por outro.

Nas sociedades das grandes civilizações, as imagens de mundo possuem, entre outras coisas, a função de legitimar a dominação. Elas oferecem um potencial de fundamentação que pode ser utilizado para justificar a ordem política, os fundamentos institucionais da sociedade em geral. Com isso, elas escoram a autoridade moral ou a validade das normas basilares. A força legitimadora das imagens religiosas e metafísicas do mundo se explica, como Weber acentuou, sobretudo pela circunstância de que o saber cultural pode encontrar um assentimento racionalmente motivado. Outra coisa se passa com as imagens de mundo difundidas nas sociedades tribais, ainda não completamente reelaboradas intelectualmente, que sem dúvida põem à disposição um potencial narrativo de fundamentação, mas ainda estão tão intimamente entretecidas com o sistema institucional que mais o *explicitam* do que *legitimam* posteriormente. Essas imagens de mundo produzem um nexo analógico entre homem, natureza e sociedade, representado como totalidade, nas categorias de poderes míticos. Visto que essas imagens de mundo projetam uma totalidade na qual tudo corresponde com tudo, elas prendem a identidade coletiva do grupo ou da tribo, de maneira subjetiva, à ordem cósmica, integrando-a ao sistema social das instituições. No caso-limite, a imagem de mundo funciona como uma espécie de correia de transmissão que transforma a compreensão religiosa fundamental em energias da solidariedade social e as transmite para as instituições sociais, conferindo-lhes autoridade moral.

Para uma análise desse nexo entre consenso normativo, imagem de mundo e sistema institucional, porém, é interessante sobretudo que o vínculo se realiza por canais de comunicação linguística. Enquanto as ações rituais se encontram no nível pré-linguístico, as imagens religiosas do mundo se ligam à ação comunicativa. De imagens de mundo, e por mais arcaicas que sejam ainda, se nutrem as interpretações situacionais que adentram nas comunicações cotidianas; e é somente por meio desses processos de entendimento que as imagens de mundo podem se reproduzir por seu turno. Elas devem a esse reacoplamento a *forma* do saber cultural, de um saber que se apoia em experiências tanto na dimensão do conhecimento como na dimensão da integração social. Ora, Durkheim de modo algum negligenciou inteiramente o papel da linguagem nas partes epistemológicas de sua sociologia da religião: "O sistema conceitual com que pensamos na vida cotidiana é o sistema que expressa o vocabulário de nossa língua materna. Pois cada palavra designa um conceito".[44] Mas ele subsume as duas coisas – a comunidade do consenso normativo efetuado de modo ritual e a intersubjetividade do saber produzida por meio de atos de fala – precipitadamente sob o mesmo conceito de consciência coletiva. Por isso permanece pouco claro como as instituições criam sua validade a partir das fontes religiosas da solidariedade social. Esse problema se deixa resolver apenas quando consideramos que a práxis cotidiana profana transcorre pelos processos de entendimento linguisticamente diferenciados, forçando a uma especificação de pretensões de validade para ações adequadas à situação no contexto normativo de papéis e instituições.[45] A ação comunicativa é o *ponto de ramificação* para as energias de solidariedade social que Durkheim não observou suficientemente.

(c) A desconsideração da dimensão do entendimento linguístico explica também o dualismo insatisfatório que Durkheim afirma para a relação entre indivíduo e sociedade. O sujeito se decompõe – assim as coisas se apresentam para ele – em dois componentes heterogêneos, mais precisamente, em uma parte não socializada, submetida aos interesses próprios e aos imperativos de autoconservação, de um lado, e em um componente moral, marcado pela identidade do grupo, de outro: "um ser individual, que tem sua base no organismo e cujo raio de ação é estreitamente limitado por isso, e um ser social, que em nós, no âmbito intelectual e moral, representa a realidade suprema que podemos conhecer pela experiência: eu me refiro à

---

44 Ibid., p.579.
45 A crítica de Parsons a Durkheim começa por esse ponto; ele sente a falta de uma clara diferenciação entre o plano dos valores culturais e o plano dos valores institucionalizados, isto é, das normas que produzem um vínculo situacional por meio de papéis sociais; cf. Parsons, "Durkheim's Contribution to the Theory of Integration of Social Systems", op. cit.; cf. também Mulligan; Lederman, "Social Facts and Rules of Practice", *American Journal of Sociology*, v.83, p.539ss., 1977.

sociedade".⁴⁶ A divisão do universo social em âmbitos do profano e do sagrado se repete psicologicamente na oposição entre corpo e alma, ou entre corpo e espírito, no antagonismo entre inclinação e dever, sensibilidade e entendimento. Aqui Durkheim permanece preso, com mais evidência do que em qualquer outro lugar, ao quadro categorial mentalista da filosofia da consciência. Ele distingue estados da consciência individual e coletiva, mas ambos são considerados estados de consciência do indivíduo: "Há nele realmente dois grupos de estados de consciência, que se distinguem por sua origem, sua essência e pelos fins a que eles se dirigem. Uns expressam meramente o nosso organismo e os objetos com os quais ele está em relação da maneira mais próxima. Como estritamente individuais, eles nos vinculam somente a nós mesmos, e podemos separá-los de nós tão pouco quanto podemos nos separar de nosso corpo. Os outros estados, pelo contrário, vêm da sociedade ao nosso encontro; eles a expressam em nós e nos ligam a algo que vai além de nós. Como estados coletivos, eles são impessoais; eles nos remetem a fins que temos em comum com outros seres humanos; justamente por meio deles, e somente por meio deles, podemos nos comunicar com os outros".⁴⁷

O indivíduo deve sua identidade como pessoa exclusivamente à identificação com a identidade coletiva ou à interiorização de características desta; a identidade pessoal é um espelhamento da coletiva: "Portanto, não é correto acreditar que somos tanto mais pessoais quanto mais somos individualistas".⁴⁸ O único princípio da individualização são as posições de tempo e espaço do corpo e a natureza carencial introduzida junto com o organismo no processo de socialização – "as paixões", como Durkheim diz em alusão à tradição clássica. Quando se considera o quão fortemente as vivências subjetivas são culturalmente marcadas, essa tese não é plausível. De resto, o próprio Durkheim aborda aqueles fenômenos que Frazer documentou com a expressão "totemismo individual". Em muitas tribos australianas,

---

46 Durkheim, *Die elementaren Formen des religiösen Lebens*, p.37.
47 Id., Le Dualisme de la nature humaine et ses conditions sociales", em Filloux (org.), op. cit., p.330.
48 Id., *Die elementaren Formen des religiösen Lebens*, p.369.

encontram-se totens não apenas para o clã em seu todo, mas também para indivíduos em particular; eles são representados como um *alter ego* com a função de um patrono. Esses totens individuais não são *atribuídos*, como os coletivos, mas normalmente *adquiridos* pela via da imitação ritual. Em outros casos, a aquisição é optativa — apenas se esforçam por um totem próprio aqueles que gostariam de destacar-se do coletivo.[49] Em analogia com a prática de dar nomes, universalmente propagada, trata-se de um dispositivo para diferenciar identidades pessoais. Ele permite caracterizar uma multiplicidade não somente de corpos mas também de pessoas. Visivelmente, a individualidade é um fenômeno socialmente gerado, um resultado do próprio processo de socialização, e não a expressão de uma natureza carencial residual que se furtaria à socialização.

Exatamente da mesma maneira que Durkheim, Mead concebe a identidade como uma estrutura que procede da adoção de expectativas de comportamento socialmente generalizadas: o *Me* é a profusão organizada de atitudes que se adotam das pessoas de referência.[50] Diferentemente de Durkheim, porém, Mead parte da ideia de que a formação da identidade se efetua pelo *medium* da comunicação linguística; e como a subjetividade das próprias intenções, desejos e sentimentos de modo algum se furtam a esse *medium*, as instâncias do *I* e *Me*, do Eu e do Supereu têm de resultar do *mesmo* processo de socialização. Mead toma nesse aspecto uma contraposição convincente em relação a Durkheim: o processo de socialização é ao mesmo tempo um processo de individualização. Mead fundamenta isso com a diversidade das perspectivas, ligadas a cada posição, que o falante e o ouvinte adotam. Como princípio de individualização, Mead não aduz o corpo, mas uma *estrutura de perspectivas* que é posta com os *papéis comunicativos* de primeira, segunda e terceira pessoa. Ao introduzir a expressão *Me* para a identidade do indivíduo socializado, ele liga sistematicamente a adoção de papéis, eficaz na sociali-

---

49 Ibid., p.499ss.
50 Mead, *Geist, Identität, Gesellschaft*, p.245. Em seus escritos sobre sociologia da educação, Durkheim desenvolve um conceito de internalização que tem parentesco com o de Freud e Mead. Cf. o prólogo de Parsons para Durkheim, *Education and Sociology*.

zação, à situação da fala na qual falante e ouvinte contraem relações interpessoais na qualidade de membros de um grupo social. *Me* representa a imagem que *ego* oferece a um *alter* em uma interação quando esse *ego* faz uma oferta de ato de fala. O *ego* obtém essa imagem de si mesmo ao adotar a perspectiva do *alter* exatamente no momento em que este pede ao *ego*, isto é, *me* pede, *me* promete algo, aguarda algo de *mim*, *me* teme, *me* odeia, *me* regozija, e assim por diante. A relação interpessoal entre falante e o destinatário, Eu e Tu, primeira e segunda pessoa, é disposta de tal modo que o *ego* não pode subtrair-se de seu próprio papel comunicativo, com a adoção da perspectiva de um defrontante. Ao adotar a atitude do *alter* a fim de apropriar-se das expectativas dele, o *ego* não se dispensa do papel da primeira pessoa: *ele mesmo* permanece aquele que tem de cumprir, no papel de *ego*, o padrão comportamental adotado inicialmente do *alter* e internalizado.

A atitude performativa que *ego* e *alter* adotam quando agem entre si comunicativamente se vincula à pressuposição de que o outro pode *tomar posição* de "sim" ou "não" sobre a própria oferta do ato de fala. A essa margem de liberdade tampouco o *ego* pode renunciar quando obedece, por assim dizer, aos papéis sociais, pois no próprio padrão comportamental internalizado se insere a estrutura linguística de uma relação entre atores imputáveis. É por isso que surge no processo de socialização um *I* em cooriginariedade com o *Me*; e dessa estrutura dupla resulta o efeito de individualização dos processos de socialização. O modelo da relação entre as duas instâncias é a "resposta" de um participante da comunicação tomando posição com "sim" ou "não". Que resposta o *ego* dará em cada caso, como ele tomará posição, é algo que nem ele mesmo nem qualquer outro pode saber de antemão: "Talvez ele jogará bem, talvez cometerá um erro. A reação a essa situação [...] é incerta, e é essa incerteza que constitui o 'Eu'".[51]

Pela forma como o agente comunicativo desempenha um papel social, Mead acentua o momento da imprevisibilidade e da espontaneidade. O ator é forçado pela simples estrutura da intersubjetividade linguística a ser *ele mesmo* no comportamento conforme a normas. Na ação comunicativa, por

---

51 Mead, *Geist, Identität, Gesellschaft*, p.219.

mais que seja guiada por normas, de ninguém pode ser tirada *a iniciativa*, ninguém pode renunciar à iniciativa, em um sentido fundamental: "O 'Eu' fornece o sentimento da liberdade, da iniciativa"[52] – tomar a iniciativa significa começar algo novo, poder fazer algo surpreendente.[53] "A separação de *I* e *Me* não é uma ficção. Eles não são idênticos, uma vez que o Eu jamais é inteiramente calculável. O *Me* anseia por um *I* quando cumprimos obrigações [...], mas o Eu é sempre um pouco distinto do que a própria situação requer [...]. Eles formam juntos uma personalidade, como ela aparece na experiência social [...]. O *self* é no essencial um processo social que consiste nessas duas fases distinguíveis. Se não houvesse essas duas fases, não haveria nenhuma resposta consciente e também nenhuma experiência nova".[54]

A dificuldade de Durkheim em explicar como a identidade de um grupo se relaciona com a identidade de seus membros levou-nos a retomar uma segunda vez a análise que Mead faz das relações entre *I* e *Me*. Na primeira vez, havíamos nos interessado pelo modo como se constitui para a criança em crescimento um mundo subjetivo de vivências cujo acesso é privilegiado, em complementação com a construção de um mundo social comum. Naquele contexto, Mead podia se apoiar, quando da escolha do termo "Eu", no significado que essa expressão possui em proposições intencionais, portanto, em proposições que um falante emprega no modo expressivo. No contexto atual, o conceito assumiu um outro significado. A escolha do termo "Eu" se escora agora no significado que essa expressão assume nos componentes ilocucionários dos atos de fala, em que aparece juntamente com uma expressão para um objeto na segunda pessoa. O sentido performativo remete à relação interpessoal entre Eu e Tu, e com isso à estrutura da intersubjetividade linguística, que exerce sobre a criança em crescimento uma *pressão severa para a individualização*. Novamente, a ação comunicativa se revela um lugar de *ramificação* para as energias da solidariedade social; mas desta vez não observamos o ponto de comutação sob o aspecto da coorde-

---

52 Ibid., p.221.
53 Esse discernimento é explicitado por H. Arendt em *Vita Activa*, p.164ss.
54 Mead, *Geist, Identität, Gesellschaft*, p.221.

nação da ação, mas sim da socialização, a fim de descobrir como a consciência coletiva se comunica com os indivíduos por meio de forças ilocucionárias, e não com instituições.

Para eliminar a linguagem metafórica que ainda se prende às respostas provisórias que, apoiadas em Durkheim e Mead, foram dadas às duas questões fundamentais da teoria social clássica, pretendemos retomar mais uma vez, de uma perspectiva genética, a discussão sobre as estruturas universais do entendimento linguístico. Mas, antes disso, gostaria de fixar os resultados de nossa interpretação da teoria durkheimiana da religião.

O núcleo da consciência coletiva se forma por um consenso normativo que se produz e regenera na práxis ritual de uma comunidade de fé. Os membros se orientam aí por símbolos religiosos; a unidade intersubjetiva da coletividade se lhes apresenta nos termos do sagrado. Essa identidade coletiva determina o círculo dos que podem se entender como membros do mesmo grupo social e falar de si sob a categoria da primeira pessoa do plural. As ações simbólicas do rito podem ser concebidas como resíduos de uma etapa de comunicação já superada no âmbito da cooperação social profana. O desnível evolucionário entre a interação simbolicamente mediada e a interação guiada por normas possibilita o encapsulamento de um domínio sagrado em relação à práxis cotidiana. Esse encapsulamento se efetua, já nas sociedades as mais primitivas, na etapa da ação guiada por normas, em que se constituíram um sistema de instituições, por um lado, e a estrutura de indivíduos socializados, por outro; na filogênese, o surgimento de instituições e a constituição de identidades formam as correspondências com a construção do mundo social e do mundo subjetivo, investigada por Mead no plano ontogenético.

Durkheim faz então a tentativa de atribuir a validade normativa das instituições a um acordo normativo fundamental, preso aos símbolos religiosos, de modo análogo a como atribui a identidade pessoal dos membros do grupo em particular à identidade coletiva do grupo, expressa nesses símbolos. Em uma visão mais detida, no entanto, tornou-se patente que a comunicação linguística assume nos dois casos uma *função de mediação* importante. A ação guiada por normas pressupõe a fala gramatical como *medium* de comunicação. O nexo de consciência coletiva, de um lado, e normas aplicáveis em especificidade com a situação e estruturas da personalidade individualmente imputáveis, de outro, permanece obscura na medida em que a estrutura do entendimento linguístico não é esclarecida. O simbolismo religioso representa uma das três raízes *pré-linguísticas* da ação comunicativa; mas somente por meio da ação comunicativa as energias da solidariedade social, atadas ao simbolismo religioso, podem se ramificar e comunicar na qualidade de autoridade moral, seja das instituições, seja das pessoas.

O intrigante nessa raiz é a circunstância de que ela é *por origem* de natureza simbólica. O trato cognitivo com objetos perceptíveis e manipuláveis se encontra, tanto quanto a expressão de vivências a respeito de nossos estímulos sensíveis ou de nossas carências, em contato com a natureza exterior ou interior; eles tocam em uma realidade não apenas transcendente à linguagem, mas também isenta de estruturas simbólicas. As cognições e expressões do ser humano, por mais marcadas que sejam pela linguagem, podem ser rastreadas, além disso, até a história natural das operações intelectuais e aos gestos expressivos de animais. Em contraposição a isso, a consciência normativa não possui nenhuma referência *extralinguística* trivial em igual medida; e para as obrigações não se encontram, como para as impressões sensíveis e carências, correlatos inequívocos na história natural. Não obstante isso, a consciência coletiva, aquele consenso normativo apoiado em paleossímbolos e a identidade coletiva suportada por ele asseguram às vivências de dever um contato com uma realidade que é, se não *desprovida de símbolos*, então pelo menos *pré-linguística* – são mais "antigos" que interação mediada pela fala gramatical.

Ora, parto da suposição de que a fala gramatical se distingue da linguagem de sinais por meio da diferenciação e da reintegração em nível superior daqueles componentes assertóricos, apelativos e expressivos que formam de início uma unidade difusa. As relações cognitivas com a natureza exterior e as relações expressivas com a natureza interior, que se enraízam ambas no plano pré-linguístico, são integradas, na etapa dos atos de fala, com as relações de obrigação igualmente *pré-linguísticas*, mas *simbolicamente enraizadas*, e transformadas em virtude disso. Caso se suponha ainda que a história de surgimento da linguagem se sedimenta nas estruturas formais do ato de fala, a hipótese das três raízes da ação comunicativa se deixaria examinar pelo menos indiretamente. No entanto, não se deve perder de vista aí que somente podemos efetuar uma descrição em termos de pragmática formal a partir do horizonte da compreensão moderna de mundo.

(3) *Excurso sobre as três raízes da ação comunicativa*

Distinguimos nos atos de fala três componentes estruturais: o componente proposicional, o ilocucionário e o expressivo. Se colocamos a forma normal de um ato de fala (eu te conto que p; eu te prometo que q; eu te confesso que r) como fundamento, podemos dizer que o componente proposicional é representado por uma proposição independente de conteúdo proposicional ("– que p"). Cada uma dessas proposições pode ser transformada em uma proposição assertórica de conteúdo descritivo. Sua estrutura pode se esclarecer pelo caso especial da proposição predicativa simples (como "a bola é vermelha"). O componente ilocucionário é representado na forma normal por uma proposição performativa principal, formada com a primeira pessoa do presente (como expressão do sujeito), com base em um verbo performativo (em função predicativa) e com um pronome pessoal da segunda pessoa (como objeto). A estrutura de semelhantes proposições pode ser analisada recorrendo-se ao caso especial de atos de fala dotados de ligação institucional, com os quais o ator cumpre uma norma particular bem circunscrita (como uma aposta, uma gratulação, um casamento). O componente expressivo permanece implícito na forma normal, mas pode sempre ser expandido, formando uma proposição expressiva. Este é formado com a primeira pessoa do presente (como expressão do sujeito) e com base em um verbo intencional (em função predicativa), ao passo que um objeto (por exemplo, "eu amo N") ou um estado de coisas nominalizado ("eu temo que p") ocupam a posição do objeto lógico.

A favor da independência desses três componentes estruturais depõe a circunstância de que cada um deles apresenta peculiaridades respectivas significantes. Com cada componente está associada *uma* característica que é constitutiva do entendimento gramaticalmente diferenciado em geral. *As proposições assertóricas* podem ser verdadeiras ou falsas. A semântica veritativa mostrou por meio delas, de maneira exemplar, o nexo interno de significado e validade. Com as *proposições performativas*, o falante, ao dizer algo, efetua uma ação. A teoria dos atos de fala demonstrou por meio delas o nexo interno entre falar e agir. As proposições performativas não podem ser nem verdadeiras nem falsas; as ações efetuadas com base nelas podem ser entendidas, no entanto, como complementos para mandamentos (como "tu deves prestar socorro a A". *Proposições expressivas*, enfim, possuem, em comparação com as proposições assertóricas, a peculiaridade de que nem sua referência ao objeto nem seu conteúdo podem ser questionados no caso do emprego com sentido pleno – uma identificação falha é excluída tanto quanto a crítica a um saber ao qual o falante tem um acesso privilegiado. Por essas proposições se deixa demonstrar o nexo interno entre intenção e significado, entre o que é pensado e o que é dito. De resto, não existe entre as proposições assertóricas, normativas e expressivas nenhum *continuum* lógico, de sorte que das proposições de uma categoria se pudessem derivar as proposições de uma outra categoria. Os componentes estruturais do ato de fala não se deixam reduzir uns aos outros.

Interessa-nos agora a correspondência desses três componentes dos atos de fala com cognições, obrigações e expressões. Quando se aduz, para fins comparativos, os *correlatos pré-linguísticos* conhecidos pela pesquisa sobre o comportamento, vê-se como estes se alteram no nível linguístico. Percepções e representações assumem, assim como o comportamento adaptativo, a estrutura proposicional. A solidariedade ritualmente gerada, as obrigações em relação à coletividade, se dividem, no plano da ação regulada por normas, no reconhecimento intersubjetivo de normas existentes, de um lado, e em motivos da ação conforme a normas, de outro. As expressões ligadas ao corpo que surgem espontaneamente perdem sua involuntariedade quando substituídas por manifestações linguísticas ou interpretadas por meio delas. Manifestações expressivas servem a intenções comunicativas, podem ser postas em jogo intencionalmente.

Assim que os atos comunicativos assumem a forma da fala gramatical, a estrutura simbólica penetrou *todos* os componentes da interação: tanto a apreensão cognitivo-instrumental da realidade, o mecanismo de controle que coordena entre si os comportamentos dos diversos participantes da interação, assim como os próprios atores, juntamente com suas disposições comportamentais, são ligados à comunicação linguística e simbolicamente reestruturados. Ao mesmo tempo, somente essa conversão de cognições, obrigações e expressões em uma base linguística possibilita que os meios comunicativos assumam por seu turno novas funções: além da função do *entendimento*, agora também a função de *coordenação da ação* e da *socialização* dos atores. Sob o aspecto do entendimento, os atos comunicativos servem à *mediação do saber culturalmente acumulado*: a tradição cultural se reproduz, como foi mostrado, pelo *medium* da ação orientada ao entendimento. Sob o aspecto da coordenação da ação, os mesmos atos comunicativos servem a um *cumprimento de normas* adequado ao respectivo contexto: também a integração social se efetua por esse *medium*. Sob o aspecto da socialização, enfim, os atos comunicativos servem à construção de controles internos de comportamento, de modo geral, à *formação de estruturas de personalidade*: consta entre as intuições fundamentais de Mead aquela segundo a qual os processos de socialização se efetuam por interações linguisticamente mediadas.

Ao se analisar em detalhe por que os atos de fala representam um *medium* apropriado de reprodução social em virtude de suas propriedades formais, não basta demonstrar, contudo, a independência dos três componentes estruturais e os nexos entre o componente proposicional e a representação do saber, entre o componente ilocucionário e a coordenação de ações, entre o componente expressivo e a diferenciação de mundo interno e externo. Na reprodução simbólica do mundo da vida, os atos de fala podem assumir *simultaneamente* as funções da tradição, da integração social e da socialização de indivíduos somente quando o componente proposicional, o ilocucionário e o expressivo são integrados em cada ato de fala em particular, *formando uma unidade gramatical*, de modo que o conteúdo semântico não se decompõe em segmentos, mas pode ser convertido livremente entre os componentes. Gostaria de indicar para cada componente em particular, a traços largos, como ele se entrelaça em cada caso com os outros dois componentes (a-c), para ver então que consequências em especial resultam do entrelaçamento do componente ilocucionário com o proposicional e com o expressivo para a relação entre fala e ação, assim como para a relação do falante consigo mesmo (d).

(a) O componente proposicional

Na comparação do *componente proposicional* com os outros dois componentes do ato de fala, chama a atenção primeiramente uma assimetria. Para toda proposição não descritiva, há pelo menos uma proposição descritiva que reproduz o seu conteúdo semântico; em contrapartida, há proposições assertóricas cujo conteúdo semântico não pode ser transformado em proposições normativas, valorativas ou expressivas. Isso se aplica a todas as proposições assertóricas que são formuladas em uma linguagem de coisas e eventos.

A proposição:

(1) Eu te prometo (ordeno) que p,

pode ser transformada, conservando o significado, em:

(1') Ele lhe promete (ordena) que p.

Nesse caso, os pronomes pessoais correspondentes precisam se referir respectivamente às mesmas pessoas. No entanto, o conteúdo semântico é atingido pela transformação na medida em que se vincula a isso uma alteração de modo. Esta tem consequências no plano pragmático. Enquanto (1) já representa um ato de fala explícito, (1') representa somente o conteúdo proposicional de um ato de fala constativo, com o qual um falante pode reproduzir (1) como estado de coisas. Os dois proferimentos só são exatamente comparáveis quando (1') se expande, formando, por exemplo:

(1'exp.) Eu te relato que ele lhe prometeu (ordenou) que p

Pela mesma razão, também uma proposição deontológica, que confere expressão ao emprego de uma norma em uma situação S, como:

(2) Tu deves efetuar em S a ação a,

somente pode ser transformada, conservando o significado, com a inclusão da relação falante-ouvinte, por exemplo em:

(2') F diz a O que ele deveria em S efetuar a ação a.

Em contrapartida, uma proposição deontológica que confere expressão imediatamente ao conteúdo de uma norma, como:

(3) Deve-se efetuar (em geral) nas situações de tipo S a ação a,

não é primeiramente nenhum ato de fala. Ela somente poderia ser transformada como (1) em (1') se fosse complementado por um componente ilocucionário, como em:

(4) Eu anuncio com isso uma norma de conteúdo que p,

ou em:

(5) Eu descrevo uma norma de conteúdo que p,

no que pode ser empregada para "p" uma versão nominalizada de (3). A transformação resulta então em:

(4') Ele anuncia uma norma de conteúdo que p,

(5') Ele descreve uma norma de conteúdo que p.

Essas proposições podem ser expandidas como (1') em (1' exp.). De maneira correspondente, também proposições de vivências como:

(6) Eu desejo (temo) que p,

podem ser transformadas em:

(6') Ele deseja (teme) que p.

Essas proposições são capazes de conservar o significado quando os pronomes pessoais se referem à mesma pessoa; todavia, também aqui a alteração de modo ocorrida se torna palpável somente no caso da comparação das versões expandidas de maneira simples ou dupla.

(6 exp.) Eu manifesto (confesso) com isso o desejo (o temor) de que p,

(6' exp.) Eu te relato que ele manifestou (confessou) o desejo (o temor) de que p.

As considerações que se aplicam às proposições deontológicas podem ser estendidas *mutatis mutandis* às proposições valorativas.

Isso não precisa nos ocupar aqui, uma vez que somente quis lembrar a assimetria que existe no fato de que o conteúdo semântico de um componente ilocucionário ou expressivo qualquer do ato de fala pode ser expresso com base em uma proposição descritiva, ao passo que de modo algum todas as proposições assertóricas podem ser transformadas em proposições de um outro modo com conservação de significado. Pois para uma proposição como:

(7) Essa bola é vermelha,

não há nenhuma proposição em um modo não assertórico com conservação de significado. Isso vale para todos os enunciados formulados em uma linguagem sobre coisas e eventos.

Essa assimetria explica por que aprendemos as expressões linguísticas constitutivas do componente ilocucionário ou do expressivo de tal sorte que podemos empregá-las *simultaneamente* na atitude da primeira e da terceira pessoa. Isso se aplica, por exemplo, aos verbos performativos e intencionais empregados de maneira predicativa. Não entendemos o significado de "ordenar" ou "odiar" se não sabemos que (1) e (1') assim como (2) e (2') expressam *o mesmo* conteúdo semântico em papéis ilocucionários distintos. Isso por sua vez é algo que somente podemos saber se aprendemos os papéis comunicativos da primeira, segunda e terceira pessoa, junto com a atitude do falante correspondente, expressiva, conforme a normas e objetivante, na qualidade de um *sistema*, ou seja, de tal sorte que, dos pressupostos pragmáticos de uma expressão empregada de maneira expressiva para a primeira pessoa (como em (6)), ou de algumas expressões empregadas performativamente para a primeira e segunda pessoa (como em (1)), *inferimos* os pressupostos de uma expressão empregada de forma objetivante para a terceira pessoa (como em (6') e (1')) (e, inversamente, inferimos destes aqueles).

A linguagem proposicionalmente diferenciada está disposta de tal sorte que tudo o que se pode dizer de modo geral pode ser dito também em forma assertórica. Assim, também aquelas experiências que um falante faz com a sociedade na atitude conforme a normas, ou com a própria subjetividade na atitude expressiva, podem ser assimiladas ao saber expresso de maneira assertórica, que provém do trato objetivante com a natureza exterior. Esse saber prático se desliga, ao adentrar na tradição cultural, do engate com os componentes ilocucionários ou expressivos, com os quais se entretece na práxis cotidiana. Ali ele é acumulado sob a categoria de saber.

Quanto à transferência de significado de componentes não assertóricos para os componentes assertóricos do ato de fala, é importante que os componentes ilocucionários e expressivos já estejam reestruturados de maneira proposicional. Proposições performativas e expressivas podem ser analisadas segundo o esquema da composição de expressões para objetos e predicados, que são atribuídos ou negados a objetos. Proposições normativas, expressivas e valorativas possuem até mesmo a forma gramatical de enunciados, sem partilhar com as proposições descritivas o modo assertórico.

(b) *O componente expressivo*

É somente de passagem que gostaria de comparar o *componente expressivo* com os dois outros componentes do ato de fala. Também por esse aspecto se pode observar uma integração. A cada componente não expressivo pode ser correlacionada uma intenção com igual significação (no linguajar da filosofia analítica: uma *propositional attitude*). Assim, por exemplo, um falante expressa, com todo ato de fala constativo efetuado em conformidade com a regra, uma opinião ou uma convicção; com todo ato de fala regulativo efetuado em conformidade com a regra, um sentimento de obrigação, ou, ao menos, uma atitude que demonstra o nexo interno com normas válidas. Com a afirmação "p", o falante expressa normalmente que ele *crê* em "p", com a promessa "q", que ele *se sente obrigado* a "q" no futuro, com a desculpa por "r", que ele *se arrepende de* "r", e assim por diante.

Assim, sucede uma assimilação entre as convicções e sentimentos de obrigação, de um lado, e a estrutura de vivências afetivas, de outro. Somente essa assimilação permite um claro traçado de limites entre o mundo interno e externo, de maneira que as opiniões daquele que afirma fatos podem ser distinguidas dos próprios fatos, ou de maneira que os sentimentos daquele que, ao se desculpar ou agradecer, ao dar condolências ou congratular alguém, expressa arrependimento, gratidão, compaixão ou contentamento, podem ser distinguidos das normas correspondentes.

De novo resulta aí uma assimetria. Podemos inferir de expressões *verazes* de um falante os atos de fala não expressivos que o falante efetuaria em circunstâncias apropriadas: se ele crê em "p", está disposto a afirmar que "p"; e se ele se arrepende de "r", está disposto a uma desculpa por "r". Mas desses atos de fala constativos ou regulativos não podemos, inversamente, inferir que o falante também pensa ou sente também factualmente o que ele expressa. Nesse aspecto, os falantes não são obrigados a dizer o que pensam (*meinen*).[55] Essa assimetria pressupõe a assimilação de convicções e obrigações às vivências subjetivas de procedência não cognitiva e não ligada a obrigações; esta permite por seu turno o distanciamento de um âmbito de vivências com acesso privilegiado em relação a fatos, por um lado, e a normas, por outro.

(c) *O componente ilocucionário*

Em termos de teoria da sociedade, é de interesse acima de tudo o modo como o *componente ilocucionário* se encaixa com os outros dois componentes do ato de fala. Austin investigou, apoiando-se no último Wittgenstein, a composição de atos de fala a partir dos componentes ilocucionários e proposicionais.

---

55 Cavell, *Must We Mean what We Say?*

A integração desses dois componentes define a forma gramatical dos atos de fala *standard*, a qual pode ser caracterizada pela dependência de uma proposição assertórica nominalizada "– que p" em relação a uma proposição performativa "Eu te m", no que "m" representa uma expressão predicativa formada com base em um verbo performativo.

No entanto, a forma "Mp", que se tornou usual na filosofia analítica, negligencia a integração do componente ilocucionário com o expressivo, a qual é igualmente estruturante. Ela permanece oculta na forma *standard* porque o pronome pessoal da primeira pessoa que se apresenta na proposição performativa tem simultaneamente dois significados distintos: ora ele tem, em vínculo com o pronome pessoal da segunda pessoa, o sentido de que *ego* se defronta com um *alter* como falante na atitude performativa; ora, tomado por si mesmo, ele possui o sentido, que se conhece pelas proposições de vivência, de que *ego* manifesta uma vivência como falante em atitude expressiva. Esse *duplo significado* permanece discreto porque, nos atos de fala constativos e nos regulativos, as intenções do falante não são expressas de forma explícita. A despeito da assimilação de convicções e obrigações às vivências afetivas, isso é possível porque o ato da manifestação conta *per se* como autorrepresentação, isto é, como um indicador suficiente da intenção do falante de expressar uma vivência. Pela mesma razão, os atos de fala expressivos podem ser efetuados normalmente sem os componentes ilocucionários. Apenas nos casos da ênfase particular esses componentes se tornam explícitos linguisticamente, por exemplo, em situações em que o falante confere expressão, de maneira solene ou comovente, aos desejos e sentimentos, ou em contextos em que o falante revela, desvela, confessa etc. a um ouvinte surpreso ou desconfiado seus pensamentos ou sentimentos até então reservados. É por isso que as confissões possuem para a análise dos modos fundamentais um papel paradigmático análogo às afirmações e ordens ou promessas.

No entanto, as proposições assertóricas e as proposições de vivência, em oposição às proposições performativas, podem ser usadas também *monologicamente*, ou seja, de maneira que o falante não tem de assumir *in foro interno* os dois papéis comunicativos, o de falante e o de ouvinte, como no uso da linguagem *monologizado*, isto, em casos de atos de fala *internalizados a posteriori*. É manifesto que as proposições assertóricas e expressivas não possuem *por sua natureza* a força para motivar o ouvinte a aceitar uma oferta de ato de fala; essa força lhes compete somente graças ao componente ilocucionário, graças ao qual elas são inteiradas. Somente por meio da modalização elas são inseridas nos contextos da ação comunicativa.

Analiticamente, os *dois planos da modalização* podem ser separados. *Primeiramente*, podemos compreender os componentes ilocucionários a título de representantes linguísticos do caráter do ato de fala como ação; o *emprego* de proposições assertóricas e expressivas significa que o falante *efetua* um ato de fala com elas. Proposições performativas como: "Eu *afirmo* que p", ou: "Eu *confesso* que p", são expressões desse caráter. Com elas, é explicitado linguisticamente que atos de fala constativos e expressivos possuem uma relação com normas sociais análoga a ordens, exortações, confissões etc. Como esses atos de fala regulativos, eles podem ser submetidos a regulações normativas; aliás, da mesma maneira que todas as ações não verbais. Depende do contexto normativo de uma situação de fala se e, dado o caso, perante quem os participantes devem ou podem fazer afirmações e confissões.

Mas, se o sentido da modalização de proposições assertóricas ou de proposições de vivência se esgotasse nisso, os atos de fala constativos e expressivos não poderiam conseguir os efeitos de vínculo por *força própria*, mas somente graças a seu contexto normativo. O componente ilocucionário de um tal ato de fala não teria então força motivadora alguma; o ônus da coordenação da ação teria de ser suportado, pelo contrário, pelo consenso prévio que apoia o contexto normativo.

De fato, porém, um falante pode motivar um ouvinte a aceitar sua oferta com a força ilocucionária de um ato de fala constativo ou de um ato de fala expressivo, mesmo independentemente do contexto normativo em que eles são efetuados. Como eu já havia detalhado, trata-se aí não da obtenção de um efeito perlocucionário *no* ouvinte, mas de um entendimento racionalmente motivado *com o* ouvinte, o qual sucede com base em uma pretensão de validade criticável. Podemos entender os componentes ilocucionários de afirmações e confissões como representantes linguísticos de uma pretensão à *validez* de proposições assertóricas ou expressivas correspondentes: elas não expressam apenas o caráter de ação em geral, mas também a exigência de um falante de que o ouvinte *deve* aceitar uma proposição como verdadeira ou como veraz. Em Mead e Durkheim, caracterizamos até aqui a validade deontológica *apenas* na forma da validade normativa; não podemos simplesmente equiparar a pretensão de validade que um falante vincula à afirmação de uma proposição (e é nisso que queremos nos concentrar primeiramente) com a pretensão de validade de normas. Em todo caso, há analogias estruturais entre a proposição (com igual significado em relação a (3)):

(8) É obrigatório que a em S

e a constatação metalinguística:

(9) É o caso (é verdadeiro) que p.

Diferentemente dos componentes ilocucionários de atos de fala *standard*, que expressam que o falante levanta uma pretensão de validade, (8) e (9) conferem expressão à *própria* pretensão de validade, mais exatamente, como pretensão de validade normativa ou como pretensão de validade assertórica.

Para ver como tais pretensões de validade poderiam ter se constituído, gostaria de partir do caso paradigmático de um ato de fala com ligação institucional, como "casar", e da instituição correspondente, ou seja, aqui a do matrimônio. Vamos supor que o ato de fala que o sacerdote ou o mais velho da família efetuam no caso de um casamento possa ser substituído também por uma ação cerimonial de gênero não verbal. A cerimônia consiste em uma ação verbal ou ritual, que *vale* como ato de casamento na situação apropriada, visto que satisfaz as condições institucionalmente definidas para um matrimônio. Nas sociedades tribais, o complexo institucional das relações de parentesco é dotado de uma autoridade moral ancorada no âmbito sagrado. A instituição do casamento toma emprestada sua validade daquele consenso normativo apoiado em ritos que Durkheim analisou. Isso se mostra imediatamente no caráter cerimonial do casamento — mesmo quando ele é implementado *expressis verbis*. Em todo caso, é claro que a validez da cerimônia depende do cumprimento de uma norma vigente.

Podemos descrever essa norma com base em uma proposição que apresenta a forma de (8). A expressão que aparece aí, "é obrigatório", nós a entendemos no sentido do conceito de validade normativa introduzido em termos antropológicos por Durkheim.[56] Não precisamos aqui analisar mais amplamente o que significa que a autoridade moral de uma instituição existente "descenda" da assim chamada consciência coletiva; basta lembrar que, nesse estágio, a validade deontológica de normas não pode ser interpretada ainda no sentido de uma compreensão pós-tradicional de normas, portanto, de um acordo que se produz na forma do reconhecimento intersubjetivo de uma pretensão de validade *criticável*. Pode-se imaginar um contexto em que a proposição (8) é empregada no sentido de um proferimento autoritário, avesso à criticabilidade. A proposição (8) não pode ser entendida, porém, se não se sabe que o destinatário pode se opor ao mandamento, ferindo a norma subjacente. Certamente, tão logo os participantes da interação se entendam de modo geral em uma linguagem gramatical, eles podem se reportar à validade de normas *de um modo distinto* e diferenciar a força ilocucionária do normativo segundo aspectos distintos, por exemplo, conceder, delegar, permitir algo, arrepender-se de algo, ou autorizar, punir, condecorar alguém e assim por diante. A criticabilidade de *ações* com relação a normas vigentes não pressupõe de modo algum, porém, a possibilidade de contestar a validade das *próprias normas* subjacentes.

De modo interessante, as coisas se passam de maneira diferente com a proposição (9), estruturalmente análoga. Não se entende (9) se não se sabe que um falante pode assumir essa proposição *apenas* no papel de um proponente, e isso significa a disposição de defender "p" contra as objeções de oponentes. De um lado, a pretensão à verdade proposicional poderia ter tomado emprestada a estrutura de uma pretensão de validade passível de ser resgatada *de maneira justificada* daquela espécie de pretensões que se apoiam em normas válidas; de outro lado, ela precisa aparecer imediatamente em uma versão radicalizada, isto é, visando fundamentações. Essa circunstância

---

56 Cf. a teoria das ilocuções originárias desenvolvida por Beck, *Sprechakte und Sprachfunktionen*, p.10ss.; Beck atribui o efeito ilocucionário de vínculo à força imperiosa do sagrado, de que um soberano faz uso inicialmente com atos de fala declarativos e com que o destinatário se depara em atos submissos de adoração, homenagem, exaltação etc.

permite supor que o conceito de uma pretensão de validade criticável é tributário de uma assimilação da verdade de enunciados à validade de normas (de modo algum criticável no começo).

Se enunciados descritivos aparecem de forma modalizada, e se os componentes ilocucionários de atos de fala constativos como em (9) são tematizados, é recomendável interpretar a verdade em analogia estrutural com um conceito de validade normativa já disponível. Uma tal hipótese é sugerida por Mead e Durkheim – um porque pode contar de todo modo com que o conceito de mundo objetivo se forma pela via da dessocialização da percepção de coisas, o outro porque atribui as determinações contrafactuais de uma validade de verdade, neutralizada em relação ao espaço e ao tempo, à força da idealização situada no conceito de sagrado.

Até agora, negligenciei esse momento no conceito durkheimiano de consciência coletiva: "O animal apenas conhece um mundo: o mundo que ele percebe por experiência interior e exterior. Somente o ser humano tem a capacidade de representar para si o ideal e de inseri-lo no real. Mas de onde ele obteve esse privilégio singular? [...] A explicação que propomos para a religião tem a vantagem de dar uma resposta a essa questão. Pois nossa definição do sagrado implica que ele *excede* o real. O ideal pode ser definido exatamente assim. Não se pode explicar um sem o outro".[57] De acordo com Durkheim, um grupo social não pode estabilizar sua identidade coletiva e sua coesão sem projetar uma *imagem idealizada* de sua sociedade: "A sociedade ideal não se encontra fora da sociedade real; ela é uma parte desta; em vez de haver uma partilha entre elas, como entre dois polos que se repelem, não se pode pertencer a uma sem também pertencer à outra".[58] O consenso normativo que se interpreta a si mesmo na semântica do sagrado é presente aos membros na forma de um acordo idealizado, de um acordo *que transcende as alterações espaciais e temporais*. Ele oferece *o modelo para todos os conceitos de validade*, sobretudo para a ideia de verdade: "Pensar logicamente significa de fato sempre, em certa medida, pensar de maneira impessoal; isso significa também pensar *sub specie aeternitatis*. Impessoalidade, constância, estes são os

---

[57] Durkheim, *Die elementaren Formen des religiösen Lebens*, p.565.
[58] Ibid., p.566.

dois traços principais das verdades. Ora, a vida lógica pressupõe demonstravelmente que o ser humano, ao menos indistintamente, sabe que há uma verdade que se distingue dos fenômenos sensíveis. Mas como ele consegue chegar a essa concepção? Na maioria das vezes, julga-se que ela lhe teria surgido espontaneamente, assim que dirigiu seu olhar ao mundo. Mas nada na experiência imediata permite essa suposição. Pelo contrário, tudo a contradiz. Nem a criança nem o animal possuem a menor noção disso. A história prova de resto que o ser humano precisou de séculos para desenvolvê-la e firmá-la. No Ocidente, essa concepção alcançou pela primeira vez uma consciência clara de si mesma e das consequências que contém por meio de grandes pensadores da Grécia. Quando se fez essa descoberta, teve-se o ensejo para a surpresa que Platão capturou em linguagem magnífica. Mas se a ideia se expressou somente nessa época em fórmulas filosóficas, então existia necessariamente já antes um estado de sentimento obscuro".[59] A ideia de verdade como uma pretensão de validade ideal se deve às idealizações inerentes à identidade coletiva: "Na forma do pensamento coletivo, a humanidade se tornou consciente pela primeira vez do pensamento impessoal. Não se pode discernir por qual outro caminho esse discernimento poderia ter sido conquistado [...]. Daí em diante, o indivíduo, pelo menos obscuramente, deu-se conta de que há, *acima* de suas próprias representações, um mundo de conceitos típicos, de acordo com os quais ele precisa orientar suas ideias. Ele pressente um reino intelectual inteiro, do qual participa, mas que também o ultrapassa. Esta é uma primeira noção do reino da verdade".[60]

No entanto, do conceito de validade normativa, a ideia da verdade pode tomar de empréstimo apenas a determinação da *impessoalidade subtraída ao tempo* própria de um acordo idealizado, de uma intersubjetividade remetida a uma comunidade ideal de comunicação. Esse momento da "harmonia dos espíritos" *se junta* ao outro momento de uma "harmonia com a natureza da coisa". A autoridade que se encontra atrás do conhecimento não coincide, sem dúvida, com a autoridade moral que se encontra atrás das normas. Pelo contrário, o conceito de verdade vincula a objetividade da experiência com

---

59 Ibid., p.583.
60 Ibid., p.584.

a pretensão à validade intersubjetiva de um enunciado descritivo correspondente, a representação da correspondência de proposições e fatos com o conceito de um consenso idealizado.[61] É somente desse *vínculo* que resulta o conceito de uma pretensão de validade criticável.

Na medida em que a validade normativa enraizada em paleossímbolos pode ser interpretada por sua vez em analogia com a pretensão de verdade, transforma-se também a compreensão das proposições normativas como (8). Mandamentos podem ser entendidos então como proferimentos com os quais o falante levanta uma pretensão de validade normativa *contestável* perante os membros do grupo social e não apenas uma pretensão à conformidade normativa de um ato de fala que deixa intacta a validade da própria norma autorizadora.

Não gostaria de examinar mais uma vez a pretensão de validade da veracidade, análoga à verdade, da qual tratei anteriormente. Importava-me aqui elucidar como da integração do conceito mais estrito de autoridade moral, ancorado em paleossímbolos, com os outros componentes do ato de fala poderiam ter resultado três pretensões distintas de validade, mais precisamente, pretensões específicas aos modos, que conferem também aos atos de fala não regulativos uma força ilocucionária eficaz independentemente dos contextos normativos.

(d) Formas reflexivas da ação orientada ao entendimento e autorrelação refletida

Os componentes ilocucionários expressam que o falante levanta explicitamente uma pretensão à verdade proposicional, à correção normativa ou à veracidade subjetiva, e sob que aspectos ele o faz, dado o caso. Esses aspectos podem se distinguir mais ou menos fundamentalmente. Uma promessa

---

61 Nesse ponto, Durkheim se aproxima do conceito de verdade desenvolvido por Peirce. Como mostram suas preleções sobre o pragmatismo, Durkheim tem consciência de que sua crítica aos fundamentos empiristas da teoria pragmatista da verdade de James e F. C. Schiller está em consonância com as concepções do fundador da tradição pragmatista. Cf. Durkheim, *Pragmatisme et Sociologie*.

com que um falante contrai uma *nova* obrigação se distingue de uma ordem na qual se apoia em obrigações *existentes* mais radicalmente do que uma recomendação difere de uma admoestação. Além disso, os modos podem ser escolhidos de tal sorte que discriminam mais ou menos nitidamente entre pretensões de validade. Enquanto um falante levanta com afirmações ou constatações pretensões assertóricas de maneira tão inequívoca quanto como quando se refere com promessas e ordens à pretensão de validade normativa, a relação com a validade no caso de aconselhamentos e recomendações, por exemplo, permanece pouco clara: dependendo do caso, podem se apoiar em um saber prognóstico ou em um saber prático-moral. A diferenciação superficial, culturalmente dependente e conforme às línguas particulares, entre os diversos gêneros de referência às pretensões de validade esconde amiúde apenas uma falta de discriminação entre as próprias pretensões de validade culturalmente invariantes. Enfim, precisamos observar que a validade normativa se diferencia na medida em que se desprende dos fundamentos sagrados da autoridade moral e se divide na validade social de normas factualmente reconhecidas, por um lado, e na validade ideal de normas dignas de reconhecimento, por outro. No decurso desse processo, os aspectos formais da validade deontológica, como veremos ainda, se separam dos aspectos materiais dos valores culturais corporificados em formas de vida.

O leque de variações das expressões de forças ilocucionárias, existentes nas línguas particulares, na cultura e na história, deixa intocado, porém, o elemento fundamental de que os participantes das interações, com um nível de comunicação linguístico diferenciado, ganham em princípio liberdade para dizer "sim" ou "não" às pretensões de validade. A margem de liberdade se caracteriza pelo fato de que, sob as condições da ação comunicativa, um ouvinte somente pode rejeitar o proferimento de um falante ao *negar* a sua validade. Consentimento significa então a negação da invalidade do proferimento afirmado. Onde quer que os participantes da interação se entendam por meio de símbolos, existirão as alternativas de compreensão, incompreensão e mal-entendido; sobre esse fundamento, a cooperação e o conflito já alteram seu caráter. Mas somente no nível linguístico o acordo *pode* assumir a forma de um consenso comunicativamente obtido. A comunicação linguística pressupõe a compreensão de e a tomada de posição em relação a pretensões de validade criticáveis. Com isso, todo acordo explícito conserva algo de um dissenso evitado, excluído: ele é mediado pela recusa ao menos implícita de um proferimento contraditório, portanto, por uma negação.[62]

Se a recusa da afirmação "p" significa que o enunciado "p" é não verdadeiro, a afirmação de "p" implica uma negação dessa recusa, portanto do enunciado "é não verdadeiro que p". Se a recusa da ordem "q" (em que "q" representa uma ação a ser executada ou a ser omitida por *alter*) significa que, na situação dada, a ação da ordem não se justifica pela norma N aduzida para a autorização, e nesse sentido é incorreta, a afirmação de "q" implica a negação dessa recusa, ou seja, da proposição "é incorreto em S com referência a N que o mandante profira 'q'". Finalmente, se a recusa da confissão "r" significa que *ego* não pensa o que ele diz, a afirmação de "r" implica a negação dessa recusa, isto é, da proposição: "a manifestação 'r' de *ego* é não veraz".

O efeito de vínculo das forças ilocucionárias se realiza ironicamente porque os participantes da interação podem dizer "não" à oferta do ato de fala. O caráter crítico desse *dizer-não* distingue uma tal tomada de posição de uma reação baseada no mero arbítrio. O ouvinte pode ser "vinculado" pela oferta do ato de fala, porque *não* pode *rejeitá-la a bel-prazer, mas apenas negá-la*, isto é, recusá-la com razões. Duas consequências que resultam do "poder-dizer-não" para a estrutura da comunicação já foram descritas por nós.[63]

Em primeiro lugar, refiro-me à estratificação da ação orientada ao entendimento em formas ingênuas e refletidas de comunicação. Visto que a ação comunicativa requer a orientação por pretensões de validade, ela remete desde o início à possibilidade de que os dissensos sejam apaziguados por meio da alegação de razões. Daí podem se desenvolver formas da fala argu-

---

62 Cf. Tugendhat, *Vorlesungen zur Einführung in die sprachanalytische Philosophie*, p.66ss. e p.517ss.

63 De Herder até Heidegger e Gehlen, passando por Nietzsche, o "poder-dizer-não" foi sublinhado reiteradamente como monopólio antropológico. Nesse discernimento se apoia também a tese criticista, defendida por Popper e Adorno em diferentes versões, segundo a qual o conhecimento confiável pode ser objetivo apenas pela via da negação de enunciados.

mentativa institucionalizadas, nas quais as pretensões de validade levantadas normalmente de maneira ingênua, afirmadas ou negadas imediatamente, são transformadas em tema e discutidas em atitude hipotética na qualidade de pretensões de validade controversas. *Em segundo lugar*, refiro-me à demarcação entre ações orientadas ao entendimento e ações orientadas às consequências. Em geral, *alter* é levado por uma mescla complicada de motivos empíricos e racionais a integrar suas ações às ações do *ego*. Visto que a ação comunicativa requer a orientação por pretensões de validade, ela remete, porém, de antemão à possibilidade de que os participantes da interação distingam entre a influência *uns sobre os outros* e o entendimento *uns com os outros* de maneira mais ou menos nítida. Disposições generalizadas para aceitar podem se desenvolver daí, como veremos ainda, por duas linhas: na linha de um vínculo empírico, motivado por indução e intimidação, de um lado, e na linha de uma confiança motivada *racionalmente*, isto é, por um acordo fundamentado, de outro lado.

Uma *outra* consequência do "poder-dizer-não", que apenas sugerimos, concerne aos próprios atores. Caso se queira reconstruir, com base no mecanismo da adoção de atitude, o modo como os participantes da interação podem aprender a orientar sua ação explicitamente por pretensões de validade, o modelo do diálogo interno, utilizado de maneira inespecífica por Mead, revela-se de fato proveitoso. Ao antecipar a resposta negativa de *alter* ao próprio ato de fala, fazendo a si mesmo uma objeção que *alter* poderia lhe fazer, *ego* concebe o que significa levantar uma pretensão de validade *criticável*. Assim que *ego* passa a dominar então a orientação por pretensões de validade, pode repetir uma vez mais a interiorização da relação discursiva. Agora *alter* se lhe defronta com a expectativa de que *ego* não apenas assuma de maneira ingênua o papel comunicativo da primeira pessoa, mas, em caso necessário, que lhe dê a forma do papel de um proponente no quadro de uma argumentação. Se *ego* se apropria *dessa* atitude de *alter*, se ele observa, portanto, com os olhos de um oponente a maneira como responde à sua crítica, ele obtém uma *relação refletida consigo mesmo*. Ao interiorizar o papel do participante da argumentação, *ego* se torna capaz de autocrítica; e queremos denominar "refletida" a autorrelação que se produz segundo esse modelo da autocrítica. O saber do não saber é considerado desde Sócrates, com razão, o fundamento do autoconhecimento. A autorrelação refletida ganha um outro tom dependendo do modo do emprego da linguagem. *Ego* pode estabelecer uma relação consigo mesmo pela via de uma crítica seja aos próprios enunciados, seja às próprias ações, seja às próprias autorrepresentações. O si-mesmo a que ele se refere então não é uma instância misteriosa; pelo contrário, já lhe é familiar pela práxis comunicativa cotidiana: trata-se dele no papel comunicativo da primeira pessoa, no modo como, em atitude objetivante, afirma a existência de estados de coisas, ou, em atitude conforme a normas, estabelece uma relação interpessoal tomada como legítima, ou, em atitude expressiva, torna acessível a um público uma vivência subjetiva. Em correspondência com isso, *ego* pode se pôr em relação consigo mesmo, de acordo com o modelo da autocrítica, na qualidade de um *sujeito epistêmico*, que é capaz de aprendizado e que, no trato cognitivo-instrumental com a realidade, adquiriu um determinado saber, ou na qualidade de um *sujeito prático, que pode agir* e que, em interações com suas pessoas de referência, já formou um determinado caráter ou um Supereu, ou também na qualidade de um *sujeito pático* [*pathisch*], que é sensível, "passional" no sentido de Feuerbach, e que já demarcou um âmbito particular da subjetividade, de acesso privilegiado e intuitivamente presente, em face do mundo exterior de fatos e normas.

O discurso sobre três sujeitos é, no entanto, errôneo. Da perspectiva da autocrítica, se *ego* adota em relação a si mesmo o papel de um oponente possível no conflito em torno das pretensões de validade levantadas ingenuamente por ele de início, ele se depara com um si-mesmo que é naturalmente o mesmo sob todos os três aspectos. Mais precisamente, é por assim dizer o mesmo por origem; não se precisa de modo algum de uma identificação posterior das três relações consigo mesmo.

Como foi pressuposto, *ego* somente pode estabelecer essas autorrelações diversas de maneira que, ao adotar em relação a si mesmo a atitude de um *outro* participante da argumentação, se defronte como um sujeito agindo comunicativamente; ele se depara consigo da mesma maneira como adota uma *atitude performativa*. Esta, porém, garante a unidade na mudança dos modos do emprego da linguagem, a continuidade da passagem entre a atitude objetivante, a conforme a normas e a expressiva, que efetuamos incessantemente na práxis comunicativa. De pontos de vista genéticos, a atitude performativa talvez se deixe compreender como o resultado de uma profanação e generalização daquela atitude, sentimentalmente ambivalente, em relação aos objetos sagrados que assegura originariamente o reconhecimento da autoridade moral. Essa transformação se torna necessária na medida em que os componentes ilocucionários dos atos de fala se desligam de seu entrelaçamento simbiótico com as instituições arcaicas e se diferenciam de tal modo que também as proposições assertóricas e as proposições de vivência são dotadas de forças ilocucionárias, modalizadas por essa via e incluídas na ação comunicativa.

Porém, se a atitude performativa assegura a unidade na mudança dos modos, na autorrelação refletida a consciência de si prática mantém uma certa primazia sobre a consciência de si epistêmica, assim como sobre a consciência de si pática. A autorrelação refletida fundamenta a *imputabilidade* de um ator. O ator imputável não se comporta de maneira *autocrítica* apenas em suas ações imediatamente moralizáveis, mas igualmente em seus proferimentos cognitivos, assim como em suas manifestações expressivas. Embora a imputabilidade seja uma categoria prático-moral em seu cerne, ela se estende também às cognições e expressões inseridas no espectro de validade da ação orientada ao entendimento.

3
A estrutura racional da linguistificação do sagrado

Podemos retomar agora a questão de saber como a ação comunicativa faz a mediação entre o fundo da solidariedade social ritualmente guardado, de um lado, e as normas vigentes e as identidades pessoais, de outro. Por um lado, havíamos considerado os fundamentos sagrados da autoridade moral para poder seguir no plano filogenético a linha de desenvolvimento que leva da interação simbolicamente mediada para a interação guiada por normas; por outro lado, havíamos descoberto na validade normativa enraizada no sagrado também um ponto de apoio para o desenvolvimento da interação simbolicamente mediada até a linguagem. Todavia, a descrição em termos de pragmática formal das estruturas universais dos atos de fala se apoia no saber pré-teórico de falantes que pertencem a um mundo da vida moderno, racionalizado, em um sentido a ser ainda elucidado mais de perto. Se nós, de novo com Mead e Durkheim, buscamos aquele complexo de interação social que pode ser postulado como uma situação de partida hipotética do desenvolvimento sociocultural, coloca-se a tarefa de apreender o nexo entre a ação guiada por normas e a fala gramatical de modo tão cuidadoso que não nos deixemos distorcer o olhar por causa de nossa *pré-compreensão moderna*. Uma vez que não podemos sair arbitrariamente do horizonte de interpretação objetivamente dado, temos de nos entregar *ao mesmo tempo*, como os próprios Mead e Durkheim fizeram, *à questão* socioevolucionária de saber *em que direção se alteraram as constelações de partida* determinantes para a ação guiada por normas.

Na resposta a essa questão, deixo-me guiar pela hipótese segundo a qual as funções expressivas e de integração social que são cumpridas de início pela práxis ritual passam para a ação comunicativa, no que a autoridade do sagrado é substituída sucessivamente pela autoridade de consensos considerados a cada vez como fundamentados. Isso significa uma liberação da ação comunicativa em relação aos contextos normativos protegidos pelo sagrado. O desencantamento e o desapoderamento do domínio do sagrado se efetua pela via de uma *linguistificação do acordo normativo fundamental assegurado pelos ritos*; e vai de par com isso a liberação do potencial de racionalidade inscrito na ação comunicativa. A aura do encanto e do espanto que o sagrado irradia, a força *cativante* do sagrado, é ao mesmo tempo sublimada e cotidianizada, tornando-se a força *vinculante* de pretensões de validade criticáveis. Vou desdobrar essas ideias de tal modo que me reporto primeiramente à teoria durkheimiana da evolução do direito, inserindo o desenvolvimento jurídico no contexto da mudança de forma da interação social, observada por Durkheim (1). Vou aclarar a lógica dessa mudança de forma com base em um experimento mental apoiado em Durkheim (2) e elucidá-la lançando mão das considerações de Mead a respeito de uma ética do discurso (3). O diagnóstico de Mead sobre a individualização progressiva irresistível oferece em seguida o ponto de apoio para um excurso sobre a identidade e a identificação (4). Para concluir, gostaria de registrar algumas reservas contra as tendências formalistas e idealistas da teoria da sociedade de Mead (5).

(1) O desenvolvimento do direito e mudança de forma da integração social

A evolução social do direito forma o suporte para a primeira grande obra de Durkheim, *De la Division du travail social*.[1] Durkheim proferiu várias vezes preleções sobre sociologia do direito; partes importantes delas foram publicadas apenas postumamente.[2] Durkheim concebe o desenvolvimento do direito, da mesma maneira que Weber, como um processo de desencantamento. Não quero abordar mais detidamente suas tentativas de classificar *as áreas* do direito segundo os pontos de vista da teoria da evolução. O direito

---

1 Em alemão: *Über die Teilung der sozialen Arbeit*.
2 Durkheim, *Leçons de sociologie: physique des moeurs et du droit*.

arcaico é no essencial um direito penal; como exemplar do direito moderno, Durkheim trata o direito civil, com a propriedade privada como a instituição nuclear, assim como o contrato e a herança na qualidade de garantias conexas.

(a) Os fundamentos não contratuais do contrato

A questão de saber como a autoridade moral do sagrado se converte na validade de instituições não se apresenta conectada às instituições primitivas do direito penal. Pois o direito penal é de início apenas a expressão simbólica de uma reação à lesão do tabu. O crime originário é o sacrilégio, o contato com o intocável, a profanação do sagrado. Na punição do sacrilégio, Durkheim vê uma manifestação do susto e do temor pelas consequências fatais; a pena é um ritual que restitui a ordem perturbada. A condenação do sacrilégio é, portanto, apenas o inverso da reverência do sagrado. A violação contra uma norma sacralizada não é considerada um crime porque pesam sanções sobre ela; pelo contrário, ela desencadeia sanções porque as normas não são de início nada mais do que um dispositivo para proteger os objetos ou terrenos sagrados. A pena é entendida como expiação: "É certo que no fundo do conceito de expiação repousa a ideia de um desagravo que é concedido a um poder real ou ideal, situando-se acima de nós. Se requeremos a punição do crime, então não queremos nos vingar pessoalmente, mas algo superior, que sentimos mais ou menos indistintamente, fora e acima de nós. Este algo é concebido por nós de maneira diversa, em conformidade com o tempo e com o lugar. Muitas vezes, é um simples pensamento, como a moral ou o dever; na maioria das vezes, representamo-lo sob a forma de um ou vários seres concretos: os antepassados, as divindades. Esta é a razão de por que o direito penal não é essencialmente religioso apenas em sua origem, mas ainda conserva um sinal determinado de religiosidade. Os atos que ele pune parecem ser ataques a algo transcendente, sejam seres, sejam ideias. Pela mesma razão, explicamos a nós mesmos por que eles aparentemente reclamam uma punição que se situa acima da simples reparação, com a qual nos contentamos na ordem dos interesses puramente humanos".[3]

---

3 Durkheim, *Über die Teilung der sozialen Arbeit*, p.141-2.

A reparação no sentido de uma compensação do dano ocasionado pertence à esfera profana do equilíbrio de interesses privados. A indenização toma o lugar da expiação no direito civil. Por esse eixo, Durkheim desbasta a evolução do direito. O direito moderno se cristaliza em torno do equilíbrio de interesses privados, ele se desfez de seu caráter sagrado. Contudo, a autoridade do sagrado não pode ser anulada *sem sucedâneos*, pois a validade deontológica das normas tem de apoiar-se sobre algo que pode vincular o arbítrio de pessoas privadas de direito, que pode *obrigar* as partes contratantes.

Durkheim persegue esse problema em suas preleções sobre sociologia da religião tomando os exemplos da propriedade e do contrato. Ele põe em relevo inicialmente as analogias que existem entre o instituto jurídico arcaico da propriedade e os objetos sagrados. A propriedade originariamente é tomada de empréstimo dos deuses. As oferendas rituais são dívidas fiscais que de início são pagas aos deuses, mais tarde aos sacerdotes, e por fim às autoridades estatais. É a essa origem sagrada que a propriedade deve um caráter mágico, que ela comunica ao proprietário – na relação de propriedade, subjaz um laço mágico entre pessoa e coisa: "O caráter religioso é contagioso em toda parte onde ele existe, de acordo com sua essência; ele se comunica a todo sujeito que se encontra em contato com ele [...]. O caráter que faz que uma coisa se torne a propriedade de um determinado sujeito mostra agora a mesma contagiosidade. Ele constantemente se inclina a passar dos objetos aos quais é inerente para todos aqueles que chegam a ter um contato com os primeiros. A propriedade é contagiosa. A coisa apropriada atrai para si, tanto quanto a coisa sagrada, todas as coisas que a tocam, e se apropria delas. A existência dessa capacidade singular é testemunhada por um complexo inteiro de regras jurídicas, as quais colocam os juristas em embaraços frequentemente: são as regras que determinam o assim chamado direito acessório".[4]

No entanto, a propriedade privada é um derivado tardio. Os direitos dos deuses se transferem de início à coletividade; os direitos de propriedade se diferenciam depois em subcoletividades, tribos e famílias; eles são associa-

---

4 Durkheim, *Leçons de sociologie*, op. cit., p.176-7.

dos ao *status* de um membro familiar e não à pessoa de direito individual.⁵ A herança é por isso a forma normal de transferência de propriedade. Também a forma concorrente da aquisição ou da alienação de propriedade, o contrato, é considerado no começo a modificação de um *status*: "De fato, as vontades somente podem acordar em definir contratualmente as obrigações, se essas obrigações não resultam do *status* jurídico já adquirido, seja de coisas, seja de pessoas; só pode tratar-se de alterar o *status*, de acrescentar às relações já existentes novas relações. O contrato é por conseguinte uma fonte de variações, que pressupõe um fundamento jurídico primário com outra procedência. O contrato é por excelência o instrumento com que as alterações são realizadas. Ele mesmo não pode formar os fundamentos originários e subjacentes em que se baseia o direito".⁶

O formalismo chamativo das conclusões contratuais, as cerimônias com as quais são seladas, lembram os fundamentos religiosos, não contratuais, do contrato.

Ora, aqui se coloca para Durkheim a questão central que inspira suas investigações inteiras sobre sociologia do direito. O contrato entre pessoas de direito autônomas é o instrumento fundamental do direito privado civil; na teoria moderna do direito, ele é elevado a paradigma das relações jurídicas em geral. Como um semelhante contrato pode vincular as partes contratantes se o fundamento sagrado do direito é anulado? De Hobbes até Max Weber, é dada a isso a resposta *standard* de acordo com a qual o direito moderno é justamente um direito coercitivo. À interiorização da moral corresponde uma metamorfose complementar do direito em um poder imposto do exterior, estatalmente autorizado e apoiado no aparelho estatal de sanções. A legalidade de uma conclusão contratual, de uma relação entre sujeitos de direito privados em geral, significa que as pretensões jurídicas podem ser reclamadas. A coercitividade do cumprimento de pretensões ju-

---

5 "A propriedade pessoal apareceu somente quando da massa familial se desprendeu um indivíduo que corporificara em si a vida religiosa inteira, dispersa nos membros e nas coisas da família, tornando-se o detentor de todos os direitos do grupo" (ibid., p.198).

6 Ibid., p.203-4.

rídicas, por assim dizer automática, deve garantir a obediência jurídica. Mas Durkheim não se dá por satisfeito com essa resposta. Também a obediência dos parceiros de direito modernos precisa ter um conteúdo moral. Pois o sistema jurídico é parte de uma ordem política, com a qual sucumbiria se não pudesse pretender legitimidade.

Durkheim pergunta, portanto, sobre a legitimidade das relações jurídicas que possuem a forma de contratos entre pessoas de direito autônomas. Ele contesta que a uma relação contratual possa caber legitimidade somente em virtude das condições do fechamento do contrato. Do *factum* de uma convenção que duas partes estabelecem em interesse próprio de cada uma e por livre vontade não se segue ainda, de modo algum, o caráter obrigatório de seu contrato. Um semelhante contrato "não se basta a si mesmo; é possível apenas graças a uma regulamentação do contrato que é a origem social".[7] Essa regulamentação não pode ser, por seu turno, uma expressão de mero arbítrio, não pode se basear na facticidade do poder estatal; mas, uma vez já secularizado o direito, de onde os fundamentos legais de um contrato retiram sua autoridade moral? "Vimos que os direitos que têm sua origem nas coisas eram dependentes da natureza religiosa delas. Assim, também todas as relações morais e jurídicas que derivam do *status* pessoal ou real devem sua existência a uma força *sui generis*, que é inerente ou aos sujeitos ou aos objetos, e força ao respeito. Mas como uma semelhante força poderia ser inerente a simples disposições volitivas? [...] Por que duas decisões – que provieram de dois sujeitos distintos – teriam uma força de vinculação maior somente porque concordam entre si?"[8]

A resposta que Durkheim ilustra de modo interessante pelo exemplo do contrato de trabalho é simples: os contratos possuem caráter obrigatório em virtude da legitimidade das regulações legais que lhes subjazem; e estas são consideradas legítimas somente na medida em que conferem expressão a um interesse universal. Pode-se examinar isso pelo fato de os contratos que elas autorizam de fato suscitarem um equilíbrio de interesses ou, ao

---

7 Id., *Über die Teilung der sozialen Arbeit*, p.255.
8 Id., *Leçons de sociologie*, p.205.

contrário, ferirem os interesses justificados de uma parte, a despeito de sua anuência formalmente livre: "Assim, o aparecimento do contrato consensual, em vínculo com um desenvolvimento dos sentimentos humanos de simpatia, despertou nas cabeças a noção de que o contrato era moral e devia ser reconhecido e sancionado pela sociedade somente sob a condição de que ele não era um mero meio de explorar as partes contratuais, com uma palavra, que ele era justo. [...] Não basta que o contrato seja aprovado, ele precisa ser justo, e a forma pela qual a anuência é dada é tão somente o critério exterior para o grau de equidade do contrato".[9]

Da perspectiva de Max Weber, poderia parecer que Durkheim quisesse reclamar para o direito formal simplesmente a justiça material; na verdade, seu argumento aponta em outra direção. Durkheim quer tornar claro que o caráter obrigatório dos contratos não pode ser derivado da arbitrariedade da convenção entre indivíduos, guiada por interesses. A força vinculante de um acordo moral fundamentado no sagrado pode ser substituída por um acordo moral que expressa de forma racional o que desde sempre era intencionado no simbolismo do sagrado: a universalidade do interesse subjacente. O interesse geral – nisso Durkheim segue a famosa distinção de Rousseau[10] – não é de modo algum a soma, ou um compromisso entre muitos interesses particulares; pelo contrário, o interesse geral retira uma força moralmente obrigatória do seu caráter impessoal e *imparcial*: "O papel do Estado não é de fato o de expressar e sintetizar o pensamento irrefletido da massa, mas acrescer a esse pensamento irrefletido um pensamento superior, que consequentemente não pode ser senão distinto".[11]

Nas sociedades diferenciadas, a consciência coletiva é corporificada no Estado. Este tem de cuidar por si mesmo da legitimidade do poder que monopoliza: "Em resumo, podemos dizer por conseguinte: o Estado é um órgão especial, com a tarefa de desenvolver determinadas representações que valem para a coletividade. Essas representações se distinguem das demais repre-

---

9 Ibid., p.231.
10 Id., *Montesquieu et Rousseau, précurseurs de la sociologie*, org. e pref. Armand Cuvillier, introd. Georges Davy.
11 Id., *Leçons de sociologie*, p.125.

sentações coletivas por seu grau superior de consciência e reflexão".[12] Ora, o desenvolvimento dos Estados modernos se caracteriza por transitar dos fundamentos sagrados da legitimação até os fundamentos de uma vontade comum formada comunicativamente na esfera pública política e discursivamente esclarecida: "Desse ponto de vista, a democracia nos parece a forma política por meio da qual a sociedade chega à consciência mais pura de si mesma. Um povo é tanto mais democrático quando a deliberação, a reflexão, o espírito crítico desempenham um papel cada vez mais importante no andamento dos assuntos públicos. Em contrapartida, é tanto menos quando a ausência de consciência, os hábitos inconfessos, os sentimentos obscuros, com uma palavra, quando preponderam os prejuízos subtraídos ao exame. Isto é, a democracia [...] é o traço de caráter que as sociedades assumem cada vez mais fortemente".[13] Durkheim vê a superioridade moral do princípio democrático na instituição de uma formação discursiva da vontade: "Visto que ela [a democracia] é a dominação da reflexão, ela permite aos cidadãos aceitar as leis de seu país com mais discernimento, consequentemente, com menos passividade. Visto que há constantes comunicações entre eles e o Estado, o Estado não é mais para os indivíduos o poder exterior que lhes impinge um impulso inteiramente mecânico. Graças ao intercâmbio contínuo entre eles e o Estado, a vida deste se conecta com a deles, assim como a deles se conecta com a do Estado".[14] Na medida em que o consenso religioso fundamental se dissolve e o poder estatal perde seu respaldo sagrado, a *unidade da coletividade* pode se produzir e conservar doravante como *unidade de uma comunidade de comunicação*, isto é, por meio de um consenso obtido comunicativamente na esfera pública política.

Quando se considera esse ajuste do Estado aos fundamentos secularizados da legitimação como pano de fundo, o desenvolvimento do contrato, do formalismo ritual até se tornar o instrumento mais importante do direito privado civil, sugere a ideia de uma linguistificação, de uma fluidificação comunicativa do consenso religioso fundamental. Nas sociedades arcaicas,

---

12 Ibid., p.87.
13 Ibid., p.123.
14 Ibid., p.125

as explicações cerimoniais das partes contratantes mal se distinguem ainda das ações rituais; pelas palavras dos concernidos fala o próprio poder do sagrado, fundador do consenso: "As vontades somente podem se vincular sob a condição de que se corroboram. Essa corroboração sucede por meio de palavras. Ora, as próprias palavras são algo real, natural, realizado, que se pode prover com uma força religiosa, graças à qual obrigam e vinculam aqueles que as pronunciaram. Por isso, basta que sejam pronunciadas de acordo com essas formas religiosas e sob condições religiosas. Justamente por meio disso elas se tornam sagradas. Um dos meios para transferir-lhes esse caráter é o juramento, isto é, o apelo a um ser divino. Mediante o apelo, esse ser divino se torna o garante da promessa feita; consequentemente, a promessa se torna coativa, tão logo é feita dessa maneira [...], sob a ameaça de penas religiosas cujo peso é conhecido".[15] No direito moderno, em contrapartida, o contrato privado retira sua força vinculante da legalidade; mas a lei que lhe confere legalidade deve, por seu turno, o caráter obrigatório, reclamando reconhecimento, de um sistema jurídico legitimado em última instância pela formação política da vontade. As operações de entendimento de uma comunidade de comunicação de cidadãos, suas próprias palavras, são o que suscitam o consenso vinculante.

(b) Da solidariedade mecânica à solidariedade orgânica

Durkheim considera a evolução do direito em conexão com uma mudança de forma da integração social que abrange a sociedade inteira. Essa tendência é caracterizada por ele como desvio em relação a um estado inicial, "em que a personalidade individual é absorvida na personalidade coletiva".[16] A dissolução dessa solidariedade mecânica dos membros tribais, que, assimilados uns aos outros, tomam emprestada sua própria identidade quase integralmente da identidade coletiva, é representada por Durkheim como um processo de emancipação. Na medida em que as estruturas sociais se diferenciam, os indivíduos socializados se libertam de uma consciência coletiva que abrangia toda a estrutura da personalidade; ao mesmo tempo, eles

---

15 Ibid., p.208.
16 Id., *Über die Teilung der sozialen Arbeit*, p.171.

se afastam do consenso religioso fundamental, no qual todos se fundiam uns com os outros. Durkheim caracteriza esse desenvolvimento *da solidariedade mecânica para a orgânica* em três níveis. A racionalização das imagens de mundo vai de mãos dadas com uma universalização de normas morais e jurídicas e com a individualização progressiva dos indivíduos.

A *racionalização das imagens de mundo* se expressa em um processo de abstração que sublima os poderes míticos em deuses transcendentes e, finalmente, em ideias e conceitos, deixando como resultado uma natureza desdivinizada, à custa de um encolhimento do âmbito sagrado: "Originariamente, os deuses não se distinguiam do universo; não havia deuses, mas apenas seres sagrados, sem que esse caráter sagrado, com que se revestiam, fosse remetido a uma outra essencialidade como sua fonte. [...] Pouco a pouco, porém, as forças religiosas se desprenderam das coisas das quais eram em primeiro lugar um atributo, e se reificaram. Dessa maneira, forma-se o conceito de espírito ou deuses, que, embora habitem preferencialmente aqui e ali, existem fora dos objetos determinados aos quais estão presos em particular. Com isso eles se tornam menos concretos [...]. O politeísmo greco-latino, que é uma forma de animismo superior e organizado, significa um novo progresso no sentido da transcendência. A morada dos deuses se descola com mais evidência da morada dos homens. Eles vivem recolhidos nas alturas misteriosas do Olimpo ou nas profundezas da Terra e pessoalmente interferem doravante de modo bastante casual nos assuntos dos homens. Mas apenas com o cristianismo Deus se retira definitivamente do espaço. Seu reino não é desse mundo. A separação entre a natureza e o divino chega a ser tão integral que ela degenera em hostilidade. Ao mesmo tempo, o conceito de divindade se torna mais universal e mais abstrato, pois ele não consiste mais em impressões, como no começo, mas em ideias".[17] Finalmente, as imagens de mundo racionalizadas precisam concorrer com a autoridade de uma ciência completamente secularizada. Surge aí uma atitude reflexiva em relação à tradição de modo geral. Tornando-se em princípio problemática, a tradição pode ser prosseguida tão somente pelo *medium* de uma crítica perenizada. Ao mesmo tempo, a consciência tradicional de tempo se ajusta às orientações para o futuro.[18]

---

17 Ibid., p.329-30.
18 Ibid., p.390.

À abstração da representação de Deus corresponde uma *generalização dos valores*: "O conceito de homem, por exemplo, substitui no direito, na moral e na religião o conceito de romano, que é mais concreto e por isso mais refratário à ciência".[19] O desenvolvimento paralelo no plano dos valores institucionalizados consiste em uma *universalização de direito e moral* que ao mesmo tempo traz consigo um desencantamento do direito sagrado, isto é, a desformalização do processo jurídico. Depois que as regras do direito e da moral "foram ligadas primeiramente às circunstâncias locais, às particularidades étnicas, climáticas etc., elas se libertaram disso passo a passo, tornando-se com isso também mais universais. Esse aumento de universalização torna-se sensível no declínio ininterrupto do formalismo".[20] Ao mesmo tempo, com a extensão do âmbito de aplicação das normas, cresce a margem de ação para as interpretações e a pressão para a justificação racional: "Não há nada mais firme a não ser regras abstratas, que podem ser aplicadas livremente de modos os mais distintos. Elas tampouco possuem a mesma autoridade, e não mais a mesma força de resistência [...]. Esses princípios universais podem influir sobre as ações somente com o auxílio da inteligência. Mas, uma vez despertada a reflexão, então não se pode mais facilmente contê-la. Se ela se torna mais forte, desenvolve-se espontaneamente para além dos limites que se lhe havia atribuído. Com ela se começa a colocar em discussão alguns artigos de fé, e a discussão vai além deles. Querem dar conta deles, exigem a justificação de sua existência; seja como for que exista esse exame, eles perdem com isso uma parte de sua força".[21]

Nos fenômenos do *individualismo moderno*, Durkheim vê finalmente os indícios de uma valorização quase religiosa do indivíduo, de um "culto da pessoa, da dignidade individual",[22] que por assim dizer recomenda a cada um "a ser uma pessoa e sempre mais uma pessoa".[23]

A individualização progressiva se mede ao mesmo tempo pela diferenciação de identidades singulares, assim como no aumento de autonomia

---

19 Ibid., p.331.
20 Ibid., p.330.
21 Ibid., p.331.
22 Ibid., p.441.
23 Ibid., p.446.

pessoal: "Ser uma pessoa significa ser uma fonte autônoma da ação. O ser humano adquire essa propriedade apenas na medida em que tem em si mesmo algo que pertence a ele, só e exclusivamente a ele, e isso o individualiza, no que ele é mais do que uma simples corporificação do tipo genérico de sua raça e de seu grupo. Poder-se-ia dizer em todo caso que ele tem o dom da decisão livre e que isso basta para fundar sua personalidade".[24]

No entanto, essa autonomia não se esgota na capacidade de decidir *arbitrariamente* no interior de uma margem de manobra ampliada e variável de possibilidades de ação. A autonomia não consiste na liberdade "de escolher entre duas alternativas", antes ela consiste naquilo que chamamos uma "autorrelação refletida". Pois a autonomia do indivíduo, crescendo com a individualização progressiva, caracteriza, de acordo com Durkheim, uma nova forma de solidariedade que não é mais assegurada por um consenso axiológico prévio, mas precisa ser obtido cooperativamente por força de esforços individuais. No lugar de uma integração social mediante a *fé*, entra uma integração mediante *cooperação*. De início, Durkheim era da opinião de que essa solidariedade orgânica podia ser explicada como um efeito da divisão social do trabalho, ou seja, da diferenciação do sistema social. Poucos anos mais tarde, no prefácio para a segunda edição do livro *Da divisão do trabalho social*, ele já revisa essa concepção. A nova forma da solidariedade está tão longe de resultar da diferenciação sistêmica que Durkheim se vê forçado a buscar a salvação em uma moral de grupos profissionais que ele tem de postular e ilustrar lançando mão de exemplos históricos com esmaltes utópicos. No entanto, Durkheim não explica que mecanismos poderia gerar a nova forma de solidariedade no lugar da diferenciação estrutural.[25]

Em todo caso, Durkheim dá uma indicação interessante; pois ele vê na passagem da forma mecânica para a forma orgânica de solidariedade uma *"tendência para o racional"*.[26] E no final de seu livro ele nomeia também o critério que adota quando concebe a modernização da sociedade como racionalização – uma moral universalista que se realiza na medida em que os indivíduos aprendem a agir de maneira imputável: "Quando se lembra que

---

24 Ibid., p.444.
25 Cf. p.203ss.
26 Durkheim, *Über die Teilung der sozialen Arbeit*, p.330.

a consciência coletiva se reduz cada vez mais ao culto do indivíduo, então se pode dizer que o que caracteriza a moral das sociedades organizadas, em comparação com as sociedades segmentárias, é algo mais humano e, por isso, mais racional. Não dirige nossa atividade a objetivos que não nos concernem diretamente; não faz de nós serviçais de poderes ideais e de uma natureza completamente diferente da nossa, que tomam seus próprios caminhos sem se preocupar com os interesses dos homens [...]. As regras que formam essa consciência coletiva não são tão cogentes a ponto de asfixiar o livre exame; mas, visto que elas são antes feitas para nós e em um certo sentido por nós, somos mais livres em relação a elas [...]. Nós simplesmente sabemos bem demais o quão difícil é construir essa sociedade, em que cada indivíduo tem o lugar que merece, em que cada um é recompensado de acordo com o seu mérito, em que, consequentemente, todo mundo contribui espontaneamente à prosperidade de cada um. Porém, uma moral não se encontra acima de uma outra porque ordena de modo mais seco e autoritário, ou porque mais fortemente subtraída à reflexão. Ela tem de vincular-nos sem dúvida a algo diferente do que a nós mesmos; mas não é necessário que ela nos *encadeie* a ponto de chegar à imobilidade".²⁷

Com essa perspectiva, Durkheim não escapa às ciladas do pensamento próprio à filosofia da história. De um lado, ele se aplica à atitude descritiva de um cientista social que meramente observa tendências históricas; de outro, também se apropria em atitude normativa do conceito de uma moral universalista, que parece proceder dessas tendências, ao menos como um ideal universalmente aceito, declarando-se de maneira lapidar no dever de "formar uma nova moral".²⁸ É manifesto que Durkheim não tem clareza sobre quais condições metodológicas a apreensão descritiva de um processo de desenvolvimento concebido como processo de racionalização precisa satisfazer.

O moralismo de Durkheim é um eco irônico do positivismo de Durkheim.²⁹ Vimos que, em suas investigações posteriores, em especial

---

27 Ibid., p.448-9.
28 Ibid., p.450.
29 A reprovação contra o moralismo é levantada por Luhmann em sua introdução à edição alemã de *Da divisão do trabalho social* (*Über die Teilung der sozialen Arbeit*, p.17ss.),

naquelas dedicadas à sociologia da religião e do direito, Durkheim se aproxima da ideia de uma linguistificação, de uma fluidificação comunicativa do consenso religioso fundamental. A partir desse ponto de vista teórico, vou tentar justificar as alterações de forma da integração social que Durkheim descreve como indicadores de um processo de racionalização. Com isso, retorno ao projeto de Mead de explicar a interação guiada por normas e linguisticamente mediada no sentido de uma reconstrução racional.

Como foi discutido propedeuticamente na introdução, podemos atribuir as condições da racionalidade às condições de um consenso comunicativamente obtido, fundamentado. A comunicação linguística que é orientada ao entendimento e não serve pura e simplesmente à influenciação recíproca preenche os *pressupostos* dos proferimentos racionais ou da racionalidade de sujeitos capazes de falar e agir. Vimos, além disso, por que a racionalidade imanente à linguagem pode ser empiricamente eficaz na medida em que os atos comunicativos assumem o controle das interações sociais e cumprem as funções da reprodução social, da conservação dos mundos sociais da vida. O potencial de racionalidade da ação orientada ao entendimento pode ser liberado e convertido para a racionalização dos mundos da vida de grupos sociais na medida em que a linguagem cumpre as funções de entendimento, de coordenação da ação e de socialização de indivíduos e, em razão disso, se torna um *medium* pelo qual se efetuam a reprodução cultural, a integração social e a socialização.

Se a evolução social é colocada dessa maneira de acordo com os pontos de vista da racionalização, as abordagens teóricas de Mead e de Durkheim podem ser remetidas umas às outras, com o objetivo de construir hipoteticamente uma situação de partida pela qual se pode depreender o que significa para o processo de hominização a passagem a uma ação comunicativa que, de início, é estritamente circunscrita em termos institucionais, e *por que a mediação linguística dessa ação guiada por normas* poderia ter dado o *impulso para a racionalização do mundo.*

---

todavia, sob as premissas de uma estratégia de pesquisa que, com o olhar voltado para o plano analítico da "sociabilidade isenta de normas", acaba fugindo ao questionamento proposto por Durkheim.

A construção que proponho se apoia, por um lado, nos valores-limite que Durkheim adota para uma sociedade totalmente integrada, por outro, nos efeitos desintegradores que os atos de fala não podem deixar de possuir em virtude da estrutura analisada por nós, assim que a reprodução simbólica do mundo da vida se liga à ação comunicativa. Esse experimento mental requer que pensemos o estado zero da sociedade de Durkheim, composto de um âmbito sagrado que ainda não *carece* de uma mediação linguística da práxis ritual, e de um âmbito profano que ainda não *admite* uma mediação linguística da cooperação, dotada de dinâmica intrínseca. Em particular, essa última suposição é artificial (mas não completamente inadequada), visto que Durkheim não atribui à fala gramatical um significado verdadeiramente constitutivo. O experimento mental se destina a mostrar que a reprodução social, dada uma canalização linguística, se submete a determinadas limitações estruturais, pelas quais a mencionada mudança estrutural das imagens de mundo, a universalização do direito e da moral e a individualização progressiva não podem certamente ser explicadas de modo causal, mas por certo podem se tornar compreensíveis reconstrutivamente em sua lógica interna.

(2) *A lógica dessa mudança de forma, explicada pelo caso-limite fictício de uma sociedade totalmente integrada*

Imaginemos por ora o caso-limite de uma sociedade totalmente integrada. A *religião* se esgota em interpretar uma práxis ritual existente nos conceitos do sagrado; sem conteúdos estritamente cognitivos, ela não assumiu ainda o caráter de uma imagem de *mundo*. No sentido de um determinismo cultural, ela assegura a unidade do coletivo e reprime consideravelmente os conflitos que possam surgir das relações de poder e dos interesses econômicos. Essas suposições contrafactuais determinam um estado de integração social para o qual a linguagem tem somente um significado mínimo. O consenso axiológico prévio carece naturalmente da atualização linguística e da canalização para as situações de ação; mas as operações de entendimento permanecem restritas a tal ponto a um papel instrumental que cabe negligenciar a influência que a estrutura dos atos de fala possui para o gênero e a composição da tradição cultural. Em outro contexto, Wittgenstein fala das "festas" da linguagem; ela luxuria, desencabresta quando se desonera da disciplina da práxis cotidiana, quando se desembaraça de suas funções sociais. Tentemos imaginar um estado em que a linguagem festeja, em que o peso próprio da linguagem não se faz valer ainda para a reprodução social. Uma consideração análoga a esta sobre a função do entendimento pode ser feita também para as funções de coordenação da ação e da socialização.

Em uma sociedade integrada sem solução de continuidade, o culto religioso é algo como uma *instituição total*, que abrange e integra normativamente de maneira tão ampla todas ações, sejam na família, sejam no âmbito do trabalho social, que toda transgressão de normas significa um sacrilégio. Por certo, essa instituição fundamental somente pode se ramificar em normas específicas às situações e às tarefas graças à mediação linguística. Mas aí as ações comunicativas permanecem restritas novamente a um papel instrumental, de sorte que a influência que a linguagem possui sobre a validade e a aplicação de normas pode ser negligenciada. Durkheim acentua sobretudo o terceiro aspecto de uma sociedade dessa espécie — a reprodução da *identidade de grupo* na estrutura de cada membro individual. Essa personalidade se decompõe em um componente universal, que repete as estruturas da sociedade de maneira estereotípica, e em um componente individual, não socializado, preso ao organismo em particular. Esse dualismo expressa a noção de uma socialização na qual a força individualizante da intersubjetividade linguisticamente produzida não desempenha ainda nenhum papel.

Por fim, as estruturas da imagem de mundo, das instituições e da personalidade individual não se separaram ainda umas das outras seriamente; elas estão fundidas na consciência coletiva, que é constitutiva da identidade do grupo. Uma diferenciação está inscrita nas estruturas da comunicação linguística; mas ela somente ocorre na medida em que a ação comunicativa mantém um peso próprio nas funções do entendimento, da integração social e da formação da personalidade, dissolvendo o contato simbiótico em que a religião e a sociedade se encontram uma com a outra. É apenas quando as estruturas da ação orientada ao entendimento passam a ser efetivas que resulta uma linguistificação do sagrado, a qual determina a lógica da mudança de forma da integração social descrita por Durkheim. Nosso experimento mental se destina a mostrar que a abstração das imagens de mundo, a universalização do direito e da moral, assim como a individualização progressiva podem ser concebidas como desenvolvimentos que, levando-se em conta seus *aspectos estruturais*, ocorrem assim que o potencial de racionalidade da ação orientada ao entendimento se desencadeia no seio de uma sociedade integrada sem solução de continuidade. As condições empíricas de uma semelhante dinâmica, vamos deixá-las fora de consideração aqui.

Na fala gramatical, como se deve lembrar, os componentes proposicionais se encaixam com os ilocucionários e os expressivos de tal modo que o conteúdo semântico é capaz de flutuar entre eles. Tudo o que se pode dizer de maneira geral também se pode expressar na forma assertórica. Por esse traço fundamental da linguagem, é possível tornar claro o que vem a significar uma conexão das imagens religiosas de mundo com a ação comunicativa. O saber de fundo entra nas definições da situação de atores que agem dirigidos a objetivos, que regulam sua cooperação de maneira consensual; e a imagem de mundo acumula os resultados dessas operações de interpretação. Uma vez que os conteúdos semânticos de procedência sagrada e profana flutuam livremente no *medium* da linguagem, chega-se a uma fusão de significados; os conteúdos prático-morais e os expressivos se vinculam com os cognitivo-instrumentais na forma do saber cultural. Nesse processo, dois aspectos podem ser separados.

Em primeiro lugar, os conteúdos normativos e expressivos da experiência, provenientes do âmbito da certificação ritual da identidade coletiva, podem ser expressos na forma de proposições e acumulados *como saber cultural*; isso faz da religião, pela primeira vez, uma *tradição cultural* que carece de prosseguimento comunicativo. Em segundo lugar, o saber sagrado precisa se vincular com o saber profano oriundo do âmbito da ação instrumental e da cooperação social; isso faz da religião, pela primeira vez, uma *imagem de mundo* reivindicando a totalidade. Na medida em que a práxis comunicativa cotidiana recebe um peso próprio, as imagens de mundo precisam assimilar o saber profano afluente, cuja profusão elas são capazes de regular cada vez menos, isto é, precisam colocá-lo em uma conexão mais ou menos consistente com os componentes prático-morais e expressivos. Os aspectos estruturais do desenvolvimento das imagens religiosas de mundo que Durkheim e Weber esboçaram, complementando-se mutuamente, podem ser explicados pela transferência da base de validade da tradição que vai da ação ritual para a ação comunicativa. As convicções devem sua autoridade cada vez menos à força cativante e à aura do sagrado, e cada vez mais fortemente a um consenso não meramente reproduzido, mas *obtido*, isto é, suscitado comunicativamente.

Na fala gramatical, como vimos além do mais, os componentes ilocucionários se encaixam com os proposicionais e os expressivos de tal modo que as forças ilocucionárias se vinculam a *todos* os atos de fala. Com essas forças, constitui-se um conceito de validade que imita a autoridade do sagrado ancorado em paleossímbolos, mas é genuinamente de natureza linguística. Por esse traço fundamental da linguagem se pode tornar claro o que significa que as instituições fundadas no sagrado não apenas percorrem os processos de entendimento dirigindo, pré-formando e pré-julgando, mas também passem a ser dependentes elas próprias dos efeitos de vínculo da formação linguística de consenso. Nesse caso, a integração social não se efetua mais imediatamente por meio de valores institucionalizados, mas mediante o reconhecimento intersubjetivo de pretensões de validade levantadas com os atos de fala. Também as ações comunicativas permanecem inseridas em contextos normativos existentes; mas o falante pode fazer referência explicitamente a elas com atos de fala e se ajustar a elas de maneira distinta. Pela circunstância de que compete aos atos de fala uma força ilocucionária autônoma, independente dos contextos normativos existentes, resultam consequências dignas de nota, tanto para a validade como para a aplicação de normas.

A base de validade das normas de ação se alteram na medida em que cada consenso comunicativamente mediado remete a razões. A autoridade do sagrado, que se encontra atrás das instituições, deixa de valer *per se*. A autorização sagrada se torna dependente, de agora em diante, das operações de fundamentação próprias das imagens religiosas de mundo. Ao entrar nas interpretações da situação feitas pelos participantes da comunicação, o *saber cultural* assume funções de coordenação da ação. Na medida em que os componentes prático-morais do saber se confundem com os expressivos e com os cognitivo-instrumentais, as imagens de mundo míticas e, mais tarde, religiosas e metafísicas servem para explicar e justificar o sistema institucional. Isso significa que todas as experiências consonantes, que podem ser elaboradas de maneira consistente em uma imagem de mundo, ratificam as instituições existentes, ao passo que as experiências dissonantes, que sobrecarregam o potencial de fundamentação de uma imagem de mundo, acabam colocando em questão a crença na legitimação e a validade das instituições correspondentes. Mas o sistema institucional pode ficar sob pressão não apenas por causa da mudança estrutural das imagens de mundo, mas também pelo lado de uma carência crescente de especificação quanto às novas situações de ação, que se tornaram mais complexas. Na medida em que aqueles que agem comunicativamente assumem para si mesmos a aplicação de normas, estas podem se tornar ao mesmo tempo mais abstratas e especiais. Uma aplicação de normas de ação *comunicativamente mediada* depende de que os participantes cheguem a definições comuns da situação, as quais se referem ao mesmo tempo aos recortes objetivos, normativos e subjetivos da respectiva situação da ação. Os *próprios* participantes da interação precisam referir as normas dadas à situação respectiva e recortá-las para as tarefas especiais. À medida que essas operações de interpretação se tornam autônomas em relação ao contexto normativo, o sistema institucional pode dominar uma complexidade crescente de situações de ações porque se ramifica em uma rede de papéis sociais e regulações especiais, no quadro de normas fundamentais altamente abstratas.

A universalização de direito e moral que Durkheim constata pode ser explicada, em seus aspectos estruturais, com a transferência cada vez mais forte dos problemas de justificação e da aplicação de normas aos processos de formação linguística de consenso. Depois que a comunidade de fé se seculariza formando uma comunidade de cooperação, somente uma moral universalista pode manter seu caráter obrigatório. E somente um direito formal fundado em princípios abstratos estabelece um corte entre legalidade e moralidade, de tal sorte que passa a existir uma nítida separação entre os âmbitos de interação em que as questões litigiosas de aplicação de normas ou são institucionalmente retiradas dos participantes ou radicalmente exigidas deles.

Na fala gramatical, como finalmente constatamos, os componentes expressivos se encaixam com os ilocucionários e os proposicionais de maneira que o pronome pessoal da primeira pessoa, aparecendo nas expressões subjetivas das proposições performativas, demonstra dois significados sobrepostos entre si. Ora ele se refere ao *ego* como falante que manifesta vivências em atitude expressiva, ora ele se refere ao *ego* como membro de um grupo social que estabelece uma relação interpessoal com um outro membro em atitude performativa. Por esse traço fundamental da linguagem, pode-se tornar claro o que significa que os processos de socialização sejam marcados pela estrutura linguística das relações entre a criança em crescimento e suas pessoas de referência. A estrutura da intersubjetividade linguística que se expressa nos pronomes pessoais se encarrega de que a criança aprenda a desempenhar papéis sociais na primeira pessoa.[30] Essa pressão estrutural impede uma mera reduplicação da identidade do grupo na estrutura da personalidade do indivíduo; ele atua como uma pressão para a individualização. Cada um que participa em interações sociais no papel comunicativo da primeira pessoa tem de apresentar-se como um ator que simultaneamente demarca um mundo interior dotado de acesso privilegiado em face dos fatos e das normas e toma iniciativas em face de outros participantes, as quais lhe são imputadas como ações próprias, a ser "responsabilizadas". O grau de individualização e a medida de imputabilidade variam com a margem objetiva da ação comunicativa autônoma. Na medida em que a interação socializadora dos pais se desprende dos modelos fixos e das normas rígidas, tanto mais formais se tornam as competências mediadas no processo de socialização. A tendência à individualização progressiva e à autonomia crescente, observada por Durkheim, pode ser explicada em seus aspectos estruturais pela distância cada vez maior da formação da identidade e da gênese de pertenças de grupo em relação aos contextos particulares e por sua transposição para a aquisição de capacidades generalizadas da ação comunicativa.

    O experimento mental que acabei de esboçar serve-se da ideia de uma linguistificação do sagrado para decifrar a *lógica* da mudança de forma da integração social analisada por Durkheim. O experimento ilumina a via pela qual podemos voltar, de maneira tateante, das estruturas da ação orientada ao entendimento, esclarecidas em termos de pragmática formal, até as estru-

---

30 Cf., neste volume, p.122-3.

turas antropologicamente profundas da ação regulada por normas e linguisticamente mediada. Pois a interação guiada por normas altera sua estrutura na medida em que as funções da reprodução cultural, da integração social e da socialização passam do âmbito do sagrado para a práxis comunicativa cotidiana. Nesse contexto, a *comunidade religiosa de fé*, que torna primeiramente possível a cooperação social, transforma-se em uma *comunidade de comunicação que se encontra sob pressões de cooperação*. Durkheim partilha com Mead essa perspectiva socioevolucionária. No entanto, Durkheim não pode conceber a passagem de formas de solidariedade mecânica para formas de solidariedade orgânica como uma alteração da consciência coletiva reconstruível *por dentro*; é por isso que permanece pouco claro o que o autoriza a conceber a mudança de forma da integração social como um desenvolvimento rumo à racionalidade. A ideia de linguistificação do sagrado é sem dúvida *sugerida* em Durkheim, mas ela somente pode ser *elaborada* na linha da tentativa de reconstrução de Mead. De fato, Mead concebe a fluidificação comunicativa de instituições tradicionalmente firmes, apoiadas na autoridade sagrada, decididamente como racionalização. Ele elege a ação comunicativa explicitamente como ponto de referência para o projeto utópico de uma "sociedade racional". As explicações de Mead sobre as possibilidades de desenvolvimento das sociedades modernas, sobre os contornos de uma sociedade "racional" ou, como ele também diz, "ideal", se deixam ler como se tivesse desejado responder à questão de saber quais estruturas uma sociedade teria de adotar se sua integração social fosse *completamente* transferida dos fundamentos sagrados ao consenso comunicativamente obtido. Considero de início o *desenvolvimento cultural*, que se caracteriza por uma diferenciação em ciência, moral e arte.

A ciência e a moral modernas estão sujeitas aos ideais de uma objetividade e de uma imparcialidade asseguradas por uma discussão irrestrita, ao passo que a arte moderna é determinada pelo subjetivismo do trato irrestrito de um Eu consigo mesmo, descentrado e liberado das coerções do conhecimento e da ação. Na medida em que o âmbito sagrado foi constitutivo da sociedade, nem a ciência nem a arte recebem a herança da religião; somente a moral desdobrada na forma de uma ética do discurso, fluidificada comunicativamente, pode substituir a autoridade do sagrado *nesse aspecto*. Nela o cerne arcaico do normativo se dissolveu, com ela se desdobra o sentido racional da validade normativa.

A afinidade entre religião e moral se mostra, entre outras coisas, em que a moral não adota um *status* unívoco na construção de um mundo da vida estruturalmente diferenciado. Ela não se deixa imputar, como a ciência e a arte, exclusivamente à tradição cultural, tampouco, como as normas jurídicas ou os traços de caráter, exclusivamente à sociedade ou à personalidade. Certamente, podemos separar analiticamente as *representações* morais como componentes da tradição, as *regras* morais como componentes do sistema normativo e a *consciência* moral como componente da personalidade. Mas representações morais coletivas, normas morais e a consciência moral de indivíduos são a cada vez aspectos de uma única e mesma moral. À moral se adere ainda algo da força penetrante dos poderes originários sagrados; ela penetra os planos da cultura, sociedade e personalidade, diferenciados nesse meio-tempo, de maneira peculiar às sociedades modernas.

Durkheim também confia somente a uma moral universalista a força para manter coesa uma sociedade secularizada e substituir o acordo normativo fundamental assegurado pelos ritos em um plano altamente abstrato. Mas somente Mead fundamenta a moral universalista de tal modo que ela pode ser concebida como *resultado* de uma racionalização comunicativa, de uma liberação do potencial de racionalidade inscrito na ação comunicativa. Em uma crítica à ética kantiana, esboçada *grosso modo*, Mead faz a tentativa de fundamentar geneticamente uma semelhante ética do discurso.[31]

(3) A fundamentação de uma ética do discurso por Mead

Mead parte de uma intuição a que se referem todas as teorias morais universalistas: o ponto de vista que adotamos no juízo sobre questões moralmente relevantes tem de permitir a consideração imparcial dos interesses

---

31 Mead, "Fragmente über Ethik", em *Geist, Identität und Gesellschaft*, p.429ss.; cf. também *Selected Writings*, p.82ss.; a respeito disso, cf. Cook, *The Self as Moral Agent*, p.156ss.; e Joas, *Praktische Intersubjektivität*, p.120ss.

bem compreendidos de *todos* os concernidos, visto que as normas morais, corretamente entendidas, fazem valer um interesse comum, um interesse *universal*.[32] Tanto os utilitaristas quanto Kant concordam na exigência de universalidade das normas fundamentais: "O utilitarista diz que deveria haver a maior felicidade para o maior número; Kant diz que a atitude em relação à ação deveria poder assumir a forma de uma lei universal. Gostaria de acentuar a comunidade de ambas as escolas, que se contrapõem tão contrariamente em outros terrenos: ambas creem que uma ação moral precisa ser universal. Quando se determina a moral mediante o resultado da ação, então determinam-se os resultados por meio da comunidade inteira; se é mediante a atitude em relação à ação, então é mediante o respeito pela lei. Ambas reconhecem que a moral significa universalidade, que a ação moral não é simplesmente um assunto privado. Uma coisa boa do ponto de vista moral precisa ser boa para *cada um*, sob as mesmas condições".[33]

No entanto, essa intuição, que encontrou sua expressão tanto na dogmática das religiões universais quanto nos *topoi* do senso comum, é mais bem analisada por Kant do que pelos utilitaristas. Enquanto estes indicam, com a ideia do bem-estar universal, da maior felicidade do maior número, um ponto de vista segundo o qual a universalidade de interesses pode ser examinada, Kant introduz um princípio de legislação que todas as normas morais têm de poder satisfazer. Do compromisso universalizante entre interesses fundamentalmente particulares não resulta ainda um interesse provido da autoridade de um interesse universal, isto é, com a pretensão de ser reconhecido por todos os concernidos como um interesse comum. O utilitarismo não pode esclarecer por isso o momento do *consentimento* não forçado e refletido, racionalmente motivado, que as normas válidas exigem de *todos os concernidos*. Essa validade deontológica das normas morais é explicada por Kant com o sentido da universalidade das leis da razão prática. O imperativo categórico é representado por ele como uma máxima com base na qual cada indivíduo

---

32 Cf., a respeito, R. Wimmer (*Universalisierung in der Ethik*), que trata as abordagens universalistas de K. Baier, M. Singer, R. M. Hare, J. Rawls, P. Lorenzen, F. Kambartel, K. O. Apel e a minha.

33 Mead, *Geist, Identität und Gesellschaft*, p.432.

pode examinar se uma norma dada ou recomendada merece consentimento universal, isto é, pode valer como lei.

Mead retoma essa ideia: "A universalidade de nossos juízos, tão acentuada por Kant, deriva do fato de que adotamos a atitude da comunidade inteira, a atitude de todos os seres dotados de razão". Ele acrescenta, porém, uma consideração peculiar: "Somos o que somos mediante nossa relação com os outros. Nosso objetivo tem de ser por isso, inevitavelmente, um objetivo social, tanto em relação a seu conteúdo como em relação à forma. A sociabilidade é a causa da universalidade dos juízos éticos e forma o fundamento da afirmação propagada segundo a qual a voz de todos é a voz universal; isto é, cada um que julga racionalmente a situação pode também consentir".[34] Mead dá uma guinada característica ao argumento kantiano, respondendo em termos de teoria da sociedade a questão de saber por que as normas morais podem pretender validade social em virtude de sua universalidade. As normas morais apoiam sua autoridade na circunstância de que corporificam um interesse universal e que, com a defesa desse interesse, a unidade do coletivo está em jogo: "Esse sentimento pela estrutura da sociedade em seu todo [...] traz o senso para as obrigações morais que vão além de cada pretensão particular, sugerida pela situação atual".[35] Nesse ponto, Mead tangencia Durkheim. Na validade deontológica das normas morais, é evocado implicitamente o perigo que surge em igual medida, para todos os membros de uma coletividade, das lesões à sociabilidade – o perigo da anomia, da decomposição da identidade do grupo, de uma desintegração do contexto comum de vida de todos os membros.

Na medida em que a linguagem se impõe como o princípio de socialização, as condições da sociabilidade convergem, porém, com as condições da intersubjetividade comunicativamente produzida. Ao mesmo tempo, a autoridade do sagrado é transladada para a força vinculante de pretensões de validade normativa, que podem ser resgatadas apenas discursivamente. O conceito de validade deontológica é purificado, por essa via, de todas as mesclas empíricas; a validez de uma norma significa por fim tão somente

---

34 Ibid., p.429-30.
35 Mead, *Selected Writings*, p.404.

que esta *poderia* ser aceita com boas razões por *todos os* concernidos. Nessa versão, Mead concorda com Kant em que "o 'dever ser' pressupõe uma universalidade [...]. Sempre que o elemento do 'dever ser' aparece, sempre que a consciência moral fala, assume-se essa forma universal".[36]

A universalidade de uma norma moral pode ser um critério para sua validade, no entanto, somente quando se visa com isso que as normas universais confiram expressão à vontade comum de todos os concernidos de modo fundamentado. Essa condição não é satisfeita apenas porque as normas podem assumir *a forma* de proposições de dever; também máximas imorais, ou aquelas sem qualquer conteúdo moral, podem ser formuladas desse modo. Mead expressa isso da seguinte maneira: "Kant era da opinião de que poderíamos universalizar apenas a forma. Porém, universalizamos também o objetivo".[37] Simultaneamente, Mead não gostaria de abandonar a vantagem que o formalismo da ética kantiana oferece. Ele confere ao problema a seguinte formulação: "Se os interesses imediatos entram em contradição com outros interesses até então não reconhecidos por nós, inclinamo-nos a ignorar esses outros interesses e observar somente aqueles que se apresentam imediatamente a nós. A dificuldade para nós reside em reconhecer esses outros e mais abrangentes interesses e, então, colocá-los em uma relação racional com os interesses imediatos".[38] Em vista das questões morais, tornamo-nos cativos de nossos próprios interesses a ponto de a *consideração imparcial de todos os interesses afetados* já pressupor uma atitude moral de quem quer chegar a um juízo desimpedido. "De acordo com minha opinião, sentimos todos que os interesses dos outros precisam ser reconhecidos mesmo que se oponham aos próprios interesses, e que o ser humano que segue esse conhecimento não se sacrifica a si mesmo de modo algum, mas antes forma uma identidade mais abrangente."[39] O nexo entre a educação moral e a capacidade de juízo moral já foi acentuada por Aristóteles. Mead faz uso desse discernimento com o propósito metodológico, a fim de substituir o imperativo categórico por um procedimento de formação discursiva da vontade.

---

36 Mead, *Geist, Identität und Gesellschaft*, p.430.
37 Idem.
38 Ibid., p.439.
39 Ibid., p.437.

No julgamento de um conflito de ação moralmente relevante, temos de refletir em quais interesses universais todos os concernidos acordariam se adotassem a atitude moral da consideração imparcial de todos os interesses afetados. Essa condição é especificada por Mead, então, com base no projeto de uma comunidade ideal de comunicação: "Em termos lógicos, estabelece-se um *universo de discurso que transcende a ordem específica*, no interior do qual os membros da comunidade, em um conflito específico, colocam-se fora da ordem da comunidade tal como ela existe, e concordam sobre mudanças nos hábitos de ação e sobre a redefinição de valores. O *procedimento racional*, portanto, funda uma ordem na qual o pensamento opera; este abstrai em graus variáveis a estrutura atual da sociedade [...]. É *uma ordem social que inclui qualquer ser racional que é ou pode ser de alguma maneira implicado na situação de que trata o pensamento*. Ele funda um mundo ideal, não a partir de coisas substanciais, mas do método adequado. Sua pretensão é que todas as condições de conduta e todos os valores que estão envolvidos no conflito tenham de ser tomados em consideração na abstração das formas fixadas de hábitos e bens que colidiram entre si. É evidente que um homem não pode agir como um membro racional da sociedade, exceto se constitui a si mesmo como um membro dessa comunidade mais ampla de seres racionais".*[40]

O que o imperativo categórico deveria operar pode ser resgatado com base na projeção de uma formação da vontade sob as condições idealizadas

---

* Em inglês no original: "In logical terms there is established a universe of discourse which transcends the specific order within which the members of the community, in a specific conflict, place themselves outside of the community order as it exists, and agree upon changed habits of action and a restatement of values. Rational procedure, therefore, sets up an order within which thought operates; that abstracts in varying degrees from the actual structure of society [...] It is a social order that includes any rational being who is or may be in any way implicated in the situation with which thought deals. It sets up an ideal world, not of substantive things but of proper method. Its claim is that all the conditions of conduct and all the values which are involved in the conflict must be taken into account in abstraction from the fixed forms of habits and goods which have clashed with each other. It is evident that a man cannot act as a rational member of society, except as he constitutes himself a member of this wider commonwealth of rational beings." (N. T.)

40 Mead, *Selected Writings*, p.404-5, grifos meus.

de um discurso universal. O sujeito capaz de juízo moral não pode examinar, por si mesmo e sozinho, se uma norma existente ou uma norma recomendada é de interesse universal e se, dado o caso, deve ter validade social. O mecanismo da adoção de atitude e da interiorização choca-se aqui com um limite definitivo. Certamente, *ego* pode antecipar a atitude que *alter* adota perante ele no papel de um participante da argumentação; por meio disso, os que agem comunicativamente, como vimos, adquirem uma relação refletida consigo mesmos. *Ego* pode até mesmo tentar *imaginar* o decurso de uma argumentação moral no círculo respectivo dos concernidos; mas ele não é capaz de *prever* com segurança o resultado dela. O projeto de uma comunidade ideal de comunicação serve por isso como fio condutor para a *instituição* de discursos que têm de ser realizados de fato e não podem ser substituídos por pseudodiálogos monologizados. Mead põe em relevo com suficiente nitidez essa consequência não apenas porque lhe parece trivial. É a favor dessa trivialidade que já depõe o argumento psicológico segundo o qual sempre nos encontramos na tentação de "ignorar determinados interesses, dirigidos contra os nossos próprios, e de acentuar aqueles com que nos identificamos".[41] Porém, Mead leva a campo também um argumento de princípio. Certamente, este vale somente sob o pressuposto de que não podemos isolar em última instância a justificação de hipóteses normativas da tarefa construtiva da formação de hipóteses.

Kant e os utilitaristas se movem sob os conceitos da filosofia da consciência. É por isso que atribuem motivos e objetivos da ação, como também os interesses e as orientações axiológicas dos quais aqueles dependem, a estados internos ou episódios privados. Eles supõem que "nossas inclinações seriam dirigidas a nossos próprios estados subjetivos – ao prazer que resulta da satisfação. Se este é o objetivo, então naturalmente todos os nossos motivos são subjetivos".[42] De fato, porém, os motivos e os objetivos da ação possuem algo de intersubjetivo; são interpretados desde o início à luz de uma tradição cultural. Interesses se dirigem a algo valioso, e "todas as coisas valiosas são experiências *partilhadas*. Até mesmo se uma pessoa

---

41 Mead, *Geist, Identität, und Gesellschaft*, p.438.
42 Ibid., p.435.

parece se recolher a si mesma a fim de viver com suas próprias ideias, vive na realidade com as outras pessoas que pensaram o que ela está pensando. Ela lê livros, recorda-se de experiências passadas, projeta condições sob as quais poderia viver. O conteúdo é sempre de natureza social".[43] Mas, se os motivos e os objetivos da ação somente são acessíveis sob interpretações dependentes das tradições, o ator *individual* não pode ser ele mesmo a instância *última* para o prosseguimento e a revisão das suas interpretações sobre as carências. Suas interpretações se transformam, pelo contrário, no contexto do mundo da vida dos grupos sociais aos quais ele pertence — também discursos práticos podem intervir passo a passo nesse processo espontâneo. A tradição em que o indivíduo amadureceu está à disposição dele tão pouco quanto ele é senhor das interpretações culturais à luz das quais compreende seus motivos e objetivos da ação, seus interesses e orientações axiológicas. O princípio monológico da ética kantiana falha, como todo procedimento monológico, diante de uma semelhante tarefa: "Do ponto de vista kantiano, supõe-se que (a cada vez) o *standard* é dado [...]. Mas, se não se dispõe de nenhum *standard*, não se tem ajuda para decidir. Onde é preciso desenvolver um novo princípio, um novo reajuste, encontra-se em uma nova situação [...]. A simples universalização do próprio princípio de ação não ajuda nisso. Nesse ponto falha o princípio kantiano".[44]

As suposições fundamentais de uma ética comunicativa são desenvolvidas por Mead com um propósito ao mesmo tempo sistemático e ligado à teoria da evolução. Em perspectiva sistemática, ele quer mostrar que uma moral universalista se deixa fundamentar melhor dessa maneira. Mas ele gostaria ainda de explicar esse estado de coisas de uma perspectiva ligada à teoria da evolução. O conceito teórico fundamental da ética da comunicação é o discurso universal, o "ideal formal de entendimento linguístico". Visto que essa ideia de entendimento racionalmente motivado já está inscrita na estrutura da linguagem, ela não é uma mera exigência da razão prática, mas se encontra inserida na reprodução da vida social. Quanto mais a ação comunicativa assume da religião o fardo da integração social, tanto mais

---

43 Ibid., p.436.
44 Ibid., p.432.

fortemente o ideal de uma comunidade de comunicação não limitada e não distorcida tem de ganhar também uma efetividade empírica na comunidade real de comunicação. Em analogia com Durkheim, Mead comprova isso recorrendo à difusão das ideias democráticas, a uma mudança nos fundamentos da legitimação do Estado moderno. Na medida em que as pretensões de validade normativa dependem da corroboração por meio de um consenso comunicativamente obtido, no Estado moderno se impõem princípios de formação democrática da vontade e princípios jurídicos universalistas.[45]

(4) Excurso sobre identidade e individualização. Identificação numérica, genérica e qualitativa de uma pessoa (Henrich, Tugendhat)

Até aqui não levamos em conta que a comunidade ideal de comunicação não apenas oferece o modelo de uma formação da vontade imparcial, racional. De acordo com esse ideal, Mead forma também o modelo de um relacionamento comunicativo não alienado que no cotidiano concede espaços de ação recíprocos para uma autorrepresentação espontânea e para uma empatia mútua. Na comunidade ideal de comunicação estão contidos, examinando-se com exatidão, dois projetos utópicos. Cada um deles estiliza um dos momentos que ainda estão amalgamados entre si na práxis ritual – o momento prático-moral e o momento expressivo. Ambas as variantes formam juntas o ponto de referência do conceito de uma pessoa integralmente individualizada que Mead elabora.

Imaginemos que os indivíduos sejam socializados como membros de uma comunidade ideal de comunicação; na mesma medida, adquiririam uma identidade que tem dois aspectos complementares: o da universalização e o da particularização. De um lado, essas pessoas, crescendo sob condições idealizadas, aprendem a orientar-se no interior de um quadro de referências universalista, isto é, aprendem a agir autonomamente; de outro lado, aprendem a engajar sua autonomia, que os iguala a todos os demais sujeitos que agem moralmente, a fim de desdobrar-se em sua subjetividade e singularidade. Ambas, a autonomia e a força para a autorrealização espontânea, são

---

45 Id., *Selected Writings*, p.257ss.

atribuídas a toda pessoa que, no papel revolucionário de um participante do discurso universal, se desprende das cadeias das condições de vida arraigadas, concretas. A pertença à comunidade ideal de comunicação é, nas palavras de Hegel, constitutiva dos dois momentos: do Eu como universal e do Eu como singular.[46]

As orientações universalistas da ação se estendem para além de todas as convenções existentes, possibilitando uma distância em relação aos espaços sociais que formam a procedência e o caráter. "A exigência é em nome da liberdade de convenções, de leis. Naturalmente, uma tal situação somente é possível em que o indivíduo se volta por assim dizer de uma sociedade estreita e limitada para uma mais abrangente, mais abrangente no sentido lógico de que há nela direitos que são menos restritos. São afastadas as convenções rígidas que, para uma comunidade na qual os direitos devem ser reconhecidos pela esfera pública, não possuem mais nenhum sentido, e apela-se a outras [...] – até mesmo quando este (apelo) deveria ser dirigido à posteridade. Aqui temos a atitude do 'I' em oposição à do 'Me'."[47] Ao *"appeal to the larger commmunity"* corresponde *"the larger self"*, justamente aquele sujeito autônomo que pode orientar sua ação por princípios universais.

Mas o *"Me"* não representa apenas as particularidades de uma consciência moral presa às tradições, mas também as coerções de um caráter que inibe o desdobramento da subjetividade. Também nesse aspecto a pertença à comunidade ideal de comunicação possui uma força explosiva. As estruturas do relacionamento não alienado provocam orientações de ação que, de maneira diferente das universalistas, se estendem para além das convenções existentes; elas visam preencher espaços de autorrealização recíproca: "Essa capacidade oferece a possibilidade de demonstrar traços próprios específicos [...]. É possível ao indivíduo desenvolver as propriedades que o individualizam".[48]

---

46 Cf. minhas observações sobre a *Filosofia do espírito* de Hegel em seu período de Jena, em Habermas, *Técnica e ciência como "ideologia"*, p.35.
47 Mead, *Geist, Identität, und Gesellschaft*, p.243.
48 Ibid., p.375.

Ambos os aspectos da identidade do Eu, a autodeterminação e a autorrealização, são ilustradas por Mead com propriedades como *"self-respect"* e *"sense of superiority"*. Esses sentimentos desvelam ainda as referências implícitas às estruturas de uma comunidade ideal de comunicação. Assim, em casos extremos, uma pessoa pode preservar seu autorrespeito apenas quando ela age contra o juízo moral de todos os coetâneos: "O único método de como podemos reagir contra a reprovação da comunidade inteira reside em pôr em conta uma comunidade superior que, em certo sentido, tem mais votos a favor do que a comunidade que encontramos. Uma pessoa pode alcançar o ponto onde ela se coloca contra o mundo inteiro. [...] Mas para isso ela precisa falar a si mesma com a voz da razão. Ela precisa abranger as vozes do passado e do futuro [...]. De modo geral, supomos que essa voz da comunidade concorda com a voz da comunidade maior do passado e do futuro".[49] Em uma passagem paralela, Mead fala da ideia de uma "sociedade superior e melhor".[50]

Algo semelhante se passa com os sentimentos de valor próprio. É considerada uma forma exemplar de autorrealização a atividade criativa do artista ou do cientista; mas não somente estas, todas as pessoas têm a carência de confirmar-se em seu valor próprio mediante realizações ou propriedades eminentes. Assim se forma um sentimento de superioridade que perde seus aspectos moralmente questionáveis pelo fato de que a autoconfirmação de um não se dá à custa da autoconfirmação do outro. Também nisso Mead se orienta tacitamente por um relacionamento sem coerções, no qual a autorrealização de um lado não precisa ser pago com a mortificação do outro lado.

À comunidade ideal de comunicação corresponde uma *identidade do Eu que possibilita a autorrealização com base na ação autônoma*. Ela se comprova na capacidade de dar continuidade à própria história de vida. No curso do processo de individualização, o indivíduo precisa recuar sua identidade para trás das linhas do mundo da vida concreto e de seu caráter apegado a essa procedência. A identidade do Eu somente pode ser estabilizada ainda mediante a ca-

---

49 Ibid., p.210-1.
50 Ibid., p.440.

pacidade abstrata de satisfazer as exigências de consistência, e com isso as condições de reconhecimento, mesmo tendo em vista expectativas de papéis incompatíveis e por meio de uma série de sistemas de papéis contraditórios.⁵¹ A identidade do Eu do adulto se comprova na capacidade de construir novas identidades a partir das identidades despedaçadas ou superadas, integrando-as às antigas de modo que o tecido das próprias interações se organiza na unidade de uma história de vida ao mesmo tempo *inconfundível* e *imputável*. Uma tal identidade do Eu possibilita ao mesmo tempo a *autodeterminação* e a *autorrealização*, dois momentos que são efetivos na relação de tensão entre *"I"* e *"Me"* já na etapa da identidade aferrada a papéis sociais. Na medida em que o adulto assume sua biografia e responde por ela, ele pode voltar a si mesmo nos vestígios narrativamente recuperados das próprias interações. Somente quem *assume* sua história de vida pode contemplar nela a realização de seu *self*. Assumir responsavelmente uma biografia significa se esclarecer sobre *quem* se quer ser e, desse horizonte, observar os vestígios das próprias interações como *se fossem* os sedimentos das ações de um autor imputável, de um sujeito, portanto, que agiu sobre o solo de uma autorrealização refletida.

Até o momento utilizei o conceito de identidade com um certo descuido; em todo caso, não fundamentei explicitamente por que em muitos casos me ative à tradução (na maioria das vezes errônea) da expressão *"self"*, empregada por Mead, pela expressão *"Identität"*, proveniente do interacionismo simbólico e da psicanálise. Mead e Durkheim determinam a identidade dos indivíduos na relação com a identidade do grupo a que eles pertencem. A unidade da coletividade forma o ponto de referência para a comunidade de todos os membros, a qual alcança expressão em que estes podem falar *de si mesmos* na primeira pessoa do plural. Simultaneamente, a identidade da pessoa é o pressuposto para que os membros possam falar *uns com os outros* na primeira pessoa do singular. A expressão "identidade" pode ser justificada em ambos os casos em termos de teoria da linguagem. Pois as estruturas simbólicas que são constitutivas da unidade da coletividade e de seus membros individuais se encontram em conexão com o emprego dos pronomes

---

51 Cf. minhas notas sobre o conceito de competência de papel, em Habermas, *Kultur und Kritik*, p.195ss.; eu me apoio aí em sugestões de U. Oevermann.

pessoais, ou seja, com aquelas expressões dêiticas que são usadas para fins de identificação de pessoas. Certamente, o conceito que a psicologia social faz da identidade lembra inicialmente as identificações de uma criança com suas pessoas de referência; mas esses processos de identificação são por sua vez implicados na construção e na conservação daquelas estruturas simbólicas que primeiramente tornam possível a identificação linguística de grupos e pessoas. O termo psicológico pode ter sido escolhido sem consideração pelo termo linguístico homônimo. Mas penso que o *conceito da psicologia social* sobre a identidade[52] também é acessível a *uma explicação em termos de teoria da linguagem*.

A criança em crescimento forma uma identidade na medida em que para ela se constitui um *mundo social* ao qual pertence e, em relação complementar com ele, na fronteira com o mundo exterior de fatos e normas, um *mundo subjetivo* ao qual ela tem um acesso privilegiado. A relação desses dois mundos se forma na relação entre os dois componentes da identidade, *I* e *Me*. Uma instância, o Eu, representa de início a subjetividade da natureza carencial manifestada de forma expressiva; a outra, o caráter marcado por papéis sociais. Esses dois conceitos de Eu correspondem de certa maneira às instâncias do *Isso* e do *Supereu* no modelo estrutural freudiano. É com base nelas que se podem explicar os dois significados específicos que a expressão *Eu* assume nas manifestações espontâneas de vivência ou nos atos de fala dotados de ligação institucional. Nas manifestações de vivência, o sujeito *pático* se expressa sobre seus desejos e sentimentos, ao passo que nas ações conformes às normas se manifesta a liberdade do sujeito prático; as duas coisas, no entanto, ainda sem a refração de uma autorrelação refletida.

Em outros contextos, como foi mostrado, Mead acrescenta ao conceito de *Eu* ainda um outro significado. Ele concebe o Eu como iniciador, ao

---

52 Levita, *Der Begriff der Identität*; Krappmann, *Soziologische Dimensionen der Identität*. Nessa perspectiva normativa do desenvolvimento do Eu convergem abordagens teóricas distintas: Sullivan, *The Interpersonal Theory of Psychiatry*; Jacobson, *The Self and the Object World*; Winnicott, *The Maturational Process and the Facilitating Environment*; Loevinger, *Ego Development*; Döbert; Habermas; Nunner-Winkler (orgs.), *Entwicklung des Ichs*; Broughton, "The Development of Self, Mind, Reality and Knowledge", em Damon (org.), *New Directions for Child Development*; Kegan, "The Evolving Self: A Process Conception for Ego Psychology", *The Counseling Psychologist*, v.8, n.2, p.5-34, 1979.

mesmo tempo independente e criador, de ações em princípio imprevisíveis. Na capacidade de começar algo novo se expressa tanto a autonomia como também a individualidade de sujeitos capazes de falar e agir. Esse terceiro conceito de Eu ajuda na explicação do sentido que a expressão *Eu* assume em proposições performativas desprovidas de ligação institucional. Quando um falante (no papel da primeira pessoa) estabelece uma relação com um ouvinte (no papel da segunda pessoa) e nisso levanta uma pretensão de validade criticável com a oferta de seu ato de fala, ele aparece como um sujeito agente imputável. A estrutura da intersubjetividade linguística que define os papéis comunicativos da pessoa falante, da pessoa abordada e da pessoa presente mas não envolvida obriga os participantes, na medida em que querem se entender entre si, a agir sob os pressupostos da imputabilidade.

As idealizações que Mead efetua na determinação da identidade do Eu se associam a esse conceito de ator imputável. Mead destaca os aspectos da autorrealização e da autodeterminação. Sob esses aspectos do Eu em geral e do Eu como singular, como vemos agora, retornam em forma refletida as instâncias do *I* e do *Me*. A identidade do Eu capacita uma pessoa a *realizar-se sob condições da própria ação autônoma*. Com isso, o ator precisa manter uma relação refletida consigo mesmo, tanto como Eu pático quanto como Eu prático. O projeto da comunidade ideal de comunicação pode ser entendido como uma construção que se destina a explicar aquilo a que nos referimos com o nível de uma *ação em atitude autocrítica*. Com o conceito de discurso universal, Mead dá início à sua tentativa de explicação em termos de teoria da comunicação. Ora, penso que entre esse conceito de identidade do Eu e a questão, tratada na filosofia analítica, de saber como as pessoas podem ser identificadas existe um nexo que pode ser esclarecido por uma análise de enfoque semântico.

Eu gostaria de partir da concepção hoje dominante de "que o nexo entre os problemas genuinamente filosóficos e o que significa o termo 'identidade', infiltrado no esclarecimento psicológico corriqueiro, é apenas muito indireto".[53] Com razão, Henrich insiste em uma distinção clara entre a questão da identificação numérica de uma pessoa individual e a questão da

---

53 Henrich, "Begriffe und Grenzen von Identität", em Marquard; Stierle (orgs.), *Identität, Poetik und Hermeneutik*, v.VIII, p.371ss.

"identidade" dessa pessoa, se com isso se quer dizer que, em suas ações, uma pessoa pode entrar em cena ao mesmo tempo como autônoma e inconfundível: "Na teoria filosófica, a identidade é um predicado que tem uma função especial; por meio dela uma coisa ou objeto individual é distinguido como tal de outro de gênero igual; inversamente, esse predicado permite dizer que, sob condições diversas e em modos de acesso diversos, apenas um único objeto pode ser temático. Tal identidade não requer justamente que os indivíduos idênticos devam se distinguir entre si por qualidades particulares. E menos ainda requer que se possa demonstrar neles um padrão fundamental de qualidades, em relação ao qual orientariam seu comportamento ou por meio do qual esse comportamento deva ser explicado em um contexto homogêneo. Também uma coisa que se mostra inteiramente errática ou uma pessoa que muda o estilo de vida e as convicções com as estações e, além disso, a cada ano de maneira diferente pode ser caracterizada em sentido formal como 'idêntica consigo'. Se alguma coisa é um indivíduo, então a identidade pode ser atribuída a ela. Não tem sentido algum dizer que ela adquire ou perde a identidade. O conceito de identidade na psicologia social possui uma constituição lógica inteiramente diferente. Aqui a 'identidade' é uma propriedade complexa, que as pessoas podem adquirir a partir de uma certa idade de vida. Elas não precisam ter essa propriedade e tampouco podem possuí-la a qualquer época. Mas, uma vez a tenham adquirido, são 'autônomas' graças a ela. Elas podem se libertar da influência de outros; podem dar à sua vida uma forma e uma continuidade que antes, se é que foi o caso, possuíam apenas por influência externa. Nesse sentido, elas são indivíduos autônomos por força de sua 'identidade'. E vemos quais associações se jogam entre o conceito filosófico de identidade e o da psicologia social. Isso não altera nada no fato de que os significados de ambos são inteiramente distintos. Qualquer que seja seu número, indivíduos podem ser autônomos exatamente da mesma maneira. Se as coisas se passam assim, então eles não podem ser distinguidos como indivíduos por meio de sua 'identidade'".[54] Henrich se refere expressamente à psicologia social de Mead; no entanto, acentua no conceito de identidade apenas o

---

54 Ibid., p.372-3.

aspecto da *autodeterminação*. Ele negligencia o aspecto da *autorrealização*, sob o qual o Eu não pode ser identificado apenas genericamente, isto é, como uma pessoa capaz de agir autonomamente em geral, mas como um indivíduo, ao qual se imputa uma história de vida inconfundível.[55] Ainda menos esse segundo aspecto deve ser confundido com a identificação numérica de uma pessoa individual. Pois a questão de saber *quem se quer ser* tem, como enfatiza Tugendhat,[56] não o sentido de uma identificação numérica, mas de uma identificação qualitativa. Se uma pessoa A se esclarece sobre quem ela quer ser, a autoidentificação predicativa também tem certamente o sentido de que ela se distingue de *todas* as pessoas restantes por seu projeto de vida, pela organização de uma história de vida assumida com responsabilidade, na qualidade de um indivíduo inconfundível. Mas essa autoidentificação exigente não é, pelo menos à primeira vista, uma condição necessária para que A, nos grupos sociais a que pertence, possa ser identificado numericamente pelos membros B, C, D...

Ambos os autores separam o conceito de identidade do Eu da questão sobre como uma pessoa individual pode ser identificada. Henrich emprega o conceito de identidade para a capacidade de pessoas de agir autonomamente, e isso é uma determinação genérica de pessoas em geral. Tugendhat emprega o conceito de identidade para a capacidade de uma pessoa de identificar-se, com base em uma autorrelação refletida, como aquele que ela quer ser. Assim, podemos distinguir três estados de coisas: a identificação numérica de uma pessoa individual, a identificação genérica de uma pessoa como pessoa capaz de falar e agir em geral e a identificação qualitativa de uma determinada pessoa com biografia individual, caráter particular etc. Porém, não me dou por satisfeito com as teses de demarcação propostas por Henrich e Tugendhat; antes, gostaria de utilizar o conceito de identidade desenvolvido por Mead para iluminar o nexo semântico entre aqueles três tipos de identificação. Quero fundamentar a seguinte tese: a autoidentificação predicativa que uma pessoa efetua é em certo aspecto o pressuposto para que uma pessoa possa ser identificada genérica e numericamente pelas demais.

---

55 Locke, "Who I Am", *Philosophical Quarterly*, v.29, p.302ss., 1979.
56 Tugendhat, *Selbstbewußtsein und Selbstbestimmung*, p.284.

A palavra *Eu* faz parte da classe das expressões dêiticas, juntamente com os pronomes pessoais restantes, os advérbios espaciais e temporais e os demonstrativos; estas formam por seu turno, juntamente com nomes e caracterizações, a classe dos termos singulares que servem para identificar objetos individuais: "A função de um termo singular consiste em que um falante indica com ele a qual de todos os objetos ele se refere e isso significa: a qual de todos os objetos deve se aplicar a expressão predicativa que completa o termo singular em uma proposição inteira".[57] Da mesma maneira que as expressões dêiticas restantes, os pronomes pessoais somente conservam um sentido unívoco no respectivo contexto da situação de fala. Com a expressão *eu* o respectivo falante designa a si mesmo.

A par de outras propriedades características, foi observado sobretudo que um falante que emprega a palavra *eu* com sentido não pode cometer erro algum. Se um ouvinte contestasse em tal caso que a entidade referida pelo falante não é idêntica com a designada por ele ou que ela não existe em absoluto, então se deveria perguntar-lhe se ele entendeu o significado dêitico da expressão *eu*.[58] Tugendhat explica esse estado de coisas mostrando que um falante não efetua de modo geral nenhuma identificação com a expressão *eu*, considerada em isolado; antes ele se designa a si mesmo como uma pessoa que pode ser identificada por outras sob condições apropriadas. Tugendhat se apoia em sua teoria, fundamentada em outro lugar,[59] segundo a qual toda identificação de um objeto exige um componente subjetivo e um objetivo. As indicações espaçotemporais objetivas devem poder ser relacionadas com o aqui e o agora da situação de fala; nesse aspecto, o falante e sua situação são o ponto de referência último de todas as identificações. Por outro lado, a descrição da situação de fala efetuada com expressões dêiticas como *eu*, *aqui* e *agora* não basta por sua vez para a identificação de um objeto; ao contrário, a situação do falante tem de poder ser também relacionada com os pontos espaçotemporais objetivos. Alpinistas perdidos

---

57 Ibid., p.71.
58 Castañeda, "Indicators and Quasi-Indicators", *American Philosophical Quarterly*, v.17, p.85ss., 1967.
59 Tugendhat, *Vorlesungen zur Einführung in die sprachanalytische Philosophie*, p.358ss.

que emitem SOS para o vale e respondem "aqui" à pergunta sobre sua posição identificam com isso o ponto em que se encontra tão pouco quanto o falante que, à questão sobre quem ele seria em uma ligação telefônica, responde laconicamente com "eu". Nesse aspecto – e isso é o que Tugendhat quer ilustrar com seus exemplos, a expressão *eu* não se distingue das duas outras expressões dêiticas fundamentais: *aqui* e *agora*.

São interessantes as diferenças. Enquanto os alpinistas perdidos que respondem "aqui" não sabem onde se encontram, o participante do telefonema sabe muito bem quem ele é quando responde "eu" – apenas para o ouvinte a informação é insuficiente (em geral). O *aqui* dos alpinistas perdidos basta para a identificação do local se uma equipe de busca que conhece sua própria posição se encontra ao alcance da voz. Mesmo no caso do participante do telefonema, a identificação espaçotemporal poderia eventualmente ser obtida caso o desconhecido respondesse ao pedido e confirmasse o número de seu aparelho telefônico; dado o caso, aquele que telefona sabe então (ou pode se informar a respeito) que ele fala com a pessoa que agora, três casas mais longe, no corredor do piso térreo, mantém nas mãos o auscultador do aparelho telefônico que se encontra ali. Aquele que telefona conhece então a localização do outro participante, mas sua questão sobre com quem ele está falando não é ainda respondida com isso. Ele poderia correr até a casa indicada para conferir quem agora está ali junto ao telefone. Suponhamos que ele o faça, encontre um desconhecido e o questione: "quem é você?". Disso se depreende que o desconhecido havia indicado, para aquele que telefonou, uma *pessoa* identificável e não apenas um *objeto* identificável na observação. Como pessoa *perceptível*, o desconhecido é identificado sem dúvida; apesar disso, a questão sobre sua identidade não é ainda respondida no sentido que a resposta "eu" havia sugerido. Certamente, aquele que telefonou poderá contar depois, dado o caso, a seu amigo que retornou nesse meio-tempo que ele havia encontrado na sua ausência um estranho em seu domicílio. Ele pode dar uma descrição de sua aparência externa; e talvez o amigo possa explicar-lhe quem é o desconhecido. Mas suponhamos que não se esclareça o incidente. Nesse caso, aquele que telefonou pode identificar o participante da conversa em narrativas posteriores como aquela pessoa que utilizou um determinado aparelho de telefone em tempo indicado e em um lugar indicado. Contudo, continua a existir a necessidade de identificar a pessoa. Pois a *pessoa* identificável que o falante designou com *eu* não era visada como uma entidade que possa ser identificada somente com base em *observações*.

P. Geach tem defendido a tese de que o predicado de identidade somente poderia ser empregado com todo o sentido em ligação com a caracterização geral de uma classe de objetos.[60] Na discussão dessa tese, Henrich chega à interessante distinção entre condições de identidade e critérios de identidade: "Não faz sentido algum dizer que um objeto aparece em uma descrição como (mesmo) número, em uma outra como traços (diversos). A linha preta sobre o papel que designa o número 8 não é esse próprio número, o que facilmente se reconhece pelo fato de que se pode escrevê-lo também como *VIII* ou como *oito*. As *condições* de identidade separam fundamentalmente tipos de objetos uns dos outros, ao passo que *critérios* de identidade podem individuar de maneira distinta no âmbito de um tipo de objeto".[61] É manifesto que pessoas não podem ser identificadas sob as mesmas condições que objetos observáveis; uma identificação espaçotemporal não basta nesses casos. As condições adicionais dependem de como uma pessoa pode ser identificada genericamente, isto é, como uma pessoa em geral.

Enquanto entidades são determinadas de modo geral pelo fato de que um falante pode enunciar algo a respeito delas, pessoas pertencem à classe de entidades que podem assumir elas próprias o papel de um falante e, com isso, podem empregar a expressão autorreferente *eu*. Para a categorização como pessoa não é apenas essencial que essas entidades sejam dotadas da capacidade de falar e agir, mas também *como* elas o fazem. A expressão *eu* não tem apenas o *sentido dêitico* da referência a um objeto; ela indica também a atitude pragmática ou a perspectiva na qual ou da qual um falante se expressa. Um *eu* empregado em proposições de vivência significa que o falante se manifesta no *modo expressivo*. Com a perspectiva da primeira pessoa, ele assume o papel de autorrepresentação, de modo que podem ser atribuídas a ele

---

60 Geach, "Ontological Relativity and Relative Identity", em Munitz (org.), *Logic and Ontology*.
61 Henrich, "Begriffe und Grenzen von Identität", op. cit., p.382.

desejos, sentimentos, intenções, opiniões expressas e assim por diante. A atribuição de vivências que um observador efetua da perspectiva da terceira pessoa tem de apoiar-se *em última instância* em um ato de entendimento em que, da perspectiva da segunda pessoa, *alter* aceita como veraz a manifestação expressiva do *ego*. Nessa medida, a expressão *eu* empregada em proposições expressivas remete à expressão homófona empregada em proposições performativas. Isso significa que, no papel comunicativo do falante, alguém estabelece uma relação interpessoal com (pelo menos) um outro no papel comunicativo do ouvinte, de modo que ambos se defrontam no círculo dos participantes potenciais, embora atualmente não envolvidos. A relação interpessoal ligada às perspectivas da primeira, segunda e terceira pessoa atualiza uma relação subjacente de pertença a um grupo social. Só aqui topamos com o *sentido pronominal da expressão eu*.

Se, para voltarmos ao nosso exemplo, o desconhecido ao telefone responde com "eu" à pergunta de quem seria ele, então ele se dá a conhecer como uma *pessoa* identificável, isto é, como uma entidade que preenche as condições de identidade de uma pessoa e não pode ser identificada apenas por observação. O estranho dá a conhecer que se constituíram para ele um mundo subjetivo ao qual tem um acesso privilegiado e um mundo social a que ele pertence. Dá a conhecer que pode participar de interações sociais e agir comunicativamente de maneira regular. Dá a conhecer que adquiriu uma identidade como pessoa. Se o desconhecido preenche as condições de identidade de uma pessoa, é claro também como ele poderia ser identificado: normalmente por nomes pessoais.

O nome como tal não basta naturalmente. Mas a instituição da nominação propicia que um nome pessoal funcione como *sinalizador*, pelo qual podemos nos orientar para chegar à posse dos dados que satisfazem a identificação: data e lugar de nascimento, procedência familiar, estado civil, nacionalidade, religião e assim por diante. Em regra, estes são os critérios com base nos quais uma pessoa é identificada, por exemplo quando ela se identifica pela apresentação de um passaporte. Os critérios usuais de identidade remetem o questionador àquelas situações nas quais *em última instância* as pessoas podem enfim ser identificadas. Pois eles o remetem virtualmente às interações nas quais a identidade da pessoa em questão se formou. Se a identidade de uma pessoa não é clara, se se evidencia que o passaporte foi falsificado, se as indicações dadas por ela são incorretas, então pesquisas posteriores levam ao *fim último* de conhecer os vizinhos e os colegas, os amigos, os familiares, e, dado o caso, perguntar aos pais se eles *conhecem* a pessoa concernida. Somente essa espécie de conhecimento primário, obtido de interações coletivas, *em última instância* de interações socializadoras, permite a classificação espaçotemporal de uma pessoa em um contexto de vida cujos espaços *sociais* e os tempos *históricos* são *estruturados simbolicamente*.

A peculiaridade da pessoa em relação à identificação de objetos se explica pelo fato de que as pessoas não preenchem por origem (talvez se devesse dizer de maneira melhor: não por natureza) as condições de identidade e até mesmo os critérios com base nos quais elas podem ser identificadas sob essas condições. Elas devem adquirir primeiramente sua identidade como pessoa se de modo geral devem poder ser identificadas como uma pessoa, e, se for o caso, como uma determinada pessoa. Ora, uma vez que as pessoas, como vimos, adquirem sua identidade por meio de interações linguisticamente mediadas, elas preenchem as condições de identidade de pessoas e os critérios de identidade subjacentes de uma determinada pessoa não apenas *para outros*, mas ao mesmo tempo *para si*. Elas próprias se entendem como pessoas que aprenderam a participar das interações sociais; e se entendem a cada vez como uma determinada pessoa que cresceu como filho ou filha em uma determinada família, em um determinado país, educada no espírito de uma determinada religião. Essas propriedades somente podem ser atribuídas por uma pessoa *a si mesma*, de modo que ela responde à questão sobre *que* ser humano ela é e não à questão *qual* de todos ela é. Uma pessoa preenche as condições e critérios de identidade em virtude dos quais pode ser identificada numericamente *por outros* somente quando está em condições de atribuir a si mesma os predicados correspondentes. Nesse sentido, a autoidentificação predicativa de uma pessoa efetuada no nível elementar é o pressuposto para que possa ser identificada pelas demais como pessoa em geral, isto é, genericamente, e como determinada pessoa, e assim numericamente.

Ora, Mead introduziu para a identidade pessoal um conceito de dois níveis e, com isso, dissipou uma ambiguidade no conceito de "aquisição" de identidade.⁶² Também uma identidade convencional, presa a determinados papéis e normas, é adquirida, mais precisamente de modo que a criança internaliza o padrão comportamental atribuído a ela e de certo modo se apropria de si mesma. Mead pretende distinguir entre a *apropriação de uma identidade atribuída* e a identidade por assim dizer *afirmada em governo próprio*. Dois aspectos dessa identidade do Eu são destacados por Mead, com uma referência contrafactual ao discurso universal: de um lado, a capacidade da ação autônoma com base em orientações universalistas da ação e, de outro, a capacidade de realizar-se a si mesmo em uma história de vida à qual se confere continuidade porque é assumida com responsabilidade. Visto do mirante da comunidade ideal de comunicação, também o nível de exigência se altera para a autoidentificação predicativa dos indivíduos socializados. No nível da identidade de papéis, uma pessoa se entende a si mesma de maneira que, com o auxílio de predicados atribuídos, ela pode responder à questão sobre que ser humano ela é (ou se tornou), qual caráter ela tem (ou adquiriu). No nível da identidade do Eu, uma pessoa se entende de outra maneira, a saber, pela resposta à questão sobre quem ou que ser humano ela *quer* ser. Em vez da orientação ao passado, aparece uma orientação ao futuro, que faz o passado se tornar um problema. Disso resultam consequências também para o modo da identificação numérica. No entanto, isto somen-

---

62 A distinção rudimentar entre identidade de papéis e identidade do Eu carece naturalmente de mais diferenciações. Também a criança pequena, que não se identifica ainda mediante a estrutura de papéis da própria família e mediante a pertença a ela diz, tão logo aprende a falar, "eu" para si mesma. Isso confirma, porém, apenas minha tese de que, juntamente com cada etapa do desenvolvimento da identidade pessoal, as condições de identidade para pessoas em geral se alteram, assim como também os critérios subjacentes de identidade para determinadas pessoas. Também as crianças pequenas e recém-nascidos podem ser identificados pelos pais com nomes e passaportes, em caso necessário; mas, lançando mão do mesmo tipo de dados, elas podem ser identificadas *em um outro sentido*, como adolescente ou adulto que podem se identificar *por si mesmos*. Os pressupostos da identificação numérica de um recém-nascido são menos exigentes comparativamente porque também as possibilidades de engano e autoengano são menores: assim, por exemplo, estão excluídas ainda atribuições na identificação como as que podem surgir por conta da confusão mental, perda da identidade etc.

te sob o pressuposto de que o conceito de identidade do Eu não seja uma construção ociosa e de fato alcance as intuições dos membros das sociedades modernas em medida crescente e se sedimente nas expectativas sociais.

Se, com Durkheim, afirma-se uma tendência para a linguistificação do sagrado, que se deixa depreender da racionalização das imagens de mundo, da universalização do direito e da moral e também da individuação progressiva dos indivíduos, então é preciso supor que o conceito de identidade do Eu se ajusta em medida crescente com a autocompreensão que acompanha a práxis comunicativa cotidiana. Nesse caso, coloca-se seriamente a questão de saber se, juntamente com uma nova etapa na formação da identidade, não se devem alterar também as condições e os critérios da identidade. Normalmente, um falante dá a conhecer com a resposta "eu" apenas que pode ser identificado genericamente como um sujeito capaz de falar e agir e numericamente com base em alguns dados significantes que iluminam sua procedência. Mas, assim que preencher, por meio da autoidentificação predicativa, o nível de exigência da identidade do Eu, ele dará a conhecer com a resposta "eu" (em contextos apropriados) que pode ser identificado genericamente como um sujeito capaz de agir *autonomamente* e numericamente com base naqueles dados que iluminam a continuidade de uma história de vida *assumida com responsabilidade*. É nessa direção, em todo caso, que aponta o conceito ocidental, articulado na tradição judaico-cristã, de alma imortal de criaturas que se reconhecem como seres completamente individuados sob o olhar, que tudo penetra, de um criador onipresente atravessando os tempos.

(5) *Duas reservas contra a teoria da sociedade de Mead*

O projeto utópico de uma comunidade ideal de comunicação conduz ao erro caso se cometa o mal-entendido de tomá-lo como guia para uma filosofia da história, desconhecendo seu valor posicional metodológico limitado, o único que ele pode ter com sentido pleno. A construção do discurso não limitado e não distorcido pode ser atribuído às sociedades modernas que nos são conhecidas, no melhor dos casos, como um pano de fundo, com o propósito de fazer sobressair as tendências de desenvolvimento indistintas em contornos mais vibrantes. Mead se interessa pelo padrão comum a essas tendências, pela predominância das estruturas da ação orientada ao entendimento – ou, como dissemos em referência a Durkheim, pela linguistificação do sagrado. Com isso, refiro-me a uma conversão da reprodução cultural, da integração social e da socialização, que vai dos fundamentos do sagrado à comunicação linguística e à ação orientada ao entendimento. Na medida em que a ação comunicativa assume funções sociais centrais, são atribuídas ao *medium* da linguagem tarefas do entendimento substancial. A linguagem serve, em outros termos, não mais apenas à tradução e *atualização* de acordos garantidos de modo pré-linguístico, mas também, crescentemente, à *produção de* acordos racionalmente motivados – e isso nos âmbitos prático-moral e expressivo não menos do que no âmbito propriamente cognitivo-instrumental do trato com uma realidade objetificada.

Dessa maneira, Mead pode interpretar determinadas tendências evolucionárias, que Durkheim também tem em vista, como *racionalização comunicativa do mundo da vida*. Trata-se aí, por um lado, da diferenciação dos componentes estruturais do mundo da vida, inicialmente entretecidos de maneira íntima: cultura, sociedade e personalidade se distanciam umas das outras. Por outro lado, trata-se das transformações, em parte transcorrendo paralelamente, em parte complementarmente, nesses três níveis: da substituição do saber sagrado por um saber apoiado em razões, especializado segundo pretensões de validade; da separação de legalidade e moralidade na universalização simultânea de direito e moral; finalmente, da difusão do individualismo com pretensões crescentes de autonomia e autorrealização. A estrutura racional dessas tendências de linguistificação se mostra em que o prosseguimento de tradições, a manutenção de ordens legítimas e a continuidade de histórias de vida de pessoas individuais se tornam dependentes cada vez mais fortemente de atitudes que remetem, no caso de sua problematização, a tomadas de posição de sim ou não quanto a pretensões de validade criticáveis.

A supersimplificação e o grau de abstração de tais enunciados certamente fazem suscitar dúvidas a respeito de sua utilidade empírica. Ainda assim, elas servem à clarificação do que podemos entender por racionalização comunicativa de um mundo da vida. Mas, também nesse contexto, duas reservas são oportunas. O próprio Mead menciona essas reservas, mas não lhes atribui um peso suficiente. Mead se fixa – a isso se refere a primeira reserva – nos traços formais do individualismo no âmbito do desenvolvimento da personalidade; ele negligencia o reverso desse formalismo e não pondera o preço que a razão comunicativa tem de pagar por sua vitória na moeda da eticidade concreta. Esse tema não é tratado apenas na trilha da *Dialética do Esclarecimento*. A crítica de Hegel ao formalismo da ética kantiana serve hoje como modelo para uma teoria do pós-Esclarecimento que remonta a Arnold Gehlen e Joachim Ritter.[63] É mais radical na abordagem e menos tradicionalista nas conclusões a crítica da modernidade dirigida a fenômenos análogos, como aquela defendida exemplarmente por Foucault no contexto do estruturalismo francês.[64] A outra reserva se refere ao alcance do procedimento reconstrutivo preferido por Mead. Ele negligencia as restrições externas às quais está sujeita a lógica da mudança de forma da integração social preparada por ele. Os aspectos funcionais do desenvolvimento social precisam ser contrapostos aos estruturais, caso não se queira entregar-se a ilusões acerca da impotência da razão comunicativa. Hoje é este o tema dominante da teoria dos sistemas.[65]

A crítica do formalismo ético toma impulso inicialmente pelo fato de que a preocupação com questões sobre a validade das normas morais induz a descuidar do valor intrínseco das formas de vida culturais e dos estilos da conduta de vida que aparecem apenas no plural. Da perspectiva da análise durkheimiana se coloca a questão de saber o que afinal resta da consciência coletiva que foi constitutiva da identidade das sociedades tribais, se o acordo normativo fundamental, ritualmente assegurado, sobre valores e conteúdos concretos se fluidifica em um consenso sobre os fundamentos de uma ética do discurso, assegurado somente de forma procedimental. Os conteúdos são

---

63 Rohrmoser, *Herrschaft und Versöhnung*; Marquard, *Schwierigkeiten mit der Geschichtsphilosophie*; Lübbe, *Fortschritt als Orientierungsproblem*; Spaemann, *Zur Kritik der politischen Utopie*; cf. Lederer, *Neokonservative Theorie und Gesellschaftsanalyse*.

64 Foucault, *Archäologie des Wissens*; id., *Wahnsinn und Gesellschaft*. Sobre a teoria da modernidade, cf. meu discurso "Die Moderne: ein unvollendetes Projekt", em Habermas, *Kleine politische Schriften I-IV*, p.444ss.

65 Cf. as objeções de N. Luhmann contra uma teoria da ação comunicativa: "Systemtheoretische Argumentationen", em Habermas; Luhmann, *Theorie der Gesellschaft oder Sozialtechnologie*, p.291ss.

filtrados pelo consenso procedimental. Na medida em que os valores culturais não foram abstraídos em valores fundamentais formais, como igualdade, liberdade, dignidade humana etc., eles perdem sua aura e estão à disposição de um entendimento não prejulgado. Na cultura de massas, os conteúdos axiológicos foram deflacionados em componentes estereotipados e ao mesmo tempo manipulados; nas obras herméticas da arte moderna eles foram subjetivados. No entanto, desse modo, os componentes formais e materiais, os normativos e os expressivos, somente podem separar-se no plano da cultura; na práxis cotidiana comunicativa, em que os mundos da vida de diversas coletividades se demarcam entre si, eles se entretecem, hoje como ontem, em formas de vida concretas. As formas de vida tradicionalmente avezadas encontram sua expressão em identidades de grupo particulares, marcadas por tradições especiais, que se sobrepõem, justapõem, rivalizam entre si e assim por diante; elas se diferenciam de acordo com as tradições étnicas e linguísticas, regionais, profissionais ou religiosas. Nas sociedades modernas, essas formas de vida perderam sua força totalizante e, com isso, sua força *excludente*, subordinando-se ao universalismo do direito e da moral; mas, como formas de vida concretas, elas obedecem a um outro critério que aquele da universalização.

Saber se a forma de vida de uma coletividade é mais ou menos "feliz", mais ou menos "bem-sucedida", pode ser uma questão geral que é possível dirigir a *todas* as formas de vida; porém, ela se assemelha mais à questão *clínica* sobre a avaliação de uma constituição psíquica e espiritual de um paciente do que à questão *moral* sobre se uma norma ou um sistema institucional são dignos de reconhecimento. O julgamento moral pressupõe uma atitude hipotética, ou seja, a possibilidade de considerar as normas como algo a que podemos conferir ou recusar validade. Mas não tem sentido o pressuposto análogo de que poderíamos *escolher* formas de vida da mesma maneira. Ninguém pode consentir refletidamente com a forma de vida na qual é socializado da mesma maneira que com uma norma, de cuja validade ele se convenceu.[66]

---

66 Wellmer e Birchall têm insistido na renovação da distinção hegeliana entre moralidade e eticidade nos termos da análise da linguagem; cf. Wellmer, *Praktische Phi-*

Nesse aspecto, existe um paralelo entre a *forma de vida* de uma coletividade e a *história de vida* de um indivíduo. Se partimos do conceito de identidade do Eu desenvolvido por Mead, coloca-se a questão de saber o que afinal resta das identidades concretas, presas a determinados papéis e normas sociais, quando o adulto adquiriu a capacidade *generalizada* de realizar-se autonomamente. A identidade do Eu, essa foi a resposta, afirma-se na capacidade de integrar as consequências das identidades concretas, em parte decompostas, em parte suplantadas, em uma história de vida assumida com responsabilidade; as identidades concretas, deslocadas para a forma do passado, são de certo modo "superadas" [*aufgehoben*] na conduta de vida individual. Mas então uma conduta de vida autônoma depende por sua vez da decisão ou das decisões repetidas e revisadas sucessivamente a respeito de "quem se quer ser". Até agora, segui esse modo de fala existencialista. Porém, sob essa descrição, estiliza-se em uma escolha consciente, efetuada de maneira espontânea, o que se efetua de fato nas formas de um processo complexo, obscuro. Em todo caso, a resposta à questão sobre quem se quer ser não pode ser racional no sentido de uma decisão moral. Essa "decisão" existencial é, sem dúvida, uma condição necessária para uma atitude moral em relação à própria história de vida, mas ela própria não é o resultado de uma reflexão moral. Na escolha de um projeto de vida se inscreve um momento de arbítrio indissolúvel. Este se explica, por sua vez, pelo fato de que o indivíduo não adota uma atitude hipotética em relação a sua história pregressa, pelo fato de que ele não pode negar ou afirmar sua biografia da mesma maneira que uma norma cuja pretensão de validade se encontra em discussão. Um grau ainda mais elevado de individualização não possibilita uma distância comparável para com a própria conduta de vida. Isso é acentuado pelo próprio Mead: "Uma das diferenças entre uma sociedade humana primitiva e uma civilizada é que na sociedade primitiva o *self* individual é muito mais determinado pelo padrão geral da atividade social organizada com respeito a seu pensamento e comportamento. [...] Na sociedade civilizada, a in-

---

losophie und Theorie der Gesellschaft: Zum Problem der normativen Grundlagen einer kritischen Sozialwissenschaft; e Birchall, "Moral Life as the Obstacle to the Development of Ethical Theory", *Inquiry*, v.21, n.1-4, p.409ss., 1978.

dividualidade se manifesta muito mais mediante a recusa ou a realização modificada dos tipos sociais respectivos do que mediante o conformismo. Ela se inclina a ser muito mais diferenciada e peculiar do que na sociedade primitiva. Mas, mesmo nas variantes mais modernas e desenvolvidas da civilização humana, o indivíduo, por mais que possa ser original e criativo em seu pensamento ou em seu comportamento, adota sempre e necessariamente uma determinada relação com o padrão de experiência e de atividade organizada de maneira geral, refletindo-a na estrutura de sua própria identidade ou personalidade, um padrão que manifesta o processo de vida social no qual ele está envolvido e cuja expressão criativa é sua identidade ou personalidade".[67]

Na medida em que uma pessoa toma a decisão sobre quem ela quer ser dependente de considerações racionais, ela não se orienta por critérios morais, mas por aqueles critérios de felicidade e de sucesso que também colocamos intuitivamente no fundamento da avaliação de formas de vida. Pois a conduta de vida dos indivíduos se entretece com a forma de vida da coletividade, à qual pertencem. Se uma vida resulta feliz, ela não se dirige por critérios de correção normativa, embora os critérios da vida bem-sucedida não sejam completamente independentes dos critérios morais. Desde Aristóteles, a tradição filosófica trata essa conexão de felicidade e justiça, difícil de agarrar, sob o título de "bom". Formas de vida se cristalizam, tanto quanto histórias de vida, em torno de identidades particulares. Estas não devem contradizer, se a vida deve ser bem-sucedida, exigências morais; mas sua própria substância não se deixa justificar por pontos de vista universalistas.[68]

A segunda reserva, mais radical, dirige-se não contra o formalismo, mas contra o *idealismo da teoria social de Mead*. Embora Mead não deixe fora de consideração inteiramente ponderações funcionalistas, ele não é claro acerca dos limites e do alcance de uma análise reconstrutiva do surgimento e da

---

67 Mead, *Geist, Identität und Gesellschaft*, p.265.
68 Cf. também minha réplica à crítica que St. Lukes e Benhabib dirigem ao formalismo da ética da comunicação, em Habermas, "Reply to my Critics", em Held; Thompson, *Habermas: Critical Debates*.

mudança de forma da interação guiada por normas e linguisticamente mediada. A unilateralidade da abordagem de sua teoria da comunicação e do procedimento estruturalista já se mostra no fato de que entram no campo de visão apenas aquelas funções sociais que transitam para a ação comunicativa e nas quais a ação comunicativa tampouco pode ser substituída por outros mecanismos. A reprodução material da sociedade, o asseguramento de sua existência física tanto para fora como para dentro, são tirados da imagem de uma sociedade que é entendida como mundo da vida comunicativamente estruturado. A negligência em relação à economia, à condução de guerras, à luta pelo poder político, e a abstração da dinâmica em favor da lógica do desenvolvimento social prejudicam sobretudo as considerações de Mead a respeito da evolução social. Justamente porque é correto que a integração social tem de ser assegurada em medida crescente pelo consenso comunicativamente obtido, é que se impõe a questão sobre os limites da capacidade de integração da ação orientada ao entendimento, sobre os limites da eficácia empírica dos motivos racionais. As pressões da reprodução do sistema social, que *atravessam* as orientações da ação de indivíduos socializados, fecham-se a uma análise restrita às estruturas da interação. A *racionalização do mundo da vida*, à qual se aplica o interesse de Mead, somente recebe seu valor posicional em uma *história dos sistemas*, acessível apenas à análise funcionalista. Em contraposição a isso, a teoria durkheimiana da divisão do trabalho tem a vantagem de colocar as formas da solidariedade social em conexão com a diferenciação estrutural do sistema social.

VI
Segunda consideração intermediária: sistema e mundo da vida

Observação preliminar sobre integração social e integração sistêmica com referência à teoria durkheimiana da divisão do trabalho

A mudança de paradigma que vai da atividade voltada a fins à ação comunicativa foi perseguida por nós pelo fio condutor da teoria da ação de Mead, até chegarmos ao ponto em que se impõe novamente o tema "intersubjetividade e autoconservação". Com a mudança de paradigma que se efetuou *no interior* da teoria da ação, tocou-se somente em *um* dos dois problemas fundamentais que a discussão aporética da crítica da razão instrumental nos legou. O *outro* é a relação não esclarecida entre teoria da ação e teoria dos sistemas, ou seja, a questão de saber como essas duas estratégias conceituais, movendo-se em sentidos opostos depois da desintegração da dialética idealista, podem se relacionar e se integrar entre si. Com a resposta provisória que desenvolverei neste capítulo, gostaria de estabelecer a conexão com a problemática da reificação que resultou da recepção marxista da tese weberiana da racionalização. Para tanto, a teoria durkheimiana da divisão do trabalho oferece um ponto de apoio apropriado.

Sem dúvida, Durkheim menciona fenômenos de *decomposição* dos processos de trabalho,[1] mas usa a expressão *"divisão* do trabalho" no sentido de uma diferenciação estrutural de sistemas sociais. O nome "divisão do *trabalho* social" se explica na história da teoria pela circunstância de que os processos de diferenciação sistêmica foram preferencialmente investigados no sistema do trabalho social, de John Millar e Adam Smith até Spencer, passando por Marx, ou seja, na diferenciação de grupos profissionais e clas-

---
1 Durkheim, *Über die Teilung der sozialen Arbeit*, p.79.

ses socioeconômicas. Também para Durkheim, a diferenciação funcional de grupos profissionais possui uma significação exemplar.² Por outro lado, ele se inclina a medir a complexidade de uma sociedade por indicadores demográficos, embora estes sejam sólidos em primeira linha para processos de diferenciação em sociedades tribais.³

Na dimensão da divisão do trabalho social, Durkheim introduz a distinção tipológica entre sociedades diferenciadas segmentária e funcionalmente; nesse ponto, serve de critério a semelhança ou a dessemelhança das unidades diferenciadas. O modelo biológico, pelo qual ele elucida a tipologia, explica também por que Durkheim denomina "orgânicas" as sociedades funcionalmente diferenciadas: "Sua constituição não consiste na repetição de segmentos semelhantes e homogêneos, mas em um sistema de órgãos distintos dos quais cada um possui um papel especial. Assim como os elementos sociais não são de natureza igual, assim eles tampouco estão ordenados da mesma maneira: não são nem justapostos linearmente como os anéis de um caracol, nem emaranhados entre si, mas antes coordenados e subordinados entre si em torno de um órgão central que exerce uma ação moderadora sobre o resto do organismo. Esse próprio órgão não tem mais o mesmo caráter que no caso precedente; pois se os outros dependem dele, então ele também depende deles. Sem dúvida, ele possui, malgrado isso, uma posição especial, e, caso se queira, até mesmo uma posição privilegiada".⁴ Durkheim identifica o Estado como o órgão central; nesse aspecto, ele se move ainda no ideário da "velha Europa" a respeito das sociedades politicamente constituídas. Com Spencer (e com as teorias evolutivas funcionalistas de data mais recente) ele partilha, em contrapartida, a concepção segundo a qual a divisão do trabalho não representa um fenômeno sociocultural, mas um

---

2 "[...] a divisão do trabalho não é apenas peculiar ao mundo econômico; pode-se observar sua influência coativa em diversos âmbitos da sociedade. As funções políticas, administrativas e judiciárias se especializam cada vez mais" (ibid., p.80).

3 "A divisão do trabalho se altera em proporção direta com o volume e com a densidade das sociedades; se ela progride constantemente no curso do desenvolvimento social, então as sociedades se tornam regularmente mais densas e em geral mais extensas" (ibid., p.302).

4 Ibid., p.222-3.

"fenômeno da biologia geral", "cujas condições devem ser buscadas, ao que parece, nas propriedades essenciais da matéria organizada".[5]

Com isso, Durkheim obtém um plano analítico de "sociabilidade isenta de normas"[6] que pode ser separado do plano de uma análise reconstrutiva da ação orientada ao entendimento e do mundo da vida, e também da mudança de forma da solidariedade social. Durkheim desperta a impressão de que ele queria se certificar dos tipos de solidariedade social e dos graus de diferenciação sistêmica independentemente uns dos outros, a fim de correlacionar a solidariedade mecânica com as sociedades segmentárias, e a orgânica com as sociedades funcionalmente diferenciadas. Sendo assim, poderia permanecer aberto de início à questão de saber se existe um nexo causal linear entre o grau de diferenciação sistêmica e o tipo de interação social ou se as estruturas de consciência e da sociedade remetem internamente umas às outras como momentos de um todo. Mas essa abordagem recebe a interferência de uma outra ideia, isto é, a concepção de Durkheim segundo a qual a consciência coletiva é constitutiva das sociedades arcaicas, ao passo que o contexto de vida se constitui nas sociedades modernas pela divisão do trabalho: "A vida social provém de uma dupla fonte: as similitudes dos estados de consciência e da divisão do trabalho".[7] A passagem de uma forma de solidariedade social a outra significa, de acordo com isso, uma mudança nos *fundamentos da integração* da sociedade. Enquanto as sociedades primitivas são integradas por meio de um *acordo normativo fundamental*, a integração nas sociedades desenvolvidas se efetua por meio do *nexo sistêmico de âmbitos de ação funcionalmente especificados*.

Durkheim encontra em Spencer uma execução radical dessa concepção. Spencer crê "que a vida social, como a vida em geral, só pode naturalmente ser organizada por meio de uma adaptação inconsciente e espontânea, sob a pressão simultânea das carências, e não segundo um plano refletido, inteligente. Ele não pensa que as sociedades mais elevadas poderiam se estruturar segundo um plano solenemente negociado [...]. A solidariedade social não

---

5 Ibid., p.81.
6 Cf. Luhmann, "Einleitung zu E. Durkheim", em Durkheim, op. cit., p.17-34.
7 Durkheim, op. cit., p.266.

seria, portanto, nada mais que a concordância espontânea dos interesses individuais, uma concordância cuja expressão natural são os contratos. O tipo das relações sociais seria a relação econômica, isenta de toda regulamentação, tal como ela se desenvolveu a partir da livre iniciativa das partes. A sociedade seria, em uma palavra, apenas o conjunto de indivíduos que trocam os produtos de seu trabalho, uma reunião em que nenhuma atividade social real regula essa troca".[8] Spencer explica o caráter fundador de unidade próprio da divisão do trabalho com base em um mecanismo sistêmico, ou seja, o mercado. Por meio dele se produzem as relações de troca que os indivíduos contraem segundo os critérios de um cálculo egocêntrico de utilidade, no quadro do direito privado civil. O mercado é um mecanismo que consegue realizar a integração da sociedade "espontaneamente" na medida em que conjuga entre si efeitos agregados da ação mediante nexos funcionais e não orientações de ação mediante regras morais. À questão de Durkheim sobre como a divisão do trabalho poderia ser ao mesmo tempo uma lei natural da evolução e o mecanismo gerador de uma determinada forma de solidariedade social,[9] Spencer dá uma resposta clara. A divisão do trabalho social, controlada por meio do mecanismo não normativo do mercado, encontra no "sistema gigantesco dos contratos privados" meramente sua expressão normativa.

Mas nessa resposta Durkheim toma consciência de que ele havia entendido sua questão em *outro* sentido. Na discussão com Spencer se torna evidente que Durkheim não queria explicar a solidariedade orgânica com conceitos de uma integração sistêmica da sociedade, desacoplada das orientações axiológicas dos atores individuais, portanto não com conceitos de um mecanismo de regulação normativamente isento — "uma troca de informações que se realiza constantemente de um lugar a outro por meio de oferta e demanda".[10] Pois, nas relações de troca, Durkheim não encontra "nada que fosse semelhante a um efeito de regulação". Um tal efeito pode se produzir, assim julga ele, somente graças à força de integração social das regras morais, mesmo em sociedades funcionalmente diferenciadas. Referindo-se

---

8 Ibid., p.242-3.
9 Ibid., p.81.
10 Ibid., p.257.

à imagem projetada por Spencer de uma sociedade de mercado integrada de maneira exclusivamente sistêmica, Durkheim coloca a questão retórica: "É este de fato o caráter das sociedades cuja unidade provém da divisão do trabalho? Se fosse assim, poder-se-ia duvidar realmente de sua estabilidade. Pois, se o interesse também aproxima os indivíduos, então é apenas por alguns instantes; ele pode atar entre eles apenas um laço exterior. Na própria troca, os diversos portadores permanecem fora uns dos outros e cada um permanece o mesmo e senhor de si por inteiro quando o negócio se encerra. Suas consciências se tocam apenas superficialmente, não se interpenetram nem se vinculam. Quando se olha mais a fundo, vê-se que cada harmonia de interesses oculta um conflito latente ou simplesmente adiado. Mas onde o interesse rege sozinho, cada eu, uma vez que nada freia os egoísmos em contraposição mútua, está em pé de guerra com todo outro, e nenhuma trégua pode interromper essa hostilidade por muito tempo. O interesse é de fato uma das coisas menos constantes no mundo".[11]

Também a forma orgânica da solidariedade social tem de ser assegurada mediante valores e normas; como a mecânica, ela é expressão de uma consciência coletiva, por mais que alterada em suas estruturas. Essa consciência não pode ser substituída por um mecanismo sistêmico como o mercado, que coordena os efeitos agregados das ações orientadas por interesses: "É um erro, portanto, contrapor a sociedade que provém da comunidade de fé *à* sociedade que se baseia na cooperação, concedendo apenas à primeira um caráter moral e vendo na segunda apenas um agrupamento econômico. Na realidade, a cooperação tem igualmente sua moralidade independente".[12]

De acordo com isso, deveria existir um nexo causal entre uma diferenciação progressiva do sistema social e a constituição de uma moral intrínseca com efeitos de integração. Para essa tese, porém, mal se encontram evidências empíricas. As sociedades modernas oferecem uma outra imagem. A diferenciação do sistema de economia de mercado altamente complexo destrói as formas tradicionais de solidariedade sem produzir ao mesmo tempo as orientações normativas que poderiam assegurar uma forma orgânica de

---

[11] Ibid., p.243.
[12] Ibid., p.268.

solidariedade. As formas democráticas da formação política da vontade e a moral universalista são, de acordo com o próprio diagnóstico de Durkheim, fracas demais para retificar os efeitos desintegradores da divisão do trabalho. Durkheim vê as sociedades capitalistas industriais impelidas rumo a um estado de anomia. E essa anomia é atribuída por ele aos mesmos processos de diferenciação dos quais deveria surgir, não obstante, uma nova moral, como que por "uma lei natural". Esse dilema corresponde de certo modo ao paradoxo weberiano da racionalização social.

Durkheim gostaria de dissolver o paradoxo primeiramente distinguindo os fenômenos normais da divisão do trabalho daquela "divisão anômica do trabalho". Seu exemplo central para a divisão anômica do trabalho é "hostilidade entre trabalho e capital".[13] Mas as análises que Durkheim efetua no terceiro livro tornam manifesto o círculo vicioso em que se enreda. De um lado, ele se atém à tese de que aquelas regras morais que possibilitam a solidariedade orgânica "fluem no estado normal da divisão do trabalho por si mesmas".[14] De outro lado, ele explica o caráter disfuncional de determinadas formas da divisão do trabalho com a falta daquelas regulações normativas; o que falta é uma inserção dos âmbitos de ação funcionalmente especificados sob as normas moralmente vinculantes: "Se em todos esses casos a divisão do trabalho não gera a solidariedade, então é porque as relações dos órgãos não estão reguladas, porque elas persistem em um estado de *anomia*".[15]

Durkheim não pôde resolver esse paradoxo. Ele opta pela fuga para a frente e, como no prefácio da segunda edição e nas últimas preleções sobre a ética profissional, eleva ao grau de *exigência* que as organizações profissionais do sistema moderno de ocupação *devam* formar o ponto de apoio para regulações normativas justificadas de maneira universalista.

A resposta de Durkheim não é instrutiva, mas sim seu questionamento. Ele direciona o olhar para os nexos empíricos entre as etapas de diferenciação sistêmica e as formas de integração social. A análise desses nexos so-

---

13 Ibid., p.396.
14 Ibid., p.408.
15 Ibid., p.410.

mente é possível se distinguimos entre os mecanismos de coordenação da ação que conciliam as *orientações da ação* dos participantes e os mecanismos que estabilizam os nexos de ação não intencionados por meio da reticulação funcional das *consequências da ação*. A integração de um sistema de ação é produzida em um caso por meio de um consenso normativamente assegurado ou comunicativamente obtido, no outro, por meio de uma regulação não normativa de decisões individuais estendendo-se para além da consciência dos atores. A distinção entre uma *integração social* que principia pelas orientações da ação e uma *integração sistêmica* que atravessa as orientações da ação força a uma diferenciação correspondente no próprio conceito de sociedade. Não importa se, com Mead, partimos das categorias da interação social, ou se, com Durkheim, partimos das categorias da representação coletiva; nos dois casos, a sociedade é concebida, da perspectiva do participante de sujeitos agentes, como *mundo da vida de um grupo social*. Em contraposição a isso, a sociedade pode ser concebida, da perspectiva de observador de um não participante, apenas na qualidade de um *sistema de ações*, no que cabe a essas ações um valor funcional, dependendo de sua contribuição para a conservação da existência do sistema.

Ora, pode-se reunir o conceito de sociedade como sistema com o conceito de mundo da vida de modo análogo a como Mead refere os significados naturais ou objetivos, que o biólogo atribui aos *modos de comportamento de um organismo* no sistema de referências do ambiente específico da espécie, aos significados semanticizados das *ações correspondentes*, acessíveis ao *ator* no interior de seu próprio mundo da vida. Mead reconstrói, como vimos, o surgimento do mundo sociocultural como passagem a uma etapa de interação de início simbolicamente e depois linguisticamente mediada. Nessa passagem, os significados naturais, resultantes do valor posicional no círculo de funções do comportamento animal, são transformados em significados simbólicos, intencionalmente disponíveis para os participantes da interação. Por meio desse processo de semanticização, o âmbito dos objetos se altera, de sorte que o modelo etológico de um sistema autorregulado, de acordo com o qual a todo evento ou estado é atribuído um significado em virtude de seu valor funcional, é substituído pouco a pouco pelo modelo da teoria da comunicação, de acordo com o qual os atores orientam suas ações pelas próprias interpretações da situação. Contudo, esse conceito de mundo da vida teria sido *suficiente* para sociedades humanas somente se aquele processo de semanticização tivesse consumido *todos* os significados naturais, e isso significa: se *todos* os nexos sistêmicos nos quais as interações se encontram a cada vez tivessem sido recuperados no horizonte do mundo da vida e, com isso, no saber intuitivo dos participantes da interação. Esta é uma suposição ousada, porém empírica, que não pode ser *pré*-decidida no plano analítico por meio de uma concepção de sociedade estabelecida nos termos de uma teoria da ação.

Toda teoria social restrita a uma teoria da comunicação está sujeita a limitações que têm de ser observadas. O conceito de mundo da vida, que se apresenta da perspectiva conceitual da ação orientada ao entendimento, tem simplesmente um alcance limitado em termos de teoria social. É por esse motivo que gostaria de propor que as sociedades sejam concebidas *simultaneamente* como sistema e mundo da vida (1). Esse conceito se comprova em uma teoria da evolução social que separa a racionalização do mundo da vida e o aumento de complexidade dos sistemas sociais para que o nexo visado por Durkheim entre formas de integração social e etapas de diferenciação sistêmica se torne palpável, isto é, acessível a uma análise empírica (2). Nesse contexto, em analogia com o conceito lukacsiano de forma de objetividade, pretendo desenvolver um conceito de entendimento com base no qual a problemática da reificação pode ser recuperada nos termos da teoria da comunicação. Com esse instrumentário conceitual, retomarei na consideração final o diagnóstico weberiano, propondo uma nova formulação para o paradoxo da racionalização.

1
O conceito de mundo da vida e o idealismo hermenêutico da sociologia compreensiva

Eu gostaria de explicitar o conceito de mundo da vida, retomando para essa finalidade o fio de nossas considerações no âmbito da teoria da comunicação. O propósito não é levar adiante a investigação da ação comunicativa em termos de pragmática formal; antes, pretendo construir com base nesse conceito, até onde foi analisado até o momento, e examinar a questão de saber como o mundo da vida, na qualidade de horizonte no qual aqueles que agem comunicativamente se movem "desde sempre", é limitado e alterado, por sua vez, pela mudança estrutural da sociedade em seu todo.

Introduzi o conceito de mundo da vida lateralmente, mais precisamente em uma perspectiva de pesquisa reconstrutiva. Ele forma um conceito complementar em relação à ação comunicativa. Em analogia com as análises fenomenológicas do mundo da vida do último Husserl[1] ou com as análises de forma de vida do último Wittgenstein (embora não levadas a cabo com propósito sistemático),[2] a análise da pragmática formal visa as estruturas que são abordadas como invariantes em comparação com as expressões históricas

---

1 A respeito do conceito fenomenológico de mundo, cf. Landgrebe, *Phänomenologie und Metaphysik*, p.10ss.; id., *Philosophie der Gegenwart*, p.65ss.; Gurwitsch, *The Field of Consciousness*; Brand, *Welt, Ich und Zeit*; Hohl, *Lebenswelt und Geschichte*; Lippitz, "Der phänomenologische Begriff der Lebenswelt", *Zeitschrift für Philosophische Forschung*, v.32, p.416ss., 1978; Ulmer, *Philosophie der modernen Lebenswelt*.

2 Acerca da análise de formas de vida com orientação sociológica, cf. Winch, *The Idea of a Social Science*; Rhees, *Without Answers*; Philipps; Mounce, *Moral Practices*; Pitkin, *Wittgenstein and Justice*; McHugh et al., *On the Beginning of Social Inquiry*.

dos mundos da vida particulares. Nesse primeiro passo, acatamos uma separação de forma e conteúdo. Enquanto nos atermos a uma perspectiva de pesquisa própria da pragmática formal, poderemos retomar questionamentos que foram tratados até agora no quadro da filosofia transcendental, ou seja, aqui poderemos dirigir nossa mira às estruturas do mundo da vida em geral.

Eu gostaria de esclarecer de início como o mundo da vida se relaciona com aqueles três mundos que os sujeitos que agem orientados ao entendimento colocam na base de suas definições comuns da situação (1). O conceito de um mundo da vida presente na ação comunicativa na qualidade de contexto deve ser elaborado tendo como fio condutor as análises fenomenológicas do mundo da vida e remetido ao conceito durkheimiano de consciência coletiva (2). No entanto, ele não é fecundo para análises empíricas sem mais. Os conceitos de mundo da vida usuais na sociologia compreensiva se ligam a conceitos de cotidiano que servem inicialmente apenas para a exposição narrativa de ocorrências históricas e relações sociais (3). Desse horizonte se desprende a investigação dedicada às funções que a ação comunicativa assume para a conservação de um mundo da vida estruturalmente diferenciado. Lançando-se mão dessas funções, podem-se esclarecer as condições necessárias para uma racionalização do mundo da vida (4). Com isso, defrontamo-nos com os limites das abordagens teóricas que identificam a sociedade com o mundo da vida; por isso, vou propor que se conceba a sociedade simultaneamente como sistema e mundo da vida (5).

(1) O mundo da vida como horizonte e pano de fundo da ação comunicativa

Na Introdução, nos pressupostos ontológicos da ação teleológica, da ação regulada por normas e da ação dramatúrgica, distingui três relações distintas de ator e mundo que um sujeito pode estabelecer com algo em um mundo: com algo que ocorre ou que pode ser suscitado em um mundo objetivo único; com algo que é reconhecido como devido no mundo social partilhado por todos os membros de uma coletividade; ou com algo que outros atores imputam ao mundo subjetivo cujo acesso é privilégio do falante. Essas relações ator-mundo retornam nos tipos puros da ação orientada ao entendimento. Pelos modos do emprego da linguagem é possível esclarecer o que significa que um falante, ao efetuar um dos atos de fala *standard*, estabeleça uma relação pragmática:

— com algo no mundo objetivo (como a totalidade das entidades sobre as quais são possíveis enunciados verdadeiros); ou
— com algo no mundo social (como a totalidade das relações interpessoais legitimamente reguladas); ou
— com algo no mundo subjetivo (como a totalidade das vivências de acesso privilegiado que o falante pode manifestar verazmente perante um público).

Nessas relações, os referentes do ato de fala aparecem para o falante como algo objetivo, normativo e subjetivo.

Na introdução do conceito de ação comunicativa,[3] apontei para o fato de que os tipos puros da ação orientada ao entendimento representavam simplesmente casos-limite. De fato, os proferimentos comunicativos se inserem sempre *simultaneamente* nas diversas relações com o mundo. A ação comunicativa se apoia em um processo cooperativo de interpretação, no qual os participantes se referem a algo no mundo objetivo, no social e no subjetivo *ao mesmo tempo*, ainda que *enfatizem* em seu proferimento, como tema, *apenas um* dos três componentes. Com isso, o falante e o ouvinte empregam o sistema de referências dos três mundos como quadro de interpretação no interior do qual elaboram definições comuns de sua situação de ação. Eles não fazem referência diretamente a algo em um mundo, mas relativizam seu proferimento diante da possibilidade de que sua validade seja contestada por um outro ator. Entendimento [*Verständigung*] significa a obtenção de acordo [*Einigung*] entre os participantes da comunicação a respeito da validez de um proferimento; acordo [*Einverständnis*], o reconhecimento intersubjetivo da pretensão de validade que o falante levanta para ele. Mesmo que um proferimento pertença inequivocamente a *um* modo de comunicação e tematize nitidamente uma pretensão de validade correspondente, os modos de comunicação e as pretensões de validade se encontram em um contex-

---

3 Cf. v.I, p.178ss.; p.432ss., e p.458ss.

to intacto de remissões entre si. Assim, na ação comunicativa, vale a regra de que um ouvinte que assente com uma pretensão de validade tematizada também reconhece as outras duas pretensões de validade, implicitamente levantadas; do contrário, ele tem de esclarecer seu dissenso. Um consenso não se dá, por exemplo, se um ouvinte aceita a *verdade de uma afirmação*, mas ao mesmo tempo duvida da veracidade do falante ou da adequação normativa de seu proferimento; o mesmo se aplica ao caso de que, por exemplo, um ouvinte aceite a *validez normativa* de uma *ordem*, mas desconfie da seriedade da vontade manifestada com ela ou duvide das pressuposições de existência da ação ordenada (e com isso da exequibilidade da ordem).

O exemplo de uma ordem que o destinatário toma por inexequível traz à memória que os participantes da interação sempre se manifestam em uma situação que precisam definir *em comum*, na medida em que agem orientados ao entendimento. O operário de construção mais velho que envia um colega mais jovem e recém-chegado para buscar cerveja, exigindo que ele se ponha em marcha e retorne em poucos minutos, parte da suposição de que a situação é clara para os participantes, aqui o destinatário e os colegas que se encontram ao alcance da voz: o lanche iminente é o *tema*, o provimento de bebidas é um *objetivo* ligado ao tema; um dos colegas mais velhos formula o *plano* de enviar o "novato", que dificilmente pode se esquivar a essa exigência em virtude de seu *status*. A hierarquia informal de grupo dos trabalhadores no local de obra é o *quadro normativo* em que é lícito a um exigir algo dos outros. A situação da ação é definida *temporalmente* pela pausa no trabalho, *espacialmente* pela distância da venda de bebida mais próxima do local de obra. Se a situação se dá então de tal modo que a venda de bebida mais próxima não pode ser alcançada em poucos minutos a pé, ou seja, que o *plano* do colega de trabalho mais velho, ao menos sob a condição especificada, somente pode ser *levada a cabo com o auxílio* de um automóvel (ou de um outro veículo), talvez o destinatário responderá: "Mas não tenho carro".

O pano de fundo de um proferimento comunicativo é formado, portanto, por definições da situação que têm de sobrepor-se suficientemente, em acordo com a necessidade de entendimento atual. Se essa comunidade não pode ser pressuposta, os atores precisam tentar suscitar, com os meios da ação estratégica encetados com orientação ao entendimento, uma definição comum da situação ou negociar diretamente, o que na práxis comunicativa cotidiana ocorre na maioria das vezes na forma de "operações de reparação". Mesmo nos casos em que isso não é necessário, todo novo proferimento implica um teste: ou a definição da situação da ação implicitamente proposta pelo falante é confirmada, modificada, parcialmente suspensa, ou é colocada em questão de modo geral. Esse processo contínuo de definição e redefinição significa a atribuição de conteúdos a mundos – dependendo do que se *considera* em cada caso como componente do mundo objetivo interpretado com concordância, como componente normativo do mundo social intersubjetivamente reconhecido, ou como componente privado de um mundo subjetivo com acesso privilegiado. Ao mesmo tempo, os atores se delimitam a si mesmos perante esses três mundos. Com cada definição comum da situação, determinam o processo-limite entre a natureza externa, a sociedade e a natureza interna, renovando ao mesmo tempo a delimitação entre eles mesmos como intérpretes de um lado, o mundo exterior e seus respectivos mundos interiores de outro lado.

Assim, por exemplo, ao ouvir a resposta do outro, o colega de trabalho mais velho nota que precisa revisar sua suposição implícita de que o bar situado nas proximidades estaria aberto na segunda-feira. As coisas se passariam diferentemente se o colega de trabalho abordado desse a seguinte resposta: "Eu não tenho sede hoje". Ele inferirá pelas reações de espanto que "cerveja para o lanche" é uma norma que deve ser observada independentemente do estado subjetivo de um dos participantes. Talvez o colega mais novo tampouco compreenda o contexto normativo em que o mais velho lhe dá uma ordem, e pergunta primeiro de quem será a vez de pegar a cerveja no dia seguinte. Ou ele erra o tema porque provém de uma outra região, porque desconhece completamente o ritmo de trabalho local, por exemplo, o costume do segundo lanche, e replica "Por que eu devo interromper meu trabalho *agora*?". Podemos imaginar as continuidades da conversa, indicando que a cada vez um dos participantes altera sua definição inicial da situação e entra em conformidade com as definições dos outros participantes da interação. Nos dois primeiros casos, ocorrerá um reagrupamento dos componentes individuais da situação, uma "mudança de *gestalt*": o suposto fato de que o bar situado nas proximidades estaria aberto torna-se uma opinião subjetiva que se mostra falsa; o suposto desejo de ter cerveja para o lanche se torna uma norma de comportamento coletivamente reconhecida. Nos dois outros casos, a interpretação da situação encontrará um complemento considerando-se os componentes do mundo social: aquele com *status* mais baixo busca a cerveja, e por volta das nove horas come-se aqui um segundo lanche. A essas *redefinições* subjazem as suposições de comunidade próprias do mundo objetivo, do social e do respectivo mundo subjetivo. Com esse sistema de referências, os participantes da comunicação supõem que as definições da situação, que formam a cada vez o pano de fundo de um proferimento atual, valem intersubjetivamente.

No entanto, situações não são "definidas" no sentido de uma demarcação nítida. Situações possuem sempre um horizonte que se desloca junto com o tema. Uma *situação* é um recorte salientado por temas, articulado por objetivos e planos de ação, a partir de *contextos de remissões próprios do mundo da vida* que são ordenados concentricamente, tornando-se ao mesmo tempo mais anônimos e difusos com a distância espaçotemporal e social crescente. Assim, por exemplo, para aquela pequena cena dos operários de construção, o local de obra situado em uma determinada rua, o ponto temporal, digamos uma determinada segunda-feira pouco antes da pausa para o lanche, e o grupo de referência dos colegas que se encontram nesse momento no local de obra, formam o ponto zero de um sistema de referências espaçotemporal e social para um mundo que reside no "alcance atual". O entorno urbano do terreno de construção, a região, o país, o continente etc., formam, no aspecto espacial, um "mundo potencialmente alcançável"; a isso correspondem, no aspecto temporal, o curso do dia, a história de vida, a época etc., e, no aspecto social, os grupos de referência que vão da família até a "sociedade mundial", passando pela comunidade, a nação e assim por diante. Alfred Schütz descreveu com reiteradas ilustrações essas articulações espaçotemporais e sociais do mundo da vida cotidiano.[4]

O *tema* da pausa do lanche iminente e o *plano* de buscar cerveja, em vista do qual o tema é avaliado, delimitam uma *situação* a partir do mundo da vida dos participantes imediatos. Essa situação da ação se apresenta como

---

4 Schütz, *Collected Papers*, v.I, ed. alemã.

um âmbito de *"necessidades de entendimento e possibilidades de ação"*: as expectativas que os colegas vinculam com a pausa para o lanche, o *status* de um colega mais novo recém-chegado, a distância da venda de bebida em relação ao local da obra, a disponibilidade de um automóvel etc., contam entre os componentes da situação. Que surja nesse local uma casa de família, que o novo colega de trabalho, um imigrante, não tenha seguro social, que um outro colega tenha três filhos, que a construção de novas casas seja sujeita às regulamentações da ordem municipal, tudo isso são circunstâncias que não são *relevantes* para a situação dada.

No entanto, os limites são fluidos. Isso se mostra tão logo o patrão apareça com uma caixa de cerveja a fim de manter o humor dos operários; tão logo o imigrante, disposto a ir buscar a cerveja, cai infortunadamente da escada; tão logo surja o tema da regulação do abono de família; ou tão logo o arquiteto apareça com um oficial do distrito para examinar o piso. Nesses casos, o tema se desloca, e junto com ele o horizonte da situação, isto é: *o recorte do mundo da vida relevante na situação*, para o qual surge uma necessidade de entendimento em vista das possibilidades atualizadas da ação. Situações possuem um limite que pode ser transgredido a qualquer momento; daí a imagem, introduzida por Husserl, de *horizonte*,[5] que se desloca dependendo do lugar e que pode se expandir e contrair caso nos movamos em uma paisagem sinuosa.

A situação da ação forma para os participantes a cada vez o centro de seu mundo da vida; ela tem um horizonte móvel visto que *remete* à complexidade do mundo da vida. De certo modo, o mundo da vida a que pertencem os participantes da comunicação é sempre presente; mas apenas de modo tal que forma o *pano de fundo* para uma cena atual. Assim que um tal *contexto de remissões* é incluído em uma situação, tornando-se um componente de uma situação, ele perde sua trivialidade e solidez indiscutível. Se o estado de coisas de acordo com o qual o novo colega não assegurado contra acidentes de trabalho se desloca de repente para o âmbito de relevância de um campo temático, ele pode explicitamente ganhar expressão na linguagem, mais

---

5 Cf. sobre isso Kuhn, "The Phenomenological Concept of Horizon", em Faber (org.), *Philosophical Essays in Memory of E. Husserl*, p.106ss.

precisamente, em diversos papéis ilocucionários: um falante pode constatar que p, ele pode lamentar ou dissimular que p; ele pode fazer a repreensão de que p, e assim por diante. Assim que se tornou componente da situação, o estado de coisas pode ser sabido e problematizado como fato, como conteúdo de norma, como conteúdo de vivência. Antes que obtenha relevância na situação, a mesma circunstância é dada apenas no modo de uma *autoevidência do mundo da vida*, com a qual o concernido é intuitivamente familiarizado, sem contar com a possibilidade de uma problematização. Nem sequer é "sabida" em sentido estrito, se o saber se caracteriza pelo fato de que pode ser fundamentado e contestado. Apenas os recortes limitados do mundo da vida que são incluídos em um horizonte de situação formam um contexto de ação orientada ao entendimento passível de tematização, aparecendo sob a categoria de *saber*. Da perspectiva voltada à situação, o mundo da vida aparece como um reservatório de autoevidências ou convicções inabaladas, das quais os participantes da comunicação fazem uso para processos cooperativos de interpretação. Diversos elementos, determinadas *autoevidências*, somente são mobilizados, contudo, *na forma de um saber consentido e ao mesmo tempo problematizável*, se eles se tornam *relevantes para a situação*.

Ora, se abandonarmos as categorias da filosofia da consciência com as quais Husserl trata a problemática do mundo da vida, poderemos pensar o mundo da vida como representado por um acervo de padrões de interpretação, culturalmente transmitido e linguisticamente organizado. Nesse caso, o discurso sobre um contexto de remissões que vincula os componentes da situação entre si e a situação com o mundo da vida não precisa mais ser explicado no quadro de uma fenomenologia e de uma psicologia da percepção.[6] Pelo contrário, contextos de remissões se deixam compreender como contextos de significados que existem entre um dado proferimento comunicativo, o contexto imediato e seu horizonte conotativo de significados. *Contextos de remissões* se originam de relações *gramaticalmente regradas* entre elementos de um *acervo de saber linguisticamente organizado*.

---

6 Husserl, *Erfahrung und Urteil*; sobre a crítica aos fundamentos da ontologia social fenomenológica de A. Schütz, dados em termos de teoria da consciência, cf. Theunissen, *Der Andere*, p.406ss.

Como é usual na tradição que remonta a Humboldt,[7] quando se supõe um nexo interno entre estruturas do mundo da vida e estruturas da imagem linguística do mundo, compete à linguagem e à tradição cultural uma posição de certa maneira transcendental em relação a tudo o que pode se tornar componente de uma situação. Linguagem e cultura não coincidem nem com os conceitos formais de mundo, com base nos quais os participantes da comunicação definem em comum sua situação, nem aparecem como algo intramundano. Linguagem e cultura são constitutivos do próprio mundo da vida. Nem formam um dos mundos formais com os quais os participantes da comunicação correlacionam os componentes da situação, nem se encontram como algo no mundo objetivo, social ou mesmo subjetivo. Ao efetuar e entender um ato de fala, os participantes da comunicação se movem no interior de sua linguagem a tal ponto que não podem pôr *diante de si mesmos* um proferimento atual a título de "algo intersubjetivo" da mesma maneira como experimentam um evento como algo objetivo, como se defrontam com uma expectativa de comportamento como algo normativo, ou como vivenciam ou atribuem um desejo, um sentimento, como algo subjetivo. *O medium* do entendimento persiste em uma *semitranscendência* peculiar. Enquanto os participantes da comunicação mantiverem sua atitude performativa, a linguagem atualmente utilizada permanecerá *às suas costas*. Em relação a ela, os falantes não podem adotar *nenhuma posição extramundana*. O mesmo se aplica aos padrões culturais de interpretação que são transmitidos nessa linguagem. Sob aspectos semânticos, com efeito, a linguagem possui uma afinidade peculiar com a imagem de mundo linguisticamente articulado. Linguagens naturais conservam os conteúdos de tradições que possuem existência apenas na forma simbólica, e na maior parte das vezes em corporificações linguísticas. Com isso, a cultura marca também a linguagem; pois a capacidade semântica de uma linguagem tem de ser adequada à complexidade dos conteúdos culturais armazenados, aos padrões de interpretação, valor e expressão.

Esse acervo de saber provê os membros com *convicções de pano de fundo* não problemáticas, supostas coletivamente como garantidas; e delas se forma

---

7 Weisgerber, *Die Muttersprache im Aufbau unserer Kultur*; Hoberg, *Die Lehre vom sprachlichen Feld*; Gipper, *Gibt es ein sprachliches Relativitätsprinzip?*

a cada vez o contexto de processos de entendimento nos quais os participantes se valem das definições comprovadas da situação ou as negociam de novo. Os participantes da comunicação encontram de antemão, como já interpretada em termos de conteúdo, a concatenação entre o mundo objetivo, social e subjetivo com a qual se defrontam a cada vez. Se eles transgridem o horizonte de uma situação dada, não podem pisar no vazio; eles se reencontram imediatamente em um outro âmbito de autoevidências culturais, agora atualizado, mas *pré-interpretado*. Na práxis comunicativa cotidiana, não há situações absolutamente desconhecidas. Mesmo as novas situações emergem de um mundo da vida que é construído a partir de um acervo de saber cultural desde sempre familiar. Em relação a ele, aqueles que agem comunicativamente não podem adotar uma posição extramundana, tanto quanto não podem em relação à linguagem enquanto *medium* dos processos de entendimento por meio dos quais o mundo da vida se conserva. Ao fazer uso de uma tradição cultural, eles também a continuam.

A categoria de mundo da vida possui, portanto, um *status diferente* dos conceitos formais de mundo tratados até agora. Estes formam, juntamente com as pretensões de validade criticáveis, o suporte categorial que serve para correlacionar as situações problemáticas, isto é, carentes de acordo, com o mundo da vida já interpretado em termos de conteúdo. Com os conceitos formais de mundo, falante e ouvinte podem qualificar os referentes possíveis de seus atos de fala, de sorte que lhes é possível referir-se a algo objetivo, normativo ou subjetivo. O mundo da vida, em contrapartida, não permite nenhuma correlação análoga; com base nele, falante e ouvinte não podem se referir a algo como "algo intersubjetivo". Aqueles que agem comunicativamente se movem sempre *no interior* do horizonte de seu mundo da vida; não podem sair dele. Como intérpretes, eles mesmos pertencem com seus atos de fala ao mundo da vida, mas não podem se referir "a algo no mundo da vida" da mesma maneira que a fatos, normas ou vivências. As estruturas do mundo da vida definem as formas da intersubjetividade do entendimento possível. Os participantes da comunicação devem a elas a posição extramundana em relação ao intramundano, sobre o que podem se entender. O mundo da vida é como que o lugar transcendental no qual falante e ouvinte se cruzam; onde podem levantar reciprocamente a pretensão de que seus proferimentos condizem com o mundo (com o mundo objetivo, o social e o subjetivo); e onde podem criticar e confirmar as pretensões de validade, resolver seu dissenso e obter acordo. Com um enunciado: em relação à linguagem e à cultura, os implicados não podem adotar *in actu* a mesma distância que em relação à totalidade dos fatos, normas e vivências sobre os quais é possível o entendimento.

A Figura 20 se destina a ilustrar de maneira auxiliadora que o mundo da vida é constitutivo *como tal* para o entendimento, ao passo que os conceitos formais de mundo constituem um sistema de referências para aquilo *sobre o que* o entendimento é possível: falante e ouvinte se entendem a partir de seu mundo da vida comum sobre algo no mundo objetivo, social ou subjetivo.

(2) O conceito da fenomenologia social sobre o mundo da vida à luz da teoria da comunicação

Aqui, no entanto, uma representação gráfica é insuficiente em especial medida. Por isso, gostaria de tornar mais preciso o conceito de mundo da vida próprio da teoria da comunicação mediante uma comparação com o conceito fenomenológico de mundo da vida, até agora o único a receber uma análise completa. Nesse contexto, refiro-me aos manuscritos póstumos de Alfred Schütz sobre as *Estruturas do mundo da vida*, editados e elaborados por Thomas Luckmann.[8]

Até o momento concebemos a ação como condução de situações. O conceito de ação comunicativa recorta sobretudo dois aspectos da condução da situação: o *aspecto teleológico* da realização de fins (ou da execução de um plano de ação) e o *aspecto comunicativo* da interpretação da situação e da obtenção de um acordo. Na ação comunicativa, os participantes perseguem concordemente seus planos sobre o fundamento de uma definição comum da situação. Se uma definição comum da situação deve ser negociada primeiramente, ou se as tentativas de entendimento malogram no quadro de

---

8 Schütz; Luckmann, *Strukturen der Lebenswelt*; cf. também Schütz, *Das Problem der Relevanz*; e as contribuições em Sprondel; Grathoff (orgs.), *A. Schütz und die Idee des Alltags in den Sozialwissenschaften*.

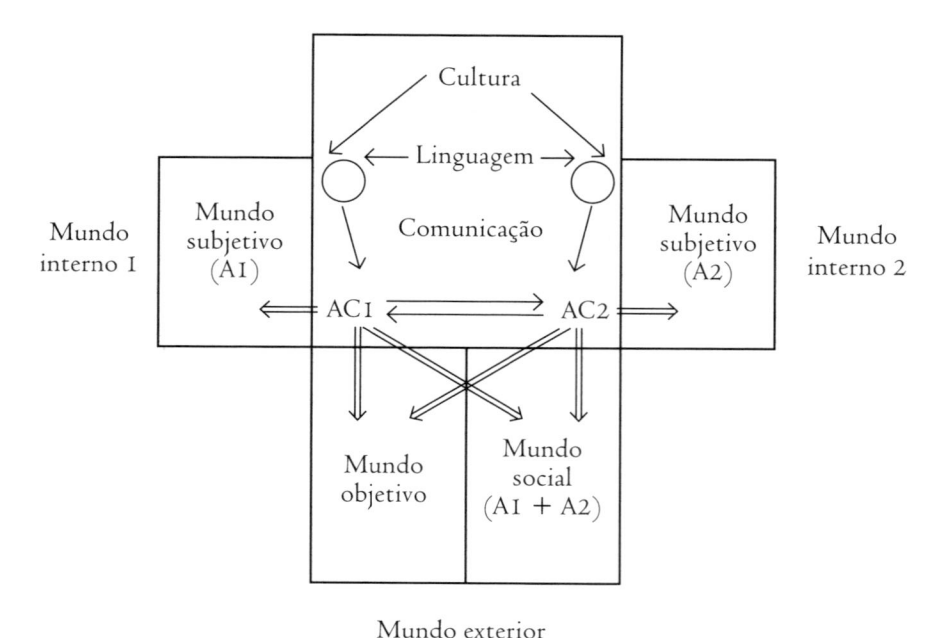

Figura 20 – *Relações dos atos comunicativos (AC) com o mundo*
As setas duplas se referem às relações com o mundo que os atores (A) geram com seus proferimentos AC

definições comuns da situação, a obtenção do consenso que normalmente representa a condição para a perseguição de um objetivo se torna ela mesma o fim. O *êxito* alcançado mediante a ação teleológica e o *consenso* produzido mediante atos de entendimento são em cada caso os critérios para o sucesso ou o insucesso da condução da situação. Uma *situação* representa o recorte de um mundo da vida, delimitado em vista de um tema. Um *tema* emerge em conexão com os interesses e os objetivos da ação (ao menos) de um participante; ele circunscreve o *âmbito de relevância* dos componentes da situação passíveis de tematização e é acentuado pelos *planos* que os participantes formulam com base na sua interpretação da situação, a fim de realizar seus fins respectivos. É constitutiva da ação orientada ao entendimento que os participantes levem a cabo concordemente seus planos em uma situação de ação definida em comum. Eles buscam evitar dois riscos: o risco do *entendimento malogrado*, ou seja, do dissenso ou do mal-entendido, e o risco do *plano de ação malogrado*, ou seja, do fracasso. O afastamento do primeiro risco é uma condição necessária para a condução do segundo. Os participantes não podem alcançar seus objetivos se não lhes é possível cobrir a falta do entendimento necessário para as possibilidades de ação próprias da situação – em todo caso, eles não podem então alcançar seu objetivo pela via da ação comunicativa.

Schütz e Luckmann também distinguem os aspectos da interpretação da situação e da execução de um plano de ação na situação: "[...] já na atitude natural o mundo me é dado para ser interpretado. Eu preciso *compreender* meu mundo da vida naquele grau que é necessário para poder agir nele e *atuar sobre ele*".[9] A exegese do mundo pragmaticamente motivada conduz a interpretações da situação em virtude das quais o ator pode desenvolver seus planos de ação: "Toda situação tem um horizonte interno e externo infinito; ela é interpretável segundo suas relações com outras situações, experiências e assim por diante, com respeito à sua pré-história e seu futuro. Ao mesmo tempo, ela é decomponível e interpretável ilimitadamente nos pormenores que a constituem. Mas isso vale apenas em princípio. Praticamente toda situação é carente de exegese apenas de maneira limitada. O interesse determinado pelo plano, que deriva da hierarquia de planos no curso da vida, limita a necessidade da determinação da situação. A situação precisa ser determinada somente na medida em que isso é necessário para sua condução".[10] A interpretação da situação se apoia sobre o acervo de saber de que um ator dispõe desde sempre em seu mundo da vida: "O acervo de saber do mundo da vida é referido de múltiplas maneiras à situação do sujeito em experiência. Ele se estrutura de sedimentações de experiências outrora atuais, ligadas às situações. Inversamente, toda experiência atual se insere no decurso da vivência e na biografia, dependendo de sua tipologia e relevância inscritas no acervo do saber. E finalmente toda situação é definida e conduzida com base no acervo de saber".[11]

---

9 Schütz; Luckmann, op. cit., p.28.
10 Ibid., p.149.
11 Ibid., p.133.

Schütz e Luckmann imaginam que o ator constrói o mundo a partir do qual ele vive com os elementos basilares de seu acervo de saber. Eles descrevem como o ator experimenta aí as estruturas universais de seu mundo da vida: "Em cada situação, o mundo me é dado apenas em um recorte limitado; apenas uma parte do mundo está ao alcance atual. Em torno desse domínio se escalonam domínios de alcance reproduzível ou ao menos alcançável, que demonstram tanto uma estrutura temporal quanto social. Além disso, eu somente posso atuar em um recorte do mundo. Em torno da zona de atuação atual se escalonam, porém, zonas de atuação igualmente reproduzíveis e alcançáveis que também possuem uma estrutura temporal e social. Minha experiência do mundo da vida é articulada também temporalmente: a duração interna é um decurso de vivência que consiste em fases presentes, retentivas e protentivas, como também em lembranças e expectativas. Ela se cruza com o tempo do mundo, com o tempo biológico e com o tempo social e se sedimenta na sequência singular de uma biografia articulada. E finalmente minha experiência é socialmente organizada. Todas as experiências possuem uma dimensão social, assim como a articulação temporal e espacial de minha experiência é 'socializada'. Além disso, porém, minha experiência do mundo social possui uma estrutura específica. O outro me é dado como um próximo na relação do nós, enquanto as experiências indiretas do mundo social são escalonadas de acordo com os graus de anonimato e articuladas nas experiências do mundo contemporâneo, do mundo dos antecessores e do mundo dos sucessores".[12]

A análise fenomenológica das estruturas do mundo da vida se põe, em primeira linha, o objetivo de esclarecer a articulação espaçotemporal e social do mundo da vida; aqui não pretendo me aprofundar nisso. Interessa-me antes a circunstância de que Schütz e Luckmann se atêm ao modelo da filosofia da consciência. Como Husserl, eles partem da consciência egológica, para a qual as estruturas universais do mundo da vida são dadas como condições subjetivas necessárias da experiência de um mundo da vida social concretamente configurado e historicamente marcado: "Apesar de tudo, não

---

12 Ibid., p.137.

se trata de experiências específicas, concretas e variáveis, mas de estruturas fundamentais da experiência do mundo da vida em geral. Em oposição às experiências específicas, essas estruturas fundamentais, como cerne da experiência, não chegam ao alcance da consciência na atitude natural. Mas elas são condições de cada experiência do mundo da vida e entram no horizonte da experiência".[13]

Certamente, Schütz e Luckmann conferem uma guinada em termos de *teoria da ação* ao modelo que se desenvolveu a partir da questão fundamental da *teoria do conhecimento*, formado por uma subjetividade operante que constitui o mundo da vida a título de quadro transcendental da experiência cotidiana possível. Sem dúvida, os modelos do ator solitário, estimulado por sensações e agindo com planejamento em uma situação,[14] ganham em profundidade graças à conexão com as análises fenomenológicas do mundo da vida e da situação da ação.[15] Por sua vez, este é o ponto de apoio para uma teoria dos sistemas fenomenologicamente instruída.[16] Aliás, torna-se patente aí quão ligeiramente a teoria dos sistemas herda a filosofia da consciência. Quando se interpreta a situação do sujeito agente como entorno do sistema da personalidade, os resultados da análise fenomenológica do mundo da vida podem ser recuperados, sem solução de continuidade, em uma teoria dos sistemas de observância luhmanniana. Isso tem até mesmo a vantagem de que é possível não fazer caso daquele problema em cuja solução Husserl fracassou nas *Meditações cartesianas*; refiro-me à geração monadológica da in-

---

13 Ibid., p.137-8.
14 Allport, *Personality*; Parsons, *The Structure of Social Action*; Newcomb, *Social Psychology*; Lewin, *Field Theory in the Social Sciences*; Dahrendorf, *Homo Sociologicus*; Tenbruck, "Zur deutschen Rezeption der Rollentheorie", *Kölner Zeitschrift für Soziologie und Sozialpsychologie*, v.13, p.1ss., 1961.
15 Na sociologia alemã, as abordagens fenomenológicas foram mediadas por K. Stavenhagen e H. Plessner; cf. Bahrdt, *Industriebürokratie*; Popitz, *Der Begriff der sozialen Rolle als Element der soziologischen Theorie*; Dreitzel, *Das gesellschaftliche Leiden und das Leiden an der Gesellschaft*; para a recepção na psicologia alemã, cf. Graumann, *Zur Phänomenologie und Psychologie der Perspektivität*.
16 Markowitz, *Die soziale Situation*; além disso, cf. Eley, *Transzendentale Phänomenologie und Systemtheorie*.

tersubjetividade do mundo da vida.¹⁷ Esse problema não mais aparece em absoluto quando as relações sujeito-objeto são substituídas por aquelas entre sistema e entorno. Os sistemas da personalidade formam entornos uns para os outros de acordo com essa noção, tanto quanto os sistemas da personalidade e da sociedade em outro plano. Com isso, desaparece o problema da intersubjetividade, ou seja, a questão de saber como diversos sujeitos podem partilhar o mesmo mundo da vida, em favor do problema da interpenetração, isto é, a questão de saber como determinados tipos de sistemas podem formar uns para os outros entornos condicionalmente contingentes e sintonizados entre si.¹⁸ Vamos nos ocupar ainda com o preço dessa reformulação.

Alfred Schütz adota uma posição discrepante nesse campo de tensão formado pela análise fenomenológica do mundo da vida e pela teoria sociológica da ação. De um lado, ele vê que Husserl não resolveu o problema da intersubjetividade; sob a influência do pragmatismo americano, em particular de Mead, a qual Luckmann acentua com razão,¹⁹ ele se inclina a deixar de lado a constituição do mundo da vida e ao mesmo tempo partir de um mundo da vida intersubjetivamente constituído. Por outro lado, Schütz não se rende de modo algum a uma abordagem da teoria da comunicação, mas antes finca o pé no método intuitivo de Husserl, assume até mesmo a arquitetônica da fenomenologia transcendental e concebe nesse quadro seu próprio empreendimento como uma ontologia regional da sociedade. Daí se explica que Schütz e Luckmann apreendam as estruturas do mundo da vida não pelo acesso direto às estruturas da intersubjetividade linguisticamente gerada, mas pelo espelhamento da vivência subjetiva de atores solitários.

---

17 Schütz, "Das Problem der transzendentalen Intersubjektivität bei Husserl", p.81ss.; Theunissen, *Der Andere*, p.102ss.; id., *Kritische Theorie der Gesellschaft*; Carr, "The Fifth Meditation and Husserl's Cartesianism", *Philosophy and Phenomenological Research*, v.34, p.14ss., 1973; Hutcheson, "Husserl's Problem of Intersubjectivity", *Journal of the British Society for Phenomenology*, v.II, p.144ss., 1980.

18 Luhmann, "Interpenetration: Zum Verhältnis personaler und sozialer System", *Zeitschrift für Soziologie*, v.6, p.62ss., 1977.

19 Schütz na introdução aos *Collected Papers*, v.I, p.20-1, e em id.; Luckmann, *Strukturen der Lebenswelt*, p.14.

No quadro da filosofia da consciência, o "sujeito vivenciante" permanece o ponto de referência último da análise. O excurso seguinte mostra, no entanto, que os traços fundamentais do mundo da vida constituído, descritos pela fenomenologia, se deixam explicar sem atribulações quando se introduz o "mundo da vida" como conceito complementar da "ação comunicativa".

Schütz e Luckmann sublinham sobretudo três momentos: (a) a familiaridade ingênua com o pano de fundo dado de maneira não problemática, (b) a validez de um mundo intersubjetivamente partilhado, assim como (c) o caráter ao mesmo tempo total e indeterminado, o caráter poroso e, no entanto, delimitador, do mundo da vida.

ad (a) O mundo da vida é dado ao sujeito vivenciante *como inquestionável*: "Nosso mundo da vida cotidiano deve ser entendido como aquele domínio da realidade que o adulto em estado de vigília e normal encontra como simplesmente dado na atitude do senso comum. Com 'simplesmente dado' designamos tudo o que vivenciamos como inquestionável, todo estado de coisas que é não problemático para nós até segunda ordem".[20] O modo pelo qual o mundo da vida é não problemático tem de ser compreendido em um sentido radical: enquanto mundo da vida, ele de modo algum pode se tornar problemático, ele pode no máximo *colapsar*. Os componentes do mundo da vida com os quais somos ingenuamente familiarizados não possuem o *status* de fatos, normas ou vivências, a respeito dos quais falante e ouvinte poderiam se entender, dado o caso. Todos os componentes de uma situação da ação, sobre os quais os implicados querem obter um consenso com base em seus proferimentos comunicativos precisam também poder ser colocados em questão. Esse âmbito do suscetível de ser tematizado e do problematizável se restringe, porém, a uma situação da ação que permanece *encerrada* nos horizontes de um mundo da vida, por mais desvanecentes que estes sejam. O mundo da vida forma para o que é falado, discutido e abordado, um contexto mediato, que certamente é acessível em princípio, mas não pertence ao âmbito de relevância da situação de ação, delimitado pelo tema. O mundo da vida forma a rede intuitivamente presente, nesse aspecto familiar e transparente mas ao mesmo tempo inabarcável, constituída

---

20 Schütz; Luckmann, op. cit., p.25.

de pressuposições que devem ser preenchidas para que um proferimento atual tenha sentido de modo geral, isto é, possa ser válido ou inválido.[21] Mas os pressupostos relevantes para a situação são por isso apenas um recorte. Somente esse contexto *imediatamente abordado* pode entrar na esteira da problematização da ação comunicativa, como mostramos no exemplo dos operários de construção, *ao passo que o mundo da vida permanece sempre no pano de fundo*. Ele é o "chão inquestionado de todos os dados, assim como o quadro inquestionável em que se colocam para mim problemas de que devo tratar".[22] O mundo da vida é dado no modo da autoevidência, que pode se conservar apenas aquém do limiar das convicções em princípio criticáveis.

ad (b) O mundo da vida deve essa certeza a um *a priori* social inserido na intersubjetividade do entendimento linguístico. Embora Schütz e Luckmann minimizem, dadas as premissas da filosofia da consciência, o valor posicional da linguagem, em particular da mediação linguística da interação social, eles acentuam a intersubjetividade do mundo da vida: "Desse modo, meu mundo da vida não é desde o início meu mundo privado, mas intersubjetivo; a estrutura fundamental de sua realidade nos é comum. É autoevidente para mim que até certo grau eu possa chegar ao conhecimento das vivências de meus próximos, por exemplo, dos motivos de sua ação, assim como eu também suponho que o mesmo valha para eles em relação a mim".[23] Por sua vez, a comunidade do mundo da vida tem de ser entendida também em um sentido radical: ela subjaz a todo dissenso possível, ela não pode se tornar controversa como um saber intersubjetivamente partilhado, mas no máximo *decompor-se*. A perspectividade da percepção e da interpretação que se liga aos papéis comunicativos da primeira, segunda e terceira pessoa é decisiva para a estrutura da situação da ação. Mas os membros de uma coletividade atribuem a si seu mundo da vida na primeira pessoa do plural, portanto, de maneira análoga ao modo como o falante individual atribui a si mesmo na primeira pessoa do singular o mundo subjetivo a que tem acesso privilegiado. A comunidade se baseia certamente no saber consentido, no

---

21 Searle, "Literal Meaning", em *Expression and Meaning*, p.177ss.; cf. v.I, p.470ss.
22 Schütz; Luckmann, op. cit., p.26.
23 Ibid., p.26.

acervo de saber cultural que os membros partilham. Mas somente à luz de uma situação atual da ação o recorte relevante do mundo da vida obtém o *status* de uma realidade casual, a qual também poderia ser interpretada de maneira diferente. Os membros vivem certamente com a consciência do risco de que a qualquer momento novas situações podem aparecer, que eles precisam constantemente conduzir novas situações; mas essas situações não podem abalar a confiança ingênua no mundo da vida. A práxis comunicativa cotidiana é incompatível com a hipótese de que "tudo poderia ser inteiramente diferente": "Eu confio em que o mundo, tal como ele me é conhecido até agora, permanecerá assim ainda e que, consequentemente, o acervo de saber formado de minhas próprias experiências e recebido dos próximos continuará a manter sua validez fundamental. Com Husserl, podemos designar isso como a idealidade do 'assim por diante'. Dessa suposição segue a outra e fundamental suposição de acordo com a qual eu posso repetir minhas ações. Na medida em que a estrutura do mundo pode ser tomada como constante, na medida em que minha experiência prévia tem validade, conserva-se em princípio a minha faculdade de atuar sobre o mundo desta e daquela maneira. Em correlação com a idealidade do 'assim por diante', forma-se, como Husserl mostrou, a outra idealidade do 'Eu Posso De Novo'. Ambas as idealidades e a suposição fundamentada aí da constância da estrutura do mundo, da validez de minha experiência prévia e de minha faculdade de atuar sobre o mundo, são aspectos essenciais do pensamento na atitude natural".[24]

ad (c) A imunização do mundo da vida contra as revisões totais tem a ver com o terceiro traço fundamental que Schütz enfatiza com apoio em Husserl: as situações mudam, mas *os limites do mundo da vida não podem ser transcendidos*. O mundo da vida forma o ambiente em que os horizontes da situação se deslocam, ampliam ou estreitam. Ele forma um contexto que, sendo ele próprio ilimitado, traça limites: "O acervo de saber do pensamento ligado ao mundo da vida não deve ser entendido como um contexto transparente em sua totalidade, mas antes como uma totalidade de autoevidências que mudam de situação a situação, a cada vez sobressaindo de um pano de

---

24 Ibid., p.29.

fundo de indeterminação. Essa totalidade não é apreensível enquanto tal, mas vivenciada como um chão seguro, familiar, de cada interpretação condicionada pela situação, dada em conjunto no decurso da experiência".²⁵ O mundo da vida limita as situações da ação à maneira de um contexto pré--compreendido, mas não abordado. O mundo da vida, ocultado do âmbito de relevância de uma situação da ação, fica em suspenso na qualidade de uma realidade ao mesmo tempo inquestionável e "sombreada"; ele não entra no processo de entendimento atual em cada caso, a não ser muito indiretamente, permanecendo indeterminado nesse sentido; no entanto, ele pode cair na esteira de um novo tema e com isso no âmbito de entrada de uma situação alterada. Nesse caso, encontramo-lo como uma realidade intuitivamente familiar, pré-interpretada. É somente porque ganha relevância na situação que um recorte do mundo da vida entra no campo de visão a título de uma autoevidência cultural, que se baseia em interpretações e que agora, uma vez que pode ser tematizada, perdeu seu modo de algo dado de forma inquestionável: "Também na atitude natural a intransparência relativa do mundo da vida pode ser subjetivamente apreensível a qualquer hora. Todo processo de interpretação pode servir de ensejo para isso. Mas apenas na reflexão teórica a vivência da insuficiência das interpretações específicas conduz ao discernimento do caráter essencialmente limitado do acervo de saber próprio do mundo da vida em geral".²⁶ Na medida em que não nos desligamos da atitude ingênua, voltada à situação, de um ator enredado na práxis comunicativa cotidiana, não podemos descobrir o caráter limitado de um mundo da vida que depende de um acervo de saber cultural particular, passível de ampliação a qualquer momento, e que varia com ele. Para o membro, o mundo da vida forma um contexto incontornável e em princípio inesgotável. Por isso, *toda* compreensão da situação pode se apoiar em uma pré-compreensão global. Toda definição da situação é "um interpretar no interior de um quadro do já interpretado, no interior de uma realidade fundamental e familiar conforme o tipo [...]".²⁷

---

25 Ibid., p.31.
26 Ibid., p.210.
27 Ibid., p.29.

Todo passo que fazemos para além do horizonte de uma situação qualquer torna acessível um outro contexto de sentido, certamente carente de explicação, mas intuitivamente já conhecido. O que até então era "autoevidente" transforma-se aí em um saber cultural, que pode ser consumido para as definições da situação e exposto a um teste na ação comunicativa.

No entanto, apenas a compreensão moderna do mundo se distingue pelo fato de que a tradição cultural pode ser exposta a esse teste *em toda sua amplitude* e de maneira metódica. Imagens centradas do mundo, que não admitem ainda uma diferenciação radical dos conceitos formais de mundo, são, ao menos em seus domínios nucleares, imunes a experiências dissonantes. Este é tanto mais o caso quanto menor é a chance de que "exploda a inquestionabilidade da minha experiência".[28] Sem dúvida, no âmbito empírico do trato cognitivo-instrumental com a natureza exterior, é difícil evitar "explosões" quando imagens de mundo capazes de absorção restringem o espaço das contingências percebidas. Mas, no âmbito empírico das interações guiadas por normas, só pouco a pouco um mundo social de relações interpessoais legitimamente reguladas se desprende do pano de fundo difuso do mundo da vida.

Se entendemos a análise do mundo da vida como uma tentativa de descrever reconstrutivamente, da perspectiva interna do membro, o que Durkheim denominou consciência coletiva, o ponto de vista a partir do qual ele considerou a mudança estrutural da consciência coletiva poderia ser instrutiva também para uma investigação com enfoque fenomenológico. Os processos de diferenciação observados por Durkheim se deixam entender então de tal sorte que o mundo da vida perde seu poder de prejulgar sobre a práxis comunicativa cotidiana na medida em que os atores devem seu entendimento às *próprias* operações de interpretação. O processo de diferenciação do mundo da vida é concebido por Durkheim como separação de cultura, sociedade e personalidade; mas precisamos primeiro introduzir e esclarecer esses termos como componentes estruturais do mundo da vida.

Até o momento, limitamo-nos, com apoio nas investigações fenomenológicas, a um conceito culturalista de mundo da vida. De acordo com ele, os

---

28 Ibid., p.33.

padrões culturais de interpretação, valorização e expressão servem de *recursos* para as operações de entendimento dos participantes da interação, os quais negociam uma definição comum da situação e, em seu quadro, gostariam de gerar um consenso sobre algo no mundo. A situação interpretada da ação circunscreve um espaço de alternativas de ação aberto pelo tema, isto é, um espaço de condições e meios para a execução de planos. Da situação consta tudo o que se faz notável como *restrição* para as iniciativas correspondentes da ação. Enquanto o ator retém às suas costas o mundo da vida como recurso da ação orientada ao entendimento, as restrições que as circunstâncias impõem à execução de seus planos o encontram na qualidade de componentes da situação. E estas podem ser classificadas no sistema de referências dos três conceitos formais de mundo como fatos, normas e vivências.

Ora, é natural identificar o mundo da vida com o saber de fundo culturalmente transmitido; pois cultura e linguagem não contam normalmente entre os componentes da situação. Elas de modo algum restringem o espaço da ação e tampouco incidem sob os conceitos formais de mundo com base nos quais os implicados se entendem sobre sua situação. Elas *não carecem* de um conceito sob o qual *poderiam* ser concebidas como elementos de uma situação da ação. É somente nos raros momentos em que *falham como recursos* que cultura e linguagem desenvolvem aquela resistência singular que experimentamos em situação de entendimento perturbado. Nesse caso, é preciso operações de reparação de tradutores, intérpretes e terapeutas. Caso estes queiram incluir elementos disfuncionais do mundo da vida – como proferimentos incompreensíveis, tradições intransparentes, no caso-limite, uma linguagem não decifrada – em uma interpretação comum da situação, estão à sua disposição igualmente apenas os três conceitos de mundo conhecidos. Eles precisam identificar os elementos do mundo da vida que falham como recursos a título de fatos culturais que restringem o espaço da ação.

Em comparação com a cultura, algo diferente se passa com as ordens institucionais e com as estruturas da personalidade. Elas podem restringir completamente o espaço de iniciativa dos atores, podem *defrontá-los* como componentes da situação. Daí incidirem também como algo normativo ou subjetivo, como que por origem, sob um dos conceitos formais de mundo. Essa circunstância não pode induzir, contudo, a supor que normas e vivências (em analogia com fatos ou coisas e eventos) possam aparecer exclusivamente como algo sobre o que os participantes da interpretação se entendem. Eles podem adotar um *status* duplo – como componentes de um mundo social ou um mundo subjetivo, por um lado, e como componentes estruturais do mundo da vida, por outro.

Agir, ou a condução das situações, apresenta-se como processo circular, em que o ator é ao mesmo tempo ambos: o *iniciador* de ações imputáveis e o *produto* de tradições nos quais ele se encontra, de grupos solidários aos quais pertence, de processos de socialização e de aprendizagem aos quais está sujeito. Enquanto o recorte do mundo da vida relevante na situação se impõe *a fronte* do agente como problema que ele tem de resolver por conta própria, ele é suportado *a tergo* pelo pano de fundo de seu mundo da vida, que de modo algum consiste apenas em certezas culturais. Não menos do que em convicções de fundo trivialmente sabidas, esse pano de fundo consiste *também* em capacidades individuais, no saber intuitivo de *como* lidar com uma situação, e em práticas socialmente avezadas, no saber intuitivo *em que* se pode confiar em uma situação. Sociedade e personalidade não se tornam operantes apenas como limitações, elas servem também de recursos. A inquestionabilidade do mundo da vida, a partir do qual agimos, é tributária *também* da segurança que o ator deve às solidariedades comprovadas e competências testadas. Com efeito, o caráter paradoxal do saber próprio do mundo da vida, que faz a mediação do sentimento de certeza absoluta apenas porque não se sabe *dele*, deve-se à circunstância de que o saber *em que* se pode confiar e *como* se faz algo tem a ver, de maneira ainda indiferenciada, com *o que* se sabe de forma pré-reflexiva. Mas, se as solidariedades dos grupos integrados por meio de valores e normas e as competências de indivíduos socializados influem *a tergo* na ação comunicativa de modo análogo às tradições culturais, recomenda-se corrigir a *redução culturalista do conceito de mundo da vida*.

(3) *Do conceito pragmático-formal ao conceito sociológico de mundo da vida, passando pelo conceito narrativo*

O conceito de mundo da vida discutido até aqui em termos de teoria da comunicação escapa sem dúvida à filosofia da consciência, mas continua a sediar-se no mesmo plano analítico que o conceito transcendental de mundo da vida próprio da fenomenologia. Ele é obtido pela via da reconstrução de um saber pré-teórico encontrado em falantes competentes: da perspectiva dos participantes, o mundo da vida aparece como contexto que forma os horizontes dos processos de entendimento e que, ao restringir o âmbito de relevância da situação dada a cada vez, permanece subtraído à tematização no interior dessa situação. O conceito de mundo da vida desenvolvido da perspectiva do participante em termos de teoria da comunicação não é fecundo imediatamente para fins teóricos; ele não se presta à demarcação de um âmbito de objetos no terreno das ciências sociais, ou seja, daquela região no interior do mundo objetivo a qual forma a totalidade dos fatos hermeneuticamente acessíveis, históricos ou socioculturais no sentido mais amplo. Para tanto, recomenda-se antes o *conceito cotidiano de mundo da vida*, com base no qual aqueles que agem comunicativamente localizam e datam a si mesmos e seus proferimentos nos espaços sociais e nos tempos históricos. Na práxis comunicativa cotidiana, as pessoas não se deparam entre si apenas na atitude de participantes, elas fornecem também exposições narrativas dos acontecimentos que sucedem no contexto de seu mundo da vida. A *narrativa* é uma forma especializada da fala constativa, que serve para descrever eventos e objetos socioculturais. Os atores colocam na base de suas exposições narrativas um conceito leigo de "mundo", no sentido do mundo do cotidiano ou do mundo da vida, o qual define a totalidade dos estados de coisas que podem ser reproduzidos em *histórias verdadeiras*.

Esse conceito do cotidiano demarca, portanto, no mundo objetivo, a região dos incidentes narráveis ou dos fatos históricos. De resto, a práxis narrativa não serve apenas à necessidade trivial de entendimento de membros que precisam coordenar sua cooperação; ela possui também uma função para a autocompreensão das pessoas que precisam *objetivar* sua pertença ao mundo da vida a que pertencem em seu papel atual como participantes da comunicação. Pois eles podem constituir uma identidade pessoal somente se reconhecem que a sequência de suas próprias ações forma uma história de vida narrativamente exprimível, e constituir uma identidade social somente se reconhecem que mantêm em pé sua pertença a grupos sociais mediante a participação em interações, enredando-se assim na história narrativamente exprimível de coletividades. As coletividades conservam sua identidade somente na medida em que as representações que os membros fazem de seu mundo da vida se sobrepõem suficientemente, condensando-se em convicções de fundo não problemáticas.

Considero a análise da forma de enunciados narrativos, como a que A. C. Danto foi um dos primeiros a realizar,[29] e a análise da forma dos textos narrativos como acessos metodologicamente auspiciosos para esclarecer o conceito leigo de mundo da vida, o qual se refere à totalidade dos fatos socioculturais e, por isso, oferece um ponto de apoio para a teoria social. Da gramática das narrativas é possível depreender como identificamos e *descrevemos* estados e eventos que aparecem em um mundo da vida; como formamos *redes* e *sequências* com as interações dos membros dos grupos, no interior de espaços sociais e tempos históricos, constituindo unidades complexas; como explicamos, da perspectiva da condução das situações, a ações de indivíduos e os eventos que lhes sucedem; como explicamos os atos de coletividades e os destinos de que padecem. Com a forma da narrativa, elegemos uma perspectiva que nos força "gramaticalmente" a colocar na base da descrição um conceito cotidiano de mundo da vida como *sistema de referências cognitivo*.

Esse *conceito* intuitivamente disponível de mundo da vida *sociocultural* pode ganhar fecundidade teórica caso se consiga desenvolver a partir dele um sistema de referências para descrições e explicações que concernem a um mundo da vida em seu todo, não apenas aos acontecimentos que se sucedem no interior dele. Enquanto a exposição narrativa se refere ao intramundano, a exposição teórica se destina a explicar a reprodução do próprio mundo da vida. Indivíduos e grupos se afirmam ao conduzir as situações; mas como se afirma o mundo da vida do qual cada situação constitui apenas um recorte? O narrador já é instado gramaticalmente pela forma da exposição

---

29 Danto, *Analytische Philosophie der Geschichte*; cf. também Gardiner (org.), *The Philosophy of History*. A respeito da discussão alemã, cf. Baumgartner, *Kontinuität und Geschichte*; Koselleck; Stempel (orgs.), *Geschichte, Ereignis und Erzählung*; Acham, *Analytische Geschichtsphilosophie*; Rüsen, *Für eine erneuerte Historik*; Baumgartner; Rüsen (orgs.), *Geschichte und Theorie*.

narrativa a tomar interesse pela identidade da pessoa agente, assim como pela integridade de seu contexto de vida. Quando narramos histórias, não podemos deixar de dizer indiretamente *também* como as coisas "se passam" com os sujeitos que estão enredados nela e qual destino experimentam as coletividades a que pertencem. Contudo, apenas indiretamente é que podemos tornar visível em narrativas a danificação de uma identidade pessoal ou a ameaça à integração social. As exposições narrativas *remetem* sem dúvida a processos de reprodução de nível superior, aos imperativos de conservação de mundos da vida, mas não podem transformar em tema as estruturas de um mundo da vida de maneira análoga ao que se desenrola nele. O conceito cotidiano de mundo da vida, que colocamos na base de exposições narrativas a título de sistema de referências, precisa ser primeiramente ajustado para fins teóricos, mais precisamente, de sorte que possibilite enunciados sobre a reprodução ou a autoconservação de mundos da vida comunicativamente estruturados.

Enquanto o mundo da vida é dado na *perspectiva dos participantes* apenas na qualidade de contexto formador de horizonte de uma situação da ação, o conceito cotidiano do mundo da vida pressuposto na *perspectiva do narrador* é empregado desde o início para fins cognitivos. Para torná-lo teoricamente fecundo, podemos partir daquelas funções subjacentes que, como aprendemos de Mead, o *medium* da linguagem preenche para a reprodução do mundo da vida. Ao entender-se entre si sobre sua situação, os participantes da interação se encontram em uma tradição cultural de que fazem uso e que renovam ao mesmo tempo; ao coordenar suas ações mediantes o reconhecimento intersubjetivo de pretensões de validade criticáveis, os participantes da interação se apoiam em pertenças a grupos sociais, reforçando simultaneamente sua integração; ao participar em interações com pessoas de referência que agem de maneira competente, as crianças em crescimento internalizam as orientações axiológicas de seus grupos sociais, adquirindo capacidades de ação generalizadas.

Sob o *aspecto funcional do entendimento*, a ação comunicativa serve à tradição e à renovação do saber cultural; sob o *aspecto da coordenação da ação*, serve à integração social e à produção de solidariedade; sob o *aspecto da socialização*, finalmente, a ação comunicativa serve à constituição de identidades pessoais.

As estruturas simbólicas do mundo da vida se reproduzem pela via da continuação do saber válido, da estabilização da solidariedade dos grupos e da formação de atores imputáveis. O processo de reprodução conecta novas situações aos estados existentes do mundo da vida, mais precisamente, na dimensão *semântica* de significados ou conteúdos (da tradição cultural), assim como nas dimensões do *espaço social* (de grupos socialmente integrados) e do *tempo histórico* (de gerações que se seguem). A esses processos da *reprodução cultural*, da *integração social* e da *socialização*, correspondem os *componentes estruturais* do mundo da vida: cultura, sociedade e personalidade.

Denomino *cultura* o acervo de saber a partir do qual os participantes da comunicação se proveem de interpretações ao se entenderem sobre algo no mundo. Denomino *sociedade* as ordens legítimas, sobre as quais os participantes da comunicação regulam sua pertença a grupos sociais, assegurando com isso a solidariedade. Por *personalidade* entendo as competências que tornam um sujeito capaz de falar e agir, portanto, que o colocam em condição de participar em processos de entendimento, afirmando com isso sua própria identidade. O campo semântico dos conteúdos simbólicos, o espaço social e o tempo histórico formam as *dimensões* em que as ações comunicativas se estendem. As interações entretecidas na rede da práxis comunicativa cotidiana formam o *medium* por meio do qual a cultura, a sociedade e a pessoa se reproduzem. Esses processos de reprodução se estendem às estruturas simbólicas do mundo da vida. Disso temos de distinguir a conservação do substrato material do mundo da vida.

A *reprodução material* se efetua pelo *medium* da atividade voltada a fins com que os indivíduos socializados intervêm no mundo para realizar seus objetivos. Como Max Weber viu, os problemas com que os agentes têm de lidar na respectiva situação se decompõem em problemas de "penúria interior" e "penúria exterior". A essas categorias de tarefas que resultam da perspectiva da ação correspondem os processos da reprodução simbólica e material, observados da perspectiva da conservação do mundo da vida. Ainda voltarei a esse ponto.

De início, gostaria de aprofundar o modo como diversas abordagens de uma sociologia "compreensiva" concebem a sociedade na qualidade de mundo da vida. Todavia, com isso, não entra no campo de visão a complexidade estrutural do mundo da vida, tal como ela se abre a uma análise dirigida em termos de teoria da comunicação. Onde quer que o "mundo da vida" seja avançado como conceito fundamental da teoria social, seja sob esse nome exatamente, posto em circulação por Husserl, seja sob o nome de formas de vida, culturas, comunidades de linguagem etc., as abordagens permanecem seletivas, e as estratégias da formação de conceitos se associam no mais das vezes a apenas um dos três componentes estruturais do mundo da vida.

Mesmo a versão que dei às análises de Alfred Schütz, apoiada na teoria da comunicação, sugere um conceito de mundo da vida redutor no sentido do culturalismo e restrito aos aspectos do entendimento. De acordo com ela, os participantes atualizam a cada vez algumas das convicções de fundo emanadas do acervo de saber cultural; o processo de entendimento serve à negociação das definições comuns da situação; e estas, por sua vez, precisam satisfazer as condições críticas de um acordo aceito como fundamentado. Com isso, o saber cultural é submetido a um teste, na medida em que entra nas definições da situação: ele precisa se comprovar no "mundo", isto é, nos fatos, normas e vivências. Revisões atuam de maneira mediata sobre os componentes não tematizados do saber, aos quais estão associados internamente os conteúdos problemáticos. Dessa perspectiva, a ação comunicativa se apresenta como mecanismo de interpretação, por meio do qual se reproduz o saber cultural. A reprodução do mundo da vida consiste essencialmente em um prosseguimento e em uma renovação da tradição que se movem entre os extremos da mera reiteração e da ruptura com as tradições. Na tradição fenomenológica que remonta a Husserl e Alfred Schütz, a teoria da sociedade em cuja base se coloca esse conceito de mundo da vida, *redutor no sentido do culturalismo*, acaba se esgotando coerentemente na *sociologia do conhecimento*. Isso vale, por exemplo, para Peter Berger e Thomas Luckmann, que explicam sua teoria da "construção social da realidade" nos seguintes termos: "As teses decisivas deste livro se encontram no título e no subtítulo, a saber: que a realidade é socialmente construída, e que a sociologia do conhecimento tem de investigar os processos em que isso acontece".[30]

---

30 Berger; Luckmann, *Die gesellschaftliche Konstruktion der Wirklichkeit*, p.1.

A unilateralidade do conceito culturalista de mundo da vida se torna claro tão logo considerarmos que a ação comunicativa não é apenas um processo de entendimento, que os atores, ao se entenderem sobre algo em um mundo, participam ao mesmo tempo de interações, por meio do que constituem, confirmam e renovam sua pertença a grupos sociais, assim como sua própria identidade. Ações comunicativas não são apenas processos de interpretação, nos quais o saber cultural é exposto a um "teste no mundo"; significam ao mesmo tempo processos de integração social e de socialização. Quanto a isso, o mundo da vida é "testado" de um modo inteiramente diferente: esses exames não se medem *imediatamente* por pretensões de validade que podem ser criticadas, portanto, não pelos critérios de racionalidade, mas antes pelos critérios da solidariedade dos membros e da identidade do indivíduo socializado. Enquanto os participantes da interação, voltados "ao mundo", reproduzem por meio de suas operações de entendimento o saber cultural de que se nutrem, eles reproduzem ao mesmo tempo sua pertença a coletividades e sua própria identidade. Assim que um desses dois aspectos se desloca para o primeiro plano, o conceito de mundo da vida recebe por sua vez uma versão unilateral, isto é, uma versão *estreitada*, ou *de maneira institucionalista* ou *conforme a teoria da socialização*.

Na tradição que remonta a Durkheim, subjaz à teoria da sociedade um conceito de mundo da vida reduzido ao aspecto da integração social. Parsons elege para isso a expressão *societal community*; por esse termo ele entende o mundo da vida de um grupo socialmente integrado. Ele forma o núcleo de toda sociedade, em que "sociedade" é entendido como o componente estrutural que define o *status*, isto é, os direitos e os deveres dos membros dos grupos mediante relações interpessoais legitimamente ordenadas. Cultura e personalidade são representadas meramente como complementos funcionais da *societal community*: a cultura provê a sociedade com valores que podem ser institucionalizados; e os indivíduos socializados contribuem com motivações que são adequadas às expectativas de comportamento normatizadas.

Na tradição que remonta a Mead, subjaz à teoria da sociedade, por outro lado, um conceito de mundo da vida que é reduzido ao aspecto da socialização de indivíduos. Os representantes do interacionismo simbólico, como H. Blumer, A. M. Rose, A. Strauss ou J. H. Turner, concebem o mundo da vida como meio sociocultural para uma ação comunicativa que é representada como jogo de papéis, adoção de papéis, projeto de papéis, e assim por diante. Cultura e sociedade são levadas em conta apenas como *medium* para "processos de formação" em que os atores se enredam ao longo de suas vidas. De maneira consequente, a teoria da sociedade se retrai aí em uma *psicologia social*.[31]

Em contrapartida, quando se elabora, como foi proposto, o conceito de interação simbólica, colocado no centro pelo próprio Mead, na qualidade de conceito de interações guiadas por normas e linguisticamente mediadas, explorando-se com isso as análises fenomenológicas do mundo da vida, obtém-se o acesso à complexa concatenação de todos os três processos de reprodução.

(4) *Funções da ação comunicativa para a reprodução do mundo da vida: dimensões da racionalização do mundo da vida*

A reprodução cultural do mundo da vida assegura que situações que apareçam de maneira nova na dimensão semântica sejam ligadas aos estados existentes do mundo: ela assegura a *continuidade* da tradição e uma *coerência* do saber, suficiente a cada vez para a práxis cotidiana. Continuidade e coerência se medem pela *racionalidade* do saber aceito como válido. Isso se torna patente em perturbações da reprodução cultural que se manifestam em uma perda de sentido, conduzindo a crises de legitimação e orientação correspondentes. Em tais casos, os atores não podem mais satisfazer a necessidade de entendimento que aparece com novas situações partindo de seu acervo de saber cultural. Os esquemas de interpretação aceitos como válidos falham e o recurso "sentido" escasseia.

---

31 Cf. Rose (org.), *Human Behavior and Social Processes*. A discussão mencionada anteriormente entre a etnometodologia e o interacionalismo simbólico (Zimmermann e Wieder *vs.* Denzin, em Douglas (org.), *Understanding Everyday Life*, p.259ss. e p.285ss.) pode ser atribuída à concorrência entre um conceito de mundo da vida unilateralizado em termos culturalistas e um outro unilateralizado em termos de teoria da socialização.

A integração social do mundo da vida assegura que situações que se apresentam de maneira nova na dimensão do espaço social sejam ligadas aos estados existentes do mundo: ela cuida da coordenação de ações por meio de relações interpessoais legitimamente reguladas e estabiliza a identidade de grupos em um grau suficiente para a práxis cotidiana. Quanto a isso, a coordenação de ações e a *estabilização* de *identidades de grupo* se medem pela *solidariedade* dos membros. Isso se torna patente em perturbações da integração social que se manifestam na *anomia* e em conflitos correspondentes. Nesses casos, os atores não podem mais satisfazer a necessidade de coordenação que surgem com novas situações partindo do acervo de ordens legítimas. As pertenças sociais legitimamente reguladas não bastam mais e o recurso "solidariedade social" escasseia.

A socialização dos membros de um mundo da vida assegura finalmente que situações aparecendo de maneira nova na dimensão do tempo histórico sejam ligadas aos estados existentes do mundo: ela assegura para as gerações posteriores a aquisição de *capacidade de ação generalizadas* e cuida da *conciliação de biografias individuais e formas de vida coletivas*. Capacidades interativas e estilos na conduta de vida se medem pela *imputabilidade das pessoas*. Isso se torna patente em perturbações do processo de socialização que se manifestam em psicopatologias e fenômenos de alienação correspondentes. Nesses casos, as capacidades dos atores não bastam para preservar a intersubjetividade das situações da ação definidas em comum. O sistema da personalidade somente pode conservar ainda sua identidade com o auxílio de estratégias defensivas que estorvam a participação realista em interações, de modo que o recurso "forças do Eu" escasseia.

Quando se descobrem essas distinções, coloca-se a questão de saber quais contribuições os diversos processos de reprodução oferecem para a conservação dos componentes estruturais do mundo da vida. Se a cultura fornece saber válido a ponto de satisfazer a necessidade de entendimento dada em um mundo da vida, as contribuições da reprodução cultural para a conservação dos *outros dois* componentes consistem, de um lado, em *legitimações* para as instituições existentes e, de outro, em *padrões comportamentais com efeitos formativos* para a aquisição de capacidades de ação generalizadas. Se a sociedade é integrada socialmente a ponto de satisfazer a necessidade de coordenação dada em um mundo da vida, as contribuições do processo de integração para a conservação dos *outros dois* componentes consistem, de um lado, em *pertenças sociais legitimamente reguladas* de indivíduos, de outro, em compromissos morais ou *obrigações*: o acervo nuclear de valores culturais institucionalizado em ordens legítimas é incorporado a uma realidade normativa que, se não é imune à crítica, é ao menos resistente, e nesse aspecto escapa à prova de resistência da ação orientada ao entendimento. Se, finalmente, os sistemas da personalidade constituíram uma identidade a tal ponto firme que de maneira realista podem conduzir as situações que aparecem no mundo da vida, a contribuição dos processos de socialização para a conservação dos *outros dois* componentes consiste, de um lado, nas *operações de interpretação*, e, de outro, *nas motivações para ações conforme a normas* (Fig.21).

Componentes estruturais / Processos de reprodução	Cultura	Sociedade	Personalidade
Reprodução cultural	Esquemas exegéticos capazes de consenso ("saber válido")	Legitimações	Padrões comportamentais com efeitos formativos, objetivos da educação
Integração social	Obrigações	Relações interpessoais legitimamente reguladas	Pertenças sociais
Socialização	Operações de interpretação	Motivações para ações conforme a normas	Capacidades de interação ("identidade pessoal")

Figura 21 – *Contribuições dos processos de reprodução para a conservação dos componentes estruturais do mundo da vida*

Os diversos processos de reprodução podem ser avaliados conforme o critério da *racionalidade do saber*, da *solidariedade dos membros* e da *imputabilidade da personalidade amadurecida*. No entanto, as medidas variam no interior dessas dimensões dependendo do grau de diferenciação estrutural do mundo da vida. Depende também desse grau saber quão grande é em cada caso a necessidade de saber consentido, de ordens legítimas e de autonomia pessoal. Perturbações na reprodução se manifestam no âmbito próprio da cultura, da sociedade e da personalidade respectivamente na forma de perda de sentido, anomia ou enfermidade psíquica (psicopatologias). Nos âmbitos respectivamente diferentes advêm fenômenos correspondentes de privação (Fig.22).

Perturbações no âmbito da \ Componentes estruturais	Cultura	Sociedade	Personalidade	Dimensão de avaliação
Reprodução cultural	Perda de sentido	Falta de legitimação	Crise de orientação e educacional	Racionalidade do saber
Integração social	Incerteza sobre a identidade coletiva	Anomia	Alienação	Solidariedade dos membros
Socialização	Ruptura de tradições	Falta de motivação	Psicopatologias	Imputabilidade da pessoa

Figura 22 – *Fenômenos de crise em caso de perturbações na reprodução (patologias)*

Sobre esse fundamento podemos especificar as funções que a ação orientada ao entendimento assume para a reprodução do mundo da vida. Os campos destacados na diagonal contêm as caracterizações com que havíamos delimitado inicialmente a reprodução cultural, a integração social e a socialização. Entrementes, vimos que *cada um* desses processos de reprodução realiza contribuições para a conservação de *todos* os componentes do mundo da vida. Daí podermos atribuir ao *medium* linguístico, graças ao qual se reproduzem as estruturas do mundo da vida, as funções nomeadas na Figura 23.

Componentes estruturais / Processos de reprodução	Cultura	Sociedade	Personalidade
Reprodução cultural	Tradição, crítica, aquisição de saber cultural	Renovação do saber com efeitos na legitimação	Reprodução do saber ligado à formação
Integração social	Imunização de um núcleo de orientações axiológicas	Coordenação de ações mediante pretensões de validade intersubjetivamente reconhecidas	Reprodução de padrões de pertença social
Socialização	Enculturação	Internalização de valores	Formação da identidade

Figura 23 – *Funções de reprodução próprias da ação orientada ao entendimento*

Com essas determinações esquematicamente resumidas, o conceito de mundo da vida próprio da teoria da comunicação não alcança ainda o grau de explicação de seu *pendant* fenomenológico. Contudo, não gostaria de insistir mais nesse esboço, a fim de retornar à questão de saber se o conceito proposto de mundo da vida se presta a ser um conceito fundamental da teoria social. Apesar de muitas reservas, Alfred Schütz se ateve à abordagem da fenomenologia transcendental. Quando se considera livre de perigos o método desenvolvido por Husserl, entende-se por si mesma a pretensão de universalidade das análises do mundo da vida efetuadas da perspectiva fenomenológica. Tão logo introduzimos, no entanto, o conceito de mundo da vida em termos de teoria da comunicação, o propósito de abordar com seu auxílio *quaisquer* sociedades não é mais trivial em absoluto. O ônus da prova para a validade universal do mundo da vida, abrangendo culturas e épocas, desloca-se nesse caso para o conceito complementar de "ação comunicativa".

Mead tentou reconstruir uma sequência de etapas de formas de interação para o campo de transição do animal ao ser humano. De acordo com essa reconstrução, a ação comunicativa é antropologicamente fundamental;

aqui são razões empíricas, e não pré-decisões metodológicas, que depõem a favor de que as estruturas da interação guiada por normas e linguisticamente mediada determinam a situação de partida dos desenvolvimentos socioculturais em geral. Com isso, é definido também o espaço no interior do qual podem variar os mundos da vida históricos. Naturalmente, as questões sobre a *dinâmica do desenvolvimento* permanecem intocadas por essas *limitações estruturais*. Elas não podem ser tratadas sem o recurso às condições marginais contingentes, sem a análise das relações de dependência entre a mudança sociocultural e as alterações da reprodução material. Contudo, a circunstância de que os desenvolvimentos socioculturais estão sujeitos às limitações estruturais da ação comunicativa pode ter um efeito sistemático. No entanto, só nos é lícito falar de uma lógica do desenvolvimento, no sentido (ainda carente de explicação) da tradição teórica que remonta a Piaget, quando as estruturas dos mundos da vida históricos não variam casualmente no interior do espaço definido pela forma de interação, mas antes na dependência em relação a processos de aprendizagem, ou seja, com direção. *Uma variação direcionada de estruturas do mundo da vida* ocorre, por exemplo, quando as alterações evolucionariamente significativas podem ser colocadas segundo o ponto de vista de uma diferenciação estrutural entre cultura, sociedade e personalidade. E processos de aprendizagem terão de ser postulados para uma semelhante diferenciação estrutural do mundo da vida quando é possível demonstrar que ela implica um aumento de racionalidade.

A ideia de linguistificação do sagrado nos serviu como fio condutor para uma tal interpretação, apoiada em Mead e Durkheim. Essas ideias podem ser reformuladas por nós nos seguintes termos: quanto mais amplamente se diferenciam os componentes estruturais do mundo da vida e os processos que contribuem para sua conservação, tanto mais os contextos de interação aparecem sob as condições de um entendimento racionalmente motivado, ou seja, de uma formação de consensos que se apoia *em última instância* na autoridade do melhor argumento. Até o momento, tomamos conhecimento do projeto utópico de Mead a respeito do discurso universal como variante de uma comunidade de comunicação que permite a autorrealização, por um lado, e a argumentação moral, por outro. Atrás disso se encontra, porém, a ideia mais geral de um estado em que a reprodução do mundo da vida não é mais somente *canalizada* pelo *medium* da ação orientada ao entendimento, mas também deixada a cargo das operações de interpretação feitas pelos próprios atores. O discurso universal remete a um mundo da vida idealizado, que se reproduz em virtude de um mecanismo de entendimento amplamente desligado de contextos normativos e ajustado às tomadas de posição de sim e não racionalmente motivadas. Uma tal autonomização somente pode ocorrer na medida em que as pressões da reprodução material não se ocultam mais atrás da máscara de um acordo normativo fundamental impenetrável, ou seja, atrás da autoridade do sagrado. Um *mundo da vida racionalizado* nesse sentido de modo algum se reproduziria em formas isentas de conflitos, mas os conflitos apareceriam sob seu nome *próprio*, não seriam mais escondidos por convicções que não podem resistir a um exame discursivo. Todavia, esse mundo da vida ganharia uma transparência peculiar na medida em que admitisse somente situações em que os atores adultos pudessem distinguir claramente ações orientadas ao êxito e ações orientadas ao entendimento, tanto quanto atitudes empiricamente motivadas e tomadas de posição de sim e não racionalmente motivadas.

Os pontos de referência históricos rudimentares que Mead e Durkheim aduzem em favor de uma racionalização do mundo da vida podem ser sistematizados a partir de três pontos de vista: diferenciação estrutural do mundo da vida (a), separação de forma e conteúdo (b), reflexivização da reprodução simbólica (c).

ad (a) Na relação entre *cultura e sociedade*, a diferenciação estrutural se mostra em um desacoplamento crescente entre os sistemas institucionais e as imagens de mundo; na relação entre *personalidade e sociedade*, na ampliação do espaço de contingências para o estabelecimento de relações pessoais; e na relação entre *cultura e personalidade*, a diferenciação se mostra no fato de que a renovação das tradições se torna dependente, com força cada vez maior, da disposição à crítica e da capacidade de inovação dos indivíduos. Como ponto de fuga dessas tendências evolucionárias, resulta, para a cultura, um estado de revisão permanente de tradições fluidificadas que se tornaram reflexivas; para a sociedade, um estado de dependência das ordens legítimas em relação aos procedimentos formais de positivação e justificação de normas; e para a personalidade, um estado de estabilização continuamente autocontrolada de uma identidade do Eu com alto grau de abstração. Essas tendências podem se impor somente na medida em que as decisões de sim e não que suportam a práxis comunicativa cotidiana não *re*montam a um acordo normativo adscrito, mas *pro*cedem dos processos cooperativos de interpretação dos próprios participantes. Eles sinalizam, por isso, a liberação do potencial de racionalidade inscrito na ação comunicativa.

ad (b) À diferenciação de cultura, sociedade e personalidade corresponde uma diferenciação entre forma e conteúdo. *No plano cultural*, os núcleos das tradições que garantem a identidade se separam dos conteúdos concretos, com os quais ainda se entreteciam intimamente nas imagens de mundo míticas. Eles se reduzem a elementos formais, como conceitos de mundo, pressupostos da comunicação, procedimentos argumentativos, valores basilares abstratos e assim por diante. No *plano da sociedade*, os princípios universais se cristalizam, desprendendo-se dos contextos particulares a que se prendiam ainda nas sociedades primitivas. Nas sociedades modernas, impõem-se princípios da ordem jurídica e da moral cada vez menos talhados para as formas de vida concretas. No *plano do sistema da personalidade*, as estruturas cognitivas adquiridas no processo de socialização se desligam, com força cada vez maior, dos conteúdos do saber cultural, com os quais estavam integrados inicialmente no "pensamento concreto". Os objetos em que as competências formais podem ser exercidas tornam-se cada vez mais variáveis.

ad (c) À diferenciação estrutural do mundo corresponde, enfim, uma especificação funcional de processos de reprodução correspondentes. Nas sociedades modernas, formam-se sistemas de ação em que as tarefas especializadas da tradição cultural, da integração social e da educação são elaboradas de maneira profissional. Max Weber salientou o significado evolucionário dos *sistemas de ação cultural* (para a ciência, o direito e a arte). Mead e Durkheim acentuam, além do mais, o significado evolucionário da democracia: as formas democráticas da formação política da vontade não são apenas o resultado de um deslocamento de poder em favor das camadas portadoras do sistema econômico capitalista; com elas se impõem também *formas de formação discursiva da vontade*. E estas afetam a naturalidade da dominação tradicionalmente legitimada, de maneira análoga ao modo como a ciência moderna da natureza, uma jurisprudência com formação especializada e a arte autônoma decompõem a naturalidade das tradições eclesiásticas. Mas a racionalização do mundo da vida não se estende somente aos âmbitos da reprodução cultural e da integração social; entre os clássicos de que tratamos, Durkheim é aquele que se ocupa com os desenvolvimentos paralelos no âmbito da socialização. Desde o século XVIII, inicia-se uma *pedagogização dos processos educacionais*, a qual torna possível um sistema de formação desonerado dos mandatos imperativos da Igreja e da família. O alcance da educação formal chega hoje até a socialização da primeira infância. Como no caso dos sistemas culturais de ação e da formação política da vontade conduzida em formas discursivas, a formalização da educação não significa apenas uma elaboração profissional, mas também a *refração reflexiva* da reprodução simbólica do mundo da vida.

Todavia, uma racionalização progressiva do mundo da vida, tal como diagnosticada por Weber, Mead e Durkheim sob diversos aspectos, de modo algum garante um processo isento de perturbações. Com o grau de racionalização, desloca-se simplesmente o nível em que podem surgir perturbações. A teoria de Weber sobre a racionalização social se orienta diretamente para o diagnóstico de desenvolvimentos falhos, como mostram suas teses a respeito da perda de sentido e de liberdade. Em Mead, encontram-se ecos de uma crítica da razão instrumental,[32] apesar de suas investigações de teoria da comunicação se aplicarem em primeira linha à ortogênese das sociedades contemporâneas. Suas patogêneses são o objetivo declarado da teoria da divisão do trabalho desenvolvida por Durkheim. Este não consegue associar, porém, a mudança de forma da integração social com as etapas de diferenciação sistêmica tão claramente a ponto de ter sucesso em explicar a "divisão anômica do trabalho", ou seja, das formas modernas de anomia. Se entendemos os conflitos que Durkheim atribui à desintegração social de maneira mais geral como perturbações na reprodução de um mundo da vida amplamente diferenciado em suas estruturas, a "solidariedade orgânica" se apresenta na qualidade de forma normal de integração social no interior de um mundo da vida racionalizado. Tanto quanto as "formas anormais", às quais Durkheim

---

32 Mead, *Selected Writings*, p.296.

dedica o terceiro livro de suas investigações, ela reside no plano das estruturas simbólicas do mundo da vida.

É em outro plano que residem os mecanismos sistêmicos que Durkheim introduz sob o título de "divisão do trabalho". Com isso, abre-se a possibilidade de colocar as formas modernas de anomia sob a questão de saber como os processos de diferenciação sistêmica influem sobre o mundo da vida e, dado o caso, como perturbam a reprodução simbólica dele. Assim, também os fenômenos da reificação se deixam analisar pela linha das deformações do mundo da vida. O Contraesclarecimento que se inicia com a Revolução Francesa fundamenta uma crítica da modernidade que se ramificou nesse meio-tempo.[33] Seu denominador comum é a convicção de que a perda de sentido, anomia e alienação, de que as patologias da sociedade burguesa, em geral da sociedade pós-tradicional, podem ser atribuídas à própria racionalização do mundo da vida. Essa crítica voltada para trás é por princípio uma crítica da cultura burguesa. A crítica marxista da sociedade burguesa aborda, pelo contrário, as relações de produção, visto que aceita a racionalização do mundo da vida, mas pretende explicar as deformações do mundo da vida racionalizado partindo das condições da reprodução material. Esse acesso materialista às perturbações da reprodução simbólica do mundo da vida requer uma teoria que opere com uma base categorial mais ampla do que a do "mundo da vida". Ela precisa escolher uma estratégia teórica que nem identifica o mundo da vida com a sociedade em seu todo, nem o reduz aos contextos sistêmicos.

Nesse ponto, deixo-me conduzir pela ideia de que, por um lado, a dinâmica do desenvolvimento é controlada por imperativos que resultam de problemas ligados à garantia de preservação, isto é, à reprodução material do mundo da vida; mas, por outro, que esse desenvolvimento se vale de *possibilidades* estruturais, sujeitando-se por seu turno a *limitações* estruturais que se alteram sistematicamente com a racionalização do mundo da vida, mais precisamente, com dependência em relação aos processos de aprendi-

---

33 Enquanto essa tradição foi representada no entreguerras por autores como A. Gehlen, M. Heidegger, K. Lorenz, C. Schmitt, hoje ela é prosseguida em nível comparável apenas no pós-estruturalismo francês.

zagem respectivos. A perspectiva própria da teoria dos sistemas é relativizada, portanto, graças à suposição de que a racionalização do mundo da vida conduz a uma variação direcionada dos padrões estruturais que definem a preservação do sistema.

(5) Limites da sociologia compreensiva que identifica mundo da vida com sociedade

Uma "sociologia compreensiva" que faz a sociedade se reduzir ao mundo da vida se vincula à perspectiva da autointerpretação da cultura investigada; essa perspectiva interior tira de foco tudo o que influi de fora sobre o mundo da vida sociocultural. Em especial, as abordagens teóricas que partem de um conceito culturalista de mundo da vida acabam se enredando nas falácias de um "idealismo hermenêutico" (Wellmer). O reverso disso é um descritivismo metodológico que nega a si mesmo as pretensões explicativas justificadas da formação de teorias no campo da ciência social.[34] Isso vale sobretudo para as variantes fenomenológicas, linguísticas e etnometodológicas de uma sociologia compreensiva que em regra não se estende para além de reformulações de um saber cotidiano mais ou menos trivial.

Da perspectiva interior do mundo da vida, a sociedade se apresenta como uma rede de cooperações comunicativamente mediadas. Não é como se todas as contingências, todas as consequências não propositadas, todas as coordenações malsucedidas e todos os conflitos fossem banidos dessa visão. No entanto, o que liga entre si os indivíduos socializados e assegura a integração da sociedade é um tecido de ações comunicativas que somente à luz das tradições culturais podem ter êxito — e de modo algum mecanismos sistêmicos que escapam ao saber intuitivo de seus membros. O mundo da vida que os membros constroem com as tradições culturais comuns é coextensivo à sociedade. Ele confere a tudo que ocorre na sociedade a transparência daquilo sobre o que se pode falar — mesmo que não se entenda (ainda). Se concebemos a sociedade como mundo da vida dessa maneira,

---

34 Habermas, *Zur Logik der Sozialwissenschaften*; Ryan, "Normal Science or Political Ideology?", em Laslett; Runciman; Skinner (orgs.), *Philosophy, Politics and Society*, v.IV.

envolvemo-nos em três ficções: supomos a autonomia dos agentes (a), a independência da cultura (b) e a transparência da comunicação (c). Essas três ficções se inscrevem na gramática das narrativas e retornam em uma sociologia compreensiva unilateralizada em termos culturalistas.

ad (a) Na qualidade de membros de um mundo da vida sociocultural, os atores satisfazem em princípio os pressupostos de participantes imputáveis da comunicação. A imputabilidade significa poder orientar-se por pretensões de validade criticáveis. Naturalmente, dessa ficção não resulta que o tecido de interações que se estende para além dos espaços sociais e dos tempos históricos possa ser explicado unicamente a partir das intenções e das decisões dos implicados. Os atores jamais têm controle integral de sua situação de ação. Eles não dominam nem suas possibilidades de entendimento e conflitos nem as consequências e os efeitos colaterais de suas ações; com uma expressão de Schapp, eles estão *enredados* em histórias.[35] Só que o ambiente previamente encontrado a cada vez representa uma situação na qual se orientam e que eles procuram conduzir, segundo os critérios de seus discernimentos e pontos de vista. Mas, se a sociedade consiste unicamente em relações que sujeitos autonomamente agentes contraem entre si, então surge a imagem de um processo de socialização que se efetua com a vontade e consciência de seus membros adultos.

ad (b) O conceito de mundo da vida sugere, além disso, a independência da cultura em relação às coerções externas. A força imperativa da cultura se baseia nas convicções dos atores que fazem uso dos esquemas transmitidos de interpretação, valorização e expressão, põem-nos à prova e os aperfeiçoam. Da perspectiva dos sujeitos que agem comunicativamente não pode se esconder atrás do simbolismo cultural nenhuma autoridade *estranha*. O mundo da vida forma na situação de ação um horizonte incontornável; ele é uma totalidade sem reverso. Para os membros de um mundo da vida sociocultural, não tem sentido a rigor perguntar se a cultura à luz da qual eles se confrontam com a natureza externa, a sociedade e a natureza interna dependeria empiricamente de algo *outro*.

---

35 Schapp, *In Geschichten verstrickt*.

ad (c) Enfim, os participantes da comunicação se encontram em um horizonte de possibilidades de entendimento irrestritas. O que se apresenta no plano metodológico como pretensão de universalidade da hermenêutica reflete apenas a autocompreensão dos leigos que agem orientados ao entendimento. Eles precisam partir da suposição de que, em princípio, poderiam se entender sobre tudo.

Na medida em que mantêm uma atitude performativa, aqueles que agem comunicativamente não podem contar com uma distorção sistemática de sua comunicação, isto é, com as resistências que são imanentes à própria estrutura linguística, restringindo discretamente o espaço da comunicação. Isso não exclui naturalmente uma consciência falibilista. Os membros sabem que podem se enganar; mas também um consenso que se revela *posteriormente* como enganoso se baseia de início em um reconhecimento não coagido de pretensões de validade criticáveis. Da perspectiva interior de membros de um mundo da vida sociocultural, não pode haver um pseudoconsenso no sentido de convicções violentamente produzidas; em um processo de entendimento em princípio transparente, que é transparente para os próprios implicados, nenhuma violência pode se estabelecer.

Essas três ficções, nós as discernimos tão logo dissolvemos a identificação de sociedade e mundo da vida. Elas são cogentes apenas enquanto supomos que a integração da sociedade se efetua *unicamente* sob as premissas da ação orientada ao entendimento. É assim que as coisas se apresentam aos próprios membros de um mundo da vida sociocultural. De fato, porém, suas ações dirigidas a objetivos não são coordenadas apenas mediante processos de entendimento, mas também mediante nexos funcionais, que não são intencionados por eles e no mais das vezes tampouco são percebidas no interior do horizonte da práxis comunicativa. Nas sociedades capitalistas, o mercado é o exemplo mais importante de uma regulação isenta de normas efetuada sobre contextos de cooperação. O mercado faz parte dos mecanismos sistêmicos que estabilizam os contextos de ação não intencionados por meio da reticulação de *consequências* da ação, ao passo que o mecanismo do entendimento concilia entre si as *orientações* da ação. É por isso que propus distinguir *integração social e integração sistêmica*: uma se constitui de orientações de ação que a outra atravessa. Em um caso, o sistema da ação é integrado por um consenso, seja normativamente assegurado, seja comunicativamente obtido, no outro caso, por meio do controle não normativo de decisões particulares não coordenadas subjetivamente.

Se entendemos a integração da sociedade exclusivamente como *integração social*, optamos por uma estratégia conceitual que, como foi mostrado, parte da ação comunicativa e constrói a sociedade como mundo da vida. Ela liga a análise da ciência social à perspectiva interior dos membros dos grupos sociais, obrigando-a a conectar hermeneuticamente a própria compreensão com a compreensão dos participantes. A reprodução da sociedade aparece então como a conservação das estruturas simbólicas de um mundo da vida. Com isso, de modo algum os problemas da reprodução material são ocultados; a conservação do substrato material é uma condição necessária para a conservação das estruturas simbólicas do próprio mundo da vida. Mas os processos da reprodução material entram no campo de visão apenas da perspectiva dos sujeitos agentes que conduzem suas situações dirigindo-se a objetivos — são tirados de foco todos os aspectos contraintuitivos do contexto de reprodução social. Uma crítica imanente do idealismo hermenêutico que caracteriza a sociologia compreensiva toma consciência desse limite.

Por outro lado, se entendemos a integração da sociedade exclusivamente como *integração sistêmica*, optamos por uma estratégia conceitual que representa a sociedade segundo o modelo de um sistema autocontrolado. Ela liga a análise da ciência social à perspectiva exterior de um observador e nos coloca diante do problema de interpretar de tal sorte o conceito de sistema que ele pode ser aplicado a contextos de ação. Vou examinar no próximo capítulo os fundamentos da pesquisa sobre sistemas no âmbito das ciências sociais e quero por ora apenas observar que sistemas de ação são considerados um caso especial de sistemas vivos. Sistemas vivos são compreendidos como sistemas abertos, que conservam sua existência perante um entorno instável e supercomplexo mediante processos de troca para além de seus limites. Todos os estados sistêmicos preenchem funções com vista à preservação sistêmica.[36]

---

[36] Parsons, "Some Problems of General Theory in Sociology", em McKinney; Tiryakian (orgs.), *Theoretical Sociology*, p.34. Cf. também Willke, "Zum Problem der Integration komplexer Sozialsysteme: Eine theoretisches Konzept", *Kölner Zeitschrift für Soziologie und Sozialpsychologie*, v.30, p.228ss., 1978.

Todavia, a conceitualização de sociedades não se deixa conectar aos sistemas orgânicos sem solução de continuidade, visto que os padrões estruturais de sistemas de ação, diferentemente dos padrões biológicos, são inacessíveis à observação e precisam ser hermeneuticamente abertos, isto é, na perspectiva dos membros. As entidades que devem ser subsumidas aos conceitos da teoria dos sistemas, partindo da perspectiva exterior de um observador, precisam ter sido identificadas *antes* como mundos da vida de grupos sociais e compreendidas em suas estruturas simbólicas. Pois da legalidade intrínseca da reprodução simbólica do mundo da vida, que discutimos segundo os pontos de vista da reprodução cultural, da integração social e da socialização, resultam *limitações internas* para a reprodução de uma sociedade, a qual, do exterior, somente podemos considerar como sistema mantenedor de fronteiras. As estruturas importantes para a preservação, com as quais a identidade de uma sociedade fica em pé ou cai, são, uma vez que se trata de estruturas de um mundo da vida, acessíveis exclusivamente a uma análise reconstrutiva que toma como princípio o saber intuitivo dos membros.

Gostaria de deixar de lado ainda esse problema, fundamental para toda teoria da sociedade, de saber como as duas estratégias conceituais, caracterizadas pelos termos "sistema" e "mundo da vida", podem ser associadas satisfatoriamente e retomá-lo somente no contexto de uma discussão detalhada da obra parsoniana. Até lá, contento-me com um conceito provisório de sociedade como um sistema que precisa preencher as condições de conservação dos mundos da vida socioculturais. A fórmula segundo a qual as sociedades representam contextos de ação *sistemicamente estabilizados* de grupos *socialmente integrados* carece certamente de uma explicação mais exata; no momento, ela representa a proposta heurística de considerar a sociedade como uma entidade que se diferencia no curso da evolução tanto como sistema quanto como mundo da vida. A evolução sistêmica se mede pelo aumento da capacidade de controle de uma sociedade,[37] ao passo que a separação de cultura, sociedade e personalidade indica o grau de desenvolvimento de um mundo da vida simbolicamente estruturado.

---

37 Etzioni, "Elemente einer Makrosoziologie", em Zapf (org.), *Theorien des sozialen Wandels*, p.147ss.; id., *The Active Society*, p.135ss.

2
Desacoplamento de sistema e mundo da vida

O conceito provisório de sociedade que proponho se distingue radicalmente do parsoniano em um aspecto. O Parsons maduro reinterpreta os componentes estruturais do mundo da vida, ou seja, cultura, sociedade e personalidade, como sistemas de ação que formam entornos uns para os outros. O conceito de mundo da vida obtido da perspectiva conceitual da teoria da ação é subsumido por Parsons sem mais sob os conceitos da teoria dos sistemas: os componentes estruturais do mundo da vida, como veremos ainda em detalhe, tornam-se sistemas parciais de um "sistema de ação geral", ao qual é atribuído também o substrato físico do mundo da vida, juntamente com o "sistema comportamental". Com minha proposta, gostaria ter em conta, em contrapartida, a diferença metodológica entre consideração interna e externa, a qual se vincula às duas estratégias conceituais.

Da perspectiva do participante própria dos membros de um mundo da vida, as coisas têm de se apresentar de tal modo que a sociologia instruída pela teoria dos sistemas se refira apenas a um dos três componentes do mundo da vida, mais precisamente, ao sistema institucional, para o qual a cultura e a personalidade formam meros entornos. Da perspectiva do observador própria da teoria dos sistemas, inversamente, as coisas se apresentam de tal modo que a análise do mundo da vida se limita àquele entre os subsistemas sociais que é especializado na manutenção de padrões estruturais (*pattern-maintenance*) — os componentes do mundo da vida são desse ponto de vista meras diferenciações internas de um subsistema social definidor da preservação. Mas, já por razões metodológicas, uma teoria da sociedade como sistema não pode ser autárquica. As estruturas do mundo da vida, dotadas de sentido intrínseco e submetendo a manutenção dos sistemas a restrições internas, carecem de uma abordagem própria da teoria da comunicação, a qual recolhe o saber pré-teórico dos membros. Acresce que as condições objetivas sob as quais a objetificação do mundo da vida realizada pela teoria dos sistemas se torna necessária surgem somente no curso da própria evolução social. Esse processo requer um tipo de explicação que já não se move no interior da perspectiva sistêmica.

Entendo a evolução social como um processo de diferenciação de segunda ordem: sistema e mundo da vida se diferenciam na medida em que cresce a complexidade de um e a racionalidade do outro, não apenas como sistema e como mundo da vida a cada vez – ambos também se diferenciam ao mesmo tempo um do outro. Na sociologia, constituiu-se a convenção de distinguir as etapas da evolução social como sociedades tribais, sociedades tradicionais ou estatalmente organizadas e sociedades modernas (com sistema econômico diferenciado). Sob os aspectos sistêmicos, essas etapas se deixam caracterizar pelos mecanismos sistêmicos que aparecem de forma nova a cada vez e pelo nível de complexidade correspondente. Nesse plano analítico, o desacoplamento de sistema e mundo da vida é representado de tal sorte que o mundo da vida, coextensivo inicialmente a um sistema social pouco diferenciado, acaba sendo rebaixado cada vez mais a ponto de formar um subsistema ao lado de outros. Com isso, os mecanismos sistêmicos se desligam cada vez mais das estruturas sociais por meio das quais se efetua a integração social. As sociedades modernas alcançam, como veremos, um nível de diferenciação sistêmica no qual as organizações autonomizadas estão em conexão entre si por meio de *media* de comunicação deslinguistificados. Esses mecanismos sistêmicos controlam um intercâmbio social amplamente desatrelado de normas e valores, a saber, aqueles subsistemas de ação econômica e administrativa racional com respeito a fins que, de acordo com o diagnóstico de Weber, autonomizaram-se em contraposição a seus fundamentos prático-morais.

Ao mesmo tempo, o mundo da vida permanece como subsistema que define a preservação do sistema social em seu todo. Daí os mecanismos sistêmicos carecerem de uma ancoragem no mundo da vida – eles precisam ser institucionalizados. Essa institucionalização de novos níveis de diferenciação sistêmica pode ser percebida também na perspectiva interna do mundo da vida. Enquanto a diferenciação sistêmica em sociedades tribais somente leva a que as estruturas de um sistema de parentesco previamente dado se tornem cada vez mais complexas, em níveis superiores de integração se constituem novas estruturas sociais, isto é, Estados e subsistemas controlados por *media*. Os contextos sistêmicos que em um baixo grau de diferenciação ainda estão intimamente entretecidos com os mecanismos da integração social se condensam e se coisificam nas sociedades modernas, formando estruturas isentas de normas. Diante dos sistemas de ação formalmente organizados, controlados mediante processos de troca e poder, os membros se comportam como em relação com um fragmento da realidade natural – nos subsistemas da ação racional com respeito a fins, a sociedade se coagula em uma segunda natureza. Certamente os atores podem desde sempre saltar da orientação ao entendimento e adotar uma atitude estratégica, objetivando contextos normativos como algo no mundo objetivo; mas em sociedades modernas surgem âmbitos de relações sociais em forma de organizações e controladas por *media* que não mais admitem atitudes conforme a normas e pertenças sociais formadoras da identidade, mas antes as empurram para a periferia.

N. Luhmann distingue três níveis de integração ou planos de diferenciação sistêmica: o plano das *interações simples* entre atores presentes; o plano das *organizações*, que se constituem mediante afiliações disponíveis; e finalmente o plano da *sociedade em geral*, que abrange todas as interações alcançáveis nos espaços sociais e nos tempos históricos, isto é, potencialmente acessíveis.[1] Interações simples, organização autonomizada, amalgamada por meio de *media*, e sociedade formam uma hierarquia, evolucionariamente desdobrada, de sistemas de ação intrincados entre si, a qual entra no lugar do "sistema de ação geral" de Parsons. De modo interessante, Luhmann reage com isso ao fenômeno do desacoplamento de sistema e mundo da vida, tal como se mostra da perspectiva do próprio mundo da vida: os con-

---

[1] Luhmann, "Interaktion, Organisation, Gesellschaft", em *Soziologische Aufklärung*, v.II, p.1ss.

textos sistêmicos condensados em realidade organizacional nas sociedades modernas aparecem como um recorte coisificado da sociedade, assimilado à natureza externa, o qual se lança entre a situação da ação respectiva e seu horizonte de mundo da vida. Luhmann hipostasia como "sociedade" o mundo da vida empurrado para trás dos subsistemas controlados por *media*, o qual não se conecta mais diretamente com as situações da ação, mas apenas forma ainda o pano de fundo para sistemas de ação organizados.

O desacoplamento de sistema e mundo da vida não se deixará compreender como um processo de diferenciação de *segunda* ordem enquanto teimarmos ou na perspectiva do sistema ou na perspectiva do mundo da vida. Por isso, pretendo tentar analisar os nexos que existem entre o aumento de complexidade do sistema e a racionalização do mundo da vida. Pretendo considerar primeiramente as sociedades tribais como mundos da vida socioculturais (1) e como sistemas autocontrolados (2), a fim de demonstrar o íntimo entrelaçamento de integração sistêmica e integração social, que existe ainda nesse nível do desenvolvimento. Depois, pretendo descrever quatro mecanismos que passam à frente sucessivamente na evolução, suscitando a cada vez um novo nível de integração (3). Cada novo nível de diferenciação sistêmica carece, no entanto, de uma base institucionalmente alterada, e para essa transformação a evolução do direito e da moral assumem funções de precursor (4). A racionalização do mundo da vida se deixa entender como liberação sucessiva do potencial de racionalidade inscrito na ação comunicativa. Enquanto a ação orientada ao entendimento consegue autonomia cada vez maior em relação aos contextos normativos, o mecanismo do entendimento linguístico, simultaneamente reivindicado cada vez mais fortemente e por fim sobrecarregado, é substituído por outro lado por *media* de comunicação deslinguistificados (5). Se essa tendência de desacoplamento de sistema e mundo da vida é reproduzida no plano de uma história sistemática das formas de entendimento, revela-se a ironia irresistível do processo histórico-mundial do Esclarecimento: a racionalização do mundo da vida possibilita um aumento de complexidade sistêmica que se hipertrofia de tal modo que os imperativos sistêmicos desprendidos acabam estourando a força de compreensão do mundo da vida, que é instrumentalizado por eles (6).

(1) Sociedades tribais como mundos da vida socioculturais

O conceito de sociedade como mundo da vida encontra um amparo empírico antes de tudo em sociedades arcaicas, em que as estruturas das interações guiadas por normas e linguisticamente mediadas formam ao mesmo tempo as estruturas sociais basilares. O tipo de sociedades pequenas pré-estatais, que sobretudo os antropólogos sociais ingleses investigaram na África, no Sudeste Asiático e na Austrália, distingue-se do tipo ideal durkheimiano de uma protossociedade homogênea e ultraestável em termos aproximados por conta de uma complexidade já proporcionalmente grande e de uma dinâmica social surpreendente.[2] Contudo, as sociedades tribais residuais, com que os antropólogos europeus se depararam na sequência da colonização, assemelham-se à imagem projetada por Durkheim sobre as sociedades segmentárias dotadas de pronunciada consciência coletiva. Daí Luckmann colocar na base de suas generalizações sociológicas a respeito das sociedades arcaicas o conceito de mundo da vida sem forçar o material empírico. Seu esboço feito com tipos ideais "visa à demonstração de uma elevada congruência nas relações entre instituição, visão de mundo e pessoa. Enquanto socialmente objetivada, a visão de mundo é ao mesmo tempo próxima das pessoas. Ela integra a ordem institucional em uma unidade de sentido, conferindo à biografia individual ao mesmo tempo um contexto de sentido que abrange a situação. As estruturas de sentido socialmente objetivadas correspondem em alto grau às estruturas subjetivas relevantes da biografia pessoal. A visão de mundo recobre a estrutura social em sua totalidade, permanecendo ao mesmo tempo intimamente vinculada às rotinas diárias da ação. Os padrões de ação institucionalmente marcados e sua interpretação [...] encontram seu correlato na construção das estruturas

---

2 "Sociedades segmentárias não são 'protossociedades', tampouco são 'simples'; ainda se pode concebê-las com todo sentido como sociedades que estão no começo do desenvolvimento. De outro lado, elas tampouco se encontram em um impasse do desenvolvimento social. Tanto em sua reprodução estrutural como em sua expansão geográfica, elas se revelam dinâmicas" (Sigrist, "Gesellschaften ohne Staat und die Entdeckungen der Sozialanthropologie", em Kramer; Sigrist (orgs.), *Gesellschaften ohne Staat*, v.I, p.39).

subjetivas relevantes e de sua integração no contexto de sentido de uma identidade pessoal. A visão de mundo institucionalmente estabilizada, por seu turno, possui alta e cogente plausibilidade".[3]

Os enunciados de Durkheim podem ser vertidos sem solução de continuidade para o modelo do mundo da vida na medida em que as estruturas basilares da sociedade permanecem em princípio intuitivamente acessíveis na perspectiva de ação dos companheiros de tribo adultos. Este é o caso se as estruturas sociais não se estendem para além do horizonte das interações simples, as quais formam redes nos espaços sociais apreensíveis e em tempos curtos, definidos por poucas gerações. Naturalmente, diversas interações precisam poder ocorrer ao mesmo tempo em vários lugares com participantes e temas cambiantes. Contudo, todas as interações que são estruturalmente possíveis em uma tal sociedade se desenrolam no contexto de um mundo social vivenciado *em comum*. Apesar de uma distribuição diferencial do saber cultural, que já é administrado por especialistas, o universo dos eventos e das iniciativas possíveis é bem circunscrito no tempo e no espaço assim como no campo temático, de sorte que as interpretações da situação coletivamente disponíveis podem ser armazenadas por todos os participantes da interação em concordância e requisitadas narrativamente em caso de necessidade. Os companheiros da tribo podem ainda orientar suas ações *simultaneamente* pela situação atual da ação e pelas comunicações esperáveis com não presentes. Uma tal sociedade, que de certo modo se esgota nas dimensões do mundo da vida, é onipresente; dito de outro modo: ela se reproduz em toda interação singular como um todo.

O projeto de um mundo da vida homogêneo coletivamente partilhado é certamente uma idealização; mas, em virtude de suas estruturas familiais de sociedade e de suas estruturas míticas de consciência, as sociedades arcaicas se aproximam mais ou menos desse tipo ideal.

---

3 Gabriel, *Analysen der Organisationsgesellschaft*, p.151-2; cf. Berger, *Zur Dialektik von Religion und Gesellschaft*, p.60ss.; Luckmann, "Zwänge und Freiheiten im Wandel der Gesellschaftsstruktur", em Gadamer; Vogler (orgs.), *Neue Anthropologie*, v.III, p.168ss.

O *sistema de parentesco* se compõe de famílias que são ordenadas segundo relações de filiação legítima. O núcleo é formado em regra por um grupo de pais e filhos doméstico, isto é, convivendo no mesmo lugar. Novas famílias surgem por meio do matrimônio. O casamento tem a função de assegurar aos recém-nascidos, mediante a atribuição a pais e mães socialmente reconhecidos, um lugar identificável na comunidade, ou seja, um *status* inequívoco. O *status* significa aqui a posição no interior de um grupo formado segundo as linhas de filiação legítima. A maneira como essas linhagens ou grupos de filiação se estruturam depende dos princípios segundo os quais as linhas de filiação são construídas. Os grupos de filiação formam o sistema de referência para as regras de matrimônio. Estas são fundamentalmente exogâmicas, logo asseguram que as mulheres são trocadas entre famílias de filiação distinta. As regras matrimoniais variam sobre o fundamento comum de uma proibição de incesto que se estende às relações sexuais entre pais e filhos, assim como entre irmãos.

O sistema das relações de parentesco forma algo como uma instituição total. *Pertenças sociais* são definidas mediante relações de parentesco; e *diferenciações de papéis* são possíveis apenas no interior das dimensões de parentesco de sexo, geração e filiação. O cálculo das relações de parentesco define também o *limite da unidade social*. Ele divide o mundo da vida em âmbitos de interação com parentes e não parentes. Aquém desse limite, o comportamento está submetido à obrigação de franqueza, lealdade, apoio recíproco, em suma: à ação orientada ao entendimento. O princípio da *amity*, que Meyer Fortes introduz nesse contexto, pode ser entendido como a metanorma que obriga *a preencher os pressupostos da ação comunicativa nas relações com os parentes*. Isso não exclui rivalidade, confrontações, hostilidades latentes, mas sim a ação estratégica manifesta: "Dois dos índices de discriminação mais comuns são o local de casamento proibido ou prescrito e o controle de conflitos que podem causar derramamento de sangue. Parentesco, amizade, a regulação do casamento e a restrição de lutas sérias formam uma síndrome. Onde o parentesco é demonstrável ou assumido, não levando em conta seus fundamentos, aí a amizade precisa prevalecer e isso pressupõe a prescrição, mais comumente a proscrição, do casamento e a proibição de conflitos sérios. Inversamente, onde a amizade é a regra nas relações de clãs, tribos ou comunidades, é invocado o parentesco ou o quase parentesco por meio de mito, de lealdade ritual ou por instituições como as relações jocosas da África Oriental, e o tipo de luta que cheira à guerra é proibido. Em contraste, os não parentes, não importando se são territorialmente próximos ou distantes, e desconsiderando afinidades sociais e culturais das partes, são muito comumente identificados como situados fora do alcance do altruísmo prescritivo e, portanto, passíveis de casamento, assim como potencialmente hostis, a ponto de chegar à luta séria (ou, hoje em dia, litígio) em uma disputa. É como se o casamento e a guerra fossem pensados como dois aspectos de uma única constelação, cujo contrário é o parentesco e a amizade".*4

Por outro lado, os limites gerados pelo cálculo das relações de parentesco são permeáveis, visto que pequenas sociedades podem praticar a exogamia somente sob a condição de que relações de parentesco também sejam associadas a tribos estranhas: nós nos casamos com aqueles que combatemos, dizem os Tallensi:5 "Diferentes comunidades, mesmo aquelas de procedência tribal ou linguística diferente, podem trocar pessoal por casamento, e podem se fundir para ocasiões cerimoniais particulares, por assim dizer,

---

* Em inglês no original: "Two of the commonest discriminating indices are the locus of prohibited or prescribed marriage, and the control of strife that might cause bloodshed. Kinship, amity, the regulation of marriage and the restriction of serious fighting form a syndrome. Where kinship is demonstrable or assumed, regardless of its grounds, there amity must prevail and this posits prescription, more commonly proscription, of marriage and a ban on serious strife. Conversely where amity is the rule in the relations of clans or tribes or communities, there kinship or *quasi*-kinship by myth or ritual allegiance or by such institutions as the East African joking relationships, is invoked and the kind of fighting that smacks of war is outlawed. By contrast, non-kin, whether or not they are territorially close or distant, and regardless of the social and cultural affinities of the parties, are very commonly identified as being outside the range of prescriptive altruism and therefore marriageable as well as potentially hostile to the point of serious fighting (or, nowadays, litigation) in a dispute. It is as if marriage and warfare are thought of as two aspects of a single constellation the direct contrary of which is kinship and amity." (N. T.)

4 Fortes, *Kinship and Social Order*, p.234.
5 Ibid., p.234.

mesclando seus campos de parentesco. Parece, portanto, que a visão de que uma *comunidade* ou *sociedade* australiana é um sistema fechado é em parte ilusória. É o cálculo de parentesco que é fechado – por sua própria natureza, pode-se argumentar –, não uma comunidade como tal. É o cálculo de parentesco que, em razão de sua limitação exata de alcance, serve como o mecanismo básico de estabelecimento de fronteiras para o campo das relações sociais que é, de uma só vez e ao mesmo tempo, o campo de parentesco máximo e o campo político-jurídico máximo para um grupo especificado".*6

As linhas de filiação legítima e a coerção para a exogamia providenciam ao mesmo tempo um claro traçado de fronteiras, não necessariamente ligado a territórios, como também a flexibilidade e a permeabilidade dessas fronteiras. As fronteiras marcadas no plano da interação podem permanecer tanto mais porosas quanto mais as *imagens de mundo míticas* dificultam um traçado social unívoco. No plano dos sistemas de interpretação míticos, como vimos, as naturezas interna e externa são assimiladas à ordem social, os fenômenos naturais são assimilados às relações interpessoais, e ocorrências, aos proferimentos comunicativos. De um lado, o mundo sociocultural conflui com o mundo em seu todo, assumindo a figura de uma ordem mundial objetiva; de outro, nenhum estado, nenhum evento, nenhuma pessoa é estranha demais para não ser incluída no contexto universal das interações e metamorfoseada em algo familiar. No quadro das imagens míticas de mundo, não há distinção categorial entre a sociedade e seu ambiente natural.[7] Assim,

---

* Em inglês no original: "Different communities, even those of different tribal or linguistic provenance, can exchange personnel by marriage, and can fuse for particular ceremonial occasions by, so to speak, intermeshing their kinship fields. It seems, therefore, that the view that an Australian community or society is a closed system is in part illusory. It is the kinship calculus that is closed – by its very nature, one might argue – not any community, as such. It is the kinship calculus which, by reason of its exact limitation of range, serves as the basic boundary-setting mechanism for the field of social relations that is at one and the same time the maximum kinship field and the maximum politico-jural field for a specified group." (N. T.)

6 Ibid., p.104.

7 Luckmann, "On the Boundaries of the Social World", em Natanson (org.), *Phenomenology and Social Reality*.

tampouco pode haver um grupo social que seja tão estranho que não possa encontrar uma ligação com o próprio sistema de parentesco.

As normas do sistema de parentesco retiram sua força vinculante dos seus fundamentos religiosos. Os membros da tribo formam por isso sempre uma *comunidade cultural*. Nas sociedades tribais, a validade das normas sociais precisa ser mantida em pé, sem recurso ao poder de sanção estatal. O controle social carece de uma fundamentação religiosa ancorada no culto: uma infração contra as normas centrais do sistema de parentesco é considerada um sacrilégio. O poder de sanção externo ausente pode ser substituído em virtude do fato de que a imagem mítica paralisa o potencial de negação e inovação da fala, pelo menos no âmbito sagrado.

Já indiquei como as imagens de mundo míticas apagam as distinções categoriais entre mundo objetivo, social e subjetivo, como elas não fazem um corte claro nem mesmo entre interpretações do mundo e a própria realidade. Os nexos de sentido internos se misturam com os nexos de sentido externos. Falta um conceito para a validade não empírica que atribuímos às manifestações simbólicas. Conceitos de validade como moralidade e verdade são pensados em conjunto com conceitos de ordem empírica como causalidade e saúde. Na medida em que a compreensão mítica do mundo controla as orientações atuais da ação, a ação orientada ao entendimento e a ação orientada ao êxito não podem ainda se separar; o não de um participante da interação não pode significar ainda a crítica ou a rejeição de uma pretensão de validade. O mito amarra o potencial crítico da ação orientada ao entendimento, obstrui por assim dizer as fontes das contingências internas que emanam da própria comunicação. O espaço para intervenções inovadoras na tradição cultural é relativamente estreito; o elemento cultural é transmitido oralmente e exercido quase sem distância. Mal se pode distinguir ainda entre um núcleo garantidor da identidade e a periferia revisável da tradição; o mito fundamenta em quase todos os seus conteúdos a identidade da tribo e de seus membros.

A homogeneidade fortemente marcada do mundo da vida não deve, porém, iludir a respeito do fato de a estrutura social das sociedades tribais já oferecer um espaço relativamente grande para diferenciações.[8] O sexo, a

---

8 Cf. o resumo de Mair, *An Introduction to Social Anthropology*, ed. rev., p.54ss.

idade e a filiação são as dimensões em que os papéis se diferenciam. Estes não podem ainda, no entanto, condensar-se em papéis profissionais. Em pequenas sociedades com tecnologia simples, em geral com um baixo grau de forças produtivas, a divisão do trabalho não se baseia ainda nas habilidades especializadas, exercidas ao longo da vida. Os homens assumem em geral as atividades que os distanciam do lar e exigem força corporal, ou seja, a guerra, a caça, a vigilância do gado, a pescaria marítima, o comércio por mar e assim por diante, ao passo que às mulheres cabe o trabalho em casa e no jardim, amiúde também o trabalho no campo. Uma divisão de trabalho correspondente existe entre as gerações: as crianças são ensinadas em alguns afazeres na casa e nos arredores, tão logo podem andar, ao passo que os idosos, sobretudo os homens velhos, assumem "tarefas" políticas no sentido mais amplo. Estímulos para uma diferenciação da estrutura social surgem sobretudo no âmbito da reprodução material.

Sistemas de interação regulam o intercâmbio com o ambiente social e com o natural mediante intervenções coordenadas no mundo objetivo. Visto da perspectiva dos membros, trata-se aí da conservação do substrato material do mundo da vida, portanto, da produção e distribuição de bens, de tarefas militares, de apaziguamento de conflitos internos etc. Essas tarefas requerem cooperação e podem ser conduzidas mais ou menos economicamente, mais ou menos efetivamente. Mesmo para as tarefas simples, como a preparação de uma celebração ou a construção de uma canoa, atividades complexas de diversas pessoas precisam ser coordenadas adequadamente; bens e prestações de serviços alheios precisam ser aceitos. Na medida em que *a parcimônia* das despesas e o *grau de eficácia* do emprego de meios servem de critérios intuitivos para a solução exitosa de tais tarefas, surgem estímulos para a *especificação funcional das operações* e uma *diferenciação correspondente dos resultados*. Em outras palavras, existem prêmios para uma adaptação das interações simples às condições de uma *cooperação por divisão de trabalho*. Existem estímulos para regular as interações de tal modo que as operações especializadas possam ser *juntadas de maneira competente* e os resultados diferenciais das operações (ou produtos) possam ser *trocados*. A junção competente de operações especializadas requer a delegação da autoridade de comando, ou o *poder*, às pessoas que assumem as operações de organização;[9] e a troca funcional de produtos exige o estabelecimento de *relações de troca*. Assim, uma divisão do trabalho progressiva pode ser esperada apenas em sistemas de interação que encontram as providências para *institucionalizar o poder organizacional e as relações de troca*.

Assim que consideramos o intercâmbio de uma sociedade com seu entorno social e natural da *perspectiva sistêmica*, deixamos de lado, todavia, o pressuposto da teoria da ação segundo o qual uma combinação de atividades voltadas a fins mediante a divisão do trabalho, a qual aumenta a capacidade de adaptação e de obtenção de objetivos do sistema social, precisa ser *intencionada* pelos (ou por alguns) participantes. O que aparece da perspectiva dos participantes como divisão de trabalho induzida por tarefas apresenta-se da perspectiva sistêmica como aumento da complexidade social. A capacidade de controle de um sistema de ação se mede somente por aquilo que os efeitos agregados da ação em um entorno dado contribuem para a manutenção do sistema, não importando se a adequação das consequências da ação se deixam reduzir às finalidades dos sujeitos participantes ou não. Também dos pontos de vista sistêmicos as *relações de poder e de troca* são dimensões em que sistemas de interação se ajustam às exigências da especificação funcional da cooperação social. É com essas duas dimensões que nos deparamos, de qualquer modo, quando procuramos os mecanismos com que as sociedades tribais podem ampliar sua complexidade no interior do espaço sociocultural definido pelas relações de parentesco.

(2) *Sociedades tribais como sistemas autocontrolados*

As associações familiares relativamente pequenas, trabalhando com tecnologias simples, podem aumentar sua complexidade ao integrar-se em unidades sociais internamente diferenciadas ou formando unidades sociais maiores umas com as outras. Uma vez que essas associações familiares demonstram uma *estrutura similar* e geram apenas *produtos similares*, o intercâm-

---

9 Sobre a organização social nas sociedades tribais, cf. Firth, *Elements of Social Organization*, p.35ss.

bio não pode ser motivado em termos econômicos em primeira linha. Pelo contrário, deve existir uma pressão normativa que impede a autarquia, isto é, a autossatisfação mediante o consumo dos próprios bens e atividades, obrigando ao intercâmbio também daqueles produtos que não precisariam ser trocados na verdade em razão de seu valor de uso. Essa condição é satisfeita pelo casamento exogâmico, que se insere no princípio da organização por parentesco. Ele se deixa compreender como norma que força a troca de mulheres núbeis. As relações bilaterais produzidas pelo matrimônio fundam uma rede de reciprocidades duradouras, que se estendem na sequência também para os objetos de uso e de valor, às prestações de serviços, à dedicação imaterial e às lealdades.

A troca de mulheres, normatizada pelas regras matrimoniais, possibilita uma *diferenciação segmentária* da sociedade. A sociedade pode ganhar em complexidade quando, em dados grupos sociais, formam-se subgrupos ou quando unidades sociais similares se encadeiam formando unidades maiores com a mesma estrutura. A dinâmica segmentária se desenvolve em linhas, seja da divisão celular, seja da combinação de células em associações celulares. No entanto, ela pode reagir à pressão demográfica e a outras circunstâncias ecológicas também de modo inverso: não em direção a uma *complexidade maior*, mas antes na linha de uma *clivagem diferenciadora*; no caso da persistência da solidariedade de parentesco, os subgrupos se autonomizam.[10]

No que concerne à produção de reciprocidades duradouras entre grupos originariamente estranhos, a troca ritual de objetos de valor é um equivalente funcional para a troca de mulheres. Em sua investigação clássica sobre a troca anelar de presentes valiosos, mas não propriamente úteis nos arquipélagos da Nova Guiné Oriental, Malinowski[11] mostra como a troca normativamente forçada entre duas espécies de objetos simbólicos (pulseiras e colares que não são usados como adornos) produz parcerias aos pares

---

10 Sobre a dinâmica segmentária, cf. Sigrist, *Regulierte Anarchie*, p.21ss.
11 Malinowski, "Kula: The Circulation Exchange of Valuables in the Archipelago of Eastern New Guinea", *Man*, v.20, n.51, p.97ss., 1920; versão alemã em Kramer; Sigrist (orgs.), *Gesellschaften ohne Staat*, v.I, p.57ss.

entre vários milhares de membros de diversas tribos vivendo dispersas por uma área gigantesca. Assim como a troca *kula*, também a festa da aniquilação (*potlatch*), observada por Boas entre os Kwakiutl ou o sistema de endividamentos observado por Leach entre os Kachin podem ser interpretados como exemplos de um *mecanismo de troca*, que transforma as relações bélicas em obrigações recíprocas. Em todo caso, a troca ritual de objetos de valor ou o consumo simbólico de objetos de uso servem menos à acumulação de riqueza do que à socialização, isto é, à estabilização de relações amistosas com o entorno social e à incorporação de elementos estranho ao próprio sistema.[12]

A *diferenciação segmentária* que transcorre por *relações de troca* aumenta a complexidade de uma sociedade pela via de uma *seriação horizontal* de associações similarmente estruturadas. Isso não promove necessariamente a especificação funcional da cooperação social. Apenas com a *estratificação vertical* de grupos de filiação unilinear surgem diferenciais de poder, que podem ser usados para uma junção competente de operações especializadas, isto é, para *organização*. Nas sociedades tribais, porém, o poder organizacional não se constitui ainda na forma do poder político, mas na forma da reputação generalizada. Os grupos de filiação dominantes devem seu *status* a um prestígio fundamentado genealogicamente em regra, com procedência nobre, ascendência divina etc. Mas já nos pequenos grupos de corsários nômades, de cinquenta a cem pessoas, pode se desenvolver uma divisão do trabalho sob a liderança do chefe, como Shapera observou nos bosquímanos australianos: "O chefe é o líder, não no sentido de que ele pode prevalecer sobre a opinião dos outros homens (o que seria impossível, uma vez que ele não tem meios de obrigá-los a aceitar seus desejos), mas no sentido de que se espera que ele organize as atividades que foram decididas; ele diz aos caçadores aonde devem ir, quando trazem de volta a carne, cabe a ele dividi-la; ele os lidera em suas andanças de um poço de água até o próximo e em ataques a bandos vizinhos; e conduz negociações com outros bandos em tais assuntos, como a permissão para entrar em seu território, ou a conclusão

---

12 Cf. a investigação clássica de Mauss, "Die Gabe", em *Soziologie und Anthropologie*, v.II.

de um casamento com um de seus membros, ou a organização de um ritual em conjunto".*¹³

O planejamento dos efeitos cumulativos da ação exige posições com autoridade de comando; decisões de uma parte têm de poder ser imputadas ao todo. Coletividades asseguram sua capacidade de ação mediante organização quando garantem que as decisões de um autorizado a comandar sejam aceitas pelos participantes da interação como premissas das próprias decisões. Isso pode ser alcançado pela *estratificação*. Em sociedades tribais estratificadas, os membros dos grupos de filiação mais nobre, mais antiga, reivindicam posições de liderança. A ordem de *status* baseada no prestígio permite uma integração de tribos em grandeza considerável. O exemplo conhecidíssimo são as tribos dos Nuer, investigadas por Evans-Pritchard; a tribo em sua singularidade é uma unidade de até 60 mil membros, soberana e exercendo jurisdição territorial; e cada tribo se identifica com um grupo de filiação "aristocrática" dominante. Evans-Pritchard acentua que os grupos dominantes gozam sem dúvida de autoridade perante as associações familiais "ordinárias", dispondo de um poder de organização correspondente, mas não exercem poder político nem possuem vantagens materiais. Em outros casos, a estratificação da tribo começa também pela classe dos anciões. Ela concede um vasto espaço de organização tanto nos assuntos do culto como também nos assuntos profanos da produção, da condução da guerra e da administração da justiça.

No mesmo grau em que a dinâmica segmentária não aponta somente na direção do aumento de tamanho e na densidade populacional crescente, o mecanismo de estratificação não se vincula a um efeito de trava: o pro-

---

* Em inglês no original: "The chief is the leader, not in the sense that he can overrule the opinion of the other men (which would be impossible since he has no means of compelling them to accept his wishes), but in the sense that he is expected to organize the activities that have been decided upon; he tells the hunters where they are to go, when they bring back meat he divides it, he leads them in their moves from one water-hole to the next and in attacks on neighboring bands, and he conducts negotiations with other bands on such matters as permission to enter his territory, or the conclusion of a marriage with one of their members, or the organization of a joint ritual". (N. T.)

13 Mair, op. cit., p.115.

cesso de hierarquização de grupos de filiação é reversível, como mostram as investigações de Leach em Burma.[14] Os relatos que remontam aos começos do século XIX documentam a pouca estabilidade de tamanho das associações tribais na área das Colinas de Kachin; elas oscilam entre pequenas unidades autônomas de cerca de quatro casas até grandes sociedades com 49 subgrupos, dos quais alguns abrangem por seu turno cem aldeias cada. M. Gluckmann comparou essa dinâmica sistêmica com a alternância de expansão e contração de reinos africanos antes da invasão europeia.[15] É manifesto que a complexidade desse sistema social se ajusta às condições cambiantes do ambiente demográfico, ecológico e social, no que os processos de diferenciação e desdiferenciação se efetuam tanto por diferenciação segmentária quanto por estratificação.

Nas sociedades tribais, o mecanismo de troca assume funções econômicas apenas de alcance limitado. Certamente, nas sociedades organizadas preponderantemente em termos de economia de subsistência, já há rudimentos para um intercâmbio de mercado, em que bens são trocados frequentemente através de grandes distâncias. Comercializa-se menos com objetos do uso diário do que com matérias-primas, instrumentos e adornos. Determinadas categorias de bens, como gado ou peças de vestimenta, já servem ocasionalmente como forma privada de dinheiro – Karl Polanyi falou de *"special purpose money"*. Mas as transações econômicas em sentido estrito não têm nenhum efeito estruturante para as sociedades tribais. Assim como o mecanismo da formação de poder, também o mecanismo da troca somente obtém uma força sistemicamente diferenciadora ali onde ele se conecta imediatamente com a religião e o sistema de parentesco. *Os mecanismos sistêmicos não se desligam ainda das instituições operantes na integração social*. Assim, uma parte importante da circulação de bens econômicos permanece dependente das relações matrimoniais; prestações de serviço circulam na maior parte das vezes na forma não econômica das prestações de socorro recíproco normativamente exigido. A troca ritual de objetos valiosos serve, como vimos, a fins de integração

---

14 Leach, *Political System of Highland Burma*.
15 Gluckmann, "Rituals of Rebellion in South East Africa", em *Order and Rebellion in Tribal Africa*, p.110ss.; versão alemã em Kramer; Sigrist (orgs.), op. cit., v.I, p.250ss.

social. No intercâmbio econômico não monetário das sociedades arcaicas, o mecanismo de troca se desprendeu tão minimamente dos contextos normativos que uma clara separação entre valores econômicos e não econômicos dificilmente é possível.¹⁶ É somente ali onde o mecanismo de troca forma simultaneamente um componente essencial do sistema de parentesco que ele pode desdobrar sua dinâmica plena, aumentando a complexidade.

Na troca de mulheres normatizada pelas regras matrimoniais, a integração social e a sistêmica coincidem. Isso se aplica ao mecanismo de formação do poder. Ele opera no interior das dimensões, dadas previamente pelo sistema de parentesco, do sexo, geração e filiação, admitindo apenas diferenciações de *status* que se baseiam no prestígio, mas não na posse do poder político. Esse entrelaçamento de integração sistêmica e integração social, típico das sociedades tribais, reflete-se no plano da metodologia.

Nexos funcionais são peculiarmente transparentes nas sociedades arcaicas. Na medida em que não são acessíveis de maneira trivial a partir da perspectiva da práxis cotidiana, são cifradas em ações rituais. Disso oferece uma bela ilustração o relato de Meyer Fortes sobre a grande celebração dos Tallensi, uma tribo tailandesa. Pois aqui, em um arranjo engenhoso de encontros e acordos rituais, a cooperação por meio de divisão de trabalho entre os grupos de filiação com estabelecimento antigo e os imigrantes, dos quais são recrutados respectivamente os líderes religiosos e os políticos, é ao mesmo tempo tornada visível e evocada.¹⁷ É provável que o funcionalismo sociológico pôde se impor de início na antropologia cultural porque nas sociedades tribais os nexos sistêmicos se refletem imediatamente nas estruturas normativas.

Porém, uma vez que o sistema social nessa etapa de desenvolvimento se esgota ainda consideravelmente no mundo da vida sociocultural, a antropologia permaneceu uma ciência hermenêutica *par excellence*. Os esforços hermenêuticos são provocados certamente pelo fato de o entrelaçamento de integração sistêmica e integração social não apenas manter transparentes os processos sociais, como também os tornar intransparentes em outro

---

16 Steiner, "Notiz zur vergleichenden Ökonomie", em Kramer; Sigrist (orgs.), op. cit., v.I, p.85ss.
17 Cf. a interpretação em Mair, op. cit., p.237-8.

aspecto. Ele envolve, de um lado, todos os processos sociais no horizonte do mundo da vida, conferindo-lhes a aparência de inteligibilidade – os companheiros da tribo sabem o que fazem quando efetuam seus ritos de caça, fecundidade, iniciação e matrimônio. De outro lado, a estrutura mítica das narrativas, com que os membros tornam plausível seu mundo da vida e as próprias ações, é justamente ininteligível *para nós*. O antropólogo se encontra diante do paradoxo de que o mundo da vida de uma sociedade arcaica se abre em princípio, sem dúvida, mediante o saber intuitivo dos membros, mas ao mesmo tempo, por causa da distância hermenêutica, escapa à nossa compreensão de maneira tenaz. Essa circunstância explica, por sua vez, a atualidade dos procedimentos da hermenêutica profunda no interior da antropologia, não importando que esta se ligue à psicanálise ou ao estruturalismo linguístico. Considero o *paradoxo hermenêutico*, que inquieta a antropologia cultural, o reflexo metodológico da falta de diferenciação entre a coordenação da ação em termos sistêmicos e coordenação da ação em termos de integração social. Talvez uma sociedade possa ser presente junto com seus nexos funcionais, isto é, como sistema, no interior do mundo da vida na medida em que a práxis ritual, que coloca sob um denominador comum a atividade voltada a fins e a comunicação, suporta e marca a estrutura social.

Mas então, na medida em que as estruturas do mundo da vida se diferenciam, também os mecanismos da integração sistêmica e da social se separam uns dos outros. Esse processo evolucionário oferece a chave para a problemática weberiana da racionalização social.

(3) *Quatro mecanismos de diferenciação sistêmica*

A diferenciação segmentária e a estratificação das sociedades tribais, transcorrendo respectivamente por meio das relações de troca e das relações de poder, caracterizam dois *planos distintos de diferenciação sistêmica*. Para a manutenção do sistema, a integração social (no sentido da coordenação de *orientações* da ação) somente é requerida na medida em que assegura as condições gerais para as correlações funcionalmente necessárias dos *efeitos* da ação. Mas os mecanismos que servem ao aumento da complexidade sistêmica não se harmonizam *a priori* com os mecanismos que cuidam da coesão social da coletividade mediante o consenso normativo e o entendimento linguístico. Os mecanismos sistêmicos permanecem intimamente entrelaçados com os mecanismos da integração social apenas pelo tempo em que se se prendem às estruturas sociais *previamente dadas*, ou seja, ao sistema de parentesco. Assim que se forma um poder político, que retira sua autoridade não mais do prestígio dos grupos de filiação dirigentes, mas da disposição de meios de sanção jurisdicional, o mecanismo do poder se desliga das estruturas do parentesco. O poder organizacional que se constitui no plano do poder político se torna o núcleo de cristalização de uma nova instituição, ou seja, do Estado. É por esse motivo que falo do mecanismo da *organização estatal*; este é incompatível com a estrutura social das sociedades organizadas por relações de parentesco e encontra em uma ordem política inteira, na qual as camadas sociais são enquadradas e à qual são subordinadas, a estrutura social que lhe é adequada.

No quadro das sociedades estatalmente organizadas, surgem mercados de bens que são controlados por meio de relações de troca simbolicamente generalizadas, isto é, por meio do *medium* dinheiro. Mas um efeito estruturante para o sistema social em seu todo somente é gerado por esse *medium* com o desmembramento da economia em relação à ordem estatal. Na modernidade europeia, surge com a economia capitalista um sistema parcial diferenciado por meio do *medium* dinheiro, que por seu turno força o Estado a reorganizar-se. Nos subsistemas da economia de mercado e da administração moderna, ligados entre si de modo complementar, o mecanismo do *medium* de controle, ao qual Parsons deu o nome de *medium* de comunicação simbolicamente generalizada, encontra a estrutura social que lhe é adequada.

O esquema seguinte contém os quatro mecanismos nomeados da diferenciação sistêmica na ordem em que vão se apresentando no curso da evolução social. Cada mecanismo que toma a dianteira na evolução caracteriza um nível superior de integração, no qual os mecanismos precedentes são ao mesmo tempo degradados, superados e refuncionalizados. Cada novo nível de diferenciação sistêmica abre um espaço para outros aumentos de complexidade, isto é, para outras especificações funcionais e uma integração mais abstrata correspondente das diferenciações ocorridas. Os mecanismos 1 e 4 operam mediante relações de troca, os mecanismos 2 e 3, mediante relações de poder. Enquanto os mecanismos 1 e 2 permanecem presos às estruturas sociais previamente dadas, os mecanismos 3 e 4 provocam a constituição de novas estruturas sociais. Com isso, a troca e o poder perdem a figura concreta de troca de mulheres normatizada por regras de matrimônio e da estratificação de grupos de filiação medida com os diferenciais em prestígio, transformando-se nas grandezas abstratas de poder organizacional e *medium* de controle. Os mecanismos 1 e 2 operam a diferenciação de grupos de parentesco, portanto, de unidades similarmente estruturadas, ao passo que os mecanismos 3 e 4 implicam a diferenciação de classes de posse e de organizações, portanto de unidades que são especificadas por sua vez já de maneira funcional. As estruturas que assumem essas unidades já são marcadas pelos mecanismos do respectivo nível antecessor:

Diferenciação e integração de \ Coordenação da ação mediante	Troca	Poder
Unidades similarmente estruturadas	1. Diferenciação segmentária	2. Estratificação
Unidades não similares funcionalmente especificadas	4. *Medium* de controle	3. Organização estatal

Figura 24 – *Mecanismos de diferenciação sistêmica*

Os quatro mecanismos caracterizam níveis de integração com os quais se pode correlacionar uma formação social respectiva:

Estruturas sociais \ Mecanismos sistêmicos	Mecanismos de troca	Mecanismos de poder
Previamente dadas	1. Sociedades tribais igualitárias	2. Sociedades tribais hierarquizadas
Induzidas sistemicamente	4. Sociedades de classes economicamente constituídas	3. Sociedades de classes politicamente estratificadas

Figura 25 – *Formações sociais*

No entanto, formações sociais não podem ser distinguidas unicamente segundo o grau de complexidade sistêmica. Pelo contrário, elas são determinadas por *complexos institucionais que a cada vez ancoram no mundo da vida* mecanismos evolutivamente novos de diferenciação sistêmica. Assim, a diferenciação segmentária é institucionalizada na forma de relações de parentesco, a estratificação, na forma de hierarquias, a organização estatal, nas formas da dominação política, e o primeiro *medium* de controle, na forma de relações entre pessoas de direito privadas. As instituições correspondentes são os papéis de gênero e geração, o *status* de grupos de filiação, o cargo político e o direito privado civil.

Nas sociedades arcaicas, as interações são determinadas somente pelo repertório de papéis próprio do sistema de parentesco. Nessa etapa, também o *conceito de papel* pode ser empregado sem problemas, visto que a ação comunicativa é quase completamente prejulgada por conta de padrões comportamentais normativos. Se nas sociedades tribais estratificadas surge um sistema de *status* no qual as associações familiais são hierarquizadas de acordo com a reputação, os papéis de gênero e de geração são relativizados: para o *status* social do indivíduo, o ranque da família à qual ele pertence é mais importante do que a própria posição no interior de sua família. Nessa etapa, o *conceito de status* pode ser aplicado inequivocamente, visto que a sociedade é estratificada exatamente segundo uma dimensão, justamente a da reputação de que desfruta uma família graças à sua filiação. Em sociedades estatalmente organizadas, essa ordem de *status* é relativizada. Assim que o Estado passa a determinar a estrutura da sociedade, ocupando o lugar do parentesco, a estratificação social se vincula aqui às características da participação na dominação política e à posição no processo de produção. É somente nessa etapa que o *conceito de autoridade de cargo* ganha seu sentido preciso. O soberano e os estamentos políticos dotados de privilégios da dominação usufruem de autoridade por força de cargos que, todavia, pressupõem ainda a unidade dos âmbitos privados e públicos da vida e, por isso, são entendidos como direito próprio pessoal. Assim que o dinheiro é institucionalizado na forma do direito como *medium* de controle para um intercâmbio econômico despolitizado, a autoridade do Estado, a dominação política em geral, é finalmente relativizada tendo em vista a ordem do direito privado. Nessa etapa, o *direito formal* torna-se o garantidor para a calculabilidade das transações privadas.[18]

Se a institucionalização de níveis de diferenciação sistêmica é escolhida como característica das formações sociais, resulta um paralelo com os conceitos marxistas de base e superestrutura. Os impulsos para uma diferenciação do sistema social partem do âmbito da reprodução material. Por isso, podemos entender como "base" o complexo institucional que ancora no mundo da vida o mecanismo sistêmico evolucionariamente condutor, circunscrevendo com isso o espaço do aumento de complexidade possível em uma formação social. Isso se apresenta sobretudo quando, com Kautsky, conferimos à distinção de "base" e "superestrutura" uma interpretação em termos de teoria da evolução.[19] De acordo com ela, o conceito de base se restringe ao âmbito dos problemas aos quais têm de referir-se as explicações da passagem de uma formação social para a próxima: no âmbito da base surgem aqueles problemas sistêmicos que somente podem ser resolvidos por meio de inovações evolucionárias, ou seja, somente quando se chega à institucionalização de um nível superior de diferenciação sistêmica. No entanto, é enganosa a equiparação de "base" e "estrutura econômica", pois nem mesmo nas sociedades capitalistas o âmbito da base coincide com o sistema econômico.

---

18 Essa série explica o conteúdo histórico-evolutivo das categorias sociológicas de papel, *status*, ofício e direito formal. Esses conceitos tornam-se desbotados, ou pelo menos carecem de precisão, tão logo sejam empregados para a análise de fenômenos que não fazem parte das correspondentes formações sociais. Por exemplo, o conceito de papel é central para explicar o processo de socialização, visto que a criança cresce em seu mundo social apropriando-se do sistema familial de papéis. E, no entanto, resultam justamente da pesquisa sobre socialização os estímulos mais fortes para reformular o conceito de papel, visto que esse conceito não é depreendido apenas do sistema de parentesco, mas também pode ser aplicado *sem solução de continuidade* aos fenômenos das sociedades organizadas por relações de parentesco, ao passo que os processos modernos de socialização escapam a uma psicologia social talhada para a internalização de papéis. Cf. Krappmann, *Soziologische Dimensionen der Identität*. Sobre a historicidade das categorias sociológicas, cf. Zaret, "From Weber to Parsons and Schütz: The Eclipse of History in Modern Social Theory", *American Journal of Sociology*, v.85, p.1180ss., 1980.

19 Habermas, *Para a reconstrução do materialismo histórico*, p.227.

Marx descreve as instituições de base de uma sociedade lançando mão de seus modos de produção, no que temos de ter em mente que cada formação social admite diversos modos de produção (e associações de modos de produção). Como se sabe, Marx caracteriza os modos de produção pelo grau de desenvolvimento das forças produtivas e por determinadas formas de intercâmbio social, isto é, pelas relações de produção. As *forças produtivas* consistem: (a) na força de trabalho dos ativos na produção, dos produtores; (b) no saber tecnicamente empregável, na medida em que é convertido em meios de trabalho intensificadores da produtividade, em técnicas de produção; (c) no saber organizacional na medida em que é empregado para pôr em movimento forças de trabalho com eficiência, para qualificar as forças de trabalho e para coordenar com eficácia a cooperação dos trabalhadores em divisão de trabalho (mobilização, qualificação e organização de força de trabalho). As forças produtivas determinam o grau de disposição possível sobre os processos naturais. Por outro lado, são consideradas *relações de produção* aquelas instituições e mecanismos sociais que definem de que modo as forças de trabalho, em um nível dado de forças produtivas, são combinadas com os meios de produção disponíveis. A regulamentação do acesso aos meios de produção ou o tipo e o modo de controle da força de trabalho socialmente utilizada decidem de maneira mediata também a distribuição da riqueza socialmente gerada. As relações de produção expressam a distribuição do poder social; dado o padrão distributivo das chances socialmente reconhecidas da satisfação de necessidades, elas prejulgam a estrutura de interesses que existe em uma sociedade.

Nas sociedades tribais, tanto faz se estratificadas ou não, o sistema de parentesco assume o papel das relações de produção, como Godelier acentua com razão.[20] A sociedade consiste em base e superestrutura de uma vez só: nem mesmo a religião é tão diferenciada das instituições de parentesco a ponto de poder ser caracterizada como superestrutura. Nas sociedades tradicionais, as relações de produção se corporificam na ordem política inteira, ao passo que as imagens de mundo religiosas assumem funções

---

20 Godelier, *Ökonomische Anthropologie*, p.26ss.; id., "Infrastructures, Societies, and History", *Current Anthropology*, v.19, p.763ss., 1978.

ideológicas. Somente no capitalismo, em que o mercado também assume a função de estabilizar as relações de classes, as relações de produção adotam uma forma econômica. Em correspondência com isso, o âmbito da base se diferencia da superestrutura; mais precisamente, de início o poder tradicional do Estado se diferencia daquelas imagens de mundo religiosas que legitimam a ordem da dominação; em seguida, os sistemas parciais da economia e da administração estatal, especializados complementarmente na adaptação e na obtenção de objetivos, diferenciam-se daqueles âmbitos de ação que preenchem primariamente as tarefas da reprodução cultural, da integração social e da socialização. Base e superestrutura podem se separar somente quando o sistema de parentesco entra em colapso como estrutura social basilar, rebentando com isso os grampos que mantêm juntos os mecanismos sistêmicos e aqueles da integração social. A seguir, gostaria de elucidar os níveis de diferenciação sistêmica que as sociedades de classes politicamente estratificadas e economicamente constituídas alcançam com base na organização estatal e no *medium* dinheiro.

(a) Em *sociedades tribais hierarquizadas*, a especificação funcional também aumenta junto com as operações organizacionais; para funções de liderança na guerra e na paz, para ações rituais e práticas de cura, para a arbitragem de conflitos de direito etc., podem se diferenciar papéis especiais. Essa especialização mantém-se, porém, dentro dos limites de um sistema de parentesco cujas unidades demonstram em princípio estruturas similares. Apenas em *sociedades estatalmente organizadas* a especificação funcional estende-se aos modos de vida dos próprios grupos sociais. Sob as condições da dominação política, a estratificação social se desprende do substrato do sistema de parentesco. Mediante a participação ou exclusão da dominação política, as próprias unidades sociais podem ser funcionalmente especificadas: os grupos de *status* dominantes, como funcionários, militares, proprietários fundiários, e a massa da população, como pescadores, camponeses, mineradores, artesões etc. Estamentos por nascença se transformam com isso em *estamentos de posse politicamente garantidos*. As camadas não se distinguem mais apenas de acordo com a extensão da posse, mas também de acordo com o tipo de ocupação, com a posição no processo de produção. Surgem classes socioeconômicas mesmo que estas ainda não apareçam na forma econômica, isto é, como classes por ocupação. Elas são estratificadas em conformidade com o poder e com os critérios da conduta de vida. Com base em uma dicotomia entre alta cultura e cultura popular,[21] que sobressai de maneira cada vez mais aguda, as classes constituem o próprio meio, mundos da vida e orientações axiológicas, em especificidade com as camadas sociais. No lugar da estratificação das unidades sociais similares, entra a *organização estatal de unidades sociais não similares*, classes estratificadas no lugar de grupos de filiação hierarquizados.

Com base no mecanismo da organização estatal, como mostram de maneira impressionante os grandes impérios da Antiguidade, os sistemas sociais podem desdobrar uma complexidade incomparavelmente maior que as sociedades tribais. Pelos estudos de campo antropológicos sobre os sistemas de dominação das culturas tribais africanas, depreende-se que já as sociedades anteriores às grandes civilizações, dispondo de uma organização estatal, são mais complexas do que as mais complexas entre as sociedades organizadas por relações de parentesco.[22] Os antropólogos sociais distinguem essas formações sociais lançando mão do aparecimento de "governos", isto é, de organizações centrais de dominação dotadas de um quadro administrativo, por mais rudimentar que seja, de uma alimentação por meio de impostos e tributos e de uma jurisdição que proporciona o respeito pelas ordens do soberano. De pontos de vista sistêmicos, o crucial é a disposição sobre um poder de sanção que torna possíveis decisões vinculantes: "De acordo com nossa avaliação, o aparecimento e a função da violência organizada no sistema é a característica distintiva mais importante entre os tipos de governo centralizado, piramidal e semelhante ao Estado dos Ngwato, dos Benba etc., e os sistemas políticos segmentários dos Logoli, dos Tallensi e dos Nuer. No primeiro grupo de sociedades, a principal expressão dos direitos e prerrogativas do soberano e da autoridade exercida por seus subordinados é a *disposição sobre a violência organizada*. Isso permite eventualmente a um rei africano, por algum tempo, a dominar com métodos repressivos,

---

21 Luckmann, "Zwänge und Freiheiten im Wandel der Gesellschaftsstruktur", op. cit., p.191-2.
22 Fortes; Evans-Pritchard (orgs.), *African Political Systems*.

caso ele o queira, mas um bom soberano emprega as forças armadas sob seu controle no interesse público, como um instrumento aceito de governo: para a defesa da sociedade inteira, para o ataque contra o inimigo comum, a título de meio de sanção para impor a lei ou o respeito pela constituição".[23]

A *disposição de meios de sanção para decisões vinculantes* é o fundamento de uma autoridade de cargo com a qual pela primeira vez o poder organizacional é institucionalizado *enquanto tal* – e não apenas como apêndice e preenchimento de estruturas sociais previamente dadas com o sistema de parentesco. No Estado, uma organização que assegura a capacidade de ação da coletividade em seu todo ganha uma forma imediatamente institucional. A sociedade pode então ser entendida em seu todo como organização. A pertença social à coletividade é interpretada com base na ficção de uma afiliação em princípio contingente, mais precisamente, como pertença a um Estado. Em famílias, nasce-se, ao passo que a cidadania política se baseia em um *ato jurídico*. A cidadania política é "possuída" não como uma origem, é possível adquiri-la e perdê-la. A pertença ao Estado pressupõe um reconhecimento da ordem política em princípio voluntária; pois dominação significa que os cidadãos do Estado se obrigam tacitamente a uma disposição à obediência generalizada perante os detentores de ofícios. Com isso, muitos delegam a poucos a competência para agir por todos. Eles renunciam ao direito que os participantes de interações simples podem reivindicar para si: orientar sua ação apenas pelo acordo atual com os presentes.

(b) Enquanto nas sociedades tradicionais o Estado representa uma organização na qual se *concentra* a capacidade de ação da coletividade, isto é, da sociedade em seu todo, as sociedades modernas renunciam à acumulação de funções de controle no quadro de uma única organização. As funções relevantes para a sociedade como um todo são distribuídas em diversos sistemas de ação. Com administração, exército e judiciário, o aparelho estatal se especializa em realizar os objetivos coletivos por meio de decisões vinculantes. Outras funções são despolitizadas e entregues a *subsistemas não estatais*. O sistema econômico capitalista marca a irrupção desse nível da diferenciação sistêmica;

---

23 Fortes; Evans-Pritchard, "Afrikanische Politische Systeme, Einleitung", em Kramer; Sigrist (orgs.), op. cit., v.I, p.163.

ele deve seu surgimento a um novo mecanismo, ao *medium* de controle dinheiro. Esse *medium* é especializado na função social global da economia, relegada pelo Estado, formando o fundamento para um subsistema despegado dos contextos normativos. A economia capitalista não se deixa mais conceber, à maneira do Estado tradicional, como uma ordem institucional – é institucionalizado o *medium* da troca, enquanto o subsistema diferenciado por esse *medium* representa em seu todo um terreno de sociabilidade isenta de normas.

O dinheiro é um mecanismo de intercâmbio especial, que transforma valores de uso em valores de troca, e o intercâmbio de bens próprio de uma economia natural, em intercâmbio de mercadorias. Mercados internos e externos já existem em sociedades tradicionais; mas apenas com o capitalismo surge um sistema econômico que desdobra mediante canais monetários tanto o relacionamento interno entre os empreendimentos como também a permuta com entornos não econômicos, as economias domésticas e o Estado. A institucionalização do trabalho assalariado, por um lado, e do Estado fiscal,[24] por outro, é constitutiva do novo modo de produção, tanto quanto o surgimento da empresa capitalista. É apenas quando se torna um *medium de intercâmbio intersistêmico* que o dinheiro gera efeitos estruturantes. Como um *subsistema monetariamente controlado*, a economia pode se constituir apenas na medida em que regula o intercâmbio com seus entornos sociais por meio do *medium* dinheiro. Os entornos complementares se formam quando o processo de produção se ajusta ao trabalho assalariado, e o aparelho estatal reacopla-se com a produção mediante as receitas fiscais oriundas dos ocupados. O aparelho estatal se torna dependente do subsistema economia, controlado por *media*; isso força-o a uma reorganização que leva, entre coisas, a que o poder político seja alinhado à estrutura de um *medium* de controle, o poder assimilado ao dinheiro.

No interior de um subsistema que se diferencia para uma única função relevante concernente à sociedade inteira, o espaço para operações organizacionais se amplia uma vez mais. Agora as atividades de diversas organizações podem ser enfaixadas para funções iguais, e as atividades de organizações iguais, para diversas funções. Sob essas condições, organizações como em-

---

24 Sobre esse conceito, cf. Goldscheid; Schumpeter, *Die Finanzkrise des Steuerstaates*.

presas e institutos são institucionalizadas, ou seja, de modo que é de fato correto para elas o que teve de permanecer fictício em alta medida para o Estado na qualidade de organização global. Empresas e institutos realizam o princípio da afiliação voluntária, que possibilita primeiramente formas autônomas de organização: "Como formalmente organizados [...] devem ser designados sistemas sociais que tornam o reconhecimento de determinadas expectativas de comportamento em condição de afiliação no sistema. Somente quem aceita determinadas expectativas, particularmente ressaltadas, pode se tornar e permanecer membro de sistemas sociais formalmente organizados".[25] Enquanto o Estado tradicional é uma organização que estrutura a sociedade em seu todo, e por isso, na definição da afiliação, da configuração programática e do recrutamento de pessoal, precisa amparar-se nos mundos da vida desenvolvidos de uma sociedade estratificada de classes e nas tradições culturais correspondentes, a empresa capitalista e a administração moderna são, em termos sistêmicos, unidades autonomizadas no interior de subsistemas isentos de normas. As *organizações que se tornaram autônomas* caracterizam-se, como Luhmann tem destacado, sobretudo pelo fato de que elas podem se tornar independentes, mediante condições de afiliação aceitas globalmente, dos contextos do mundo da vida estruturados comunicativamente, das orientações axiológicas concretas suscetíveis de conflito e das disposições de ação de pessoas expelidas para o entorno da organização.[26]

(4) *A ancoragem institucional dos mecanismos de integração sistêmica no mundo da vida*

Até agora, tratei a evolução social sob o ponto de vista do aumento de complexidade sistêmica; a institucionalização de novos níveis de diferenciação sistêmica é igualmente percebida, porém, na perspectiva interna dos mundos da vida afetados. A diferenciação sistêmica se conecta imediata-

---

25 Luhmann, *Zweckbegriff und Systemrationalität*, p.339.
26 Id., "Allgemeine Theorie organisierter Sozialsysteme", em *Soziologische Aufklärung*, v.II. Cf. também neste volume, p.477ss.

mente, nas sociedades tribais, com as estruturas existentes de interação por meio dos mecanismos de troca de mulheres e da formação de prestígio; por isso, ela não pode ainda se fazer notar com intervenções nas estruturas do mundo da vida. Sobre esse nível de interações simples se ergue com o Estado, nas sociedades politicamente estratificadas, um novo nível de nexos funcionais. Essa diferença de níveis se reflete naquela relação do todo político com suas partes, determinante para a teoria política clássica; as imagens especulares que surgem no espectro de cultura popular e alta cultura se distinguem, no entanto, consideravelmente. Acresce que o novo nível de diferenciação sistêmica possui a figura de uma ordem política inteira que carece de legitimação; de agora em diante, ela só pode ser recuperada no interior do mundo da vida ao preço de uma interpretação ilusória da sociedade de classes, ou seja, na medida em que as imagens religiosas do mundo assumem funções ideológicas. Com os processos de intercâmbio transcorrendo por meio de *media*, surge enfim, nas sociedades modernas, um terceiro nível de nexos funcionais. Esses contextos sistêmicos, desligados de contextos normativos, autonomizados em subsistemas, desafiam a força de assimilação do mundo da vida. Eles se coagulam formando uma segunda natureza de sociabilidade isenta de normas, a qual pode se encontrar na qualidade de algo no mundo objetivo, na qualidade de um contexto de vida *coisificado*. O desacoplamento de sistema e mundo da vida se espelha no interior dos mundos da vida inicialmente como coisificação: o sistema social estoura definitivamente o horizonte do mundo da vida, furta-se à pré-compreensão da práxis comunicativa cotidiana e somente continua a ser acessível para o saber contraintuitivo das ciências sociais que surgiram desde o século XVIII.

O que a consideração exterior da teoria dos sistemas já teve por resultado parece apenas se confirmar na perspectiva interna: quanto mais complexos se tornam os sistemas sociais, tanto mais provincianos se tornam os mundos da vida. Em um sistema social diferenciado, o mundo da vida se encolhe em um subsistema. A esse enunciado, porém, não se deve conferir uma versão causal, como se as estruturas do mundo da vida se alterassem na dependência dos aumentos de complexidade do sistema. O contrário é correto: aumentos de complexidade são dependentes, por sua vez, da diferenciação estrutural do mundo da vida. Essa mudança estrutural, como quer que se explique sua dinâmica, obedece por seu turno ao sentido intrínseco de uma racionalização comunicativa. É dessa tese, que desenvolvi a partir dos textos de Mead e Durkheim e apliquei na análise do mundo da vida, que gostaria de fazer agora um uso sistemático.

O nível de aumentos possíveis de complexidade pode ser alçado, como foi mostrado, apenas porque um novo mecanismo sistêmico é introduzido; cada novo mecanismo que toma a dianteira na diferenciação sistêmica precisa ser ancorado, contudo, no mundo da vida, *institucionalizado* mediante *status*, autoridade do cargo ou o direito privado civil. As formações sociais se distinguem em última instância de acordo com os complexos institucionais que definem a base da sociedade no sentido marxiano. Essas instituições de base formam então uma série de inovações evolucionárias que podem ocorrer apenas sob a condição de que o mundo da vida tenha sido racionalizado o suficiente, de que sobretudo o direito e a moral tenham alcançado uma etapa de desenvolvimento correspondente. A institucionalização de um novo nível de diferenciação sistêmica requer reestruturações no âmbito institucional nuclear da regulação jurídico-moral, isto é, consensual, dos conflitos de ação.

Moral e direito são especializados em represar conflitos abertos, de modo que o fundamento da ação orientada ao entendimento e, com ela, a integração do mundo da vida, não se decomponha. Eles asseguram um nível subsequente de consenso, ao qual se pode recorrer caso o mecanismo do entendimento falhe no âmbito da comunicação cotidiana normativamente regulada, ou seja, caso a coordenação das ações prevista para o caso normal não se dê, e a alternativa da confrontação violenta se torne atual. Normas morais e jurídicas são, por conseguinte, *normas de ação de segunda ordem*, pelas quais se pode estudar particularmente bem as formas da integração social. Como foi mostrado, Durkheim analisou a mudança de forma da integração social lançando mão do desenvolvimento da moral e do direito; a título de tendência de longo prazo, ele afirma que a moral e o direito se tornam mais abstratos e mais universais, enquanto ao mesmo tempo ambos se diferenciam entre si. Pelo fio condutor da ontogênese, pode-se construir então etapas de desenvolvimento da moral e do direito conforme o critério dos conceitos sociocognitivos subjacentes de expectativa de comportamento: norma (= expectativa de comportamento generalizada) e princípio (= norma de grau superior). L. Kohlberg distingue, como se sabe, três níveis de consciência moral,[27] o nível pré-convencional, no qual são julgadas apenas as consequências da ação, o nível convencional, no qual se julga já a orientação por e a infração contra normas, e finalmente o nível pós-convencional, no qual também as próprias normas são julgadas à luz de princípios. Estruturas homólogas de consciência foram demonstradas por K. Eder para o desenvolvimento da moral e do direito em sociedades arcaicas, tradicionais e modernas.[28] E, como vimos, W. Schluchter interpretou segundo esses pontos de vista a tipologia weberiana do direito, sustentada em perspectiva histórica.[29] Contento-me neste lugar com a reprodução esquemática apresentada na Figura 26.

Etapas da consciência moral	Categorias sociocognitivas	Éticas	Tipos de direito
Pré-convencional	Expectativa de comportamento particular	Ética mágica	Direito revelado
Convencional	Norma	Ética da lei	Direito tradicional
Pós-convencional	Princípio	Ética da convicção e da responsabilidade	Direito formal

Figura 26 – *Etapas do desenvolvimento do direito*

Direito e moral não se separam na primeira fileira, na segunda apenas por meio de uma linha tracejada, a fim de indicar o processo de diferenciação que somente na etapa pós-convencional conduz a uma separação de moralidade e legalidade. A moral é desinstitucionalizada na etapa da consciência moral guiada por princípios, a ponto de somente ser ancorada ainda no sistema da personalidade, na qualidade de controle *interno* de comportamento. Na mesma

---

27 Kohlberg, *Zur kognitiven Entwicklung des Kindes*.
28 Eder, *Die Entstehung staatlich organisierter Gesellschaften*.
29 Schluchter, *Die Entwicklung des okzidentalen Rationalismus*, p.122ss., aqui p.150.

medida, o direito se desenvolve em um poder *externo*, imposto exteriormente, a tal ponto que o direito coercitivo moderno, estatalmente sancionado, passa a ser uma instituição desacoplada dos motivos éticos dos parceiros de direito e dependente da obediência jurídica abstrata. Esse desenvolvimento é parte da diferenciação estrutural do mundo da vida – nela se reflete a autonomização dos componentes sociais do mundo da vida, ou seja, do sistema institucional, perante a cultura e a personalidade, como também a tendência que desemboca no fato de as ordens legítimas se tornarem dependentes cada vez mais fortemente de procedimentos formais de positivação e fundamentação de normas.

Ora, trata-se da tese de que, na evolução social, níveis mais altos de integração não podem ser estabelecidos antes que tenham se constituído instituições jurídicas em que se corporifica uma consciência moral da etapa convencional ou da pós-convencional.[30] Na medida em que sistema de parentesco representa uma instituição total, como nas sociedades tribais, não há lugar algum para a administração da justiça como *meta*instituição. Práticas de administração da justiça não são constituídas como instituições superiores e sim laterais. Isso explica o debate prolongado dos antropólogos acerca da maneira como o conceito de direito poderia ser definido adequadamente. Direitos se seguem de *todas* normas de ação socialmente reconhecidas, ao passo que o direito se refere apenas ao tratamento de infrações de normas que são encaradas como tão agravantes que não podem ser reparadas imediatamente ou ser toleradas sem mais. De outro lado, o conceito moderno de direito coercitivo, enquanto um sistema de leis que é recoberto pelo poder de sanção estatal, revela-se estreito demais. Nas sociedades tribais, o direito não é ainda um direito que coage. A autodefesa das partes conflitantes permanece a *ultima ratio*; ela não pode ser substituída obrigatoriamente pela sentença judicial. Em todas as sociedades, não há sequer instituições que sejam especializadas na administração da justiça (ou mesmo na execução penal); mas também ali onde faltam tribunais há rotinas para a resolução *amistosa* de casos litigiosos que afetam os interesses de um indivíduo e de

---

30 Desenvolvi com mais detalhes essa tese na introdução e no ensaio homônimo de *Para a reconstrução do materialismo histórico*.

sua família ou o bem-estar da coletividade em seu todo: "Trabalhos recentes feitos por antropólogos têm se concentrado no registro cuidadoso de casos, tanto quanto possível no contexto do que já se sabe sobre os oponentes, seu *status* relativo e os eventos que levaram a um 'caso problema'. P. H. Gulliver, um antropólogo londrino que fez muito trabalho dessa espécie na Tanzânia, mantém o que é implícito em Hoebel: quando estudamos o direito, o que realmente deveríamos procurar é o *processo de resolução de disputas*. Por disputa, ele quer dizer uma altercação que chegou ao ponto em que o homem que pensa ter sido ofendido requer algum tipo de intervenção de terceiros para estabelecer quais são seus direitos e lhe dar a satisfação que lhe é devida. Ele nos lembra que 'resolução' não necessariamente elimina a questão. Mas, uma vez que uma *altercação* foi tratada por qualquer uma das partes como uma *disputa*, alguma coisa precisa ser feita".*³¹

A distinção de Durkheim entre pecados ou crimes que são castigados pelo direito penal, e delitos que requerem a compensação de uma das partes lesadas em seus interesses foi certamente retomada por Radcliffe-Brown, mas manifestamente ela não pode resistir ao material empírico no modo esperado por Durkheim. Em nosso contexto, importa sobretudo que a figura de pensamento da restauração de um estado íntegro ou de uma ordem normal encontra uma aplicação também ali onde tem lugar a distinção de Durkheim entre casos litigiosos do direito penal e do direito civil: "Há duas maneiras principais de lidar com uma queixa de que alguém infringiu a lei. Uma é persuadi-lo ou obrigá-lo a fazer uma restituição à pessoa que

---

* Em inglês no original: "Recent work done by anthropologists has concentrated on the careful recording of cases, as far as possible in the context of what is already known about the disputants, their relative status, and the events that led up to a 'trouble case'. P. H. Gulliver, a London anthropologist who has done much work of this kind in 'Tanzania, maintains what is implicit in Hoebel, that when we are studying law what we should really be looking for is *the process of dispute settlement*. By a dispute he means a quarrel that has reached the point where the man who thinks he is injured demands some kind of third party intervention to establish what his rights are and give him the satisfaction due to him. He reminds us that 'settlement' does not necessarily dispose of the issue. But once a *quarrel* has been treated by either party as a *dispute* something has to be done". (N. T.)

31 Mair, op. cit., p.145-6.

ele destratou. O outro é punir o infrator da lei; se esse método é escolhido, pode-se argumentar que ele faz uma restituição à comunidade como um todo, considerando-se que por sua ação ele lesou a todos".*³² Os fatos do caso são julgados de acordo com o ponto de vista pré-convencional da restituição de um dano causado; são considerados moralmente relevantes as consequências da ação e não as intenções do perpetrador. Assim, por exemplo, a violação da proibição do incesto é considerada um crime que tem por consequência a contaminação espiritual da sociedade, uma espécie de poluição ambiental – e a pena prevista para isso não é pensada como castigo de uma infração a normas individualmente imputável, mas possui a função de desviar da coletividade os danos iminentes. A validade das normas se enraíza imediatamente nas ações rituais da comunidade de culto; ela não se apoia nas sanções exteriores, que seriam monopolizadas na mão de um detentor da jurisdição. A pena para a violação contra a ordem sagrada mantém o caráter de uma expiação que não pode ser forçada em última instância pela autoridade social.

Esse momento da aceitação de uma pena é ainda mais evidente nos conflitos entre partes litigantes no âmbito do direito civil. Perante o pano de fundo do direito de retaliação ou de outras rotinas da autodefesa, os tribunais de arbitragem podem conduzir as partes, quando muito, a um acordo, mas não impor um juízo, isto é, impor contra a vontade das partes: "Não se pode dividir nitidamente as sociedades entre aquelas em que as disputas são travadas e aquelas em que são debatidas diante uma autoridade imparcial, a qual decide quem tem razão e o que deve ser feito. Este último tipo possui indubitavelmente instituições legais; pode-se dizer que algumas entre as primeiras andaram somente até uma parte do caminho. Assim, entre os Luhya do Quênia ocidental, os chefes dos grupos de filiação eram considerados tradicionalmente responsáveis pelas ações de seus membros,

---

* Em inglês no original: "There are two main ways of dealing with a complaint that somebody has broken the law. One is to persuade or compel him to make restitution to the person he has robbed. The other is to punish the law-breaker; if that method is chosen, it could be argued that he is making restitution to the community as a whole, being held by his action to have injured them all". (N. T.)

32 Ibidem, p.146.

e, se alguém estava envolvido em uma disputa, os anciãos dos dois grupos se reuniam e tentavam acordar sobre uma solução. Exceto no interior do grupo de filiação mais estreito, nenhuma solução poderia ser imposta a menos que a parte concordasse. No caso de uma disputa entre membros de uma linhagem maior, não era considerado lícito entrar em combate, mas, se nenhuma reconciliação pudesse ser alcançada, a parte mais fraca numericamente (que não poderia ter vencido em uma luta) se afastava e quebrava as relações com o resto da linhagem".*33

As coisas se passam de maneira diferente nas sociedades estatalmente organizadas. O fundamento da autoridade política é a disposição sobre meios de sanção centralizados, que conferem caráter vinculante às decisões dos titulares de cargo. O soberano obtém essa autoridade graças ao poder de sanção não meramente factual, mas também reconhecido como legítimo pelos parceiros de direito. A disposição legítima sobre meios de sanção, representando o cerne da dominação política, remonta ao cargo do juiz real, de acordo com a hipótese desenvolvida por K. Eder. Por sua vez, esse cargo pôde se formar apenas depois que as instituições da administração da justiça foram reestruturadas conforme uma outra etapa da consciência moral, a convencional. De acordo com os pontos de vista convencionais, uma transgressão aparece como uma infração individualmente imputável contra normas intersubjetivamente reconhecidas. O desvio de normas se mede pelas intenções de um

---

* Em inglês no original: "One cannot divide society neatly into those in which disputes are fought out, and those in which they are argued out before an impartial authority which decides who is right and what is to be done. The latter type indubitably have legal institutions; some of the former might be said to go only part of the way. Thus, among the Luhya of western Kenya, the heads of descent groups were traditionally held to be responsible for the actions of their members, and if someone was involved in a dispute the elders of the two groups got together and tried to agree on a solution. Except within the narrowest descent group, no solution could be imposed unless the party agreed. In the case of a dispute between members of a larger lineage, it was not considered permissible to fight the matter out, but if no reconciliation could be attained the weaker party numerically (who could not have won in a fight) moved away and broke off relations with the rest of the lineage". (N. T.)

33 Ibidem, p.148-9.

sujeito agindo responsavelmente, e a pena se aplica a uma ação culposa, não meramente à compensação das consequências desvantajosas da ação. Nessa etapa do juízo moral, a regulação consensual de conflitos de ação não se guia pela noção da restauração de um *status* lesado *quo ante*, mas pela ideia de reparar a injustiça cometida, de curar a lesão às normas.

Com isso, na consciência dos parceiros de direito, altera-se a função da administração da justiça e a posição do juiz. O juiz salvaguarda a integridade da ordem jurídica; e o poder que ele reivindica no exercício dessa função retira sua legitimidade da ordem jurídica respeitada como válida. O poder judicial não se apoia mais no prestígio de seu *status* de nascimento, mas na legitimidade de uma ordem jurídica, na qual a posição de um salvaguarda do direito, dotado do poder de sanção requerido, torna-se estruturalmente necessário. *Visto que o próprio cargo de juiz representa uma fonte de poder legítimo, pode-se cristalizar em torno desse cargo a dominação política.*

Com base no direito tradicional, é levada a cabo claramente a separação de direito penal e civil, inscrita nas instituições jurídicas arcaicas; o direito civil é tributário da reestruturação da jurisdição de arbitragem que foi concebida em termos pré-convencionais, na passagem para a etapa convencional da consciência moral. De resto, o direito tem agora a posição de uma metainstituição que assume algo como um seguro contra pane, para o caso de a força vinculante das instituições de primeira ordem falhar. A ordem política inteira se constitui na qualidade de ordem jurídica; mas ela se põe ao modo de um invólucro em torno de uma sociedade cujos âmbitos nucleares não são ainda, de forma alguma, reorganizados juridicamente. Muito antes disso, as relações sociais são institucionalizadas como legais nas formas da eticidade tradicional. Isso somente se altera nas sociedades modernas.

Aqui surge, juntamente com a economia diferenciada por meio do *medium* dinheiro, um sistema de ação eticamente neutralizado, que é institucionalizado *imediatamente* nas formas do direito privado civil. O sistema do trabalho social é reestruturado pelas instituições de primeira ordem, que por sua vez são garantidas juridicamente, em conformidade *imediata* com as normas do direito civil. Na medida em que as ações são coordenadas por meio de um *medium* deslinguistificado como o dinheiro, as interações normativamente acomodadas se transformam em transações entre sujeitos de direito privados, as quais são exercidas com orientação ao êxito. A transformação do direito vinculado pela tradição em um meio de organização empregável em termos de racionalidade com respeito a fins, um direito imposto exteriormente, desacoplado de motivos éticos e em um instrumento de delimitação de âmbitos de arbítrio legítimo – eu discuti anteriormente tudo isso sob as rubricas da positividade, legalidade e formalismo do direito; no mesmo contexto, mostrei que esse direito moderno corporifica estruturas de consciência que podem se constituir apenas na etapa pós-convencional da consciência moral. O sistema do direito privado positivado, que no âmbito econômico estruturante entra no lugar das normas culturalmente amparadas da ação orientada ao entendimento, depende de legislação contínua, jurisprudência profissional e de uma administração legal, com instrução jurídica. Uma vez que o direito civil perde em grande medida a posição de uma metainstituição, forma-se no interior do próprio sistema jurídico um escalonamento funcionalmente equivalente de instituições de primeira e segunda ordem.

Além da diferenciação entre direito penal e civil, separam-se agora o direito privado e público. Enquanto a sociedade burguesa é institucionalizada como uma esfera de concorrência duradoura juridicamente domesticada entre pessoas privadas agindo estrategicamente, os órgãos estatais, organizados segundo o direito público, formam o plano em que pode ser restaurado o consenso nos casos de conflito tenaz. Nisso se pode aclarar como a problemática da fundamentação se desloca e intensifica ao mesmo tempo. Quando o direito se torna positivo, as vias da legitimação se prolongam. A legalidade das decisões, que se mede pela observância de procedimentos formalmente incontestes, desonera o sistema jurídico de uma problemática de fundamentação que atravessa o direito tradicional como um todo. De outro lado, essa problemática se intensifica ali onde a carência de justificação e a criticabilidade de normas jurídicas representa apenas o reverso de sua positividade – o princípio de positivação e o princípio de fundamentação requerem-se mutuamente. O sistema jurídico carece, *como um todo*, de uma ancoragem nas instituições de base, eficazes em termos de legitimação. No Estado constitucional burguês, elas são em primeira linha os direitos fundamentais e o princípio da soberania popular; nelas se corporificam estruturas de consciência pós-convencional. Juntamente com os fundamentos prático-morais do direito penal e civil, elas estabelecem as pontes entre a esfera jurídica amoralizada e reduzida à exterioridade, por um lado, e uma moral desinstitucionalizada e interiorizada.

Esbocei a traços largos as duas etapas do direito e da moral para mostrar que a passagem às noções jurídicas e morais convencionais ou às pós-convencionais preenche condições *necessárias* para o surgimento do quadro institucional das sociedades de classes políticas ou econômicas. Entendo esse nexo de tal sorte que novos níveis de diferenciação sistêmica podem ser erigidos somente quando a racionalização do mundo da vida alcançou um nível correspondente. Nesse caso, porém, é preciso ser explicado por que o desenvolvimento até o universalismo expressa *simultaneamente* no direito e na moral uma racionalização do mundo da vida, possibilitando um novo nível de integração. Pode-se tornar claro isso pelas duas tendências *contrapostas* que se impõem no plano das interações e das orientações da ação, no curso de uma "generalização de valores" progressiva.

(5) *Racionalização* versus *tecnificação do mundo da vida*. *A desoneração do* medium *da linguagem corrente por* media *de comunicação deslinguistificados*

Parsons denomina "generalização de valores" a tendência de que as orientações axiológicas, que são demandadas institucionalmente dos agentes, tornam-se cada vez mais universais e formais. Essa tendência resulta, com necessidade estrutural, de um desenvolvimento do direito e da moral que desloca o asseguramento do consenso previsto em casos de conflito para níveis cada vez mais abstratos. No entanto, também os sistemas de interação mais simples não funcionam sem uma certa medida de orientações de ação *generalizadas*. Em toda sociedade, coloca-se o problema fundamental da coordenação da ação: como *ego* consegue que *alter* prossiga uma interação da maneira desejada – como ele evita um conflito que venha a interromper a sequência da ação? Se partimos de interações simples no quadro da práxis comunicativa cotidiana e perguntamos sobre os *motivos generalizados* que possam mover *alter* a consentir *no geral* com as ofertas de interação de *ego*, topamos com elementos triviais que não se ligam a nenhum pressuposto especial: a reputação de que *ego* desfruta e a influência que exerce. Se uma pessoa bem reputada e influente toma iniciativas, ela pode contar com uma antecipação de confiança, que, dado o caso, é paga com uma disposição para o consenso e o acatamento que *abarca diversas situações*. Podemos dizer também: ao prestígio de que dispõem algumas pessoas correspondem as orientações de ação generalizadas dos outros participantes da interação.

Nas sociedades tribais hierarquizadas, reputação e influência marcam a estrutura social. A antecipação de confiança é transferida de pessoas a grupos. A disposição para a aceitação que abrange a situação se estende então aos grupos de filiação dominantes; os membros de grupos de *status* superior encontram obediência para expectativas de comportamento que não precisam ser mais recobertas por seu *status* pessoal. Nas sociedades politicamente constituídas, a autoridade de cargo do soberano amplia o espaço para as orientações axiológicas generalizadas; estas se desligam, em âmbitos relevantes da ação, das relações de parentesco particulares. A disposição para o consenso e o acatamento não se aplica mais aqui, em primeira linha, às famílias influentes, mas à autoridade legal do Estado. A dominação política significa a competência de impor decisões com base em normas vinculantes; a ordem estatal é legítima na medida em que se baseia na fidelidade dos cidadãos à lei. Esse dever de obediência em relação ao titular do cargo é menos particularista do que a disposição de acatamento em relação a membros de uma camada dirigente. A sociedade burguesa moderna requer finalmente um nível ainda mais alto de generalização de valores. Na medida em que a eticidade tradicional se cinde em moralidade e legalidade, exige-se, para o trato privado, a aplicação autônoma de princípios universais, e para a esfera profissional, a obediência ao direito positivamente estabelecido. Enquanto os motivos dos agentes são controlados de início pelas orientações de valores concretas dos papéis de parentesco, a generalização de motivos e valores é impelida finalmente a tal ponto que a *obediência abstrata ao direito* é a única condição normativa que precisa ser preenchida pelo ator nos âmbitos de ação formalmente organizados.

A tendência à generalização de valores desencadeia então, no plano da interação, duas tendências contrapostas. Quanto mais progride a generalização de motivos e valores, tanto mais a ação comunicativa se desliga dos padrões comportamentais normativos concretos e tradicionais. Com esse desacoplamento, o fardo da integração social se transfere cada vez mais fortemente de um consenso ancorado na religião para os processos de formação linguística de consenso. A inversão de polaridade da coordenação da ação em favor do mecanismo de entendimento faz ressaltar com pureza cada vez maior as estruturas universais da ação orientada ao entendimento. Nesse aspecto, a generalização de valores é uma condição necessária para a liberação do potencial de racionalidade inscrito na ação comunicativa. Já isso nos autoriza a entender o desenvolvimento do direito e da moral, ao qual remonta a generalização de valores, como um aspecto da racionalização do mundo da vida.

Por outro lado, a liberação da ação comunicativa em relação às orientações axiológicas particulares implica ao mesmo tempo a separação entre ação orientada ao êxito e ação orientada ao entendimento. Com a generalização de motivos e valores, surge o espaço para subsistemas de ação racional com respeito a fins. A coordenação da ação somente pode ser ajustada aos *media* de comunicação deslinguistificados se os contextos de ação estratégica se diferenciam. Enfim, enquanto uma moral desinstitucionalizada e interiorizada liga a regulação de conflitos de ação tão somente à ideia do resgate discursivo de pretensões de validade normativa, a procedimentos e pressupostos da argumentação moral, o direito coercitivo amoralizado força um adiamento de legitimação que possibilita o controle da ação social através de *media*.

Nessa polarização se reflete o desacoplamento de integração sistêmica e integração social. Ele pressupõe no plano da interação uma diferenciação não somente entre a ação orientada ao êxito e ação orientada ao entendimento, mas também entre *mecanismos de coordenação da ação* correspondentes, dependendo de como *ego* leva *alter* ao prosseguimento da interação e em que base *alter* constitui orientações de ação generalizadas. Com base em orientações de ação cada vez mais generalizadas, surge uma rede cada vez mais densa de interações que dispensam o controle imediatamente normativo e precisam ser coordenadas *por outras vias*. Para a satisfação dessa necessidade crescente de coordenação, estão à disposição ou o entendimento linguístico ou os mecanismos de desoneração, que diminuem o dispêndio de comunicação e os riscos de dissenso. No curso da diferenciação entre a ação orientada ao entendimento e a orientada ao êxito, formam-se *dois tipos de mecanismos de desoneração*, mais precisamente, na forma de *media de comunicação* que ou *condensam* ou *substituem* o entendimento linguístico. Já conhecemos a reputação e a influência como geradores primitivos de disposição de acatamento; a formação de *media* começa por elas.

A reputação é atribuída antes de tudo à pessoa, a influência, antes de tudo ao fluxo da comunicação. Embora reputação e influência sejam grandezas interdependentes – reputação propicia mais influência, influência confere maior reputação –, podemos mantê-las analiticamente em separado, mais precisamente no que concerne às suas fontes. A reputação se apoia no caso mais simples nos atributos da personalidade, a influência, na disposição sobre recursos. No catálogo das propriedades relevantes para a reputação estão contidas a força física e a atratividade corporal, tanto quanto as habilidades técnicas e práticas, as capacidades intelectuais, e o que denominei a imputabilidade de um sujeito que age comunicativamente. Por esse termo eu entendo a força da vontade, a credibilidade e a confiabilidade, ou seja, as virtudes cognitivas, expressivas e prático-morais de uma ação orientada por pretensões de validade. Por outro lado, a posse e o saber são as duas fontes mais importantes para a influência. A expressão "saber", eu a uso em um sentido amplo, que recobre tudo o que pode ser adquirido por meio de aprendizado, assim como por meio de apropriação da tradição cultural, no que esta se estende tanto aos componentes cognitivos quanto àqueles da integração social, e isso significa, por sua vez, os componentes expressivos e prático-morais.

A disposição generalizada à aceitação por parte de *alter* pode então ser atribuída por nós às fontes individuais da reputação e/ou da influência de *ego*, mais exatamente, aos *vínculos empiricamente motivados*, isto é, por estímulo e intimidação, no caso de força física, poder de atração corporal, habilidades cognitivo-instrumentais e disposição sobre posses, e, em contrapartida, à *confiança racionalmente motivada*, isto é, fundamentada por um acordo, no caso da imputabilidade interativa e disposição sobre saberes. Nesse caso, para a disposição à aceitação induzida por reputação e influência, resulta a classificação provisória apresentada na Figura 27.

Atribuição de reputação e influência / Motivação	Atributos	Recursos
Empiricamente	*Força:* intimidação por meio de punição temida, estímulo por meio de proteção esperada *Capacidade:* estímulo por meio de êxito esperado *Atração corporal:* vínculo afetivo	*Posse:* estímulo por meio de compensação esperada
Racionalmente	*Imputabilidade:* confiança na autonomia	*Saber:* confiança no saber válido

Figura 27 – *Fontes da disposição generalizada à aceitação*

Não vinculo a esse esquema nenhuma pretensão sistemática; ele deve ilustrar simplesmente que nas fontes da reputação e da influência *se inscreve* uma diferenciação nas linhas da ligação empiricamente motivada e da confiança racionalmente motivada. Ou *alter* consente com a oferta de *ego* porque se orienta por punições e compensações que *ego* pode distribuir, ou porque confia em que *ego* dispõe do saber necessário e é suficientemente autônomo para garantir o resgate das pretensões de validade levantadas comunicativamente por ele.

Ora, o problema da desoneração do dispêndio comunicativo e dos riscos de dissenso pode ser resolvido, em uma etapa superior subsequente, na medida em que reputação e influência não mais apenas induzem as disposições ao consenso e ao acatamento, obtendo efeitos *estruturantes* circunstanciais, mas são elas próprias generalizadas. É por conta disso que se formam os *media de controle*.

É condição para a formação de *media* a diferenciação das fontes de influência, em particular uma separação entre os vínculos empiricamente motivados e as diversas formas da confiança racionalmente motivada. *Media como dinheiro e poder* baseiam-se em vínculos empiricamente motivados, ao passo que aquelas *formas generalizadas de comunicação*, como a reputação profissional ou o "compromisso de valor", ou seja, a liderança prático-moral, se apoiam em determinadas classes de confiança motivadas em princípio de maneira racional.

A diferença de tipos pode ser aclarada do seguinte modo. A práxis comunicativa cotidiana se insere, como vimos, em um contexto de mundo da vida que é determinado por tradições culturais, ordens legítimas e indivíduos socializados. As operações de interpretação se nutrem de uma antecipação de consenso próprio do mundo da vida.[34] Ora, o potencial de racionalidade do entendimento linguístico é atualizado na medida em que a generalização de motivos e valores progride, e as zonas do não problemático encolhem. A pressão crescente por racionalidade que o mundo da vida problematizado exerce sobre os mecanismos de entendimento eleva a necessidade de entendimento, e, com isso, aumentam o dispêndio de interpretação e o risco de dissenso (em aumento juntamente com o aproveitamento das capacidades críticas). São essas demandas e perigos que podem ser absorvidos pelos *media* de comunicação. No entanto, os modos de funcionamento desses *media* se distinguem conforme *arrebatam* a formação linguística de consenso por meio de uma *especialização* em determinados aspectos de validade e por meio de uma *hierarquização* dos processos de obtenção de acordo, ou *desacoplam* a coordenação da ação da *formação linguística de consenso* em geral, neutralizando-a diante da alternativa de acordo ou entendimento malogrado.

A conversão da coordenação da ação que vai da linguagem aos *media* de controle significa um desacoplamento da interação dos contextos do mundo da vida. *Media* como dinheiro e poder baseiam-se em vínculos empiricamente motivados; codificam um trato com quantidades calculáveis de valores conforme a racionalidade com respeito a fins e possibilitam uma influenciação estratégica generalizada sobre as decisões de outros participantes da interação, *contornando* os processos de formação linguística do consenso. Na medida em que não apenas simplificam a comunicação linguística, mas

---

34 "Os fundamentos do convívio e as condições de seu prosseguimento não precisam normalmente ser ponderados, as ações não precisam ser justificadas, os motivos não precisam ser engendrados e apresentados de propósito. Problematizações e tematizações nunca estão excluídas, permanecem sempre possíveis; mas essa possibilidade não atual já basta normalmente como base de interação: se ninguém a toca, tudo está bem" (Luhmann, *Macht*, p.70).

a *substituem* por uma generalização simbólica de prejuízos e compensações, o contexto do mundo da vida em que os processos de entendimento estão sempre inseridos é desvalorizado para as interações controladas por *media*: o mundo da vida não é mais necessário para a coordenação das ações.

Subsistemas sociais que se diferenciam por meio de tais *media* podem se tornar independentes em relação ao mundo da vida, repelido para o entorno sistêmico. O ajuste da ação aos *media* de controle aparece por isso, da perspectiva do mundo da vida, tanto como uma desoneração do dispêndio e do risco comunicativo quanto também como um condicionamento de decisões em espaços ampliados de contingência e, nesse sentido, como uma *tecnificação do mundo da vida*.

Um semelhante efeito não pode ser provocado pela generalização daquela influência que se escora na confiança racionalmente motivada na posse do saber, seja de espécie cognitivo-instrumental, seja prático-moral ou prático-estética. Onde se aplica a reputação ou a autoridade moral, a coordenação da ação precisa ser efetuada com o auxílio de recursos que são conhecidos pela formação linguística do consenso. *Media* dessa espécie não podem desacoplar as interações do contexto do mundo da vida, o qual determina o saber cultural partilhado, as normas válidas e as motivações imputáveis, visto que precisam fazer uso dos recursos da formação linguística do consenso. Isso explica também por que não carecem de um reacoplamento institucional especial no mundo da vida, mas permanecem dependentes, por seu turno, de uma racionalização do mundo da vida.

Uma influência cognitivamente especializada, como a reputação científica, pode se formar apenas na medida em que a esferas culturais de valores, no sentido de Weber, se diferenciam, permitindo uma elaboração da tradição cognitiva sob o aspecto exclusivo da validade de verdade. Uma influência normativamente especializada, como a liderança moral, pode se formar apenas na medida em que o desenvolvimento da moral e do direito alcança a etapa pós-convencional, em que a consciência moral se ancora no sistema da personalidade mediante controles comportamentais internos. Ambas as espécies de influência exigem, além disso, *tecnologias de comunicação*, com o auxílio das quais pode se formar uma *esfera pública*. A ação comunicativa somente pode ser controlada mediante a influência especializada, por meio de *media* como a reputação profissional e o compromisso de valor, na medida em que os proferimentos comunicativos, já em seu aparecimento originário, se inserem em uma rede, mantida como virtualmente presente, de conteúdos comunicativos bem distanciados no tempo e no espaço, mas em princípio acessíveis.

Escrita, imprensa e meios eletrônicos caracterizam as inovações evolucionariamente significativas nesse terreno, técnicas com cujo auxílio os atos de fala se soltam das limitações espaçotemporais do contexto, tornando-se disponíveis para múltiplos contextos. A passagem às sociedades estatalmente organizadas é acompanhada da invenção da escrita; esta serve de início a fins técnico-administrativos, mais tarde à formação literária de uma camada de eruditos. Com isso, surge o papel do autor, que pode dirigir suas manifestações a um público indefinido, geral, o papel do exegeta, que continua uma tradição por meio de ensino e crítica, o papel do leitor, que decide por meio da escolha de suas leituras sobre as comunicações transmitidas das quais gostaria de participar. A imprensa desdobra seu significado cultural e político somente nas sociedades modernas. Ela traz consigo uma deslimitação da ação comunicativa que será potencializada mais uma vez pelos meios eletrônicos da comunicação de massa desenvolvidos no século XX.

Quanto mais a formação linguística do consenso é desonerada graças aos *media*, tanto mais complexas se tornam as redes de interações controladas por meio deles. As duas espécies de mecanismos de desoneração promovem, porém, *diversos tipos* de comunicação multiplicada. *Media* de comunicação deslinguistificados como *dinheiro e poder* associam interações no espaço e no tempo, formando redes cada vez mais complexas, sem que estas devessem ser objeto de uma visão de conjunto ou de responsabilidade. Se a imputabilidade deve significar que se possa orientar a ação por pretensões de validade criticáveis, então uma coordenação da ação desatrelada do consenso comunicativamente produzido, desmundanizada, não requer nenhum participante imputável na interação. Em contrapartida, aqueles *media* de comunicação que, como a reputação ou o compromisso de valor, graduam e condensam os processos de entendimento, mas não os substituem, desoneram a interação apenas na primeira instância das tomadas de posição de sim e não sobre pretensões de validade criticáveis. Eles dependem de tecnologias de comunicação, visto que estas *possibilitam a formação de esferas públicas*, ou sejam, propiciam que também as redes condensadas de comunicação sejam ligadas à tradição cultural e, em última instância, permaneçam dependentes da ação de atores imputáveis.

(6) *O desacoplamento de sistema e mundo da vida e uma reformulação da tese da reificação*

Nas tendências contrapostas que acabamos de caracterizar, delineia-se uma polarização entre dois tipos de mecanismos coordenadores da ação e um desacoplamento entre integração sistêmica e integração social de longo alcance. Com os subsistemas diferenciados por meio de *media* de controle, os mecanismos sistêmicos criam para si mesmos suas próprias estruturas sociais, isentas de normas e erguidas para além do mundo da vida. Elas se reacoplam, no entanto, com a práxis comunicativa cotidiana mediante a instituição de base representada pelo direito civil. Pelo fato somente de que integração sistêmica e integração social são amplamente desacopladas, não se pode ainda fazer inferências, contudo, sobre as dependências lineares em uma ou outra direção. Poder-se-ia imaginar as duas coisas: as instituições que ancoram no mundo da vida os mecanismos de controle como o dinheiro e o poder canalizam ou a influência do mundo da vida sobre os âmbitos de ação formalmente organizados ou, inversamente, a influência do sistema sobre os contextos de ação comunicativamente estruturados. Em um caso, elas funcionariam como o quadro institucional que submete a preservação do sistema às restrições normativas do mundo da vida, no outro, como a base que subordina o mundo da vida às pressões da reprodução material, mediatizando-o por meio disso.

Na teoria política e social, ambos os modelos conceituais foram adotados. Enquanto as doutrinas modernas do direito natural puderam negligenciar a legalidade intrínseca de uma sociedade burguesa funcionalmente estabilizada em contraposição ao Estado racionalmente construído, os clássicos da economia política se empenharam pela demonstração de que os imperativos sistêmicos se harmonizam fundamentalmente com as normas basilares de uma república que garante a liberdade e a justiça. Na forma de uma crítica da economia política, Marx destruiu essa ilusão prenhe de consequências práticas; ele mostrou que as leis da produção capitalista possuem a função latente de manter em pé uma estrutura de classes que escarnece dos ideais burgueses. O mundo da vida das camadas portadoras do capitalismo, que se interpretam no direito natural racional, de modo geral nos ideais da cultura burguesa, é desvalorizado por Marx como superestrutura sociocultural. Com a imagem de base e superestrutura, ele confere expressão também à exigência metodológica de trocar a perspectiva interna do mundo da vida por uma perspectiva de observador, a partir da qual os imperativos sistêmicos da economia autonomizada, influindo *a tergo* sobre o mundo da vida burguês, podem ser apreendidos. Somente em uma sociedade socialista, de acordo com Marx, a maldição que o sistema inflige sobre o mundo da vida poderia ser quebrada, e a dependência da superestrutura em relação à base poderia ser dissolvida.

De certa maneira, o funcionalismo sistêmico mais recente toma posse da herança do marxismo; ele o radicaliza e desarma ao mesmo tempo. De um lado, a teoria dos sistemas se apropria da concepção de que as coerções sistêmicas da reprodução material, entendidas como imperativos de manutenção do sistema social, atravessam as estruturas simbólicas do mundo da vida. De outro lado, ela tira da teoria sobre base e superestrutura a ponta crítica, reinterpretando como uma pré-decisão analítica o que era visado a título de diagnóstico empírico. Com efeito, Marx havia assumido da teoria social burguesa o pressuposto que reencontramos em Durkheim: que para uma sociedade não pode ser indiferente até que ponto as formas de integração social dependentes de consenso podem ser recalcadas e substituídas por formas anônimas de socialização em termos de integração sistêmica. Mas uma abordagem teórica que representa o mundo da vida somente como um subsistema entre vários subsistemas anonimamente controlados contorna essa distinção. A teoria dos sistemas trata as operações de integração social e de integração sistêmica como equivalentes funcionais, desfazendo-se do critério da racionalidade comunicativa. Sem ele, os aumentos de complexidade que são obtidos *à custa* de um mundo da vida racionalizado não podem ser identificados *como* custos. À teoria dos sistemas faltam os meios analíticos para o questionamento que Marx *também* havia inserido em sua metáfora de base e superestrutura e que

Weber, a seu modo, renovara com sua questão sobre o paradoxo da racionalização social. Para nós, essa questão se coloca na forma de saber se a racionalização do mundo da vida não se torna paradoxal com a passagem para a sociedade moderna: o mundo da vida racionalizado possibilita o surgimento e o crescimento dos subsistemas cujos imperativos autonomizados retroagem destrutivamente sobre ele próprio.

De início, gostaria de inspecionar somente os meios conceituais com que essa hipótese pode ser formulada com mais exatidão. A suposição de uma mediatização [*Mediatisierung*] do mundo da vida se refere aos fenômenos de interferência que surgem ali onde sistema e mundo da vida se diferenciaram a tal ponto que um pode influir sobre o outro. A mediatização do mundo da vida se efetua nas e com as estruturas do mundo da vida; ela não faz parte dos processos que são tematicamente disponíveis *no interior* do mundo da vida, e por isso não se deixa depreender pelos acervos da tradição e pelos conteúdos da comunicação, pelo saber intuitivo dos membros. Por outro lado, tampouco são processos acessíveis da perspectiva externa da teoria dos sistemas. Embora se efetuem contraintuitivamente e não possam ser percebidos sem mais da perspectiva interna do mundo da vida, delineiam-se nas condições formais da ação comunicativa.

O desacoplamento de integração sistêmica e integração social significa de início apenas uma diferenciação entre tipos distintos de coordenação da ação, no que a coordenação se dá ou mediante o consenso dos participantes ou mediante nexos funcionais da ação. Os mecanismos de integração sistêmica se aplicam aos efeitos da ação. Enquanto atravessam as orientações da ação de maneira subjetivamente discreta, eles podem deixar estruturalmente inalterados os contextos de ação da integração social que utilizam de modo parasitário – postulamos um tal entrelaçamento de integração sistêmica e social para o nível de desenvolvimento das sociedades tribais. As coisas se passam diferentemente quando a integração sistêmica interfere nas formas da própria integração social; também nesse caso se trata de nexos funcionais que permanecem latentes, mas a discrição subjetiva de coerções sistêmicas que *instrumentalizam* um mundo da vida comunicativamente estruturado obtém o caráter de ilusão, de uma consciência objetivamente falsa. As influências do sistema sobre o mundo da vida, que alteram os contextos de ação dos grupos socialmente integrados em sua estrutura, precisam permanecer ocultas. As coerções da reprodução que instrumentalizam um mundo da vida sem afetar a aparência de autarquia do mundo da vida devem se esconder, por assim dizer, nos poros da ação comunicativa. Daí surgir uma *violência estrutural* que, sem se tornar manifesta como tal, apodera-se da forma da intersubjetividade do entendimento possível. A violência estrutural é exercida mediante a restrição sistemática da comunicação; ela é ancorada nas condições formais da ação comunicativa de tal sorte que, para os participantes da comunicação, o nexo entre mundo objetivo, social e subjetivo é prejulgado de maneira típica. Para esse *a priori* relativo do entendimento, gostaria de introduzir o conceito de *forma de entendimento*, em analogia com o *a priori* epistemológico da forma de objeto (Lukács).

Lukács havia determinado as formas de objetividade como aqueles princípios que pré-formam por meio da totalidade social também a confrontação dos indivíduos com a natureza objetiva, com a realidade normativa e com sua própria natureza subjetiva. Lukács fala de "formas de objetividade" *a priori* porque, no quadro da filosofia do sujeito, ele tinha de partir da relação fundamental entre um sujeito que conhece ou age e o âmbito dos objetos perceptíveis ou manipuláveis. Depois da mudança de paradigma que a teoria da comunicação efetuou, as propriedades formais da intersubjetividade do entendimento possível podem ocupar o lugar das condições da objetividade da experiência possível. Formas de entendimento representam a cada vez um compromisso entre as estruturas gerais da ação orientada ao entendimento e as coerções da reprodução não tematicamente disponíveis no interior de um dado mundo da vida. As formas de entendimento historicamente variantes formam por assim dizer as superfícies de corte que surgem ali onde as coerções sistêmicas da reprodução material interferem discretamente nas formas da própria integração social, mediatizando com isso o mundo da vida.

Gostaria de ilustrar inicialmente o conceito de forma de entendimento com aquelas sociedades das grandes civilizações em que as imagens religiosas e metafísicas do mundo assumem funções ideológicas (a), a fim de obter daí os pontos de vista analíticos para uma série sistemática de formas de entendimento (b).

(a) O conceito de forma de entendimento

Em sociedades estatalmente organizadas surge uma necessidade de legitimação que não podia haver nas sociedades tribais por razões estruturais. Nas sociedades organizadas segundo relações de parentesco, o sistema institucional é ancorado ritualmente, isto é, em uma práxis que se interpreta nas narrativas míticas e estabiliza sua validade normativa a partir de si mesma. Em contrapartida, a validade das leis em que se articula uma ordem política inteira precisa ser garantida primeiramente pelo poder de sanção de um soberano. Mas a dominação política possui força de integração social somente na medida em que a disposição sobre os meios de sanção não se baseia sobre a repressão nua e crua, mas sobre a autoridade de um cargo que se ancora por sua vez em uma ordem jurídica. Por isso, as leis carecem do reconhecimento intersubjetivo dos cidadãos do Estado, elas precisam ser legitimadas de acordo com o direito. Com isso, acresce à cultura a tarefa de fundamentar por que a ordem política existente em cada caso *merece* reconhecimento. Enquanto as narrativas míticas interpretam uma práxis ritual, tornando-a inteligível, mas são elas próprias um componente dessa práxis, as imagens religiosas e metafísicas do mundo de origem profética possuem a forma de doutrinas intelectualmente elaboráveis, as quais explicam e justificam uma ordem de dominação existente no quadro da ordem do mundo explicitada por elas.[35]

---

35 Eisenstadt, "Cultural Traditions and Political Dynamics: The Origins and Modes of Ideological Politics", *British Journal of Sociology*, v.32, p.155ss., 1981; no entanto, religiões universais surgem apenas relativamente tarde. Nas sociedades anteriores às grandes civilizações que vieram a alcançar o nível da organização estatal, carece-se de outros fundamentos legitimadores. Nesse contexto, são de particular interesse os estudos de M. Bloch sobre os reinos em Madagascar central: Bloch, "The Disconnection between Power and Rank as a Process: An Outline of the Development of Kingdoms in Central Madagskar", em Friedman; Rowlands (orgs.), *The Evolution of Social Systems*; id., "The Past and the Present in the Present", *Man*, v.12, n.2, p.278ss., 1978. Bloch mostra que tanto determinados ritos como também as hierarquias sociais ritualmente asseguradas são refuncionalizados na passagem das sociedades tribais estratificadas para as sociedades de classes estatalmente organizadas. As estruturas hierárquicas das sociedades tribais suplantadas permanecem como uma fachada, atrás da qual se ocultam as estruturas de classe nos novos reinos, estatalmente organizados.

A necessidade de legitimação surgida por motivos estruturais é particularmente precária nas sociedades das grandes civilizações. Quando se comparam as antigas civilizações com as sociedades tribais fortemente hierarquizadas, um aumento de desigualdade social é evidente. No quadro da organização estatal, unidades estruturadas de maneira não similar podem ser funcionalmente especificadas. Assim que a organização do trabalho social é desacoplada das relações de parentesco, os recursos podem ser mobilizados mais facilmente e combinados mais eficazmente. Mas essa ampliação da reprodução material é paga com a transformação do sistema de estratificação familiar em uma sociedade estratificada de classes. O que se apresenta sob aspectos sistêmicos como uma integração da sociedade no nível de uma reprodução material ampliada significa sob aspectos da integração social uma *intensificação da desigualdade social*, a exploração econômica de massas e a repressão juridicamente encoberta das classes dependentes. A história da pena oferece indicadores inequívocos da repressão em alto grau de que as civilizações antigas carecem sem exceção. Movimentos sociais que podem ser analisados dos pontos de vista socioestruturais como lutas de classes, mesmo que não sejam conduzidas como tais, ameaçam a integração social. Por isso, as funções de exploração e repressão, que a autoridade de cargo do soberano e das classes dominantes preenche no contexto sistêmico da reprodução material, mantêm-se latentes na medida do possível. As imagens de mundo precisam ser ideologicamente eficazes.

Max Weber mostrou que as religiões universais são dominadas por um tema basilar, a saber, pela questão sobre a legitimidade da distribuição desigual de bens afortunados entre os homens. As imagens de mundo teocêntricas projetam teodiceias para reinterpretar e satisfazer a necessidade de uma explicação religiosa do sofrimento, percebido como injusto, em uma necessidade salvífica individual. As imagens de mundo cosmocêntricas oferecem soluções equivalentes para o mesmo problema. É comum às imagens religiosas e metafísicas do mundo uma estrutura dicotômica marcada de maneira mais ou menos nítida que permite referir o mundo da vida sociocultural a um transmundo [*Hinterwelt*]. O mundo atrás [*hinter*] do mundo visível do aquém e dos fenômenos representa uma ordem fundamental; caso se consiga então representar a ordem da sociedade estratificada de classes como homologias dessa ordem do mundo, tais imagens de mundo podem assumir funções ideológicas. As religiões universais penetram simultaneamente a cultura popular e a alta cultura; elas devem sua eficácia avassaladora à circunstância de que podem satisfazer ao mesmo tempo, com o mesmo conjunto de afirmações e promissões, uma necessidade de justificação em etapas muito distintas da consciência moral.

À primeira vista, no entanto, é um enigma saber como a interpretação ideológica do mundo e da sociedade consegue afirmar a injustiça bárbara *contra as aparências sensíveis*. As coerções da reprodução material não poderiam atravessar tão brutalmente os mundos da vida das sociedades das grandes civilizações, os quais se especificam conforme os estratos, se a tradição cultural não fosse imunizada contra as experiências dissonantes. Gostaria de explicar essa inatacabilidade referindo-me às restrições da comunicação. Embora as imagens religiosas e metafísicas do mundo tenham exercido uma grande força de atração sobre as camadas intelectuais; embora tenham provocado os esforços hermenêuticos de muitas gerações de doutrinadores, teólogos, leigos cultos, pregadores, mandarins, burocratas, cidadãos etc.; embora tenham sido reconfiguradas argumentativamente, colocadas em forma dogmática, sistematizadas e racionalizadas a partir de seus próprios motivos, as categorias religiosas e metafísicas se situavam em um plano de pretensões de validade indiferenciadas, no qual o potencial de racionalidade da fala permanece atado mais fortemente do que na práxis cotidiana trivial, intelectualmente não reelaborada. Graças a uma fusão de aspectos de validade ônticos, normativos e expressivos e graças à fixação, assegurada pelo culto, de uma atitude de fé correspondente, as categorias que, por assim dizer, suportam o fardo da legitimação das imagens de mundo ideologicamente eficazes são imunizadas contra objeções que já se encontram completamente ao alcance cognitivo da comunicação cotidiana. Essa imunização pode ter sucesso quando a separação institucional entre os âmbitos sagrado e profano da ação providencia para que os fundamentos da tradição não sejam tematizados no lugar errado: no interior do âmbito sagrado, a comunicação permanece *sistematicamente restrita* por causa da falta de diferenciação das esferas de validade, ou seja, em virtude das *condições formais do entendimento possível*.³⁶

O modo de legitimação das sociedades das grandes civilizações se apoia, portanto, em uma forma de entendimento que limita sistematicamente as possibilidades de comunicação por meio da falta de diferenciação entre pretensões de validade. Ora, nós hierarquizamos anteriormente as imagens de mundo míticas, religioso-metafísicas e modernas de acordo com o grau de descentramento da compreensão do mundo que elas possibilitam. De maneira análoga, podemos escalonar também as orientações de ação e os âmbitos de ação determinados por elas de acordo com o grau de diferenciação dos aspectos de validade, a fim de nos aproximar do *a priori* relativo da forma de entendimento dominante em cada caso. Nessas *formas da intersubjetividade do entendimento possível*, no entanto, as estruturas das imagens de mundo dominantes não se reproduzem de maneira simétrica — os sistemas de interpretação estabelecidos não penetram todos os âmbitos da ação com

---

36 Uma abordagem em termos de teoria da comunicação é utilizada também por M. Bloch para a explicação das funções ideológicas que as ações transmitidas dos períodos das sociedades tribais podem assumir nas sociedades de classes. O formalismo em virtude do qual a práxis ritual pode se deslocar para tais funções se deixa caracterizar, como mostra a contraposição seguinte, por marcas da restrição da comunicação:

"*Atos de fala cotidianos*	*Atos de fala formalizados*
Escolha de sonoridade	Padrões fixos de sonoridade
Escolha de entonação	Escolha de entonação extremamente limitada
Todas as formas sintáticas disponíveis	Algumas formas sintáticas excluídas
Vocabulário completo	Vocabulário parcial
Flexibilidade de sequenciar os atos de fala	Fixidez de sequenciar os atos de fala
Poucas ilustrações provenientes de um corpo fixo de paralelos aceitos	Ilustrações provenientes somente de certas fontes limitadas, como escrituras e provérbios
Nenhuma regra estilística operada conscientemente	Regras estilísticas conscientemente aplicadas em todos os níveis"

(Bloch, "Symbols, Song, Dance and Features of Articulation", *Archives Européennes de Sociologie*, v.15, p.55ss., 1974).

a mesma intensidade. Em sociedades de grandes civilizações, a forma de entendimento, como vimos, deve sua forma imunizadora a um desnível peculiar, estruturalmente descritível, entre dois âmbitos de ação: as orientações sagradas desfrutam, em comparação com as orientações de ação profanas, de uma autoridade maior, embora no âmbito de ação sagrado a esfera de validade seja menos diferenciada e também o potencial de racionalidade seja explorado em grau menor do que é o caso no âmbito de ação profano.

(b) Sistemática das formas de entendimento

Para os fins de uma investigação sistemática de formas de entendimento, gostaria de distinguir quatro âmbitos de ação: (1) o âmbito da práxis cultual, (2) o âmbito de ação em que os sistemas religiosos de interpretação contêm uma força orientadora imediata para a práxis cotidiana, e, finalmente, os âmbitos profanos de ação em que o acervo cultural de saber é utilizado para (3) a comunicação e (4) para a atividade voltada a fins, sem que as estruturas do mundo da vida se imponham imediatamente nas orientações da ação.

Ao incluir (1) e (2) no âmbito sagrado da ação, evito dificuldades que resultam da classificação supersimplificadora de Durkheim.

Práticas mágicas exercidas por indivíduos no exterior da comunidade de culto não podem ser atribuídas ao âmbito profano, como Durkheim propõe; pois cerimônias que de modo algum podem ser entendidas de maneira utilitarista penetram a práxis cotidiana por uma larga frente. Tem todo sentido não limitar o âmbito sagrado da ação à práxis cultual, estendendo-a à classe das ações às quais subjazem padrões de interpretação religiosos.[37]

---

37 E assim também Mair, op. cit., p.229: "In fact Leach's distinction between the technical and the ritual – between acts that we, as observers with some knowledge of scientific principles, can see produce the ends they aim at and those which do not – though it is not the same as Durkheim's distinction between sacred and profane, is the one that all anthropologists have made in distinguishing the magico-religious from the field of everyday life. As we see it, there is an aspect of life in which people seek to attain ends that are either not attainable by any human action or not attainable by the means they are using. They purport to be calling

De resto, existem relações internas entre a estrutura das imagens de mundo e a espécie de ações cultuais: ao mito corresponde uma práxis *ritual* (atos de sacrifícios) dos membros da tribo; às imagens religiosas e metafísicas, uma práxis sacramental (e as orações) da comunidade; e à religião culta do começo da modernidade enfim, a atualização *contemplativa* das obras de arte auráticas. Nessa linha, a práxis do culto é "desencantada" no sentido de Max Weber; ela perde o caráter da coerção divina, é exercida cada vez menos com a consciência de que o poder divino pode ser *obrigado* a alguma coisa.[38]

---

in aid beings or forces which we consider to be outside the course of nature as we understand it, and so call 'supernatural'. To this field of activity belong both the religious and the magical". ["De fato, a distinção de Leach entre os atos técnicos e os rituais – entre os atos que, como observadores com algum conhecimento de princípios científicos, podemos ver produzir os fins que objetivam e os que não o fazem –, embora não seja a mesma distinção de Durkheim entre sagrado e profano, é uma distinção que todos os antropólogos têm feito ao distinguir entre o mágico-religioso e o campo da vida cotidiana. Como vemos, há um aspecto da vida em que as pessoas buscam atingir fins que não são atingíveis por qualquer ação humana ou que não são atingíveis pelos meios que estão usando. Eles pretendem evocar seres ao auxílio ou forças que *nós* consideramos estar fora do curso da natureza, tal como a entendemos, e assim as chamamos de 'sobrenaturais'. A esse campo de atividades pertencem tanto o religioso quanto o mágico." (N. T.)].

38 Sobre a contraposição de práxis ritual e sacramental, cf. Douglas, *Natural Symbols*, p.28: "Ritualism is taken to be a concern that efficacious symbols be correctly manipulated and that the right words be pronounced in the right order. When we compare the sacraments to magic there are two kinds of view to take into account: on the one hand the official doctrine, on the other the popular form it takes. On the first view the Christian theologian may limit the efficacy of sacraments to the internal working of grace in the soul. But by this agency external events may be changed since decisions taken by a person in a state of grace will presumably differ from those of others. Sacramental efficacy works internally; magical efficacy works externally". ["O ritualismo é tomado como uma preocupação de que os símbolos eficazes sejam corretamente manipulados e que as palavras corretas sejam pronunciadas na ordem correta. Quando comparamos os sacramentos com a mágica, há duas espécies de visão a serem consideradas: de um lado, a doutrina oficial, de outro, a forma popular que ela toma. Na primeira visão, a teologia cristã pode limitar a eficácia dos sacramentos à operação interna da graça na alma. Mas, por essa atividade, eventos externos podem ser alterados, uma vez que decisões tomadas por uma pessoa em um estado de graça presumivelmente diferirão daquelas de outros.

No interior do âmbito profano da ação, eu distingo comunicação e atividade voltada a fins, no que parto da premissa segundo a qual esses dois aspectos se deixam separar também ali onde *tipos* de ação correspondentes (ou mesmo *âmbitos* de ação que são determinados por um desses tipos) não são ainda diferenciados. Para o âmbito sagrado, a distinção de comunicação e atividade voltada a fins não é relevante. Considero pouco promissor contrapor o culto religioso e a práxis mágica partindo desses pontos de vista.[39]

Em um próximo passo, no plano da lógica do desenvolvimento, gostaria de escalonar a práxis em diversos âmbitos de ação, de acordo com o *grau de diferenciação de aspectos de validade*: em uma ponta da escala, encontra-se a práxis ritual, na outra ponta, a práxis da argumentação. Além disso, se consideramos que entre o âmbito sagrado de ação e o profano existem desníveis de autoridade e racionalidade, sempre em direção oposta, dispomos de pontos de vista relevantes para uma série de formas de entendimento. A Figura 28 representa quatro formas de entendimento, ordenadas na linha de uma liberação progressiva do potencial de racionalidade inscrito na ação comunicativa. Os campos (1-2) e (3-4) caracterizam a forma de entendimento das sociedades arcaicas, os campos (5-6) e (7-8), a forma de entendimento das sociedades próprias de altas civilizações, os campos (9-10) e (11-12), a forma de entendimento das sociedades no começo da modernidade.

Com o exemplo da forma de entendimento arcaica (1-4), vou discutir com um pouco mais de detalhes a diferença dos desníveis de autoridade e racionalidade entre o âmbito sagrado de ação e o profano; para as formas de entendimento típicas das sociedades das grandes civilizações (5-8) e do começo da modernidade (9-12), deve bastar um comentário sucinto.

(*ad* 1 e 2) Já observamos o comportamento ritualizado nas sociedades dos vertebrados; supostamente, no campo de transição entre as hordas primatas e as sociedades paleolíticas, a interação social transcorre, até mesmo em primeira linha, por meio daqueles modos de comportamento fortemente ritualizados que atribuímos anteriormente às interações simbolicamente

---

A eficácia sacramental opera internamente; a eficácia mágica opera externamente." (N. T.)]

39 Mair, op. cit., p.229.

Âmbitos de ação / Diferenciação das esferas de validade	Sagrado		Profano	
	Práxis cultual	Imagens de mundo controladoras da práxis	Comunicação	Atividade voltada a fins
Confusão de contextos de validade e contextos de eficácia: atitude instrumental-performativa	1. Rito (Institucionalização da solidariedade social)	2. Mito	—	—
Diferenciação entre contextos de validade e de eficácia: atitude orientada ao êxito vs. atitude orientada ao entendimento	5. Sacramento/oração (Institucionalização das vias de salvação e conhecimento)	6. Imagens religiosas e metafísicas do mundo	3. Ação comunicativa atada pelo particularismo, com orientação de validade holística	4. Atividade voltada a fins como elemento de papel orientado às tarefas (uso de invenções técnicas)
Diferenciação de pretensões de validade específicas em planos de ação: atitude objetivante vs. atitude conforme a normas vs. atitude expressiva	9. Atualização contemplativa da arte aurática (Institucionalização do gozo estético)	10. Ética religiosa da convicção, direito natural racional, religião civil	7. Ação comunicativa normativamente regulada com tratamento argumentativo de pretensões de verdade	8. Atividade voltada a fins organizada mediante poder legítimo (uso de saber especializado ensinável, prático-profissional)
Diferenciação de pretensões de validade específicas em planos de discurso: ação comunicativa vs. discurso	—	—	11. Ação comunicativa normativamente liberada com crítica institucionalizada	12. Atividade voltada a fins como ação racional com respeito a fins eticamente neutralizada (uso de tecnologias e estratégias)

Figura 28 – *Formas de entendimento*

mediadas. É somente com a transformação dos sistemas primitivos de gritos em uma linguagem gramaticalmente regulada, proposicionalmente diferenciada, que se alcança a situação de partida sociocultural, em que o *comportamento* ritualizado se transforma em *ação* ritual – a linguagem inaugura por assim dizer a visão interior do rito. Não precisamos de agora em diante nos contentar em *descrever* o comportamento ritualizado lançando mão de características observáveis e funções hipoteticamente assumidas; podemos tentar *entender* os rituais, na medida em que se conservaram em resíduos e são conhecidos graças aos estudos de campo.

O observador moderno se impressiona com a práxis ritual devido a um caráter irracional extremo. Aqueles aspectos da ação que hoje, com a consciência desperta, não podemos deixar de manter em separado, são fundidos em um e mesmo ato. O momento da atividade voltada a fins transparece no fato de que a práxis ritual deve provocar magicamente estados no mundo; o momento da ação regulada por normas torna-se observável no caráter obrigatório que provém dos poderes ritualmente invocados, ao mesmo tempo atraentes e assustadores; o momento da ação expressiva é particularmente evidente nas manifestações afetivas estandardizadas de cerimônias rituais; por fim, tampouco falta o momento do assertórico, na medida em que a práxis ritual serve à representação e repetição de processos exemplares ou cenas originais miticamente narradas.

No entanto, a práxis ritual já faz parte de uma forma de vida sociocultural em que, com a fala gramatical, surgiu uma forma mais alta de comunicação. A linguagem rompe a unidade dos aspectos teleológicos, normativos, expressivos e cognitivos da ação. Todavia, o pensamento mítico protege a práxis ritual contra as tendências de dissolução que aparecem no nível linguístico (com a diferenciação de ação orientada ao entendimento e ação orientada ao êxito e com a transformação do comportamento adaptativo em atividade voltada a fins). No plano da interpretação, o mito mantém juntos os mesmos aspectos que estão fundidos no ritual dentro do plano prático. Uma interpretação do mundo que confunde os nexos de sentido com os nexos objetivos externos, a validade com a eficácia empírica, pode preservar a práxis ritual do dilaceramento do tecido produzido de maneira indistinguível a partir da comunicação e da atividade voltada a fins. Isso explica a coexistência com contextos de cooperação cotidianos em que as ações dirigidas a objetivos são coordenadas no quadro do sistema familial de papéis, em conformidade com os fins. As experiências reunidas na práxis cotidiana são elaboradas no mito e associadas às explicações narrativas da ordem do mundo e da sociedade. Nesse sentido, o mito lança pontes entre os dois âmbitos de ação.

Pela estrutura formal das orientações da ação se pode depreender que existe um desnível de racionalidade entre os âmbitos de ação sagrado e profano. O cerne do âmbito sagrado de ação é a práxis ritual, a qual depende de que a atividade voltada a fins e a comunicação, as atitudes orientadas ao êxito e ao entendimento, permaneçam entrelaçadas. Ele é estabilizado por uma compreensão do mundo que, sem dúvida, se constitui em forma narrativa, ou seja, no nível linguístico, mas demonstra estruturas categorialmente similares: nos conceitos fundamentais do mito, os nexos de validade e eficácia se encontram ainda confundidos. De outro lado, a imagem mítica do mundo se abre perante a afluência de experiências provenientes do âmbito profano da ação. A práxis cotidiana já se baseia na diferenciação entre os aspectos de validade e de realidade.

(*ad* 3 e 4) Sobretudo nos âmbitos da produção e da condução da guerra, desenvolve-se uma cooperação em divisão de trabalho que requer a ação orientada ao êxito. Também em termos de história do desenvolvimento, a eficiência é o aspecto mais antigo da racionalidade da ação. No entanto, o *know how* investido nas regras técnicas e estratégicas não pode ainda assumir a forma de um saber explícito, na medida em que as pretensões de validade mal podem ser isoladas na etapa da ação comunicativa. Em oposição à magia, a práxis cotidiana profana já requer uma diferenciação entre atitudes orientadas ao êxito e ao entendimento, mas, na ação comunicativa, as pretensões de verdade, veracidade e correção ainda formavam uma síndrome que somente se dissolve de maneira metódica quando, com a escrita, surge uma camada de literatos eruditos que aprendem a produzir e elaborar textos.

O espaço normativo da ação comunicativa é limitado de maneira relativamente estreita pelas relações particularistas de parentesco. Sob o aspecto do cumprimento de tarefas estandardizadas, as ações cooperativas dirigidas a objetivos permanecem inseridas em uma práxis comunicativa que, por seu turno, serve ao cumprimento de expectativas de comportamento sociais estreitamente circunscritas. Estas, por sua vez, resultam de uma estrutura social que se considera um componente da ordem do mundo miticamente explicada e ritualmente assegurada. O sistema mítico de interpretação fecha o círculo entre o âmbito de ação profano e o sagrado.

(*ad* 5 e 6) Assim que um conceito de validade holístico se constitui, os nexos de sentido podem ser diferenciados dos nexos objetivos externos, sem que já fosse possível uma discriminação entre diversos aspectos de validade. Nessa etapa surgem, como Max Weber mostrou, imagens de mundo religiosas e metafísicas. Seus conceitos fundamentais se comportam com resistência diante de toda tentativa de separar os aspectos do verdadeiro, do bom e do perfeito. A essas imagens de mundo corresponde uma práxis sacramental, dotada de formas de oração ou de exercício, em todo caso, de uma comunicação desencantada entre o fiel individual e a essência divina. As imagens de mundo são marcadas de maneira mais ou menos dicotômica; elas erigem um transmundo e deixam o aquém desmitologizado ou o mundo dessocializado dos fenômenos ao critério de uma práxis cotidiana desencantada. No âmbito profano da ação, formam-se estruturas que dissolvem o conceito holístico de validade.

(*ad* 7 e 8) No plano da ação comunicativa se dissolve a síndrome de pretensões de validade. Os participantes não diferenciam mais apenas a atitude orientada ao entendimento e a orientada ao êxito de modo geral, mas também as diversas atitudes pragmáticas. Uma república estatalmente organizada, com instituições jurídicas convencionais, precisa se apoiar na obediência à lei, ou seja, na atitude de conformidade a normas perante as ordens legítimas. Mesmo na ação cotidiana, os cidadãos têm de poder diferenciar essa atitude daquela postura objetivante em relação à natureza externa, e da expressiva em relação à própria natureza interna. Nessa etapa, a ação comunicativa se liberta dos contextos particularistas, mas permanece atada ao espaço circunscrito pelas normas de ação firmadas pela tradição. O trato argumentativo com os textos também desperta a consciência para as diferenças entre a ação comunicativa e o discurso, mas as pretensões de validade específicas se diferenciam apenas nos planos da ação. Formas específicas de validade da argumentação não aparecem ainda.[40]

Mesmo a atividade voltada a fins alcança uma etapa mais elevada de racionalidade. Assim que as pretensões de verdade podem ser isoladas, há a possibilidade de ver o nexo interno entre a eficiência das ações orientadas ao êxito e a verdade de enunciados de teor empírico e certificar-se do *know how* técnico. Assim, o saber prático-profissional pode assumir uma forma objetiva e ser transmitido por ensino. A atividade voltada a fins se desliga dos papéis inespecíficos de idade e gênero. Na medida em que o trabalho social é organizado mediante o poder legítimo, as atividades especiais podem definir, por sua vez, o conteúdo dos papéis profissionais.

(*ad* 9 e 10) Que as pretensões de validade nessa etapa não são integralmente diferenciadas ainda é algo que se mostra nas tradições culturais no começo da modernidade. Certamente, constituem-se esferas culturais autônomas de valores, mas de início somente a ciência se institucionaliza inequivocamente, isto é, sob o aspecto de exatamente uma pretensão de validade. A arte autonomizada mantém sua aura, e o gozo estético, um caráter contemplativo; ela deve as duas coisas à sua origem no culto. A ética da convicção permanece presa ao contexto de tradições de fé, por mais subjetivadas que sejam; as noções jurídicas pós-convencionais são acopladas ainda com pretensões de verdade no direito natural racional, formando o núcleo do que R. Bellah chamou "religião civil". Portanto, embora arte, moral e direito já representem esferas de valor diferenciadas, não se desprendem inteiramente do âmbito sagrado, na medida em que seu desenvolvimento interno ainda não sucede univocamente sob exatamente um aspecto de validade específico. As formas da religiosidade moderna abandonaram, por outro lado, a pretensão dogmática fundamental. Elas destroem os transmundos da metafísica e da religião e não contrapõem mais dicotomicamente o aquém profano à transcendência, o mundo dos fenômenos à realidade de uma essência subjacente. Assim, nos âmbitos profanos da ação, constituem-se estruturas que

---

40 A rigor, nem sequer o discurso filosófico dos pensadores gregos é especializado na pretensão de validade isolada da verdade proposicional.

são determinadas por uma diferenciação irrestrita de pretensões de validade no plano da ação *e* da argumentação.

(*ad* 11 e 12) Aqui a síndrome de pretensões de validade se diferencia também no plano dos discursos. Nas comunicações cotidianas, os participantes podem manter em separado não apenas as atitudes pragmáticas fundamentais, como também, em princípio, os planos da ação e do discurso. Os âmbitos de ação juridicamente normatizados, com instituições jurídicas pós-tradicionais, pressupõem que os participantes estejam em condições de passar das ações ingenuamente efetuadas para argumentações empreendidas reflexivamente. O potencial crítico da fala pode ser convocado contra as instituições existentes na medida em que se institucionaliza a discussão hipotética de pretensões de validade normativas. Naturalmente, ordens legítimas se apresentam aos sujeitos que agem comunicativamente, agora como antes, como algo normativo; mas essa normatividade altera sua qualidade na medida em que as instituições não são mais legitimadas *per se* mediante imagens religiosas e metafísicas do mundo.

Pelo contrário, é em um sentido mais radical que a atividade voltada a fins se libera dos contextos normativos. Até aqui a ação orientada ao êxito permaneceu associada a normas de ação e inserida na ação comunicativa, no quadro da cooperação social orientada à realização de tarefas. Com a institucionalização jurídica do *medium* direito, porém, a ação orientada ao êxito, controlada por meio dos cálculos egocêntricos de proveitos perde a conexão com a ação orientada ao entendimento. Essa ação estratégica, desatrelada do mecanismo de entendimento e requerendo uma atitude objetivante também quanto às relações interpessoais, avança até converter-se em padrão para o trato metódico com uma natureza cientificamente objetivada. Também no âmbito instrumental a atividade voltada a fins se desprende das restrições normativas na medida em que é reacoplada com os fluxos de informação oriundos do sistema científico.

Os dois campos à esquerda na coluna inferior do esquema ficaram vazios porque o âmbito sagrado da ação se dissolve em grande medida com o desdobramento das sociedades modernas, ou ao menos perde seu significado estruturante. No nível de uma esfera de validade completamente diferenciada, a arte se desfaz de sua origem cultural tanto quanto a moral e o direito se desligam do seu pano de fundo religioso e metafísico. Com a *profanização da cultura burguesa*, as esferas de valor culturais nitidamente se separam, desenvolvendo-se de acordo com o critério de um sentido intrínseco, específico em relação à validade em questão. Com isso, porém, a cultura perde justamente as propriedades formais que a haviam colocado em condições de assumir funções ideológicas. Na medida em que essas tendências, aqui apontadas apenas esquematicamente, impõem-se de fato nas sociedades modernas, o poder estrutural dos imperativos sistêmicos, que interferem nas formas da própria integração social, não pode mais *ocultar-se* atrás dos desníveis de racionalidade entre o âmbito sagrado da ação e o profano. A forma de entendimento moderna é transparente demais para conceder um nicho à violência estrutural por meio de restrições discretas à comunicação. Sob essa condição, é de esperar que a concorrência entre as formas de integração sistêmica e social ressalte *mais visivelmente* do que até então. No fim, mecanismos sistêmicos recalcam formas de integração social também naqueles âmbitos em que a coordenação da ação, dependente de consenso, não pode ser substituída: ou seja, ali onde a reprodução simbólica do mundo da vida está em jogo. Nesse caso, a *mediatização* do mundo da vida assume a forma de uma *colonização*.

Antes de eleger a *forma de entendimento moderna*, que se cristaliza desde o século XVIII no Ocidente, como ponto de partida para uma teoria da modernidade que se conecte com a tese weberiana da racionalização, gostaria de retomar o fio da história da teoria. Na história da obra de Talcott Parsons podemos tornar claro como os conceitos fundamentais da teoria dos sistemas e da teoria da ação, encaixados até agora de maneira apenas abstrata, podem ser mediados. Com isso, podemos ao mesmo tempo nos certificar do estado atual da discussão sobre os fundamentos das ciências sociais e retomar, no plano hoje decisivo da formação da teoria, o problema da *reificação*, reformulando-o em termos de *patologias do mundo da vida sistemicamente induzidas*.

VII
Talcott Parsons: problemas de construção da teoria social

Reflexão preliminar sobre a posição de Parsons na história da teoria

Max Weber, George Mead e Émile Durkheim entraram na história da teoria da sociologia como clássicos incontestáveis em grande parte graças aos trabalhos de Talcott Parsons. Que hoje nos ocupemos ainda com esses autores como se fossem contemporâneos é algo que não precisa de nenhuma justificação explícita. Por mais que se possa apreciar o nível de Talcott Parsons, seu *status* como clássico não é tão inconteste a ponto de ser supérflua toda justificativa de escolher sua obra como ponto de referência de uma contraposição sistematicamente dirigida.

Comecemos pelo que é evidente por si mesmo. Ninguém entre os contemporâneos desenvolveu uma teoria social de complexidade comparável. A história autobiográfica da obra que Parsons publicou em 1974[1] dá uma primeira impressão da constância e do êxito acumulativo dos esforços que esse acadêmico investiu por um período de mais de cinquenta anos para a construção de uma única teoria. A obra hoje presente não tem concorrência no que concerne ao grau de abstração, refinamento, envergadura na teoria social e sistemática na conexão simultânea com a literatura de diversas áreas de pesquisa. Embora o interesse por essa teoria tenha esmorecido desde os meados dos anos 1960, e a obra tardia de Parsons tenha sido empurrada temporariamente para um segundo plano até mesmo pelas abordagens da pesquisa

---

1 "On Building Social System Theory: A Personal History", em *Social Systems and the Evolution of Action Theory*, p.22ss.

dirigida com intenção hermenêutica e crítica, não se pode levar a sério hoje nenhuma teoria da sociedade que não se ponha ao menos em relação com a de Parsons. Quem se ilude a respeito desse fato se deixa prender por atualidades em vez de ser sensível a elas. Isso se aplica também a um neomarxismo que passa ao largo de Parsons – na história da ciência, erros dessa espécie normalmente são corrigidos com rapidez.

Além disso, do círculo dos teóricos sociais produtivos, ninguém estabeleceu com a mesma intensidade e incansabilidade o diálogo com os clássicos da disciplina e produziu a ligação da própria teoria com a tradição. Não é preciso partilhar a convicção de Parsons de que a convergência das grandes tradições teóricas, e a concordância com elas, representa uma pedra de toque para a verdade da própria abordagem teórica;[2] mas a capacidade de apropriar e assimilar as melhores tradições é, contudo, um signo da capacidade de estabelecer conexões e de força de apreensão das teorias sociais que sempre objetivam também o estabelecimento de um determinado paradigma de sociedade, enraizado na autocompreensão coletiva. As teorias de Durkheim, Weber e Freud formaram para Parsons, no tempo de sua vida, um sistema de referências que serviu de autocontrole.[3] Vai de par com isso, no entanto, não apenas a demarcação contínua em contraposição ao empirismo filosófico, mas também uma proteção contra Marx e Mead, contra a variante materialista e a interacionista simbólica de uma teoria social crítica que recebe Kant e Hegel.[4] Além disso, embora não combine inteiramente com o estilo ecumênico de um sistemático que incorpora tudo, Parsons se fechou à filo-

---

2 Sobre a tese da convergência, cf. Parsons, *The Structure of Social Action*, p.722ss.

3 É em especial a Durkheim que Parsons retornou reiteradamente, em "Durkheim's Contribution to the Theory of Integration of Social Systems", em *Sociological Theory and Modern Society*, p.3ss.; além disso, cf. "Durkheim on Religion Revisited: Another Look at the Elementary Forms of the Religious Life", em Glock; Hammond (orgs.), *Beyond the Classics? Essays in the Scientific Study of Religions*, p.156ss.

4 É somente em 1968, em seu artigo "Social Interaction", para a *International Encyclopaedia of the Social Sciences*, que Parsons estabelece uma ligação desembaraçada com o interacionismo simbólico (em *Social Systems and the Evolution of Action Theory*, p.145ss.).

sofia no seu essencial, abstraindo a influência de Whitehead sobre a sua obra inicial e a muito vaga referência a Kant em um dos últimos trabalhos;[5] dos meios da filosofia analítica ele não se serviu, mesmo ali onde isso se impõe, como na teoria da linguagem e da ação.

A razão principal para uma ocupação ao mesmo tempo instrutiva e crítica com Parsons se situa na linha do tema da segunda consideração intermediária.

Para a dinâmica da história da obra, a concorrência entre os paradigmas da teoria da ação e da teoria dos sistemas possui um significado decisivo. Parsons foi o primeiro a tornar fecundo um conceito de sistema tecnicamente rigoroso para a consideração própria da teoria social. Para Parsons, a conexão da teoria da ação com uma estratégia de conceitualização indicada pelo modelo de sistemas mantenedores de fronteiras se apresenta como o problema de construção mais importante. Parsons já havia desenvolvido um sistema categorial para a descrição do âmbito de objetos da ação social ordenada, antes que, no fim dos anos 1940, se lhe apresentasse o modelo cibernético para a reformulação do funcionalismo nas ciências sociais. Diferentemente de muitos teóricos de sistemas da geração mais jovem, Parsons não podia cair na tentação de esquecer a *constituição* do âmbito de objetos "ação" ou "sociedade" ao *aplicar-lhe* o modelo de sistema. É instrutiva justamente a tensão[6] que permanece até o fim entre os dois paradigmas, uma tensão que os discípulos ortodoxos simplesmente negam,[7] ao passo que os menos ortodoxos tratam de dissolvê-la em direções opostas — naquela de

---

5 Parsons, "A Paradigm of the Human Condition", em *Action Theory and the Human Condition*, p.352ss. A referência global às críticas de Kant mal justificam o discurso sobre um "núcleo kantiano" na teoria parsoniana. Cf. Münch, "T. Parsons und die Theorie des Handelns I und II", *Soziale Welt*, v.30, p.385ss., 1979, e v.31, p.3ss., 1980.

6 Menzies, *T. Parsons and the Social Image of Man*.

7 Assim, por exemplo, Münch, op. cit. A continuidade do desenvolvimento teórico parsoniano é acentuado parcialmente por Adriaansens, "The Conceptual Dilemma: Towards a better Understanding of the Development in Parsonian Theory", *British Journal of Sociology*, v.30, p.7ss., 1979.

um funcionalismo sistêmico autonomizado,⁸ ou naquela de uma regressão às posições do neokantismo.⁹

O próprio Parsons está convencido de que a conexão da teoria da ação com a estratégia de conceitualização indicada pelo modelo de sistemas tem sucesso, no mais tardar, com a resposta à crítica de Dubin.¹⁰ Intérpretes como Ken Menzies, em contrapartida, chegam à conclusão de "que no centro do mundo (de Parsons) reside uma confusão fundamental. Seu voluntarismo é eclético demais para reconciliar positivismo e idealismo. Percorrendo toda a sua obra, há dois diferentes programas – um ligado à ação social na tradição idealista e um ligado ao sistema social na tradição positivista. O programa da ação foca sobre o significado de uma ação para um ator, enquanto o programa do sistema social foca sobre as consequências de uma atividade para um sistema de atividade. Parsons não possui um sistema de ação, como ele pretende, mas somente um sistema comportamental e uma

---

8 Já os títulos de seus dois últimos livros mostram que Parsons sempre insistiu em que o modelo de sistemas abertos, mantenedores de fronteiras, desenvolvido na teoria geral dos sistemas e apresentado na linguagem da teoria da informação, fosse interpretado empiricamente na perspectiva interna da teoria da ação, obtida no interior de sua disciplina, de modo análogo a como esse modelo foi ensinado na biologia, na qual Parsons crescera cientificamente. Diferentemente de Luhmann, Parsons não chegou à ideia de *derivar* os próprios conceitos fundamentais das ciências sociais, que servem à interpretação empírica de sistemas na etapa de desenvolvimento das sociedades humanas, e, com isso, à constituição do âmbito de objetos, a partir das categorias da teoria dos sistemas (como decisão, informação, seleção, complexidade etc.). Cf. Baum, "Communication and Media", em Loubser; Baum; Effrat; Lidz (orgs.), *Explorations in General Theory in Social Science* (citado na sequência como FS Parsons), v.2, p.533ss., aqui p.540ss.

9 Essa tendência é evidente em Jeffrey Alexander, que leva a cabo a reconstrução mais abrangente da obra inteira de Parsons: *Theoretical Logic in Sociology*, v.IV: *The Modern Reconstruction of Classical Thought: Talcott Parsons*. Há ali também uma discussão intensiva e detalhada da literatura secundária; uma leitura neokantiana de Parsons é presente também em Schluchter, "Gesellschaft und Kultur", em id. (org.), *Verhalten, Handeln und System*, p.106ss.

10 Parsons, "Pattern Variables Revisited: A Response to R. Dubin", em *Sociological Theory and Modern Society*, p.192ss.

teoria da ação separada".*¹¹ A tensão peculiar entre a teoria dos sistemas e a teoria da ação se torna patente também na história da recepção da obra parsoniana. A maior parte de seus discípulos mais velhos e daqueles leitores que recebem Parsons antes de tudo pelo lado de seus escritos sobre teoria da socialização afirmam (ou supõem tacitamente) um primado metodológico das categorias da teoria da ação. A maior parte de seus discípulos mais jovens e daqueles leitores que recebem Parsons antes de tudo pelo lado de seus escritos de macrossociologia afirmam o valor posicional fundamental das categorias da teoria dos sistemas para a estrutura da teoria. A fim de ilustrar esses deslocamentos de peso: para alguns, *Toward a General Theory of Action* e a relação de cultura, sociedade e personalidade (com a institucionalização e internalização como os mecanismos mais importantes de entrelaçamento de sistemas) se tornou a chave para a compreensão da obra inteira, para outros, *Economy and Society* (com o esquema das relações de intercâmbio intersistêmicas). O próprio Parsons afirmou até o fim, no entanto, o primado metodológico da teoria da ação. Quando mandou reimprimir um depois do outro os seus dois artigos sobre "Interação social' e "Sistemas sociais", publicados na *International Encyclopedia of the Social Sciences*, ele justificou essa ordem escrevendo "que o tema da interação social é, em um sentido fundamental, logicamente anterior àquele do sistema social".**¹² Quando deixamos a construção teórica falar por si mesma, Parsons parece responder a essa questão de modo diferente.

---

* Em inglês no original: "that at the centre of (Parsons') world lies a fundamental confusion. His voluntarism is too eclectic to reconcile positivism and idealism. Running throughout his work are two different programmes – a social action one in the idealist tradition and a social system one in the positivist tradition. The action programm focuses on the meaning of an action to an actor, while his social systems programm focuses on the consequences of an activity for a system of activity. Parsons does not have an action system, as he claims, but only a behavioural system and a separate action theory". (N. T.)

11 Menzies, op. cit., p.160.

** Em inglês no original: "that the subject of social interacion is in a fundamental sense logically prior to that of social system". (N. T.)

12 Parsons, *Social Systems and the Evolution of Action Theory*, p.145.

A ortodoxia parsoniana passa por cima das inconsistências que se deixam comprovar no desenvolvimento da teoria, como veremos. A afirmação de que Parsons seguiu dois programas teóricos incompatíveis não acerta, por outro lado, a intenção central sem a qual a teoria social de Parsons se colapsaria em si mesma. Algo análogo vale para as duas leituras seletivas que destacam da obra parsoniana um fio próprio da teoria dos sistemas ou um fio próprio da teoria da ação. Da tentativa de grande envergadura somente podemos aprender alguma coisa se levarmos a sério a intenção de Parsons, investigando como ele se enreda em contradições instrutivas na realização desse propósito.

Logo, vou partir da premissa de que o problema de construção sobre como a teoria dos sistemas e a da ação podem ser associadas categorialmente existe com razão. Minha fórmula provisoriamente proposta de conceber as sociedades como contextos de ação sistemicamente estabilizados de grupos socialmente integrados já contém esses dois aspectos. A questão de partida colocada por Parsons de saber como um contexto ordenado de ações é possível justifica uma incursão no problema da coordenação da ação. Como são constituídos os mecanismos que ligam as ações de *alter* às ações de *ego* de tal sorte que os conflitos que possam ameaçar o contexto de ação dado podem ser evitados ou suficientemente represados? Distinguimos entre os mecanismos de uma integração social que se aplica às orientações de ações e de uma integração sistêmica que atravessa as orientações de ação. Em um caso, as ações dos atores são coordenadas por meio de uma conciliação de orientações de ação que é presente aos implicados, no outro caso, por meio de uma reticulação funcional de consequências da ação que pode permanecer latente, isto é, que pode ir além do horizonte de orientação dos implicados. De acordo com Parsons, a integração social é produzida por contextos de ação mediante o consenso normativamente garantido, a integração sistêmica, mediante a regulação não normativa de processos de garantia da preservação. Dito brevemente, a orientação do sujeito agente por valores e normas é constitutiva da produção integradora da ordem, mas não da integração sistêmica.

Para essa última, o mecanismo anônimo de socialização do mercado podia servir de modelo desde o século XVIII, quando a economia política tornara objeto de análise científica um sistema econômico diferenciado da ordem política inteira. Desde então, há também o problema que as doutrinas do direito natural não conheciam ainda. Como se relacionam entre si as duas formas de integração de contextos de ação: uma que por assim dizer se efetua com a consciência dos atores, que é presente como pano de fundo do mundo da vida, e a outra, que atravessa silenciosamente as orientações dos atores implicados? Na filosofia do direito, Hegel resolve esse problema no sentido de uma passagem idealista do espírito subjetivo para o objetivo. E Marx introduz uma teoria do valor para poder associar os enunciados de economia política sobre os contextos anônimos de um sistema aos enunciados histórico-sociológicos sobre os contextos de ação, estruturados como mundo da vida, de atores, de indivíduos ou de coletividades. Essas estratégias de solução perderam, entrementes, sua plausibilidade. Assim, a teoria dos sistemas e a teoria da ação se deixam entender como as *disjecta membra* dessa herança hegeliano-marxiana. A sociologia alemã mais antiga, que se liga a Dilthey, Husserl e (com Max Weber) sobretudo ao neokantismo do sudeste alemão, aborda seus conceitos fundamentais em termos de teoria da ação. Ao mesmo tempo, surgem os fundamentos para uma teoria econômica que assume de Hobbes e do utilitarismo a noção de uma ordem instrumental, desenvolvendo-a até chegar ao conceito de um sistema controlado por meio do *medium* dinheiro.

Pode-se compreender a história da teoria desde Marx como uma *desamalgamação de dois paradigmas* que não puderam mais ser integrados em um conceito de sociedade em dois níveis, associando sistema e mundo da vida. Instrumentos críticos, como o conceito de ideologia, se tornam embotados, visto que um quadro metateórico de complexidade suficiente não pode ser desenvolvido no interior de um dos paradigmas desagregados. Por isso, é de alto interesse observar como as duas linhas da história da teoria voltam a convergir em Parsons. Eu gostaria de desenvolver três teses a seguir:

(1) O quadro da teoria da ação é estreito demais para que Parsons pudesse ter desenvolvido da perspectiva da ação um conceito de sociedade; por isso, ele tem de representar os contextos de ação imediatamente como sistemas e deslocar a teoria social do primado da teoria da ação para a teoria dos sistemas.

(2) Todavia, no curso dessa virada em favor da teoria dos sistemas, a teoria da ação não é reinterpretada e assimilada sem reservas. A variante parsoniana do funcionalismo sistêmico permanece religada com o item volumoso de uma teoria da cultura conduzida com base na herança de Durkheim, Freud e, sobretudo, Max Weber.
(3) A teoria da modernidade que Parsons desenvolve nesse quadro sugere uma imagem harmonizadora no seu todo, visto que ela não dispõe dos meios para uma explicação plausível dos padrões patológicos de desenvolvimento.

1
Da teoria normativista da ação à teoria da sociedade como sistema

Se partimos, com Durkheim, de "representações coletivas" ou, com Mead, de "interações simbolicamente mediadas", ou se, como propus, elegemos a ação comunicativa como conceito fundamental, a sociedade se deixa conceber primeiramente como o mundo da vida de membros de um grupo social. Por essa via, portanto, o conceito de ordem social pode ser introduzido em termos de teoria da ação, isto é, sem o recurso a um conceito técnico de sistema. Para isso não se encontra em Parsons nenhum equivalente; sua teoria da ação não é, como gostaria de mostrar, complexa o suficiente para obter um conceito de sociedade a partir de sua perspectiva. Por isso, Parsons é obrigado a atar a passagem do plano da ação para o plano do contexto da ação a uma troca da perspectiva analítica e dos quadros categoriais correspondentes.

Por conta disso surge a falsa impressão de que a análise funcionalista de contextos da ação remeteria *per se* à concepção da sociedade como um sistema autocontrolado. Mas, se o "mundo da vida" é introduzido como conceito complementar à "ação comunicativa" e concebido como pano de fundo formador de contexto para os processos de entendimento, a reprodução do mundo da vida pode ser analisada segundo diversos pontos de vista funcionais. Separamos inicialmente a reprodução simbólica da reprodução material do mundo da vida e em seguida compreendemos a ação comunicativa como *medium* por meio do qual se reproduziam as estruturas simbólicas do mundo da vida. Com isso se apresentou uma diferenciação funcional entre processos de reprodução cultural, de integração social e de socialização que de modo algum requer uma troca da perspectiva categorial. Tenho a impressão de que Parsons subestima a capacidade e o grau de autarquia de uma estratégia conceitual e analítica ligada à teoria da ação e, por isso, na construção de sua teoria social, fixa fundo demais os pontos de costura entre o modelo de sistema e o modelo de ação.

Passa despercebido a Parsons também o ponto crucial metodológico da tentativa de transformar as duas perspectivas conceituais uma na outra. A abordagem da teoria da ação vincula a análise da ciência social à perspectiva interna dos membros dos grupos sociais. Para o cientista social, coloca-se com isso o problema metodológico de ligar hermeneuticamente a própria compreensão à compreensão dos participantes. A teoria dos sistemas vincula, em contrapartida, a análise da ciência social à perspectiva externa de um observador. Por isso, a questão metateórica da relação entre a teoria dos sistemas e a teoria da ação não se deixa decidir independentemente da questão metodológica de saber como uma perspectiva objetivista pode ser associada a um quadro categorial reconstrutivo desenvolvido na perspectiva interna. Parsons não se preocupou com a hermenêutica, isto é, com os problemas do acesso, por meio da compreensão do sentido, ao âmbito de objetos das ciências sociais. Com isso, porém, ele não apenas não dá o braço a torcer perante abordagens concorrentes da sociologia compreensiva – ao que Victor Lidz chamou a atenção relativamente tarde.[1] Ele desconhece sobretudo o ponto crucial metodológico da questão de saber se a teoria dos sistemas deve ser enquadrado na ou subordinada à teoria da ação.

Vou examinar de início (1) o projeto de teoria da ação de 1937 e tratar do problema de construção que força a uma reestruturação da teoria nos anos seguinte. Em seguida, discuto (2) o valor posicional dos *pattern variables* [variáveis-padrão] na concepção desenvolvida em 1951 e mostro (3) por que Parsons se vê obrigado a abandonar também essa segunda versão de sua teoria da ação em favor do funcionalismo sistêmico.

---

[1] Lidz; Lidz, "Piaget's Psychology of Intelligence and the Theory of Action", em Loubser; Baum; Effrat (orgs.), FS Parsons, v.II, p.195ss., aqui p.231.

(1) O projeto de teoria da ação de 1937

Parsons desenvolve em sua primeira grande obra, *The Structure of Social Action*, os traços fundamentais de uma teoria da ação normativista na forma de uma confrontação com as tradições empiristas. Ele as ataca de dois lados: de um, analisa o conceito de ação racional com respeito a fins para mostrar que o utilitarismo não pode fundamentar a liberdade de decisão do sujeito da ação (o dilema utilitarista); de outro lado, concentra-se no conceito de ordem instrumental para mostrar que a questão de saber como é possível a ordem social não pode ser solucionada sob pressupostos empiristas (o problema hobbesiano). Tendo em vista os dois conceitos centrais, unidade de ação (*action unit*) e contexto de ação (*action system*), Parsons divide os adversários mais uma vez em dois partidos em combate, que igualmente não alcançam o seu problema: os conceitos de ação racionalistas e empiristas não podem apreender a autonomia da ação, tanto quanto os conceitos de ordem materialistas e idealistas não podem apreender a legitimidade de um contexto de ação que se apoia em interesses. A isso Parsons contrapõe um conceito voluntarista de ação (a) e um conceito normativista de ordem (b).

(a) Um conceito voluntarista de ação

Parsons coloca sua investigação sobre a estrutura da ação social sob o mote tomado de empréstimo a Weber (e reproduzido no original alemão): "Toda circunspecção pensante a respeito dos elementos últimos da ação humana dotada de sentido é primeiramente ligada às categorias de 'fim' e 'meio'". Logo, Parsons toma, com Weber, a estrutura teleológica da atividade voltada a fins, que é imanente a todas as ações, como fio condutor para a análise do conceito de ação social. Com isso, ele se dirige às determinações as mais gerais da menor unidade pensável da ação possível. Por esse caminho, ele quer obter um *quadro em termos de teoria da ação* que defina categorialmente o âmbito de objetos das ciências da ação.[2]

---

2 "Just as the units of a mechanical system in the classical sense, particles, can be defined only in terms of their properties, mass, velocity, location in space, direc-

O modelo teleológico de ação conta com um ator que coloca fins em uma situação dada e que escolhe e aplica os meios que parecem apropriados para a sua realização. De modo usual, Parsons define "fim" como um estado futuro que o ator gostaria de suscitar, ao passo que a "situação" se comporia de elementos que, da perspectiva do ator, ou podem ser colocados sob controle ou escapam a um controle – ou seja, de "meios" e "condições". À decisão entre meios alternativos subjazem máximas, à colocação de fins, uma orientação por valores e normas. De início, Parsons resume as duas coisas como "*standards* normativos". Por conseguinte, ações podem ser analisadas no nível elementar nos termos de *orientações da ação*, atribuídas a um *ator* em uma *situação* de ação.

Esse quadro em termos de teoria da ação possui uma série de implicações conceituais que são importantes para Parsons. O modelo pressupõe, em primeiro lugar, que o ator não apenas dispõe de capacidades cognitivas, mas pode tomar decisões normativamente orientadas nas dimensões da colocação de fins e da escolha de meios. Sob esse aspecto, Parsons fala de uma teoria "voluntarista" da ação. Além disso, o conceito de situação pressupõe que os meios e as condições que entram nas orientações da ação são

---

tion of motion etc., so the units of action systems also have certain basic properties without which it is not possible to conceive of the unit as 'existing'. Thus, to continue the analogy, the conception of a unit of matter which has mass but which cannot be located in space is, in terms of the classical mechanics, nonsensical. It should be noted that the sense in which the unit act is here spoken of as an existent entity is not that of concrete spatiality or otherwise separate existence, but of conceivability as a unit in terms of a frame of reference" (Parsons, *The Structure of Social Action*, p.43-4, cf. p.76ss.). ["Assim como as unidades de um sistema mecânico no sentido clássico, partículas, podem ser definidas apenas em termos de suas propriedades, massa, velocidade, localização no espaço, direção do movimento etc., as unidades dos sistemas de ação também têm certas propriedades básicas sem as quais não é possível conceber a unidade como 'existente'. Portanto, para continuar a analogia, a concepção de uma unidade de matéria que tem massa, mas que não pode ser localizada no espaço, é, em termos da mecânica clássica, sem sentido. Deve-se notar que o sentido em que se fala aqui do ato de unidade como uma entidade existente não é aquele de espacialidade concreta ou, de outro modo, existência separada, mas de concebilidade como uma unidade em termos de um quadro de referências." (N. T.)].

interpretadas da perspectiva dos próprios agentes, embora sejam acessíveis também a um julgamento da perspectiva da terceira pessoa. Nesse aspecto, a teoria da ação é assentada de maneira "subjetivista"; em todo caso, exclui o objetivismo dos conceitos de ação reformulados pela ciência do comportamento. Finalmente, o conceito de orientação da ação é formulado de tal sorte que a extensão temporal ou o caráter processual da ação pode ser interpretado sob dois aspectos. A ação é representada como um processo de consecução de objetivos sob a consideração de *standards* normativos. Sob o aspecto da *consecução de objetivos*, a ação exige um esforço ou um dispêndio que é compensado pela satisfação ou rendimento (a dimensão motivacional: *instrumental/consumatory*). Sob o segundo aspecto, o da *consideração de standards normativos*, a ação lança pontes sobre a distância entre as regiões do ser e do dever ser, entre fatos e valores, entre as *condições* de uma situação dada e as orientações do agente, determinadas pelos *valores* e *normas* (a dimensão ontológica: *conditions/norms*). Com isso, o "esforço" que uma ação exige perde o sentido empírico de uma procura por gratificação: pelo contrário, "esforço" é aqui "um nome para o fator relacionador entre os elementos normativos e condicionais da ação. Ele é exigido pelo fato de que normas não realizam a si mesmas automaticamente, mas somente por meio da ação, na medida em que são realizadas de algum modo".*3

É manifesto que essa implicação de que a ação exige um esforço de certa maneira moral tem a ver com o "voluntarismo" do quadro proposto da teoria da ação; mas Parsons não pode explicar esse quadro na medida em que restringe sua análise à unidade fundamental da ação. Em um quadro de teoria da ação que se estende somente às orientações de um ator solitário, não se pode esclarecer o conceito de orientação normativa da ação.

Os elementos "fim", "meio" e "condição" bastam sem dúvida para determinar a *função* do *standard* de valores: eles devem *regular* as *decisões* nas dimen-

---

* Em inglês no original: "a name for the relating factor between the normative and conditional elements of action. It is necessitated by the fact that norms do not realize themselves automatically but only through action, so far as they are realized at all". (N. T.)
3 Ibid., p.719.

sões da colocação de fins e da escolha de meios. Mas o que significa que um ator oriente suas decisões por valores é algo que Parsons não pode explicar na medida em que restringe sua análise à unidade fundamental da ação.

A parte principal do livro é dedicada então também aos conceitos fundamentais da ordem social, como os que foram desenvolvidos por Durkheim e Max Weber.

(b) *Um conceito normativista de ordem*

Parsons responde à questão de como é possível a ordem social tomando o fio condutor da confrontação de Durkheim com Spencer. Ele acompanha a concepção de Durkheim segundo a qual as ações de uma maioria de atores podem ser coordenadas suficientemente apenas com base em normas intersubjetivamente reconhecidas. Essa *integração social* requer dos diversos atores veneração a uma autoridade moral na qual pode se apoiar a pretensão de validade de regras de ação coletivamente vinculantes. Já nessa passagem, Parsons desenvolve a representação de um sistema de valores moralmente imperioso e, nesse sentido, na forma de ultimato, que, por um lado, é corporificado em normas sociais, por outro, ancorado nos motivos dos sujeitos agentes: "Aplicado à regulação permanente da conduta em um conjunto de condições relativamente estabelecidas, um tal sistema de valores também se torna corporificado em um conjunto de regras normativas. Elas não somente servem diretamente como fins de um ato específico e como elos entre eles, mas também governam como um todo, ou em grande parte, a ação complexa do indivíduo".*[4] Essa ação requer a construção de controles internos de comportamento: "O indivíduo concreto normal é uma personalidade moralmente disciplinada. Isso significa sobretudo que

---

* Em inglês no original: "Applied to the permanent regulation of conduct in a set of relatively settled conditions, such a value system also becomes embodied in a set of normative rules. They not only serve directly as the ends of a specific act, and chains of them, but they govern as a whole, or in large part, the complex action of the individual". (N. T.)

4 Ibid., p.400.

os elementos normativos se tornaram 'internos', 'subjetivos' para ele. Ele se torna, em um certo sentido, 'identificado' com eles".*⁵

Parsons não se interessa ainda pelos processos de corporificação e ancoragem, ou seja, de institucionalização e de internalização de valores (embora ele já aponte para o conceito freudiano de introjeção e a construção das estruturas do supereu).⁶ Primeiramente, ele se satisfaz em caracterizar a dimensão do normativismo mediante aquela atitude na qual um sujeito agente pode seguir mandamentos obrigatórios e infringi-los. Parsons considera a distinção durkheimiana entre a coerção moral e a causal, entre a coerção da consciência e uma coerção devido a circunstâncias externas, como a ruptura decisiva com os preconceitos empiristas. Durkheim obtém essa distinção quando se lhe torna claro "que o medo de sanções constitui somente o motivo secundário para aderir às normas institucionais; o primário é o senso de obrigação moral. Com isso, o sentido primário da coerção se torna a obrigação moral, e é traçada uma distinção inequívoca entre a coerção social e aquela dos fatos naturais".**⁷ Naturalmente, o agente pode adotar perante valores e normas a mesma atitude que em relação a fatos; mas ele não *entenderia* o que significam valores e normas se não *pudesse* adotar em relação a eles uma atitude conforme, baseada no reconhecimento de sua pretensão de validade. Somente *nessa* atitude o agente experimenta aquela coerção moral que se faz notável tanto nos sentimentos da obrigação como nas reações de culpa e vergonha – uma coerção que não somente é *compatível* com a autonomia, como de certo modo até mesmo a constitui. É uma "coerção" de que o ator se apropriou de tal maneira que ela não mais

---

* Em inglês no original: "The normal concrete individual is a morally disciplined personality. This means above all that the normative elements have become 'internal', 'subjective' to him. He becomes, in a sense, 'identified' with them". (N. T.)
5 Ibid., p.385-6.
6 Cf. ibid., p.386, nota.
** Em inglês no original: "that fear of sanctions constitutes only the secondary motive for adherence to institutional norms; the primary is the sense of moral obligation. With this the primary meaning of constraint becomes moral obligation and a clear-cut distinction is drawn between social constraint and that of natural facts". (N. T.)
7 Ibid., p.709.

lhe vem ao encontro como uma violência externa, mas penetra e organiza os motivos por dentro.

Portanto, Parsons procura conferir à ideia kantiana de liberdade como obediência às leis dadas a si mesmo uma guinada sociológica – ou melhor: procura reencontrar essa ideia de autonomia nas categorias sociológicas de Durkheim e M. Weber. Para isso, é essencial a relação simétrica entre a autoridade de normas válidas, com as quais o ator se depara, e o autocontrole ancorado em sua personalidade; é essencial a correspondência entre a institucionalização e a internalização de valores. Nisso se reflete o duplo caráter de uma liberdade que é constituída pelo reconhecimento *pessoal* de uma vinculação às ordens *suprapessoais*.

O que para Durkheim é a autoridade moral de uma ordem é para Weber sua legitimidade. Parsons põe em relevo a convergência desses conceitos fundamentais ao se referir aos dois modos de coordenação de ação que Weber distingue: a complementaridade de interesses e consensos de valores. Em um caso se produz uma ordem factual de sequências empiricamente regulares; dado o caso, ela pode ser gerada por orientações de ação racionais com respeito a fins. No outro caso, resulta uma ordem institucional de relações interpessoais legitimamente reguladas; ela pode exigir orientações racionais com respeito a valores sob certas circunstâncias. Todavia, Parsons está convencido de que ordens sociais não podem ser estabilizadas *somente* mediante interesses. Ordens que são privadas de sua força normativa e reduzidas à engrenagem artificial de interesses levam a estados anômicos: "Uma ordem social baseada na interligação de interesses apenas, e assim, em última instância, em sanções, é portanto dificilmente possível em termos empíricos, embora talvez teoricamente concebível, dada a ordem como uma suposição inicial".*[8] A resposta procurada à questão de como é possível a ordem social consiste por isso em que instituições não

---

* Em inglês no original: "A social order resting on interlocking of interests alone, and thus ultimately on sanctions, is hence hardly empirically possible though perhaps theoretically conceivable given the order as an initial assumption". (N. T.)

8 Ibid., p.404. Essa tese é contestada por Th. Burger, em "Talcott Parsons: The Problem of Order in Society", *American Journal of Sociology*, v.83, p.320ss., 1978.

apenas corporificam valores, mas também *integram* valores aos interesses. A orientação do agente por ordens legítimas não pode excluir a orientação pelos próprios interesses.

Com isso, Parsons tangencia no plano analítico da ordem aquele problema que não pôde aclarar no quadro de uma análise da unidade da ação. Na medida em que nas ordens legítimas "fins últimos" ou valores já são referidos seletivamente aos interesses existentes e compatibilizados com eles, a ação institucionalizada pode ser concebida como um processo de *realização de valores sob condições factuais*. Com isso teria sido recomendável relacionar entre si os conceitos de ação e ordem, desenvolvidos sob (a) e (b). Mas Parsons isola os dois planos analíticos um do outro, intensificando assim o problema de construção que o forçaria mais tarde a uma modificação de sua análise. Isso se torna mais compreensível quando se tem presente o contexto em que Parsons desenvolve sua teoria da ação.

(c) O dilema utilitarista

Parsons salienta no conceito de ação racional com respeito a fins, interpretado em termos utilitaristas, sobretudo três momentos. O ator se contrapõe exatamente a um mundo objetivo de estados de coisas existentes e dispõe de conhecimentos empíricos mais ou menos exatos a respeito de eventos e estados no mundo. O empirismo iguala o sujeito que age ao sujeito que representa e julga, o qual se encontra no ponto central da teoria moderna do conhecimento e da ciência: "O ponto de partida é aquele de conceber o ator como vindo a conhecer os fatos da situação em que ele age e então as condições necessárias e os meios disponíveis para a realização seus fins".*[9] A única categoria admitida de saber é a do saber empírico cientificamente examinável. Por causa disso, Parsons denomina "racionalista" esse conceito de ação.

---

* Em inglês no original: "The starting point is that of conceiving the actor as coming to know the facts of the situation, in which he acts, and thus the conditions necessary and the means available for the realization of his ends". (N. T.)

9 Parsons, *The Structure of Social Action*, p.58.

Além disso, Parsons acentua que o êxito de uma atividade voltada a fins, orientada aos fatos, se mede exclusivamente por saber se a ação conduz ao objetivo. As únicas normas que, abstraindo as máximas de aumento de utilidade, são admitidas no modelo da ação racional com respeito a fins se referem à eficácia dos meios escolhidos, isto é, à eficiência da intervenção executada com seu auxílio: "Tem havido uma [...] ênfase preponderante sobre um tipo particular (de elemento normativo) que pode ser chamado de 'norma racional de eficiência'".*10 Os *standards* normativos se restringem à regulação da relações entre fins postos, meios disponíveis e condições dadas. O modelo de ação *deixa indeterminada, portanto, a escolha dos fins*; Parsons fala da "*randomness of ends*" – os fins da ação variam conforme as probabilidades contingentes.11

Tem a ver com isso o terceiro momento. O conceito de ação racional com respeito a fins não prevê nenhum mecanismo mediante o qual as ações de diversos atores pudessem ser coordenadas umas com as outras. Por isso, Parsons denomina também "atomista" o conceito de ação estratégica. Se o ator somente se contrapõe a um mundo de estados de coisas existentes, para ele as decisões de outros atores são relevantes exclusivamente do ponto de vista do próprio sucesso. Uma relação estável entre vários atores pode ocorrer apenas de maneira contingente, por exemplo pelo fato de que os interesses dos implicados se engrenam complementarmente e se estabilizam mutuamente.

Quando se vê o quanto Parsons se interessa pela questão de saber de que maneira a liberdade de decisão se deixa conceber como cerne da liberdade de ação, resulta do conceito utilitarista de ação um dilema. As considerações um tanto tortuosas sobre o dilema utilitarista se deixam resumir mais ou menos do seguinte modo. O conceito utilitarista de ação preenche uma condição necessária para a conceitualização adequada da liberdade de decisão

---

* Em inglês no original: "There has been an [...] overwhelming stress upon one particular tpye (of normative element) which may be called the 'rational norm of efficiency'". (N. T.)

10 Ibid., p.56.
11 Ibid., p.59.

do ator: fins podem variar independentemente dos meios e das condições. Parsons quer mostrar então que essa condição é sem dúvida necessária para o conceito de liberdade de decisão que ele tem em vista, mas não é suficiente. Na medida em que as orientações normativas se referem unicamente à eficácia da escolha dos meios e ao êxito da ação, na medida em que, a par de tais máximas de decisões, não são admitidos *valores* que regulem a própria seleção dos fins, o modelo utilitarista de ação abre espaço para duas interpretações contrapostas, que são da mesma maneira deterministas, portanto, incompatíveis com o postulado da liberdade de decisão. Tanto a tentativa *positivista* como a *racionalista* de explicar o processo de colocação de fins conduz a uma assimilação de fins a condições que determinam empiricamente a ação. Em um caso, os fins são atribuídos ou a disposições inatas ou a disposições adquiridas: "eles são assimilados aos [...] elementos analisáveis em termos de categorias não subjetivas, principalmente hereditariedade ou meio ambiente".*¹² No outro caso, a colocação de fins é concebida como uma função do conhecimento que o agente possui de sua situação: "Para que os fins não sejam aleatórios, é preciso que seja possível para o ator basear sua escolha de fins sobre o conhecimento científico de alguma realidade empírica [...], a ação torna-se um processo de adaptação racional. O papel ativo do ator é reduzido àquele de entender sua situação e prever seu curso futuro de desenvolvimento".**¹³ Nem a interpretação racionalista nem a

---

* Em inglês no original: "they are assimilated to [...] elements analyzable in terms of non-subjective categories, principally heredity or environment [...]". (N. T.)

12 Ibid., p.64.

** Em inglês no original: "If ends were not random, it was because it must be possible for the actor to base his choice of ends on scientific knowledge of some empirical reality [...] action becomes a process of rational adaptation to conditions. The active role of the actor is reduced to one of the understanding of his situation and forecasting of its future course of development". (N. T.)

13 Ibid., p.63-4. Um exemplo atual dessa estratégia conceitual positivista é oferecido por N. Luhmann com sua proposta de considerar as expectativas normativas e cognitivas fundamentalmente como equivalentes funcionais e de distingui-las somente com base no critério de saber se um ator (ou um sistema de ação) "decide" estabilizar de modo contrafactual uma expectativa dada ou a mantém aberta a revisões. Cf. Luhmann, "Normen in soziologischer Perspektive", *Soziale Welt*, v.20, p.28ss., 1969.

positivista do modelo utilitarista de ação é capaz de explicar, porém, por que o ator pode cometer erros *em um sentido não apenas cognitivo*.

Nesse ponto se torna claro qual dimensão conceitual faz falta a Parsons: ele entende a liberdade de decisão no sentido de uma autonomia que é caracterizada pela *falibilidade moral*. A liberdade de escolha no sentido de uma decisão entre alternativas, seja ela determinada empiricamente, por disposição ou meio ambiente, seja cognitivamente, por saber e cálculo, não lhe basta. Por isso, Parsons amplia o conceito para *standards* normativos no sentido de que estes preservam o *status* de *standards* axiológicos ou fins últimos não instrumentalizáveis e que as orientações axiológicas correspondentes podem regular a própria colocação de fins: "o termo normativo será usado como aplicável a um [...] elemento do sistema de ação, se e somente se ele puder ser realizado para manifestar [...] um sentimento de que algo é um fim em si mesmo".*14

(d) O problema hobbesiano

Também o conceito de uma ordem legítima, que regula normativamente as relações interpessoais, é desenvolvido por Parsons em confrontação com a tradição empirista. Dessa vez, ele escolhe a filosofia social de Thomas Hobbes como ponto de referência. Em Hobbes, ele vê o pensador que coloca da maneira mais consequente, sob pressupostos empiristas, a questão de como é possível a ordem social, oferecendo o ponto de apoio apropriado para uma crítica imanente. Como mais tarde o utilitarismo, Hobbes também parte de sujeitos isolados, dotados da faculdade da ação racional com respeito a fins. Além disso, Hobbes supõe que as capacidades racionais estão a serviço de paixões que ditam os fins da ação. Uma vez que as paixões dos indivíduos variam ao acaso e não são coordenados por natureza, a perseguição racional dos próprios interesses tem de degenerar em uma luta por segurança

---

* Em inglês no original: "the term normative will be used as applicable to an [...] element of a system of action if and only insofar as it may be held to manifest [...] a sentiment that something is an end in itself". (N. T.)

14 Parsons, *The Structure of Social Action*, p.75.

e bens escassos, conduzida por todos contra todos. Quando se considera a dotação natural de indivíduos interessados e agindo de maneira racional com respeito a fins, as relações sociais não podem assumir por natureza a forma de uma concorrência pacífica. Do conceito de ação orientada ao êxito se segue, pelo contrário, que para cada ator as decisões de cada outro ator podem ser compreendidas unicamente como meio ou condição para a realização dos próprios fins. Por isso, todas as regulações artificiais são preordenadas pela máxima natural segundo a qual cada um trata de exercer influência sobre cada outro e obter influência generalizada, isto é, poder.

Parsons formula o problema hobbesiano da seguinte maneira. Se partimos do conceito de ação racional com respeito a fins, "é inerente à última que as ações dos homens devem ser meios potenciais para os fins uns dos outros. Portanto, como um fim aproximado, é um corolário direto do postulado de racionalidade que todos os homens devem desejar e procurar poder um sobre o outro. Assim, o conceito de poder vem a ocupar uma posição central na análise do problema da ordem. Uma sociedade puramente utilitária é caótica e instável porque, na ausência de limitações sobre o uso de meios, particularmente a força e a fraude, ela tem, dada a natureza do caso, de resolver-se em uma luta ilimitada por poder; e na luta pelo fim imediato, poder, toda perspectiva de realização dos últimos, do que Hobbes denominou as diversas paixões, é irreparavelmente perdida".*[15]

A solução que Hobbes propõe para esse problema na forma de um contrato de dominação, com a submissão incondicional de todos ao poder absoluto de um único, pressupõe, no entanto, uma situação em que os su-

---

* Em inglês no original: "it is inherent in the latter that the actions of men should be potential means to each other's ends. Hence as a proximate end it is a direct corollary of the postulate of rationality that all men should desire and seek power over one another. Thus the concept of power comes to occupy a central position in the analysis of the problem of order. A purely utilitarian society is chaotic and unstable, because in the absence of limitations on the use of means, particularly force and fraud, it must, in the nature of the case, resolve itself into an unlimited struggle for power; and in the struggle for the immediate end, power, all prospect of attainment of the ultimate, of what Hobbes called the diverse passions, is irreparably lost". (N. T.)

15 Ibid., p.93-4.

jeitos que agem de maneira racional com respeito a fins já estão prontos para preencher as condições necessárias para uma conclusão contratual. Esta é uma situação "em que os atores vêm a compreender a situação como um todo, em vez de perseguir seus próprios fins nos termos de sua situação imediata, e depois iniciar a ação necessária para eliminar a força e a fraude, adquirindo segurança ao preço do sacrifício das vantagens a ser ganhas com seu futuro emprego".*[16]

Parsons não considera convincente essa solução por dois motivos. O modelo da ação racional com respeito a fins não pode explicar como os atores podem chegar a uma convenção que seja *racional*, isto é, que considere os interesses de *todos* os implicados. Hobbes precisa ampliar implicitamente o conceito de racionalidade com respeito a fins ou, como Parsons diz, "estendê-la",[17] para que os atores possam perseguir seus interesses bem compreendidos não apenas por meio da *coerção calculada de um sobre o outro*, mas também pela via da *formação racional da vontade um com o outro*. Por isso, Parsons distingue nitidamente entre um conceito *técnico* e um conceito *prático* de *racionalidade* e entre dois métodos concorrentes de perseguir interesses. A influência indireta sobre a situação da ação de um outro ator significa a tentativa de um condicionamento de suas decisões com base em meios de sanção, os quais incluem a violência e o engano; em contraposição a isso, a influência direta sobre as orientações da ação de um outro ator significa a tentativa de convencer com os meios argumentativos da formação de consenso: à *"force"* e *"fraud"* se contrapõe a *"rational persuasion"*.[18]

Essa alternativa é elucidada por Parsons com a teoria lockiana. Locke se vale de uma razão prática que proíbe que a persecução racional dos próprios

---

* Em inglês no original: "where the actors come to realize the situation as a whole instead of pursuing their own ends in terms of their immediate situation, and then take the action necessary to eliminate force and fraud, and, purchasing security at the sacrifice of the advantages to be gained by their future employment". (N. T.)
16 Ibid., p.93. Cf., sobre isso, Martin, "Hobbes and the Doctrine of Natural Rights: The Place of Consent in his Political Philosophy", *Western Political Quarterly*, v.33, p.380ss., 1980.
17 Parsons, *The Structure of Social Action*, p.93.
18 Ibid., p.101.

interesses obedeça exclusivamente aos imperativos da racionalidade com respeito a fins. Ele concebe o estado de natureza já do ponto de vista da validade *intersubjetiva* de um *direito natural* à defesa dos próprios interesses de acordo com a racionalidade com respeito a fins. O direito de cada um a se comportar racionalmente nesse sentido é limitado porque ele compete também a todos os demais de antemão: "Ao empregar o termo 'razão', Locke aparentemente supõe que essa atitude é algo a que os homens chegam por um processo cognitivo. Ele inclui o reconhecimento de que todos os homens são iguais e independentes e que eles possuem uma obrigação recíproca de reconhecer os direitos do outro e, assim, assumir por si mesmos os sacrifícios de seus próprios interesses imediatos".*[19]

A primeira objeção desemboca, portanto, em que as obrigações — mesmo que seja somente o ato único da submissão a um poder absoluto — têm de apoiar-se em um consenso normativo, o qual não pode resultar *somente* de ponderações racionais com respeito a fins. Da agregação de diversos cálculos sobre relações de fins e meios que cada ator efetua, apoiado em conhecimentos empíricos e orientado egocentricamente ao próprio êxito, pode resultar, quando muito, em que todos tomam por *desejável* a observância de uma norma comum. Mas a desejabilidade de uma norma não explica ainda a *força obrigatória* que parte de normas válidas e que pode ser atribuída não a sanções, mas ao reconhecimento intersubjetivo, em última instância motivado por razões, de expectativas recíprocas de comportamento: "Assim, na base da posição (de Locke) reside o postulado do reconhecimento racional".**[20]

Mesmo que suponhamos que a tentativa, frequentemente repetida na tradição empirista e reiteradamente fracassada, de reduzir a razão prática à

---

* Em inglês no original: "By employing the term reason Locke apparently implies that this attitude is something at which men arrive by a cognitive process. It includes the recognition that all men are equal and independent and that they have a reciprocal obligation to recognize each other's rights and thus take upon themselves sacrifices of their own immediate interests". (N. T.)

19 Ibid., p.96.

** Em inglês no original: "Thus at the basis of the position (of Locke) lies the postulate of rational recognition". (N. T.)

20 Idem.

capacidade da escolha de meios, racional com respeito a fins, pudesse, apesar disso, ter sucesso ainda,[21] permaneceria intacta uma outra objeção, empírica no seu cerne. Com Weber e Durkheim, Parsons defende a concepção segundo a qual a ordem coercitiva artificial mirada por Hobbes, que assegura a observância de normas somente por meio de sanções externas, não poderia ter longa duração e, por isso, não se presta a modelo de explicação de como é possível a ordem social. De acordo com Parsons, isso se aplica a *toda* ordem social isenta de normas, produzida de maneira meramente factual e baseada *unicamente* em interesses, tanto faz se os padrões comportamentais condicionados se mantêm em pé mediante o poder dominante e o medo de sanções negativas, conforme o modelo hobbesiano, ou mediante a troca de bens e a aspiração às sanções positivas, de acordo com as noções da economia política, ou, finalmente, por meio de um concurso dos dois mecanismos. Também para o âmbito do comportamento econômico controlado via mercado, pelo qual se orientam as explicações empiristas de Locke a Spencer em primeira linha, é possível mostrar, com base no argumento durkheimiano mencionado, que um comportamento social factualmente avezado não pode se estabilizar sem uma normatização que limite, mediante orientações axiológicas, a ação dos atores que se guiam por interesses.[22] As ordens sociais não podem ser

---

21 Esforços dignos de nota foram empreendidos por Lewis, *Convention: A Philosophical Study*; e Elster, *Ulysses and the Sirens: Studies in Rationality and Irrationality*, p.141ss. Trata-se aí, por sua vez, de propostas para a solução de um problema *já redefinido em termos empiristas*, no que se perde o fenômeno carente de explicação, a saber, o caráter obrigatório de normas válidas.

22 "A contractual agreement brings men together only for a limited purpose, for a limited time. There is no adequate motive given why men should pursue even this limited purpose by means which are compatible with the interests of others, even though its attainment as such should be so compatible. There is a latent hostility between men which this theory does not take account of. It is as a framework of order that the institution of contract is of primary importance. Without it men would, as Durkheim explicitly says, be in a state of war. But actual social life is not war. In so far as it involves the pursuit of individual interests it is such interests, pursued in such a manner as greatly to mitigate this latent hostility, to promote mutual avantage and peaceful cooperation rather than mutual hostility and destruction. Spencer and others who think like him have entirely failed to explain how this is accomplished. And in arriving at his own explanation Durkheim first

explicadas no sentido de um instrumentalismo coletivo: uma ordem factual que resulta da concorrência por poder e/ou riqueza da parte de indivíduos agindo de maneira racional com respeito a fins permanecerá instável enquanto não acrescentar o momento moral da consciência e da obrigação, isto é, de uma orientação da ação por valores obrigatórios.

Mesmo aqui, Parsons constrói uma relação simétrica entre duas posições contrárias, mas falsas na mesma medida. O *materialismo* sociológico não nega o fato de que as relações interpessoais em geral são normativamente reguladas, mas ele reduz normas a regulações impostas do exterior e desconhece a circunstância de que a institucionalização de expectativas de comportamento principia pelas orientações dos agentes, vinculando-as normativamente, e não influi sobre elas de maneira meramente factual, mediante uma manipulação das consequências da ação. O *idealismo* sociológico incorre por

---

points to an empirical fact: this vast complex of action in the pursuit of individual interests takes place within the framework of a body of rules, independent of the immediate motives of the conctracting parties. This fact the individualists have either not recognized at all, or have not done justice to. It is the central empirical insight from which Durkheim's theoretical development starts, and which he never lost" (Parsons, *The Structure of Social Action*, p.313-4). ["Um acordo contratual une os homens apenas para um objetivo limitado, por um tempo limitado. Não há motivos suficientes que levem os homens a perseguir até mesmo esse objetivo limitado por meios que sejam compatíveis com os interesses dos outros, embora sua consecução como tal deva ser acessível desse modo. Há uma hostilidade latente entre os homens que essa teoria não leva em conta. É como um quadro da ordem em que que a instituição do contrato é de suma importância. Sem ela, os homens estariam, como diz explicitamente Durkheim, em um estado de guerra. Mas a vida social real não é uma guerra. Na medida em que ela envolve a persecução de interesses individuais, são tais interesses, perseguidos dessa maneira, que mitigam enormemente essa hostilidade latente, que promovem a vantagem mútua e a cooperação pacífica, em vez da hostilidade e a destruição mútua. Spencer e outros que pensam como ele falharam inteiramente em explicar como isso é alcançado. E, ao chegar em sua própria explicação, Durkheim aponta primeiramente para um fato empírico: esse vasto complexo de ação na persecução dos interesses individuais se realiza no interior do quadro de um corpo de regras, independentemente dos motivos imediatos das partes contratantes. Esse fato, os individualistas ou não o reconheceram de modo algum, ou não lhe fizeram justiça. É o discernimento empírico central a partir do qual começa o desenvolvimento teórico de Durkheim, e o qual ele nunca perdeu." (N. T.)].

outro lado no erro de subestimar a coerção seletiva que parte dos componentes não normativos da situação da ação, em geral do substrato material do mundo da vida.[23] O conceito de ordem social que Parsons desenvolve partindo de sua crítica simétrica a essas duas posições é o de instituição, que segue o modelo neokantiano da realização de valores, isto é, o conceito weberiano de uma ordem que integra valores e interesses. "A ação deve sempre ser pensada como envolvendo o estado de tensão entre duas ordens diferentes de elementos, os normativos e os condicionais."*[24]

(e) *Interação social. O problema da coordenação da ação sob condições da dupla contingência: primeira decisão de estratégia teórica*

Ora, teria sido natural ligar o conceito de ação com o conceito de ordem de sorte que ambos complementem um ao outro no mesmo plano analítico, formando o conceito de *interação social*. Com isso, o conceito de *acordo normativo* poderia ter servido de ponte entre o conceito de atividade voltada a fins e orientada por valores e o conceito de uma ordem que integra valores aos interesses. Por meio disso, contudo, aquelas interpretações e tomadas de posição de sim ou não dos participantes da interação, as quais suportam um consenso de valores e o reconhecimento de normas, teriam se deslocado

---

23 Ibid., p.446.

* Em inglês no original: "Action must always be thought of as involving a state of tension between two different orders of elements, the normative and the conditional". (N. T.)

24 Ibid., p.732. Que Parsons apoie esse conceito em Durkheim e Weber é algo que tem desencadeado ainda, após décadas, uma controvérsia veemente: cf. Pope; Cohen; Hazelrigg, "On the Divergence of Weber and Durkheim: A Critique of Parsons' Convergence Thesis", *American Sociological Review*, v.40, p.417ss., 1975. Sobre isso, cf. Warner, "Toward a Redefinition of Action Theory: Paying the Cognitive Elements its Due", *American Journal of Sociology*, v.83, n.6, p.1317ss., 1978; Pope; Cohen, "On R. Stephen Warner's 'Toward a Redefinition of Action Theory: Paying the Cognitive Elements its Due'", *American Journal of Sociology*, v.83, n.6, p.1359ss., 1978; Parsons, "Comment on R. Stephen Warner's 'Toward a Redefinition of Action Theory: Paying the Cognitive Elements its Due'", *American Journal of Sociology*, v.83, n.6, p.1350ss., 1978.

para o centro da teoria da ação. No ponto central não se encontraria mais a *estrutura fins e meios da ação*, mas a formação de consenso dependente da linguagem, compreendida como aquele mecanismo que concilia os planos de ação de diversos atores entre si, tornando possível assim primeiramente as interações sociais. Mas esse caminho não é tomado por Parsons.[25] Pois ele também permanece preso às tradições empiristas das quais toma distância. A abordagem individualista de uma teoria direcionada à teleologia da ação acaba se impondo na medida em que o ponto de partida em última instância decisivo permanece sendo a ação singular de um ator isolado, ainda que Parsons veja a atividade voltada a fins como limitada por *standards* de valores e orientações axiológicas correspondentes. Eu gostaria de elucidar essa *primeira decisão importante para a construção da teoria* tendo como pano de fundo uma teoria da ação comunicativa.

Parsons parte do ator posto como uma mônada, pretendendo estabelecer a passagem da unidade da ação ao contexto de ação de maneira que se pense a interação elementar como composta das ações de dois atores, introduzidas inicialmente de forma independente. O ponto de apoio da análise é a orientação da ação *singular*. Esta é o resultado de *decisões contingentes entre alternativas*. A orientação axiológica expressa que os valores correspondentes definem as preferências para uma das alternativas dadas em cada caso. Uma vez que a força reguladora dos valores culturais não toca na contingência das decisões, cada interação entre dois atores que contraem uma relação

---

25 Em *The Structure of Social Action*, Parsons não relaciona entre si, de maneira complementar, os dois conceitos de ação e de ordem, mas antes os localiza em planos diversos. Ele pensa em duas dimensões, nas quais as unidades da ação podem ser agregadas e encaixadas em um sistema de ação: a associação de ações de diversos atores e a associação de diversas ações do mesmo ator. Da agregação interpessoal resultam sistemas sociais que podem ir de interações simples até sociedades totais. Na outra dimensão, surgem sistemas da personalidade, que podem se vincular por sua vez em coletividades de complexidade qualquer. Enquanto as investigações próprias de história da teoria realizadas em *The Structure of Social Action* sugerem uma simetria entre o conceito de ação e o conceito de ordem, na conclusão do livro se torna claro que a distância conceitual entre ação e sistema de personalidade não é maior do que aquela entre ação e sistema de interação. Cf. Parsons, *The Structure of Social Action*, p.737-48.

se encontra sob a condição da "dupla contingência".[26] Esta possui o papel de um fato gerador de problemas: ela torna funcionalmente necessárias as operações de ordenamento. Na estrutura lógica da interação, a dupla contingência da liberdade de escolha do *ego* e do *alter* é anterior aos mecanismos ordenadores que coordenam a ação. No plano analítico da unidade da ação, os *standards* de valores de diversos atores são computados como uma posse subjetiva: por isso eles precisam de uma harmonização intersubjetiva. O elemento da orientação axiológica deve simplesmente excluir a hipótese de processos contingentes de colocação de fins, impedindo que a autonomia da colocação de fins seja retirada em favor de uma assimilação, seja racionalista, seja positivista, das orientações da ação às determinantes da situação da ação. Parsons se atém ao núcleo do conceito utilitarista de ação, justamente à interpretação da liberdade de decisão do ator como uma escolha entre meios alternativos para fins postos. Talvez ele creia que possa salvar o voluntarismo somente concebendo a liberdade de decisão como liberdade contingente de escolha, na linhagem do idealismo alemão: como *arbítrio*.

Essa concepção contrasta com o conceito de um sistema de valores culturais desde o início compartilhado intersubjetivamente. É nisso que consiste justamente o problema de construção: como Parsons deve associar o conceito de ação estabelecido em termos de mônada com um conceito de ordem intersubjetivista, tomado de empréstimo de Durkheim? O problema se deixaria resolver se Parsons convertesse as operações de interpretações dos participantes da interação, as quais possibilitam o consenso, em um componente nuclear da ação social. Os processos de entendimento dependentes da linguagem se desenrolam, como mostrado antes, perante o pano de fundo de uma tradição intersubjetivamente partilhada, sobretudo de valores aceitos em comum. O contexto ao qual um texto remete em cada caso pode servir de modelo então para aquilo que funda a ordem. O problema da coordenação da ação que se coloca com a relação duplamente contingente entre atores capazes de decisão seria resolvido, de acordo com esse modelo, por uma orientação por pretensões de validade de normas que estivessem voltadas para o reconhecimento intersubjetivo.

---

26 Id., *The Social System*, p.36.

As tomadas de posição de sim ou não em relação a pretensões de validade normativas não correspondem, contudo, a uma liberdade de escolha *contingente*, mas a convicções prático-morais; elas estão sujeitas, ao menos implicitamente, à força vinculante de boas razões. Porém, se abordamos, como Parsons, as decisões orientadoras da ação primeiramente a título de *emanação do arbítrio privado de atores isolados*, falta um mecanismo que possa explicar a estrutura dos sistemas de ação partindo das unidades da ação.[27] Esse embaraço explica o rearranjo da teoria da ação que se torna reconhecível nas duas obras publicadas em 1951 (*The Social System* e *Towards a General Theory of Action*).

(2) A teoria da ação no começo do período intermediário

Nesse começo do período intermediário, Parsons não se limita mais a apreender a unidade da ação em termos de orientação de um sujeito agindo em sua situação; antes, ele tenta agora conceber a própria orientação da ação como um produto do concurso de cultura, sociedade e personalidade.[28] Ele analisa a orientação da ação como que *a tergo*, do ponto de vista de saber com o que aqueles três componentes contribuem para que se dê uma ação concreta. O ator entra com isso na perspectiva de uma agência que ao mesmo tempo é motivada por necessidades e controlada por valores. Graças às orientações motivacionais, o sistema da personalidade tem uma parcela na orientação da ação, graças às orientações normativas, o sistema social se faz valer.

Nesse meio-tempo, Parsons havia tomado conhecimento da teoria freudiana da personalidade e, sobretudo, da antropologia cultural de Malinowski. Também por conta disso a perspectiva teórica se deslocou. Quando se toma semelhante abordagem, não se podem mais estruturar os sistemas de ação

---

27 Passo por alto a tentativa de valer-se para isso de noções da teoria da aprendizagem. O assim chamado modelo de sanções pode explicar, no melhor dos casos, como expectativas de comportamento não normativas se associam condicionalmente entre si.

28 Parsons, *The Social System*, p.3-23; id., *Toward a General Theory of Action*, p.3-25, p.53-109.

de maneira elementarista, partindo de suas unidades; é preciso começar com eles. Parsons começa sua construção de agora em diante com o conceito de cultura, explicando os sistemas de ação "sociedade" e "personalidade" como corporificações institucionais e ancoragens motivacionais de padrões culturais. Não mais as unidades da ação, mas antes são os padrões culturais ou os significados simbólicos que servem de unidades elementares. Estes se encadeiam formando configurações, sistemas de valores e interpretações culturais capazes de tornar-se tradições. A parte da tradição cultural que é relevante imediatamente para a constituição dos sistemas de ação são os padrões de valores. Estes formam a matéria-prima que é assimilada como expectativas de comportamento obrigatórias ou normas intersubjetivamente válidas pela via da institucionalização, e como motivos pessoais ou disposições de ação formadoras do caráter pela via da internalização. Dessa maneira, Parsons concebe os dois sistemas de ação como canais complementares entre si, por meio dos quais os valores culturais se convertem em ações motivadas: "sistemas sociais são sistemas de ação motivada, organizados em torno das relações de atores entre si; personalidades são sistemas de ação motivada, organizados em torno do organismo vivo".*29

Ao se proceder assim, porém, colocam-se dois problemas. Em primeiro lugar, é preciso esclarecer como pensar a determinação cultural das orientações da ação (a); e, em segundo lugar, como os três conceitos de ordem, o sistema da cultura, o da sociedade e o da personalidade, deixam-se encadear com o conceito de ação, a partir do qual não puderam ser estruturados (b). Gostaria de discutir ambas as questões de maneira aporética, isto é, de maneira que se tornem claras as dificuldades de uma teoria da ação que, partindo monologicamente do ator isolado, não considera de um ponto de vista sistemático o mecanismo de coordenação linguístico representado pelo entendimento.

---

* Em inglês no original: "social systems are systems of motivated action organized about the relations of actors to each other; personalities are systems of motivated action organized about the living organism". (N. T.)
29 Id., *Toward a General Theory of Action*, p.54.

(a) O vínculo de motivações e orientações axiológicas

Nas diversas exposições da teoria da ação do começo dos anos 1950, Parsons não se limita mais a decompor a orientação da ação em seus componentes analíticos, do ponto de vista de uma realização de fins orientada a valores. Pelo contrário, trata-se então da análise conceitual do vínculo entre motivações e orientações axiológicas. Parsons desenvolve essa *segunda versão de sua teoria da ação* em quatro passos.

Na orientação motivacional de um agente que tem de decidir-se entre meios alternativos para fins postos e condições dadas, Parsons distingue dois aspectos: uma *orientação catéctica* aos objetivos e objetos a que o ator direciona seus sentimentos e interesses, e uma *orientação cognitiva* aos estados e alternativas que ele apreende e calcula. Ambos os aspectos são separáveis apenas analiticamente: todo objeto investido cateticamente precisa ser reconhecido, e todo objeto cognitivamente apreendido é relevante tendo em vista a satisfação de necessidades. Ambas as orientações se estendem em igual medida às projeções subjetivas do objetivo e aos componentes objetivos da situação.

Mas o processo de orientação não se deixaria compreender como uma decisão entre alternativas se um terceiro aspecto não se deixasse sobressair ainda na orientação motivacional da ação – uma *orientação valorativa*, com o objetivo de produzir uma relação a mais vantajosa possível entre as gratificações alcançáveis e as privações inevitáveis: "O modo valorativo envolve o ato cognitivo de balancear os significados de gratificação e privação de vários cursos de ação alternativos, com vista à gratificação maximizadora a longo prazo".*[30] Os únicos *standards* que podem ser derivados das próprias dimensões da catexia e da cognição são a utilidade e a eficiência – exatamente os *standards* admitidos no conceito utilitarista de ação. Mas, se a orientação valorativa deve ganhar independência perante as orientações catéctica e cognitiva, a asseguração da balança de gratificações deve ser me-

---

* Em inglês no original: "The evaluative mode involves the cognitive act of balancing out the gratification-deprivation significances of various alternative courses of action with a view to maximizing gratification in the long run". (N. T.)
30 Parsons, *Toward a General Theory of Action*, p.71.

diada por critérios de procedência não utilitarista. São os *standards culturais* que, mediante *a orientação valorativa*, assumem uma influência pregnante, acima de tudo normativa, sobre as motivações da ação.³¹

A orientação valorativa é o ponto de comutação em que a cultura se acopla com as orientações motivacionais do agente. Isso é tomado por Parsons como ensejo para derivar da classificação das orientações motivacionais a divisão de *standards* de valores e as correspondentes orientações axiológicas. Ele distingue critérios cognitivos, apreciativos e morais (*cognitive, appreciative, moral standards*). Na dimensão do cognitivo, trata-se de critérios para a verdade, a objetividade, a conclusividade etc. Na dimensão da catexia, trata-se de critérios estéticos para a veracidade, a autenticidade, a adequabilidade etc. E na dimensão do valorativo, coloca-se o problema de saber segundo quais pontos de vista normativos os *standards* cognitivos e apreciativos podem ser escolhidos e integrados por seu turno; na qualidade desses *standards* de grau superior, Parsons introduz os morais.

Esses três tipos de *standards* representam apenas um recorte da tradição cultural, justamente os valores culturais ou os componentes valorativos da cultura. A cultura contém, fora isso, esquemas cognitivos para a *interpretação* do que é o caso, e as formas simbólicas de *expressão* para a exposição de experiências estético-expressivas.

---

31 "[...] we say that the evaluative mode designates the point in the system of motivation at which these values or cultural standards of the value-orientation become effective [...] The evaluative mode itself concerns the weighing of alternatives and the act of choosing. When this evaluation is made with an eye to any standards for guiding choice, then the evaluative mode has brought in some aspect of the value-orientation. It should be remembered that the act of choosing is essentially the aspect of orientation implied by the term evaluative mode; the standards on which choices are based are the aspects of orientation implied by the term value--orientations." (Ibid., p.71-2). ["[...] dizemos que o modo valorativo designa o ponto no sistema de motivação em que esses valores ou *standards* culturais da orientação axiológica se tornam efetivos [...]. O próprio modo valorativo concerne à ponderação de alternativas e ao ato de escolher. Quando essa valoração é feita com um olho voltado a qualquer *standard* para guiar a escolha, o modo valorativo trouxe algum aspecto da orientação axiológica. Deve ser lembrado que o ato de escolher é essencialmente o aspecto de orientação implicado pelo termo 'modo valorativo'; os *standards* em que as escolhas se baseiam são os aspectos de orientação implicados pelo termo 'orientações axiológicas'." (N. T.)]

Para a determinação cultural da ação, portanto, os seguintes componentes são decisivos: componentes do *sistema cultural*: esquemas cognitivos de interpretação, formas simbólicas de expressão e *standards* de valores; entre os *standards de valores*: *standards* para a solução de problemas cognitivo-instrumentais, *standards* de apreciação e *standards* para a solução de problemas prático-morais; *orientações normativas* correspondentes: cognitivas, apreciativas, morais; e enfim *orientações motivacionais*: cognitivos, catécticos e valorativos. Esquematicamente, resultam entre esses elementos as relações reproduzidas na Figura 29.

Componentes da cultura	Componentes cognitivos, valorativos, expressivos ↓↓↓ *Standards de valores* cognitivos, apreciativos e morais
Orientações da ação (Normativas) (Motivacionais)	Orientações axiológicas cognitivas, apreciativas e morais ↓ Orientações cognitivas — catécticas — valorativas

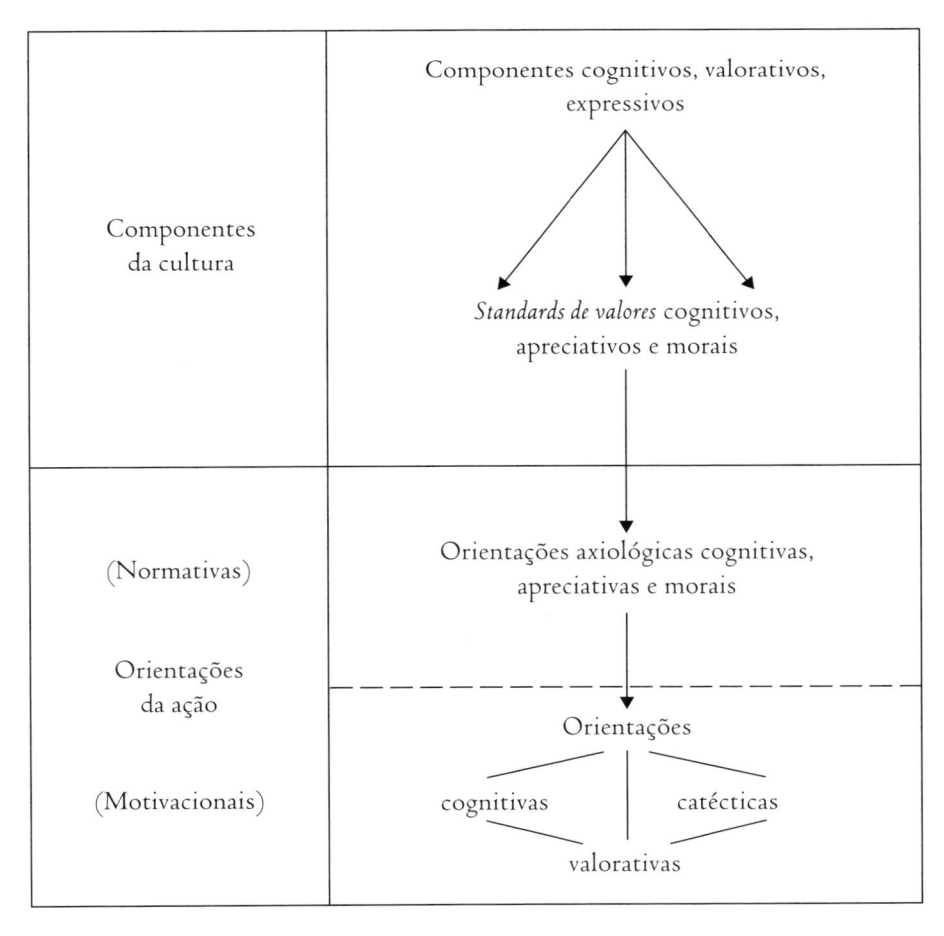

Figura 29 – *Determinantes culturais da orientação da ação (de acordo com* Toward a General Theory of Action, *de 1951)*

Embora Parsons se aplique às orientações motivacionais para construir o esquema de baixo para cima, ele tem de ser lido na direção oposta e compreendido como uma ilustração da intervenção dos elementos regulativos culturais sobre os motivos da ação. Pois a noção de uma determinação cultural de orientações da ação deve resolver o problema de coordenação no qual a primeira versão da teoria da ação se extenuara em vão: os *standards* de valores não são mais atribuídos a atores individuais como propriedades subjetivas; padrões culturais de valores são introduzidos, pelo contrário, como posse intersubjetiva de antemão. Todavia, eles são considerados de início apenas como componentes da tradição cultural, não dispondo, já na origem, de uma obrigatoriedade normativa. Quando se quer indicar as condições para as interações normativamente reguladas e ancoradas em termos motivacionais, não pode bastar, portanto, que se conectem os elementos da orientação da ação *imediatamente* com os componentes do sistema cultural. Voltarei a esse problema. Primeiramente, gostaria de investigar a questão de como Parsons concebe a orientação do agente por valores culturais.

(b) Como cultura, sociedade e personalidade determinam as orientações da ação

De acordo com o esquema, a cultura entra em vínculo com as orientações da ação apenas por meio de componentes valorativos — a cultura desdobra sua força regulativa somente por meio da orientação do agente por *standards* culturais de valores. Estes não se estendem certamente apenas à esfera valorativa em sentido mais estrito; a par dos *standards* para o que é considerado "bom" (ou melhor e pior), Parsons considera *standards* que se aplicam à solução de questões cognitivo-instrumentais e prático-morais. É manifesto que se trata de *critérios* pelos quais se mede em cada caso, no quadro de uma tradição cultural dada, a *validade* de enunciados descritivos, normativos, valorativos e expressivos. Mas, com tais *standards abstratos de valores e de validade*, não se exaure a riqueza de *conteúdo* de uma cultura. A linha superior do esquema desperta a impressão de que nem os padrões cognitivos de interpretação nem as formas expressivas de manifestação poderiam encontrar uma entrada nas orientações da ação. Parsons pode não ter pretendido isso; ainda assim essa impressão não se dá por acaso. Parsons responde à questão do que significa para um ator orientar sua ação no contexto de uma tradição lançando mão de um modelo simples demais. Um ator — essa é a ideia — age no quadro de sua cultura orientando-se por *objetos culturais*. Parsons menciona, sem dúvida, que a linguagem representa o *medium* exemplar para a tradição cultural; esse discernimento, no entanto, ele não o torna fecundo para sua teoria da ação. Ele omite, como se torna patente no esquema, o aspecto comunicativo da coordenação da ação.

Agir no quadro de uma cultura significa que os participantes da interação extraem interpretações do acervo de saber culturalmente assegurado e intersubjetivamente partilhado para entender-se sobre sua situação e perseguir seus objetivos com essa base. Da perspectiva conceitual da ação orientada ao entendimento, a apropriação interpretativa dos conteúdos culturais transmitidos se apresenta como o ato mediante o qual se efetua a determinação cultural da ação. Parsons se põe obstáculos para seguir essa via de análise porque concebe a orientação por valores como uma orientação por *objetos*.

De início, os objetos aos quais um ator pode se referir haviam sido classificados por Parsons, da perspectiva da atividade voltada a fins, como meios (ou recursos) e condições (ou restrições). Agora, do ponto de vista da estrutura interativa do contexto de ação, resulta uma classificação diferente. Ego distingue objetos sociais que podem assumir o papel de um *alter* dos objetos não sociais. Entre estes, distingue por sua vez os objetos físicos, que podem aparecer apenas como meios ou condições, dos objetos culturais. Parsons distingue os objetos físicos dos culturais lançando mão de suas *condições de identificação*. Objetos físicos são unidades no espaço e no tempo, ao passo que objetos simbólicos representam padrões culturais que podem ser transmitidos, isto é, passados adiante e apropriados, sem transformar seu significado. A individuação espaçotemporal não afeta o conteúdo semântico, mas apenas o substrato material no qual o padrão semântico ganha forma simbólica.

Parsons caracteriza, portanto, os objetos físicos e culturais em termos ontológicos, isto é, da perspectiva de um sujeito cognoscente; com isso, escapa-lhe a diferença entre *objetos* identificados no tempo e no espaço e *significados* simbolicamente corporificados, a qual é mais importante na perspectiva do sujeito que fala e age. Uns podem ser observados e manipulados, isto é, alterados por intervenção dirigida a objetivos, os outros somente podem ser compreendidos, isto é, gerados ou acessados pela via de uma participação (ao menos virtual) em processos de comunicação. Parsons desconhece essa diferença e *assimila padrões culturais capazes de tornar-se tradições a elementos da situação* aos quais o ator se refere da mesma maneira que a objetos. Essa reificação obstrui olhar sobre o papel que a tradição cultural desempenha como contexto e pano de fundo para a ação comunicativa. A *reificação dos conteúdos culturais capazes de tornar-se tradição* se mostra já na noção de que o ator poderia constituir orientações motivacionais em face dos objetos culturais da mesma maneira que em face dos demais elementos da situação, sejam eles antagonistas, meios ou condições. Certamente, um ator pode se relacionar também reflexivamente com a tradição cultural se for o caso; ele pode voltar-se sobre si mesmo, por assim dizer, para converter ideais, valores ou símbolos expressivos em objetos de uma análise, para investir sobre eles como positiva ou negativamente objetificados, apreciá-los com base em *standards* correspondentes etc. Mas isso não se aplica ao caso normal da atitude performativa em que aquele que age comunicativamente faz uso de sua tradição.

Sujeitos que agem comunicativamente se encontram diante da tarefa de encontrar uma definição comum para sua situação de ação e entender-se sobre temas e planos de ação no interior desse quadro de interpretação. Nesse trabalho de interpretação, eles fazem uso do acervo de saber transmitido. Com isso, os padrões culturais de interpretação, valorização e expressão possuem, como vimos, uma dupla função. Na qualidade de um todo, eles formam o contexto do saber de fundo aceito de maneira inquestionável; ao mesmo tempo, porém, os diversos padrões culturais penetram o conteúdo semântico dos proferimentos *respectivos*. A cultura não permanece mais, nesse caso, às costas dos que agem comunicativamente, ela se desfaz do modo das certezas de fundo, assumindo a figura de um saber fundamentalmente criticável. Mas nem em sua função de formar contexto nem em sua função de gerar texto, os padrões culturais de interpretação alcançam o *status* de objetos aos quais os atores se refeririam da mesma maneira que aos componentes da situação da ação.

Ao extrair interpretações do fundo de sua tradição, os participantes da interação procuram produzir um consenso sobre algo no mundo. Com isso, referem-se a objetos identificáveis no mundo; pode tratar-se de coisas e eventos em um mundo de estados de coisas existentes (ou seja, objetos físicos), ou de componentes de um mundo social de relações interpessoais legitimamente reguladas, ou de algo em um mundo subjetivo de vivências de acesso privilegiado (ou seja, de objetos sociais no sentido mais amplo). As ideias, valores ou formas simbólicas de expressão que entram no processo de entendimento servem à comunicação *sobre* tais objetos; eles mesmos não são objetos de espécie comparável. Quando muito, pode-se falar que intérpretes e tradutores, cientistas e teóricos da moral e do direito, artistas e críticos de arte se referem a objetos culturais quando elaboram ideias, valores e formas simbólicas de expressão.

Ora, Parsons contrapõe aos padrões culturais de significado, que aparecem em situações da ação supostamente como "objetos", aqueles componentes da cultura que foram interiorizados ou institucionalizados. Com essa distinção, porém, ele não reverte a reificação da cultura; por meio de falsos contrastes, ele a sanciona ainda mais. Se os padrões culturais de valores — esta é a ideia — são internalizados e institucionalizados, de um lado cunhando motivos, de outro definindo expectativas de papéis, eles se transformam em componentes empíricos, isto é, individualizados no tempo e no espaço, de personalidades ou de sistemas de interação. Os objetos culturais permanecem, em contrapartida, externos aos atores e às suas orientações de ação. Embora também a esses objetos culturais seja atribuída uma espécie de função controladora, eles nem desdobram a força propulsora motivante nem a força normativamente controladora daqueles valores que são incorporados em pessoas e instituições. "Diferentemente de disposições de necessidade e de expectativas de papéis, os *símbolos*, que são as entidades controladoras postuladas nesse caso, não são internos aos sistemas cujas orientações eles controlam. Símbolos controlam sistemas de orientações, assim como as disposições de necessidade e expectativas de papéis, mas não existem como fatores internos postulados, e sim como objetos de orientações (vistos como existindo no mundo externo ao lado de outros objetos orientados por um sistema de ação)".*32

Essa tentativa de fazer uma delimitação entre conteúdos culturais *livremente flutuantes* e padrões de valores *incorporados*, na dimensão "objetivo" *versus* não objetivo", apenas aumenta a confusão. Direcionado a objetos, o sujeito da teoria do conhecimento é, como vimos, um modelo falso na raiz. Em vez disso, recomenda-se a estrutura da ação orientada ao entendimento como modelo pelo qual se pode estudar como a cultura, a sociedade e a personalidade concorrem na determinação das orientações da ação. Nas propriedades formais da operação de interpretação dos atores que conciliam entre si a ação por meio de atos comunicativos, deixa-se mostrar como as tradições culturais, as ordens institucionais e as competências pessoais possibilitam um entretecimento e uma estabilização comunicativa de sistemas de ação na forma de autoevidências difusas próprias do mundo da vida.

As competências do indivíduo socializado e as solidariedades dos grupos integrados mediante valores e normas representam, em analogia com a tradição cultural, recursos para o pano de fundo das certezas próprias do mundo da vida; tal como ela, formam o contexto das situações da ação. Tendo em vista a contribuição da cultura para a ação orientada ao entendimento, distinguimos a função formadora de contexto da função geradora de texto. Por mais específica que possa ser a contribuição do acervo cultural de saber para a produção textual, a personalidade e a sociedade, as capacidades adquiridas por socialização e as ordens institucionais não contribuem menos do que

---

* Em inglês no original: "Unlike need-dispositions and role-expectations, the symbols which are the postulated controlling entities in this case are not internal to the systems whose orientations they control. Symbols control systems of orientations, just as do need-dispositions and role-expectations, but they exist not as postulated internal factors but as objects of orientations (seen as existing in the external world alongside of the other objects oriented by a system of action)". (N. T.)

32 Parsons, *Toward a General Theory of Action*, p.160.

a cultura para a constituição do pano de fundo do mundo da vida. Pois o pano de fundo perante o qual se desenrolam as cenas de interação e do qual emergem por assim dizer as situações da ação orientada ao entendimento, não consiste somente em certezas culturais, isto é, em padrões de interpretação, valorização e expressão aceitos de maneira inquestionável, de *suposições de fundo*; o pano de fundo consiste, como vimos, tanto quanto em *capacidades* individuais, no *saber* intuitivo de *como* lidar com uma situação e em *práticas* sociais avezadas, no *saber* igualmente intuitivo daquilo *em que* se pode confiar. As certezas do mundo da vida não possuem apenas o caráter cognitivo das tradições culturais que se tornam hábitos, mas também o caráter por assim dizer psíquico das competências adquiridas e testadas, assim como o caráter acima de tudo social das solidariedades comprovadas. A inquestionabilidade do mundo da vida, a partir da qual se age comunicativamente, deve-se não apenas àquela espécie de segurança que remonta ao *que se sabe* de maneira trivial, mas também à espécie de certeza que remonta à consciência de *poder* algo ou de dever *confiar* em alguém. Com efeito, *a inquestionabilidade específica* que paradoxalmente *priva* do sabido o caráter de saber, que eventualmente se revela falso, parece se dar somente porque, nas certezas do mundo da vida, todos os três componentes se conectam mais ou menos difusamente: o saber de *como* fazer algo e o saber sobre *em que* poder confiar se entretecem com o que se sabe. Ele se se separa do *know how* na qualidade de *know that* somente no instante em que as certezas culturais são transformadas em conteúdo da comunicação e, com isso, em um saber que se associa com pretensões de validade criticáveis.[33]

---

33 Devo algumas sugestões a um seminário sobre "Background Knowledge" conduzido por J. Searle e H. Dreyfuß no semestre de primavera de 1980, em Berkeley. As tentativas da filosofia analítica orientada ao modelo do contexto de apreender a estrutura do pano de fundo próprio do mundo da vida me parecem mais auspiciosas do que as tentativas de reconstrução com abordagem fenomenológica. Cf., porém, Polanyi, *Personal Knowledge*; id., *The Tacit Dimension*; sobre isso: Grene, "Tacit Knowing: Grounds for a Revolution in Philosophy", *Journal of the British Society for Phenomenology*, v.8, n.3, p.164ss., 1977; Harre, "The Structure of Tacit Knowledge", *Journal of the British Society for Phenomenology*, v.8, n.3, p.172ss., 1977.

(c) A introdução das pattern variables: *segunda decisão de estratégia teórica*

Com o conceito de ação comunicativa, não ganhamos apenas um ponto de referência para a análise das contribuições da cultura, da sociedade e da personalidade para a formação das orientações da ação; com a ajuda desse modelo, pode-se também tornar claro como a cultura, a sociedade e a personalidade se conectam na qualidade de componentes do mundo da vida simbolicamente estruturado. Para entender corretamente esse problema de construção, é preciso ter em vista que as três ordens, cultura, sociedade e personalidade, são introduzidas primeiramente como "sistemas" em um sentido não específico. Com efeito, Parsons continua a seguir a ideia segundo a qual a sociedade pode ser concebida da perspectiva da teoria da ação como um contexto de ação articulado em seus componentes. A ideia de que as estruturas simbólicas do mundo da vida se reproduzem mediante a ação comunicativa pode servir de indicador de caminho para uma análise promissora do *nexo entre cultura, sociedade e personalidade*. Se perguntamos sobre como a reprodução cultural, a integração social e a socialização se valem do mesmo mecanismo de entendimento de maneira diversa, vêm à tona as interdependências dos três componentes do mundo da vida. Porém, uma vez que Parsons negligencia o mecanismo do entendimento na construção de sua teoria da ação, ele precisa procurar, sob *outras* premissas, um equivalente para o conceito de mundo da vida.

Supondo o modelo da decisão de um ator orientado por valores diante de alternativas de ação, definido pela primeira estratégia de construção teórica, Parsons tem de preparar os meios com que se pode pensar a procedência de uma orientação da ação a partir do concurso de cultura, sociedade e personalidade. Para esse fim, Parsons introduz os assim chamados *"pattern variables of value orientation"* ["variáveis-padrão de orientação axiológica"].[34] Com isso, ele toma a *segunda decisão importante de construção*. Valores culturais funcionam como padrões para uma escolha entre alternativas de ação; eles determinam as orientações de um agente porque definem as preferências sem tocar nas contingências das decisões. Parsons afirma então que há para

---

34 Parsons, *The Social System*, p.58ss.; id., *Toward a General Theory of Action*, p.78ss.

quaisquer situações de ação exatamente cinco problemas que se colocam a todo ator *inevitavelmente* na forma de alternativas de decisão *binariamente esquematizadas, gerais e abstratas*.³⁵ Parsons atribui às *pattern variables* um valor

---

35 Trata-se dos seguintes problemas, dos quais Parsons deriva a tábua dos *pattern variables*: (1) O agente deve seguir imediatamente seus interesses ou deve admitir ponderações normativas, em que se fazem valer interesses gerais? Orientações por interesses próprios ou universais são a alternativa aqui. (2) O agente deve seguir sem demora seus afetos e desejos, ou deve reprimir seus impulsos e adiar por curto prazo as gratificações alcançáveis? Aqui existe a alternativa entre uma atitude impulsiva, afetivamente investida e uma atitude disciplinada, afetivamente neutra. (3) O agente deve analisar com distância a situação em que se encontra, mais precisamente a partir dos pontos de vista que concernem a todo mundo, ou deve se entregar como implicado às constelações particulares da situação dada? Como alternativa, resulta a orientação por *standards* universais em contraposição à consideração das relações particulares dependentes do contexto. Esses três problemas se referem a posições que o ator adota em relação a si mesmo. Dois outros problemas concernem ao modo como o ator categoriza os objetos, em especial outros participantes da interação: (4) O agente deve julgar e tratar os demais atores segundo suas realizações, isto é, as funções que cumprem, ou segundo seu valor intrínseco, as qualidades que possuem por natureza? O ator tem de decidir se quer se concentrar nas propriedades relacionais ou qualitativas. (5) O agente deve considerar os objetos e os confrontantes concretos em sua complexidade, ou deve se limitar aos aspectos individuais relevantes, bem circunscritos analiticamente? Aqui existe a alternativa entre uma apreensão difusa de um todo não analisado e a especificação de propriedades determinadas.

Dos cinco problemas nomeados, Parsons obtém uma tábua de alternativas de decisão com que valores culturais, na qualidade de padrões de preferência, regulam as orientações de um agente, sem com isso afetar a contingência de suas decisões:

1) The private *vs.* collective interest dilemma: self *vs.* collectivity orientation. [O dilema interesse privado *versus* coletivo: orientação para si mesmo *versus* orientação para a coletividade.]

2) The gratification-discipline dilemma: affectivity *vs.* affective neutrality. [O dilema gratificação ou disciplina: afetividade *versus* neutralidade afetiva.]

3) The dilemma of transcendance *vs.* immanence: universalism *vs.* particularism. [O dilema de transcendência *versus* imanência: universalismo *versus* particularismo.]

4) The choice between object modalities: performance *vs.* quality (achievement *vs.* ascription). [A escolha entre modalidades de objeto: performance *versus* qualidade (realização *versus* atribuição).]

5) The definition of the scope of interest in the object: specifity *vs.* diffuseness. [A definição do escopo de interesse no objeto: especificidade *versus* difusividade.]

posicional de certa maneira transcendental: toda orientação da ação deve se deixar conceber como resultado de decisões simultâneas entre exatamente cinco alternativas universais e inevitáveis.

Sem dúvida, não há nenhum vestígio de uma dedução transcendental; mas o catálogo de problemas mencionados e a tábua correspondente de alternativas extrai uma certa evidência do contraste introduzido por Tönnies entre "comunidade" e "sociedade". As *pattern variables* residem nas dimensões em que a antiga sociologia havia descrito a passagem das sociedades tradicionais às modernas, ou seja, o processo de racionalização social. O próprio Parsons chama a atenção para isso.[36] "Comunidade" e "sociedade" designam tipo de estruturas sociais às quais correspondem orientações axiológicas típicas no plano das ações sociais. A combinação de preferências por *collectivity orientation, affectivity, particularism, ascription, diffuseness* [orientação para a coletividade, afetividade, particularismo, atribuição, difusividade] forma o padrão de decisão característico das "comunidades", a combinação de preferências contrárias, o das "sociedades". Os processos de racionalização social a que se aplicava o interesse de Weber se deixam entender, em correspondência com isso, como institucionalização progressiva de orientações axiológi-

---

No entanto, Parsons não comprovou a pretensão de que essa tábua represente um *sistema*. Ele empreendeu o salto de derivar as alternativas de decisão a partir da análise da orientação da ação, reproduzida na Figura 29 (Parsons, *Toward a General Theory of Action*, p.88ss.), mas não retornou mais a essas sugestões pouco plausíveis. Permanece na afirmação dogmática: "[...] the actor must make a series of choices before the situation will have a determinate meaning. Specifically, we maintain, the actor must make five specific dichotomous choices before any situation will have a determinate meaning. The five dichotomies which formulate these choice alternatives are called the pattern variables because any specific orientation (and consequently any action) is characterized by a pattern of five choices" (Ibid., p.76). ["[...] o ator tem de fazer uma série de escolhas antes de a situação ter um significado determinado. Especificamente, sustentamos, o ator tem de fazer cinco escolhas dicotômicas antes de uma situação ter um significado determinado. As cinco dicotomias que formulam essas alternativas de escolha são chamadas de variáveis-padrão porque qualquer orientação específica (e consequentemente qualquer ação) é caracterizada por um padrão de cinco escolhas." (N. T.)]

36 Parsons, "On Building Social Systems Theory: A Personal History", em *Social Systems and the Evolution of Action Theory*, p.41ss.

cas que garantem que os atores (por exemplo, no intercâmbio econômico) sigam seus interesses próprios, adotem uma atitude afetivamente neutra, deem preferência às regulações universalistas, julguem seus confrontantes segundo critérios de suas funções e especifiquem as situações da ação segundo meios e condições, de maneira racional com respeito a fins. O que Weber havia concebido como a racionalidade voltada a fins institucionalizada da ação econômica e administrativa, Parsons pode reformular com o auxílio das *pattern variables*.

Essa reformulação traz duas vantagens. Em primeiro lugar, Parsons pode apoiar-se no discernimento de Max Weber segundo o qual um modelo de ação utilitarista, que atribui imediatamente a perseguição do interesse próprio esclarecido, racional com respeito a fins, ao ator, deslocando-se com isso a um nível psicológico, não basta para explicar a ação econômica capitalista. O intercâmbio econômico regulado por meio de mercados pode ser estabelecido somente na medida em que o padrão de orientação da ação racional com respeito a fins, independentemente das características da personalidade como egoísmo ou a capacidade de impor-se, torna-se vinculante *como valor cultural*, justamente como padrão de decisão, e é posto sobre um fundamento ético. E, em segundo lugar, Parsons pode se libertar do concretismo da tipologia comunidade ou sociedade e mostrar pelo exemplo das orientações de vocação acadêmicas e profissionais, em especial na medicina, que a "ação social" desenvolvida por Weber com o exemplo do comportamento empresarial somente representa um entre vários tipos de ação racional com respeito a fins e com respeito a valores. O médico moderno age tipicamente de maneira universalista e funcionalmente especificada tanto quanto os homens de negócios da economia capitalista, ao mesmo tempo, porém, se sujeita a regras de uma ética profissional que o impedem de seguir seus interesses próprios econômicos com todos os meios legalmente permitidos.

Os primeiros ensaios em que Parsons desenvolve de início esses dois argumentos iluminam o contexto de surgimento das *pattern variables*.[37] Aqui

---

37 Parsons, "The Professions and the Social Structure"; e "The Motivation of Economic Activities", em *Essays in Sociological Theory*, p.34ss. e p.50ss., respectivamente.

se torna claro que Parsons destaca exatamente as situações problemáticas e as possibilidades de decisão alternativas que se deixam combinar em diversos tipos de comportamento racional com respeito a fins *e* com respeito a valores.[38] Daí as *pattern variables* se prestarem à descrição de estruturas de sociedade e orientações de ação segundo os pontos de vista da racionalização. Sociedades modernas demonstram uma alta diferenciação estrutural de âmbitos de ação, a qual requer dos atores que distingam entre aquelas alternativas de decisão fundamentais em geral, que adotem conscientemente, se for o caso, padrões de decisão contrárias para âmbitos distintos da vida, e possam comutar uma combinação de preferências pela oposta.

Talvez exista a possibilidade de atribuir as *pattern variables* às dimensões que destacam a compreensão descentrada do mundo que caracteriza a modernidade. Em todo caso, não vejo nenhuma via que ofereça mais perspectivas para fundamentar a pretensão de que a tábua de *pattern variables* forme um *sistema*.

Como quer que seja, com o auxílio das *pattern variables* se deve poder examinar como valores culturais quaisquer estruturam o espaço de decisão de atores por meio de uma das combinações possíveis *a priori* de decisões fundamentais. Além disso, os padrões de preferências descritos com o auxílio das *pattern variables* podem ser encarados como o cerne estrutural que não apenas vincula a orientação da ação com a cultura transmitida, mas também com a sociedade e a personalidade.[39] Por exemplo, o ativismo instrumental, que Parsons, nos anos 1940 e 1950, depreende das orientações de ação dos homens de negócios e médicos norte-americanos, vendo-o como determinado por decisões fundamentais em favor da atitude afetivamente neutra, do universalismo, da orientação para a produtividade e por um estilo cognitivo independente de qualquer campo e dirigido ao específico, reproduz-se ao mesmo tempo em três níveis, a saber: nos motivos da ação, nos papéis profissionais e nos valores culturais estruturalmente análogos.[40]

---

38 Id., "The Professions and the Social Structure", op. cit., p.45-6.
39 Id., *Toward a General Theory of Action*, p.76ss.
40 Ibid., p.78.

Mas, se as *pattern variables* descrevem um cerne estrutural *comum* a todos os três componentes, elas não podem servir ao mesmo tempo para *esclarecer as diferenças específicas no tipo de influência da personalidade, da sociedade e da cultura sobre as orientações da ação*. Da noção global segundo a qual as decisões contingentes são reguladas por preferências *não* resultam pontos de vista para diferenciar entre o impulso motivacional, o vínculo normativo e a orientação da ação por valores culturais. Mais uma vez se torna notável *que falta um* pendant *com o mecanismo de entendimento*.

O espaço de decisão regulado por padrões de preferências não é preenchido por operações de interpretação do ator. O modelo não admite iniciativas que possam ser investigadas no sentido de saber como os diversos recursos do mundo da vida, as competências adquiridas, as normas reconhecidas e o saber cultural transmitido confluem, formando um reservatório a partir do qual os participantes da interação constroem orientações de ação comuns. As *pattern variables* servem apenas para identificar componentes estruturalmente análogos, ou seja, setores em que os três sistemas se sobrepõem, penetram-se mutuamente – ou se "interpenetram".[41] Como a cultura, a sociedade e a personalidade se conectam é algo que não se deixa esclarecer, no entanto, da perspectiva de uma ação representada como atividade voltada a fins e regulada por valores. Esse conceito não rende o conceito complementar de um mundo intersubjetivamente partilhado. *Sem o gancho de um mundo da vida centrado na ação comunicativa, cultura, sociedade e personalidade se decompõem*. E isso justamente leva Parsons a autonomizar essas três ordens em sistemas que influem imediatamente uns sobre os outros, penetrando-se parcialmente.

Parsons desiste da tentativa de esclarecer *em termos de teoria da ação* a ideia de que os valores culturais da sociedade e da personalidade são incorporados pelos canais da institucionalização e da internalização. Em vez disso, o modelo da *penetração recíproca de sistemas analiticamente separados* se desloca para o primeiro plano.

---

41 Essa expressão emerge simultaneamente em Parsons, *The Social System* e *Toward a General Theory of Action*.

(3) *Precisão do conceito de sistema e renúncia ao primado da teoria da ação: terceira decisão de estratégia teórica*

A precisão de um conceito de sistema usado até então de maneira frouxa é a *terceira decisão importante para a construção da teoria*. Até 1951, Parsons havia se servido do conceito de sistema que era usual no funcionalismo das ciências sociais e que não fazia mais do que afirmar que um sistema representa uma quantidade ordenada de elementos, seguindo a tendência de manter o respectivo acervo de estruturas. Os estados sistêmicos deviam ser analisados do ponto de vista de saber se e de que modo preenchem funções para a manutenção das estruturas sistêmicas. "Estrutura" e "função" eram os dois conceitos centrais. Em sua contribuição para a *General Theory of Action*, escrita junto com Shils, Parsons efetuou suas primeiras revisões nesse funcionalismo estrutural, embora bastante discretas; desde então, ele caracteriza os sistemas de ação com base nas categorias da teoria geral dos sistemas. É decisiva a ideia de que sistemas têm de assegurar sua preservação sob as condições de um entorno variável e supercomplexo, isto é, controlado apenas parcialmente. O modelo do organismo que se conserva, influente já há um bom tempo, sugere a formulação de acordo com a qual os sistemas autocontrolados mantêm suas fronteiras contra um entorno supercomplexo. O que antes fora compreendido como tendência para a preservação de um equilíbrio, Parsons concebe agora no sentido da manutenção de fronteiras.[42] No lugar do funcionalismo estrutural (da antropologia cultural), aparece agora o funcionalismo de sistemas (biocibernético). Para este, os conceitos de "função" e "estrutura" não residem mais no mesmo plano; pelo contrário, os imperativos funcionais de um sistema mantenedor de fronteiras são

---

42 "This is the tendency to maintain equilibrium [...] within certain boundaries relative to an environment – boundaries which are not imposed from outside but which are self-maintained by the properties of the constituent variables as they operate within the system" (Parsons, *Toward a General Theory of Action*, p.108). ["Esta é a tendência para manter equilíbrio [...] no interior de certas fronteiras relativas a um entorno – fronteiras que não são impostas de fora, mas que são mantidas por si mediante as propriedades das variáveis constituintes, tal como operam no interior do sistema." (N. T.)].

cumpridos tanto por estruturas quanto por processos — estruturas e processos formam equivalentes funcionais uns para os outros, dado o caso.[43]

De início, esse conceito mais rigoroso encontra aplicação, todavia, apenas para a "sociedade" e para a "personalidade", ao passo que o sistema dos significados culturais capazes de tornar-se tradições, flutuando livremente de maneira peculiar, representa um contexto regulado "gramaticalmente" no sentido mais amplo — no máximo, um "sistema" na acepção do estruturalismo que vai de Saussure a Lévi-Strauss. Quando Parsons fala da estrutura de uma tradição, de um sistema cultural de valores, ele se refere à ordem das relações internas entre componentes semânticos, e não aquela ordem que ocorre nas relações externas, funcionais por exemplo, entre os componentes empíricos de um todo organizado. Assim, ele distingue também entre o sentido lógico da "integração" dos nexos de significado e o sentido empírico da "integração" de sistemas mantenedores de fronteiras.[44] A coerência dos construtos simbólicos gerados conforme regras precisa ser julgada sob os aspectos da validade, a coerência de um sistema que se encontra sob as influências do entorno precisa ser julgada do ponto de vista da manutenção da continuidade [*Bestanderhaltung*]. A expressão *integração* é reservada por Parsons para os nexos empíricos de componentes sistêmicos, a coerência de nexos de significado é entendida por ele como *consistência*: "sistemas culturais são sistemas simbólicos em que os componentes possuem relações antes lógicas ou significativas do que funcionais uns com os outros. Portanto, os imperativos que são característicos das duas classes de sistema são diferentes. Nos sistemas de ação, os imperativos que impõem certas adaptações aos componentes resultam das possibilidades empíricas ou das necessidades de coexistência que designamos como escassez, e das propriedades do *ator como um organismo*; nos sistemas culturais, os imperativos internos são independentes das compatibilidades ou incompatibilidades de coexistência. Em sistemas culturais, o traço sistemático é a coerência;

---

43 Parsons, "Some Problems of General Theory in Sociology", em McKinney; Tiryakan (orgs.), *Theoretical Sociology*, p.35.
44 Id., *The Social System*, p.15.

os componentes do sistema cultural são ou *logicamente consistentes ou significativamente congruentes*".*45

Porém, tão logo os valores culturais contraiam um vínculo com interesses ou motivos graças à incorporação em sistemas de ação, eles alteram seu *status*: tornam-se por conta disso componentes em funcionamento de sistemas de ação empiricamente identificáveis. O pano de fundo para essa consideração é formado pelo dualismo da teoria dos valores de Rickert e Weber. Valores pertencem à esfera da validade e conservam um *status* empírico somente porque entram em relação com fatos e são realizados como valores em objetos culturais. Além disso, Parsons dota a realidade sociocultural de propriedades sistêmicas; por isso, ele imagina as esferas de validade e existência de maneira um pouco diferente do que as esferas do mero ser e do funcionamento: "Um sistema cultural não 'funciona' exceto como parte de um sistema de ação concreto, ele somente 'é'".**46

O emprego de duplo sentido do conceito de sistema caracteriza o vínculo ambivalente que Parsons faz entre a concepção weberiana de realização de valores e o conceito de sistema mantenedor de fronteiras, tomado de empréstimo da cibernética. A posição particular que a cultura ocupa em face dos sistemas de ação empíricos dá a Parsons a possibilidade de introduzir no funcionalismo sistêmico o dualismo neokantiano entre valores e fatos. Esse limite da teoria dos valores separa o funcionalismo parsoniano do luhmannia-

---

* Em inglês no original: "cultural systems are symbolic systems in which the components have logical or meaningful rather than functional relationships with one another. Hence the imperatives which are characteristic of the two classes of systems are different. In systems of action the imperatives which impose certain adaptations on the components result from the empirical possibilities or necessities of coexistence which we designate as scarcity, and from the properties of the *actor as an organism*; in cultural systems the internal imperatives are independent of the compatibilities or incompatibilities of coexistence. In cultural systems the systematic feature is coherence; the components of the cultural system are either *logically consistent or meaningfully congruous*". (N. T.)

45 Id., *Toward a General Theory of Action*, p.173.

** Em inglês no original: "A cultural system does not 'function' except as part of a concrete action system, it just 'is'". (N. T.)

46 Id., *The Social System*, p.17.

no. A continuidade sistêmica [*Systembestand*] é definida em cada caso por um conjunto de valores culturais que é corporificado nas ordens institucionais da sociedade ou ancorado nos fundamentos motivacionais da personalidade. Uma vez que esses valores são tomados de empréstimo do sistema cultural, *e este pertence a uma esfera diferente daquela* — digamos de maneira extremada — *da luta pela existência*, eles desdobram uma força de definição da continuidade que resiste ao imperativo sistêmico supremo de abandonar qualquer existência contínua por mor da manutenção da continuidade.

Isso se mostra nos dois problemas fundamentais que as sociedades e as personalidades precisam solucionar tão logo são entendidas como sistemas mantenedores de fronteiras estruturados: de um lado, precisam cumprir os imperativos funcionais que resultam das limitações do entorno do sistema; de outro, precisam integrar e preservar os padrões definidores da continuidade que se dão por meio de institucionalização ou internalização de valores. Parsons separa as duas tarefas de guardar a integridade do sistema de ação para fora e para dentro; as funções basilares correspondentes são tratadas por ele sob as rubricas "alocação" e "integração".[47] Alocação se estende às funções de adaptação e consecução de objetivos, à criação, mobilização e distribuição e o emprego efetivo de recursos escassos. Nesse contexto, Parsons menciona reiteradamente as restrições de tempo, espaço e condições naturais, assim como as limitações dadas com a natureza orgânica do ser humano. A solução desses problemas de alocação no sentido mais amplo serve à *integração funcional* do sistema de ação; disso Parsons distingue cuidadosamente a *integração social*.[48] Esta se estende às funções de conservação e integração dos valores culturais incorporados ao sistema de ação. A integração social não se mede por imperativos funcionais que resultam da relação de um sistema com seu entorno, mas de exigências de consistência que derivam das relações internas, em regra semânticas, de um sistema cultural de valores. Como *sistema mantenedor de fronteiras*, sociedade e personalidade obedecem a imperativos que resultam da relação sistema e entorno; como *sistema de ação culturalmente estruturados*, sujeitam-se ao mesmo tempo, porém, às exigências

---

47 Ibid., p.114ss.
48 Id., *Toward a General Theory of Action*, p.107ss.

de consistência que resultam da dependência de padrões de valores institucionalizados ou internalizados em relação ao sentido intrínseco da cultura.

Se escolhemos setas para as relações externas entre sistema e entorno, caracterizadas por um desnível de complexidade, e linhas tracejadas para as relações internadas, constitutivas das similaridades estruturais, é possível esboçar a relação dupla do sistema de ação com o entorno e com a cultura como na Figura 30.

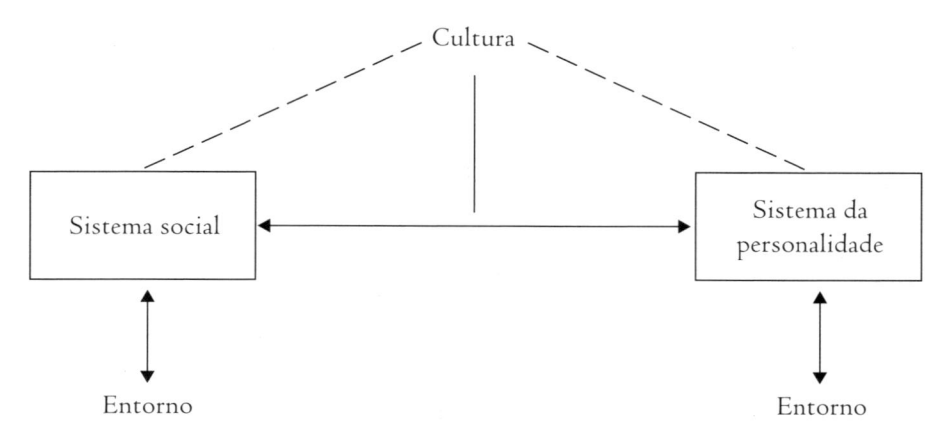

Figura 30

Essa construção padece da fusão pouco clara de quadros categoriais fundamentais atrás dos quais se encontram dois paradigmas distintos. O sistema cultural é uma espécie de guardador de lugar do conceito ausente de mundo da vida e recebe por isso o *status* ambíguo de um entorno *sobreposto* aos sistemas de ação e ao mesmo tempo *interno a eles*, privado, contudo, das propriedades empíricas de um entorno sistêmico. A instabilidade da construção se torna patente quando se investiga como as exigências a que se expõem a cada vez os sistemas de ação por parte da cultura e do entorno concorrem umas com as outras e são colocadas em uníssono. Parsons entende as estruturas e os processos de um sistema de ação como compromisso constantemente renovado entre os imperativos, a ser cumpridos simultaneamente, de integração funcional e social, como ainda se diz aqui: "A integração, tanto no interior do sistema de valores de um indivíduo, quanto no interior do sistema de valores prevalecente em uma sociedade, é um compromisso entre os imperativos funcionais da situação e os padrões de orientação axiológica dominantes da sociedade. Toda sociedade é necessariamente atingida por tais compromissos".*[49] Parsons transpõe o conceito de realização de valores, que Weber colocou na base da ordem legítima, para os sistemas autocontrolados. Ele confere precisão ao processo de institucionalização/internalização de valores segundo o ponto de vista da formação de compromissos entre exigências de consistência da cultura, de um lado, e a pressão de imperativos funcionais, de outro.

Os compromissos podem ser observados por sua vez sob dois aspectos. Da perspectiva do sistema cultural, trata-se de especificar os significados gerais, inicialmente desprovidos de contexto, para situações típicas de ação no caso da institucionalização/internalização de valores. Em normas e papéis ou em estruturas do supereu e motivos de ação, os valores perdem seu significado generalizado, são referidos a contextos restritos e diferenciados em significados típicos conforme a situação. Da perspectiva do entorno supercomplexo, que força o sistema de ação a reações de adaptação, trata-se, no caso da institucionalização/internalização de valores, não desse trabalho minucioso de significados generalizados, mas da ancoragem dos significados talhados para as situações. As expectativas de comportamento especificadas são atadas aos mecanismos sociais ou intrapsíquicos de controle, ou seja, providos de sanções.

O espaço de formação de compromisso é caracterizado pelo fato de a integração completa ser um caso-limite raro ou nunca alcançado. Em particular, sociedades complexas precisam amortecer conflitos duradouros entre as exigências de consistência e os imperativos funcionais, torná-los inócuos e em colocá-los em suspenso. Parsons menciona diversos mecanismos amortecedores. Por exemplo, o grau de institucionalização/internalização varia entre os diversos âmbitos de ação. Um outro método consiste

---

* Em inglês no original: "Integration, both within an individual's value system and within the value system prevailing in a society is a compromise between the functional imperatives of the situation and the dominant value-orientation patterns of the society. Every society is of necessity shot through with such compromises". (N. T.)

49 Id., *Toward a General Theory of Action*, p.203.

em segregar uns dos outros os âmbitos de ação em que dominam padrões de valor conflitantes.[50] Mais interessantes são, no entanto, os conflitos de uma magnitude que não podem mais ser represados *pela via normal*.

Parsons se refere aqui aos eventos históricos, às modificações repentinas de constelação que entraram em contradição *tenaz* com as exigências de consistência do sistema cultural de valores, e nesse sentido representam "fatos problemáticos": "Fatos problemáticos no presente sentido são aqueles com que é funcionalmente imperativo confrontar e que necessitam de reações com implicações axiológicas incompatíveis com o sistema primordial de valores".*[51] Tais conflitos chamam à cena mecanismos que salvam a integração do sistema de ação apenas *ao preço de patologias*, sociais ou individuais. "Onde essa ordem de tensão existe, a acomodação amiúde será facilitada pela 'racionalização' ou 'mascaramento' ideológico do conflito. Isso diminui a consciência da existência de um conflito, sua extensão e ramificações. Mecanismos da personalidade e mecanismos do controle social no interior do sistema social operam nessas áreas de tensão para colocar o sistema em equilíbrio. Sua inadequação para restabelecer um tal equilíbrio constitui a fonte de mudança".**[52] Mecanismos que *recalcam* um conflito atual no âmbito das interpretações da situação e das orientações da ação, abafando-o com ilusões, possuem efeitos colaterais patológicos. Eles levam a soluções que são instáveis a longo prazo, mas asseguram provisoriamente uma *integração* do sistema de ação, por mais *compulsiva* que seja.

---

50 Ibid., p.174 e 178.

* Em inglês no original: "Problematical facts in the present sense are those which it is functionally imperative to face and which necessitate reactions with value implications incompatible with the paramount value system". (N. T.)

51 Ibid., p.173, *n.*14.

** Em inglês no original: "Where this order of strain exists, the accomodation will often be facilitated by 'rationalization' or ideological 'masking' of the conflict. This reduces awareness of the existence of a conflict and its extent and ramifications. Mechanisms of the personality and mechanisms of social control in the social system operate in these areas of strain to bring the system into equilibrium. Their inadequacy to reestablish such an equilibrium constitutes a source of change". (N. T.)

52 Ibid., p.174.

Parsons se serve do modelo, desenvolvido na psicanálise, da elaboração inconsciente de conflitos pulsionais que forma sintomas. Lançando-se mão de tais patologias sociais e da personalidade, torna-se patente, porém, a fragilidade da construção dualista do sistema de ação. De um lado, é justamente essa construção que faz Parsons se defrontar com formas patológicas de elaboração de conflitos; de outro lado, não é claro como ele pode acomodar esses fenômenos em sua construção.

Parsons se depara com os *casos-limite de uma elaboração ilusória de conflitos* porque se expressa aí uma resistência do sentido intrínseco da cultura em contraposição aos imperativos funcionais de garantir a continuidade. Se os imperativos funcionais desfrutassem de um primado incondicional, qualquer existência contínua deveria ser revisada por mor da manutenção da continuidade. Esses sistemas *ultraestáveis* se mantêm graças a alterações de que não se excetua em princípio *nenhum* componente sistêmico. Eles não admitem em absoluto formas patológicas de estabilização. Pois unicamente da relação sistema e entorno não é possível obter nenhum ponto de vista a partir do qual se poderia falar de efeitos colaterais patológicos ou sintomas. Isso somente seria possível se a identidade do sistema de ação fosse ligada, por meio de definições da continuidade, a uma esfera de valores que pode contrapor imperativos de espécie "própria" à pressão de adaptação de um entorno supercomplexo. É dessa maneira que Parsons caracteriza a cultura – ela se coloca em pretensões de validade que obedecem a *standards diferentes* daqueles de uma adaptação bem-sucedida de sistemas ao seu entorno. Problemas que devem ser elaborados no âmbito das relações *internas* entre expressões simbólicas não podem ser dominados com soluções no âmbito das relações *externas*.

As formas patológicas de assimilação de conflitos aproveitam-se da circunstância especial de que o sentido intrínseco da cultura não é imperturbável – na esfera das pretensões de validade, e somente aqui, os fenômenos de ilusão e autoilusão podem aparecer. A estabilização de sistemas de ação é acompanhada de sintomas nesses casos; eles se deixam compreender como *o preço para a lesão objetiva de pretensões de validade* que *subjetivamente*, isto é, da perspectiva dos implicados, parecem ter sido *resgatadas*. Sintomas são um tributo para ilusões com que se compra a estabilidade. Os efeitos colaterais sintomáticos são sentidos como patológicos porque se expressa aí a vingança que o sentido intrínseco da cultura empreende por conta de um engano no sistema de ação, sofrido sob a pressão de imperativos funcionais. O engano é o modo em que as exigências de uma racionalização que se exprime no sentido intrínseco da cultura são contornadas, isto é, *discretamente desrespeitadas*. Se esta é a intuição que torna compreensível por que Parsons se depara com os fenômenos de elaborações sintomáticas de conflitos, então se torna patente, na análise desses fenômenos, a ambiguidade de uma construção que interpreta os sistemas mantenedores de fronteiras com os meios da teoria neokantiana da cultura.

Pois se coloca a questão de saber como uma cultura que de certa maneira transcende a sociedade e a personalidade, sem poder influir sobre elas ao modo de um entorno supercomplexo, é capaz de fortalecer, como que pelas costas, as pretensões de validade tomadas de empréstimos a ela, conferindo-lhes facticidade e eficácia. Se as exigências de consistência da cultura não alcançassem empiricamente uma eficácia, a integração dos sistemas de ação poderia ser assegurada, sem riscos e efeitos colaterais, por meio de um cumprimento de pretensões de validade, por mais ilusório que seja. De acordo com Parsons, a facticidade de pretensões de validade deve ser tributária de sanções externas e internas, com as quais se associam os valores institucionalizados/internalizados. Mas, então, não se pode discernir por que, sob a pressão dos imperativos de manter a continuidade de um sistema ameaçado pelo entorno, um complexo de valores, que se tornou disfuncional e gera conflitos, não deveria ser recolhido em favor de um complexo de valores mais funcional e associado de maneira nova a sanções. Quais bloqueios internos Parsons poderia nomear contra uma mudança de valores que é induzida pela alteração nas relações de sistema e entorno? Se as *pattern variables* possuem meramente o sentido elementarista de tornar compreensíveis as diversas culturas como diversas combinações dos mesmos padrões; se elas tampouco descrevem uma estrutura que submete a mudança desses padrões de decisão a limitações internas, Parsons não dispõe de nenhum instrumento teórico com que possa explicar *a resistência de padrões culturais dotados de sentido intrínseco contra os imperativos funcionais*. Em contrapartida, a assimilação patogênica de conflitos entre exigências da integração social e da funcional pode se tornar compreensível com base em um conceito de sociedade em dois níveis, associando mundo da vida e sistema.

Com o conceito de mundo da vida, a esfera das pretensões de validade, que segundo Parsons tem sua sede na transcendência de conteúdos semânticos livremente flutuantes, seria incluída de antemão em contextos de ação empíricos, identificáveis no tempo e no espaço. Pois, quando se aborda a formação de consenso, como foi proposto, na qualidade de mecanismo de coordenação da ação e se supõe, além disso, que as estruturas simbólicas do mundo da vida se reproduzem por sua vez por meio do *medium* da ação orientada ao entendimento, então o sentido intrínseco das esferas culturais de valores se insere na base de validade da fala e, com isso, no mecanismo de reprodução dos contextos da ação comunicativa. Se as pretensões de validade funcionam como que a título de papéis mediante os quais decorre a formação de consenso e, com isso, a reprodução simbólica do mundo da vida, elas são introduzidas como fatos sociais, a despeito de seu conteúdo normativo — sua facticidade não carece mais de nenhuma fundamentação. De acordo com essa concepção, também a cultura, junto com a sociedade e a personalidade, é um componente do mundo da vida; ela não se defronta com os outros componentes como algo transcendente. Com isso, não desaparece inteiramente o dualismo entre as exigências da cultura e os imperativos da sobrevivência. Mas ela adota uma forma diferente quando se desenvolve o conceito de sistema a partir do conceito de mundo da vida, não o sobrepondo *imediatamente* ao conceito de ação. Gostaria de caracterizar brevemente essa estratégia conceitual alternativa.

No nível das interações simples, os atores são submetidos, na implementação de seus planos de ação, a restrições temporais, espaciais e objetivas que a situação lhes impõe a cada vez. O mundo da vida de um grupo social encontra-se sob restrições correspondentes. Todo mundo da vida se encontra, mediante seu substrato material, em intercâmbio com um *ambiente* que é formado pela ecologia da natureza externa, os organismos dos membros e as estruturas dos mundos da vida estranhos. É mais a *situação da ação* do que o *entorno de um* sistema que reproduz o modelo para o *ambiente de um mundo da vida sociocultural*. Com seu substrato material, o mundo da vida se encontra sob condições contingentes que, da perspectiva de seus membros, aparecem mais como limites para a realização dos planos de ação do que restrições de autocontrole. Esse substrato tem de ser preservado pelo trabalho social, sob a utilização de recursos escassos; as tarefas correspondentes são descritas por Parsons como problemas de alocação. Enquanto para a reprodução simbólica do mundo da vida é relevante na ação social sobretudo o *aspecto do entendimento*, o *aspecto da atividade voltada a fins* é importante para a reprodução material. Esta se efetua através do *medium* de intervenções dirigidas a fins no mundo objetivo.

Todavia, a reprodução material do mundo da vida não se reduz, nem sequer nos casos-limite, a dimensões a tal ponto abarcáveis que devesse ser representada como o resultado intencionado de uma cooperação coletiva. Normalmente, ela se efetua como cumprimento de funções latentes, que *vão além das orientações de ação* dos implicados. Ora, na medida em que efeitos agregados de ações cooperativas cumprem imperativos de conservação do substrato material, esses contextos de ação podem ser estabilizados funcionalmente, isto é, mediante a reação das consequências laterais funcionais. É a isso que Parsons se refere com integração "funcional" em oposição a integração "social".

Essas considerações, que se movem ainda no interior do paradigma do mundo da vida, sugerem uma alteração de método e de perspectiva conceitual, a saber: uma *concepção objetivante do mundo da vida como sistema*. Na medida em que a reprodução material é levada em consideração, não importam as estruturas simbólicas do próprio mundo da vida, mas somente os processos de intercâmbio do mundo da vida com seu ambiente, dos quais depende a existência do substrato material, de acordo com nossas definições. Tendo em vista esses "processos de metabolismo" (Marx), é recomendável *objetificar* o mundo da vida como um sistema mantenedor de fronteiras porque são relevantes para tanto os nexos funcionais que se deixam discernir suficientemente por meio do saber intuitivo dos contextos do mundo da vida. Os imperativos de sobrevivência requerem uma integração funcional do mundo da vida que atravessa suas estruturas simbólicas e por isso não pode ser apreendida sem mais na perspectiva dos participantes. Eles exigem, pelo contrário, a análise contraintuitiva do ponto de vista de um observador que objetifica o mundo da vida.

Dessa *perspectiva metodológica*, é possível separar os dois aspectos sob os quais os problemas de integração de uma sociedade podem ser tematizados. Enquanto a *integração social* se apresenta como parte da reprodução simbólica do mundo da vida, a qual depende de tradições culturais e de processos de socialização para além da reprodução de afiliações (ou solidariedades), a *integração funcional* é sinônima de uma reprodução material do mundo da vida que pode ser concebida como conservação sistêmica. A passagem de um âmbito de problemas ao outro se liga a uma troca de atitude metodológica e do aparato conceitual. A integração funcional não pode ser elaborada adequadamente na linha de uma análise do mundo da vida efetuada na perspectiva interna; ela somente entra no campo de visão quando o mundo da vida é objetificado, mais precisamente, na atitude objetivante, como um sistema mantenedor de fronteiras. Nisso o modelo sistêmico não é meramente um artefato. A troca de atitude se segue, pelo contrário, de uma presentificação reflexiva dos limites, da "limitabilidade" do conceito de mundo da vida, que, no entanto, *não* pode ser *saltado* por razões hermenêuticas. As funções latentes de ações requerem o conceito de uma concatenação sistêmica que vai além da trama comunicativa de orientações da ação.

Quando se tem clareza sobre esse passo metodológico, as patologias sociais e individuais, que não podiam ser bem acomodadas na construção de Parsons, não oferecem mais nenhuma dificuldade. A intuição que guiou Parsons em suas referências aos conflitos sintomáticos se deixa explicitar desenvoltamente como um contexto de ações sistemicamente estabilizado de grupos socialmente integrados. As funções que os diversos âmbitos de ação de um mundo da vida diferenciado assumem para a conservação do substrato material permanecem latentes em geral — não estão presentes nas orientações dos atores implicados na qualidade de fins. O caso especial que Parsons tem em vista ocorre *quando essas funções podem se tornar manifestas apenas sob a ameaça da integração social desses âmbitos de ação.*

Pode-se conceber a integração de uma sociedade, com Parsons, como a renovação contínua de um compromisso entre duas séries de imperativos. As condições para a integração social do mundo da vida são definidas pela base de validade dos processos de entendimento coordenadores da ação em conexão com as estruturas de uma imagem de mundo a cada vez dominantes; as condições para a integração funcional da sociedade são definidas pelas relações do mundo da vida, objetificado como sistema, com um entorno controlado apenas parcialmente. Se então um compromisso entre as pretensões de validade internas e os imperativos de sobrevivência externos somente pode ser alcançado ao preço da institucionalização/internalização de orientações axiológicas que não estão em uníssono com as funções factuais das orientações de ação correspondentes, o compromisso se manterá somente enquanto essas funções permanecerem latentes. Sob essas circunstâncias, portanto, o caráter ilusório da satisfação daquelas pretensões de validade que sustentam um consenso de valores e possibilitam a integração social não deve ser discernido. Precisa-se de uma restrição sistemática da comunicação para que a ilusão de pretensões de validade satisfeitas possa se tornar um poder objetivo. A facticidade das pretensões de validade, sem as quais as convicções, mesmo as falsas convicções, não se consolidam, expressa-se no fato de que a ilusão exige um preço que é ao mesmo tempo discreto e sensível. A *falsa consciência,* não importa que se manifeste coletiva ou intrapsiquicamente, é acompanhada de sintomas, isto é, de restrições que os participantes da interação imputam não ao entorno, mas ao próprio contexto social de vida e, por isso, *sentem* como repressão, por mais inconfessa que seja.

Na linha de uma tal estratégia alternativa, poderia ter sido evitada a *fusão de paradigmas* a que sucumbe Parsons na segunda versão da teoria, desenvolvida no começo dos anos 1950. Mas a base da teoria da ação é, como vimos, estreita demais para desenvolver um conceito de sociedade a partir do conceito de ação. Assim, Parsons tem de tornar os contextos de ação compreensíveis *imediatamente* como sistemas, sem se tornar consciente da troca de atitude com que primeiramente o conceito de *sistema* de ação é gerado em termos de método pela via da *objetificação do mundo da vida.* Certamente Parsons parte do primado da teoria da ação; mas, uma vez que ele não a leva a cabo radicalmente, o valor posicional das categorias da teoria dos sistemas, derivadas de um ponto de vista metodológico, permanece no escuro. Depois do fracasso da tentativa de produzir uma passagem conceitual da unidade da ação para o contexto da ação, Parsons renuncia a uma *introdução do conceito de sistema nos termos da teoria da ação.* O sistema cultural recebe, na qualidade de guardador de lugar do conceito ausente de mundo da vida, o *status*, insustentavelmente ambíguo, de um entorno sobreposto aos sistemas de ação e ao mesmo tempo interno a eles, privado, contudo, de todas as propriedades empíricas de um entorno sistêmico.

Parsons se livra das dificuldades que resultam de sua concepção dualista de sistemas de ação culturalmente estruturados ao conceder à teoria dos sistemas, sem detença, o primado conceitual.

2
O desdobramento da teoria dos sistemas

A guinada que vai do primado da teoria da ação para o primado da teoria dos sistemas é marcada por Parsons não pretender mais nenhum *status* especial para o sistema cultural. Este é o único caso de uma revisão de grande alcance, afetando a construção teórica inteira, confessada pelo próprio Parsons. A ruptura no desenvolvimento da teoria é caracterizada por três decisões de construção, a respeito das quais, contudo, Parsons não prestou contas com igual clareza.

Em primeiro lugar, Parsons concebe os sistemas de ação como caso especial de sistemas vivos, apreendidos por sua vez como sistemas mantenedores de fronteiras e analisados com as categorias da teoria dos sistemas. Na etapa sociocultural do desenvolvimento, a "ação" ou o comportamento orientado com sentido aparece como um complexo emergente de notas distintivas. Parsons utiliza seu quadro categorial ligado à teoria da ação para definir essas propriedades emergentes. Com isso, ele distingue entre o ator, na qualidade de um substituto abstrato, e o sistema de ação; um sistema de ação não age, ele funciona. A relação entre ator e situação da ação não deve ser assimilada à relação entre sistema de ação e entorno. São constitutivas dos sistemas de ação as relações entre os componentes de uma orientação da ação: as relações entre valores, normas, objetivos e recursos. Luhmann acerta esse ponto crucial com a proposição: "A ação é sistema em virtude de sua estrutura analítica interna".[1]

---

[1] Luhmann, "Talcott Parsons: Die Zukunft eines Theorieprogramms", *Zeitschrift für Soziologie*, v.9, p.8, 1980.

Com isso já são definidas as quatro preferências sob as quais um sistema de ação em particular pode ser analisado. Este se compõe de sistemas parciais especializados na produção e conservação de cada um dos componentes da ação – a cultura em relação aos valores, a sociedade em relação às normas, a personalidade em relação aos objetivos, e o sistema comportamental em relação aos meios ou recursos: "Cada um desses subsistemas de ação primários é definido com base na abstração teórica. Concretamente, cada sistema empírico são todos eles de uma só vez; assim, não há indivíduo humano concreto que não seja um organismo, uma personalidade, um membro de um sistema social e um participante no sistema cultural".*[2]

Com o conceito de sistema de ação, os atores desaparecem como sujeitos agentes; eles são abstraídos, formando unidades às quais são atribuídas as decisões e, com elas, os efeitos das ações. Na medida em que ações são consideradas em sua estrutura analítica interna e concebidas como resultado de um concurso complexo de sistemas parciais em especificidade com os componentes, os atores entram no campo de visão a título de substitutos abstratos, mais precisamente para os aspectos do organismo capaz de aprendizagem, da economia motivacional de uma pessoa, dos papéis e afiliações de um sistema social e das tradições de uma cultura que são determinantes da ação.

Dessa decisão fundamental resulta, *em segundo lugar*, a reinterpretação mencionada do sistema cultural. Até então, Parsons havia reservado à cultura, na qualidade de esfera de valores e validade, uma espécie de posição extramundana. Agora, ela é rebaixada ao mesmo nível em que a sociedade e a personalidade já haviam tomado seu lugar enquanto sistemas de ação empíricos. Esses três sistemas, completados pelo organismo ou pelo sistema comportamental, são subordinados, na qualidade de sistemas parciais, ao

---

* Em inglês no original: "Each of these primary action subsystems is defined on the basis of theoretical abstraction. Concretely, every empirical system is all of them at once; thus, there is no concrete human individual who is not an organism, a personality, a member of a social system, and a participant in a cultural system". (N. T.)

2 Parsons, "Some Problems of General Theory in Sociology", em McKinney; Tiryakian (orgs.), *Theoretical* Sociology, p.44.

sistema de ação geral, introduzido de maneira nova. Parsons acentua agora a distinção entre objetos culturais que estão em relações internas entre si e a cultura como um sistema de ação: "Um corpo de conhecimento, embora seja um objeto cultural, é mais especificamente um complexo de significados simbolizado em um código. O sistema cultural como um sistema de ação, no entanto, não consiste somente de objetos culturais, mas, como um sistema, de todos os componentes da ação na medida em que são orientados em termos de objetos culturais".*[3] O sistema cultural se mostra quando os sistemas de ação são considerados do ponto de vista de como se controlam as decisões de um ator por meio de tradições vivas.

Sociedade, personalidade e sistema comportamental são tributários de abstrações análogas. Também esses sistemas parciais *são* o sistema de ação, a cada vez considerado sob um aspecto diferente. Todavia, os quatro aspectos não são definidos de maneira meramente convencional; de modo algum eles fazem valer pontos de vista arbitrários do teórico. Visto que os pontos de referência correspondem aos componentes de que a própria ação é composta, a divisão em subsistemas não tem apenas um significado analítico. Também no sentido empírico os sistemas parciais descobertos sob os quatro aspectos mencionados possuem uma certa independência. Embora personalidades não possam existir fora de um meio social, tanto quanto pessoas e sociedades sem cultura, esses sistemas parciais podem *variar* até certos limites *independentemente* uns dos outros.

É característica da concepção revisada, sobretudo, a independência empírica da cultura em relação à sociedade: "Um sistema cultural pode desaparecer pela extinção das personalidades e das sociedades que são seus portadores, mas também pode sobreviver a eles. A cultura não é transmitida apenas de geração em geração mediante o ensino e a aprendizagem; pode ser incorporada em símbolos externalizados, por exemplo, obras de arte, a

---

* Em inglês no original: "A body of knowledge, though a cultural object, is more specifically a complex of meanings symbolized within a code. A cultural system as a system of action, however, consists not only of cultural objects but, as a system, of all the components of action insofar as they are oriented in terms of cultural objects". (N. T.)
3 Parsons; Platt, *The American University*, p.17.

página impressa ou dispositivos de armazenamento, como fitas de computador. Embora existam diferenças entre ouvir Platão filosofar na Academia de Atenas e ler *A República*, especialmente em um idioma diferente do grego clássico, há um aspecto em que o significado do objeto cultural é o mesmo. Assim, as pessoas que vivem no século XX podem compartilhar com os contemporâneos de Platão elementos da cultura de Atenas no século IV a.C. Essa é uma continuidade temporal que nenhuma pessoa pode abordar. Assim, um sistema cultural pode ser estável ao longo do tempo e relativamente isolado do efeito de seus ambientes, que incluem não apenas o mundo físico-orgânico, mas também os subsistemas de ação social, psicológico e orgânico. Essa estabilidade permite que um sistema cultural sirva como protótipo de um *sistema de ação autônomo*".*[4]

A cultura é entendida daqui em diante como um subsistema que obedece aos *próprios* imperativos de manutenção de continuidade, que gere *a si mesmo* com recursos escassos e que "penetra" os outros subsistemas apenas no sentido de que os sistemas, formando entornos uns para os outros, podem se sobrepor em zonas marginais e cruzar-se uns com os outros. Essa revisão significa, porém, *em terceiro lugar*, também uma ruptura, por mais tácita que seja, com a concepção metodológica que Parsons havia designado de "realismo analítico".

---

* Em inglês no original: "A cultural system can die out through the extinction of the personalities and societies which are its bearers, but it can also survive its bearers. Culture is not only transmitted from generation to generation through teaching and learning; it can be embodied in externalized symbols, for example, works of art, the printed page, or storage devices such as computer tapes. Though there are differences between hearing Plato philosophize in the Academy of Athens and reading *The Republic*, especially in a language other than classical Greek, there is a sense in which the meaning of the cultural object is the same. Hence persons living in the twentieth century can share with Plato's contemporaries parts of the culture of Athens in the fourth century B. C. This is temporal continuity that no person can approach. Thus, a cultural system can be stable over time and relatively insulated from the effect of its environments, which include not only the physico-organic world but social, psychological, and organic subsystems of action. This stability enables a cultural system to serve as the prototype of an *autonomous action system*". (N. T.)

4 Parson; Platt, *The American University*, p.33, grifos meu.

Oficialmente, Parsons reforça até os anos 1960 o princípio de "que a teoria científica é um corpo de proposições generalizadas e inter-relacionadas acerca de fenômenos empíricos no interior de um quadro de referências".*[5] Esse quadro de referências possui o *status* de conceitos e suposições fundamentais que, como o suporte protofísico da mecânica clássica, não devem ser confundidos com as teorias empíricas que podem ser levantadas com seu auxílio. Nesse sentido, também o quadro de referências da teoria da ação deveria *constituir* o âmbito de objetos das ciências sociais; Parsons não o introduzira como modelo teórico – ele não se destinava de modo algum a representar os traços fundamentais abstraídos da própria realidade a partir de pontos de vista analíticos. Pelo contrário, o realismo analítico insiste em uma ordem graduada de problemas que produz relações internas, não empíricas, entre o quadro categorial, as teorias empíricas, os prognósticos/explicações científicos e os fatos. Essa hierarquia não se evadia do universo linguístico da comunidade de comunicação científica.

Porém, depois que Parsons identifica o quadro da teoria da ação com aquelas propriedades emergentes que aparecem na evolução dos sistemas naturais durante a etapa das formas de vida socioculturais, o realismo analítico conserva tão somente um valor declamatório. O quadro da teoria da ação serve de agora em diante para caracterizar um determinado tipo de sistema mantenedor de fronteiras; com isso, cabe à teoria geral dos sistemas a tarefa de erguer modelos que simulem recortes relevantes da realidade. Enunciados sobre as relações analíticas entre valores, normas, objetivos e recursos se transformam furtivamente, em enunciados sobre relações empíricas entre componentes sistêmicos. *A unidade de ação reinterpretada em termos empiristas se forma em processos de intercâmbio entre seus componentes.* Somente com esse pressuposto essencialista o organismo ou o sistema comportamental pode também ser agregado desenvoltamente ao trio "personalidade, sociedade e cultura". O mesmo essencialismo se aplica aos demais níveis sistêmicos.

---

* Em inglês no original: "that scientific theory is a body of interrelated generalized propositions about empirical phenomena within a frame of reference". (N. T.)

5 Parsons; Shils; Naegele; Pitts (orgs.), *Theories of Society*, p.965.

O que outrora fora compreendido como um projeto construtivo do cientista recebe agora as conotações de uma reconstrução de características de sistemas de ação que se estruturam a si mesmos.⁶

No entanto, se minhas observações estão corretas, não é compreensível como Parsons e muitos de seus discípulos podem negar a virada em favor da teoria dos sistemas, afirmando uma continuidade ininterrupta na história da obra. Na sequência, gostaria de fundamentar a tese segundo a qual a ruptura no desenvolvimento teórico pode permanecer discreta porque Parsons leva adiante o alargamento de uma teoria da sociedade como sistema apenas com *reservas características*. Com os *Working Papers in the Theory of Action* (1953), começa um período de passagem que chega a uma conclusão com a resposta de Parsons à crítica de Dubin (1960).⁷ Nessa época, Parsons alarga sua teoria da sociedade com base nas categorias da teoria dos sistemas. Ele desenvolve o esquema das quatro funções e a noção de relações de intercâmbio recíproco entre os quatro sistemas parciais funcionalmente especificados. Nas duas obras principais desse período, em *Family, Socialization and Interaction Process* (1955), assim como em *Economy and Society* (1956), Parsons se serve desses novos instrumentos teóricos, pela primeira vez desembaraçadamente, para o projeto de uma teoria da personalidade e da socialização de um lado, e de uma teoria da economia inserida nos sistemas sociais, de outro. Com isso, consolidam-se os traços fundamentais de uma teoria social que nos anos 1960 será completada tão somente pela teoria dos *media* de comunicação e por uma teoria da evolução social. Nos anos 1970, entram para o primeiro plano problemas antropológicos que motivam Parsons a retomar temas até então negligenciados do sistema geral da ação. Nessa última fase, Parsons tira as consequências metafísicas do programa teórico que se deve a uma *decisão discrepante de construção*, tomada no começo dos anos 1950.

---

6 Esse componente essencialista (não apenas na versão luhmanniana, mas também) na versão parsoniana do funcionalismo sistêmico é ignorado por aqueles entre os discípulos de Parsons que, como J. Alexander e R. Münch, se atrelam à compreensão de ciência do primeiro Parsons, inspirada no neokantismo.

7 Dubin, "Parsons' Actor: Continuities in Social Theory", em Parsons, *Sociological Theory and Modern Society*, p.521ss.; e a resposta de Parsons nesse volume, p.192ss.

Desde essa época, Parsons se atém certamente ao objetivo de deslocar a teoria da sociedade do primado categorial da teoria da ação para aquele da teoria dos sistemas, mas sob a reserva de que se mantenha aí a perspectiva, obtida da história da teoria, de conceber os sistemas de ação como corporificações de padrões culturais de valores. Assim, o desenvolvimento teórico que tem início com os *Working Papers* e se estende por mais de duas décadas e meia, deixa-se caracterizar por *três traços surgindo simultaneamente* – pela construção de uma teoria da sociedade como sistema, por uma assimilação e reinterpretação correspondente do quadro categorial da teoria da ação, assim como, finalmente, pela religação do funcionalismo sistêmico com o item volumoso de uma teoria da cultura que Parsons conduz com base na herança de Durkheim, Freud e Max Weber. Gostaria inicialmente de comprovar essas tendências com alguns exemplos importantes (1), para depois demonstrar a fragilidade desse compromisso teórico, tanto com base na filosofia antropológica tardia (2), quanto especialmente na teoria dos *media* de comunicação (3).

(1) O desenvolvimento da teoria desde os Working Papers

Na introdução ao primeiro volume de sua teoria da evolução social,[8] Parsons expõe um conceito de sociedade que caracteriza bem a abordagem teórica desenvolvida desde 1953. A sociedade é entendida *em primeiro lugar* como *sistema em um entorno* que, por meio da capacidade de autocontrole, pode alcançar autarquia ou autossuficiência (*self-sufficiency*) e conservar sua existência por um longo prazo: "A autossuficiência de uma sociedade é uma função da combinação equilibrada de seus controles sobre suas relações com os entornos e de seu próprio estado de integração interna".*[9] O grau de desenvolvimento de uma sociedade se mede pelo grau de autonomia que pode afirmar, como um todo integrado, perante seus entornos. Fala-se de integração aqui tão somente no sentido da integração funcional.

---

8 Parsons, *Societies*.

* Em inglês no original: "The self-sufficiency of a society is a function of the balanced combination of its controls over its relations with the environments and of its own state of internal integration". (N. T.)

9 Ibid., p.9.

Em segundo lugar, Parsons especifica a sociedade como *sistema de ação*, em que a cultura e a linguagem propiciam as relações constitutivas em vez da atividade voltada a fins e orientada a valores: "Preferimos o termo 'ação' a 'comportamento' porque não estamos interessados em eventos físicos de comportamento por si mesmos, mas em sua padronização, seus produtos significativos padronizados [...]. A ação humana é cultural na medida em que significados e intenções concernentes a atos são formados em termos de sistemas simbólicos".*¹⁰ Nos sistemas de ação, por meio da linguagem, os padrões culturais transmitidos se interpenetram com o apetrecho orgânico geneticamente reproduzido dos membros individuais da sociedade. Coletividades, compondo-se de indivíduos socializados, são os portadores dos sistemas de ação; elas constituem uma estrutura própria no interior dos limites traçados pela cultura e as disposições específicas do gênero.

Assim, *em terceiro lugar*, Parsons concebe todo sistema de ação como uma zona de interação e interpenetração mútua dos *quatro subsistemas*: cultura, sociedade, personalidade e organismo. Cada um desses subsistemas é especializado em uma função fundamental da reprodução social de contextos de ação. Sistemas de ação podem ser considerados sob exatamente quatro aspectos funcionais: "No interior dos sistemas de ação, sistemas culturais são especializados em torno da função de manutenção de padrões, sistemas sociais em torno da integração das unidades agentes (indivíduos humanos ou, mais precisamente, personalidades envolvidas em papéis), sistemas de personalidade em torno da consecução de objetivos, e o organismo comportamental em torno da adaptação [...]".**¹¹

---

* Em inglês no original: "We prefer the term 'action' to 'behavior' because we are interested not in the physical events of behavior for their own sake, but in their patterning, their patterned meaningful products [...]. Human action is cultural in that meanings and intentions concerning acts are formed in terms of symbolic systems". (N. T.)

10 Ibid., p.5.

** Em inglês no original: "Within action systems, cultural systems are specialized around the function of pattern-maintenance, social systems around the integration of acting units (human individuals or, more precisely, personalities engaged in roles), personality systems around goal-attainment, and the behavioral organism around adaptation [...]". (N. T.)

11 Ibid., p.7.

Uma vez que os subsistemas possuem, de sua parte, uma independência relativa, ou seja, não apresentam referências meramente diferentes, eles sustêm entre si relações contingentes. As relações entre subsistemas são de certo modo prejulgadas, contudo, por meio da pertença a um sistema de ação comum. Os sistemas parciais formam entornos uns para os outros, mas se encontram em relações de intercâmbio *reguladas*. As operações recíprocas conciliadas entre si, que os sistemas parciais fornecem uns para os outros, deixam-se analisar, *em quarto lugar*, como fluxos de um *intercâmbio intersistêmico*. Nas zonas marginais dos subsistemas mutuamente adjacentes, tais relações se condensam em novas estruturas; nesses casos, Parsons fala de "interpenetração".

Mas ele não se dá por satisfeito com as suposições de relações horizontais de mesmo ranque; pelo contrário, postula, *em quinto lugar*, uma *hierarquia de controle*, a qual implica uma avaliação das quatro funções fundamentais (Fig.31).

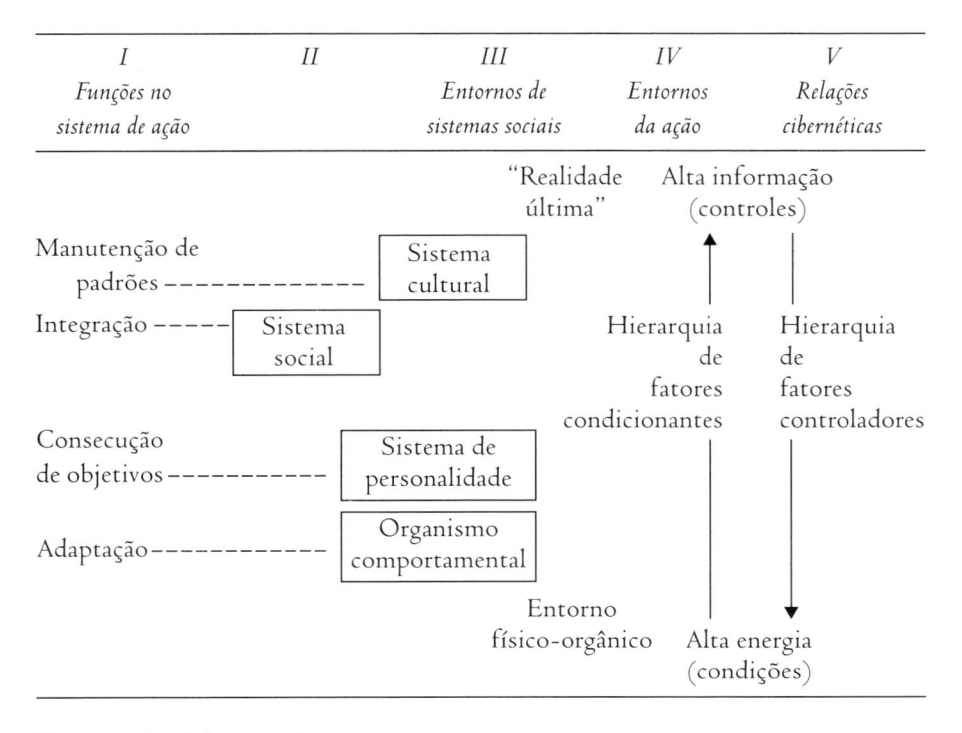

I Funções no sistema de ação	II	III Entornos de sistemas sociais	IV Entornos da ação	V Relações cibernéticas
			"Realidade última"	Alta informação (controles)
Manutenção de padrões -----------		Sistema cultural	↑	↑
Integração -----	Sistema social		Hierarquia de fatores condicionantes	Hierarquia de fatores controladores
Consecução de objetivos ----------		Sistema de personalidade		
Adaptação -----------		Organismo comportamental		↓
			Entorno físico-orgânico	Alta energia (condições)

Figura 31* – *Subsistemas de ação*

---

* Os termos da figura foram apresentados originalmente em inglês. (N. T.)

Parsons explica a coluna da direita da seguinte maneira: "A seta apontada para cima indica a hierarquia das condições que, em qualquer nível cumulativo na série ascendente, é, na fórmula comum, 'necessária, mas não suficiente'. A seta apontada para baixo designa a hierarquia dos fatores controladores, no sentido cibernético. À medida que nos movemos para baixo, o controle de condições cada vez mais necessárias torna possível a implementação de padrões, planos ou programas. Sistemas mais altos na ordem são relativamente altos em informação, ao passo que aqueles mais abaixo são relativamente altos em energia".*[12]

Com exceção das relações de intercâmbio intersistêmicas, às quais voltarei no contexto da teoria dos *media* de controle, o esquema contém os traços fundamentais do conceito de sociedade próprio da teoria dos sistemas, tal como se apresenta a Parsons nos meados dos anos 1960. Esse registro de momento não revela, porém, nada sobre a dinâmica teórica que conduziu a essa imagem estática. Na sequência, gostaria de nomear as decisões de construção teórica que Parsons tomou no caminho até seu compromisso entre funcionalismo sistêmico e teoria neokantiana da cultura.

(a) Nivelamento da diferença entre integração social e funcional

No começo do seu período intermediário, Parsons relaciona as *funções dos sistemas de ação* àquelas duas classes de imperativos que resultam da relação entre sistema e entorno, de um lado, e da relação com a cultura, de outro. Na época, Parsons tratava as tarefas da "integração funcional" como problemas de alocação; estas se estendem à preparação e mobilização de recursos, assim como de seu emprego dirigido a objetivos. Por outro lado, as tarefas da

---

* Em inglês no original: "The upward-pointed arrow indicates the hierarchy of conditions, which at any given cumulative level in the upward series is, in the common formula, 'necessary but not sufficient'. The downward-pointed arrow designates the hierarchy of controlling factors, in the cybernetic sense. As we move downward, control of more and more necessary conditions makes the implementation of patterns, plans, or programs possible. Systems higher in the order are relatively high in information while those lower down are relatively high in energy". (N. T.)

12 Ibid., p.28.

"integração social" não se estendem apenas indiretamente à conservação de solidariedades e afiliações, mas também à tradição cultural e à socialização. Em nossos termos, trata-se ali da reprodução material do mundo da vida, ao passo que aqui se encontra em jogo a reprodução de suas estruturas simbólicas. No lugar de uma divisão dicotômica aparece, desde 1953, o esquema das quatro funções fundamentais — o famoso esquema AGIL.[13] As funções de alocação são especificadas como adaptação (*adaptation*), consecução de objetivos (*goal attainment*), e sob a manutenção de estruturas (*pattern maintenance*) abrigam-se duas coisas, tanto a reprodução cultural quanto a socialização. Em nosso contexto, porém, é mais interessante o *nivelamento*, efetuado simultaneamente, da diferença entre integração funcional e integração social, outrora central; ambas são reduzidas à *integration*. Com isso, o ponto de costura que havia surgido por meio do encaixe dos dois paradigmas, "ação" e "sistema", se *tornou irreconhecível*. Parsons toma a decisão importante, mas em parte alguma explicitada, de renunciar doravante ao conceito de uma integração social de contextos de ação produzida mediante valores e normas, falando de "integração" de maneira apenas geral.

Essa decisão é encoberta pelo modo intuitivo de introduzir o conceito de sociedade próprio da teoria dos sistemas. Pois, tanto quanto antes, Parsons parte do subsistema integrador como o componente nuclear do sistema social, descrevendo esse núcleo em termos de ordem legítima de relações interpessoais.[14] Essa *comunidade societária* representa inicialmente

---

13 Parsons et al., *Working Papers in the Theory of Action*, p.183ss.
14 "The core of a society, as a system, is the patterned normative order through which the life of a population is collectively organized. As an order, it contains values and differentiated and particularized norms and rules, all of which require cultural references in order to be meaningful and legitimate. As a collectivity it displays a patterned conception of membership which distinguishes between those individuals who do and do not belong. Problems involving the 'jurisdiction' of the normative system may make impossible an exact coincidence between the status of 'coming under' normative obligations and the status of membership, because the enforcement of a normative system seems inherently linked to the control (e. g. through the 'police function') of sanctions exercized by and against the people actually residing within a territory" (Parsons, *Societies*, p.10). ["O núcleo de uma sociedade, como um sistema, é a ordem normativa padronizada por meio da

o complexo difuso da sociedade em seu todo; ele sugere os traços de um mundo da vida, e isso tanto mais porque Parsons imediatamente expõe a relação de complementação entre a "comunidade societária", de um lado, e a personalidade e a sociedade, de outro.[15] As categorias com que a "comunidade societária" é analisada — valores, normas, coletividades e papéis — despertam de início a impressão de que esse subsistema é especializado, à maneira de um mundo da vida simbolicamente estruturado, na integração *social*, em uma integração produzida mediante acordo normativo.

Essa imagem se altera tão logo Parsons passa a descrever a diferenciação da "comunidade societária" em quatro subsistemas do sistema social de acordo com o esquema das quatro funções.[16]

Pois a função correlacionada com a "comunidade societária" como um dos quatro sistemas parciais (a par da economia, da política e da reprodução cultural/socialização) ganha agora o sentido abstrato de "integração" no sentido de assegurar a coesão de um sistema que é ameaçado em sua existência por entornos supercomplexos e, sob essa pressão, proscrever o perigo permanente em seus componentes individuais. Com isso, toma a dianteira, tacitamente, aquela ideia que Parsons havia vinculado anteriormente à expressão "integração *funcional*". Os imperativos funcionais em que a "comunidade societária" é especializada agora *podem* ainda ser cumpridos pela via do consenso normativo; mas, justamente nas sociedades modernas, os âmbitos da "sociabilidade isenta de normas" se estendem a tal ponto que a

---

qual a vida de uma população é coletivamente organizada. Como uma ordem, ele contém valores, normas e regras diferenciadas e particularizadas, todas as quais requerendo referências culturais para ser significadas e legítimas. Como uma coletividade, apresenta uma concepção padronizada de afiliação que distingue entre aqueles indivíduos que pertencem ou não a ela. Problemas envolvendo a 'jurisdição' do sistema normativo podem tornar impossível uma coincidência exata entre o *status* de 'estar sujeito' a obrigações normativas e o *status* de afiliação, porque a execução de um sistema normativo parece inerentemente ligada ao controle (p. ex., por meio da 'função de polícia') de sanções, exercido por e contra o povo efetivamente residente no interior do território." (N. T.)]

15 Ibid., p.10-5.
16 Ibid., p.24ss.; e id., *The System of Modern Societies*, p.10ss.

necessidade de integração *precisa* ser satisfeita em grande medida evitando-se o mecanismo do entendimento.

Enquanto a "comunidade societária" é introduzida como núcleo da sociedade primeiramente pelos aspectos estruturais, os sistemas parciais diferenciados a partir desse todo difuso são determinados exclusivamente por aspectos funcionais — no curso da *exposição*, Parsons repete a mudança de paradigma e vai de um conceito de sociedade com base na teoria da ação para o conceito de sistema social.

Sem dúvida, seus subsistemas se deixam *ilustrar* com a ajuda de instituições significativas, como empresa (economia), administração estatal (política), direito (subsistema integrador), Igreja e família (conservação dos padrões culturais); mas eles não devem ser identificados com essas ordens institucionais marcadas de modo prototípico. Toda instituição precisa se *adaptar* às condições marginais cambiantes graças a recursos próprios; toda instituição precisa *selecionar e perseguir* fins para poder fazer a mediação entre as limitações externas e as orientações axiológicas dos membros; toda instituição precisa *ordenar normativamente* as interações mediante relações de afiliação, e cada uma depende de *legitimação* por meio de valores reconhecidos. Visto que cada instituição pertence a *todos* os subsistemas sociais em diversos aspectos, nenhuma se presta a ser, a cada caso, característica definidora de *um* desses subsistemas.

Ora, Parsons define as funções em um nível relativamente abstrato como adaptação, consecução de objetivos, integração e manutenção de padrões estruturais. No plano da teoria sociológica, em que Parsons *introduz* primeiramente as funções, elas podem ser *elucidadas ilustrativamente* por meio de indicações sobre as operações produtivas da economia, sobre as operações organizatórias das administrações estatais, sobre as operações integradoras do direito e sobre as operações normalizadas da tradição e socialização familial. Nesse plano, também a correlação que Parsons efetua entre esse esquema das quatro funções e as categorias da teoria da ação pode se tornar inteligível ainda de modo intuitivo. O quadro de referências da teoria da ação, reificado em um sistema geral da ação, decompõe-se em subsistemas especializados em produzir em cada caso um componente das orientações da ação. Desses produtos, ou seja, valores, normas, objetivos e recursos, se deixa depreender a função do subsistema (Fig.32).

Componentes de orientações da ação	Sistemas parciais	Funções
Valores	Cultura	Manutenção de padrões culturais
Normas	Sociedade	Integração
Objetivos	Personalidade	Consecução de objetivos
Meios, recursos	Sistema comportamental	Adaptação

Figura 32 – *Funções e orientações de ação*

O que no plano do sistema geral da ação aparece como uma correlação um pouco arbitrária, ao menos carente de fundamentação, ganha uma plausibilidade maior no plano do sistema social, em conexão com as representações da história da teoria (Fig.33).

A	Economia (recursos)	Política (objetivos)	C
B	Sistema mantenedor de estruturas (valores)	Sistema parcial integrador (normas)	D

Figura 33 – *Sistema social*

Essas tentativas ilustrativas não podem ainda, contudo, valer como solução dos dois problemas que se colocam com a introdução do esquema das quatro funções. Parsons precisa fundamentar em primeiro lugar por que exatamente esses quatro pontos de vista funcionais são necessários e suficientes para a análise dos sistemas de ação. E, além disso, ele tem de interpretar de maneira nova as categorias da teoria da ação à luz da teoria dos sistemas.

(b) *O esquema das quatro funções e o processo de formação sistêmica*

Parsons concebe a teoria da sociedade como sistema a título de um caso especial da teoria dos sistemas vivos. Assim, o esquema das quatro funções tem de poder encontrar uma aplicação, sem dúvida, também sobre os sistemas sociais e sobre os sistemas de ação; mas ele é concebido para um âmbito de aplicação consideravelmente mais amplo. Parsons parte das propriedades formais de um sistema em um entorno para fundamentar a *validade universal* do esquema das quatro funções. Ele começa pelo próprio processo de formação sistêmica e diferencia o problema abrangente de garantir a continuidade nos aspectos de espaço e tempo. No eixo interior/exterior emerge o problema da demarcação entre os processos e as estruturas que são atribuídos à continuidade do sistema e os eventos e estados que defrontam o sistema no entorno. No eixo presente/futuro – sistemas possuem passado apenas como projeções presentes – emerge o problema do emprego apropriado de recursos atualmente disponíveis em estados finais antecipados. A combinação dos dois problemas oferece, como mostra a Figura 34, as quatro funções desejadas.

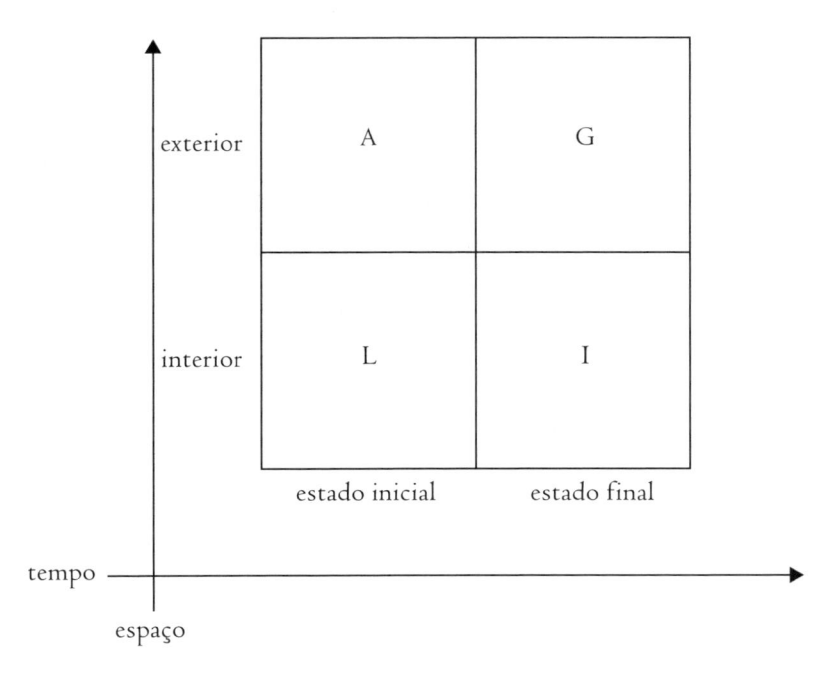

	estado inicial	estado final
exterior	A	G
interior	L	I

tempo →
espaço

Figura 34 – *Dedução das funções*

O problema da manutenção de fronteiras é determinado por Parsons com base no desnível de complexidade entre sistema e entorno: "Supõe-se que o sistema de referência é caracterizado por um padrão de funcionamento em virtude do qual seus estados internos são, em qualquer momento, diferentes daqueles do entorno em aspectos significativos. A direção dessas diferenças é rumo a uma maior estabilidade e a um nível mais elevado de organização do que a do entorno nos aspectos relevantes para o sistema de referência".*[17]

O problema da consecução de estados finais é conectado por Parsons com a dimensão "instrumental-consumptivo", que é conhecida da teoria da ação e representa uma interpretação especial do eixo temporal: "Esta é uma designação um tanto estreita, mas vai na direção certa. Não é no mundo real que um padrão se atualiza a si mesmo. O sistema para o qual ele é um modelo deve atingir condições e utilizar recursos disponíveis no entorno. Atingir condições e utilização são possíveis apenas por meio de processos que são inerentemente estendidos no tempo. O tempo é *um* aspecto dos processos que incluem entrada e utilização de energia, organização ou combinação de componentes, e avaliação de etapas".**[18]

A superação simultânea de ambos os problemas tem de ser analisada *de uma só vez* nas dimensões espaço e tempo; isso significa que um sistema tem de assegurar sua continuidade ao mesmo tempo na relação com o entorno sistêmico e consigo mesmo (interior/exterior), como também na relação de estados iniciais atuais e estados finais antecipados (em termos instrumentais/consumptivos). Da combinação desses pontos de referência resultam exatamente quatro aspectos funcionais de manutenção da continuidade, que

---

* Em inglês no original: "It is assumed that the system of reference is characterized by a pattern of functioning by virtue of which its internal states are at any given time different from those of the environment in significant respects. The direction of these differences is toward greater stability and a higher level of organization than that of the environment in the respects relevant to the system of reference". (N. T.)

17 Parsons; Platt, op. cit., p.10.

** Em inglês no original: "This is a somewhat narrow designation but in the right direction. A pattern does not in the real world actualize itself. The system for which it is a template must meet conditions and utilize environmentally available resources. Meeting conditions and utilization are possible only through processes which are inherently time-extended. Time is *one* aspect of processes which include energy input and utilization, organization or combination of components, and evaluation of stages". (N. T.)

18 Ibid., p.11.

se deixam ordenar por pares se distinguimos as funções conforme se refiram ao intercâmbio com o entorno ou com o próprio sistema (*adaptation/goal attainment* vs. *pattern maintenance/integration*), ou a estados iniciais orientados a objetivos ou aos próprios estados finais (para os quais os estados atuais representam meros potenciais) (*adaptation/pattern maintenance* vs. *goal attainment/integration*). Por essa via, Parsons chega a uma fundamentação geral do esquema AGIL, e *independente* dos conceitos de sociedade interpretados em termos de teoria da ação.

(c) Adaptação das pattern variables ao esquema das quatro funções

Uma vez que o esquema das quatro funções fundamentais *se desenraíza* da teoria da ação e vale para sistemas vivos em geral, os componentes analíticos da ação precisam ser concebidos agora, por sua vez, como solução de problemas sistêmicos. Como mostrado, Parsons correlaciona valores, normas, objetivos e recursos com cada uma das funções fundamentais. Dessa decisão de construção teórica, segue-se a pressão para uma *reinterpretação* das *pattern variables* centrais até aqui. Essa revisão é efetuada por Parsons no curso da discussão com Dubin. As alternativas abstratas de decisão foram introduzidas para explicar como valores culturais podem ser reduzidos a um número finito de padrões de preferência segundo pontos de vista universalistas. Depois que Parsons abandonou a perspectiva da teoria da ação, as *pattern variables* perdem esse valor posicional. Agora não se trata mais da questão de determinar culturalmente as orientações da ação, mas de como as decisões dos atores resultam imediatamente de processos de formação sistêmica. Se as *pattern variables* devem ser levadas adiante, elas são utilizáveis no máximo como lentes através das quais a luz dos problemas sistêmicos é refratada prismaticamente, de sorte que as ações podem reluzir no reflexo da dinâmica sistêmica. Parsons elimina, sem detença, um dos cinco pares de alternativas fundamentais,[19] desliga-os das orientações axiológicas dos sujeitos agentes,

---

19 Outrora, o par *"self-* vs. *collectivity-orientation"* havia representado a dimensão mais importante para a distinção entre as orientações da ação, igualmente "racionais", dos homens de negócios e profissionais. Em *Economy and Society* (1956), essa dimensão

utilizando as quatro variáveis duplas remanescentes para descrever as quatro funções fundamentais com base em alternativas de decisões combinadas de maneira consideravelmente arbitrária. Esse plano da descrição não conserva, no entanto, nenhum significado digno de menção para a teoria amadurecida.

Dubin estiliza a reinterpretação contrapondo os dois modelos entre si. Parsons I parte do modelo do ator que age em uma situação, no que a orientação da ação pode ser analisada em termos de uma orientação por objetos (sejam sociais, sejam não sociais). Os tipos puros da orientação da ação (*intellectual, expressive, responsive, instrumental*) se deixam caracterizar, com base nas *pattern variables*, por padrões de decisões correspondentes. Parsons II parte, em contrapartida, dos problemas mais gerais dos sistemas de ação. Estes correspondem aos quatro aspectos funcionais sob os quais pode ser analisado o problema fundamental da manutenção de continuidade: "Um desvio radical do Modelo I foi apresentado por Parsons quando ele voltou sua atenção para a análise do ato social do ponto de vista dos problemas do

---

é distanciada do catálogo das *pattern variables* com um argumento que pressupõe tacitamente a troca da perspectiva conceitual da teoria da ação para aquela da teoria dos sistemas; agora, por causa de suas referências sistêmicas distintas, a *self-orientation* e a *collectivity-orientation* não devem mais poder residir na mesma dimensão: "In the course of time it became apparent that the categories of this pair were not significant as defining characteristic of one specific system of action; rather they defined the relations between two systems placed in a hierarchical order. Self-orientation defined a state of relative independence from involvement of the lower-order in the higher-order system, leaving the norms and values of the latter in a regulatory, i. e. limit-setting relation to the relevant courses of action. Collectivity-orientation on the other hand defined a state of positive membership whereby the norms and values of the higher-order system are positively prescriptive for the action of the lower" (Parsons; Smelser, *Economy and Society*, p.36). ["No curso do tempo, tornou-se aparente que as categorias desse par não eram significantes como características definidoras de um sistema específico de ação; pelo contrário, elas definiram as relações entre dois sistemas colocados em uma ordem hierárquica. A auto-orientação definia um estado de relativa independência quanto ao envolvimento do sistema de ordem inferior no interior do sistema de ordem superior, deixando as normas e os valores do último em uma relação reguladora, isto é, limitadora, com os cursos relevantes da ação. A orientação pela coletividade, por outro lado, definia um estado de afiliação positiva, pela qual as normas e valores do sistema de ordem superior são positivamente prescritivos para a ação da inferior". (N. T.)].

sistema social. Percebendo a necessidade de articular a ação social com as exigências de um sistema social, Parsons começou com problemas de estrutura social e tentou passar dali para o nível do ator individual no sistema. O modelo I de Parsons essencialmente 'olha' para o sistema social do ponto de vista do ator; seu Modelo II 'olha para baixo' em direção ao ator individual a partir da perspectiva do sistema social".*[20] Por meio das *pattern variables*, os problemas sistêmicos se convertem em orientações da ação, de sorte que o ponto de referência da análise não é mais a decisão dos atores, mas antes a dinâmica solucionadora de problemas própria do sistema de ação que se estabiliza a si mesmo: "A diferença essencial entre essas duas soluções reside nas unidades com as quais os modelos são construídos. No Modelo I, o ato social é visto como o produto das valorizações de objetos por parte do ator e de suas orientações em relação a eles — ambos os quais são unidades psicológicas subjetivas ou sociais. No Modelo II, o ato social é visto como o *produto de definições de papéis peculiares aos quatro problemas do sistema social, presumivelmente universais*. Portanto, a unidade analítica primária torna-se as modalidades sistêmicas a partir das quais a valorização dos objetos por parte do ator e as orientações em relação a eles são unicamente derivadas".**[21]

---

  * Em inglês no original: "A radical departure from Model I was presented by Parsons when he turned his attention to analyzing the social act from the standpoint of social system problems. Perceiving the need to articulate social action with the requirements of a social system, Parsons started with problems of social structure and attempted to move from there to the level of the individual actor in the system. Parsons' Model I essentially 'looks out' to the social system from the vantage point of the actor; his Model II 'looks down' at the individual actor from the perspective of the social system". (N. T.)
20 Dubin, "Parsons' Actor: Continuities in Social Theory", op. cit., p.530.
** Em inglês no original: "The essential difference between these two solutions lies in the units out of which the models are constructed. In Model I the social act is seen as the product of the actor's evaluations of objects and of his orientations towards them — both of which are subjective or social psychological units. In Model II the social act is viewed as a *product of role definitions peculiar to the four presumably universal social system problems*. Hence the primary analytical unit becomes the systems modalities from which the actor's evaluation of objects and orientations towards them are uniquely derived". (N. T.)
21 Idem.

Para que a pressão problematizadora gerada pela dinâmica da manutenção de continuidade possa ser transmitida às orientações da ação, precisa-se da associação não contingente dos problemas sistêmicos com as decisões do ator. Parsons II soluciona esse problema ao afirmar uma relação analítica entre as quatro funções fundamentais e determinadas combinações de alternativas de decisões. Dubin resume essas relações na Figura 35.

MODALIDADES do sistema social (problemas sistêmicos)	AVALIAÇÃO dos objetos pelo ator	ORIENTAÇÃO do ator para os objetos
Adaptação	→ Universalismo	Especificidade
Consecução de objetivos	→ Performance	Afetividade
Integração	→ Particularismo	Difusividade
Manutenção de padrões e administração de tensão	→ Qualidade	Neutralidade

Figura 35* – O modelo parsoniano II do ato social

Dubin apoia sua interpretação em sugestões que Parsons fizera em *Economy and Society*, na retrospectiva sobre os resultados de sua cooperação com R. F. Bales.[22] Nessa passagem, Parsons remete ao capítulo III e V dos

---

* Em inglês, no original. (N. T.)
22 "It was then discovered that these correspondences converged logically with Bales' fourfold classification of the functional problems of systems of action. In the terminology finally adopted, the adaptive problem was defined from the attitudinal point of view in terms of specificity, from the object-categorization point of view in terms of universalism; the goal-attainment problem from the attitudinal point of view in terms of affectivity, from that of object-categorization in terms of performance; the integrative problem from the attitudinal point of view in terms of diffuseness, from the object-categorization point of view in terms of particularism; finally, the pattern maintenance and tension-management problem from the attitudinal point of view in terms of affective neutrality, from the object-categorization point of view in terms of quality" (Parsons; Smelser, *Economy and Society*, p.36). ["Foi descoberto então que essas correspondências convergiam logicamente com a classificação quádrupla que Bales faz dos problemas funcionais dos sistemas de ação. Na terminologia finalmente adotada, o problema de adaptação foi definido a partir do ponto de vista atitudinal em termos de especificidade, do ponto de vista da categorização de objetos em termos de universalismo; o problema da

Working Papers. Aqui, porém, de modo algum ainda se falava que a correlação de alternativas de decisão e funções fundamentais se daria pela via de uma análise *lógica* ou conceitual. Pelo contrário, na época, o ano de 1953, Parsons levantara a pretensão de que teria fundamentado *empiricamente* o nexo entre orientações de ação específicas e cada um dos quatros problemas sistêmicos, pela via da interpretação dos resultados da pesquisa feita por Bales com pequenos grupos. Além disso, ele se socorre de vagas analogias com hipóteses fundamentais da termodinâmica.

Essa oscilação torna patente o caráter arbitrário de um nexo que é sem dúvida central para a subsunção da teoria da ação na teoria dos sistemas, que nesse meio-tempo tomou a dianteira, mas que Parsons não pôde fundamentar nem lógica nem empiricamente. Suas correlações *arbitrárias* não resistem sequer ao teste de considerações intuitivas simples. Com razão, J. Alexander questiona por que problemas de integração não poderiam ser resolvidos por meio de orientações tanto universalistas quanto particularistas, ou por que problemas de manutenção de padrões culturais não poderiam ser resolvidos igualmente bem por meio da orientação pela performance em vez da orientação pelas qualidades intrínsecas de um defrontante.

(d) *Reinterpretação dos valores culturais como valores-alvo cibernéticos*

Um outro exemplo do derretimento das categorias da teoria da ação em categorias da teoria dos sistemas é propiciado pela reinterpretação do conceito de valores culturais. Parsons interpreta a validade dos valores culturais no sentido cibernético de funções de controle atribuídas a valores-alvo em sistemas autocontrolados. As *relações semânticas* entre valores culturais são reinterpretadas tacitamente como *relações empíricas* entre variáveis controlado-

---

consecução de objetivos, do ponto de vista atitudinal em termos de afetividade, do ponto de vista da categorização de objetos em termos de performance; o problema de integração, do ponto de vista atitudinal em termos de difusividade, do ponto de vista da categorização de objetos em termos de particularismo; finalmente, o problema da manutenção de padrões e da administração de tensão em termos de neutralidade afetiva, do ponto de vista da categorização de objetos em termos de qualidade." (N. T.)].

ras. Certamente, esse deslocamento já é também um exemplo da tendência que vai ao encontro da eliminação dos vestígios da teoria da ação.

Da crítica do utilitarismo Parsons havia obtido inicialmente a noção de uma seleção de fins regulada por meio de valores e máximas; e de Weber adotara o conceito de realização de valores. Ambas as ideias haviam se condensado na concepção segundo a qual os valores culturais são referidos a situações de ação e associados a sanções pela via da institucionalização e da internalização; graças a isso, eles deveriam ganhar a constância de uma eticidade substancial na realidade das formas de vida e das biografias. Os sistemas de ação lançam pontes sobre a distância entre os valores e as normas, pelos quais o agente se orienta, e as condições da situação que restringem seu espaço de ação. Sistemas de ação superam uma tensão normativa ao mesmo tempo mantida. Também para o conceito de sistema de ação, na inversão de polaridade segundo as categorias da teoria dos sistemas, as relações entre valores, normas, metas e recursos mantêm seu significado. Mas agora, quando a cultura foi rebaixada a um sistema parcial entre outros, o desnível entre a esfera de valores e normas pretendendo validade e o âmbito das condições factuais se aplana. Para evitar essa consequência, Parsons traduz a tensão entre o normativo e o factual com o auxílio da analogia mencionada com a cibernética.

Enquanto em um agregado físico os fluidos controlados exigem a quantidade usual de energia, o próprio controle precisa de um fluxo de informação que consome energia comparativamente pouca. Parsons equipara valores culturais a valores de controle e trata os fundamentos orgânicos do sistema de ação como fonte de energia. Em seguida, estabelece uma hierarquia entre o sistema de comportamento, a personalidade, o sistema social e a cultura, de maneira que o sistema mais baixo seja superior em energia dispendida, e o mais elevado seja superior ao mais baixo em informação e operação de controle. Essa ordenação linear dos quatro subsistemas segundo o padrão de uma *hierarquia de controle* reserva ao sistema cultural a posição de um soberano do controle; ao mesmo tempo, permanece dependente do abastecimento de energia dos demais subsistemas.

Com isso, Parsons não apenas finca os trilhos de um determinismo cultural; ele confere também um ponto surpreendente ao emprego do modelo da teoria dos sistemas no âmbito da teoria social. Pois ele diferencia dessa maneira *duas categorias de entornos*.

No polo inferior da hierarquia de controle, o sistema de ação é limitado por um entorno natural ou empírico, no polo oposto, em contrapartida, por um entorno de tipo não empírico, sobrenatural: "Nem a personalidade individual nem o sistema social possui uma relação direta com o entorno físico; suas relações com o último são mediadas pelo organismo, o qual é o vínculo primário com o mundo físico. Isso, apesar de tudo, é agora um lugar-comum na teoria moderna da percepção e do conhecimento. Em um sentido essencialmente o mesmo, nem personalidades nem os sistemas sociais possuem contato direto com os objetos últimos de referência, com a 'realidade última', o que põe 'problemas de significado' no sentido que os sociólogos associam antes de tudo à obra de Max Weber. Os objetos que personalidades e sistemas sociais conhecem e que, de outro modo, experimentam diretamente são em nossa terminologia objetos culturais, os quais são artefatos humanos em um sentido bastante parecido com os objetos da cognição empírica. Portanto, as relações de personalidades e sistemas sociais com a 'realidade não empírica' última são, em um sentido básico, mediadas pelo sistema cultural".*23

Ao vincular voluntariosamente o conceito cibernético de hierarquia de controle à ideia de realização de valores, Parsons transpõe a noção de transcendência de valores e pretensões de validade para o quadro categorial em-

---

* Em inglês no original: "Neither the individual personality nor the social system has any direct relation to the physical environment; their relations with the latter are mediated entirely through the organism, which is action's primary link with the physical world. This, after all, is now a commonplace of modern perceptual and epistemological theory. [...] In essentially the same sense, neither personalities nor social systems have direct contact with the ultimate objects of reference, with the 'ultimate reality' which poses 'problems of meaning' in the sense sociologists associate above all with the works of Max Weber. The objects that personalities and social systems know and otherwise directly experience are in our terminology cultural objects, which are human artifacts in much the same sense as are the objects of empirical cognition. Hence, the relations of personalities and social systems with ultimate 'non-empirical reality' are in a basic sense mediated through the cultural system". (N. T.)]

23 Parsons, "Social Systems", em *Social Systems and the Evolution of Action Theory*, p.181.

pirista da teoria dos sistemas; isso de modo algum ocorre sem solução de continuidade. Enquanto ele dava conta da intuição da realização de valores no começo do período intermediário por meio de uma posição especial da cultura, uma cultura incorporada ao sistema de ação deve agora tomar de empréstimo sua força controladora do contato com um *"entorno não empírico"*. Mas esse conceito é um corpo estranho na teoria dos sistemas. Com efeito, esta concebe a manutenção *auto*controlada das continuidades sistêmicas de maneira que a fronteira do sistema se veja ameaçada *de modo igual* em *todos* os segmentos frontais e tenha de ser defendida *em toda parte* contra invasões oriundas de entornos supercomplexos. Os processos de manutenção de continuidade são controlados exclusivamente por meio de valores inerentes ao próprio sistema respectivo; *no exterior* das fronteiras sistêmicas há apenas variáveis condicionantes, nenhuma variável de controle.

Parsons tem consciência de que seu conceito de sistema se desvia do usual nesse aspecto decisivo: "Sem dúvida, direcionalidade pode ser concebida como interna ao sistema de referência. No entanto, no nível de ação, o que é mais prevalente são as tentativas de legitimar seleções entre caminhos alternativos invocando alguma fonte de autoridade no exterior do sistema de ação, como concebido correntemente pelas unidades agentes".*[24] Todavia, Parsons não empreende tentativa alguma para mostrar como o modelo de sistemas autocontrolados pode ser adaptado às necessidades de uma teoria da cultura de procedência inteiramente diferente de sorte que o paradigma não seja afetado por isso.

(e) Determinismo cultural

Com a introdução da hierarquia de controle, as quatro funções fundamentais perderam sua igualdade de ranque. O vetor em que as funções são

---

* Em inglês no original: "Of course, directionality may be conceived as internal to the system of reference. However, at the action level what is more prevalent are attempts to legitimate selections among alternative paths by invoking some source of authority outside the system of action as currently conceived by the acting units". (N. T.)

24 Parsons; Plat, op. cit., p.32.

colocadas em circuito sucessivamente recebe um sentido hierárquico para além do significado temporal. A ideia de realização de valores se sublima em uma ordem de classificação abstrata, que *a priori* assegura que os sistemas parciais funcionalmente especificados não podem influenciar uns aos outros de qualquer maneira, mas somente no sentido AGIL de um determinismo cultural. Esse prejuízo é inserido discretamente na *técnica da tabulação cruzada*. O sentido latente desse formalismo consiste em que, de um lado, o aspecto da validade das manifestações simbólicas é reinterpretado[25] de maneira empirista, e simultaneamente a mudança de valores é imunizada contra suposições materialistas.[26] O modo como a técnica da tabulação cruzada sustenta o idealismo secreto do funcionalismo sistêmico parsoniano é algo que se deixa depreender exemplarmente pela articulação do próprio sistema cultural. Parsons havia seguido inicialmente a tripartição weberiana de padrões de interpretação cognitiva, de valores prático-morais e de expressão estético-expressiva; agora, o formalismo força uma divisão quádrupla. O quarto campo é previsto para o simbolismo constitutivo, ou seja, a religião, embora na modernidade a ciência e a técnica, o direito e a moral, assim como a arte autônoma tenham se diferenciado do contexto das tradições religiosas e metafísicas, e por isso não se encontrem nem estrutural nem historicamente no mesmo plano com o simbolismo religioso.

O formalismo da tabulação cruzada revela completamente seu segredo na filosofia parsoniana tardia, em que o sistema de ação geral é subordina-

---

25 Parsons aplica o esquema AGIL indistintamente a todos os objetos. Assim, por exemplo, uma teoria científica é tratada da mesma maneira que um sistema de ação empírico. Cf. o diagrama em Parsons; Platt, op. cit., p.65:

Componentes do conhecimento como tipo de objeto cultural

	Recursos	"Resultados"	
L	Quadro de Referência	Teoria	I
Lógico Referencial			
A	Fatos	Solução de problemas	G

26 Gould, "Systems Analysis, Macrosociology, and the Generalized Media of Social Action", em FS Parsons, v.II, p.470ss.

do a uma transcendência reificada em um *telic system*.[27] Aqui vem à tona o que Parsons contrabandeou para a teoria da sociedade com o conceito de hierarquia de controle.

(2) *A filosofia antropológica tardia e a fragilidade do compromisso entre a teoria dos sistemas e a teoria da ação*

Se o sistema geral de ação, abrangendo cultura, sociedade, personalidade e sistema comportamental, é concebido por sua parte como apenas um dos quatro sistemas parciais e correlacionado como um todo à função I, resulta então a pressão para construir um *sistema da constituição humana fundamental*, ao qual Parsons dá o nome de *Human Condition*. Nele é correlacionado à função L um assim chamado *sistema télico*, que se conecta com o sistema de ação, mais precisamente com seu polo superior, adotando, portanto, o lugar do *entorno supraempírico*. É instrutivo o problema de construção que se coloca, por assim dizer simetricamente, no polo inferior do sistema de ação.

Parsons havia imaginado o sistema de ação mais baixo na hierarquia de controle inicialmente como o suporte orgânico da personalidade, na qualidade de organismo humano. Mas este, sobretudo em sua dotação específica do gênero geneticamente fixada, dificilmente se deixa atribuir a um sistema de ação. É por esse motivo que Parsons se apropriou mais tarde de uma proposta de Lidz e Lidz, conferindo precedência a uma interpretação psicológica do sistema comportamental.[28] Em relação à personalidade, que Parsons, tanto agora como antes, concebe nos termos da tradição de pesquisa psicanalítica, o sistema comportamental não abrange mais agora o substrato natural da pessoa, mas antes as competências universais do conhecimento, da fala e da ação, entendidas no sentido de Piaget. Mas então o organismo humano ocupa a posição de um entorno para o sistema de ação: com o sistema comportamental, ele tem fronteira na natureza orgânica.

---

27 Parsons, "A Paradigm of the Human Condition", em *Action Theory and the Human Condition*, p.382.
28 Lidz; Lidz, "Piaget's Psychology of Intelligence and the Theory of Action", em FS Parsons, v.II, p.195ss.

Segundo a mesma lógica, também o sistema cultural é apreendido de maneira tão estreita que tudo o que até então possuía as conotações de uma instância superior de controle ou, como se diz na linguagem teológica de Tillich, de uma "realidade última", acaba se inserindo igualmente na posição de um entorno para o sistema de ação. Com seu sistema parcial cultural, ele tem fronteira na transcendência, reificada em sistema télico: "Claramente, pensamos que o sistema télico tem a ver especialmente com a religião, estando ele em uma relação de superordenação com o sistema de ação, como acontece em nosso tratamento. É primariamente no contexto religioso que, ao longo de tanta história cultural, a crença em alguma espécie de 'realidade' do mundo não empírico tem se destacado proeminentemente".*[29]

Com esse passo especulativo, Parsons pisa o solo de sua *filosofia tardia*; ele arremata o sistema de ação por meio de três outros sistemas parciais (Fig.36).

L	Estruturas finais	Sociedade	Cultura	I
		Personalidade	Sistema comportamental	
A	Natureza físico-química	Organismo humano		G

Figura 36 – *Sistema da constituição humana fundamental* (The Human Condition)

Visto metodologicamente, o sistema da constituição humana fundamental possui um *status* diferente de todos os demais sistemas com os quais a teoria da sociedade ou as ciências sociais particulares se ocupam. *De início*, o sistema télico, que convencionalmente se considera como âmbito da crença religiosa, não se deixa introduzir na condição de um âmbito científico de

---

* Em inglês no original: "Clearly, we think of the telic system, standing as it does in our treatment in a relation of cybernetic superordination to the action system, as having to do especially with religion. It is primarily in the religious context that throughout so much of cultural history belief in some kind of 'reality' of the nonempirical world has figured prominently". (N. T.)

[29] Parsons, "A Paradigm of the Human Condition", op. cit., p.356.

objetos da mesma maneira que os outros sistemas – a não ser como âmbito de objetos das ciências sociais, mas nesse caso a religião teria de encontrar seu lugar no quadro do sistema cultural. Parsons acentua que o discurso a respeito de um sistema télico *pressupõe* a crença em uma esfera de realidade última. Essa estratégia conceitual se assemelha aliás àquela com que o último Schelling, partindo da experiência da existência de Deus como base, introduziu sua filosofia "positiva": "Com o pleno reconhecimento das dificuldades filosóficas em definir a natureza dessa realidade, desejamos afirmar que partilhamos a crença milenar em sua existência".*[30]

O sistema da constituição humana fundamental desfruta, porém, de uma posição singular *também porque* carece de uma interpretação epistemológica: ele representa o mundo no todo a partir da perspectiva do sistema de ação. Não apenas o âmbito religioso, mas também as esferas do organismo humano e da natureza inanimada são concebidas de tal sorte que podem ser percebidas pelo sistema de ação como entornos: "o paradigma categoriza o mundo acessível à experiência humana em termos de *significados*, para seres humanos, de suas várias partes e aspectos".**[31]

Vimos como a técnica da tabulação cruzada motiva Parsons a fazer uma complementação do sistema da ação envolvendo três outros sistemas no mesmo plano analítico. Contudo, justamente aqui é errônea a ordenação dos sistemas em um esquema de quatro campos. Pois, a rigor, o sistema de ação teria de ocupar uma posição dupla: aquela de um referente para a teoria social e, ao mesmo tempo, a de um sujeito epistemológico, *para* o qual tanto as estruturas finais como também a natureza subjetiva do organismo humano e a natureza fenomênica, objetiva, são "dadas". Assim, não é por acaso que Parsons introduz o sistema da constituição humana fun-

---

* Em inglês no original: "With full recognition of the philosophical difficulties of defining the nature of that reality we wish to affirm our sharing the age-old belief in its existence". (N. T.)

30 Idem.

** Em inglês no original: "the paradigm categorizes the world accessible to human experience in terms of the meanings to human beings of its various parts and aspects". (N. T.)

31 Ibid., p.361.

damental de uma perspectiva que elucida com uma referência a Kant: "Por duas razões temos tratado o sistema de ação humana como o ponto de referência primário. A primeira é a razão mundana de que ele marca o caminho intelectual pelo qual a formulação do esquema conceitual mais amplo foi alcançada. Há algo a ser dito, como uma política de investigação, para proceder do relativamente bem conhecido até o desconhecido, em vez de ser o inverso. A segunda razão, no entanto, é que [...] nós concebemos a condição humana como uma versão de um universo qualquer que pode ser cognoscível em algum sentido e que é formulada e organizada de maneira bastante específica e autoconsciente *da perspectiva de sua significância para seres humanos* e, com efeito, relativamente contemporânea".*32

Parsons toma o sistema de ação geral, a que se refere a teoria da sociedade como sistema desenvolvida até aqui, como *ponto de partida* de uma consideração do sistema da constituição humana fundamental, dando-lhe uma *guinada reflexiva*. Com isso, *porém, o teórico perde um ponto de vista independente desse sistema parcial*; ele *não* pode *evadir-se* da perspectiva do sistema de ação. Enquanto a teoria social podia orientar-se *intentione recta* a seus objetos em todos os outros planos sistêmicos, a teoria se torna autorreferente no plano antropológico. Para essa teoria social operando de maneira autorreferencial, Parsons tem diante dos olhos o modelo da crítica kantiana do conhecimento. "Nós já sustentamos que a 'orientação' humana em relação ao mundo toma a forma de tratar o mundo, incluindo aquela da própria ação, como composto de entidades que possuem *significado* simbolicamente apreensível para os atores

---

* Em inglês no original: "For two reasons we have treated the human action system as the primary point of reference. The first is the mundane reason that it marks the intellectual path by which the formulation of the larger conceptual scheme has been reached. There is something to be said, as investigative policy, for proceeding from the relatively well known to the unknown rather than vice versa. The second reason, however, is that [...] we conceive the human condition as a version of whatever universe may in some sense be knowable and which is quite specifically and self-consciously formulated and organized *from the perspective of its significance to human beings* and indeed relatively contemporary ones. From this point of view it is the system of action that constitutes the necessary reference base for such an enterprise". (N. T.)

32 Ibid., p.382-3.

humanos. Portanto, pensamos que é apropriado chamar essas entidades de 'objetos' e falar de uma relação sujeito-objeto [...]. Pensamos que é legítimo adotar a consideração kantiana sobre o *conhecer* como o protótipo de um modo de relação entre atores humanos e mundos fora do sistema de ação e também com os objetos no interior dele".*³³ De maneira interessante, Parsons não mantém essa atitude de modo coerente até o fim. Ele mescla a *interpretação quase transcendental* da *Human Condition* como uma interpretação *objetivista*, forçada certamente pela abordagem da teoria dos sistemas.

Na interpretação transcendental,³⁴ o sistema télico define as condições universais e necessárias sob as quais o sistema de ação pode se relacionar com a natureza externa, a natureza interna e consigo mesmo; nessa medida, ele determina as "ordens transcendentais" sob as quais a natureza objetiva, a natureza subjetiva e o sistema de ação se encontram *para* o próprio sistema de ação: "A proposição geral é que para cada um dos modos de orientação humana há um *meta*nível que concerne às 'condições' ou 'assunções' que são necessárias para que uma orientação seja significativa, 'faça sentido'".**³⁵ Parsons atribui às estruturas finais uma função semelhante à que Max Weber atribui às imagens religiosas e metafísicas de mundo na medida em que ele, assim como este, deriva das imagens de mundo atitudes abstratas para com o mundo. Somente determinadas atitudes para com o mundo se des-

---

* Em inglês no original: "We have already maintained that human 'orientation' to the world takes the form of treating the world, including that of action itself, as composed of entities that have symbolically apprehendable *meaning* to human actors. We therefore think it appropriate to call these entities 'objects' and to speak of a subject-object relationship [...]. We think it legitimate to adopt the Kantian account of *knowing* as the prototype of a mode of relation between human actors and worlds outside the action system as well as objects within it". (N. T.)

33 Ibid., p.367-8.

34 É nesse sentido que R. Münch entende o sistema da constituição humana fundamental: Münch, "T. Parsons und die Theorie des Handelns I und II", em *Soziale Welt*, v.30-31, 1979-1980.

** Em inglês no original: "The general proposition is that for each of the modes of human orientation there is a *meta*-level that is concerned with 'conditions' or 'assumptions' that are necessary in order for an orientation to be meaningful, to 'make sense'". (N. T.)

35 Parsons, "A Paradigm of the Human Condition", op. cit., p.370.

tinaram a possibilitar aquela compreensão de mundo que se constitui na modernidade e à qual também Parsons se associa com seu sistema da constituição humana fundamental.³⁶

Parsons se refere aceleradamente às três críticas kantianas, concebendo-as como tentativas de reconstruir as condições transcendentais para a objetivação da natureza exterior (segundo pontos de vista cognitivo-instrumentais), para a constituição dos contextos de ação (de pontos de vista prático-morais) e para o trato não objetivante com a própria natureza interna (segundo pontos de vista estéticos).³⁷

Dessa perspectiva, a religião se depreende como o resultado de certo modo híbrido de uma objetificação de operações transcendentais de ordenamento: estas são reificadas na transcendência, no sentido da existência de uma essência divina. É assim que se poderia interpretar também a religião kantiana nos limites da razão. Mas uma tal religião da razão não satisfaz Parsons de forma alguma: "Há, de acordo com nosso paradigma, uma quarta esfera de ordenamento transcendental, à qual Kant não devotou uma crítica especial. Pensamos que ela tem a ver particularmente com a religião. Parece possível que Kant, como um bom filho do Esclarecimento, foi suficientemente cético nessa esfera, de modo que não se aventurou a dizer qualquer coisa positiva, mas permaneceu satisfeito em afirmar sua famosa negação da *comprobabilidade* da existência de Deus. Há, no entanto, uma lacuna lógica aqui que exige ser preenchida".*³⁸

Ora, o preenchimento dessa lacuna não se deve apenas às necessidades e às experiências religiosas do autor, mas também, como Parsons observa com

---

36 Ibid., p.383.
37 Ibid., p.370-1.
* Em inglês no original: "There is according to our paradigm a fourth sphere of transcendental ordering to which Kant did not devote a special critique. We think it has particularly to do with religion. It seems possible that Kant, as a good child of the Enlightenment, was sufficiently sceptical in this sphere so that he did not venture to say anything positive but rested content with stating his famous denial of the *probability* of the existence of God. There is, however, a logical gap here that demands to be filled". (N. T.)
38 Ibid., p.371.

razão, à pressão derivada da construção de seu sistema. E isso não apenas pela razão de que também aqui uma quarta célula deve ser ocupada. Antes, a própria abordagem da teoria dos sistemas se trava contra a interpretação transcendental almejada da constituição humana fundamental, forçando uma compreensão objetivista. *O sistema das operações de ordenamento* precisa *ser interpretado* em um *sistema de valores de controle supremos* ou de estruturas finais, de sorte que, na qualidade de um mundo de entidades supraempíricas, ele pode interagir com outros mundos, com o mundo físico-químico, com o mundo orgânico e com o sociocultural. Essa perspectiva conduz a especulações sobre as quais não quero me prolongar. Assim como em Comte e nos sansimonistas, também em Parsons o desenvolvimento teórico desemboca na tentativa de criar um substituto, na teoria social, para as funções de integração social de uma religião atacada em sua substância.[39]

Mais instrutivo é um outro aspecto da filosofia tardia. Segundo a análise feita até agora, a teoria parsoniana da sociedade se deve a uma assimilação ambígua da teoria da ação à teoria dos sistemas. Ela tem a forma de um compromisso teórico entre dois quadros categoriais concorrentes que recobrem o conflito, mas não o solucionam. Depois que a construção da teoria dos sistemas foi encerrada, o conflito reprimido irrompe novamente no instante em que Parsons voltou a se dedicar aos problemas do sistema geral da ação. Este havia resultado, com efeito, de uma reificação do quadro da teoria da ação desenvolvido em *The Structure of Social Action*. Chegado ao fim de seu complexo caminho intelectual, Parsons se viu confrontado com os problemas resultantes.

Com a posição transcendental das estruturas finais, imiscui-se no sistema da constituição humana fundamental um sentido que é próprio da teoria da ação: o sistema da ação é representado à maneira de um sujeito que assume suas relações com a natureza externa, com a natureza interna e consigo mesmo sob determinadas condições transcendentais. Nesse ponto, Parsons tem diante dos olhos, em concordância com sua concepção monológica de ação, o modelo epistemológico do sujeito *cognoscente* que se ampara em Kant. Desde Simmel e Max Adler, esse modelo penetrou a teoria social,

---

39 Gouldner, *Die westliche Soziologie in der Krise*, p.300ss.

criando confusão no mais das vezes entre as variantes neokantianas e fenomenológicas da sociologia compreensiva que remonta a Rickert e Husserl. Para fundamentar a teoria social, o modelo do sujeito capaz de falar e agir, característico da teoria da comunicação, é mais apropriado do que o modelo epistemológico. É por esse motivo que compensa a tentativa de decifrar a versão transcendental da filosofia tardia parsoniana à luz do modelo de ação orientado ao entendimento. Nesse momento, pode-se fazer a descoberta de que, atrás do sistema da constituição humana fundamental, atrás dos quatro subsistemas da *Human Condition*, ocultam-se as estruturas do mundo da vida, complementares da ação comunicativa – sem dúvida, em uma versão um pouco desconcertante.

Quando se entende o sistema da constituição humana fundamental como o plano analítico em que se podem localizar as ações coordenadas por meio do entendimento, o campo superior esquerdo passa a conter as estruturas universais da compreensão de mundo que definem como os implicados podem se referir a algo no mundo com seus proferimentos comunicativos, ao passo que o campo inferior esquerdo representa o mundo objetivo, o campo inferior direito, o mundo subjetivo, e o campo superior direito, o mundo social das referências possíveis. O próprio Parsons fala de "mundos", do mundo físico, do mundo do organismo humano e do mundo das relações interpessoais. Nessa versão, o sistema télico reproduz o sistema de referências que os sujeitos que agem comunicativamente colocam na base de seus processos de entendimento, ao passo que os três subsistemas restantes representam respectivamente a totalidade daquilo sobre o que é possível o entendimento, na medida em que os que agem comunicativamente se referem exclusivamente a algo, seja no mundo objetivo, seja no subjetivo, seja no social.

Nesse sentido, o esquema de quatro campos introduzido sob o título de *Human Condition* deveria ser considerado uma variante do esquema proposto na Figura 20 a respeito das relações com o mundo que caracterizam a ação comunicativa.

Porém, é desconcertante nesse caso a circunstância de que Parsons introduza o sistema da constituição humana fundamental *intentione recta*, a saber, pela via da complementação do sistema de ação por três outros sistemas parciais. Caso se faça justiça a essa consideração objetivante, o sistema de ação deveria coincidir com o mundo da vida, que oferece, com seus componentes cultura, sociedade e personalidade, o *pano de fundo* e os *recursos* para ação orientada ao entendimento. Então, os três sistemas parciais restantes, como também o próprio mundo da vida, poderiam ser entendidos como *regiões* que cooperam na geração da ação comunicativa, *mas não*, como os componentes do mundo da vida, *de maneira direta*.

O que significa que os componentes do mundo da vida sejam implicados "diretamente" na geração e entrelaçamento comunicativo de interações é algo que foi aclarado por nós com base na interdependência de mundo da vida e ação comunicativa. Esta não é apenas dependente do saber cultural, das ordens legítimas e de competências desenvolvidas de maneira socializadora, ela não se nutre apenas dos recursos do mundo da vida, mas representa por sua vez o *medium* por meio do qual as estruturas simbólicas do mundo da vida se reproduzem. *Isso não vale, porém, para o substrato material do mundo da vida* – trate-se dos componentes físico-químicos da natureza exterior, com a qual a sociedade se encontra em vínculo mediante os processos de metabolismo do organismo humano, ou das disposições genéticas do organismo humano, com os quais a sociedade é vinculada mediante processos de reprodução sexual. Naturalmente, os processos sociais interferem tanto na natureza inorgânica quanto nos processos de distribuição do potencial genético humano; mas, para sua própria reprodução, a natureza não carece, como o mundo da vida, do *medium* da ação orientada ao entendimento – a ação humana se limita a reagir a ela.

Nessa *segunda versão*, os dois campos inferiores representam, por conseguinte, regiões das quais a ação comunicativa depende "indiretamente", isto é, mediante o substrato material do mundo da vida. A natureza inorgânica e a orgânica aparecem aqui em seu nexo funcional com a reprodução material do mundo da vida, e não como âmbitos de objetos do conhecimento possível, e tampouco como âmbitos de referências da ação comunicativa.

Uma posição análoga deve ser ocupada pelo sistema télico. Pois este é concebido por Parsons como uma região que influencia a ação comunicativa mediante a reprodução simbólica do mundo da vida. Manifestadamente, ele postula uma *contraparte supranatural para a natureza físico-química e para* o *acervo genético* da espécie humana. As estruturas finais devem desfrutar da mesma autarquia, da mesma independência em relação às estruturas do mundo da vida de que desfruta a natureza inorgânica e orgânica. Para uma transcendência que seja *independente* dessa maneira da práxis comunicativa, dos sacrifícios, súplicas e orações do ser humano, para um deus que, para dizê-lo em uma imagem da mística judaica, não deveria ser salvo pelos esforços humanos, não há, contudo, nenhum indicador acessível às considerações da teoria social. Por isso, a posição autárquica que o sistema télico deve ocupar de acordo com a segunda versão se deve a uma *duplicação injustificada dos componentes culturais do sistema de ação*, o qual representa o mundo da vida em Parsons.

Somente a primeira versão, que transfere o ponto de vista transcendental do modelo de sujeito-objeto do conhecimento para o entendimento intersubjetivo entre sujeitos capazes de falar e agir, pode conferir às estruturas finais e suas operações de ordenamento um sentido teoricamente defensável e empiricamente exequível.

(3) *A teoria dos* media *de controle*

Porém, a fragilidade do compromisso categorial entre a teoria da ação e a teoria dos sistemas se mostra não apenas nos paradoxos que resultam das pressões oriundas da construção da tabulação cruzada. Igualmente problemática é a pressão em reduzir as formas da integração social, em última instância produzidas por meio de consenso, a casos de integração sistêmica. As estruturas da intersubjetividade linguisticamente gerada, que subjazem à posse comum de uma cultura tanto quanto à validade social de normas, têm de ser *reduzidas* por Parsons a mecanismos como troca e organização, que asseguram a coesão de um sistema para além das cabeças dos atores. O exemplo mais impressionante em termos de técnica teórica para essa redução é a noção de relações de intercâmbio intersistêmico e a introdução dos *media* de comunicação que regulam esse intercâmbio. Pois, com esses dois meios construtivos, a arte de reformulação da teoria dos sistemas penetra um terreno interno da teoria da ação comunicativa. Parsons gostaria, com isso, de reduzir as operações de integração da própria comunicação linguística a *mecanismos de intercâmbio que escapam às estruturas da intersubjetividade linguística, confiscando assim definitivamente a distinção entre integração sistêmica e integração social.*

Nas observações autobiográficas sobre a evolução de sua obra,[40] Parsons descreveu a problemática que deu impulso a uma teoria dos *media* de comunicação. O *"interchange paradigm"* apresentado pela primeira vez em 1963, o qual expõe as relações complexas de intercâmbio, mediadas por seis "mercados", entre os quatro subsistemas sociais,[41] remonta à tentativa de integrar a disciplina mais avançada em ciências sociais, a ciência econômica, na teoria da sociedade.[42] A tarefa consistia em demonstrar que o sistema econômico representava um entre vários sistemas parciais especializados da sociedade.

A teoria econômica neoclássica havia concebido a economia como um sistema com limites permeáveis, o qual troca *inputs* oriundos do entorno sistêmico por *outputs* próprios; ela havia se concentrado preferencialmente no caso do intercâmbio entre economias e empreendimentos privados, analisando as relações entre capital e trabalho a partir do ponto de vista de um intercâmbio sistêmico entre as grandezas reais da força de trabalho e dos bens de consumo, por um lado, assim como as grandezas monetárias correspondentes, salários e dispêndios privados, por outro. Ora, quando não se tem interesse, como economista, pela dinâmica interna do sistema econômico, mas, como Parsons na qualidade de teórico social, pelas relações entre a economia e os demais subsistemas sociais, e se quer explicar os parâmetros não econômicos do processo econômico, duas questões se impõem. Em primeiro lugar, aquela sobre qual *status* conceitual o dinheiro possui como um *medium* que controla o intercâmbio intersistêmico entre grandezas reais como a forma de trabalho e os bens de consumo; e, em segundo lugar, a questão de saber se também os *outros* subsistemas sociais regulam o intercâmbio com seus entornos através de *media análogos:* "O maior problema

---

40 Parsons, "On Building Social Systems Theory: A Personal History", em *Social Systems and the Evolution of Action Theory*, p.22ss.

41 Cf. o apêndice para "On the Concept of Political Power", em *Sociological Theory and Modern Society*, p.347ss.

42 Parsons; Smelser, op. cit.

tem sido aquele de saber se os mesmos princípios podem ser generalizados, além do caso do dinheiro, para outros *media*".*⁴³

Parsons estudou essa questão nos anos 1960. Em 1963, ele publicou um ensaio sobre o conceito de poder.⁴⁴ Essa tentativa de conceber o *poder* como um *medium* de controle ancorado no sistema político, que apresenta analogias estruturais com o dinheiro, é considerada por Parsons como o teste exitoso da capacidade de generalização do conceito de *media*. No mesmo ano aparece o trabalho acerca do conceito de *influência* e, alguns anos mais tarde, a investigação a respeito do conceito de *compromisso axiológico*.⁴⁵

Na sequência de dinheiro, poder, influência e compromisso axiológico, Parsons analisou quatro *media* nos seus traços fundamentais, dos quais cada um é correlacionado a um subsistema social: o dinheiro, ao econômico, o poder, ao sistema político, influência, ao sistema da integração social, e o compromisso axiológico, ao sistema da manutenção de padrões estruturais. Essa *primeira rodada da generalização do conceito de media*, que se estende ao plano do sistema social, é seguido de uma outra. Para o plano do sistema de ação em geral, que consiste em sistema comportamental, personalidade, sociedade e cultura, Parsons introduziu quatro *media adicionais* (a saber: inteligência, capacidade de performance, afeto e interpretação).⁴⁶ Dessa sistemática resulta que quatro *media* adicionais têm de ser especificados ainda para os planos do sistema comportamental, da personalidade e da cultura, no mesmo nível de universalidade que o dinheiro, o poder, a influência e o compromisso axiológico. Esse aprimoramento está em marcha.⁴⁷

---

* Em inglês no original: "The major problem has been, whether the same principles [...] could be generalized beyond the case of money to that of other media". (N. T.)
43 Parsons, "Review of Harold J. Bershady", em *Social Systems and the Evolution of Action Theory*, p.128.
44 Id., "On the Concept of Political Power", op. cit.
45 Id., "On the Concept of Value Commitment", *Sociological Inquiry*, v.38, p.135ss., 1968.
46 Id., "Some Problems of General Theory in Sociology", op. cit., p.27ss.; Parsons; Platt, op. cit., apêndice.
47 Baum, "On Societal Media Dynamics", em FS Parsons, v.II, p.579ss.

Quando se segue esse fio da generalização do conceito de *media*, indo do dinheiro até o compromisso axiológico, dos *media* da sociedade até aqueles do sistema de ação em geral, e daqui até os *media* nos planos do sistema comportamental, da personalidade e da cultura, pode-se observar que as analogias estruturais com o *medium* dinheiro se tornam mais indistintas, as determinações se tornam não apenas mais abstratas, mas também mais imprecisas e por fim metafóricas. Isso vale ainda mais para os *media* que Parsons correlacionou em última instância com os sistemas parciais do sistema da constituição humana fundamental que abrange tudo (a saber, a ordem transcendental, o significado simbólico, a saúde e a ordem empírica).[48] Ora, esses traços especulativos poderiam ter a razão trivial de que temos de lidar com uma *work in progress*. Uma razão menos trivial seria a supergeneralização de um modelo que pode suportar a construção inteira. Por isso, eu gostaria de retomar a questão que Parsons se colocou no começo dos anos 1960: "se os mesmos princípios podem ser generalizados, além do caso do dinheiro".

Nesse ponto, restrinjo-me àquilo que denominei a primeira rodada de generalização. A sequência temporal em que Parsons retomou e analisou os conceitos de *media* no plano do sistema social é contingente ou se espelha aí uma problemática objetiva? Certamente, a circunstância de que a ciência econômica já havia analisado bem o dinheiro como um *medium* que regula o emprego ótimo de recursos escassos oferece uma vantagem heurística de que Parsons fez uso. Mas essa mesma circunstância é chamativa; ela mostra que, com o modo de produção capitalista, a economia se diferenciou inicialmente como um sistema parcial funcionalmente especificado. O dinheiro é o *medium* que foi institucionalizado em primeiro lugar. Poder-se-ia supor, portanto, que Parsons elaborou os *media* de controle na sequência de seu aparecimento histórico e segundo o grau de sua imposição institucional. Nesse caso, haveria uma boa justificação para a imprecisão crescente dos conceitos de *media*. As características estruturais de um *medium* despontam somente na medida em que eles são normativamente ancorados e possibilitam a diferenciação de um subsistema social. Com outras palavras, a própria evolução social tem de preencher as condições necessárias para que o nexo sistemático

---

48 Parsons, "A Paradigm of the Human Condition", op. cit., p.393.

dos *media* entre si possa ser reconhecido e posto em relevo. Essa suposição não dá ensejo algum, aliás, para a crítica à ousada estratégia parsoniana de generalização – ao contrário, poder-se-ia fazer-lhe a reprovação de não proceder com ousadia suficiente, isto é, de não proceder de maneira suficientemente dedutiva. Pois, se o dinheiro representa apenas um dos 64 *media* consideráveis em termos de teoria social, não se pode saber quais dos traços estruturais depreendidos do *medium* dinheiro são característicos dos *media* em geral.[49]

A imprecisão crescente dos conceitos de *media*, a sequência em que Parsons as elabora, a incompletude de sua sistemática, poderiam ser explicadas, porém, também pelo fato de que a concepção de *media* deve ser aplicada apenas em âmbitos determinados de ação, visto que a estrutura da ação admite uma formação de subsistema regulado por *media somente para determinadas funções*, por exemplo, para a função de adaptação, mas não para a da reprodução cultural. Se essa suposição é correta, a tentativa de generalizar o caso do *medium* dinheiro para a sociedade e para o sistema da ação, até mesmo para o sistema da constituição humana fundamental, teria de expor-se à reprovação de supergeneralização. Não a incompletude da sistemática dos *media* seria então o problema, mas a tese de que há como um *sistema de media de controle*. Vou alegar alguns argumentos em prol da tese da supergeneralização.

O intercâmbio entre sistema e entorno – e o intercâmbio entre unidades funcionalmente especificadas no interior de um sistema, seja de organismos, seja de sociedades – tem de efetuar-se por meio de alguns *media*. É palpável que, para sistemas de ação, a comunicação linguística representa um tal *medium*, do qual as linguagens especiais como dinheiro ou poder

---

49 R. C. Baum é dessa opinião: "One cannot go into extensive detail mapping of the components unless one has the general action media worked out. In the reverse case, as for instance starting with the societal level, which actually happened, there is the danger of premature detail spezification" (Baum, "Introduction to Generalized Media in Action", em FS Parsons, v.II, p.449). ["Não se pode entrar em um extenso mapeamento detalhado dos componentes, a menos que se tenha destacado os *media* de ação geral. No caso inverso, por exemplo começando com o nível social, que realmente aconteceu, há o perigo de uma especificação prematura de detalhes." (N. T.)]

tomam de empréstimo sua estrutura. Ao mesmo tempo, o entendimento linguístico é um mecanismo de coordenação de ação tão importante que a teoria da ação, ali onde mantém um primado metodológico, somente pode esclarecer o conceito de ação em conexão com o conceito de linguagem.

Parsons recebera o conceito de linguagem primeiramente no sentido de um *medium* empregado pela antropologia cultural, o qual possibilita a intersubjetividade e sustenta o consenso sobre valores que é relevante para as ordens normativas. Ele utiliza o modelo da linguagem para elucidar o que significa que atores *partilhem* orientações axiológicas. A partilha comunicativa de conteúdos semânticos idênticos, o consenso de uma comunidade linguística, serviu de modelo para a base comum de valores culturais e para a obrigação coletiva para com uma ordem normativa: "O conceito de uma base partilhada de ordem normativa é basicamente o mesmo que aquele de uma cultura comum ou de um sistema simbólico. O protótipo de uma tal ordem é a linguagem".*[50] Ora, quando Parsons se viu diante da tarefa de expor os *media* de controle como o dinheiro e poder na qualidade de especializações da comunicação linguística, o conceito culturalista de linguagem se revelou insuficiente por duas razões. Em primeiro lugar, não se trata mais justamente daquela espécie particular de comunidade que a intersubjetividade do entendimento linguístico representa, mas de analogias estruturais entre a linguagem, de um lado, e *media* como dinheiro e poder, de outro. Parsons encontra essas analogias na estrutura do código e da mensagem. Em segundo lugar, impõe-se, após a guinada para a teoria dos sistemas, a questão até então negligenciada sobre o lugar sistemático da comunicação linguística.

A linguagem parecia de início pertencer ao sistema cultural: Parsons a entendia como o *medium* por meio do qual as tradições se propagam. No entanto, a institucionalização e a internalização, aqueles mecanismos de entrelaçamento sistêmico que ancoram os padrões culturais no sistema da sociedade e no sistema da personalidade já sugerem a questão de saber se a linguagem

---

* Em inglês no original: "The concept of a shared basis of normative order is basically the same as that of a common culture or a symbolic system. The prototype of such an order is language". (N. T.)

50 Parsons, "Social Interaction", em *Social Systems and the Evolution of Action Theory*, p.168.

não é central *para o sistema de ação em geral* e se ela não tem de ser analisada no *mesmo* plano que o conceito de ação. A teoria dos *media* de controle tornou inevitável esse problema. É isso que o proferimento programático de V. M. Lidz leva em conta: "A linguagem tem sido discutida amiúde como uma instância prototípica de *media*. De fato, ela ficou em segundo lugar apenas em relação ao dinheiro no tratamento como um *medium* prototípico. No entanto, nenhuma análise convincente foi apresentada sobre a localização funcional precisa que deve ser atribuída à linguagem no interior dos sistemas de ação. Permaneceu algo de um meio 'flutuante', portanto, e o valor de mantê-la como um *medium* prototípico talvez tenha sido consideravelmente reduzido por causa disso. Aqui, uma localização funcional para a linguagem será proposto, e será mantido, além disso, que essa localização funcional deixa claro por que a linguagem deve receber alta prioridade teórica como modelo para o tratamento de outros *media*. A linguagem será discutida como algo que compreende o núcleo do mecanismo generalizado de todo o sistema de ação. Ela está 'acima' dos *media* tratados como especializados na regulação dos processos combinatórios e de intercâmbio de cada um dos quatro subsistemas primários de ação. Assim, ela fornece a base no sentido comum pelo qual os processos gerados pelos respectivos *media* de subsistema de ação podem ser coordenados uns com os outros".*51

---

* Em inglês no original: "Language has often been discussed as a prototypical instance of the media. Indeed, it has stood second only to money in being treated as a prototypical medium. Yet, no convincing analysis has been put forward of the precise functional location within action systems that should be attributed to language. It has remained something of a 'freefloating' medium, therefore, and the value of holding it up as a prototypical medium has perhaps been considerably reduced on that account. Here, a functional location for language will be proposed, and it will be maintained, moreover, that this functional location makes clear why language should be given high theoretical priority as a model for the treatment of other media. Language will be discussed as comprizing the core of the generalized mechanism of the whole system of action. It stands 'over' the media which have been treated as specialized about regulation of the combinatorial and interchange processes of each of the four primary subsystems of action. Thus it provides the basis in common meaning by which the processes generated by the respective action subsystem media may be coordinated with one another". (N. T.)

51 Lidz, "Introduction to General Action Analysis", em FS Parsons, v.I, p.125.

No entanto, apresentam-se duas estratégias para empreender essa tarefa. Por um lado, pode-se fincar — e esta é certamente a opção de Victor Lidz — a análise da linguagem no plano de uma teoria da ação comunicativa. Nesse caso, é possível se associar à linguística geral e à filosofia da linguagem, mas também às teorias sociológicas da ação que investigam a interpretação e o entendimento como mecanismo da coordenação da ação. Renuncia-se a essa possibilidade quando, por outro lado, se *escapa, pela via da teoria dos sistemas*, do plano das investigações no campo da teoria da linguagem e da ação, de modo que o mecanismo do entendimento linguístico se torna fecundo previamente para a teoria da sociedade apenas do ponto de vista funcionalista da formação sistêmica. Desse modo, as características da ação comunicativa, que são obtidas reconstrutivamente e descrevem um determinado nível de emergência na evolução, são substituídas por elementos nos quais as determinações abstratas dos processos gerais de formação sistêmica *simplesmente se repetem*.

Luhmann segue essa estratégia com a tese de "que as próprias ordens emergentes têm de constituir os elementos que associam (embora estejam ligadas aí a operações prévias de níveis inferiores de ordem e façam construções sobre elas). [...] Nesse caso, não se iria construir uma teoria do sistema de ação [...] a partir de uma analítica da ação com o acréscimo de pontos de vista gerais da teoria dos sistemas; empregar-se-iam reflexões construtivas gerais da teoria dos sistemas para *derivar* daí a maneira como sistemas constituiriam ações, no caso do nível de emergência que interessa aqui".[52] No âmbito da escola de Parsons, R. C. Baun se apropriou dessa opção e tentou derivar primeiramente as quatro funções fundamentais a partir dos processos basilares de redução e aumento de complexidade, para então caracterizar o nível da comunicação linguística com base em um esquema de quatro funções de produção de sentido.[53] Ao remeter a linguagem aos processos gerais de formação sistêmica mediante o esquema das quatro funções, *saltando por cima* das estruturas da comunicação linguística *internamente* acessíveis, Baun toma uma pré-decisão altamente problemática no plano

---

52 Luhmann, *Soziologische Aufklärung*, v.III, p.50ss.
53 Baum, "Communication and Media", em FS Parsons, v.II, p.553ss.

analítico. Visto que a comunicação linguística e, com ela, o entendimento como mecanismo de coordenação da ação entram no campo de visão *somente sob aspectos de controle*, os teóricos dos sistemas partem da suposição de que *quaisquer media* de controle podem ser diferenciados da linguagem. Eles não levam em consideração sequer a *possibilidade* de que a própria estrutura da linguagem poderia submeter esse processo a restrições.

Em contraposição a isso, eu gostaria de demonstrar que apenas os âmbitos funcionais da reprodução material se deixam diferenciar do mundo da vida por meio dos *media* de controle. As estruturas simbólicas do mundo da vida somente podem se reproduzir através do *medium* fundamental da ação orientada ao entendimento; os sistemas de ação engrenados com a reprodução cultural, a integração social e a socialização permanecem presos às estruturas do mundo da vida e da ação comunicativa.

De início, lembrarei o conceito anteriormente introduzido de *medium* de controle (a), para então mostrar como Parsons elucida esse conceito com o exemplo do dinheiro (b) e quais dificuldades resultam na tentativa de transferir o conceito de *media* para as relações de poder (c), e de maneira geral para os outros âmbitos de ação do sistema social (d). Essas considerações nos reconduzem à distinção já sugerida entre formas generalizadas de comunicação e *media* de controle (e).

(a) *Interações controladas por* media *como desoneração da ação comunicativa: a tecnificação do mundo da vida*

O *medium* dinheiro substitui a comunicação linguística em determinadas situações e em determinados aspectos; essa substituição diminui tanto o dispêndio de operações de interpretação como também o risco de um fracasso do entendimento. Para poder identificar mais exatamente as operações de substituição, vou comparar o caso-modelo de uma interação controlada por *media* com um caso de ação comunicativa.

Uma ordem aparece normalmente na sequência de uma práxis cotidiana (nem sempre explicitamente linguística, mas) comunicativa. A unidade elementar abrange, além de um proferimento de *ego*, uma tomada de posição de *alter*. Pelo aspecto comunicativo, sua interação se deixa descrever como um processo de entendimento; no que concerne ao problema da interação que eles têm de resolver, o entendimento serve para coordenar as ações dos dois atores, dirigidas a objetivos. Quando *ego* dá uma ordem e *alter* aceita a ordem de *ego*, ambos se entendem a respeito de algo no mundo, coordenando assim suas ações. Sua comunicação serve simultaneamente à informação e à coordenação da ação. Esta é bem-sucedida sempre que *alter* diz sim à pretensão de validade que *ego* levanta com seu proferimento, isto é, tomando posição afirmativa. Parsons apontou para a dupla contingência das decisões de atores. Na ação comunicativa, a dupla contingência se dá pelo fato de que cada participante da interação pode levantar pretensões em princípio criticáveis (ou deixar de fazê-lo) assim como pode aceitá-las (ou rejeitá-las); ele toma suas decisões sob o pressuposto de que isso vale também para os demais participantes da interação. A *dupla contingência* baseia-se em operações de interpretação de atores que, na medida em que não se orientam de maneira egocêntrica por êxito próprio, mas antes pelo entendimento, e querem alcançar seus respectivos objetivos por meio de um acordo comunicativo, têm de esforçar-se por chegar a uma definição comum da situação. Nesse contexto, vou lembrar ainda que ações somente podem ser coordenadas mediante a formação linguística de consenso se a práxis comunicativa cotidiana se insere em um contexto de mundo da vida que é determinado por tradições culturais, ordens institucionais e competências. As operações de interpretação se nutrem desses recursos do mundo da vida.

Ora, o dispêndio de entendimento e o risco de dissenso aumentam por unidade de ação na medida em que os que agem comunicativamente não se entregam mais ingenuamente a uma tal antecipação de consenso próprio do mundo da vida. Quanto mais precisam confiar, em vez disso, em suas *próprias* operações de interpretação, libera-se um potencial de racionalidade do entendimento linguístico, o qual se expressa na dependência do acordo comunicativamente obtido (e do dissenso comunicativamente regulado) em relação ao reconhecimento intersubjetivo de pretensões de validade criticáveis.

O potencial de racionalidade do entendimento linguístico precisa ser atualizado na medida em que o contexto comum ligado ao mundo da vida, em que se insere a ação comunicativa, perde sua naturalidade. Com isso, a necessidade de entendimento, o dispêndio de interpretação e o risco de dissenso se elevam. Essas exigências e perigos podem ser reduzidos por meio de *media* que substituem o entendimento linguístico sobretudo como um mecanismo de coordenação para contextos bem circunscritos: "Em vez de negociar para chegar a um *consensus ad idem* sobre todos os quatro elementos da ação [...], os homens baseiam-se sobre símbolos 'prometendo' a experiência do significado como probabilidade estatística sobre muitos atos. Eles estão liberados dos esforços de negociar o básico o tempo inteiro".*[54] Nesse contexto, os *media* não servem apenas para poupar informação e tempo, e, com isso, reduzir o dispêndio de interpretação, mas também para superar o risco de que as sequências de ação se esgarcem. *Media* como dinheiro ou poder podem poupar os custos de dissenso amplamente porque desacoplam a coordenação da ação da formação linguística de consenso, neutralizando-se perante a alternativa entre entendimento e acordo malogrado.

Nesse aspecto, *media* de controle não podem ser entendidos como uma especificação funcional da linguagem; pelo contrário, operam funções linguísticas especiais. Todavia, a linguagem serve também de modelo para os *media* em outro aspecto. Algumas características, por exemplo a corporificação simbólica de conteúdos semânticos ou a estrutura de pretensão e resgate, são imitadas pelos *media* de controle; outras características, sobretudo a estrutura racional interna de um entendimento que termina no reconhecimento de pretensões de validade criticáveis e se insere em um contexto do mundo da vida, não são reproduzidas. A conversão da coordenação da ação que vai da linguagem aos *media* de controle significa um desacoplamento entre a interação e os contextos do mundo da vida em geral.

Nesse contexto, Luhmann fala de uma *tecnificação do mundo da vida*; com isso ele se refere à "desoneração dos processos de assimilação de sentido da vivência e da ação em relação ao registro, formulação e explicação comunicativa de relações de sentido que são implicadas (no contexto, próprio do

---

* Em inglês no original: "Instead of negotiating to consensus ad idem on all four elements of action [...] men rely on symbols 'promising' the experience of meaning as a statistical probability over many acts. They are freed from the efforts to negotiate basics all the time". (N. T.)
54 Baum, "Communication and Media", op. cit., p.580.

mundo da vida, da ação orientada ao entendimento, como podemos acrescentar)".[55] Interações controladas por *media* podem se associar no espaço e no tempo formando redes cada vez mais complexas, sem que essas reticulações comunicativas tenham de ser apreendidas e responsabilizadas, mesmo que seja somente à maneira de um saber cultural coletivamente partilhado. Se a imputabilidade significa que alguém pode orientar sua ação por pretensões de validade criticáveis, então uma coordenação de ação desatrelada do consenso comunicativamente obtido não carece mais de participantes de interação imputáveis. Este é um lado. A desoneração da interação de tomadas de posição de sim ou não sobre pretensões de validade criticáveis que os próprios atores defendem e imputam uns aos outros responsavelmente amplia, por outro lado, também os graus de orientação da ação orientada ao êxito: "Codificação e simbolização desoneram a consciência e aumentam com isso a capacidade de orientar-se pelas consequências".[56] Weber tem esse aspecto em mira quando concebe o surgimento da economia capitalista e da administração estatal moderna – ou seja, de subsistemas que, de acordo com Parsons, puderam ser diferenciados somente através dos *media* dinheiro e poder – como uma institucionalização da ação racional com respeito a fins.

Ora, primeiramente no *plano da teoria da ação*, vou investigar a questão de saber como um *medium* de controle tem de ser constituído se o ajuste da ação comunicativa à interação controlada por *media* deve tecnificar o mundo da vida no sentido de que o dispêndio e o risco dos processos de formação linguística do consenso são poupados com as possibilidades simultaneamente crescentes de ação racional com respeito a fins.

(b) *Características estruturais, propriedades qualitativas e efeito do* medium *dinheiro em formar sistema*

Parsons desenvolve sua concepção com o exemplo do *medium* dinheiro. Quatro grupos de característica são postos em relevo por ele.

---

55 Luhmann, *Macht*, p.71 (adendo meu).
56 Ibid., p.72.

Características estruturais. O dinheiro tem as propriedades de um código com base no qual informações de um emissor podem ser transmitidas ao receptor. O *medium* dinheiro permite a geração e a mediação de expressões simbólicas com a inserção de uma estrutura de preferência. Elas podem informar o receptor sobre uma oferta e levá-lo a aceitar a oferta. Mas, uma vez que essa aceitação não pode se apoiar na tomada de posição afirmativa sobre uma pretensão de validade criticável, mas antes deve transcorrer segundo uma automação *independente dos processos de formação de consenso*, o código de *media* vale apenas:

— para uma classe bem delimitável de situações *standard*,
— que é definida por interesses unívocos de maneira que:
— as orientações da ação dos implicados são definidas por um valor generalizado;
— *alter* pode se decidir em princípio entre duas tomadas de posição alternativas;
— *ego* pode controlar essas tomadas de posição por meio de ofertas; e
— os atores se orientam apenas pelas consequências das ações, portanto, têm a liberdade de tornar suas decisões dependentes exclusivamente de um cálculo sobre o êxito da ação.

No caso exemplar do dinheiro, a *situação standard* é definida pelo processo de troca de bens. Os parceiros de troca seguem *interesses* econômicos ao buscarem otimizar a relação de dispêndio e rendimento no caso do emprego de recursos escassos para fins alternativos. Nesse contexto, a utilidade é o *valor generalizado*, no que a expressão "generalizado" deve significar que ele vincula, em toda parte e a todo instante, todos os atores participantes nas transações monetárias. O código dinheiro *esquematiza* tomadas de posição possíveis de *alter* de maneira que ele ou aceita ou rejeita a oferta de troca de *ego*, e com isso adquire uma posse ou renuncia a essa aquisição. Sob essas condições, os parceiros de troca podem condicionar reciprocamente suas *tomadas de posição* por meio de suas ofertas, sem ter de confiar na disposição de cooperação que é pressuposta na ação comunicativa. Espera-se dos atores, pelo contrário, uma atitude objetivante a respeito da situação da ação e uma orientação racional pelas consequências da ação. *Rentabilidade* forma o critério segundo o qual o êxito pode ser calculado.

Graças à transição para interações controladas por *media*, os atores obtêm novos graus de liberdade.[57]

Propriedades qualitativas. No entanto, o *medium* não pode preencher suas duas funções somente com base em um código de *media* apropriado; o próprio *medium* tem de demonstrar determinadas propriedades. Ele deve ser constituído de tal sorte que possa ser:

— mensurado;
— alienado em ordens quaisquer de grandeza; e
— armazenado.

---

57 "In exchange for its lack of direct utility money gives the recipient four important degrees of freedom in his participation in the total exchange system. (1) He is free to spend his money for any *item* or combination of items available on the market which he can afford, (2) he is free to shop *around* among alternative sources of supply for desired items, (3) he can choose his own *time* to purchase, and (4) he is free to consider *terms* which, because of freedom of time and source he can accept or reject or attempt to influence in the particular case. By contrast, in the case of barter, the negotiator is bound to what his particular partner has or wants in relation to what he has and will part with at the particular time. On the other side of the gain in degrees of freedom is of course the risk involved in the probabilities of the acceptance of money by others and of the stability of its value" (Parsons, "On the Concept of Political Power", op. cit., p.307). ["Em contrapartida para sua falta de utilidade direta, o dinheiro dá ao beneficiário quatro graus importantes de liberdade em sua participação no sistema total de trocas. (1) Ele é livre para gastar seu dinheiro por qualquer *item* ou combinação de itens disponíveis no mercado que ele possa pagar; (2) é livre para comprar *ao redor* entre fontes alternativas de suprimento para os itens desejados; (3) pode selecionar seu próprio *tempo* para comprar; e (4) é livre para considerar *termos* que, por causa da liberdade de tempo e fonte, ele pode aceitar ou rejeitar, ou tentar influenciar no caso particular. Por contraste, no caso do escambo, o negociador está atado ao que o seu parceiro em particular possui ou quer, em relação ao que ele tem e cederá no momento específico. Do outro lado do ganho em graus de liberdade, obviamente, há o risco envolvido nas probabilidades de aceitação do dinheiro por parte dos outros e da estabilidade do seu valor." (N. T.)].

Essas condições resultam de maneira trivial da exigência de que *ego* tenha de poder influenciar as decisões de *alter* de *forma racional com respeito a fins* no interior de uma interação controlada por *media*, e de que o próprio *medium* represente ao mesmo tempo o único meio admissível de influência e a medida de seu êxito. Parsons elege a formulação segundo a qual o *medium* seria ao mesmo tempo "measure and store of value". Enquanto um proferimento linguístico recebe um valor de informação mensurável apenas na relação com o grau de informação dependente do contexto, os *media* precisam corporificar quantidades de valor mensuráveis às quais todos os participantes podem se referir a título de grandezas objetivas. E enquanto o conteúdo semântico de um proferimento linguístico não pode ser apropriado *exclusivamente* pelos atores em particular (a não ser que a exclusividade seja produzida com auxílio de barreiras particulares de comunicação), os *media* de controle têm de corporificar quantidades de valor que podem ser possuídas exclusivamente em ordens de grandeza variáveis, podem passar de uma mão à outra, em suma: podem *circular*. Enfim, as quantidades de valor corporificadas pelos *media* podem ser *depositadas* em bancos, permitem a criação de crédito e podem ser *investidas* segundo o modelo de empresário proposto por Schumpeter — uma propriedade que não compete à linguagem igualmente. Em um sistema econômico monetarizado, existem em princípio quatro opções: acumular uma posse em dinheiro ou gastá-la, poupá-la ou investi-la.

Estrutura de pretensão e resgate. O fenômeno do *banking* conduz a um outro aspecto. Dinheiro não é uma mercadoria nem um fator de produção, ele simboliza quantidades de valor, mas não possui, enquanto *medium*, nenhum valor inerente a ele mesmo. Nesse aspecto, não se distingue do *medium* da linguagem. Em proferimentos comunicativos, expressamos saber, mas as expressões simbólicas não são esse saber. Ora, o *medium* dinheiro deve substituir a linguagem não apenas como suporte de informação, mas sobretudo no que concerne à operação de coordenação. Esta é alcançada na ação comunicativa porque *ego* levanta com seu proferimento uma pretensão de validade criticável, motivando *alter* à aceitação dessa pretensão. *Ego* não dispõe para essa tarefa de nenhum outro meio além de *razões*, com as quais tenta resgatar, em caso de necessidade, a pretensão de validade, a fim de induzir *alter* a uma tomada de posição de sim. Os atos de entendimento devem sua força de coordenar a ação, em caso típico-ideal, às pretensões de validade criticáveis, que podem ser resgatadas mediante razões e que suportam um consenso tão logo são intersubjetivamente reconhecidas. O *valor real* do entendimento consiste, portanto, em um acordo comunicativamente produzido que se mede por pretensões de validade e *é coberto* por razões potenciais (razões que poderiam ser aduzidas, dado o caso).

O *medium* dinheiro copia essa estrutura de pretensão e resgate. As pretensões nominais definidas pelo código e emitidas nos valores de troca podem ser resgatadas em valores de uso reais; elas são cobertas por reservas de tipo especial, ouro ou direitos de saque no banco mundial. As diferenças não podem ser ignoradas, no entanto. Os valores reais ou "intrinsic satisfiers" são em um caso razões que desdobram uma força *racionalmente motivadora* graças a relações internas, no outro caso, são os componentes físicos da situação real, ou "real things", que têm uma força *empiricamente motivadora* tendo em vista as chances de satisfazer as necessidades. Além disso, a linguagem é um *medium* que não carece de outro atestado, visto que os que agem comunicativamente se encontram nela desde o início, não dispõem de modo algum de uma alternativa a ela, ao passo que o dinheiro representa um *medium* que não desperta uma "confiança sistêmica" suficiente imediatamente em virtude de seu mero funcionamento, mas carece de uma *ancoragem institucional*. Esta se dá por meio dos institutos da propriedade e do contrato em termos de direito privado.

Esse ponto é de grande alcance. Não podemos desconfiar de nossa língua materna (se abstrairmos dos casos-limite, como a experiência mística e inovação criativa da linguagem). Pois é por meio do *medium* da formação linguística do consenso que transcorrem a tradição cultural e a socialização, assim como a integração social, no que a ação comunicativa se insere sempre em contextos do mundo da vida. Em contrapartida, o *medium* dinheiro funciona de maneira que a interação é desligada desses contextos do mundo da vida. E esse desacoplamento é o que torna necessário um *reacoplamento* formal do *medium com o mundo da vida*. O reacoplamento tem a figura da normatização das relações de troca mediante propriedade e contrato em termos de direito privado.

Não quero aprofundar o *efeito formador de sistema* que o *medium* dinheiro, como foi mostrado, pode ter sob determinadas condições evolucionárias. O surgimento do sistema econômico capitalista não é por acaso o grande evento histórico em torno do qual a discussão da teoria dos *media* se inflamou. Indicadores importantes para uma formação bem-sucedida de subsistemas são nomeadamente:

– de um lado, as oscilações críticas na relação quantitativa dos valores corporificados pelo *medium* e dos valores reais representados por eles (ou seja, a dinâmica de inflação e deflação);
– de outro lado, a graduação reflexiva do *medium* que possibilita os mercados de capital exemplarmente.

Em nosso contexto, um outro aspecto é mais importante. Um subsistema social como a economia pode ser diferenciado por meio do *medium* dinheiro somente se surgem mercados e formas de organização que colocam sob controle monetário o relacionamento interno aos sistemas, mas, sobretudo, o relacionamento com os entornos relevantes. As relações de intercâmbio com os orçamentos privados e o sistema administrativo são monetarizadas, o que se mostra nas inovações evolucionárias como o trabalho assalariado e o Estado fiscal. No entanto, essa regulação monetária das relações exteriores não requer necessariamente um relacionamento duplo no sentido de um intercâmbio de pares de fatores e produtos que transcorra através de dois *media* distintos. Se o poder representa um *medium* como o dinheiro, as relações entre economia e Estado se deixam conceber, sem dúvida, como intercâmbio *duplo* segundo o modelo parsoniano. Porém, para as relações entre a economia e o âmbito dos orçamentos privados não é de modo algum certo que a força de trabalho, que é trocada por salário, adentra no sistema econômico por meio de um *medium* não monetário como o compromisso axiológico. O ponto de partida da crítica inteira ao capitalismo era, pelo contrário, a questão de saber se o ajuste das relações de trabalho pré-burguesas, normativamente organizadas, ao *medium* dinheiro, ou seja, se a *monetarização da força de trabalho* significou uma interferência nas relações vitais e nos âmbitos de interação que não são integrados eles mesmos na forma de *media* e que não podem tampouco ser desatrelados das estruturas da ação orientada ao entendimento sem dor, isto é, sem os efeitos de patologia social.

Para a constituição de um subsistema controlado por *media*, parece bastar que surjam fronteiras para além das quais pode ocorrer um intercâmbio simples, controlado através de *um medium*, com *todos* os entornos. Por meio disso, também nos âmbitos de interação que formam entornos para o subsistema controlado por *media* se desencadeiam conversões: o *medium* alheio tem, como o exemplo da força de trabalho monetarizada mostra, um efeito de apropriação de certa maneira. Parsons tem a noção de que os entornos reagem a esse desafio de maneira que eles próprios se transformam em um subsistema controlado por *media*, a fim de levantar o intercâmbio ao nível de *media* também por sua parte. Em contrapartida, eu gostaria de mostrar que o entendimento como mecanismo de coordenar a ação nos âmbitos da vida que preenchem sobretudo as funções da reprodução cultural, da integração social e da socialização pode sem dúvida ser ampliado, mediado por organizações e *racionalizado*, mas não pode ser substituído por *media* e, com isso, *tecnificado*.

(c) Dificuldades em transpor o conceito de media para as relações de poder

Parsons transpôs o conceito de *media* desenvolvido com o modelo do dinheiro para o conceito de poder. Vou aduzir, de um lado, as analogias estruturais entre dinheiro e poder que justificam uma tal generalização e, de outro, tomar as diferenças inconfundíveis como ensejo para descobrir as propriedades de *media* que são favoráveis a uma institucionalização. Os dois outros *media* que Parsons introduz no plano do sistema social, "influência" e "compromisso axiológico", servem então como caso de teste para o resultado dessa comparação entre *media*.

Considerado como *medium* de controle, o poder representa a corporificação simbólica de quantidades de valor sem que compita a ele mesmo um valor intrínseco. O poder não consiste nem em operações efetivas nem na aplicação de violência física. Também o *medium* poder espelha a estrutura de pretensão e resgate. As pretensões nominais de disposição à obediência para decisões vinculantes, definidas por meio do código, são resgatadas em valores reais e cobertas por reservas de espécie particular. Ao "valor de troca" poder corresponde, se seguirmos Parsons, na qualidade de "valor de uso", a realização de objetivos coletivos; serve de cobertura a disposição sobre meios de coerção que podem ser empregados para ameaçar sanções ou para a aplicação de violência direta.[58]

Podemos caracterizar o código poder, assim como o código dinheiro, por uma série de *traços estruturais*. O código se aplica à situação *standard* da observância de imperativos. Mais evidentemente do que no caso da interação entre parceiros de troca, aqui se supõe que *alter* e *ego*, detentor de poder e sujeitado ao poder, pertencem à mesma coletividade. Pois interesses em poder são definidos pelo fato de que potenciais de operação para a obtenção de objetivos *coletivamente* desejados devem ser mobilizados. Assim como a utilidade no caso do dinheiro, aqui a eficiência na realização de objetivos é o valor generalizado. O código poder esquematiza tomadas de posição possíveis de *alter* binariamente, de sorte que este pode se sujeitar à exigência de *ego* ou resistir a ela; com a sanção para *alter*, colocada em perspectiva para o caso de não execução, insere-se no código uma preferência por obediência. Sob essas condições, o detentor de poder pode condicionar a tomada de posição do sujeitado ao poder sem depender dessa disposição à cooperação. De ambos os lados, espera-se uma atitude objetivante a respeito da situação da ação e uma orientação pelas consequências possíveis da ação. Para o detentor de poder, prevê-se um critério análogo à rentabilidade, com cujo auxílio ele pode calcular o êxito de suas decisões. Parsons oscila entre *sovereignty* e *success*; aquela é muito mais um *standard* para a luta pelo poder, isto é, para a aquisição e a manutenção do poder, esta, um *standard* para o emprego de poder.

Seja como for que apareça o critério de racionalidade, o *medium* poder deve não apenas assegurar um certo automatismo no prosseguimento das interações, mas também criar novos graus de liberdade de escolha racional

---

58 Parsons, "Some Reflections on the Place of Force in Social Process", em *Sociological Theory and Modern Society*, p.264ss.

para o detentor de poder (e para os concorrentes pelo poder). Definidas no código e corporificadas no *medium*, as pretensões de encontrar a disposição à obediência para decisões vinculantes formam, no entanto, uma massa de valores que não pode ser manipulada da *mesma maneira que* valores de troca.

Isso se mostra já no fato de que um sistema de signos equivalente ao dinheiro não se encontra à disposição. Há uma multiplicidade discreta de símbolos de poder que se estendem de uniformes e emblemas de dominação até selos oficiais e assinatura de signatários, mas nada que pudesse se comparar a preços do ponto de vista sintático. Tem a ver com isso o problema da mensurabilidade. Uma quantificação de poder não é possível; mas também uma correlação não numérica de unidades de medida com grandezas de valor políticas não é simples. Serve de substituto para mensurações mais exatas de poder uma ordem hierárquica de competências formais de decisão, em geral o recurso a ordens estatais. Como se sabe pela experiência cotidiana e pelas pesquisas empíricas, esses indicadores induzem ao erro frequentemente.

Além disso, o poder é sem dúvida uma grandeza que pode ser alienada, mas não pode circular *tão irrestritamente* quanto o dinheiro. Naturalmente, o poder somente pode assumir a figura de um *medium* porque e na medida em que ele não se prende a determinados detentores de poder e a contextos particulares. Contudo, é inerente a ele sempre a tendência a vincular-se à pessoa do potente e ao contexto do exercício do poder de maneira simbioticamente mais forte do que o dinheiro com a pessoa do rico e com seu negócio. O exemplo do bônus de ofício que o chefe de governo desfruta nas batalhas eleitorais pode ilustrar esse estado de coisas. Finalmente, o poder tampouco se deixa depositar tão seguramente quanto os depósitos bancários. Certamente, existem analogias; por exemplo, a incumbência dada pelo eleitor à liderança de um partido de assumir o governo pelo tempo de um mandato pode ser *interpretada* como procedimento institucionalizado para depositar o poder. Mas a um potencial de poder depositado dessa maneira parece ser inerente a tendência de degenerar, e isso caduca não apenas da maneira como o valor de um capital não investido, com que não se trabalha.

O governo não precisa apenas gerir seu depósito de poder, ele precisa manter fresco seu poder mediante a atualização oportuna e a confrontação de poder, demonstrar seu poder como poder mediante testes. Os êxitos na política externa para uso na política interna são um exemplo desse emprego demonstrativo de poder, o qual é necessário, uma vez que o detentor de poder não pode estar seguro de dispor de um depósito como o titular de um banco.

Portanto, nas propriedades da mensurabilidade, da capacidade de circulação e do caráter de ser depositado, o dinheiro e o poder não se distinguem tão fortemente a ponto de o conceito de poder como *medium* ser desvalorizado por conta disso. Mas é legítima a constatação comparativa segundo a qual o poder não se deixa calcular tão bem quanto o dinheiro.

As diferenças existem também no que concerne aos *efeitos sistêmicos* do poder. Nesse âmbito, os fenômenos da dinâmica de *media*, conhecidos a partir da economia, não são tão claramente marcados a ponto de se deixarem estudar como inflações e deflações de poder lançando-se mão de regularidades empíricas. Afora isso, a gradação do *medium* conduz a consequências contrapostas em ambos os domínios. Enquanto o financiamento de dinheiro, isto é, a concessão de crédito é um mecanismo que, por via de regra, aumenta a complexidade intrínseca do sistema econômico, a predominância do poder é um mecanismo que gera contrapoder, por via de regra desdiferenciando o sistema poder.[59]

Por conseguinte, a comparação entre os *media* rende uma série de diferenças, a respeito das quais se coloca a questão de saber se elas podem ser explicadas com o fato de o *medium* poder não ser ainda institucionalizado *suficientemente*, embora possa ser institucionalizado de maneira melhor sob condições de partida mais favoráveis, ou se a própria relação de poder contiver bloqueios estruturais contra uma institucionalização *de longo alcance*. Nesse aspecto, recomenda-se uma comparação da *ancoragem normativa de ambos os media* no mundo da vida.

O dinheiro é institucionalizado por meio de institutos do direito privado civil, como a propriedade e o contrato, o poder, por meio da organização

---

59 Luhmann, "Einführende Bemerkungen zu einer Theorie symbolisch generalisierter Kommunikationsmedien", *Zeitschrift für Soziologie*, v.3, p.236ss., 1974; id., *Macht*, p.122ss.

de ofícios nos termos do direito público. São chamativas duas diferenças. A primeira (a) foi tratada por Parsons sob a rubrica de aspecto hierárquico da organização de ofícios; a segunda (b) concerne ao aspecto legitimador.

ad (a) O direito de possuir dinheiro implica o acesso a mercados em que são possíveis transações; o direito de exercer poder implica, por via de regra, a detenção de um posto no quadro da organização em que as relações de poder são ordenadas de maneira hierárquica. Diferentemente do dinheiro, o poder somente pode durar mediante organizações e ser empregado para objetivos coletivos. Diferentemente dos direitos de propriedade, os poderes de comando carecem de uma organização que canaliza o fluxo de decisões vinculantes através de postos e programas.[60]

Que o poder possa ser *exercido* com relevância social somente na qualidade de *poder organizado* é uma circunstância que ilumina os fios evolucionários distintos dos *media* dinheiro e poder. O dinheiro era um *medium* circulante já sob condições primitivas, isto é, muito antes de ter efeitos formadores de subsistemas. Em contrapartida, antes de ser diferenciado sob as condições modernas da dominação legal e da administração racional, constituindo um *medium* circulante limitado, o poder aparece na figura da autoridade oficial ligada a posições. O poder não é "por nascença", como o dinheiro, um *medium* circulante.

ad (b) Com isso, chego à diferença mais importante. O poder não carece apenas, como o dinheiro, de uma cobertura (na forma de ouro ou meios de coerção); ele não carece apenas, como o dinheiro, de uma normatização jurídica (na forma de direitos de propriedade ou da titularidade de ofício); o poder carece ainda de um *outro* fundamento de confiança: a *legitimação*. Certamente, a ordem do direito privado é protegida de conflitos, uma vez mais por meio da administração da justiça e da execução penal. Mas isso não se aplica ao direito público da mesma maneira. E tão logo os conflitos sobre determinadas relações de poder se ampliam, chegando a um conflito sobre os próprios fundamentos da ordem da propriedade no âmbito do direito privado, a legitimidade da ordem jurídica passa a ser colocada em

---

60 Parsons, "On the Concept of Political Power", op. cit., p.318; Luhmann, *Macht*, p.98.

questão como um componente da ordem *política*. Naturalmente, Parsons levou em conta o fato de que o poder carece de legitimação; o intercâmbio intersistêmico prevê que o sistema político extraia legitimações do sistema de manutenção de padrões culturais, a título de fator de produção. Mas, no momento, eu me movimento no plano analítico da comparação entre *media*, especialmente de uma comparação sobre a institucionalização do dinheiro e do poder.

Aqui Parsons passa por alto a assimetria que existe no fato de que a confiança no sistema poder tem de ser assegurada *em um nível mais alto* do que a confiança no sistema dinheiro. Os institutos do direito privado civil devem assegurar o funcionamento das transações monetárias da mesma maneira que a organização de ofícios deve assegurar o exercício do poder. Porém, este requer, além disso, uma antecipação de confiança que não significa apenas *compliance*, a observância factual das leis, mas *obligation*, uma obrigação baseada no reconhecimento de pretensões de validade normativa. É a *essa assimetria* que se reportam desde sempre as reservas socialistas contra o poder de organização de proprietários de capital, assegurado apenas em termos de direito privado.

A explicação dessa assimetria nos conduz à questão sobre as condições da capacidade de institucionalização dos *media*. Por que o poder carece de legitimação e, com isso, requer uma *ancoragem normativa mais exigente* do que o dinheiro é algo que se pode aclarar pelas *situações standard subjacentes*. Enquanto a relação de troca não prejudica nenhum dos implicados estruturalmente em seu cálculo de utilidade, e o processo de troca, como dissemos, reside no interesse de ambas as partes, aquele sujeitado ao comando é prejudicado estruturalmente perante o detentor de poder. Este se apoia na possibilidade de infligir danos ao desobediente – ele pode realizar, dado o caso, alternativas que o sujeitado ao poder teme ainda mais do que a execução do comando. Contudo, essa *desvantagem* de uma parte, inscrita na situação *standard* e introduzida no código poder, pode ser compensada pela ligação com os objetivos coletivamente desejados. Ora, uma vez que o detentor de poder se aproveita de seu potencial de definição e estabelece quais objetivos têm de ser considerados como coletivos, uma compensação para a desvantagem estrutural pode ser alcançada apenas porque os sujeitados ao poder podem examinar os próprios objetivos de pontos de vista normativos, confirmando-os ou rejeitando-os; eles têm de poder contestar que os objetivos postos são coletivamente desejados ou, como dissemos, residem no interesse geral. *Somente a referência a objetivos coletivos capazes de legitimação produzem na relação de poder o equilíbrio que se inscreve de antemão na relação de troca descrita em termos de tipo ideal.* Ora, enquanto o juízo sobre interesses não carece, no caso do processo de troca, de nenhum entendimento entre os parceiros, a questão sobre o que reside no interesse *geral* exige um consenso entre os membros de uma coletividade – tanto faz se esse consenso normativo é assegurado de antemão pela tradição ou se tem de ser primeiramente produzido por processos de entendimento. Em todo caso, é palpável a *ligação com uma formação linguística de consenso* que é coberta apenas mediante razões potenciais. Manifestamente, o poder retém ainda, enquanto *medium*, algo do poder de comando que, expresso nos termos da teoria dos atos de fala, tem a ver antes com as exigências normatizadas do que com imperativos simples. Para o papel de um *medium* de controle que deve desonerar-se do dispêndio e do risco da formação linguística de consenso, essa ligação faz que o poder pareça menos apropriado do que o dinheiro, que não carece de legitimação.

Gostaria de resumir em três teses os resultados da comparação entre os *media*:

(i) As quantidades de valor simbolicamente corporificadas que são emitidas em valores de troca ou decisões vinculantes são cobertas por reservas de ouro ou meios de coerção e podem ser resgatadas na forma seja de valores de uso, seja de uma realização respectivamente efetiva de objetivos coletivos. Tanto as reservas de cobertura quanto os valores reais são constituídos de tal maneira que eles podem ter uma força empiricamente motivadora e *substituir* uma motivação racional mediante argumentos.

(ii) O dinheiro e o poder são grandezas manipuláveis, em relação às quais os atores podem adotar uma atitude objetivante e imediatamente orientada ao êxito próprio. O dinheiro e o poder se deixam calcular e são talhados para a ação racional com respeito a fins. Para tanto, é preciso haver a possibilidade de movimentar, concentrar e manter sob guarda as reservas de cobertura (ouro ou armas). São condições necessárias, além disso, a mensurabilidade, a capacidade de circulação e a possibilidade de depositar os valores corporificados nos *media*. Nesse aspecto, existem ainda assim diferenças graduais: o poder se deixa medir menos bem, alienar-se menos flexivelmente e ser depositado com menos segurança do que o dinheiro.

(iii) Expliquei essas diferenças com o fato de que o *medium* dinheiro se reacopla certamente com o mundo da vida comunicativamente estruturado mediante a institucionalização jurídica, mas não se torna *dependente* de processos de formação linguística de consenso como o *medium* poder, que carece de legitimação.

(d) O problema da supergeneralização: *influência e compromisso axiológico* versus *dinheiro e poder*

Dessa comparação das propriedades dos *media* se deixam derivar as condições para sua institucionalização ótima: valores reais e reservas de cobertura precisam ser constituídos de tal sorte que tenham uma força empiricamente motivadora. O controle físico de reservas de cobertura tem de ser possível. Os *media* precisam poder ser mensurados, alienados e depositados. Graças à ancoragem normativa dos *media*, não deve surgir nenhum *novo* dispêndio de comunicação, nenhum *outro* risco de dissenso deve ser causado. Se colocamos esses critérios no fundamento, constatamos que a generalização do conceito de *media* se defronta com limites já no plano do sistema social. Naturalmente, é possível encontrar *nomes* para *media* sempre novos; mas são de início apenas postulados que deveriam se revelar fecundos. Na economia, o conceito de dinheiro como *medium* se comprovou empiricamente ao menos em parte; na ciência política, foram feitas ainda tentativas de tornar o conceito de poder como *medium* fecundo para a pesquisa eleitoral ou para a comparação de sistemas internacionais. Para outros *media*, tentativas análogas estancaram já nos começos de uma definição operacional.[61]

---

[61] Para a tentativa de introduzir o conceito de "compromisso axiológico" como *medium* na pesquisa sobre educação, cf. Jensen; Naumann, "Commitments: Me-

Os primeiros casos de teste para a capacidade de generalização do conceito de *media* são fornecidos pelos sistemas de ação social funcionalmente especializados para a reprodução simbólica do mundo da vida, ou seja, a *societal comunity*, na medida em que esta satisfaz tarefas de integração social, e o *pattern maintenance system*, o qual satisfaz as tarefas da reprodução cultural e da socialização. A comparação entre *media* conduzida até agora nos coloca em condições de demonstrar, pela via da crítica imanente, que os *media* de controle postulados para esses dois âmbitos de ação não preenchem as condições necessárias da institucionalização já no plano da análise conceitual. Nesse ponto, apoio-me nas determinações que Parsons aduz para a "influência" e para o "compromisso axiológico", reunidas na Figura 37.

Quando a proposta de aplicar o conceito de *media* sobre a influência e o compromisso axiológico é medida por nossa compreensão intuitiva, a primeira reação é discrepante. Ela tem uma certa plausibilidade *prima facie*; pessoas e instituições podem dispor de uma espécie de reputação que lhes permitem, com explicações, ter *influência* sobre as convicções de outrem, mesmo sobre a formação coletiva da opinião, sem expor razões em particular ou demonstrar competências. Instâncias influentes encontram em sua clientela a disposição de deixar-se instruir. As manifestações do influente não são autorizadas por um ofício, mas atuam como autoridade graças à força de convicção que produz o consenso. Algo análogo se aplica à *autoridade moral* de líderes ou grêmios de liderança que estão em condições de, com exortações, suscitar em outrem a disposição de assumir obrigações concretas, sem aduzir razões em particular ou demonstrar legitimações. Também suas manifestações não são autorizadas, mas atuam como autoridade graças à sua força de apelação e crítica, a qual desperta um engajamento. Em ambos os casos, trata-se de *formas generalizadas de comunicação* (Fig.37).

---

dienkomponente einer Kulturtheorie?", *Zeitschrift für Soziologie*, v.9, p.79-80, 1980. Nesse trabalho interessante se mostra que o conceito de compromisso de valor, na medida em que é talhado para as análises cíclicas do sistema educacional, tem de ser assimilado ao conceito de dinheiro como *medium* empregado na economia da educação.

Componentes / Medium	Situação standard	Valor generalizado	Pretensão nominal	Critérios de racionalidade	Atitude do ator	Valor real	Reserva de cobertura	Forma de institucionalização
Dinheiro	Troca	Utilidade	Valores de troca	Rentabilidade	Orientada ao êxito	Valor de uso	Ouro	Propriedade e contrato
Poder	Diretiva	Efetividade	Decisões vinculantes	Eficácia (soberania)	Orientada ao êxito	Realização de objetivos coletivos	Meios de coerção	Organização de ofícios
Influência	Instrução	Lealdade	Explicações dotadas de autoridade (anúncios, interpretações, pareceres)	Consentimento	Orientada ao entendimento	Fundamentação de convicções	Tradições culturais e formas sociais de vida	Ordens de prestígio
Compromisso axiológico	Apelo moral	Integridade	Exortações dotadas de autoridade (crítica e encorajamento)	*Pattern-consistency*	Orientada ao entendimento	Justificação de obrigações	Valores internalizados, sanções internas	Liderança moral

Figura 37 – Media de controle no plano do sistema social

Por um lado, não é particularmente plausível colocar influência e compromisso axiológico juntamente com dinheiro e poder em um nível; pois de modo algum se deixam calcular como dinheiro e poder. Uma relação estratégica com a influência e com o compromisso axiológico é possível somente se estes são tratados *como* um depósito de dinheiro ou poder, *portanto, quando se faz um uso manipulativo de bens não manipuláveis*. Naturalmente, é possível *interpretar* a influência e o compromisso axiológico como *media*. A massa de valor corporificada pelo *medium* é emitida em pretensões nominais, justamente em explicações e exortações dotadas de autoridade; estas podem ser resgatadas em valores reais como fundamentações ou justificações e são cobertas mediante reservas, como o acervo cultural de saber e o estilo de vida comum ou valores interiorizados e internamente sancionados. Mas essa interpretação tem algo de forçado, o que pode ser visto ao percorrermos as condições de institucionalização de *media* mencionadas anteriormente em ordem inversa.

É manifesto que faltam instituições que, em analogia com os direitos de propriedade e ofícios, permitiriam uma ancoragem normativa bem circunscrita de influência e compromisso axiológico. Empregados para isso, os conceitos de "ordem de prestígio" e "liderança moral" expressam antes uma atribuição, visto que dificilmente permitem uma diferença entre o próprio *medium* e sua institucionalização: podemos traduzir influência aproximadamente com "prestígio" ou "reputação", compromisso axiológico, com "autoridade moral". De modo interessante, a posse de prestígio e autoridade moral em sociedades desenvolvidas, em que esses *media*, de acordo com as suposições de Parsons, deveriam ser diferenciados da maneira mais ampla, é menos claramente normatizada do que nas sociedades pré-modernas, em que as ordens de prestígio eram bem ancoradas na estratificação social, e a liderança moral, nas instituições sagradas. Formam exceções o sistema científico controlado pela reputação, especializado na geração de saber validado, e, em conexão com isso, as profissões acadêmicas, que empregam um saber altamente especializado. Com esses exemplos, porém, não se pode apoiar a afirmação de que o *medium* "influência" seria institucionalizado no sistema da integração social, ou seja, em uma esfera pública produzida por meio de *media* de massa, em que, em primeira linha, está em jogo a influência de publicistas, líderes de partido, intelectuais, artistas e assim por diante.

Além disso, é evidente que influência e compromisso axiológico podem ser mensurados, alienados e armazenados ainda menos que o poder. O líder carismático, que Parsons aduz como exemplo de um "banqueiro" que armazena e investe influência e autoridade moral, testemunha antes que esses *media* permanecem fortemente presos a pessoas e contextos particulares. Isso pode ser estudado eventualmente pelo exemplo das visitas papais, direcionadas a elevar os "investimentos" pagos na forma de ligações religiosas. O perigo sempre presente de rotinizar o carisma é um sinal de que os bancos trabalham por influência e autoridade moral de maneira altamente duvidosa, se é realmente o caso. Com o controle das reservas de cobertura não se passa algo melhor. Que um pano de fundo cultural comum ou motivos e sentimentos de culpa se deixem aquartelar como dinheiro e armas é algo que se suporá antes para sociedades pré-modernas, em que as igrejas mantêm firmemente nas mãos a administração central de bens salvíficos.

Enfim, temos de tornar claro o que significa que os valores reais e as reservas de cobertura não têm força *empiricamente* motivadora para a influência e o compromisso axiológico. As situações *standard* da instrução e do apelo moral representam relações comunicativas, casos especiais de formação linguística de consenso, em que, no entanto, um lado é dotado de um desequilíbrio de competências (do saber, do discernimento prático-moral, da força de convicção e da autonomia). Ambas as situações não contêm nenhum elemento que, como é o caso na troca ou no imperativo, possa *induzir* um destinatário orientado ao êxito a aceitar as ofertas de *ego*. Para valores consumíveis e sanções impingidas, não está à disposição de *ego* nenhum equivalente em que ele possa se apoiar para levar *alter* ao prosseguimento desejado da interação *sem recorrer ao recurso entendimento*.

No exercício de influência e na mobilização de engajamento, a coordenação da ação tem de ser alcançada com base nos *mesmos* recursos que são conhecidos a partir da formação linguística do consenso. Servem de *security base* um pano de fundo cultural comum assim como orientações axiológicas socializadas e controles comportamentais, de *intrinsic satisfiers*, fundamentações e justificações, nas quais convicções e obrigações ganham raízes.

Todavia, os influentes e aquele que exerce autoridade moral reivindicam a competência do "iniciado", do *expert* em assuntos do saber e da moral. Por isso, eles podem se servir do mecanismo do entendimento *em nível mais elevado*: o que vale como cobertura na ação comunicativa, as razões potenciais com que *ego* poderia defender, em caso necessário, sua pretensão de validade diante da crítica de *alter*, assume a posição do valor real na interação controlada mediante influência e autoridade moral, ao passo que as reservas de cobertura são deslocadas para o pano de fundo cultural e socializador.

Essas considerações me conduzem à tese de que a influência e o compromisso axiológico representam, sem dúvida, formas de comunicação generalizadas que trazem consigo uma economia de dispêndio de interpretação e de risco embutido no entendimento, mas alcançam esse efeito de desoneração por uma via *diferente* do dinheiro e do poder. Elas não podem se desacoplar do contexto do mundo da vida próprio do saber cultural, das normas vigentes e das motivações imputáveis, visto que precisam fazer uso dos recursos da formação linguística do consenso. Isso explica também por que não carecem de um reacoplamento institucional particular no mundo da vida. Influência e compromisso axiológico são tão pouco neutros diante da alternativa de acordo e entendimento malogrado que, pelo contrário, elevam a solidariedade e a integridade – *dois casos de acordo* que remontam ao reconhecimento intersubjetivo de pretensões de validade cognitivas e normativas – a *valor generalizado*. Eles não podem, como os *media* dinheiro e poder, substituir a linguagem e sua função de coordenação, mas a *desoneram* simplesmente por meio da abstração da complexidade do mundo da vida. Em uma frase: *media dessa espécie não podem tecnificar o mundo da vida*.

(e) *A fundamentação parsoniana dos* media *em termos de teoria da ação. Formas generalizadas de comunicação* versus media *de controle*

Distingui os *media* de controle, que substituem a linguagem como mecanismo de coordenação da ação, das formas de comunicação generalizada, as quais meramente simplificam os contextos supercomplexos da ação orientada ao entendimento, no que, porém, permanecem dependentes da linguagem e de um mundo da vida, por mais racionalizado que seja. Eu gostaria de tornar mais precisa essa distinção lançando mão da própria tentativa de Parsons de fundamentar a teoria dos *media* em termos de teoria da ação. Pois Parsons distingue os modos de interação que inicialmente correm em paralelo com nossa contraposição de dinheiro/poder *versus* influência/compromisso axiológico: "Minha sugestão é que há um paradigma muito simples dos modos pelos quais uma unidade agente – vamos chamá-la de Ego – pode tentar obter resultados colocando em ação outra unidade, a qual podemos chamar de Alter, algum tipo de operação comunicativa: chamemo-la 'pressão' se esse termo é entendido em um sentido não pejorativo. Ela pode ser afirmada em termos de duas variáveis. A primeira variável é se o Ego tenta trabalhar por meio do controle potencial sobre a *situação* na qual Alter é colocado e deve agir, ou por meio de uma tentativa de obter um efeito sobre as *intenções* de Alter, independentemente de mudanças em sua situação".*[62]

O ponto de partida é naturalmente o problema da coordenação da ação: como *ego* consegue que *alter* prossiga a interação da maneira desejada, que não apareça nenhum conflito que interrompa a sequência da ação? Parsons coloca no fundamento o modelo de interação, conhecido da teoria do aprendizado, de acordo com o qual entre o emissor e o receptor é trocada uma mensagem que expressa, de um lado, que o emissor espera do receptor um determinado comportamento, e, de outro, anuncia que o emissor recompensa ou pune o receptor se o comportamento esperado ocorre ou não. A interação que transcorre segundo o esquema de estímulo e reação se complica, no entanto, pelo fato de que *ego* e *alter* podem agir dirigidos a objetivos, interpretar sua situação de ação à luz de valores, normas e objetivos e, nesse contexto, distinguir condições gerais e recursos. Acresce que eles sabem

---

* Em inglês no original: "My suggestion is that there is a very simple paradigm of modes by which one acting unit – let us call him Ego – can attempt to get results by bringing to bear on another unit, which we may call Alter, some kind of communicative operation: call it pressure if that term is understood in a nonpejorative sense. It can be stated in terms of two variables. The first variable is whether Ego attempts to work through potential control over the *situation* in which Alter is placed and must act, or through an attempt to have an effect on Alter's *intentions*, independently of changes in his situation". (N. T.)

62 Parsons, "On the Concept of Political Power", op. cit., p.361.

um do outro que dispõem dessas competências e por isso têm de entender suas ações como resultado de uma decisão entre alternativas de ação. Cada decisão é contingente, poderia ter acontecido também de maneira diferente; por isso *ego* e *alter* precisam tentar *condicionar* a liberdade do outro de tal sorte que suas decisões ocorram favoravelmente no interesse próprio. Caso se admita somente uma escolha entre sanções positivas e negativas, liberando dois canais de influenciação, seja sobre as opiniões e obrigações de *alter*, seja sobre a situação dele, resultam quatro *estratégias de condicionamento*. Parsons as designa como modos de interação, correlacionando um *medium* com cada uma delas (Fig.38).

Atuação sobre o ator / Sanções	Intenção	Situação
Positivas	Convencimento (influência)	Estímulo (dinheiro)
Negativas	Exortação (compromisso axiológico)	Intimidação (poder)

Figura 38 – *Fundamentação dos* media *em termos de teoria da ação*

Esse esquema foi criticado por diversos lados.[63] Para mim, é desconcertante sobretudo a circunstância de que a assimetria peculiar entre uma influenciação estratégica e uma consensual seja tacitamente empregada nesse esquema e, ao mesmo tempo, escamoteada com conceitos de abordagem empirista.

As estratégias "estímulo" e "intimidação" podem ser subsumidas comodamente sob sanções positivas, recompensadoras, e negativas, punitivas, e empregadas para caracterizar a troca e o comando, isto é, aquelas situações *standard* a que Parsons reduz os *media* dinheiro e poder. Mas isso não vale para as outras duas estratégias: *ego* pode obter influência sobre as opiniões e as obrigações de *alter* tanto por meio de informações e explicações como

---

[63] Gould, "Development and Revolution in Science", apêndice (manusc.); além disso, Baum, "Communication and Media", op. cit., p.544ss.; Loubser, "General Introduction", em FS Parsons, p.10ss.

por meio de tomadas de posição críticas, tanto por meio de encorajamento como por meio de exortações críticas. J. J. Loubser ilustra isso ao correlacionar as duas estratégias ao mesmo tempo com expressões tanto positivas quanto negativas. Estratégias de convencimento positivas são caracterizadas por ele com verbos como: *agree, aprove, support, assent, recognize* etc.; as negativas com: *disagree, disapprove, protest, dissent* e assim por diante. Para as estratégias de encorajamento, ele menciona verbos como: *praise, encourage, accept* etc.; para as estratégias de exortação: *deplore, blame, discourage* etc. Esse problema não se deixa resolver, como opina Loubser, com a ajuda de uma tabulação cruzada diferenciada. O erro de Parsons reside em outro lugar. Ele não considera — e tampouco pode considerar no quadro de sua teoria da ação — *que o conceito de sanção não se deixa aplicar a tomadas de posição de sim ou não sobre pretensões de validade criticáveis.* Isso se torna evidente quando examinamos em que os dois pares de estratégia estímulo/intimidação e convencimento/encorajamento se distinguem. No primeiro caso, *ego* intervém na situação de ação de *alter* para induzir este a uma decisão favorável à realização de seus próprios objetivos. Isso pode acontecer mediante ação instrumental ou por meios verbais, mas sempre de tal modo que *ego* se oriente exclusivamente pelas consequências de sua ação. No outro caso, *ego* precisa falar com *alter*, mais precisamente, com o objetivo de produzir um consenso; uma via diferente daquela do entendimento não está aberta para ele. *Ego* precisa convencer *alter*, se quiser ter influência sobre as suas opiniões e obrigações, sobre a existência de estados de coisas ou tornar-lhe claro que deve se comportar assim e assim na situação dada. *Ego* precisa levar *alter* a aceitar a pretensão de verdade que ergue com seus atos de fala constativos ou a pretensão de correção que ergue com suas recomendações normativas. Por isso, ele não pode se orientar exclusivamente pelas consequências de sua ação, mas tem de empenhar-se para entender-se com *alter*.

No primeiro caso, *ego* procede orientado ao êxito, no outro caso, orientado ao entendimento. Isso pode ser controlado por seu turno com expressões que Loubser correlaciona com os dois pares de estratégia. Enquanto ele aduz para as estratégias de convencimento e de encorajamento, como foi mencionado, verbos com os quais podem ser formadas proposições ilocucionariamente empregáveis, ele caracteriza as outras duas estratégias com expressões que não podem ser empregadas para execução de um ato ilocucionário, mas apenas para a descrição de efeitos perlocucionários que podem ser desencadeados sobre um ouvinte: *bribe, keep ignorant, withhold, blackmail, threaten, submit* e assim por diante. Ora, sanções pertencem à classe de ações que *ego* ameaça fazer por mor de seu efeito e, se eles são de tipo linguístico, por mor de seu efeito perlocucionário. Com os atos ilocucionários, que servem para que *ego* e *alter* estabeleçam uma relação interpessoal, para entender-se um com o outro sobre algo, as sanções não se deixam empregar imediatamente. Por isso, os modos de interação de convencimento e de encorajamento, descritos como intencionais, com os quais Parsons correlaciona os *media* influência e compromisso axiológico, não cabem em um esquema de sanções.

Se dissemos que a tomada de posição afirmativa acerca de uma pretensão de validade criticável, por exemplo o consentimento a respeito de uma afirmação ou de uma recomendação, foi provocada por sanções, por recompensa ou punição, nós a colocamos, com essa descrição, em categorias sob as quais o próprio ator não poderia ter levado a sério seu sim. O esquema de sanções pode acolher apenas aqueles modos de interação em que *ego* empreende esforços para levar *alter* a prosseguir *empiricamente* a interação. Uma motivação por meio de razões não é prevista analiticamente; no quadro categorial proposto, aquela liberdade que se deixa levar somente por motivos racionais ao reconhecimento de pretensões de validade criticáveis tem de ser *reinterpretada* de antemão segundo a contingência de decisões que se deixam condicionar. Para o conceito empirista de liberdade de arbítrio, pode haver boas razões em outros contextos teóricos; em nosso contexto, porém, está em jogo a distinção entre dois tipos de *media*. Formas generalizadas de comunicação, como influência e compromisso axiológico, exigem atos ilocucionários e permanecem por isso dependentes dos efeitos de vínculo de um uso da linguagem orientado ao entendimento. *Media* de controle como dinheiro e poder dirigem as interações por meio das interferências de *ego* na situação de *alter*, no caso dado, por meio de efeitos perlocucionários. A diferenciação que Parsons entrevê no plano da teoria da ação não pode ser *levada a cabo* por ele no interior de seu esquema de sanções, uma vez que este não deixa espaço algum para vínculos com motivação diferente da empírica.

Desenvolvi acima (p.274*ss.*) uma abordagem alternativa. De acordo com ela, podemos atribuir a disposição generalizada de aceitação por parte de *alter* às diversas fontes da reputação ou da influência de *ego*, de sorte que os *vínculos empiricamente motivados*, por estímulo e intimidação, podem ser estritamente distinguidos da *confiança racionalmente motivada*, isto é, pelo acordo fundamentado. Ou *alter* acolhe a oferta de *ego* porque se orienta pelas punições e recompensas que *ego* pode distribuir ou porque confia em que *ego* dispõe do saber necessário e é suficientemente autônomo para garantir o resgate das pretensões de validade erguidas comunicativamente por ele.

Ora, pode-se imaginar que reputação e influência, ligadas de início a determinadas pessoas, são elas mesmas generalizadas uma vez mais. A generalização da reputação tem antes de tudo efeitos *estruturantes*; conduz à constituição de sistemas de *status* que podem surgir em paralelo com um prestígio diferencial de coletividades, inicialmente de associações familiais. A generalização de influência tem um efeito *formador de media*, mas nisso mesmo os atributos ligados ao corpo podem ser transformados em recursos e configurados em *media*. Assim, por exemplo, força e capacidade se deixam transformar em poder; em contrapartida, atributos como confiabilidade, atratividade corporal ou poder de atração sexual manifestamente não se deixam transformar em recursos. Nem todos os recursos servem da mesma maneira de fundamento para a generalização de uma influenciação respectivamente especializada sobre as tomadas de posição de um parceiro de interação. O discurso sobre o amor como um *medium* permanece irremediavelmente metafórico. É inequívoco, no entanto, que os *media* podem ser distinguidos conforme se apoiem em vínculos empiricamente motivados ou em formas de confiança racional.

Media de controle como dinheiro e poder se apoiam em vínculos empiricamente motivados. Eles codificam o trato com quantidades calculáveis de valor, racional com respeito a fins, e possibilitam uma influenciação estratégica generalizada de outros participantes da interação evitando os processos de formação linguística de consenso. Na medida em que não apenas simplificam a comunicação linguística, mas também a *substituem* por meio de uma generalização simbólica de danificações e indenizações, o contexto do mundo da vida, em que processos de entendimento estão sempre inseridos, é *desvalorizado* para interações controladas por *media*: o mundo da vida não é mais necessário para a coordenação de ações.

Subsistemas sociais que se diferenciam por meio de tais *media* podem se tornar independentes em relação ao mundo da vida, repelido para o entorno sistêmico. Por isso, da perspectiva do mundo da vida, o ajuste da ação aos *media* aparece tanto como uma desoneração do dispêndio e do risco da comunicação quanto também como um condicionamento das decisões nos espaços ampliados de contingência – e nesse sentido como uma *tecnificação do mundo da vida*.

A generalização de influência não pode ter um tal efeito, seja se baseando sobre a confiança racionalmente motivada na posse de saber cognitivo-instrumental, seja no discernimento moral ou na faculdade de juízo estético. As interações controladas mediante a motivação racional generalizada representam unicamente uma *especialização dos processos de formação linguística de consenso*; através do mecanismo de entendimento, permanecem dependentes também do acesso ao pano de fundo cultural e aos elementos da estrutura da personalidade. Essas formas de comunicação generalizada possibilitam certamente um distanciamento mais forte da ação orientada ao entendimento em relação às ordens institucionais, os contextos normativos em geral. Mas seus recursos são, tanto agora como antes, aqueles dos quais se nutre também a formação linguística de consenso. Uma influência cognitivamente especializada, por exemplo a reputação científica, pode se formar na medida em que as esferas culturais de valor no sentido de Max Weber se diferenciam, permitindo uma elaboração da tradição cognitiva sob o aspecto de validade exclusivo da verdade. Uma influência normativamente especializada, por exemplo a liderança moral, pode se formar na medida em que o desenvolvimento moral e jurídico alcança a etapa pós-convencional, em que a moral, separada da legalidade, é amplamente desinstitucionalizada, e na medida em que a consciência moral guiada por princípios é ancorada quase somente no sistema da personalidade mediante os controles internos de comportamento. Ambos os tipos de influência exigem, ademais, tecnologias de comunicação que desprendem os atos de fala das restrições contextuais espaçotemporais, tornando-os disponíveis para contextos multiplicados.

Partimos da questão de saber até que ponto o conceito de *media* desenvolvido com o modelo do dinheiro se deixa generalizar e aplicar em outros âmbitos de ação; a via da crítica imanente nos levou finalmente a dois tipos contrários de *media* de comunicação, a um *dualismo de media*, com o qual se pode explicar a resistência que as estruturas do mundo da vida opõem ao ajuste da integração social à integração sistêmica em determinados âmbitos de ação. Assim como na filosofia tardia antropológica, na teoria dos *media* de comunicação se torna patente que a teoria de Parsons, mesmo em sua forma amadurecida, não apaziguou – quando muito encobriu – o conflito entre dois quadros categoriais concorrentes que se inscrevia nela. Por isso, Parsons tem de pagar um preço no plano da formação da teoria, empiricamente substantivo.

3
Teoria da modernidade

A teoria da sociedade como sistema desenvolvida por Parsons se baseia em um compromisso que conserva a lembrança das problematizações da teoria neokantiana da cultura, mas exclui um conceito de sociedade que reserve espaço para esses problemas. O compromisso proíbe uma separação dos aspectos sob os quais os contextos de ação podem ser analisados de maneira respectiva como sistema ou mundo da vida. Assim, a reprodução do mundo da vida, acessível da perspectiva interna, é submetida a distanciamento, sem que esse passo metodológico de objetificação deixasse um vestígio reconhecível. Lembremos as duas teses que desenvolvi na segunda consideração intermediária: o desacoplamento de sistema e mundo da vida é uma condição necessária para a passagem das sociedades de classes estratificadas do feudalismo europeu para as sociedades de classes econômicas no começo da modernidade; mas o padrão capitalista da modernização se caracteriza pelo fato de as estruturas simbólicas do mundo da vida serem deformadas, isto é, reificadas sob os imperativos dos subsistemas diferenciados e autonomizados mediante dinheiro e poder. Caso essas duas teses sejam verdadeiras, a debilidade de uma teoria que *confisca* a distinção categorial entre sistema e mundo da vida terá de revelar-se particularmente nesse tema.

A teoria de Parsons oferece, como a teoria em seu todo, um rosto de Janus. Assim, ela distingue-se, por uma parte, de um funcionalismo sistêmico que sublinha exclusivamente os traços da complexidade em sociedades modernas. Estas devem sua elevada complexidade à forte diferenciação de sistemas parciais que são relativamente independentes uns dos outros, formando ao mesmo tempo entornos uns para os outros e entrando em um intercâmbio regulado uns com os outros por meio de *media*, de sorte que surgem zonas de compenetração (ou interpenetração) recíproca. É nessa linha que se situa, por exemplo, a teoria da evolução de Luhmann, que acaba definitivamente com a ideia neokantiana de realização de valores, esvazia o céu dos valores culturais, desata o espartilho do esquema das quatro funções e, com isso, restitui à teoria da modernidade uma maior mobilidade – tudo poderia ter sido possível. Em todo caso, Luhmann gostaria de explicar agora historicamente o que Parsons prognostica ainda em termos teóricos, por exemplo isso: que o desenvolvimento das sociedades modernas se caracteriza por exatamente três revoluções.

A diferenciação é considerada, todavia, apenas como um dos quatro mecanismos evolucionários. Os outros três são: a ampliação das capacidades adaptativas, a generalização de afiliações, ou inclusão, e a generalização de valores.[1] Parsons deduz do esquema das quatro funções o que pode significar o aumento de complexidade e a capacidade de controle para sistemas sociais. Com isso, ele ganha também algumas vantagens em comparação com um funcionalismo mais consequente, que se fixa com menos força. Inclusão e generalização de valores são correlacionadas com aquelas duas funções em que o conceito de realização de valores – a institucionalização e a internalização de valores – é absorvido, mas também conservado. Diferentemente de Luhmann, Parsons pode *traduzir* o crescimento de complexidade sistêmica, apreendido de fora pela observação das sociedades modernas, na autocompreensão dos membros do sistema, ligada à perspectiva interna do mundo da vida. Ele pode juntar a autonomia sistêmica crescente com a autonomia progressiva no entendimento prático-moral, interpretando a inclusão e a generalização de valores crescentes no sentido de uma aproximação com os ideais universalistas de justiça.[2]

Por um lado, podemos reter, portanto, que Parsons, com base em seu compromisso entre o neokantismo e o funcionalismo sistêmico, mantém em aberto a possibilidade de conectar uma teoria da modernidade de

---

1 Parsons, *Societies*, p.21ss.
2 Id., *The System of Modern Societies*, p.114ss.

orientação funcionalista com a problemática weberiana do racionalismo ocidental: ele concebe a modernização social não apenas como racionalização sistêmica, mas também como racionalização ligada à ação. Contudo, por outro lado, como foi mostrado, falta um conceito de sociedade projetado da perspectiva da ação; por isso, Parsons não pode descrever a racionalização do mundo da vida e o aumento de complexidade de sistemas de ação como processos separados, interagentes, mas amiúde também correndo em direções contrárias. No que concerne à modernidade, Parsons insiste unicamente em conectar os novos níveis de diferenciação sistêmica, e a autonomia sistêmica que cresce em correspondência, com a autocompreensão da cultura moderna por meio de rubricas como individualismo institucional e secularização, *interpretando-os* no sentido de Weber também como institucionalização ampliada de orientações da ação racional com respeito a valores, normas e fins.[3]

Visto que ele não resolve a concorrência de paradigmas entre mundo da vida e sistema, mas antes a aquieta por meio de um compromisso, Parsons tem de *alinhar* a racionalização do mundo da vida categorialmente com o aumento de complexidade sistêmica. Por isso, ele não pode apreender a dialética, inscrita nos processos de modernização, dos ônus subsequentes para a estrutura interna do mundo da vida que resultam da complexidade sistêmica crescente; ele tem de reduzir esses fenômenos à medida de fenômenos críticos que se deixam explicar segundo o padrão de inflação e deflação. Essa dinâmica de *media* se refere apenas às perturbações contingentes e temporárias de processos de intercâmbio intersistêmico. Parsons não pode explicar a coerção sistemática do tipo de patologias que Marx, Durkheim e Weber ainda tinham em vista; eu me refiro às deformações que sempre aparecem quando formas de racionalidade econômica e administrativa se alastram por âmbitos da vida que não podem ser racionalizados segundo esses critérios em suas estruturas comunicativas internas.

Eu gostaria de mostrar por que a teoria parsoniana da modernidade é cega em relação às patologias sociais que Max Weber pretendeu explicar com

---

3 Cf. os *standards* axiológicos correspondentes para os diversos *media* do sistema geral da ação, em Parsons; Platt, *The American University*, p.446.

sua tese da racionalização. Com a virada para a teoria dos sistemas, Parsons perdeu a possibilidade de fundamentar em termos de teoria da ação um critério racional para uma modernização social concebida como racionalização (1). Esse déficit tampouco se deixa compensar dissolvendo o compromisso parsoniano com o abandono dos componentes do funcionalismo sistêmico em favor da teoria neokantiana da cultura (2).

(1) *Desdiferenciação de racionalização do mundo da vida e aumento da complexidade sistêmica*

Parsons ordena os fenômenos da modernização efetuada no Ocidente primeiramente segundo pontos de vista da diferenciação estrutural. Nesse contexto, ele elege o subsistema de integração como o ponto de referência, o que não é de modo algum trivial. Pois essa decisão sobre a construção teórica torna o desenvolvimento moral e jurídico uma variável evolucionária chave, ao passo que a dinâmica da reprodução material do mundo da vida e, com ela, os conflitos que resultam da estrutura de classes e da ordem da dominação se deslocam para o pano de fundo. A tese se deixa resumir em uma frase: "O que se pensa como sociedade *moderna* tomou forma no século XVII no canto noroeste do sistema social europeu, na Grã-Bretanha, Holanda e França. O desenvolvimento subsequente da sociedade moderna incluiu três processos de mudança estrutural revolucionária: a Revolução Industrial, a Revolução Democrática e a Revolução Educacional".*[4]

As três "revoluções" podem ser explicadas em termos de teoria dos sistemas como aquelas ondas de desenvolvimento em que o sistema de integração se desprendeu de cada um dos três outros subsistemas. Parsons concebe a Revolução Industrial que se inicia no final do século XVIII na Inglaterra, a Revolução Francesa de 1789 (e as reviravoltas orientadas por esse mode-

---

* Em inglês no original: "What is thought of as *modern* society took shape in the seventeenth century in the northwest corner of the European system of societies, in Great Britain, Holland, and France. The subsequent development of modern society included three processes of revolutionary structural change: the Industrial Revolution, the Democratic Revolution, and the Educational Revolution". (N. T.)

4 Parsons; Platt, op. cit., p.1.

lo) assim como a revolução educacional, ou seja, a ampliação da formação escolar formal, enraizada nas ideias do século XVIII, mas somente levada a cabo de maneira radical nos meados do século XX, como diferenciações estruturais do sistema comunitário em relação aos subsistemas econômico, político e finalmente o cultural.[5]

Essas três revoluções separam o *começo* da modernidade da modernidade *desdobrada*. Elas preenchem as condições de partida para um sistema internacional de sociedades altamente complexas, para as quais a descrição parsoniana *standard* de sistemas sociais com quatro subsistemas cada um é certeira. Estes se encontram entre si em um intercâmbio de "produtos" por "fatores" por meio de quatro *media* e seis "mercados". Cada um deles se especializa em uma das quatro funções sociais globais. O grau de modernização se mede, todavia, por uma complexidade social global que não pode ser apreendida apenas do ponto de vista da diferenciação estrutural. Sociedades modernas devem à economia capitalista, objetivando a mobilização de potenciais de produtividade e recursos naturais, uma elevada capacidade de adaptação; ao sistema comunitário talhado para normas abstratas e orientado segundo o universalismo, a subordinação e a articulação de todas as relações de afiliação meramente particulares; e a uma cultura secularizada, a universalização de valores culturais, em particular os morais.[6]

Os desenvolvimentos que partem desde o século XVIII da "ponta de lança" da modernidade, do noroeste europeu, são entendidos por Parsons, no essencial, como o preenchimento ilustrativo de seu conceito de sociedade como sistema, introduzido de maneira esquemática. As suposições funda-

---

5 Parsons, *The System of Modern Societies*, p.101. Essa construção não resulta de maneira cogente. Eventualmente, Parsons parece entender as três "revoluções" também como processos durante os quais a cada vez *um* sistema parcial se descola simultaneamente de *todos os sistemas parciais restantes*. Quando as três revoluções mencionadas são correlacionadas nesse sentido com os subsistemas econômico, político e cultural, dever-se-ia esperar, para o subsistema da integração, uma outra revolução, talvez aquela reviravolta que Parsons denomina *Expressive Revolution*. Cf. Parsons, "Religion in Postindustrial America", em *Action Theory and the Human Condition*, p.320ss.
6 Fora isso, Parsons menciona a reflexivização dos *media* de controle, na qualidade de outro mecanismo evolucionário, o qual ele elucida com o exemplo dos créditos bancários. Cf. Parsons, *The System of Modern Societies*, p.27.

mentais da teoria da evolução se tornam mais evidentes quando se considera o valor posicional que recebem a Reforma e o Renascimento, os dois grandes eventos do início da modernidade. Estas são as duas "revoluções precursoras" que possibilitam a passagem à modernidade porque liberam os potenciais cognitivos contidos na tradição do cristianismo e da Antiguidade greco-romana, até então elaborados apenas por elites culturais, nas ordens monacais e nas universidades, tornando-os eficazes no plano institucional. Parsons se atém aqui à teoria weberiana da racionalização social: assim como a Reforma suspende os limites entre clero, ordem e o estamento laico, liberando os impulsos da ética religiosa da convicção para a configuração dos âmbitos profanos da ação, também o humanismo do Renascimento torna acessível a herança greco-romana da ciência, da jurisprudência e da arte, emancipando-se da Igreja; sobretudo, abre o caminho para um sistema jurídico moderno. Parsons considera as tradições culturais do Ocidente como código que carece de uma implementação para entrar em cena fenotipicamente, no plano das instituições sociais. A Reforma e o Renascimento são considerados como esses processos de implementação social.

A *direção do desenvolvimento* do racionalismo ocidental é definida pelo código cultural, que se constituiu pela via de uma racionalização de imagens de mundo; mas o quadro institucional em que uma racionalização da sociedade pode ter início se forma somente na sequência da Reforma e do Renascimento. A institucionalização e a internalização gradativas da ação econômica e administrativa, racional com respeito a fins, é investigada por Parsons no desenvolvimento jurídico inglês desde o final do século XVI.[7] As instituições de uma dominação legal baseada na tolerância religiosa e de uma produção agrícola baseada no trabalho assalariado são o fundamento para as três "revoluções" mencionadas, com as quais a modernização estoura as cápsulas de uma sociedade de classes estratificada, ainda fixada segundo os estamentos de ofícios. O fato de que na Europa do começo dos novos tempos se chega ao aproveitamento do potencial de racionalidade culturalmente acumulado, é explicado por Parsons com base em condições gerais que Weber já aduzira. O direito canônico da hierarquia eclesiástica católico-romana; a constituição

---

7 Ibid., p.50ss.

republicana das cidades na Idade Média; a tensão entre a orientação pela carência e a orientação pela aquisição, expressa na burguesia citadina artesã; a concorrência entre Estado e Igreja, em geral a descentralização dos poderes na Europa central oferecem uma condição de partida favorável.

A exposição de Parsons sobre a passagem à modernidade e sobre o desdobramento das sociedades modernas se apoia fortemente, em termos de conteúdo, na explicação weberiana a respeito do racionalismo ocidental; ao mesmo tempo, ele desliga essa explicação do quadro de uma teoria da racionalização. No final dos anos 1960, a terminologia de Parsons já revela os empréstimos tirados da teoria biológica da evolução. O desenvolvimento cultural é considerado por ele como um equivalente para as *alterações do código genético*. A implementação social do potencial cognitivo incluso nas imagens de mundo corresponde à *seleção a partir do domínio das variantes culturais*, ao passo que os diversos fios nacionais de desenvolvimento das sociedades modernas oferecem indicadores sobre as circunstâncias sob as quais as inovações estruturantes podem ser *estabilizadas* da melhor maneira. O que em Weber aparece como transposição da racionalização cultural para a social, como corporificação institucional e ancoragem motivacional de estruturas cognitivas, que de início haviam surgido pela via da racionalização de imagens de mundo, é explicado por Parsons em termos de teoria da evolução a partir da cooperação de mecanismos seletivos e estabilizadores com um mecanismo de variação deslocado para o plano do código cultural. Simultaneamente, Parsons entrelaça a teoria da evolução social com sua teoria dos sistemas, de tal sorte que ele pode atribuir a modernização, representada por Weber como racionalização social, ao aumento de complexidade sistêmica, mais precisamente, ao crescimento de complexidade que ocorre quando uma sociedade diferencia os subsistemas economia e administração estatal por meio de *media* de controle especiais.

Com isso, Parsons assimila a racionalização do mundo da vida a processos de diferenciação sistêmica. Esta, por sua vez, é explicada por ele segundo seu esquema das quatro funções, no qual se insere a ideia de realização de valores. Por isso, existe um nexo analítico entre as capacidades crescentes de controle do sistema social, de uma parte, e o aumento de inclusão e a generalização de valores, de outra. Esse desacoplamento efetuado no plano analítico torna ambígua a interpretação teórica da modernidade; por um lado, ela *permite* conceber os processos de modernização descritos nos termos da teoria dos sistemas não apenas como autonomia crescente da sociedade em relação a seus entornos, mas também, ao mesmo tempo, como uma racionalização do mundo da vida (a); por outro lado, ela *obriga* a identificar uma coisa com a outra – o aumento de complexidade sistêmica significa *eo ipso* progresso na dimensão das condições de vida racionalmente configuradas (b). Veremos que também uma guinada rumo a uma leitura neokantiana da teoria parsoniana da modernidade não conduz para fora desse dilema.

(a) Obtive o conceito de racionalização do mundo da vida, no plano da história da teoria, a partir de uma interpretação das abordagens de Mead e Durkheim. Ele se refere às tendências de transformação das estruturas do mundo da vida que emergem com a diferenciação entre cultura, sociedade e personalidade. Durkheim concebe a generalização de valores, a universalização de direito e moral, assim como a individualização e a autonomia crescente do indivíduo, como consequências da transição de uma integração social por meio da fé a uma integração produzida por meio de acordo e cooperação comunicativa. Da perspectiva de Mead, as mesmas tendências se deixam compreender como linguistificação do sagrado, como liberação do potencial de racionalidade da ação orientada ao entendimento. Esse potencial se traduz em uma racionalização do mundo da vida de grupos sociais na medida em que a linguagem assume as funções do entendimento, da coordenação da ação e da socialização dos indivíduos, tornando-se com isso o *medium* por meio do qual se efetuam a reprodução cultural, a integração social e a socialização. Essas tendências, que atribuí à fluidificação comunicativa do consenso religioso fundamental, são colocadas por Parsons sob as rubricas de "secularização" e "individualismo institucionalizado".

Por *individualismo institucionalizado*, Parsons entende dois padrões de integração social e de socialização que se engrenam um no outro de maneira complementar. A constituição das identidades pós-convencionais do Eu corresponde à universalização do direito e da moral, à fissura da eticidade em legalidade e moralidade, assim como a liberação da ação comunicativa em relação aos contextos normativos, que se tornam cada vez mais abstratos. Por isso, o padrão do individualismo institucionalizado se caracteriza simultaneamente por espaços de alternativas ampliados e por vínculos de afiliações generalizadas: "Em vários lugares, eu me referi à concepção de 'individualismo institucionalizado', em contraste deliberado com a versão utilitarista. No padrão do individualismo institucionalizado, a nota-chave não é a concepção utilitarista direta da 'persecução racional dos interesses próprios', mas uma concepção muito mais ampla da autorrealização do indivíduo, em um quadro social em que o aspecto da solidariedade [...] figura pelo menos tão proeminentemente quanto o interesse próprio no sentido utilitarista".*8

O "individualismo institucionalizado" é um conceito que teria de ser desdobrado da perspectiva de uma dialética de universal e particular. Parsons não acentua tanto, porém, a riqueza de opções individuais, mas antes a capacidade de realização de valores, que pode aumentar para coletividades somente na mesma medida que para os indivíduos socializados nelas: "Individualismo institucionalizado significa um modo de organização dos componentes da ação humana que, tudo somado, reforça a capacidade do indivíduo médio e das coletividades às quais ele pertence de cultivar os valores com os quais ele e elas estão comprometidos. Essa capacidade aprimorada no nível individual desenvolveu-se em concomitância com aquela dos quadros sociais e culturais de organização e normas institucionais, os quais formam o quadro da ordem para a realização de objetivos e valores unitários, individuais e coletivos".**9

---

* Em inglês no original: "I have in a number of places referred to the conception of 'institutionalized individualism' by deliberate contrast with the utilitarian version. In the pattern of institutionalized individualism the keynote is not the direct utilitarian conception of 'the rational pursuit of self-interest' but a much broader conception of the self-fulfillment of the individual in a social setting in which the aspect of solidarity [...] figures at least as prominently as does that of self-interest in the utilitarian sense". (N. T.)

8 Parsons, "Religion in Postindustrial America", op. cit., p.321.

** Em inglês no original: "Institutionalized individualism means a mode of organization of the components of human action which, on balance, enhanced the capacity of the average individual and of collectivities to which he belongs to implement the values to which he and they are committed. This enhanced capacity at the individual level has developed concomitantly with that of social and cultural frameworks of organization and institutional norms, which form the framework of order for the realization of individual and collective unit goals and values". (N. T.)

9 Parsons; Platt, op. cit., p.1.

O conceito de *secularização* é associado à generalização de valores, a qual se delineia no plano do sistema geral de ação. Por secularização de valores e noções religiosas Parsons não entende, contudo, a perda de seu caráter obrigatório: na medida em que a ética religiosa da convicção lança raízes no mundo, os conteúdos prático-morais não são *desenraizados*. Orientações axiológicas secularizadas não se desligam necessariamente de seu chão religioso; é típica, pelo contrário, a confessionalização de uma fé que exerce ao mesmo tempo a tolerância, arranjando-se ecumenicamente no círculo de todas as demais confissões (incluindo as variantes radicalmente secularizadas, não religiosas, das éticas fundamentadas em termos humanistas): "O católico, o protestante ou o judeu contemporâneo pode ser, com variações no interior de sua própria fé mais ampla, mesmo no que diz respeito aos católicos, um fiel na comunidade moral societária mais larga. Esse nível ele não compartilha, em relação às especificidades, com aqueles de outras fés. No entanto, [...] ele veio a respeitar a legitimidade religiosa dessas outras crenças. O teste dessa legitimidade é que ele e os adeptos dessas outras religiões reconhecem que podem pertencer à mesma comunidade moral – a qual pode ser uma sociedade predominantemente secular e politicamente organizada – e que essa pertença comum significa compartilhar uma orientação religiosa no nível da *religião civil*".*[10]

Esse conceito de *religião civil*, tomado de empréstimo de R. Bellah, é elucidado por Parsons com o exemplo das atitudes políticas pelas quais a Constituição americana se sustenta: "A nova sociedade tornou-se uma sociedade secular na qual a religião foi relegada à esfera privada. O outro

---

* Em inglês no original: "The contemporary Catholic, Protestant or Jew may, with variations within his own broader faith, even for Catholics, be a believer in the wider societal moral community. This level he does not share in regard to specifics with those of other faiths. He has, however, [...] come to respect the religious legitimacy of these other faiths. The test of this legitimacy is that he and the adherents of these other faiths recognize that they can belong to the same moral community – which may be a predominantly secular, politically organized society – and that this common belongingness means sharing a religious orientation at the level of *civil religion*". (N. T.)

[10] Parsons, "Belief, Unbelief, and Disbelief", em *Action Theory and the Human Condition*, p.240.

tema, não é menos importante: a construção do reino de Deus na terra. O estabelecimento da nova nação americana foi o culminar desse processo. Os próprios fatos da independência e uma nova Constituição 'concebida em liberdade e dedicada à proposição de que todos os homens são criados iguais' foram desenvolvimentos que não poderiam deixar de levar consigo uma dimensão religiosa. Isso tomou uma forma que era relativamente consistente com concepções e definições cristãs tradicionais, e é isso que é o cerne do que Bellah chama de religião civil americana. Não houve ruptura radical com a herança religiosa primária, embora tenha havido uma evitação cuidadosa de qualquer tentativa de definir a nova religião civil como cristã em um sentido especificamente dogmático. Bellah documenta, por exemplo, como as muitas declarações oficiais – notadamente os discursos presidenciais de posse –, que usam o termo 'Deus' ou vários sinônimos como 'Ser Supremo', cuidadosamente evitam a referência a Cristo".*[11]

Para Parsons, a secularização dos poderes da crença significa uma desdogmatização que permite às confissões, que outrora entravam em rivalidade de vida e morte, coexistirem na base de convicções éticas fundamentais compartilhadas. Nesse aspecto, a secularização faz a mediação de e exige uma generalização de valores com a qual tem continuidade o processo de implementação social, investigado por exemplo no caso da ética protestante. A

---

* Em inglês no original: "The new society became a secular society in which religion was relegated to the private sphere. The other theme is no less important: the building of the kingdom of God on earth. The establishment of the new American nation was a culmination of this process. The very facts of independence and a new constitution 'conceived in liberty and dedicated to the proposition that all men are created equal' were developments that could not fail to carry with them a religious dimension. This took a form that was relatively consistent with traditional Christian conceptions and definitions, and it is this that is the core of what Bellah calls the American civil religion. There was no radical break with the primary religious heritage, though there was a careful avoidance of any attempt to define the new civil religion as Christian in a specifically dogmatic sense. Bellah documents, for example, how the many official statements – notably presidential inaugural addresses – that use the term 'God' or various synonyms such as 'Supreme Being' carefully avoid reference to Christ". (N. T.)

11 Parsons, "Religion in Postindustrial America", op. cit., p.309.

secularização das orientações axiológicas religiosas significa o aprofundamento de sua eficácia institucional. Com base no conceito de secularização, Parsons chega a uma apreciação do desenvolvimento moral e jurídico nas sociedades modernas que diverge de Weber. Este havia suposto que a ética protestante não pode se afirmar no capitalismo desenvolvido porque os fundamentos religiosos da ética da convicção não resistem aos desafios de uma cultura cientificizada e, sem nenhuma dialética, caem presas de uma secularização que não apenas generaliza as orientações religiosas, mas também lhes tira o chão *na qualidade de* orientações axiológicas eticamente enraizadas. O argumento de Weber consiste em um enunciado empírico e em uma fundamentação teórica.

A fundamentação se apoia na concepção axiologicamente cética segundo a qual uma consciência moral guiada por princípios não pode ser explicada filosoficamente nem estabilizada socialmente sem inserção em uma imagem de mundo religiosa. Em vista das abordagens cognitivistas na filosofia, de Kant a Rawls, essa concepção não se sustenta. Tampouco ela se encontra em consonância com as evidências empíricas para a propagação de uma consciência moral esclarecida humanista desde os dias do Esclarecimento. Nesse aspecto, a tese de Parsons a respeito da secularização tem a favor de si uma plausibilidade maior: nas sociedades modernas desenvolvidas, não há, na medida em que se tem de recorrer a convicções prático-morais, nenhuma alternativa à consciência jurídica e moral pós-tradicional e ao nível de justificação correspondente. No entanto, não é tocada por isso a parte empírica do enunciado de Weber, que concerne ao fim da ética protestante da vocação.

Aquele *ethos* da vocação que se propagou na fase inicial, em particular entre os empresários capitalistas e funcionários especializados com formação jurídica, não se impôs, de acordo com Weber, no sistema ocupacional do capitalismo desenvolvido; ele teria sido desalojado por atitudes instrumentalistas, que chegam até os âmbitos nucleares das profissões acadêmicas. A erosão positivista da dominação legal e o desalojamento dos fundamentos morais do direito moderno poderiam ser considerados fenômenos paralelos. Mas também esse enunciado empírico é contestado por Parsons energicamente: "Na minha opinião, a ética protestante está longe de estar morta. Ela continua a enformar nossas orientações em um setor muito importante da vida hoje, como fez no passado. Nós valorizamos o trabalho racional sistemático em 'vocações', e fazemos isso fora do que é, em algum nível, um contexto religioso. Na minha opinião, o aparato instrumental da sociedade moderna não poderia funcionar sem um componente farto desse tipo de avaliação".*[12]

(b) De modo geral, em vista da crítica maciça à civilização, com a qual Parsons se viu confrontado como professor universitário nos anos de protesto estudantil, ele tomou uma posição contraposta às concepções de Weber em questões acerca do diagnóstico do presente. Ele não crê que, nas

---

* Em inglês no original: "In my opinion the Protestant Ethic is far from dead. It continues to inform our orientations to a very important sector of life today as it did in the past. We do value systematic rational work in 'callings', and we do so out of what is at some level a religious background. In my opinion the instrumental apparatus of modern society could not function without a generous component of this kind of evaluation". (N. T.)

12 Ibid., p.320. "In part I am being deliberately paradoxical in attributing to the concept secularization what has often been held to be its opposite, namely not the loss of commitment to religious values and the like, but the institutionalization of such values, and other components of religious orientation in evolving cultural and social Systems" (id., "Belief, Unbelief, and Disbelief", op. cit., p.241, nota 11) ["Em parte, estou sendo deliberadamente paradoxal em atribuir ao conceito de secularização o que amiúde tem sido considerado o seu oposto, a saber, não a perda do compromisso com os valores religiosos e semelhantes, mas a institucionalização de tais valores e outros componentes da orientação religiosa em sistemas culturais e sociais em evolução." (N. T.)]. Com relação aos estudos de Weber sobre a ética protestante, Parsons acrescenta: "Put into sociological terminology, there is the possibility that religious values should come to be institutionalized, by which we mean that such values come to be the focus of the definition of the situation for the conduct of members of secular societies, precisely in their secular roles" (ibid., p.241) ["Colocado na terminologia sociológica, há a possibilidade de que os valores religiosos devam vir a ser institucionalizados, com o que queremos dizer que tais valores vêm a ser o foco da definição da situação para a conduta dos membros das sociedades seculares, precisamente em seus papéis seculares." (N. T.)]. Cf. também a introdução de Parsons, em Weber, *The Sociology of Religion*, p.XIX*ss.*; Fenn, "The Process of Secularization: A Post-Parsonian View", *Journal for the Scientific Study of Religion*, v.9, p.117*ss.*, 1970; Ferrarotti, "The Destiny of Reason and the Paradox of the Sacred", *Social Research*, v.46, p.648*ss.*, 1979.

sociedades modernas, as relações solidárias e a identidade dos indivíduos, que não podem mais orientar sua vida por "ideias últimas", estejam ameaçadas com a decomposição das imagens religiosas e metafísicas do mundo. Pelo contrário, Parsons está convencido de que as sociedades modernas produziram um aumento incomparável de liberdade para a massa da população.[13] Parsons contesta os *dois* componentes do diagnóstico do presente, tanto a tese da perda de sentido quanto a da perda de liberdade. Essa diferença de concepções não precisaria nos interessar se aqui se tratasse apenas do conflito de afirmações sobre tendências globais e dificilmente examináveis. A posição de Parsons somente é digna de nota porque ela resulta dedutivamente de sua descrição do processo de modernização. Quando se aceita essa descrição teórica, não se pode de modo algum levantar afirmações *diferentes* a respeito de sociedades altamente complexas. Se as sociedades modernas desenvolvidas se destacam pela alta complexidade intrínseca, e se elas podem controlar *ao mesmo tempo* essa complexidade apenas nas quatro dimensões da capacidade de adaptação, da diferenciação de subsistemas controlados por *media*, da inclusão e da generalização de valores, então existe uma *relação analítica* entre as duas formas, a alta complexidade sistêmica de um lado, e as formas universalistas da integração social e o individualismo institucionalizado sem coerção, de outro. É esse esquema analítico que obriga Parsons a projetar uma imagem harmonizada de tudo o que incide sob a descrição de sociedades modernas.

São característicos disso os argumentos que Parsons leva a campo contra a tese de Max Weber sobre a burocratização: "Argumentamos que a tendência principal não é, na realidade, em direção ao aumento da burocracia, mas sim em direção ao associacionismo. Mas muitos grupos suscetíveis *sentem* claramente que a burocracia tem aumentado [...]. Na expressão desse sentimento de privação, há dois símbolos positivos especialmente proeminentes. Uma é a 'comunidade', a qual se supõe amplamente que se deteriorou gravemente no curso dos desenvolvimentos modernos. Aponta-se que a comunidade de residência foi 'privatizada' e que muitos relacionamentos

---

13 Parsons, "Religion in Postindustrial America", op. cit., p.320ss.; id., *The System of Modern Societies*, p.114-5.

foram transpostos para o contexto de grandes organizações formais. Devemos observar novamente, no entanto, que a burocratização, no seu sentido mais pejorativo, não ameaça tudo diante dela. Além disso, todo o sistema de comunicação de massa é um equivalente funcional de algumas características da *Gemeinschaft*, permitindo a um indivíduo participar seletivamente, de acordo com seus próprios padrões e desejos. O segundo símbolo positivo é a 'participação', especialmente na fórmula da 'democracia participativa'. Demandas por isso são frequentemente expressas como se 'poder', em um sentido técnico específico, fosse o principal desiderato, mas a própria difusão dessas exigências lança dúvidas sobre essa conclusão. Sugerimos que essas demandas são principalmente outra manifestação do desejo de inclusão, de 'aceitação' plena como membros de grupos solidários".*14

Nesse diagnóstico, Parsons passa ao largo de dois fatos. Nem a rede de comunicação moderna de massa é instituída de tal modo que reaja à "privatização" do estilo de vida, nem a generalização das pretensões jurídicas formais pode ser entendida sem mais no sentido de uma ampliação da formação democrática da vontade. Parsons dispõe suas categorias de tal sorte que os *mesmos* fenômenos que Weber pode interpretar como índices de pa-

---

* Em inglês no original: "We have argued that the main trend is actually not toward increased bureaucracy, but rather toward associationism. But many sensitive groups clearly *feel* that bureaucracy has been increasing [...]. There are in the expression of this sense of deprivation two especially prominent positive symbols. One is '*community*', which is widely alleged to have grossly deteriorated in the course of modern developments. It is pointed out that the residential community has been 'privatized' and that many relationships have been shifted to the context of large formal organizations. We should note again, however, that bureaucratization in its most pejorative sense is not threatening to sweep all before it. Furthermore, the whole system of mass communications is a functional equivalent of some features of *Gemeinschaft* and one that enables an individual selectively to participate according to his own standards and desires. The second positive symbol is '*participation*', especially in the formula of 'participatory democracy'. Demands for it are often stated as if 'power', in an specific technical sense, were the main desideratum, but the very diffuseness of these demands casts doubt on this conclusion. We suggest that the demands are mainly another manifestation of the desire for inclusion, for full 'acceptance' as member of solidary groups". (N. T.)

14 Id., *The System of Modern Societies*, p.116-7.

tologias sociais valham como outra prova para o fato de que as sociedades modernas do Ocidente constituíram formas de solidariedade adequadas à sua complexidade. O *alinhamento da racionalização do mundo da vida com os aumentos de complexidade do sistema social*, efetuado nos conceitos fundamentais, impede exatamente as distinções que temos de fazer se queremos apreender as patologias que entram em cena na modernidade.

Parsons tem de reduzir os fenômenos de patologia social a desequilíbrios sistêmicos; nisso se perde o que é específico das crises sociais. Para os sistemas autocontrolados, que precisam assegurar sua existência arriscada permanentemente por meio da adaptação às condições de um entorno contingente supercomplexo, *desequilíbrios internos são o estado normal*. Que esses desequilíbrios suponham uma "escala crítica" é algo que, da perspectiva do observador, o analista dos sistemas somente consegue julgar quando pode se referir, como no caso de organismos, a limites da sobrevivência inequivocamente identificáveis. Um problema de morte, recortado de maneira comparativamente clara, não se coloca para os sistemas sociais.[15] Somente quando os grupos sociais relevantes *experimentam* as mudanças estruturais sistemicamente induzidas como críticas para a existência e sentem sua identidade ameaçada, cabe ao cientista social falar de crises.[16] Ao conceber a modernização como racionalização social, Max Weber estabelece um nexo com as imagens de mundo asseguradoras da identidade e com as estruturas do mundo da vida que definem as condições para a consistência das experiências sociais. Ele pode retirar do próprio conceito complexo de racionalidade critérios para experiências "aporéticas" ou "paradoxais" estruturalmente geradas, que são assimiladas na forma de patologias socais em certas circunstâncias. Parsons não dispõe desses meios conceituais ou análogos; ele emprega o conceito de crise, independentemente das experiências dos concernidos e sem referência aos problemas de identidade, no sentido de uma perturbação nas relações de intercâmbio intersistêmico. As crises que surgem nas sociedades modernas são apreendidas por Parsons

---

15 Döbert, *Systemtheorie und die Entwicklung religiöser Deutungssysteme.*
16 Habermas, *Legitimationsprobleme im Spätkapitalismus*, p.9ss.

unicamente em termos de dinâmica de *media*; os processos econômicos de inflação e deflação servem de modelo para isso.[17]

No entanto, os círculos ligados a Parsons veem claramente que análises desse tipo não dão conta das aporias da modernidade, chamativas como sintomas da época, ou seja, os fenômenos de crise que caracterizam o padrão de crescimento da modernização capitalista. Assim, R. C. Baum empreende com meios parsonianos uma tentativa interessante de fazer justiça às patologias da sociedade como um todo, surgidas na esteira da modernização. De início, ele descreve as "conflações" de diversos *media* como processos parciais de uma dinâmica que abarca vários *media*; nesse caso, ele atribui os fenômenos que Marx havia concebido como privação de liberdade por meio da monetarização e Weber como privação de liberdade por meio da burocratização, à *confusão categorial de competências de media*.

Baum parte de que mesmo nas sociedades economicamente mais avançadas nem todos os quatro *media* puderam ser constituídos e institucionalizados de maneira suficiente: também aqui o intercâmbio de produtos e fatores por meio de seis mercados, descrito no *interchange paradigm* e teoricamente vaticinado, não ocorreu ainda historicamente. Somente um desses *media*, justamente o dinheiro, é ancorado institucionalmente a tal ponto que pode funcionar tanto como *measure of account* quanto como *store of value*. Mas, se os *media* são desenvolvidos desigualmente, há a tendência a definir os problemas de controle, onde for que apareçam, em termos de *medium* ou de *media* a ser manejados da melhor maneira: "A tremenda tendência ao aumento da racionalização no mundo ocidental, tão brilhantemente exposta por Max Weber, chega a uma preferência pura por usar os padrões mais racionais disponíveis na legitimação da ação social. Em relação aos outros *media* e na eficácia da medição, trata-se do dinheiro. Os homens, portanto, podem preferir usar o dinheiro como um parâmetro, mesmo em esforços que não têm o objetivo de fazer acréscimos ao estoque de utilidade de uma sociedade. Mesmo onde o objetivo é aumentar a solidariedade, a eficácia

---

17 Parsons; Platt, op. cit., p.304ss. O próprio Parsons atribui dessa maneira a crise das universidades às oscilações de conjuntura e às reações de pânico correspondentes no âmbito da *"intelligenz"* e da "influência".

coletiva ou a autenticidade societária, os homens, uma vez comprometidos com a racionalização, desdobram uma variedade de análises de custo-benefício para medir seu desempenho. Como nem o poder, nem a influência, nem os compromissos de valor como *media* mostraram-se ainda tão úteis quanto as medidas de contabilização, eles usam dinheiro em seu lugar. Mas o dinheiro, projetado para medir a utilidade, por assim dizer, não pode refletir adequadamente o que deveria refletir: adições a outras realidades das funções societárias. Toda uma série de problemas sociais, da renovação urbana aos projetos de prevenção da delinquência, permanece uma desordem, em parte por causa do uso do dinheiro para fins aos quais o dinheiro sozinho não pode servir".*[18] Assim, a destruição dos entornos urbanos, que ocorre por consequência do crescimento capitalista descontrolado, ou também a superburocratização do sistema educacional, pode ser explicada como um "abuso" do *medium* dinheiro ou poder. Abusos têm origem na falsa percepção dos implicados, que julgam que o acesso racional aos problemas de controle seria possível apenas pela via de um trato calculado com dinheiro ou poder.

A teoria dos *media* deve criticar essa percepção distorcida, insistir em um emprego mais cuidadoso de *media* mais avançados, podendo despertar a consciência para o fato de que os *media* "influência" e "compromisso

---

* Em inglês no original: "The tremendous trend towards increasing rationalization in the Western world so brilliantly exposed by Max Weber amounts to a net preference to use the most rational yardsticks available in legitimating social action. Relative to the other media and in measurement efficacy this is money. Men, therefore, may prefer to use money as a yardstick even in efforts which do not have the aim of making additions to a society's stock of utility. Even where the aim is to add to solidarity, collective effectiveness, or societal authenticity, men, once committed to rationalization, deploy a variety of cost-benefit analyses to measure their performance. As neither power, influence nor value commitments as media have as yet proved usable as measures of account, they use money instead. But money, designed, so to speak, to measure utility cannot reflect adequately what it is supposed to reflect, – additions to the other realities of societal functions. A whole host of social problems from urban renewal to delinquency prevention projects remain a mess, in part because of the use of money for ends that money alone cannot serve". (N. T.)

18 Baum, "On Societal Media Dynamics", em FS Parsons, p.604ss.

axiológico" têm de recuperar seu atraso no desenvolvimento. No entanto, Baum poderia argumentar assim somente se estivesse disposto a distinguir normativamente os estados de equilíbrio dos sistemas, neste caso o desenvolvimento equilibrado dos quatro *media* de controle postulados para a sociedade. Porém, Parsons sempre se negou a fazer que a teoria da sociedade como sistema se tornasse dependente de premissas normativas. Isso pode explicar por que Baum coloca em jogo nesse ponto as noções e os ideais normativos contidos nas próprias tradições culturais das sociedades.

Pois as sistemáticas recepções falhas que conduzem a preferências de *media* arriscadas demais são explicadas por Baum também com a seletividade de imagens de mundo dominantes. Dependendo do tipo de "boa sociedade" que uma imagem de mundo projeta e sugere, uma função determinada recebe uma posição privilegiada na percepção dos implicados. Essa prioridade pode levar à sobrecarga do *medium* correspondente com problemas falsamente correlacionados. Mas então as próprias imagens de mundo e de sociedade se submetem à dinâmica dos *media*. Não se pode ver bem por que as imagens de mundo deveriam poder manter em pé barreiras normativas que erigem contra uma oneração equilibrada de *media* e contra uma correlação de problemas categorialmente adequadas, sob a pressão acumulativa de problemas não resolvidos. Somente uma resistência *interna*, com sentido intrínseco, contra revisões funcionalmente imperativas de imagens de mundo e de sociedade estabelecidas de modo unilateral poderia explicar as crises, isto é, as perturbações que possuem um caráter sistemático e representam algo diferente de desequilíbrios temporários. Tanto quanto Parsons, Baum não dispõe de meios analíticos para identificar tais restrições internas do desenvolvimento cultural. Essa vantagem é propiciada pela teoria weberiana da racionalização, que, graças a seus pressupostos neokantianos, opera com um conceito não funcionalista de racionalidade e com um conceito não empírico de validade. Alguns discípulos de Parsons, para os quais se tornou claro que a teoria da modernidade não prescinde de um critério de avaliação para os processos críticos da modernização, procedem por isso com toda coerência quando querem desprender novamente a teoria parsoniana da cultura de seu forro, constituído pelo funcionalismo sistêmico.

(2) Excurso sobre uma tentativa de rekantianizar Parsons

R. Münch faz a tentativa enérgica de conectar a teoria parsoniana da sociedade como sistema com a teoria weberiana da racionalização. De maneira mais aguda do que o próprio Weber, ele distingue a racionalização cultural da racionalização social: "Caso se queira reconstruir o questionamento de Weber sobre como o processo de racionalização próprio somente ao Ocidente poderia ser explicado, então é preciso duas partes da explicação. Em uma parte, está em jogo para Weber colocar em relevo a conduta de vida metódico-racional que é própria unicamente ao Ocidente. É por meio disso que o impulso à racionalização e a direção geral da racionalização deveriam ser explicadas. A direção geral da racionalização é determinada pela imagem de mundo institucionalizada no interior de um círculo cultural. Max Weber investiga desse ponto de vista o confucionismo, o hinduísmo e a religião judaico-cristã, assim como, em particular a forma desdobrada até a última consequência destas no protestantismo ascético, na qualidade de interpretações de mundo que geram as três atitudes opostas em relação ao mundo, determinando assim a direção geral da racionalização da conduta de vida. Essas três *direções gerais* da racionalização contraem vínculos, de uma parte, com as assim chamadas legalidades intrínsecas das diversas esferas sociais. Por meio dessa combinação de atitude geral com o mundo e legalidades intrínsecas específicas de esferas sociais resultam direções da racionalização das diversas esferas sociais, como da esfera da economia, da política, do direito, da administração ou da ciência. A 'legalidade intrínseca' dessas esferas resulta da maneira como suas problematizações são definidas no quadro de uma atitude específica para com o mundo".[19] A "direção" decisiva para o Ocidente é vista por Münch como determinada pela atitude de dominação ativa do mundo; ele se contenta, acompanhando Weber, com caracterizações como "individualista-universalista" e "racionalista-ativista", concentrando-se na questão de saber como a transposição da racionalização cultural na social pode ser pensada.

---

19 Münch, "Max Webers Anatomie des okzidentalen Rationalismus", *Soziale Welt*, v.29, p.217ss., 1978; aqui, p.220.

Weber havia dado a esse problema a versão segundo a qual a ética religiosa e o mundo se penetram mutuamente na conduta de vida metódico-racional que caracteriza as camadas portadoras das sociedades do capitalismo incipiente; essa "interpenetração" tem por consequência uma reconfiguração ética da ação cotidiana que atravessa todas as esferas da vida e, por fim, a institucionalização da ação econômica e administrativa racional com respeito a fins. Para a *liberação dos potenciais cognitivos,* plena de consequências, Weber não ofereceu, contudo, nenhum modelo convincente. Nesse ponto, Münch recorre a Parsons. Ele descreve a corporificação institucional e a ancoragem motivacional das estruturas cognitivas procedentes da racionalização das imagens religiosas de mundo na linguagem da teoria dos sistemas para conceber o caso do surgimento do racionalismo ocidental como exemplo da *interpenetração de sistemas de ação*: "O específico do desenvolvimento ocidental moderno é para Weber a penetração mútua de ética e mundo, a qual tem de ser vista em uma dupla perspectiva: em primeiro lugar, como interpenetração da esfera religiosa, cultural e fiduciária, e a comunidade, por meio da qual a ética da comunidade é sistematizada e universalizada, e, em segundo lugar, como interpenetração da comunidade com a esfera econômica e com a esfera política, por meio da qual, de um lado, puderam surgir primeiramente uma ordem econômica e uma ordem política e, de outro, a ética da comunidade recebe um caráter crescentemente objetivo e formalmente jurídico".[20]

Münch explica a teoria weberiana de tal sorte que o direito moderno e a ética protestante representam o resultado de uma interpenetração *vertical* entre cultura e sociedade (ou seu subsistema de integração), ao passo que a economia e a administração estatal racional se devem a uma interpenetração *horizontal* entre o sistema da comunidade, revolucionado por meio das ideias universalistas de direito e moral, e aqueles âmbitos que obedecem à legalidade intrínseca dos problemas de ação econômicos e administrativos. Da perspectiva da teoria da evolução, esse processo pode ser descrito então da seguinte maneira: "Se partimos do código genético das sociedades oci-

---

20 Münch, "Über Parsons zu Weber, von der Theorie der Rationalisierung zur Theorie der Interpenetration", *Zeitschrift für Soziologie*, v.9, n.1, p.47, 1980.

dentais e queremos explicar seu desenvolvimento, temos de perguntar como esse código se tornou fenotípico a cada vez, mediante a institucionalização e a internalização de informações genotípicas. Temos de explicar as estruturas normativas concretas mediante o grau de sua ancoragem em comunidades e mediante o grau de sua interpenetração com a ação adaptativa".[21]

Na terminologia dessa reformulação, chamam a atenção duas coisas. Em primeiro lugar, Münch emprega para a corporificação e ancoragem de estruturas cognitivas, tanto agora como antes, as expressões "institucionalização" e "internalização". Parsons havia designado com isso a incorporação de padrões culturais de valor, isto é, de *conteúdos*, ao passo que o direito moderno e a ética protestante expressam uma racionalização social somente na medida em que corporificam ou ancoram as *estruturas formais* de uma etapa superior da consciência moral. Em segundo lugar, Münch utiliza a expressão "interpenetração" não somente para o processo "vertical" da implementação social de uma compreensão objetificada, descentrada do mundo, mas também, ao mesmo tempo, para o entrelaçamento "horizontal" do quadro institucional ajustado à moral pós-tradicional com os sistemas parciais economia e Estado. Certamente, a institucionalização da ação econômica e administrativa racional com respeito a fins resulta apenas da cooperação de ambas as "interpenetrações". Mas somente a interpenetração vertical tem equivalência semântica com a penetração mútua de ética e mundo, isto é, com o processo de aprendizado evolucionário de uma transposição inovadora da racionalização cultural na social. Unicamente sob *esse* aspecto temos de lidar com uma racionalização do *mundo da vida*, que se deixa depreender da racionalidade da *conduta de vida*. A interpenetração vertical preenche, todavia, as condições necessárias para a horizontal; o direito moderno e a ética protestante servem à institucionalização de dinheiro e poder na qualidade de *media* de controle com base nos quais as sociedades modernas alcançam um nível de integração mais elevado. Mas Münch põe no mesmo saco os dois "processos de interpenetração", já que ele não distingue, tanto quanto Parsons, o aumento de complexidade do sistema social e a racionalização progressiva do mundo da vida.

---

21 Münch, "Rationalisierung und Interpenetration", manusc., p.35, 1980.

Ora, Münch pode levar a sério seu propósito de introduzir a explicação de Weber sobre o racionalismo ocidental no interior da teoria de Parsons somente porque reduz a teoria de Parsons às premissas de Weber e extrai o cerne da teoria neokantiana da cultura da casca dada pela teoria dos sistemas. De certa maneira, Münch invalida a virada de Parsons rumo ao funcionalismo sistêmico. Ele retira deste todas as conotações essencialistas, deixando os "sistemas" valerem simplesmente como sistemas de referência analíticos. Não somente os sistemas de ação não "agem" – eles tampouco "funcionam". Münch confere a Parsons uma interpretação de acordo com a qual o esquema das quatro funções não deve mais servir a explicações funcionalistas; o esquema não permitiria sequer a afirmação de que "todo sistema social seria dependente do preenchimento das quatro funções AGIL. Esta não é a direção explicativa que é tomada na aplicação do esquema analítico. Pelo contrário, essa aplicação se guia pela tese nuclear segundo a qual se pode explicar um aspecto qualquer da realidade apenas pela espécie de cooperação dos sistemas dinamizadores e controladores, diferenciáveis conforme o esquema analítico".[22] Münch se vê instado a assumir essa tese ousada porque gostaria de conservar o conteúdo genuíno da tese da racionalização. Ele entende a "diferenciação estrutural [...] como um resultado da interpenetração [...] e não como resultado da adaptação funcional de um sistema ao entornos mais complexos".[23] Münch concebe a interpenetração no sentido daquela realização de valores que Parsons havia inserido em seu conceito de atividade voltada a fins e regulada por valores.[24]

Por isso, ele vê no conceito da hierarquia de controle a peça nuclear de uma teoria dos sistemas de ação entendida em termos estruturalistas. Isso se impõe tanto mais quando Münch pretende atualizar com o conceito de interpenetração aquele conteúdo filosófico que Parsons simultaneamente havia acomodado no conceito de hierarquia de controle e tornado irreconhecível. A ordenação hierárquica das quatro funções dos correspondentes

---

22 Ibid., p.33.
23 Idem.
24 Münch, "T. Parsons und die Theorie des Handelns I", *Soziale Welt*, v.30, p.397, 1979.

subsistemas somente teve sentido pleno sob a premissa de que o processo de garantia de preservação dos sistemas de ação é ao mesmo tempo um processo de realização de valores. Assim, todo estado de coisas pode ser analisado como resultante da cooperação de subsistemas da ação dinamizadores (condicionadores) e controladores. A posição que os sistemas parciais assumem na hierarquia de controle se determina de acordo com a proporção entre as contribuições controladoras e dinamizadoras para o processo de realização de valores. Em contraposição a isso, a especificação funcional dos sistemas parciais mantém tão somente um significado subordinado.

Esse arranjo permite a Münch empregar o conceito de interpenetração não apenas de maneira descritiva. Uma vez que deve ser um equivalente para o conceito weberiano de racionalização, ele precisa acolher em si os conteúdos normativos. A expressão "interpenetração" se refere ao mesmo tempo ao *processo empírico* da penetração mútua dos sistemas parciais e aquele *estado normativamente caracterizado* que dois sistemas atingem exatamente quando se penetram *equilibradamente* e em uma medida que é *ótima* para a necessidade de solucionar problemas de ambos os lados. Esse caso de *interpenetração bem-sucedida* é distinguido por Münch dos casos de *isolamento recíproco*, assim como de *adaptação* (dos sistemas controladores aos sistemas dinamizadores, menos ordenados) e de *constrição* (dos sistemas dinamizadores devido ao sobrepeso dos sistemas controladores). Essas noções normativas aparecem no jargão da teoria dos sistemas; elas expressam, no entanto, algo diferente da ideia normativamente revalorizada de um equilíbrio de sistemas sob condições de alta complexidade intrínseca. Pelo contrário, subjaz a elas a intuição de um *desdobramento de potenciais inscritos na cultura*. A modernização da sociedade é considerada a expressão fenotípica de um código cultural que não representa um potencial qualquer de orientações axiológicas, mas, com base na teoria de Weber sobre a racionalização religiosa, é identificada como resultado de processos de aprendizagem e como novo nível de aprendizagem.

Todavia, Münch não pode conferir expressão adequada a essa intuição por meio de sua exegese normativa do conceito de interpenetração. Weber pode conceber a modernização como *racionalização* social porque explicou primeiramente a racionalidade da compreensão moderna de mundo que alcançou um desdobramento no Ocidente. Em Münch falta esse passo; inversamente, ele denomina racional um código cultural quando este se presta a uma "penetração mútua de ética e mundo": "Sociedades e personalidades atingem um grau crescente de associação de duas orientações opostas por meio dessa forma de institucionalização e internalização de um sistema de valores: a associação de uma preservação de espaços de liberdade e de possibilidades de mudança que vai o mais longe possível e o caráter de ser ordenado".[25] Com a expressão "interpenetração", Münch sugere um programa de mediação; sem nenhuma dialética, ele está convencido do valor das mediações dialéticas. Em vez de certificar-se do conceito complexo de racionalidade, pelo qual Weber se deixa guiar ao menos implicitamente, ele recai no ideário reificador da teoria dos sistemas. A valorização normativa da interpenetração é justificada por Münch, em última instância, da seguinte maneira: "O mundo se torna (por meio da interpenetração) cada vez mais complexo com a conservação do caráter de ser ordenado, isto é, surge mais e mais *complexidade ordenada*. Esta é uma definição da direção da evolução que se ancora em última instância no código télico da *conditio humana*: na pressão *a priori* para a constituição de sentido sob a condição de um mundo complexo e imediatamente não sensível".[26]

De fato, as coisas se passam certamente de tal modo que Münch primeiramente se envolve com uma imagem harmonizadora da modernidade europeia e norte-americana e depois concebe os estados de um equilíbrio diferenciado, que em Parsons são formulados nos termos da teoria dos sistemas, como interpenetração bem-sucedida sob o aspecto da realização de valores. É à luz da interpretação de Parsons sobre a modernidade que Münch eleva ao conceito de interpenetração os processos de racionalização social. Nesse ponto, ele mantém na sombra o idealismo de Parsons. O que Weber afirmou para os começos da modernidade deve valer tanto mais para seu desdobramento, desde o século XVIII: "A interpenetração de comunidade e sociedade possibilita a extensão da solidariedade e a propagação da racionalidade econômica ao mesmo tempo, sem que um onere o outro.

---

25 Münch, "Uber Parsons zu Weber, von der Theorie der Rationalisierung zur Theorie der Interpenetration", op. cit., p.30.

26 Ibid.

A ação pode se tornar nesse sentido ao mesmo tempo mais moral, mais solidária e mais economicamente racional; o aumento de solidariedade é até mesmo uma condição da ação economicamente racional, que agora não é mais a pura ação utilitarista, mas a ação econômica eticamente regulada".[27]

No projeto dessa imagem das sociedades capitalistas desenvolvidas, esterilizada e purificada de patologias sociais, Münch coincide com Parsons, e não por acaso. Eles devem sua concordância às debilidades complementares de uma construção teórica que confisca a distinção entre sistema e mundo da vida e, por isso, passa ao largo dos indicadores observados por Weber acerca de uma modernidade em conflito consigo mesma. Parsons alinha categorialmente a racionalização do mundo da vida com o aumento de complexidade do sistema de ação, de sorte que lhe escapam os fenômenos de resistência, com sentido intrínseco, que os âmbitos da vida comunicativamente estruturados podem contrapor aos imperativos funcionais. Na teoria da interpenetração, em contrapartida, a modernização aparece a tal ponto como aproveitamento de um potencial cultural que Münch atenua as coerções da reprodução material a título de condições da realização de valores, deixando de apreendê-las em sua dinâmica sistêmica intrínseca.

---

27 Id., "Rationalisierung und Interpenetration", op. cit., p.38-9.

# VIII
Consideração final:
De Parsons a Marx via Weber

Observação preliminar

Pelos problemas de construção da teoria da sociedade de T. Parsons, tornamos clara a estrutura categorial de uma concepção de sociedade de dois níveis, vinculando os aspectos do mundo da vida e do sistema. Para a teoria da sociedade, o próprio objeto se altera no curso da evolução social. O mundo da vida comunicativamente estruturado carece tanto mais de uma análise baseada na teoria dos sistemas que explore os aspectos contraintuitivos da socialização quanto mais a reprodução do mundo da vida se alarga e se diferencia. Essa mudança de perspectiva precisa ser efetuada, no entanto, de maneira metodologicamente cuidadosa e sem confusão de paradigmas. Parsons extenuou-se em vão com esse problema. Justamente os fenômenos de uma racionalização contraditória, investigados na linha de Marx a Weber, carecem de uma abordagem teórica que seja suficientemente sensível à separação analítica de integração social e integração sistêmica. Por muito que Parsons se ligue às investigações de Max Weber, ele não pode exaurir o potencial da "Consideração intermediária" para o diagnóstico de época, ao qual W. Schluchter chamou a atenção em última instância. Nenhum dos componentes deste diagnóstico de época perdeu em atualidade nas seis ou sete décadas que se passaram nesse meio-tempo.

Isso se aplica à tese da perda de sentido tanto quanto à tese da perda de liberdade. Junto com a religião e a metafísica, com as figuras de uma razão objetiva no sentido de Horkheimer, Weber vê desvanecer a força unificadora e espontânea de convicções coletivamente partilhadas. A razão limitada ao aspecto cognitivo-instrumental entra a serviço da autoafirmação meramente subjetiva. Nesse sentido, Weber fala de um politeísmo de poderes impessoais, do antagonismo de ordens últimas de valores, da concorrência dos poderes da crença irreconciliáveis. Na medida em que a razão objetiva se encolhe na razão subjetiva, a cultura perde a força para reconciliar os interesses particulares por meio de convicções.¹ Por outro lado, Weber conjura, com o dito célebre, "a jaula daquela servidão do futuro, a que talvez um dia os homens serão forçados a sujeitar-se impotentemente, como os felás no Estado do Egito antigo, se a eles uma administração boa em termos puramente técnicos for o valor último e único, que deve decidir sobre o tipo de condução de seus assuntos, e isso significa: uma administração e um aprovisionamento racionais por parte de funcionários". A força iluminadora desse diagnóstico se mostra sobretudo quando se compreende a burocratização dos âmbitos da vida como modelo de uma tecnificação do mundo da vida que despoja os atores do nexo de sentido de suas próprias ações.²

Gostaria de retomar mais uma vez as considerações de Weber sobre os paradoxos da racionalização social à luz da hipótese que desenvolvi inicialmente de forma global sob a rubrica "mediatização do mundo da vida" e que agora, depois da travessia crítica pela teoria parsoniana da sociedade, posso formular com mais nitidez (1). Essa segunda tentativa de uma recepção de Weber a partir do espírito do marxismo ocidental é inspirada, contudo, pelo conceito de razão comunicativa (desenvolvido nesse meio-tempo com base em Durkheim e Mead) e, nesse aspecto, é também crítica em relação à própria tradição marxista. Justamente o cerco sobre o conflito de classes por meio do Estado de bem-estar social põe em marcha, nas sociedades industrialmente avançadas do Ocidente, a dinâmica de uma reificação dos âmbitos de ação comunicativamente estruturados, condicionados pelo capitalismo tanto agora como antes, mas repercutindo de uma maneira cada vez mais sem especificidade de classe (2). O desenvolvimento crítico das suposições marxistas fundamentais abre o olhar para as aporias da modernização social, hoje chamativas. Para concluir, vou caracterizar as tarefas pelas quais uma teoria crítica da sociedade deveria se medir juntamente com abordagens concorrentes (3).

---

1 Sobre a assim chamada crise de sentido, cf. Bell, *The Cultural Contradictions of Capitalism*; id., *The Winding Passage*.
2 Para a expropriação do ator das próprias ações, cf. Hummel, *The Bureaucratic Experience*.

1
Retrospectiva sobre a teoria weberiana da modernidade

A análise da teoria weberiana da racionalização, levada a cabo no segundo capítulo, conduziu-nos a um resultado discrepante. De um lado, ela oferece, tanto agora como antes, a abordagem mais promissora para explicar as patologias sociais que surgem na esteira da modernização capitalista. De outro, deparamo-nos com muitas inconsistências, que tornam patente que o conteúdo sistemático da teoria weberiana não pode ser apropriado sem uma reconstrução efetuada com instrumentos conceituais aprimorados.

Um *primeiro problema* resultou do fato de Weber investigar a racionalização dos sistemas de ação somente sob o aspecto da racionalidade voltada a fins. Caso se queira descrever e explicar adequadamente as patologias da modernidade em coerência com a abordagem weberiana, é preciso ter à disposição um conceito mais complexo de racionalidade, que permita indicar o espaço que a racionalização das imagens de mundo alcançada no Ocidente abre para uma modernização da sociedade. Somente então a racionalização dos sistemas de ação se deixa analisar não apenas sob o aspecto parcial cognitivo-instrumental, mas também com a inclusão dos aspectos prático-morais e dos estético-expressivos em toda a sua amplitude. Na perspectiva da história da teoria e na perspectiva analítica, tentei resgatar esse desiderato com a clarificação de conceitos como ação orientada ao entendimento, mundo da vida simbolicamente estruturado e razão comunicativa.

Um *outro problema* resultou do fato de Weber, incapacitado pelos impasses na constituição categorial de sua teoria da ação, equiparar o padrão capitalista da modernização com a racionalização social em geral. Por isso, ele não pôde atribuir os fenômenos sintomáticos da época a um aproveitamento seletivo do potencial cognitivo culturalmente acumulado. Caso se queira tornar fecundo o diagnóstico weberiano do presente, é preciso fazer uma referência aos efeitos colaterais patológicos de uma estrutura de classe que não se deixa apreender suficientemente apenas com os meios da teoria da ação. Com isso, o surgimento de subsistemas de ação racional com respeito a fins ganha uma outra posição. A racionalização dos contextos de ação comunicativa e o surgimento de subsistemas de ação econômica e administrativa racional com respeito a fins são processos que têm de ser separados de maneira analiticamente nítida. Um outro desiderato consistiu, por conseguinte, em transferir a análise do plano das orientações conflitantes da ação para o plano do conflito de princípios de integração sistêmica. De início, eu discuti a tendência evolucionária de desacoplamento de sistema e mundo da vida com um propósito analítico-conceitual, e depois, lançando mão de Parsons, tratei do problema de construção ligado à questão de saber como os paradigmas correspondentes podem ser associados categorialmente. Agora será preciso mostrar se obtivemos com isso uma perspectiva de interpretação a partir da qual se dissolvem as inconsistências na explicação de Weber sobre o racionalismo ocidental.

Em nossa análise, aparecem em particular as *seguintes dificuldades*:

— Weber descreveu a ética protestante da vocação e a conduta de vida metódico-racional correspondente a ela, com razão, como corporificação de uma consciência moral guiada por princípios; mas ele não pôde levar em conta sistematicamente o fato de que a ascese egocêntrica, ligada ao particularismo da graça, representa uma corporificação sumamente irracional da ética religiosa da fraternidade;

— Weber afirmou uma erosão das atitudes da ética da vocação em relação ao trabalho vocacional e um avanço das atitudes instrumentalistas; mas a fundamentação de que são os processos de secularização que produzem essa decomposição da ética da vocação não é convincente. Uma consciência moral guiada por princípios não é associada necessariamente aos interesses pessoais na salvação; de fato, ela se estabilizou em forma secularizada, mesmo que a princípio somente em determinadas camadas sociais;

— Weber observou nos estilos da conduta de vida uma tendência de polarização entre os especialistas e os hedonistas; por sua vez, não é evidente sua fundamentação de que se trata aí das sequelas do antagonismo entre as esferas culturais de valores dotadas de legalidades intrínsecas;

— finalmente, Weber viu inscrito no desenvolvimento do direito moderno um conflito sistemático entre a racionalização formal e material; porém, como vimos, não pôde enquadrar com consistência os problemas de legitimação de uma dominação legal esvaziada em termos positivistas no padrão da racionalização das sociedades modernas, visto que ele próprio permaneceu preso a concepções positivistas sobre o direito.

A abordagem explicativa de Weber se deixa libertar destas e outras dificuldades similares quando se parte da suposição de que:

— (p) o surgimento das sociedades modernas, isto é, de início capitalistas, requerem a corporificação institucional e a ancoragem motivacional das ideais morais e jurídicas de tipo pós-tradicional; mas que

— (q) a modernização capitalista segue um padrão de acordo com o qual a racionalidade cognitivo-instrumental penetra, para além dos âmbitos da economia e do Estado, em outros âmbitos de vida comunicativamente estruturados e ali ganham precedência à custa da racionalidade prático-moral e estético-expressiva; e que, por conta disso,

— (r) são provocadas perturbações na reprodução simbólica do mundo da vida.

A explicação de Weber a respeito do surgimento das sociedades modernas se concentra na afirmação (p); seu diagnóstico do presente se refere aos efeitos colaterais patológicos afirmados em (r); a afirmação (q) não é erguida por Weber; mas ela é compatível com a interpretação proposta na "Consideração intermediária". As afirmações (p), (q) e (r) podem ser associadas entre si em um esboço de argumentação mais flexível se ampliarmos o quadro teórico no sentido proposto — ou seja, se expandirmos, de um lado, os fundamentos da teoria da ação em direção a uma teoria da ação comunicativa que seja talhada para o conceito de sociedade como mundo da vida e para a perspectiva de desenvolvimento da diferenciação de estruturas do mundo da vida; e se desdobrarmos, de outro lado, as categorias da teoria da sociedade em direção a um conceito de sociedade desenvolvido em dois níveis, o qual sugere a perspectiva de desenvolvimento da autonomização dos contextos de ação sistemicamente integrados em relação a um mundo da vida socialmente integrado.

Para a análise dos processos de modernização, resulta daí a suposição global segundo a qual um mundo da vida progressivamente racionalizado é desacoplado e colocado na dependência dos âmbitos de ação formalmente organizados que se tornam cada vez mais complexos, como a economia e a administração estatal. Essa dependência, remontando a uma *mediatização* do mundo da vida por parte de imperativos sistêmicos, assume as formas de patologias sociais próprias de uma *colonização interna*, na medida em que os desequilíbrios críticos na reprodução material (portanto as crises de controle acessíveis à análise da teoria dos sistemas) somente podem ser evitados ao preço de perturbações na reprodução simbólica do mundo da vida (isto é, crises ou patologias que ameaçam a identidade "subjetivamente" experimentadas).

Lançando mão desse fio condutor, é possível associar os enunciados (p) e (q) no sentido de que a institucionalização da ação econômica e administrativa racional com respeito a fins é interpretada como uma ancoragem dos *media* dinheiro e poder no mundo da vida. O enunciado (q) implica então que os sistemas parciais diferenciados através dos *media* dinheiro e poder possibilitam um nível mais elevado de integração em relação às sociedades de classes estatalmente organizadas e, ao mesmo tempo, força à sua reestruturação (em sociedades de classes economicamente constituídas). Finalmente, os enunciados (q) e (r) se deixam associar com base na suposição de que, nas sociedades capitalistas desenvolvidas, os mecanismos de integração sistêmica se alastraram até aqueles âmbitos de ação que podem preencher suas funções apenas sob as condições da integração social. Se esse esboço a traços largos é suprido com os argumentos de Weber, incide uma nova luz sobre o surgimento e o desdobramento da modernidade. Nesse ponto, vou proceder de modo a partir da tese de Weber sobre a burocratização (1), retornar à explicação do surgimento das sociedades capitalistas (2), a fim de retomar o diagnóstico weberiano de época com base nessa reconstrução (3).

(1) A tese de Weber sobre a burocratização reformulada em termos de sistema e mundo da vida

A burocratização é para Max Weber um fenômeno-chave para a compreensão das sociedades modernas, pois estas se caracterizam pelo aparecimento de um novo tipo de organização: a produção econômica é organizada em termos capitalistas, sustentada por empresários que calculam racionalmente; a administração pública é organizada em termos burocráticos, sustentada por funcionários especializados com formação jurídica; ambas são organizadas, portanto, na forma de empresas e institutos. Os meios objetivos da empresa se concentram nas mãos dos proprietários ou dos dirigentes, ao passo que a afiliação à organização se torna independente das características atribuídas. As organizações obtêm por meio disso um alto grau em flexibilidade na parte interna, e em autonomia, na externa. Em virtude de sua eficiência, as formas de organização da economia capitalista e da administração estatal moderna se impõem também em outros sistemas de ação, a tal ponto que as sociedades modernas oferecem a imagem de uma "sociedade da organização" até mesmo para leigos. Para os sociólogos, esse novo tipo de organização se impõe ao mesmo tempo como exemplo concreto do conceito de sistema social autocontrolado. Não por acaso, as categorias da teoria dos sistemas encontram sua aplicação primeiramente na sociologia das organizações.[1]

Weber imaginou a atividade das organizações ainda como uma espécie de ação racional com respeito a fins no seu grosso. De acordo com sua concepção, a racionalidade de uma organização se mede pela questão de saber até que ponto a empresa ou o instituto possibilita ou assegura a ação dos membros em termos de racionalidade com respeito a fins. Esse *modelo voltado a fins*, abandonado pela teoria mais recente das organizações, não é capaz de explicar por que as organizações não podem de modo algum solucionar seus problemas de manutenção de continuidade somente (ou mesmo que apenas em primeira linha) por meio do comportamento de seus membros, na perspectiva da racionalidade com respeito a fins. Também para a empresa

---

[1] Mayntz (org.), *Bürokratische Organisation*.

econômica capitalista e para a administração moderna não nos cabe supor nenhuma dependência linear da racionalidade da organização em relação à racionalidade da ação dos membros. É por esse motivo que o funcionalismo sociológico não se liga mais à racionalidade do saber de sujeitos capazes de conhecer e agir. Para os processos de racionalização social, ele acaba elegendo o ponto de referência da racionalidade sistêmica: o "saber" capaz de racionalização se manifesta na capacidade de autocontrole dos sistemas sociais. Enquanto Weber concebeu a racionalização social como uma institucionalização da ação econômica e da ação administrativa, racionais com respeito a fins, que foi efetuada nas formas organizatórias da empresa e do instituto, para a abordagem da teoria dos sistemas o comportamento dos membros da organização em termos de racionalidade com respeito a fins perde em importância; agora, interessa em primeira linha a contribuição funcional que posições, programas, decisões, estados e elementos diversos produzem para a solução de problemas sistêmicos.[2]

Weber afirma então que, nas tendências de burocratização da sociedade em seu todo, se impõem duas coisas ao mesmo tempo: a forma suprema da racionalidade social e a subsunção mais eficaz dos sujeitos agentes sob o poder objetivo de um aparato autonomizado por cima de suas cabeças. Em uma análise mais detalhada, torna-se patente que essa tese da perda de liberdade deve sua plausibilidade somente ao emprego ambíguo da expressão "racionalização". Dependendo do contexto, seu significado se desloca inadvertidamente da racionalidade da ação para a racionalidade dos sistemas. Weber admira as operações organizatórias das burocracias modernas; porém, tão logo passa a aprofundar a perspectiva dos membros e dos clientes, analisando a coisificação das relações sociais nas organizações a título de despersonalização, ele passa a descrever a racionalidade das burocracias – que se desligaram das atitudes próprias da ética da vocação, em geral das atitudes racionais com respeito a valores, desdobrando sua dinâmica própria – sob a imagem de uma *máquina que opera racionalmente*: "Uma máquina sem vida é espírito coagulado. É somente o fato de ser isto o que lhe dá o poder de coagir os seres humanos ao serviço dela e determinar o cotidiano

---

2 Luhmann, "Zweck, Herrschaft, System", *Der Staat*, Berlim, v.3, p.129ss., 1964.

de sua vida de trabalho tão dominantemente como é de fato o caso na fábrica. É também espírito coagulado aquela máquina viva representada pela organização burocrática, com sua especialização do trabalho tecnicamente instruído, sua delimitação de competências, seus regulamentos e suas relações de obediência escalonadas de maneira hierárquica".[3] Em associação com a máquina morta, a máquina viva da burocracia autonomizada trabalha para produzir a "jaula de servidão" da qual se falou. No entanto, somente máquinas mortas "trabalham" no sentido de um conceito físico de trabalho; de hábito, dissemos que máquinas *funcionam* mais ou menos bem. A metáfora da máquina *viva* se afasta do modelo de fins e já sugere a noção de um sistema que se estabiliza em face de um entorno continente. Certamente, a distinção entre racionalidade de sistemas e racionalidade com respeito a fins foi introduzida somente mais tarde; mas é algo semelhante que Weber já tem em mente intuitivamente. Em todo caso, a tese da perda de liberdade pode se tornar mais plausível quando se considera a burocratização como indício de um novo nível de diferenciação sistêmica. Na medida em que os subsistemas economia e Estado se diferenciam, por meio dos *media* dinheiro e poder, de um sistema institucional inserido no horizonte do mundo da vida, surgem *âmbitos de ação formalmente organizados* que não são mais integrados por meio de mecanismos de entendimento, que se desfazem dos contextos do mundo da vida e se coagulam em uma espécie de sociabilidade isenta de normas.

Com as novas organizações, vão se formando perspectivas sistêmicas a partir das quais o mundo da vida é posto sob distanciamento, percebido como componente de um entorno sistêmico respectivo. As organizações ganham autonomia mediante uma *delimitação neutralizadora contra as estruturas simbólicas do mundo da vida*; com isso, elas se tornam peculiarmente *indiferentes* em relação à cultura, à sociedade e à personalidade. Esses efeitos são descritos por Luhmann como "desumanização da sociedade". A realidade social parece atrofiar no seu todo formando uma realidade coisificada, liberada de vínculos normativos. De fato, porém, a "desumanização" significa apenas a cisão de âmbitos de ação formalmente organizados em relação ao mundo

---

3 Weber, *Wirtschaft und Gesellschaft*, p.1060.

da vida, possibilitada pelos *media* de controle; ela não significa apenas uma despersonalização no sentido da separação de sistemas de ação organizados em relação às estruturas da personalidade; pelo contrário, uma neutralização correspondente pode ser mostrada igualmente para os dois outros componentes do mundo da vida. Comecemos com a relação de indiferença entre a organização e a personalidade.

As empresas e os institutos modernos levam a sério o princípio da afiliação voluntária. Os motivos funcionalmente requeridos, as orientações axiológicas e os desempenhos são definidos, visto a partir deles, como contribuições que os membros realizam para as organizações. Por meio das condições de afiliação aceitas globalmente e com base na disposição de obediência generalizada por parte de seus membros, uma organização se torna independente das disposições de ação e objetivos concretos, em geral dos contextos de vida particulares que, do contrário, iriam afluir para dentro da organização e bloquear sua capacidade de controle, dado o pano de fundo socializador das propriedades da personalidade: "A diferenciação do papel da afiliação constitui uma zona neutra entre o sistema e a personalidade, possibilitando um desacoplamento considerável dos nexos de sentido da ação adequada ao sistema em relação às estruturas de sentido e de motivação da pessoa. Com base no papel da afiliação, a motivação para a participação no sistema, desprendida das exigências da ação internas ao sistema, pode ser assegurada e tornada útil, de forma generalizada, para uma estrutura sistêmica interna objetivamente complexa e temporalmente flexível".[4]

Um exemplo historicamente pleno de consequências para a relação de indiferença entre a organização e os associados neutralizados na qualidade de "membros" é fornecido pela empresa capitalista, que se desprendeu da economia doméstica familiar do empresário. Para a empresa, os contextos da vida privada de *todos* os empregados se tornaram o entorno.

Uma zona de indiferença surge, porém, não apenas entre a organização e a personalidade; o mesmo se aplica à relação com a cultura e a sociedade. Como se pode ilustrar pelo exemplo histórico da separação do Estado se-

---

4 Gabriel, *Analysen der Organizationsgesellschaft*, p.107; Grünberger, *Die Perfektion des Mitgliedes*.

cularizado em relação à Igreja, pelo surgimento de um poder estatal laico exercendo a tolerância, as formas modernas de organização requerem também a independência em relação às imagens de mundo legitimadoras, em geral às tradições culturais que podiam ser utilizadas até então apenas para o prosseguimento das interpretações. Graças à neutralidade ideológica do poder, as organizações escapam de tradições que, do contrário, iriam restringir a margem de manobra e o manejo soberano de sua competência de configurar os programas. Assim como as pessoas, na qualidade de membros, se veem despidas de suas estruturas de personalidade e são neutralizadas a título de suportes de desempenho, as tradições culturais, enquanto ideologias, são privadas de sua força de obrigatoriedade e transformadas em matéria-prima para os fins do planejamento ideológico, ou seja, para uma elaboração administrativa dos nexos de sentido. As organizações precisam poder cobrir sua própria carência de legitimação. Luhmann descreve mais uma vez de maneira pregnante como uma cultura reificada como entorno sistêmico é instrumentalizada para a manutenção da continuidade: "Os sistemas organizatórios se especializam em coorganizar também as consequências da ação e as operações de neutralização de seus fins, constituindo assim 'ideologicamente' os nexos de interpretação e valor que trazem na testa a estampa de sua contingência e relatividade".[5]

No entanto, as organizações não se desatrelam apenas das obrigatoriedades culturais e das atitudes e orientações específicas da personalidade, elas se tornam independentes dos contextos do mundo da vida também porque neutralizam o pano de fundo normativo de contextos da ação informalmente arraigados, eticamente regulados. De modo algum o social é absorvido enquanto tal por sistemas de ação organizados; pelo contrário, ele é cindido em âmbitos de ação constituídos no mundo da vida e âmbitos neutralizados em detrimento do mundo da vida. Uns são estruturados comunicativamente, os outros são formalmente organizados. Eles não se encontram de forma alguma na relação hierárquica de níveis de interação e organização; antes, se *defrontam* entre si na qualidade de âmbitos de ação integrados social ou sistemicamente. O mecanismo do entendimento lin-

---

5 Gabriel, op. cit., p.102.

guístico, essencial para a integração social, é parcialmente anulado nos âmbitos de ação formalmente organizados e desonerados por *media* de controle. Estes precisam ser ancorados, contudo, no mundo da vida com os meios do direito formal. É por esse motivo que, como veremos, o *tipo de juridificação* das relações sociais é um bom indicador para os limites entre sistema e mundo da vida.

Denomino "formalmente organizadas" todas relações sociais que aparecem em subsistemas controlados por *media*, na medida em que são *geradas primeiramente pelo direito positivo*. Elas se estendem também às relações de troca e de poder constituídas por direito privado e público que se prolongam para além dos limites das organizações. Nas sociedades pré-modernas, o trabalho social e a dominação política se apoiam ainda em instituições de primeira ordem, que são apenas garantidas e *revestidas de maneira jurídica*; nas sociedades modernas, elas são substituídas por ordens do direito privado e da dominação legal, as quais se apresentam *imediatamente* nas formas do direito positivo. O direito coercitivo moderno se desacopla dos motivos éticos; ele funciona como meio de delimitar os âmbitos do arbítrio legítimo para pessoas de direito privadas, ou espaços de ação da autorização legal para os detentores de cargos (para os detentores de posições organizadas de poder em geral). Nesses âmbitos de ação, as normas jurídicas *substituem* o substrato pré-jurídico da eticidade tradicional, à qual haviam se referido até então a título de metainstituição. O direito não se baseia mais nas estruturas de comunicação encontradas previamente, mas em formas de intercâmbio e cadeias de comando consoante os *media* de comunicação, no que os contextos tradicionalmente avezados da ação orientada ao entendimento são expelidos para os entornos sistêmicos. De acordo com esse critério, os limites entre sistema e mundo da vida passam, *grosso modo*, por entre os subsistemas da economia e da administração estatal burocratizada, de um lado, e as esferas da vida privada (da família, vizinhança, associações livres) e a esfera pública (das pessoas privadas e dos cidadãos), de outro. Ainda voltarei a isso.

A constituição de contextos de ação em consonância com o direito formal e a repulsão das redes da ação comunicativa para o entorno sistêmico se tornam patentes pelas relações sociais no interior das organizações. Saber até que ponto as margens de disposição que a organização formal concede são usadas de maneira racional com respeito a fins, até que ponto as atividades dependentes são implementadas de maneira racional com respeito a fins, até que ponto os conflitos internos são tratados de maneira racional com respeito a fins, até que ponto o imperativo da rentabilidade da economia empresarial, aos quais a empresa capitalista precisa mais ou menos obedecer, repercute sobre as orientações da ação dos membros das atividades – tudo isso é uma questão que, como mostram as investigações empíricas, de modo algum pode ser respondida dedutivamente. Para as orientações da ação dos membros, não é característico em primeira linha a racionalidade com respeito a fins, mas antes a circunstância de que todas as ações se encontrem sob condições da afiliação à organização, e isso significa: sob as premissas de um âmbito de interação juridicamente regulado. Quando se entendem as atividades como sistemas autorregulados, o momento da organização jurídica vem ao primeiro plano.

Contra as suposições idealizadoras de fundo que são próprias do modelo clássico da burocracia, foi objetado, com razão, que a estrutura organizatória expressa em programas e posições de modo algum se converte automaticamente e sem distorções em uma ação calculada, impessoal, acessível a exame objetivo e independente de contextos.[6]

Mesmo no interior de âmbitos de ação formalmente organizados, as interações continuam a enredar-se mediante o mecanismo do entendimento. Se todos os processos de entendimento genuínos fossem banidos do interior

---

6 Para a situação do trabalho nas organizações estatais, St. Wolff chega exemplarmente no seguinte resultado: "Que tal objetificação é problemática em vista da práxis da ação estatal concreta é algo que temos de poder demonstrar de múltiplas maneiras:
— no aspecto *cognitivo*, a situacionalidade local e histórica da ação social condiciona as operações ativas de definição e tipificação;
— no aspecto *social*, a aplicação de regulações da ação tem de orientar-se pelos contextos mais estreitos e mais amplos da situação da ação;
— no aspecto *motivacional*, suposições sobre uma motivação e motivacionalidade dos agentes sociais orientada *apenas* pela troca, isto é, completamente alheia ao Eu, revelam-se insustentáveis – também para as organizações estatais" (Wolff, "Handlungsformen und Arbeitssituationen in staatlichen Organisationen", em Treutner; Wolff; Bonß, *Rechtsstaat und situative Verwaltung*, p.154).

da organização, nem as relações sociais formalmente reguladas poderiam se manter em pé nem os objetivos organizacionais se realizariam. Apesar disso, o modelo clássico da burocracia mantém-se correto na medida em que a ação organizacional se encontra *sob as premissas* de um âmbito de ação formalmente regulado. Visto que este é neutralizado eticamente pela organização instituída na forma do direito, *a ação comunicativa perde seu fundamento de validade no espaço interno das organizações*.

Os membros da organização agem comunicativamente *sob reserva*. Eles sabem que *podem* recorrer a regulações formais não apenas em caso excepcional, mas também no caso rotineiro; não são *obrigados* a obter um consenso com os meios comunicativos. Sob as condições do direito moderno, a formalização das relações interpessoais significa a delimitação legítima de espaços de decisão que podem ser utilizados de maneira estratégica *se for o caso*. As relações internas às atividades constituídas pela afiliação à organização não substituem a ação comunicativa, mas *desapoderam* os fundamentos de sua validade em favor da possibilidade legítima de redefinir o âmbito da ação orientada ao entendimento a bel-prazer, convertendo-o em uma situação de ação despida de contextos ligados ao mundo da vida, não mais posicionada para a obtenção de consenso. No entanto, que a exteriorização dos contextos do mundo da vida não possa ter sucesso sem restos é algo que se torna patente já pela organização informal na qual toda organização formal precisa se apoiar. A organização informal se estende àquelas relações internas às atividades reguladas legitimamente que podem ser moralizadas apesar da juridificação do ambiente. Com ela, o mundo da vida dos membros, nunca perfeitamente insulado, se prolonga para dentro da realidade da organização.

Em resumo, pode-se dizer que as tendências para a burocratização se apresentam da perspectiva interna das organizações como *autonomia* crescente em relação aos componentes do mundo da vida, expelidos para o entorno sistêmico. Da perspectiva oposta do mundo da vida, o mesmo processo se apresenta como *autonomização*. Pois os âmbitos de ação adaptados aos *media* de comunicação deslinguistizados, sistemicamente integrados, são *subtraídos* às ordens institucionais do mundo da vida. A constituição de contextos de ação que não são mais socialmente integrados significa uma separação das relações sociais em relação à identidade dos atores. O sentido objetivo dos contextos de ação funcionalmente estabilizados não pode mais ser recuperado no contexto de remissões da ação subjetivamente dotada de sentido; ao mesmo tempo, porém, como Th. Luckmann observa, ele se faz notar como uma causalidade do destino na vivência e no sofrimento dos atores: "O decurso da ação é determinado 'objetivamente' pelo nexo de sentido, 'racional com respeito a fins', do respectivo âmbito institucional e especializado; no nexo de sentido 'subjetivo' da biografia individual, porém, ele não é mais incluível sem questionamentos. Com outras palavras, na maior parte dos domínios da existência cotidiana importantes para a conservação da sociedade, o sentido objetivo da ação não coincide mais de maneira evidente com o sentido subjetivo da ação".[7] Contudo, é uma questão diferente saber se resultam problemas de interpretação do fato de que os sistemas de ação se desenvolvam para além do horizonte do mundo da vida e não sejam mais experimentados como totalidade.[8] Semelhantes problemas se colocam *inevitavelmente* somente se tem de contar com uma tendência *irresistível* à burocratização *cada vez mais extensa*.

O funcionalismo sistêmico de Luhmann se apoia de fato no pressuposto segundo o qual nas sociedades modernas o mundo da vida simbolicamente estruturado já foi repelido para os nichos de uma estrutura social sistemicamente autonomizada, passando a ser colonizado por ela. Em contrapartida, a circunstância de que os *media* de controle dinheiro e poder têm de ser institucionalmente ancorados depõe primeiramente a favor de um primado dos âmbitos de ação socialmente integrados em contraposição aos contextos sistêmicos autonomizados. Certamente, no interior dos âmbitos de ação formalmente organizados, o mecanismo de coordenação do entendimento é parcialmente desapoderado; mas o sopesamento relativo entre a integração social e a sistêmica é uma questão difícil, que somente pode ser decidida empiricamente.

Saber se as tendências de burocratização descritas por Weber atingirão alguma dia o estado orwelliano, em que todas as operações de integração são repolarizadas, indo do mecanismo de socialização do entendimento lin-

---

7 Luckmann, "Zwänge und Freiheiten im Wandel der Gesellschaftsstruktur", em Gadamer; Vogler (orgs.), *Neue Anthropologie*, v.III, p.190.
8 Gabriel, op. cit., p.168ss.

guístico (o qual, como penso, é fundamental tanto agora como antes) para os mecanismos sistêmicos, e se um semelhante estado é em geral possível sem uma mudança nas estruturas antropologicamente profundas – esta é uma questão em aberto. Vejo as debilidades metodológicas de um funcionalismo sistêmico estabelecido de modo absoluto justamente no fato de ele selecionar as categorias teóricas *como se* aquele processo, cujos inícios Weber percebeu, já *estivesse* concluído, *como se* uma burocratização totalizada *tivesse* desumanizado a sociedade em seu todo, isto é, encadeando-a em um sistema que se desembaraça da ancoragem em um mundo da vida comunicativamente estruturado, ao passo que este é rebaixado por sua vez ao *status* de um subsistema ao lado de outros. Esse "mundo administrado" era para Adorno a visão do horror mais extremo; para Luhmann, ele se tornou um pressuposto trivial.[9]

(2) *Reconstrução da explicação weberiana do surgimento do capitalismo*

Antes de voltar ao diagnóstico weberiano do presente do ponto de vista da mediatização do mundo da vida, eu gostaria de examinar como a tese da burocratização, formulada em termos de sistema e mundo da vida, pode ser posta em conexão com a teoria weberiana da racionalização.

É constitutiva da sociedade capitalista nascente a diferenciação do sistema econômico em relação à ordem de dominação do feudalismo europeu. Esta se reorganiza por sua vez sob os imperativos funcionais do novo modo de produção na figura do Estado moderno. Na economia capitalista, a produção é ao mesmo tempo descentralizada e despolitizada por meio dos mercados. O Estado, que gere ele mesmo de maneira não produtiva e transfere os recursos oriundos das receitas privadas para suas operações de ordem, organiza e assegura o intercâmbio jurídico entre os concorrentes, que sustentam o processo de produção na qualidade de pessoas privadas. Assim, os dois núcleos institucionais – a empresa capitalista e o aparato

---

9 Gabriel (op. cit., p.114) ressalta isso como o ponto crucial da controvérsia entre Weber e Luhmann.

administrativo moderno – formam para Max Weber os fenômenos que carecem de explicação. No caso da empresa capitalista, no entanto, não é a institucionalização do trabalho assalariado, mas o caráter planejado das decisões econômicas, orientado ao lucro e escorado na contabilidade racional, o que vale como conquista evolucionária chamativa. A explicação de Max Weber se refere de início não ao estabelecimento de mercados de trabalho que convertem a força de trabalho abstrato em um fator de custo no cálculo do êxito empresarial, mas ao "espírito do capitalismo", àquela mentalidade, portanto, que caracteriza a ação econômica racional com respeito a fins, própria dos empresários nos começos do capitalismo. Enquanto Marx concebe o modo de produção como fenômeno que carece de explicação e investiga a acumulação do capital como o novo mecanismo de *integração sistêmica*, Weber dirige a investigação para uma outra direção com sua versão do problema. Como *explanandum*, ele considera a repolarização de economia e administração estatal em favor das orientações da ação racional com respeito a fins; essas alterações incidem na dimensão das formas de *integração social*. Todavia, a nova forma de integração social torna possível uma institucionalização do *medium* dinheiro e, com ele, novos mecanismos de integração sistêmica.

Marx parte dos problemas de integração sistêmica, Weber, dos problemas de integração social. Quando se separam esses dois planos analíticos, a teoria da racionalização de Weber pode ser recolhida em um modelo explicativo que esbocei em outro lugar[10] segundo os seguintes pontos de vista:

— as capacidades de aprendizado adquiridas primeiramente pelos membros individuais da sociedade ou por grupos marginais encontram uma entrada no sistema de interpretação da sociedade por meio de processos de aprendizagem exemplares. As estruturas de consciência coletivamente partilhadas e os acervos de saber apresentam um *potencial cognitivo* em termos de conhecimentos empíricos e de discernimentos prático-morais, o qual pode ser socialmente aproveitado;

— as sociedades aprendem ao resolverem problemas sistêmicos que representam desafios evolucionários. Por essa expressão entendo os

---

10 Habermas, *Zur Rekonstruktion des Historischen Materialismus*, p.30ss. e p.175ss.

problemas que sobrecarregam as capacidades de controle acessíveis nos limites de uma formação social dada. As sociedades podem *aprender em termos evolucionários* ao aproveitarem as noções morais e jurídicas contidas nas imagens de mundo para a reorganização dos sistemas de ação e constituírem uma nova forma de integração social. Esse processo se deixa representar como a corporificação institucional de estruturas de racionalidade que já se encontram expressas no plano cultural;

— o estabelecimento de uma *nova forma de integração social* permite a aplicação do saber técnico-organizatório disponível (ou a geração de um novo), isto é, uma *intensificação das forças produtivas* e uma ampliação da complexidade sistêmica. Para a evolução social, por conseguinte, os processos de aprendizagem no âmbito da consciência prático-moral possuem a função de precursores;

— uma onda evolucionária se caracteriza, de acordo com essa teoria, por instituições que possibilitam a solução de problemas sistêmicos geradores de crise, e isso em virtude de propriedades que podem ser atribuídas à corporificação de estruturas de racionalidade. Com a corporificação institucional de estruturas de racionalidade que já haviam se constituído na cultura da antiga sociedade, surge um novo *nível de aprendizado*. Institucionalização não significa aqui o processo de tornar vinculantes padrões culturais, *conteúdos* de orientação; pelo contrário, está em jogo que novas possibilidades *estruturais* sejam abertas para a racionalização da ação. O processo de aprendizagem evolucionário é representado como implementação de um potencial de aprendizagem. E esse processo deve poder ser explicado por sua vez de maneira causal, com remissões às estruturas e aos eventos. Deixo de lado o problema metodológico complicado de saber como a influência recíproca de estruturas e eventos entre si, como o impulso por meio de eventos geradores de problemas e o desafio por parte de possibilidades estruturalmente mantidas em aberto podem ser conceitualmente compreendidos.[11]

---

11 Cf., sobre isso Schluchter, *Die Entwicklung des okzidentalen Rationalismus*, p.256ss.

Se seguirmos essas orientações hipotéticas, o esqueleto da abordagem explicativa de Weber se deixa reconstruir como se segue. Para os complexos institucionais que caracterizam o nível moderno de desenvolvimento, é preciso que se deixe mostrar que eles são (i) funcionais para solucionar problemas sistêmicos até então insolúveis e que eles corporificam (ii) estruturas de consciência moral de um nível mais elevado. A explicação causal consiste então em (iii) demonstrar um potencial cognitivo correspondente lançando mão de imagens de mundo racionalizadas, (iv) indicando as condições sob as quais as corporificações institucionais das estruturas de consciência culturalmente já cunhadas possam ser experimentadas primeiramente e em seguida estabelecidas, e finalmente (v) identificar as fases do próprio processo de aprendizagem lançando mão de processos históricos. Para a explicação causal, portanto, as explicações funcionalistas e estruturalistas têm de ser combinadas. Aqui não posso preencher esse modelo sequer de forma ilustrativa, mas gostaria de sugerir como o modelo pode ser objeto de "investimento" [*"besetzt"*] com os pontos de vista segundo os quais Weber investigou o racionalismo ocidental.

ad (i) A tarefa de uma análise funcionalista seria indicar os *problemas sistêmicos* da sociedade feudal na Alta Idade Média, os quais não puderam ser resolvidos sobre a base de uma produção agrária constituída segundo o direito feudal, sobre a base de mercados locais e de um comércio a longa distância, voltado para o consumo de luxo, visto que eles iriam exceder a capacidade de controle e a capacidade de aprendizagem das sociedades de classes politicamente constituídas. O que o desenvolvimento europeu caracteriza não é tanto *o tipo* desses problemas sistêmicos, com os quais outras grandes civilizações também tiveram de lutar, mas antes o fato de que eles foram tomados como *desafios evolucionários*. A outra tarefa de uma análise funcionalista consistiria em explicar por que o modo de produção que surge em torno do núcleo institucional da *empresa capitalista* pode resolver aqueles problemas tão logo se desenvolve um *poder estatal moderno* que assegura a ordem burguesa do direito privado e, com ela, a institucionalização do *medium* dinheiro, em geral os pressupostos da preservação de um processo econômico despolitizado, liberado de normas éticas e de orientações por valores de uso, em favor de mercados dotados de uma grandeza determinada, precisamente a ordem de grandeza do Estado territorial.[12]

ad (ii) A *análise estrutural* teria então a tarefa de esclarecer as propriedades formais das orientações de ação que são funcionalmente necessárias para a empresa capitalista e para as administrações modernas. Weber investigou a normatização da ação racional com respeito a fins tanto sob os *aspectos da ética da vocação quanto sob os aspectos jurídicos*. Para a ancoragem motivacional das orientações próprias da ação racional com respeito a fins, que são tão constantes e tão abrangentes que podem constituir um papel vocacional, é necessária a força sistematizadora de uma consciência moral guiada por princípios. A análise estrutural se dirige por isso à "afinidade eletiva" entre a *ética protestante* e o *espírito do capitalismo*, coagulado na cultura vocacional moderna. Pela estrutura da ética da convicção, presa ao particularismo da graça e desinstitucionalizada, Weber elucida por que ela pode penetrar todas as esferas e estágios da vida, dramatizar o trabalho vocacional como um todo e ao mesmo tempo conduzir às consequências não fraternais de uma coisificação das relações interpessoais. Por outro lado, para a ancoragem da ação racional com respeito a fins em termos de racionalidade de valores, dada no sistema institucional, é necessário um *direito baseado no princípio da positivação e da fundamentação*. Aqui a análise estrutural se dirige aos fundamentos da validade do direito moderno, o qual substitui, de acordo com sua ideia, a validade tradicional por um acordo racionalmente obtido. Aquela positivação, legalização e formalização do direito, que é funcionalmente necessária para a institucionalização do dinheiro e do poder e para uma organização correspondente da ação econômica e administrativa, significa ao mesmo tempo uma separação entre legalidade e moralidade. Por isso, o sistema jurídico em

---

12 Tanto depois quanto antes, a força da abordagem explicativa marxista consiste em não atribuir o novo modo de produção aos fatores externos, mas à dinâmica interna do sistema econômico. Cf. nesse contexto a discussão interessante sobre as abordagens de P. Sweezy, I. Wallerstein e A. G. Frank, em Brenner, "The Origins of Capitalist Development: A Critique of Neo-Smithian Marxism", *New Left Review*, n.104, p.25ss., 1977; Fine, "On the Origins of Capitalist Development", *New Left Review*, p.88ss., 1978.

seu todo depende de uma fundamentação autônoma, que somente é possível nos termos de uma moral pós-tradicional.

ad (iii) Se são identificadas as instituições que caracterizam a passagem às sociedades modernas como processo de aprendizagem evolucionário, teria de ser demonstrado que as estruturas de racionalidade nelas corporificadas foram *acessíveis na qualidade de estruturas das imagens do mundo*. De fato, Weber pretendeu mostrar, em seus estudos comparativos sobre a ética econômica das religiões mundiais, que a racionalização das imagens de mundo levou, pela linha da tradição judaico-cristã, e apenas nesse fio de desenvolvimento ocidental, a uma compreensão descentrada de mundo e à diferenciação de esferas de valores culturais dotadas de sentido intrínseco, e, com isso, também às noções pós-tradicionais do direito e da moral. Isso é uma *condição necessária* para uma "penetração mútua de ética e mundo", no curso da qual as ordens profanas da sociedade são transformadas.

ad (iv) A *explicação causal* da passagem à modernidade somente poderia ter sucesso, contudo, se fossem encontradas também aquelas condições que *são suficientes* para aproveitar o potencial cognitivo disponível, por mais seletivamente que seja, para as inovações institucionais *características*. Estas indicam, como esboçado sob (i), uma nova forma de integração social; ela possibilita um novo nível de diferenciação sistêmica, permitindo ampliar a capacidade de controle para além dos limites de uma sociedade de classes estratificada, politicamente constituída. Fazem parte desse contexto fatores que Weber explicou esmiuçadamente e que também Parsons retomou (a posição especial das cidades artesanais medievais e os direitos políticos do citadino, a organização rigorosa da hierarquia eclesial católica, o papel exemplar do direito canônico, a concorrência entre poder eclesial e poder secular, a descentralização dos poderes da dominação no interior de uma sociedade quase homogênea em termos cultuais e assim por diante). Outros fatores precisam explicar por que os novos complexos institucionais puderam se impor e estabilizar. É somente com a extensão e consolidação da economia de mercado nos limites do Estado territorial que a sociedade capitalista entra no estágio de uma reprodução autossuficiente, controlada por mecanismos próprios de impulsão. É somente com a reconfiguração da dominação legal segundo a ordem do direito civil e constitucional que se exerce uma relação de complementação funcional e estabilização recíproca entre a economia capitalista e o Estado improdutivo.

ad (v) Se o esboço de explicação fosse elaborado a ponto de podermos ordenar os acontecimentos históricos a partir desses pontos de vista teóricos, permaneceria como tarefa principal a descrição do processo de aprendizagem evolucionário em termos de movimentos sociais e revolucionamentos políticos. Max Weber se concentrou quase exclusivamente na Reforma e em alguns dos movimentos sectários que partem dela; ele negligencia as revoluções burguesas e os movimentos de massas do século XIX. Todavia, persegue a pista interessante da institucionalização de estruturas de consciência novas, pós-tradicionais. Esse processo começa com a alteração das atitudes ligadas à ética da vocação, culmina na institucionalização do intercâmbio de mercado e da dominação política em termos de direito formal e prossegue em uma expansão imperial de âmbitos de ação formalmente organizados (e nos efeitos colaterais patológicos da burocratização). Essa pista é interessante na medida em que apreende a constituição de subsistemas controlados por *media* do *ângulo de visão do mundo da vida*. Das atitudes ligadas à ética da vocação, Weber depreende que o processo de aprendizagem evolucionário começa com uma racionalização do mundo da vida que concerne em primeiro lugar à cultura e à estrutura da personalidade e somente depois atinge as ordens institucionais.

Weber se apoia em um material histórico do qual se infere que a ancoragem do *medium* dinheiro no mundo da vida é um processo que se *inicia* com uma ancoragem motivacional de orientações racionais da ação entre as camadas portadoras dos começos do capitalismo; ele se sustenta primeiramente em orientações *éticas* de ação antes de assumir a figura *juridicamente institucional*. O caminho vai da ética protestante da vocação até a ordem burguesa do direito privado. O sistema econômico capitalista, que por meio do *medium* dinheiro regula o intercâmbio interno (entre os empreendimentos capitalistas) e externo (a permuta com as economias domésticas dependentes de salário e com o Estado dependente de impostos), não surgiu, com efeito, por meio do *fiat* de um legislador que instituísse os meios organizatórios com o objetivo de impor um novo modo de produção.

O surgimento de Estados absolutistas, em que a imposição de novos modos de produção pôde ser promovida pelo mercantilismo, é ele mesmo parte daquele processo da acumulação primitiva que foi possibilitada inicialmente pela ação racional com respeito a fins dos empresários individuais nos começos do capitalismo e que depois tornou necessária a ação administrativa de funcionários especializados dotados de formação jurídica tanto quanto a moldagem pela repressão das camadas desenraizadas e empobrecidas às formas de vida proletárias e à disciplina capitalista do trabalho. Em todo caso, a institucionalização de um intercâmbio econômico regulado por meio de mercados forma apenas a *conclusão* desse desenvolvimento. Somente a institucionalização jurídica do *medium* dinheiro nas ordens burguesas do direito privado do final do século XVIII e do século XIX torna o sistema econômico independente dos motivos externamente gerados, especiais e improváveis de diversos grupos. Depois que a economia capitalista é estabelecida primeiramente como um subsistema controlado por *media*, ela não carece mais da ancoragem ética – isto é, racional com respeito a valores – das orientações racionais da ação. Isso se expressa na autonomização das empresas e das organizações em relação aos motivos da ação de seus membros.

O fio da racionalização que Weber sugere se deixa explicar, portanto, com a premissa de que os âmbitos de ação formalmente organizados podem se desligar dos contextos do mundo da vida somente depois que as próprias estruturas simbólicas do mundo da vida se diferenciaram suficientemente. A juridificação das relações sociais exige um alto grau de generalização de valores, a liberação ampla da ação social em relação aos contextos normativos, assim como a fissura da eticidade concreta em moralidade e legalidade. O mundo da vida tem de ser racionalizado a ponto de os âmbitos de ação eticamente neutralizados poderem ser legitimamente regulados com base nos procedimentos formais de positivação e fundamentação de normas. A tradição cultural precisa ser fluidificada a ponto de as ordens legítimas poderem dispensar os fundamentos dogmáticos presos à tradição. E, no interior do espaço de contingências dos âmbitos de ação normatizados de maneira abstrata e geral, as pessoas já têm de poder agir autonomamente a ponto de poderem passar dos contextos moralmente definidos da ação orientada ao entendimento para os âmbitos de ação juridicamente organizados, sem pôr em perigo a própria identidade.¹³

(3) *Colonização do mundo da vida: retomada do diagnóstico de época weberiano*

Se dessa maneira inscrevemos a teoria de Weber em nosso modelo explicativo, também os paradoxos da racionalização social depreendidos dos fenômenos de burocratização aparecem sob uma luz alterada. Então não podemos mais explicar a perda de liberdade, que Weber atribui à burocratização, com uma reviravolta da racionalidade fundamentada em termos de valores em uma racionalidade com respeito a fins eticamente desenraizada. Os fenômenos decisivos não podem mais aparecer em nosso modelo sob a descrição de orientações de ação racionalizadas em alto grau. Eles valem agora como *efeitos de um desacoplamento de sistema e mundo da vida*. Não existe mais uma relação paradoxal entre tipos distintos de orientação da ação, mas entre princípios distintos de socialização. A racionalização do mundo da vida possibilita a inversão de polaridade em favor dos *media* de controle e, com isso, um desmembramento de âmbitos de ação formalmente organizados, que agora retroagem por sua vez, como realidade coisificada, sobre os contextos da ação comunicativa, contrapondo seus próprios imperativos ao mundo da vida marginalizado. Nesse caso, porém, mesmo a neutralização das atitudes ligadas à ética da vocação não deve ser entendida *per se* como indício de patologias sociais. A burocratização, que se instala quando a ética é substituída pelo direito, é inicialmente apenas um indício de que a institucionalização de um *medium* de controle chega a seu término.

Essa interpretação tem a vantagem de tornar supérflua a hipótese questionável da secularização com que iria ser explicada a erosão das atitudes ligadas à ética da vocação. Uma outra luz incide também sobre os traços irracionais da ética protestante, os quais necessariamente permaneceram incompreensíveis na medida em que não puderam ser compreendidos senão

---

13 Cf. Seidman; Gruber, "Capitalism and Individuation in the Sociology of Max Weber", *British Journal of Sociology*, v.28, p.498ss., 1977.

como condição necessária para a ancoragem motivacional da ação racional com respeito a fins. Porém, se a burocratização tem de valer primeiramente como um componente normal do processo de modernização, coloca-se a questão de saber como se podem distinguir dela as variantes patológicas a que a tese weberiana da perda de liberdade se refere. Para designar, ao menos analiticamente, o limiar em que *a mediatização do mundo da vida se converte em uma colonização*, eu gostaria de tornar mais precisas primeiramente as relações de intercâmbio existentes entre sistema e mundo da vida nas sociedades modernas.

(a) *Relações de intercâmbio entre sistema e mundo da vida em sociedades modernas*

Concebemos o capitalismo e os institutos estatais modernos como subsistemas que, por meio dos *media* dinheiro e poder, se diferenciam do sistema institucional, ou seja, dos componentes sociais do mundo da vida. A isso o mundo da vida reage de maneira característica. Na sociedade burguesa, em contraposição aos âmbitos de ação sistemicamente integrados da economia e do Estado, formam-se âmbitos de ação socialmente integrados como esfera privada e esfera pública, referindo-se mutuamente de modo complementar. O núcleo institucional da esfera privada é formado pela pequena família, desonerada das funções produtivas e especializada nas tarefas de socialização, as quais se definem, da perspectiva sistêmica da economia, como o entorno das *economias domésticas privadas*. O núcleo institucional da esfera pública é formado por aquelas redes de comunicação reforçadas pelas atividades culturais, imprensa e mais tarde mídias de massa, as quais possibilitam a participação de um público de pessoas privadas apreciadoras de arte na reprodução da cultura e a participação do público de cidadãos na integração social mediada pela opinião pública. As esferas públicas cultural e política se definem, da perspectiva sistêmica do Estado, como o entorno relevante para a *criação de legitimação*.[14]

---

14 Analisei detalhadamente a estrutura social da sociedade burguesa em *Mudança estrutural da esfera pública*. Sobre a história conceitual de esfera privada e esfera pública, cf. Hölscher, *Öffentlichkeit und Geheimnis*. A respeito da história social da esfera pública: Gumbrecht; Reichardt; Schleich (orgs.), *Sozialgeschichte der Aufklärung in Frankreich*.

Do ângulo de visão dos subsistemas economia e Estado, as interações com as esferas respectivamente vizinhas se efetuam então na forma de relações de intercâmbio transcorrendo em circuitos paralelos. O sistema econômico troca salário por operações de trabalho (como entrada de fatores) assim como bens e serviços (como saída de alguns produtos) por demanda de consumidores. A administração pública troca operações organizatórias por impostos (como entrada de fatores) e decisões políticas (como saída de alguns produtos) por lealdade das massas.

O esquema considera apenas o intercâmbio entre os âmbitos de ação subordinados aos diversos princípios de integração social em cada caso, negligenciando, portanto, as relações de intercâmbio que as esferas do mundo da vida ou os subsistemas mantêm entre si. Enquanto, de acordo com Parsons, todos os subsistemas formam entornos uns para os outros, constituindo os próprios *media* e regulando o intercâmbio intersistêmico por meio desses *media*, nosso conceito de sociedade em dois níveis exige a distinção entre as perspectivas de mundo da vida e sistema. O intercâmbio apresentado na Figura 39 resulta da perspectiva do sistema parcial econômico e administrativo. Visto que a esfera privada e a esfera pública representam âmbitos de ação comunicativamente estruturados, que não são mantidos em coesão sistemicamente, isto é, não por meio de *media* de controle, as relações de intercâmbio podem ser desenroladas apenas por meio de dois *media*. Da perspectiva do mundo da vida, cristalizam-se em torno dessas relações de intercâmbio os papéis sociais do empregado e do consumidor, de um lado, e do cliente e do cidadão, do outro (para simplificar, deixo de lado a estrutura de papéis das atividades ligadas à arte e da esfera pública artística e literária).

Nas categorias (I) e (Ia), as relações são definidas pelos *papéis dependentes das organizações*. O sistema de ocupação regula seu intercâmbio com o mundo da vida mediante o papel de membro da organização, a administração ligada ao público, mediante o papel de cliente. Ambos os papéis são constituídos de acordo com o direito, com referência às organizações. Atores que assumem o papel de trabalhador ou de cliente da administração pública se desligam dos contextos do mundo da vida e se ajustam aos âmbitos de ação formalmente organizados. Eles ou produzem uma contribuição específica

Ordens institucionais do mundo da vida	Relações de intercâmbio	Subsistemas controlados por *media*
Esfera privada	1) P' → Força de trabalho ← D Renda do trabalho 2) ← D Bens e serviços D' → Demanda	Sistema econômico
Esfera pública	1a) D' → Impostos ← P Operações organizatórias 2a) ← P Decisões políticas P' → Lealdade das massas	Sistema administrativo

Figura 39 — *Relações entre sistema e mundo da vida na perspectiva sistêmica*
D = *medium* dinheiro; P = *medium* poder

da organização e são recompensados por isso (normalmente na forma de remuneração ou salário); ou recebem um produto específico da organização e trazem em troca, por seu turno, uma compensação (normalmente na forma de impostos).

Em uma consideração histórica, a monetarização e a burocratização da força de trabalho e das operações estatais de modo algum se efetuam sem dor, mas antes ao preço da destruição de formas de vida tradicionais. As resistências contra o desenraizamento da população rural plebeia e do proletariado urbano, as revoltas contra a imposição do Estado autoritário, contra impostos, contra os decretos de preços, contra as regulamentações comerciais, contra o recrutamento de mercenários etc. acompanham o fio da modernização capitalista.[15] De início mais defensivas, as reações são desencadeadas desde o século XIX por lutas do movimento operário organizado. A despeito dos efeitos colaterais destrutivos do processo violento de acumulação e formação do Estado, novas formas de organização desenvolvem um grande poder de imposição e força de inércia, graças à efetividade maior do nível de integração superior. O modo de produção capitalista e a dominação burocrático-legal podem cumprir as tarefas de reprodução material do mundo da vida (na linguagem de Parsons: funções de adaptação e consecução de objetivos) de maneira melhor que as instituições antecessoras feudais ou corporativas. Esta é a "racionalidade" da organização conforme à empresa e conforme ao instituto a que Weber alude incansavelmente.

As coisas se passam diferentemente com a segunda categoria de relações de intercâmbio. Os papéis de consumidor (2) e de participante nos processos de opinião pública (2a) se definem, sem dúvida, também *em relação com* os âmbitos de ação formalmente organizados, mas não na *dependência* da organização. O consumidor contrai relações de troca, e o membro do público é, na medida em que exerce funções civis, até mesmo membro do sistema político; seus papéis, porém, não são primeiramente gerados pelo *fiat* jurídico da mesma maneira que os do trabalhador e do cliente. As normatizações

---

15 Tilly, "Reflections on the History of European State-Marking", em id. (org.), *The Formation of National States in Western Europe*, p. 3ss.; Griessinger, *Das symbolische Kapital der Ehre: Streikbewegungen und Kollektives Bewußtsein deutscher Handwerksgesellen im 18. Jh.*

jurídicas correspondentes têm a forma de relações contratuais ou de direitos subjetivamente públicos; estes têm de ser desempenhados por meio de orientações de ação nas quais se expressa uma conduta privada de vida ou a forma de vida cultural e política de indivíduos socializados. Papéis de consumidor e cidadão remetem, por isso, a processos de formação prévios, em que se formaram as preferências, as orientações axiológicas, as atitudes etc. Tais orientações são constituídas na esfera privada e na esfera pública; elas não podem ser "compradas" ou "recolhidas" como a força de trabalho ou os impostos. Isso explica talvez por que os ideais civis se aplicam precipuamente a esses papéis. A *autonomia da decisão de compra* de consumidores independentes e a *autonomia da decisão eleitoral* de cidadãos soberanos certamente são apenas postulados da economia e da teoria política burguesas. Mas nessas ficções se faz valer ainda a circunstância de que os padrões culturais de demanda e legitimação demonstram estruturas dotadas de sentido intrínseco; elas se aderem a contextos do mundo da vida e não estão abertas às interferências da economia ou da política da mesma maneira que as grandezas mais abstratas da força de trabalho ou impostos.

Contudo, tampouco a força de trabalho é uma grandeza abstrata por natureza. No modelo da transformação das ações do trabalho concreto em força de trabalho abstrata, alienada como mercadoria, Marx estudou aquele processo de abstração real que ocorre em toda parte onde o mundo da vida tem de *ajustar-se* a um *medium* de controle, no intercâmbio com o sistema de ação econômico ou com o administrativo. Da mesma maneira que o trabalho concreto tem de ser transformado em trabalho abstrato para que possa ser trocado por salário, as orientações por valores de uso também têm de ser transformadas em preferências de demanda, as opiniões publicamente articuladas e as manifestações coletivas da vontade, em lealdade da massa, para que possam ser trocadas por bens de consumo e liderança política. Os *media* dinheiro e poder podem regular as relações de intercâmbio entre sistema e mundo da vida somente na medida em que os produtos do mundo da vida foram *abstraídos, de acordo com os media*, formando entradas de fatores para o subsistema correspondente, o qual somente pode se colocar em relação com seus entornos através do próprio *medium*.

Veremos que um processo análogo de abstração também ocorre na relação dos clientes com as administrações do Estado de bem-estar social. Este é até mesmo o caso-modelo de uma colonização do mundo da vida que subjaz aos fenômenos de reificação nas sociedades do capitalismo tardio. Esse caso sucede quando a destruição das formas de vida tradicionais já não pode ser compensada com o cumprimento mais efetivo de funções sociais globais. Pois somente na medida em que os componentes da conduta da vida privada e da forma de vida cultural e política se despegam das estruturas simbólicas do mundo da vida devido à redefinição monetária de objetivos, relações e serviços, de espaços e tempos vitais, e à burocratização de decisões, deveres e direitos, responsabilidades e dependências, a vinculação funcional dos *media* dinheiro e poder torna-se notável. Esses *media* falham nos âmbitos da reprodução cultural, da integração social e da socialização; nessas funções, não podem substituir o mecanismo do entendimento coordenador da ação. Diferentemente da reprodução *material* do mundo da vida, sua reprodução *simbólica* não pode ser repolarizada segundo os fundamentos da integração sistêmica.

A monetarização e a burocratização parecem transgredir os limites da normalidade tão logo passam a instrumentalizar os afluxos provenientes do mundo da vida, estruturados com sentido intrínseco. Max Weber observa sobretudo as coerções que resultam do fato de a conduta da vida privada ser ajustada a uma relação de trabalho organizada, ou a forma de vida aos comandos pungentes de uma autoridade licitamente organizada. Ele entende o ajuste à afiliação organizacional do trabalhador e à dependência organizacional do cliente como ameaças à liberdade individual, como privação de liberdade.

(b) *Estilos unilateralizados de conduta de vida e ressecamento burocrático da esfera pública política*

No mesmo quadro teórico, porém, podem ser explicados os fenômenos de perda de sentido que chamaram a atenção de Weber em sua crítica de época: os estilos unilaterizados de conduta de vida e o ressecamento burocrático da esfera pública política. Para o caso em que os imperativos funcionais dos âmbitos de ação formalizados em alto grau penetram na esfera privada e na esfera pública, isto é, nas esferas do mundo da vida socializadas primariamente de modo comunicativo, podemos predizer, com base em nossa interpretação, o aparecimento daquelas mesmas interferências que Weber observou.

Na medida em que a ética protestante da vocação cessa de imprimir sua estampa à conduta de vida privada, a conduta de vida metódica e racional das camadas burguesas é substituída pelo estilo de vida utilitarista do "especialista sem espírito" e pelo estilo estético-hedonista dos "gozadores sem coração". Ambos os estilos podem se apresentar manifestamente em diversos tipos de personalidade. Mas eles podem também se apoderar da mesma pessoa; com uma tal fragmentação da pessoa, o indivíduo perde a capacidade de conferir à sua biografia um determinado grau de orientação unitária.

Na medida em que a conduta de vida metódica e racional vem a ser moralmente desenraizada, as orientações da ação racionais com respeito a fins se autonomizam: a adaptação inteligente e especializada ao meio coisificado das grandes organizações se vincula a um cálculo utilitarista dos próprios interesses. A conduta de vida do especialista é dominada por atitudes cognitivas e instrumentais em relação a si e aos outros. Nesse caso, a obrigação ética para com a profissão cede à atitude instrumental em relação a uma ocupação que oferece chances de renda e carreira, não mais chances de assegurar a salvação pessoal ou uma autorrealização secularizada. Então Weber denomina a ideia de vocação como um *caput mortuum*.[16] Em contrapartida, o estilo de vida do gozador é determinado por atitudes expressivas. Weber considera esse tipo do ponto de vista da compensação das renúncias que uma conduta de vida racional inflige. A manifestação criativa e artística de uma subjetividade sensível, a entrega a experiências estéticas, a intensificação de capacidades de vivência sexual e erótica tornam-se o centro de um modo de vida que promete "a redenção intramundana: do cotidiano, sobretudo da pressão crescente do racionalismo teórico e prático".[17]

---

16 Weber, *Wirtschaft und Gesellschaft*, p.314.
17 Id., *Gesammelte Aufsätze zur Religionssoziologie*, v.I, p.555.

Weber receia que a esfera privada seja debilitada cada vez mais em sua força de orientação. Nem o estilo instrumentalizado nem o expressivamente unilateralizado de conduta de vida, nem ainda uma alternação entre ambos concede a força interna que poderia substituir a unidade intersubjetiva de um mundo da vida apoiado em tradições pela unidade da conduta de vida privada subjetivamente gerada, moralmente orientada e inspirada em convicções.

A esses *problemas de orientação* correspondem na esfera pública os *problemas de legitimação*, visto que toda dominação burocrático-legal causa, como pensa Weber, uma atrofia de legitimação, objetivamente inevitável, mas subjetivamente difícil de suportar. A ação política se reduz à luta pelo poder legítimo e ao seu exercício. Weber observa "a eliminação completa de todo elemento ético do raciocínio político".[18] A legitimidade do poder, que o Estado moderno monopoliza, consiste na legalidade das decisões, na observância dos procedimentos lícitos, no que a legalidade se apoia em última instância no poder daqueles que podem definir o que vale como procedimento lícito.

Weber extrai essas consequências não apenas para si como cientista social; pelo contrário, supõe que elas determinam também as premissas de ação dos cidadãos participantes no processo de legitimação. Aos olhos deles, uma ordem política que não é capaz de nenhuma justificação normativa, uma luta por poder político que é travada tão somente em nome dos poderes subjetivos da crença, tem de permanecer devedora de legitimação em última instância. Um sistema político ao qual a força vinculante das imagens de mundo religiosas e metafísicas não está mais às ordens é ameaçado pela privação de legitimação. Weber teme sobretudo uma sobrecarga devido a expectativas de legitimação falsas, não mais resgatáveis, ou seja, devido a carências insatisfeitas de justiça material pelo lado daqueles que não podem se contentar "com o fato fundamental" de que "é preciso viver o destino em uma época alheia a deus e sem profetas",[19] daqueles que anseiam por sucedâneos e falsos profetas. Weber duvida que o niilismo heroico, que seria adequado unicamente ao modo de legitimação de um tipo de dominação baseada no

---

18 Ibid., p.548.
19 Id., *Gesammelte Politische Schriften*, p.610.

ceticismo axiológico, possa ser socializado com efeitos amplos. Acresce que, "com o despertar dos problemas de classe", reforçam-se no operariado, com o apoio de ideólogos do direito, aqueles "motivos gerais que amortecem o formalismo jurídico". A dominação legal se escora em um formalismo débil em legitimação, subjetivamente difícil de suportar; ela insulta "os instintos das classes não privilegiadas, que anseiam por justiça material".[20]

Weber quis atribuir tanto os problemas de orientação privada como também os problemas de legitimação à decomposição da razão substancial, à "perda de sentido". Vimos, porém, que ele não consegue explicar a polarização entre especialistas e gozadores como fenômeno resultante do antagonismo de esferas de valores dotadas de legalidades intrínsecas e correlacionar as debilidades de legitimação da dominação legal esvaziada de maneira positivista com o padrão de racionalização das sociedades modernas. Também essas duas dificuldades desaparecem se vincularmos os fenômenos descritos na crítica de época com a versão revisada por nós da tese da burocratização, atribuindo-os a uma colonização do mundo da vida por parte de imperativos sistêmicos que repelem os elementos prático-morais dos âmbitos da conduta da vida privada e da esfera pública política. Não a irreconciliabilidade de esferas de valores culturais, não o embate das ordens de vida racionalizadas à luz delas são as causas dos estilos de vida unilateralizados e das carências insatisfeitas de legitimação, mas a monetarização e burocratização da práxis cotidiana, seja nos âmbitos privados, seja nos âmbitos públicos da vida. As observações de Weber ligadas à crítica da época aparecem então sob uma outra luz.

Na medida em que o sistema econômico submete a forma de vida das economias domésticas e a conduta de vida dos consumidores e dos empregados a seus imperativos, o consumismo e o individualismo possessivo, os motivos da produtividade e da competição ganham uma força pregnante. A práxis comunicativa cotidiana é unilateralmente racionalizada em favor de um estilo de vida utilitarista e especializante; e esse ajuste às orientações da ação racional com respeito a fins, induzido por *media*, desperta a reação de um hedonismo que desonera dessa pressão de racionalidade. Da mesma

---

20 Id., *Wirtschaft und Gesellschaft*, p.654.

maneira que a esfera privada do sistema econômico, a esfera pública é iludida e esvaziada pelo sistema administrativo. O apoderamento burocrático e o ressecamento dos processos espontâneos de formação da opinião e da vontade ampliam, por um lado, as margens de ação para uma mobilização planejada da lealdade das massas e facilitam, por outro, o desacoplamento das decisões políticas de afluxos de legitimação provenientes dos contextos de vida concretos, formadores da identidade. Na medida em que essas tendências se impõem, surge a imagem de uma dominação legal, estilizada por Weber, a qual redefine as questões práticas como questões técnicas e rejeita as exigências de justiça material com a referência positivista à legitimação por meio de procedimentos.

Porém, se não atribuímos os problemas de orientação e de legitimação à destruição das condições cognitivas sob as quais os princípios religiosos e metafísicos podem desdobrar uma força fundadora de sentido; se os explicamos em vez disso recorrendo à desagregação dos contextos de vida socialmente integrados e à sua assimilação aos âmbitos de ação formalmente organizados da economia capitalista e do aparato burocrático do Estado – qual valor posicional conservaria ainda a tese weberiana da perda de sentido? Em virtude da instrumentalização do mundo da vida em favor de injunções sistêmicas, a práxis comunicativa cotidiana padece de um alinhamento às orientações cognitivo-instrumentais, tendendo a formações reativas correspondentes. Mas essa racionalização unilateral ou reificação da práxis cotidiana, que por natureza se assenta no jogo em conjunto do cognitivo com o prático-moral e com o estético-expressivo, não podemos confundi-la, como eu penso, com um *outro* fenômeno – com o fenômeno complementário de um empobrecimento cultural, pelo qual um mundo da vida desvalorizado em sua substância tradicional se vê ameaçado. A tese da perda de sentido se deixa aplicar a isso de uma forma modificada.

(c) *Marx* versus *Weber*:
dinâmica de desenvolvimento versus *lógica de desenvolvimento*

Max Weber caracterizou a modernidade cultural pelo fato de a razão substancial expressa nas imagens de mundo religiosas e metafísicas se dividir em momentos cuja coesão é mantida tão somente de maneira formal, mediante a forma da fundamentação argumentativa. Ora, na medida em que os problemas transmitidos podem ser separados sob os pontos de vista específicos da verdade, da correção normativa, da autenticidade ou beleza, sendo tratados respectivamente como questões de conhecimento, de justiça e de gosto, chega-se a uma diferenciação das esferas de valores ciência, moral e arte. Nos sistemas culturais de ação correspondentes, os discursos científicos, as investigações na teoria da moral e do direito, a produção de arte e a crítica de arte se institucionalizam como assunto de especialistas. A elaboração profissionalizada da tradição cultural sob *um* aspecto de validade abstrato faz sobressair a legalidade intrínseca do complexo de saber cognitivo-instrumental, do prático-moral e do estético-expressivo. De agora em diante, há também uma história *interna* das ciências, das teorias morais e jurídicas, da arte — certamente, não desenvolvimentos lineares, mas processos de aprendizagem.

Como uma consequência da profissionalização, cresce a distância entre as culturas de *experts* e o público amplo. O que se acresce à cultura por meio da elaboração e da reflexão especializadas não chega *sem mais* à posse da práxis cotidiana. Pelo contrário, com a racionalização cultural, o mundo da vida desvalorizado em sua substância tradicional ameaça empobrecer. Essa problemática foi percebida primeiramente no século XVIII em toda sua agudeza; ela chamou à arena o projeto do Esclarecimento. Os filósofos do século XVIII tinham ainda a esperança de desenvolver as ciências objetivantes, os fundamentos universalistas da moral e do direito e a arte autônoma firmemente em seu sentido intrínseco respectivo, mas também de liberar *ao mesmo tempo* os potenciais cognitivos assim acumulados de sua forma esotérica, *aproveitando*-os para a práxis, isto é, para uma configuração racional das condições de vida. Defensores do Esclarecimento [*Aufklärer*] do jaez de um Condorcet tinham a expectativa efusiva de que as artes e as ciências não promoveriam apenas os controles das forças naturais, mas também a interpretação do mundo e a autointerpretação, o progresso moral, a justiça das instituições sociais e mesmo a felicidade dos seres humanos.

Desse otimismo não restou muito no século XX. Mas, tanto agora como antes, os espíritos se dividem em querer ater-se às intenções do Esclarecimento, por mais refratadas que sejam, ou dar por perdido o projeto da modernidade, por exemplo, querendo ver os potenciais cognitivos — na medida em que não afluem no progresso técnico, no crescimento econômico e na administração racional — represados nos enclaves de sua forma elevada, de sorte que uma práxis de vida remetida a tradições cegadas possa permanecer intocada por eles.

Os processos de entendimento, em que o mundo da vida se centra, carecem de uma tradição cultural *em toda sua amplitude*. Na práxis comunicativa cotidiana, as interpretações cognitivas, as expectativas morais, as expressões e as avaliações têm de penetrar-se mutuamente, formando um contexto racional por meio da transferência de validade que é possível na atitude performativa. Essa infraestrutura comunicativa é ameaçada por duas tendências que engrenam entre si, que se reforçam mutuamente: a *reificação sistemicamente induzida* e o *empobrecimento cultural*.

O mundo da vida é assimilado a âmbitos de ação juridificados, formalmente organizados e, ao mesmo tempo, apartados do fluxo de uma tradição cultural ininterrupta. Assim, nas deformações da práxis cotidiana, vinculam-se os sintomas de enrijecimento e desertificação. Um momento, a racionalização unilateral da comunicação cotidiana, remonta à autonomização de subsistemas controlados por *media*, que não apenas se coisificam em uma realidade isenta de normas, para além do horizonte do mundo da vida, mas também penetram com seus imperativos nos âmbitos nucleares do mundo da vida. O outro momento, o esmorecimento das tradições vitais, remonta a uma diferenciação de ciência, moral e arte que não apenas significa a autonomização de setores elaborados com especialização, mas também a separação em relação às tradições desacreditadas, que prosseguem com espontaneidade desapoderada no solo da hermenêutica cotidiana.

A reelaboração do diagnóstico de época de Max Weber segundo o nosso quadro interpretativo tem a vantagem de podermos elucidar em termos de teoria da comunicação em que sentido os fenômenos observados, *na medida em que* aparecem com efeitos amplos, podem ser considerados patologias, precisamente como sintomas de uma práxis cotidiana desfigurada. Até agora não reconstruímos de modo algum com completude os paradoxos da racionalização social que Weber afirma. Não explicamos ainda por que a diferenciação dos sistemas de ação econômico e administrativo se arrastaram para além dos limites da institucionalização do dinheiro e do poder, funcionalmente necessária nas sociedades modernas, por que esses subsistemas desdobram uma *dinâmica própria irresistível* e iludem sistemicamente os âmbitos de ação que dependem da integração social. Igualmente, explicamos pouco por que a racionalização cultural não apenas libera a legalidade intrínseca das esferas de valores culturais, mas também permanece encapsulada ao mesmo tempo em culturas de *experts*, por que as ciências modernas servem ao progresso técnico, à promoção do crescimento capitalista e da administração racional, mas não à compreensão de si e do mundo dos cidadãos, por que, afinal, os conteúdos explosivos da modernidade cultural são embotados. O próprio Weber recorre nesses contextos somente ao sentido intrínseco das esferas de valores culturais, baseando-se somente na efetividade de novas formas de organização.

Com isso, porém, não é possível explicar por que a modernização segue um padrão altamente seletivo, que parece excluir ao mesmo tempo as duas coisas: primeiramente, a ampliação das instituições da liberdade, que protegem os âmbitos de ação estruturados comunicativamente na esfera privada e na esfera pública perante a dinâmica própria reificante do sistema da ação econômico e administrativo;[21] em segundo lugar, o reacoplamento da cultura moderna com a práxis cotidiana dependente de tradições fundadoras de sentido, mas empobrecida pelo tradicionalismo.[22]

Não é inteiramente por acaso que Parsons pode apoiar nas análises de Weber sua imagem bem mais harmonizadora da modernidade. Certamente, em oposição a Parsons, Weber foi sensível ao *preço* que a modernização capitalista do mundo da vida requer para um novo nível de diferenciação sistêmica; mas ele tampouco se ocupou com o *motor* de uma expansão auto-

---

21 Esta é intenção fundamental pela qual H. Arendt se deixa guiar em *The Human Condition*; e *The Life of Mind*; cf. Habermas, "Arendts Begriff der Macht", em *Philosophisch--politische Profile*; Knauer, "Motive and Goal in H. Arendt's Concept of Political Action", *American Political Science Review*, v.74, p.721ss., 1980.

22 Sobre essa intenção fundamental da teoria da arte de Walter Benjamin, cf. Habermas, "W. Benjamin: Bewußtmachende oder rettende Kritik", em *Philosophisch-politische Profile*, p.336ss.

nomizada do sistema econômico e de seu complemento estatal. Talvez aqui uma explicação do tipo da marxiana possa ajudar; talvez a referência a uma dominação econômica de classe que se retrai na dinâmica própria anônima de um processo de valorização desacoplado de orientações por valores de uso possa explicar por que os imperativos que Weber vincula com a expressão "burocratização" se alastram sobre os âmbitos de ação comunicativamente estruturados, de modo que os espaços abertos com a racionalização do mundo da vida para a formação prático-moral da vontade, a autorrepresentação expressiva e a satisfação estética não podem ser aproveitados.

(d) *Teses sumarizantes*

Se nos apropriamos do diagnóstico de época de Weber nessa perspectiva marxiana, os paradoxos da racionalização social assumem uma versão diferente. A racionalização do mundo da vida possibilita de um lado a diferenciação de subsistemas autônomos e inaugura ao mesmo tempo o horizonte utópico de uma sociedade burguesa em que os âmbitos de ação formalmente organizados do *bourgeois* (economia e aparelho estatal) formam os fundamentos para o mundo da vida pós-tradicional do *homme* (esfera privada) e *citoyen* (esfera pública). Os traços de uma forma de vida em que o potencial racional da ação orientada ao entendimento é liberado se espelham, desde o século XVIII, na autocompreensão da burguesia europeia de feitio humanista, em suas teorias políticas, nos ideais de formação, na arte e na literatura.[23] As imagens de mundo religiosas e metafísicas cedem a função de legitimar a dominação aos fundamentos do direito natural racional; estes justificam o Estado moderno da perspectiva de uma ordem social desprovida de poder, centrada em relações de troca organizadas segundo o direito privado. Ao mesmo tempo, os ideais burgueses invadem o âmbito da vida privada, determinam o individualismo das relações de amor e amizade, a cultura moral

---

23 Justamente os teóricos inspirados no marxismo, como Adorno, Bloch, Lukács, Löwenthal e Hans Mayer, ressaltaram o teor utópico das obras clássicas da arte e literatura burguesas; cf. Löwenthal, "Das bürgerliche Bewußtsein in der Literatur", em *Gesammelte Schriften*, v.II.

e sentimental das relações familiares interiorizadas. Dessa perspectiva, o sujeito do direito privado, absorvido nos contextos funcionais da reprodução material, se deixa identificar sem mais tanto com o *ser humano* formado e realizando-se na esfera privada quanto com o *homem privado* que, junto aos demais, forma na esfera pública o *público* dos cidadãos.

Essa *utopia racional da época do Esclarecimento*[24] foi desmentida persistentemente pelas realidades da vida burguesa e conduzida como *ideologia burguesa*. No entanto, esta nunca foi mera aparência [*Schein*], mas também uma aparência objetiva, resultante das estruturas dos próprios mundos da vida diferenciados, certamente limitados segundo as especificidades das camadas sociais, mas racionalizados. Na medida em que, de acordo com as análises concordantes de Mead e Durkheim, cultura, sociedade e personalidade se separam, na medida em que a base de validade da ação orientada ao entendimento substitui os fundamentos sagrados da integração social, surge uma *prefiguração* [*Vorschein*] sugerida pelas estruturas do mundo da vida, por assim dizer transcendental, determinando e ultrapassando as ideologias burguesas, a prefiguração de *uma comunicação cotidiana pós-tradicional*, que se encontra sobre os próprios pés, que põe limites à dinâmica própria dos subsistemas autonomizados, que estoura as culturas de *experts* encapsuladas e, com isso, escapa aos perigos combinados da reificação e da desertificação.

De modo paradoxal, porém, a racionalização do mundo da vida libera as duas coisas ao mesmo tempo – a reificação sistemicamente induzida *e* a perspectiva utópica, segundo a qual sempre esteve colada à modernização capitalista a mácula de dissolver as formas de vida tradicionais sem remir sua substância comunicativa. Ela destrói essas formas de vida, mas não as transforma de modo que se preserve o nexo do momento cognitivo-instrumental com os momentos prático-morais e expressivos que haviam existido em uma práxis cotidiana ainda não racionalizada. Diante desse pano de fundo, as imagens das formas de vida tradicionais, aldeãs e campesinas ou citadinas e artesanais, até mesmo os modos de vida plebeus dos trabalhadores agrícolas e trabalhadores de oficinas,[25] arrastados logo cedo

---

24 Kondylis, *Die Aufklärung im Rahmen des neuzeitlichen Rationalismus*.
25 Thompson, *Plebejische Kultur und moralische Ökonomie*; Kriedte; Medick; Schlumbohm, *Industrialisierung vor der Industrialiserung*.

para dentro do processo de acumulação, não conservam apenas o encanto melancólico do passado irrecuperável, não conservam apenas o brilho de uma reminiscência nostálgica daqueles sacrificados à modernização sem qualquer compensação. Pelo contrário, um instinto instruído pela razão, poder-se-ia dizer, persegue como uma sombra os processos de modernização; em todo caso, o sentimento de que, com a canalização unilateral e a destruição das possibilidades expressivas e comunicativas na esfera privada e na esfera pública, desaparecem as chances de reunir novamente sem coerção, em uma práxis cotidiana pós-tradicional, aqueles momentos que formaram outrora, nas formas de vida tradicionais, uma unidade certamente apenas difusa e nas interpretações religiosas e metafísicas, uma unidade certamente apenas ilusória.

Todavia, ao estendermos os paradoxos weberianos da racionalização social dessa maneira, alteramos sua argumentação em dois pontos decisivos. Desde seus começos no final do século XVIII, a *crítica burguesa da cultura* quis atribuir as patologias da modernidade sempre a uma das duas causas: ou à perda que as imagens de mundo secularizadas sofrem em sua força de integração social, ou à sobrecarga que o alto nível de complexidade da sociedade impõe à força de integração dos indivíduos. Como um eco, a *apologética burguesa da cultura* ofereceu e afirmou os dois argumentos especulares, segundo os quais tanto o desencantamento como a alienação seriam as condições estruturalmente necessárias da liberdade (no que esta foi representada tão somente como decisão individual entre possibilidades de escolha institucionalmente garantidas). Max Weber procurou ligar os pares de argumentos e contra-argumentos no sentido de um paradoxo inscrito no próprio desenvolvimento ocidental. Com as teses da perda de sentido e perda de liberdade, ele retoma os temas da crítica burguesa da cultura; mas a submete à variação no sentido de que justamente nesses fenômenos a razão do racionalismo ocidental deve se impor fatalmente — e com isso ele satisfaz também as necessidades apologéticas.

A modificação que efetuei nas teses de Weber não se adapta a esse estado da argumentação da teoria burguesa da cultura. Ela contraria a linha crítica e a apologética da argumentação, tanto quanto sua associação paradoxal. As deformações pelas quais Marx, Durkheim e Weber se interessam cada um a seu modo não devem ser atribuídas à racionalização do mundo da vida em geral, nem à complexidade sistêmica crescente como tal. Nem a secularização das imagens de mundo nem a diferenciação estrutural da sociedade têm *per se* efeitos colaterais patológicos inevitáveis. Não são a diferenciação e o desdobramento de esferas de valor culturais dotado de sentido intrínseco que conduzem ao empobrecimento cultural da práxis cotidiana comunicativa, mas sim a separação elitista das culturas de *experts* em relação aos contextos da ação comunicativa cotidiana. Não é o desacoplamento dos subsistemas controlados por *media* (e de suas formas de organização) em relação ao mundo da vida que conduz à racionalização unilateral ou à reificação da práxis cotidiana comunicativa, mas somente a penetração de formas da racionalidade econômica e administrativa nos âmbitos de ação que se contrapõem ao ajuste aos *media* dinheiro e poder, visto que se especializam na tradição cultural, na integração social e na educação e permanecem dependentes do entendimento como mecanismo coordenador da ação. Além disso, se partimos da premissa de que aqueles dois fenômenos da perda de sentido e da perda de liberdade não aparecem por acaso, mas são estruturalmente gerados, temos de procurar esclarecer por que os subsistemas controlados por *media* desdobram uma *dinâmica própria irresistível*, que *causa* ao mesmo tempo a colonização do mundo da vida e sua segmentação de ciência, moral e arte.

2
Marx e a tese da colonização interna

O retorno a Marx — mais exatamente, à interpretação de Marx que foi preparada pela recepção de Weber no marxismo ocidental — se recomenda pelas duas razões seguintes. Primeiramente, a dinâmica dos confrontos de classes poderia explicar a *dinâmica própria* inerente à burocratização — ou seja, aquele crescimento *hipertrófico* dos subsistemas controlados por *media* que tem por consequência um alastramento de mecanismos de controle administrativos e monetários sobre o mundo da vida. Em segundo lugar, a reificação dos âmbitos de ação comunicativa estruturados não gera em primeira linha efeitos *atribuíveis às especificidades de classe*. Os fenômenos que Max Weber atribui às tendências de burocratização de modo algum caracterizam certas situações de classe, mas as sociedades modernizadas em seu todo. Já Lukács havia ligado a teoria da racionalização de Weber à economia política marxiana, de sorte que pôde conceber os *efeitos colaterais não específicos de classe* produzidos pelo processo de modernização como *impactos*, não obstante, de um conflito de classes estruturantes. Enquanto em Marx uma via direta conduz da análise da forma mercadoria à miséria material nas formas de vida proletárias, Lukács deriva da subsunção da força de trabalho sob a forma mercadoria a forma de objetividade com que quer decifrar todas as "formas da subjetividade das sociedades burguesas". Lukács já tem em vista uma *deformação objetivista da subjetividade em geral*, uma reificação da consciência que compreende a cultura e a ciência burguesas e a mentalidade das camadas burguesas tanto quanto a autocompreensão economicista e reformista do movimento operário. É por isso que Lukács pode afirmar que a burguesia partilha com o proletariado a reificação de todas as manifestações da vida; a posição no processo de produção, que separa as duas classes, privilegia o trabalhador assalariado somente no que concerne à possibilidade de *conhecer* as causas da alienação, a saber, a subsunção dos contextos de vida sob a forma mercadoria. É somente vinculando-se a essa teoria da consciência de classe que a teoria da reificação pode atribuir *uma racionalização que abrange tudo* à estrutura de classes, sob cujas condições se efetuam os processos de modernização nas sociedades capitalistas.

Dessa filosofia da história hegelianizante resultam, como vimos, consequências insustentáveis; estas levaram Horkheimer e Adorno a *abandonar a teoria da consciência de classe*. Esses dois autores resolvem o problema de associar Weber e Marx apoiando-se em Weber de modo ainda mais claro. Quando se concebe, como Weber, a racionalização das ordens de vida como a institucionalização da ação racional com respeito a fins, é natural generalizar a reificação da consciência na qualidade de expressão da razão instrumental, e quando se vê, como ele, os subsistemas de ação racional com respeito a fins se coagularem irresistivelmente em uma cápsula de aço, resta apenas um passo para ir da teoria lukacsiana da reificação à crítica da razão instrumental, isto é, à visão de um mundo administrado, totalmente reificado, no qual a racionalidade com respeito a fins e a dominação se amalgamam entre si. Também essa teoria tem a vantagem de direcionar o olhar para os sintomas de uma deformação sistemicamente induzida, não mais atribuível a especificidades de classe, dos contextos de vida comunicativamente estruturados. Sua debilidade consiste em atribuir a erosão do mundo da vida ao encantamento de uma racionalidade com respeito a fins que foi demonizada como razão instrumental. Com isso, a crítica da razão instrumental recai no mesmo erro que a teoria weberiana, privando-se, além disso, dos frutos de sua abordagem dirigida aos efeitos sistêmicos.

O conceito de razão instrumental sugere que a racionalidade dos sujeitos cognoscentes e agentes se alarga sistemicamente até formar uma racionalidade com respeito a fins de ordem superior. Assim, a racionalidade dos sistemas autorregulados, que com seus imperativos ignoram a consciência dos membros integrados a eles, aparece na forma de uma *racionalidade com respeito a fins totalizada*. Esse amálgama de racionalidade de sistema e de ação impede Horkheimer e Adorno, como já antes Weber, de separar suficientemente entre a racionalização das orientações da ação no quadro de um mundo da vida estruturalmente diferenciado, por um lado, e a ampliação das capacidades de controle de sistemas sociais diferenciados, por outro. Por isso, eles podem localizar a espontaneidade ainda não abarcada pela figura reificante da racionalização sistêmica somente em forças irracionais — na força carismática dos líderes ou na força mimética da arte e do amor.

Horkheimer e Adorno desconhecem a racionalidade comunicativa de um mundo da vida que precisou ter se desenvolvido na sequência da racionalização das imagens de mundo antes de chegar-se à constituição de âmbitos de ação formalmente organizados em geral. Unicamente essa *racionalidade comunicativa*, que se espelha na autocompreensão da modernidade, confere uma lógica interna à resistência contra a mediatização do mundo da vida pela dinâmica própria de sistemas autonomizados — e não apenas a ira impotente da natureza em revolta. Horkheimer e Adorno não podem se apropriar do conteúdo sistemático do diagnóstico weberiano de época, tornando-o fecundo para as ciências sociais, porque:

— não tomam suficientemente a sério a investigação de Weber sobre a racionalização das imagens de mundo e o sentido intrínseco da modernidade cultural; mas também porque se comportam acriticamente por ambos os lados:
— em relação a Marx, na medida em que se atêm às suposições da teoria do valor como cerne de sua ortodoxia discreta, permanecendo cegos às realidades do capitalismo desenvolvido, baseado no apaziguamento do conflito de classes por meio do Estado de bem-estar social;
— em relação a Weber, na medida em que permanecem presos ao modelo da racionalidade com respeito a fins e por isso não alargam a crítica da razão instrumental tornando-a uma crítica da razão funcionalista.

Sobre o último ponto não preciso me alongar mais. Gostaria de tratar os outros dois pontos elaborando primeiramente o que a teoria do valor de Marx contribui para uma teoria da reificação traduzida nos termos de sistema/mundo da vida e em que consiste (1) sua debilidade, para em seguida ver como se pode explicar a pacificação do conflito de classes no quadro das democracias de massas e do Estado de bem-estar social e como a teoria marxiana da ideologia pode se vincular às considerações de Weber sobre a modernidade cultural (2). Enfim, eu gostaria de desenvolver a tese da colonização interna e comprová-la ilustrativamente lançando mão das tendências especiais de juridificação (3).

(1) *Abstração real ou coisificação dos contextos de ação socialmente integradores*

Em termos de estratégia teórica, a abordagem marxiana deve sua superioridade sobre os projetos desenvolvidos desde então no mesmo nível de abstração a um *coup de main* genial: a análise da forma mercadoria. Com a análise do duplo caráter da mercadoria, Marx obtém as suposições fundamentais da teoria do valor, as quais permitem *ao mesmo tempo* descrever o processo de desdobramento das sociedades capitalistas como processo crítico de autovalorização do capital da perspectiva econômica do observador e apresentá-lo como interação conflituosa entre classes sociais da perspectiva histórica do concernido (ou do participante virtual). Nos conceitos da teoria do valor, a relação de troca da força de trabalho por capital variável, fundamental para o modo de produção e institucionalizada no contrato de trabalho, se deixa explicar *ao mesmo tempo* como *mecanismo de controle* de um processo de reprodução autorregulado como também como uma *relação de reflexão*, que torna compreensível o processo de acumulação inteiro como um processo de exploração coisificado, anonimizado.

Primeiramente, Marx parte da ideia de que *a forma* do confronto que se acende nas sociedades de classes devido à apropriação privilegiada da riqueza socialmente produzida se alterou com a imposição do modo de produção capitalista de uma maneira característica. Enquanto nas sociedades politicamente constituídas, estratificadas, a dinâmica de classe se manifesta imediatamente no plano das oposições de interesses de grupos sociais, na sociedade burguesa, ela é ao mesmo tempo encoberta e objetivada, isto é, coisificada através do *medium* do valor de troca. O mecanismo do mercado de trabalho, institucionalizado segundo o direito privado, assume as funções da relação entre poder social e exploração econômica, até então institucionalizada de forma política. A monetarização da força de trabalho se torna a base da relação de classes. A análise da relação de classes precisa começar, por isso, pelo duplo caráter da mercadoria força de trabalho.

A força de trabalho é despendida de um lado em *ações concretas* e contextos de cooperação, de outro, é cooptada como *operação abstrata* para um processo de trabalho formalmente organizado a partir dos pontos de vista da valorização. Nesse aspecto, a força de trabalho alienada pelo produtor forma uma categoria na qual os imperativos da integração sistêmica se encontram com aqueles da integração social: como *ação*, ela pertence ao mundo da vida do produtor, como *operação*, ao contexto funcional da empresa capitalista e do sistema econômico em seu todo. Marx se empenha em desvendar a ilusão de que a força de trabalho seria uma mercadoria como outra qualquer: "A instituição do mercado de trabalho e do 'trabalho assalariado livre' é fictício na medida em que, como se sabe, na 'mercadoria' força de trabalho interessa imediatamente – positiva e negativamente – o que a distingue de todas as outras mercadorias: que é justamente força de trabalho 'vivo' que (1) não surge para os fins da venalidade, (2) não é separável de seu proprietário e (3) somente pode ser posta em movimento por seu proprietário. Esse atamento incontornável da força de trabalho ao sujeito implica que, no trabalho assalariado, as categorias do 'agir' e 'funcionar', de integração social e integração sistêmica se enredam entre si indissoluvelmente".[1]

A relação de trabalho assalariado neutraliza as operações do produtor em relação ao contexto de suas ações ligado ao mundo da vida. Ela define as condições da afiliação organizacional sob as quais o trabalhador assalariado declara a disposição geral de despender sua força de trabalho como contribuição programada para a manutenção de continuidade do empreendimento capitalista. Essa força de trabalho monetarizada, apropriada como mercadoria e alienada do contexto de vida do produtor é denominada por Marx de *trabalho abstrato*: "Esta é indiferente ao objeto de uso natural e material, à carência que este satisfaz, é indiferente ao tipo particular de atividade e ao indivíduo trabalhador e sua situação social. Esses caracteres de indiferença se expressam nas determinações do trabalho que põe valor de troca, que é

---

[1] Offe, "Unregierbarkeit", em Habermas, *Stichworte zur geistigen Situation der Zeit*, p.315.

denominado de 'trabalho humano' 'igual', 'sem diferença', 'sem individualidade', 'abstrato', 'geral'; elas prosseguem nas relações de indiferença [...] que concernem ao comportamento para com os demais e ao comportamento para consigo mesmo do trabalhador".[2] A análise do duplo caráter da mercadoria força de trabalho persegue passo a passo as operações de neutralização por meio das quais se constitui o trabalho abstrato, disponibilizado aos imperativos sistêmicos que se tornaram indiferentes ao mundo da vida.

Marx explica esse processo de *abstração real* recorrendo à *coisificação de contextos de ação socialmente integrados*, a qual sucede quando as interações não são mais coordenadas por meio de normas e valores, ou por meio de processos de entendimento, mas por meio do *medium* valor de troca. Nesse caso, os participantes estão interessados em primeira linha nas consequências de sua ação. E, ao orientarem-se por valores de modo racional com respeito a fins, como se *fossem* objetos de uma segunda natureza, eles acabam adotando entre si e para consigo uma atitude objetivante, transformando as relações sociais e intrapsíquicas em relações instrumentais. Nesse aspecto, a transformação da força de trabalho concreta em abstrata significa um processo de reificação da vida comunitária, assim como da própria vida. Eu gostaria de destacar de início as forças dessa abordagem teórica (a) para em seguida discutir suas debilidades (b).

(a) As realizações da teoria do valor

No caminho pelo qual remontamos de Parsons até Weber, a teoria do valor de Marx tem um interesse tanto metodológico como substantivo. Para a *relação de intercâmbio fundamental* entre o sistema econômico e o mundo da vida, para a apropriação da força de trabalho regulada pelo mercado, a teoria do valor indica as regras de acordo com as quais os enunciados sistemáticos (sobre relações de valor anônimas) podem ser traduzidas em enunciados históricos (sobre as relações de interação entre as classes sociais). Dessa maneira, os problemas de integração sistêmica, ou seja, o padrão crítico dos

---

2 Lohmann, "Gesellschaftskritik und normativer Maßstab", em Honneth; Jaeggi (orgs.), *Arbeit, Handlung, Normativität*, p.270-2.

cursos de acumulação do capital, deixam-se reproduzir no plano da integração social, associando-se à dinâmica dos confrontos de classes. Em conexão com a interpretação iluminadora de Marx proposta por E. M. Lange,[3] H. Brunkhorst distinguiu dois pares de linguagens teóricas e observacionais que, correspondendo aos papéis pragmáticos de suas categorias, se referem ou aos estados e eventos nos mundos da vida de capitalistas e trabalhadores assalariados ou a nexos sistêmicos da valorização do capital.[4] A linguagem de classes (L_c) é construída em categorias da teoria da ação como "trabalho concreto", "interesse de classe" e assim por diante; a linguagem da valorização (L_v), em categorias da teoria dos sistemas como "trabalho abstrato" ou "valor".

No interior dessas duas linguagens, os conceitos teóricos têm de deixar-se operacionalizar e *correlacionar-se* com os conceitos de uma linguagem observacional.[5] Em seguida, os enunciados que são expressos em uma linguagem teórica ou em uma linguagem observacional têm de ser *traduzidos* em enunciados da outra linguagem respectiva. A teoria do valor pode ser entendida então como a tentativa de explicitar essas regras de tradução. Assim, a metáfora da transformação do trabalho concreto em abstrato se refere à intuição fundamental com base na qual Marx quer tornar claro como enunciados de L_{ct} podem ser traduzidos em L_{vt}. Com esse fundamento, servindo-se então das regras de correlação, é possível estabelecer as correspondências entre enunciados em L_{vo} e L_{co} para as linguagens teóricas e observacionais respectivas. Essas correspondências permitem, por exemplo, inferir dos fenômenos de crise econômica os riscos vitais para os trabalhadores. E a esses enunciados, que se referem a patologias, desfigurações das formas de vida prática, Marx associa, com base em determinadas hipóteses empíricas (por

---

3 Lange, "Wertformanalyse, Geldkritik und die Konstruktion des Fetischismus bei Marx", *Neue Philosophische*, v.13, p.1ss., 1978.

4 Manuscrito não publicado, "Zur Dialektik von Verwertungssprache und Klassensprache".

5 Um conhecido problema de correlação é, por um lado, a relação das situações de classe objetivamente atribuídas (classe em si) e as atitudes e ações empiricamente identificadas (classe para si); igualmente célebre é, por outro lado, o problema de transformação que se coloca na correlação entre valores e preços.

exemplo sobre os efeitos de solidarização das formas de cooperação constituídas nas condições do sistema fabril), enunciados sobre a organização política do movimento operário e sobre a dinâmica da luta de classes, ou seja, suposições da teoria da revolução que são formulados também em L_{co}.

Na medida em que a estrutura da teoria marxiana se caracteriza pela associação de categorias da teoria dos sistemas e da teoria da ação, a posição central da teoria do valor se deixa depreender do esquema de regras de *correlação* de *expressões* ou de *tradução* de *enunciados* apresentado na Figura 40.

Linguagens teóricas	Linguagens observacionais	Âmbitos de objetos
L_{vt} ←— C_v —→ L_{vo}	– – – – – – – –	Subsistema econômico
↑ T_t ↓ T_o		
L_{ct} ←— C_k —→ L_{co}	– – – – – – – –	Mundo da vida dos trabalhadores

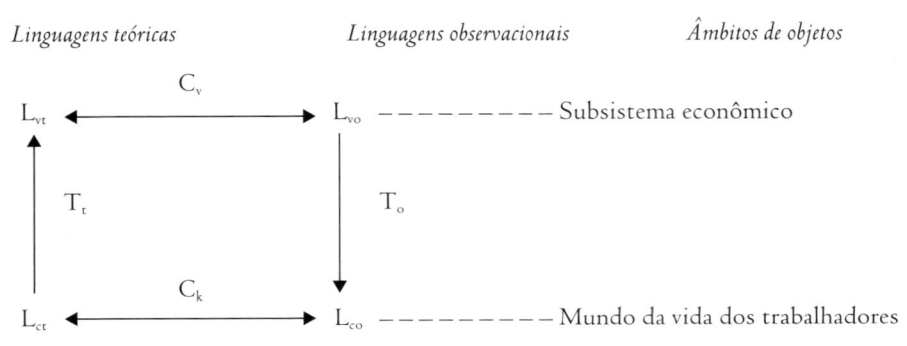

Figura 40 – *A estrutura das linguagens científicas* em O capital *(de acordo com Brunkhorst)*
C = Regras de correlação
T = Regras de tradução

Se pensarmos a teoria exposta em *O capital* dessa maneira, *representada em linguagem científica*, cabe à teoria do valor a tarefa de explicar as regras (T_t) segundo as quais podemos passar da descrição da teoria das classes em abordagem hermenêutica (das relações concretas, inseridas nos contextos do mundo da vida) para a descrição objetivante (das relações de valor no sistema econômico). Nessa tradução de uma descrição teórica em outra, têm de ser preservadas as referências a ponto de ser possível uma retradução (efetuada segundo T_o) de enunciados sobre problemas de integração sistêmica em enunciados sobre problemas de integração social.

Vista em *termos metodológicos*, a teoria do valor em Marx tem uma posição análoga à introdução dos *media* de controle que Parsons efetua na teoria da ação. Considerada em *relação ao conteúdo*, a associação entre teoria dos sistemas e teoria da ação tem um sentido crítico que falta em Parsons; Marx quis *denunciar* o processo de manutenção do subsistema econômico como uma dinâmica de exploração que se tornou irreconhecível com a coisificação.

G. Lohmann submeteu o método marxiano, em particular a intenção que Marx persegue com sua "exposição crítica", a uma interpretação original; pelos textos de *O capital*, ele explica a relação dos "excursos históricos" com as "passagens econômicas" em sentido estrito. É somente diante do pano de fundo da destruição do contexto de vida dos produtores explorados, historicamente elucidado, que vem à tona a verdade sobre o sistema de processos de troca que se desliga desses horizontes do mundo da vida. O capital revela seu segredo somente nos vestígios historicamente assegurados da destruição que o sistema econômico capitalista autonomizado deixa como legado em um mundo da vida submetido a seus imperativos. Quanto mais a produção da riqueza social se fecha em um sistema autonomamente controlado através do *medium* valor de troca, e nessa medida tornando-se fim em si mesmo, e quanto mais a realidade social do mundo do trabalho se ajusta assim às categorias da teoria dos sistemas, tanto mais o todo se desvela como o não verdadeiro. Os excursos históricos desvelam a "subsunção dos modos de trabalho e de vida pré-capitalistas sob a dominação do capital, as ações de resistência e as lutas dos trabalhadores por uma vida correspondente a suas reivindicações, mas também a formação dos processos e circunstâncias de sua vida".[6]

Visto que pela teoria do valor Marx se eleva do mundo da vida do trabalho concreto até a valorização econômica do trabalho abstrato, ele pode retornar desse plano da análise sistêmica até o plano da exposição histórica da práxis cotidiana, realizada segundo a teoria das classes, e contabilizar os custos da modernização capitalista. O *caráter bilíngue da exposição teórica* confere às categorias dialéticas, em que Marx comprime a teoria dos sistemas e a teoria da ação, o seu ponto crítico: "Se em Hegel a progressão até as categorias mais desenvolvidas é ao mesmo tempo um progredir na resplandecência da 'verdade', em Marx o conceber categorial crescente do todo é um progredir na descoberta da *verdade sobre* o capital: que ele é, como todo, um 'negativo', algo historicamente alterável".[7]

---

6 Lohmann, "Gesellschaftskritik und normativer Maßstab", op. cit., p.259.

7 Ibid., p.251.

(b) Algumas debilidades da teoria do valor

Nesse ponto se mostra uma primeira debilidade da teoria do valor. Em minha reconstrução, parti tacitamente do problema de associar os paradigmas de ação/mundo da vida e sistema, despontado explicitamente em Parsons pela primeira vez. Trata-se de uma forte estilização. Certamente, Marx se move nos dois planos analíticos de "sistema" e "mundo da vida", mas sua separação não é propriamente *pressuposta* nas categorias da economia política, as quais permanecem presas à lógica hegeliana. Ao contrário, pela via de uma *explicação semântica* do emprego de termos fundamentais que deslocam o significado, somente é possível elucidar o nexo entre os *enunciados* teóricos dos dois tipos quando se pressupõe que existe um nexo lógico (no sentido de Hegel) entre o desenvolvimento sistêmico e a mudança estrutural no mundo da vida. É somente com esse pressuposto que Marx pode querer se certificar, por assim dizer em um único golpe, de uma totalidade que mantém juntos os dois momentos com o auxílio da teoria do valor dotada de *abordagem semântica*. De outro modo, ele teria de entregar-se à investigação empírica de abstrações reais, isto é, de transformações de trabalho concreto em trabalho abstrato.

De fato, Marx concebe a unidade de sistema e mundo da vida, como o jovem Hegel, segundo o modelo da unidade de uma *totalidade ética dilacerada*, cujos momentos abstratamente cindidos são condenados ao ocaso. Sob essa premissa, porém, o processo de acumulação, arrebatado das orientações pelos valores de uso, é considerado literalmente como aparência – o sistema capitalista não é *nada mais* do que a figura fantasmagórica das relações de classes invertidas em algo anônimo e fetichizadas. A autonomização sistêmica do processo de produção tem o caráter do encantamento. Marx está convencido *a priori* de que no capital ele não tem diante de si *nada mais* do que a figura mistificada de uma relação de classes. Essa abordagem interpretativa nem sequer permite levantar a questão de saber se o nexo sistêmico de economia capitalista e administração estatal moderna não representaria *também* um nível de integração mais alto e vantajoso em termos evolucionários na comparação com as sociedades estatalmente organizadas. Marx concebe a sociedade capitalista como totalidade a tal ponto que desconhece o *valor intrínseco* evolucionário que os subsistemas controlados por *media* possuem. Ele não vê que a diferenciação de aparelho estatal e economia representa também um nível mais alto de diferenciação sistêmica, que ao mesmo tempo abre novas possibilidades de controle *e* força a uma reorganização das relações de classe antigas, feudais. A esse nível de integração cabe um significado que vai além da institucionalização de uma *nova relação de classes*.

Essa percepção falha tem consequências para a teoria da revolução. Com efeito, Marx não quer apenas *expor* como o processo sistemicamente autonomizado de autovalorização do capital é experimentado da perspectiva do mundo da vida dos trabalhadores assalariados como exploração contínua, como a subsunção da força de trabalho sob a forma mercadoria arranca os trabalhadores das suas condições tradicionais de vida, primeiramente desenraizando e plebeizando os modos de existência estamentais e depois proletarizando-os. Antes, Marx projeta uma perspectiva *prático-política* que, em seus pressupostos, procede de maneira exatamente contrária à perspectiva tacitamente adotada pelo funcionalismo sistêmico. A teoria dos sistemas pressupõe que aquele processo histórico-universal de uma instrumentalização do mundo da vida, denunciado por Marx, em particular o mundo do trabalho, já chegou à sua conclusão em favor dos imperativos dos sistemas autocontrolados. O mundo da vida marginalizado deve sobreviver ainda ao transformar-se por seu turno em um subsistema controlado por *media*, deixando para trás a práxis comunicativa cotidiana como a casca vazia dos âmbitos de ação formalmente organizados. Em contraposição a isso, Marx tem em vista um estado futuro em que a aparência objetiva do capital se diluiu, devolvendo a espontaneidade ao mundo da vida que fora aprisionado pelo ditame da lei do valor. Ele prevê que, sob a liderança de uma vanguarda teoricamente esclarecida, as forças do proletariado industrial, de início apenas *revoltado*, se formem em um movimento que toma o poder político apenas para *revolucionar* a sociedade: juntamente com a propriedade privada dos meios de produção, ele destruirá os fundamentos institucionais do *medium* por meio do qual a economia capitalista se diferenciara, recuperando no horizonte do mundo da vida o processo de crescimento econômico que se autonomizara sistemicamente.

Sistema e mundo da vida aparecem em Marx sob as metáforas de "reino da necessidade" e "reino da liberdade". A revolução socialista deve libertar um do ditame do outro. A crítica teórica precisa apenas, assim parece, dissolver o encanto que se baseia no trabalho que tornou abstrato, subsumido sob a forma mercadoria; ela precisa apenas dissolver a rigidez da intersubjetividade dos trabalhadores socializados na grande indústria, paralisada sob o automovimento do capital, para que uma vanguarda mobilize o trabalho vivo, *criticamente vivificado*, contra o trabalho morto, conduzindo-o ao triunfo do mundo da vida sobre o sistema da força de trabalho desmundanizado.

Em contraposição a essas expectativas revolucionárias, Max Weber manteve corretamente o prognóstico "de que a abolição do capitalismo privado [...] de modo algum significaria um despedaçamento da cápsula de aço do trabalho industrial moderno".[8] O erro de Marx remonta em última instância àquele enganche dialético de análise de sistema e de mundo da vida que não permite uma separação suficientemente nítida entre o *nível de diferenciação sistêmica* constituído na modernidade e *as formas específicas de classe de sua institucionalização*. Marx não resistiu às tentações do pensamento hegeliano da totalidade e construiu dialeticamente a unidade de sistema e mundo da vida como um "todo não verdadeiro". Do contrário ele não poderia ter se iludido quanto ao fato de que *toda* sociedade moderna, tanto faz como se constitui sua estrutura de classes, tem de demonstrar um alto grau de diferenciação estrutural.

Isso tem a ver com *outra debilidade* da abordagem da teoria do valor. Faltam a Marx os critérios com base nos quais pudesse distinguir a destruição das formas de vida tradicionais e a reificação dos mundos de vida pós-tradicionais.

Em Marx – e na tradição marxista –, o conceito de alienação foi aplicado sobretudo ao modo de existência dos trabalhadores assalariados. Nos *Manuscritos de Paris*, o critério para a crítica do trabalho alienado é formado ainda pelo modelo expressivista daquela produtividade criativa em que, com a configuração de uma obra, o artista desdobra ao mesmo tempo suas próprias forças essenciais. Essa perspectiva é retida nas versões contem-

---

8 Weber, *Wirtschaft und Gesellschaft*, p.835.

porâneas da filosofia da práxis, orientadas pela fenomenologia e pela antropologia.⁹ Mas, já com a passagem à teoria do valor, o próprio Marx se livrou do ideal de formação determinado por Herder e pelo romantismo.¹⁰ Com a ideia de troca de equivalentes, a teoria do valor retém desde então um ponto de vista formal de justiça distributiva, pelo qual a subsunção da força de trabalho sob a forma mercadoria pode ser julgada. Com o conceito de transformação da força de trabalho concreta em abstrata, o conceito de alienação perde sua determinidade. Agora ele não se refere mais aos desvios do modelo de uma práxis exemplar, mas à instrumentalização de uma vida representada como fim em si mesmo de modo geral: "Pois o trabalhador assalariado tem de relacionar-se com suas *possibilidades de vida* em seu todo, na medida em que ele abstrai uma parte delas de maneira tão redutora que são determinadas como *capacidade de trabalho*, e esta é novamente redefinida de sorte que é vendida como *força* coisificada [...]. Com isso, a vida não é mais vivida por mor de si mesma, mas a totalidade da realização da vida é utilizada para realizar um tipo determinado de atividade, a venda da força de trabalho. O que é 'posto' pela integração capitalista na 'compra e venda da força de trabalho' simplesmente segundo sua possibilidade — a redução escalonada das possibilidades de vida em seu todo à capacidade de trabalho e sua abstração em força de trabalho — realiza-se, por assim dizer, pelas costas no desenvolvimento do processo de produção capitalista".¹¹

Esse conceito de alienação permanece indeterminado na medida em que falta o *índice histórico* ao conceito subjacente, oscilando entre Aristóteles e Hegel, de uma "vida" que é restringida em suas possibilidades devido à lesão da ideia de justiça inerente à troca de equivalentes. Marx fala abstratamente de vida e possibilidades de vida; ele não dispõe do conceito de uma racionalização a que o mundo da vida se sujeita na medida em que suas estruturas simbólicas se diferenciam. No contexto histórico de suas investigações, o conceito de alienação permanece peculiarmente ambíguo por esse motivo.

---

9 Cf. as contribuições de J. P. Arnason, A. Honneth e G. Markus, em Honneth; Jaeggi (orgs.), *Arbeit, Handlung, Normativität*; além disso, cf. minha resposta a Agnes Heller, em "Reply to my Critics", em Held; Thompson, *Habermas: Critical Debates*.
10 Taylor, *Hegel*, p.5-29.
11 Lohmann, "Gesellschaftskritik und normativer Maßstab", op. cit., p.275.

Marx o emprega para a crítica daquelas condições de vida que surgiram com a proletarização dos artesãos, camponeses e plebeus agrários no curso da modernização capitalista. Com esse desenraizamento repressivo das formas de vida tradicionais, porém, ele não pode distinguir o aspecto da *reificação* e o da *diferenciação estrutural* do mundo da vida — o conceito de alienação não é afiado o suficiente para tanto. A teoria do valor não oferece nenhum fundamento para um conceito de reificação que permita identificar a síndrome da alienação em relação ao grau alcançado de racionalização de um mundo da vida. Na etapa das formas de vida pós-tradicionais, a dor que a separação de cultura, sociedade e personalidade inflige *também* àqueles que crescem em sociedades modernas, formando aí sua identidade, conta como processo de individuação e não como alienação. Em um mundo da vida amplamente racionalizado, a reificação pode se medir tão somente pelas condições da socialização comunicativa em geral, não por um passado nostalgicamente evocado, amiúde romantizado, de formas de vida pré-modernas.

A *terceira* e decisiva debilidade da teoria do valor, vejo-a na sobregeneralização de um caso especial de subsunção do mundo da vida sob os imperativos sistêmicos. Mesmo que se *atribua* a dinâmica dos confrontos de classes à "contradição fundamental" entre trabalho assalariado e capital, os processos de reificação não precisam aparecer necessariamente apenas na esfera em que são causados — no mundo do trabalho. A economia monetariamente controlada depende, como foi mostrado, do complemento funcional por parte de um sistema de ação administrativa, que se diferencia por meio do *medium* poder. É por isso que os âmbitos de ação formalmente organizados podem absorver em si os contextos comunicativos de vida por meio de *dois media*, dinheiro *e* poder. O processo de reificação pode se manifestar tanto nos âmbitos de vida públicos como nos privados, e aqui tanto no papel de consumidor quanto no de empregado. Em comparação com isso, a teoria do valor conta com apenas *um* canal, mediante o qual a monetarização da força de trabalho desapropria os produtores de suas ações, abstraídas como desempenhos.

Nos fundamentos da teoria do valor ligados à teoria da ação, torna-se notável um erro análogo ao que pudemos constatar tanto em Weber como nas duas linhas de sua recepção, no marxismo ocidental e em Parsons: o modelo da atividade voltada a fins é visto como fundamental também para a ação social. Marx não pôde conceber a transformação de trabalho concreto em abstrato como caso especial de uma reificação sistemicamente induzida de relações sociais em geral, visto que parte do modelo do *ator voltado a fins* que é privado, junto com seus produtos, da possibilidade de desdobrar suas forças essenciais. A teoria do valor é levada a cabo com categorias de teoria da ação que obrigam a situar a gênese da reificação *abaixo* do plano da interação e a tratar a deformação das próprias relações interativas – ou seja, a desmundanização da ação comunicativa ajustada aos *media* de comunicação e a tecnificação do mundo da vida – como fenômenos *derivados*: "A versão unilateral do conceito fundamental de ação, que pode entender a ação apenas como atividade produtiva e objetiva, se vinga em uma subdeterminação da extensão da indiferença que é dada com uma redução ao trabalho abstrato. Portanto, Marx é categorialmente inócuo demais na determinação das indiferenças necessárias para a integração sistêmica".[12]

As três debilidades analisadas da teoria do valor elucidam por que a crítica da economia política, apesar de seu conceito de sociedade em dois níveis, combinando sistema e mundo da vida, não possibilitou uma explicação satisfatória do capitalismo tardio. A abordagem marxiana promove uma interpretação economicista redutora das sociedades capitalistas desenvolvidas. Para estas, Marx afirmou com razão um primado evolucionário da economia: são os problemas desse subsistema que determinam o fio de desenvolvimento da sociedade em seu todo. Esse primado não deve induzir, porém, a recortar a relação complementar de economia e aparelho estatal segundo a noção trivial de base e superestrutura. Em oposição ao monismo da teoria do valor, temos de contar com *dois media* de controle e *quatro* canais, *através dos quais os dois subsistemas que se complementam reciprocamente* submetem o mundo da vida a seus imperativos. Os efeitos de reificação podem resultar em igual medida da burocratização e da monetarização tanto dos âmbitos públicos como dos privados.

---

12 Ibid., p.271.

(2) O modelo das relações de intercâmbio entre sistema e mundo da vida

A discussão crítica da teoria do valor dá ensejo a incorporar a dinâmica de um processo de acumulação que se tornou fim em si mesmo ao modelo anteriormente desenvolvido das relações de intercâmbio entre economia e Estado de um lado, e esfera privada e esfera pública, de outro (Fig.39). Esse modelo se guarda de uma interpretação economicista redutora, direciona a atenção para a interação entre Estado e economia e oferece uma explicação dos sinais distintivos que caracterizam os sistemas políticos das sociedades capitalistas *desenvolvidas*. A ortodoxia marxista tem dificuldades em dar uma explicação plausível sobre *intervencionismo estatal, a democracia de massas* e o *Estado de bem-estar social*. A abordagem economicista falha em vista da pacificação do conflito de classes e do êxito de longo prazo que o reformismo conquistou nos países europeus desde a Segunda Guerra Mundial, sob o signo de um programa social-democrata em sentido amplo. De início, pretendo indicar os déficits teóricos que prejudicam as tentativas marxistas de explicar o capitalismo tardio, em particular o intervencionismo estatal, a democracia de massas e o Estado de bem-estar social (a); em seguida, pretendo projetar um modelo que explique as estruturas do compromisso do capitalismo tardio e os pontos de fratura dispostos nelas (b); e finalmente gostaria de retornar ao papel da cultura, à qual a teoria marxiana da ideologia não faz justiça.

(a) Intervencionismo estatal, democracia de massas e Estado de bem-estar social

Intervencionismo estatal. Se colocamos na base um modelo com dois subsistemas se complementando mutuamente, dos quais um apresenta ao outro os problemas, uma teoria da crise de abordagem unicamente econômica se revela insuficiente. Mesmo que problemas sistêmicos surjam primeiramente em virtude de um padrão crítico de crescimento *econômico*, desequilíbrios econômicos podem ser balanceados pela ingerência do Estado nas lacunas funcionais do mercado. A substituição das funções de mercado por funções de Estado se encontra, todavia, sob a reserva da soberania de investimento das empresas privadas, a ser salvaguardada por princípio. O crescimento econômico iria perder sua *dinâmica própria* capitalista, e a economia seu primado, se o processo de produção fosse *controlado* através do *medium* poder. As intervenções do Estado não devem afetar a divisão de trabalho entre a economia dependente do mercado e um Estado economicamente improdutivo; em todas as três dimensões centrais (o *asseguramento* militar e jurídico-institucional *dos pressupostos de continuidade* do modo de produção capitalista, a *influência sobre a conjuntura* e a *política infraestrutural* objetivando as condições de valorização do capital), as intervenções estatais mantêm a forma *indireta* da manipulação das condições marginais das decisões tomadas por empresas privadas e a forma *reativa* das estratégias de evitar ou compensar efeitos colaterais. O motor de uma economia controlada por meio do *medium* dinheiro determina esse tipo refratado de emprego do poder de decisão administrativo.

Esse dilema estrutural tem por consequência que as tendências de crise economicamente condicionadas não podem ser elaboradas, alongadas e amortecidas apenas administrativamente; elas são transferidas involuntariamente para o sistema de ação administrativo. Ali elas podem aparecer em formas diversas, por exemplo, como conflitos entre os objetivos da política conjuntural e infraestrutural, como abuso do recurso tempo (endividamento estatal), como sobrecarga das capacidades de planejamento burocrático e assim por diante; isso pode provocar, por sua vez, estratégias de desoneração com o objetivo de retransferir o ônus dos problemas ao sistema econômico. Em especial, Claus Offe se empenhou em esclarecer esse padrão complicado de crises e manobras de elaboração de crise oscilantes, deslocando-se de um subsistema a outro, de uma dimensão a outra.[13]

Democracia de massas. Quando se parte de um modelo com dois *media* de controle, isto é, dinheiro e poder, uma teoria econômica da democracia (implementada no sentido de um funcionalismo marxista) é insuficiente. Na ocasião da comparação dos dois *media*, vimos que o poder carece de uma institucionalização *mais exigente* do que o dinheiro. O dinheiro se ancora

---

13 Offe, *Strukturprobleme des kapitalistischen Staates*.

no mundo da vida por meio das instituições do direito privado civil; é por isso que a teoria do valor pode começar pela relação contratual entre trabalhador assalariado e proprietário de capital. Para o poder não basta, em contrapartida, o *pendant* da organização de cargos de acordo com o direito público; além disso, a legitimação da ordem da dominação se faz necessária. E sob as condições de um mundo da vida racionalizado, com membros altamente individuados, normas que se tornaram abstratas, positivas e carentes de justificação, tradições que são reflexivamente refratadas em sua pretensão de autoridade e comunicativamente fluidificadas, tão somente os procedimentos democráticos da formação da vontade política podem em princípio gerar legitimidade.[14] Assim, também o movimento operário organizado aponta na mesma direção que os movimentos de emancipação burgueses. No fim, o processo de legitimação é regulado por meio da concorrência entre partidos na forma de eleições livres, secretas e iguais, com base na liberdade de organização e de opinião. A participação política dos cidadãos se encontra, todavia, sob reservas estruturais.

Entre o capitalismo e a democracia existe uma relação de tensão *indissolúvel*; pois com eles dois princípios opostos de integração social concorrem pela primazia. Quando se confia na autocompreensão expressa nos princípios constitucionais, as sociedades modernas afirmam o primado do mundo da vida em relação aos subsistemas, desmembrados de suas ordens institucionais. Em termos de teoria da sociedade, o sentido normativo da democracia se deixa pôr na fórmula segundo a qual a satisfação das necessidades funcionais dos âmbitos de ação sistemicamente integrados deve encontrar seus limites na integridade do mundo da vida, isto é, nas exigências dos âmbitos de ação dependentes da integração social. Por outro lado, a dinâmica própria capitalista do sistema econômico pode permanecer resguardada somente na medida em que o processo de acumulação é desacoplado das orientações por valores de uso. O motor do sistema econômico tem de ser liberado o máximo possível das restrições do mundo da vida, ou seja, tam-

---

14 Habermas, "Legitimationsprobleme im modernen Staat", em Kielmansegg (org.), *Legitimationsprobleme politischer Systeme*, v.VII, p.271ss.

bém das exigências de legitimação dirigidas ao sistema de ação administrativo. Em termos de teoria da sociedade, o sentido intrínseco sistêmico do capitalismo se deixa pôr na fórmula segundo a qual as necessidades funcionais dos âmbitos de ação sistemicamente integrados devem ser satisfeitas, em caso necessário, também ao custo de uma tecnificação do mundo da vida. O funcionalismo sistêmico de cunho luhmanniano transforma discretamente esse postulado prático em um postulado teórico, tornando-o irreconhecível em seu teor normativo.

C. Offe expressou a relação de tensão entre capitalismo e democracia a partir do ponto de vista da concorrência de dois princípios contrários de integração social no seguinte paradoxo: "Sociedades capitalistas se distinguem de todas as outras não pelo *problema* de sua reprodução: a *combinação* de integração social e sistêmica, mas porque elaboram esse problema fundamental de *todas* as sociedades de modo que se entregam *simultaneamente* a duas vias de solução logicamente excludentes entre si: a diferenciação ou privatização da produção *e* a sua socialização ou politização. Ambas as estratégias se cruzam e paralisam reciprocamente. Por consequência disso, o sistema é confrontado constantemente com o dilema de ter de abstrair das regras normativas da ação e das referências de sentido dos sujeitos e, no entanto, não poder abstraí-las. A neutralização política da esfera do trabalho, produção e distribuição é simultaneamente fortalecida e revogada".[15] Esse paradoxo encontra sua expressão também em que os partidos, se querem conquistar e preservar o poder governamental, precisam assegurar *ao mesmo tempo* a confiança dos investidores privados e das massas.

Os dois imperativos se chocam entre si sobretudo na esfera pública política, na qual a autonomia do mundo da vida tem de comprovar-se perante o sistema de ação administrativo. A "opinião pública" que se articula nela significa, da perspectiva do mundo da vida, algo diferente daquela da perspectiva sistêmica do aparelho estatal.[16] As sociologias políticas orientadas pela teoria da ação ou pela teoria dos sistemas adotam respectivamente uma das duas

---

15 Offe, "Unregierbarkeit", op. cit., p.315.
16 Luhmann, "Öffentliche Meinung", em *Politische Planung*, p.9ss.

perspectivas, tornando-a fecunda no sentido seja de abordagens pluralistas, seja em abordagens de crítica da ideologia ou autoritárias. Assim, por um lado, a opinião ou a vontade de eleitores, partidos e associações, apreendida por meio de pesquisas de opinião, vale como expressão pluralista de um interesse universal, no que o consenso social é considerado como o *primeiro elo* na cadeia da formação da vontade política e como *fundamento* da legitimação. Por outro lado, o mesmo consenso vale como *resultado* da criação de legitimação – ele é considerado como *o último elo* na cadeia de produção da lealdade das massas, do qual o sistema político se investe para se tornar independente das restrições do mundo da vida. Essas duas linhas de interpretação são falsamente contrapostas entre si como abordagens normativas e empíricas; de fato, porém, as duas concepções compreendem respectivamente apenas um aspecto da democracia de massas. Pois a formação da vontade produzida por meio da concorrência entre partidos é resultante das duas coisas: da pressão dos processos comunicativos de formação de valores e normas, de um lado, e do choque das operações organizacionais do sistema político, de outro.

O sistema político assegura a lealdade das massas por vias positivas e seletivas, isto é, positivamente por meio da perspectiva de realizar programas do Estado de bem-estar social, seletivamente por meio da exclusão de temas e contribuições da discussão pública. Por seu turno, isso pode acontecer mediante *filtros* socioestruturais no acesso à esfera pública política, mediante a *deformação* burocrática das estruturas da comunicação pública ou mediante um *controle* manipulativo dos fluxos de comunicação.

Pelo concurso dessas variáveis se explica que a autorrepresentação simbólica das elites políticas na esfera pública pode ser amplamente desacoplada dos processos reais de decisão no interior do sistema político.[17] A isso corresponde a *segmentação do papel de eleitor*, ao qual se restringe a participação política em geral. A decisão eleitoral tem em geral apenas a influência sobre o recrutamento do pessoal de liderança e é subtraída em seus motivos do acesso da formação discursiva da vontade. Esse arranjo desemboca em uma

---

17 Edelmann, *The Symbolic Use of Politics*; Sears et al., "Self-Interest *vs.* Symbolic Politics", *American Political Science Review*, v.74, p.670ss., 1980.

neutralização das *possibilidades* da participação política abertas juridicamente com o papel do cidadão.[18]

Estado de bem-estar social. Quando se parte de um modelo de intercâmbio entre âmbitos de ação formalmente organizados de economia e política, por um lado, e âmbitos de ação comunicativamente estruturados da esfera privada e da esfera pública, por outro lado, é preciso levar em conta que os problemas que surgem no mundo do trabalho se deslocam das esferas privadas para as públicas e se transformam ali em hipotecas de legitimação, sob as condições da formação da vontade segundo a concorrência democrática. Os ônus sociais — e isso significa de início os ônus privados — resultantes dos conflitos de classes não podem ser mantidos longe da esfera pública política. Assim, o Estado de bem-estar social se torna o conteúdo político da democracia de massas. Nisso se mostra que o sistema político não pode se emancipar das orientações por valores de uso seguidas pelos cidadãos sem deixar vestígios; ele não pode produzir lealdade das massas em nenhuma extensão, mas precisa fazer também *ofertas de legitimação testáveis* com os programas do Estado de bem-estar social.

A institucionalização jurídica do conflito coletivo de trabalho torna-se o fundamento de uma política reformista que suscitou uma pacificação do conflito de classes nos termos do Estado de bem-estar social. A peça central é uma legislação do trabalho e de direitos sociais que toma precaução pelos riscos fundamentais à existência do trabalhador assalariado, compensando as desvantagens que resultam das posições de mercado estruturalmente mais fracas (assalariados, inquilinos, clientes etc.). A política social atenua os prejuízos extremos e as incertezas sem no entanto afetar as relações estrutu-

---

18 Em todo caso, a participação basta na medida em que a questão empírica fundamental que afetaria a autocompreensão normativa da democracia de massas normalmente não avança na consciência política cotidiana: "se se trata do resultado de um consenso encontrado em liberdade de dominação e por isso garantindo a *legitimidade* no caso de um processo transcorrendo pelos trilhos institucionais, ou se esse próprio processo gera e força a uma *lealdade das massas* passiva, aceitando mais ou menos suas restrições institucionais, e com isso se escora em um fundamento autocriado de aclamação pseudodemocrática" (Narr; Offe, *Wohlfahrtsstaat und Massenloyalität*, p.28).

ralmente desiguais de propriedade, renda e dependência. As regulações e os serviços do Estado de bem-estar social não se orientam, porém, apenas pelos objetivos da compensação social por meio de indenizações individuais, mas também pela monitoração dos efeitos externos coletivamente perceptíveis, por exemplo, nos âmbitos ecologicamente sensíveis do planejamento da residência e do tráfico, da economia de energia e de água, assim como da proteção da paisagem ou nos âmbitos da política de saúde, cultura e formação.

No entanto, a política dirigida à ampliação do Estado de bem-estar social se encontra diante de um dilema, que no plano fiscal se expressa pelo jogo de soma zero dos orçamentos públicos voltados às tarefas de política social, de um lado, e às tarefas de política conjuntural e infraestrutural a fim de promover o crescimento. O dilema consiste em que o Estado de bem-estar social deve atenuar tanto os impactos imediatamente negativos do sistema de ocupação organizado segundo o capitalismo, quanto também os efeitos colaterais disfuncionais que um crescimento econômico controlado pela via da acumulação capitalista exerce sobre o mundo da vida, sem poder tocar na forma de organização, na estrutura e no motor da produção econômica. O Estado de bem-estar social não pode lesar as condições de estabilidade e as exigências de mobilidade do crescimento capitalista, em última instância porque as intervenções corretoras no padrão distributivo das indenizações sociais em geral não desencadeiam reações do lado dos grupos privilegiados somente se podem ser financiadas pelos incrementos do produto social, não afetando as condições de propriedade; do contrário, elas não satisfazem a função de conter e paralisar o conflito de classes.

É por isso que não apenas a *extensão* dos dispêndios do Estado de bem-estar social se encontra sob restrições fiscais, também o *tipo* de operações e a *organização* dos serviços públicos precisam se ajustar à estrutura do intercâmbio entre os âmbitos de ação formalmente organizados e seus entornos, regulado através de dinheiro e poder.

(b) O compromisso do Estado de bem-estar social

Ora, na medida em que o sistema político nas sociedades capitalistas desenvolvidas consegue dominar os dilemas estruturais com que o intervencionismo estatal, a democracia de massas e o Estado de bem-estar social se deparam, constituem-se aquelas *estruturas do capitalismo tardio* que têm de aparecer como paradoxais da perspectiva da teoria marxista com abordagem estritamente econômica. A pacificação do conflito de classes em termos de Estado de bem-estar social se dá sob a condição do prosseguimento de um processo de acumulação cujo motor capitalista é protegido, de modo algum alterado pelas intervenções estatais. O reformismo apoiado no instrumental da política econômica keynesiana elevou esse desenvolvimento a programa nos países ocidentais, seja sob governos social-democratas, seja sob conservadores, e com isso, desde 1945, sobretudo na fase do restabelecimento e da ampliação das capacidades de produção destruídas, obteve êxitos inconfundíveis na economia e na política social. As estruturas sociais que se cristalizaram aí não podem ser interpretadas, todavia, no sentido dos teóricos do austromarxismo, como Otto Bauer e Karl Renner, a título de resultado de um compromisso de classes. Pois, com a institucionalização do conflito de classes, a oposição social que se inflama devido ao poder privado de dispor sobre os meios de produção da riqueza social perde cada vez mais sua força estruturante para o mundo da vida dos grupos sociais, embora seja constitutiva para a própria estrutura do sistema econômico tanto quanto antes. O capitalismo tardio faz uso do desacoplamento relativo de sistema e mundo da vida ao seu modo. A estrutura de classes, deslocada do mundo da vida para o sistema, perde sua forma historicamente palpável. A distribuição desigual de compensações sociais espelha um padrão de privilégios que não pode ser atribuído sem mais às situações de classe. As antigas fontes da desigualdade certamente não secaram, mas junto com elas interferem não apenas as compensações do Estado de bem-estar social, mas também desigualdades de um outro padrão. São característicos disso tanto as disparidades como os conflitos dos grupos marginais. Quanto mais o conflito de classes, inserido na sociedade com a forma da acumulação em termos de economia privada, pode ser represado e mantido em latência, tanto mais avançam para o primeiro plano os problemas que não ferem os interesses atribuíveis imediatamente a especificidades de classe.

Não quero me alongar mais aqui sobre o difícil problema de saber como as regras de composição do padrão de desigualdade social se alteram no capitalismo tardio; interessa-me antes como surge *um novo tipo de efeitos de reificação desencadeados sem especificidades de classe* e por que esses efeitos, certamente filtrados pelo padrão da desigualdade social e diferencialmente dispersos, se impõem hoje sobretudo nos âmbitos de ação comunicativamente estruturados.

O compromisso do Estado de bem-estar social altera as condições das quatro relações de intercâmbio existentes entre sistema (economia e Estado) e mundo da vida (esfera privada e esfera pública), em torno das quais se cristalizaram os papéis de trabalhador e consumidor, de cliente de burocracias públicas e de cidadão. Com a teoria do valor, Marx se concentrou somente na troca de força de trabalho por salário, depreendendo do mundo do trabalho os sintomas de reificação. Estava diante de seus olhos o tipo historicamente determinado de alienação que exemplarmente Engels havia ilustrado com *A situação da classe trabalhadora na Inglaterra*.[19] Com o modelo do trabalho fabril alienado nos primeiros estágios da industrialização, Marx desenvolve um conceito de alienação que aplica ao mundo da vida proletário em seu todo. Esse conceito não distingue entre a dissolução de mundos da vida tradicionais e a destruição dos pós-tradicionais. E ele tampouco discrimina entre uma pauperização que concerne à reprodução material do mundo da vida e as perturbações da reprodução simbólica do mundo da vida, ou seja, entre problemas de penúria externa e de penúria interna. Esse tipo de alienação vai ao segundo plano quanto mais se impõe o Estado de bem-estar social.

No Estado de bem-estar social, os papéis que o sistema ocupacional oferece são por assim dizer normalizados. No quadro dos mundos da vida pós-tradicionais, a diferenciação estrutural da ocupação não é de todo modo um elemento estranho nas organizações; e as onerações que resultam do caráter de trabalho heterônomo se tornaram ao menos subjetivamente toleráveis e amplamente atenuadas, juntamente com os demais prejuízos e riscos que surgem do *status* de trabalhador e empregado, se não pela "humanização" do local de trabalho, então devido à oferta de indenizações monetárias e seguranças juridicamente garantidas. Em vínculo com o aumento contínuo

---

19 Marcus, *Engels, Manchester and the Working Class*.

do padrão de vida, por mais que diferenciado segundo as camadas sociais, o papel de empregado perde seus traços proletários deteriorantes. Com a proteção da esfera privada contra as consequências palpáveis dos imperativos sistêmicos operantes no mundo do trabalho, também os conflitos distributivos não têm mais força explosiva alguma; para além dos limites institucionais dos confrontos salariais, eles se tornam um tema brisante tão somente em excepcionais casos dramáticos.

Esse novo *equilíbrio entre o papel normalizado de empregado e o papel valorizado de consumidor* é, como foi mostrado, o resultado de um arranjo próprio ao Estado de bem-estar social, que se dá sob as condições de legitimação da democracia de massas. Sem razão, a teoria do valor negligenciou as relações de intercâmbio que existem entre o sistema político e o mundo da vida. Pois a pacificação do mundo do trabalho é apenas a contraparte de um *equilíbrio* que se estabelece por outro lado entre *um papel de cidadão* ao mesmo tempo ampliado e *neutralizado* e um *papel de cliente* inchado. A imposição dos direitos políticos fundamentais no quadro da democracia de massas significa, de um lado, a universalização do papel de cidadão; de outro, também a segmentação desse papel do processo de decisão, a purgação da participação política de conteúdos de participação. A legitimidade e a lealdade das massas confluem em uma liga que não pode ser analisada pelos próprios participantes, que não pode ser decomposta em seus elementos críticos.

Também a neutralização do papel universalizado de cidadão é paga pelo Estado de bem-estar social na moeda dos valores de uso que os cidadãos recebem como clientes das burocracias estatais. Clientes – estes são os fregueses que chegam ao desfrute do Estado de bem-estar social; e o papel de cliente é o *pendant* que torna aceitável uma participação política fluidificada em abstração, privada de sua efetividade. O ônus resultante da institucionalização de um modo alienado de codeterminação é descarregado sobre o papel de cliente, em analogia com o ônus da normalização do trabalho alienado, descarregado sobre o papel de consumidor. Nesses dois canais, acumulam-se, ainda a princípio, aqueles novos potenciais de conflito das sociedades do capitalismo tardio, os quais desconcertam justamente os marxistas; nesse aspecto, os defensores da teoria crítica, como Marcuse e Adorno, formam exceções. No entanto, o quadro da crítica da razão instrumental, no interior do qual esses autores se movem, revelou-se estreito demais. Somente no quadro de uma crítica da razão funcionalista se pode tornar plausível por que afinal conflitos ainda rebentariam sob a cobertura do compromisso mais ou menos bem-sucedido do Estado de bem-estar social – conflitos que não aparecem primariamente na forma específica de classe e, contudo, remontam a uma estrutura de classe expelida para os âmbitos de ação sistemicamente integrados. Nosso modelo para as sociedades do capitalismo tardio, certamente ainda estilizado, operando apenas com poucas suposições idealizadoras, sugere a seguinte explicação.

A democracia de massas do Estado de bem-estar social é um arranjo que, sob uma condição, torna inócuo o antagonismo de classes inserido no sistema econômico tanto quanto antes, a saber, aquela de não tolher a dinâmica de crescimento capitalista protegida pelo intervencionismo estatal. Somente então se encontra à disposição uma massa de compensações que pode ser distribuída segundo critérios tacitamente consentidos em confrontações ritualizadas e canalizadas para os papéis de consumidor e cliente, de modo que as estruturas do trabalho alienado e da codeterminação alienada não desdobrem nenhuma força explosiva. Mas, agora, a dinâmica própria do sistema econômico, politicamente escorada, tem por consequência um aumento mais ou menos contínuo de complexidade sistêmica, a qual significa tanto a *expansão* como a *condensação* interna dos âmbitos de ação formalmente organizados. Isso se aplica primeiramente às relações no interior dos subsistemas economia e administração pública e ao intercâmbio dos subsistemas entre si; esse crescimento interno explica os processos de concentração em mercados de bens, capital e trabalho, a centralização de empresas e institutos, também uma parte do aumento funcional e da expansão da atividade estatal (manifesta em uma tendência correspondentemente crescente do índice de gastos públicos). Mas o crescimento desse complexo inteiro concerne igualmente ao intercâmbio dos subsistemas com aquelas esferas do mundo da vida que foram redefinidos como entornos sistêmicos – em primeira linha, os orçamentos privados alinhados ao consumo de massa, de um lado, e as relações de clientela alinhadas aos serviços públicos burocráticos, de outro.

De acordo com o nosso modelo, por meio desses dois canais se desenrolam compensações que o Estado de bem-estar social prontifica para pacificar o mundo do trabalho e para neutralizar a participação juridicamente concedida nos processos de decisão política. Quando se ignoram os desequilíbrios sistêmicos críticos transmitidos de forma administrativamente elaborada ao mundo da vida, o crescimento capitalista desencadeia conflitos no interior do mundo da vida sobretudo devido à expansão e condensação do complexo monetário-burocrático, isto é, *em primeiro lugar* ali onde os contextos de vida socialmente integradores são refuncionalizados e assimilados aos âmbitos de ação sistemicamente integrados. Esses processos foram desde sempre parte da modernização capitalista; com sucesso, eles puderam passar por cima das ações defensivas dos atingidos na medida em que se tratava em primeira linha de repolarizar a reprodução material do mundo da vida em favor dos âmbitos de ação formalmente organizados. Na linha de frente que se estende entre sistema e mundo da vida, este visivelmente oferece resistência persistente e promissora somente quando são afetadas as funções de reprodução simbólica do mundo da vida.

(c) *A decomposição das ideologias e a consciência cotidiana fragmentada*

Antes de aprofundar esses aspectos empíricos, tenho de retomar alguns fios deixados de lado. Havíamos interpretado a tese weberiana da perda de liberdade no sentido de uma reificação sistemicamente induzida dos âmbitos de ação comunicativamente estruturados, e depois obtido da discussão crítica da abordagem da teoria do valor algumas hipóteses que podem explicar por que nas sociedades capitalistas desenvolvidas em geral surgem ainda tendências de reificação, mesmo que de forma alterada. Mas como a segunda tese weberiana de crítica da cultura, que se refere à decomposição das imagens de mundo religiosas e metafísicas e aos fenômenos de perda de sentido, combinam com essa recepção de Marx? Em Marx e em Lukács, a *teoria da reificação* é completada e apoiada por uma *teoria da consciência de classe*. Esta se volta, em termos de crítica da ideologia, contra as formas de consciência dominantes e reclama para a contraparte chances privilegiadas de conhecimento. Em vista de uma oposição de classe pacificada pelo Estado de bem-estar social, e da anonimização das estruturas de classes, a teoria da consciência de classe perde sua referência empírica. Ela não encontra nenhuma aplicação mais sobre uma sociedade em que os mundos da vida estritamente específicos de classe podem ser identificados cada vez menos. De modo consequente, ela foi substituída por Horkheimer e seus colaboradores por uma *teoria da cultura de massa*.

Marx desenvolveu seu conceito dialético de ideologia segundo o exemplo da cultura burguesa do século XVIII. Os ideais de formação que haviam encontrado sua expressão clássica na ciência e na filosofia, no direito natural e na economia, na arte e na literatura, entraram na autocompreensão e na configuração da vida privada da burguesia e de uma aristocracia aburguesada tanto quanto nos princípios da ordem estatal. Marx reconheceu o conteúdo ambivalente da cultura burguesa. Em suas pretensões à autonomia e à cientificidade, à liberdade individual e ao universalismo, à autodescoberta sem reservas e radical, ela é, de um lado, o resultado de uma racionalização cultural; sem a retaguarda da autoridade da tradição, é sensível à crítica e à autocrítica. De outro lado, porém, o conteúdo normativo de suas ideias abstratas e a-históricas, mirando para além da realidade social, não servem apenas à instrução de uma práxis criticamente transformadora, mas também à transfiguração idealista de uma práxis afirmativa, confirmadora. Esse duplo caráter utópico e ideológico da cultura burguesa foi salientado repetidas vezes, de Marx a Marcuse.[20] Ora, essa descrição acerta exatamente quanto àquelas estruturas de consciência que podemos aguardar sob as condições de uma forma de entendimento moderna.

Como "forma de entendimento moderna", havíamos designado uma estrutura comunicativa que em âmbitos profanos de ação se caracteriza, por um lado, pelo fato de as ações comunicativas se desligarem mais fortemente dos contextos normativos e se adensarem mais acentuadamente em espaços ampliados de contingência, por outro lado, pelo fato de as formas de argumentação se diferenciarem institucionalmente, ou seja: os discursos

---

20 Marcuse, "Über den affirmativen Charakter der Kultur", em *Gesammelte Schriften*, v.III, p.186ss.; id., *Versuch über Befreiung*; id., *Konterrevolution und Revolte*; cf. Habermas, "Über Kunst und Revolution", em *Philosophisch-politische Profile*, p.253ss.

teóricos nas atividades científicas, os discursos práticos na esfera pública política e no sistema jurídico, e finalmente a crítica estética nas atividades artísticas literárias (cf. Figura 28, p.291, linha inferior). Nos começos da modernidade, no entanto, o âmbito sagrado não é ainda completamente aplanado; secularizado, ele sobrevive tanto na contemplação de uma arte que não se despiu ainda de sua aura, como também nas tradições religiosas e filosóficas dotadas de eficácia prática, nas formas de transição de uma cultura burguesa não totalmente profana. Mas, na medida em que essas esferas sagradas residuais são aplanadas, dissolvendo-se também aqui a síndrome das pretensões de validade, torna-se notável a "perda de sentido" com que Weber se ocupou. Agora se anula o desnível de racionalidade que sempre existira na relação entre o âmbito sagrado e o profano. O potencial de racionalidade liberado no âmbito profano fora contido e neutralizado até então por imagens de mundo. Consideradas estruturalmente, essas imagens de mundo se encontravam em um nível de racionalidade menor do que a consciência cotidiana, mas, ao mesmo tempo, eram reelaboradas e articuladas de maneira intelectualmente melhor. Além disso, as imagens de mundo míticas e religiosas estavam a tal ponto enraizadas em uma práxis ritual ou cultual que os motivos e as orientações axiológicas formadas sem violência nas convicções coletivas permaneciam vetadas contra o afluxo das experiências dissonantes, contra a racionalidade cotidiana. Com a cultura burguesa tornando-se profana, isso se altera. Junto com ela, desvanece a força irracionalmente vinculante, sagradamente conservada, de uma etapa de racionalidade superada na práxis cotidiana; a substância das convicções fundamentais, sancionadas culturalmente e não carecendo de nenhuma argumentação, se evapora.

Da lógica da racionalização cultural resulta o ponto de fuga a que se dirige a modernidade cultural: com o aplanamento do desnível de racionalidade entre o âmbito de ação profano e uma cultura definitivamente desencantada, esta perde aquelas propriedades que a haviam colocado em condições de assumir funções ideológicas.

No entanto, essa circunstância, pela qual Daniel Bell apregoou o "fim da ideologia", demorou muito para acontecer. A Revolução Francesa, pugnada sob o signo dos ideais burgueses, inaugurou primeiramente a era dos movimentos de massas ideologicamente determinados. Os *movimentos clássicos de emancipação burguesa* despertaram de um lado *reações tradicionalistas*, que ostentam as características de uma regressão ao nível pré-burguês da substancialidade imitada; de outro lado, forma-se uma síndrome de *reações modernas* heterogêneas. Estas se estendem por um amplo espectro de visões populares científicas, na maioria pseudocientíficas, que vão do anarquismo, comunismo e socialismo até o fascismo e o nazismo, passando por orientações sindicalistas, democrático-radicais e revolucionário-conservadoras. Esta foi a *segunda geração* das ideologias surgidas no solo da sociedade *burguesa*. Apesar de todas as diferenças no nível formal e na força de sintetização, elas têm em comum uma coisa: diferentemente das ideologias burguesas clássicas, essas visões de mundo enraizadas no século XIX elaboram fenômenos de privação especificamente modernos, ou seja, déficits que foram infligidos ao mundo da vida pela modernização social. É nessa direção que apontam, por exemplo, os desejos visionários de uma renovação moral ou estética da esfera pública política, de um reavivamento da política atrofiada em administração em geral. Assim, as tendências de moralização encontram sua expressão nos ideais de autonomia e participação, que no mais das vezes preponderam nos movimentos democrático-radicais e socialistas. Tendências à estetização alcançam expressão no carecimento de autorrepresentação expressiva e autenticidade; elas podem preponderar tanto em movimentos autoritários (fascistas) como em movimentos antiautoritários (anarquismo). Tais tendências se encontram em uníssono com a modernidade na medida em que querem "salvar" o momento prático-moral ou estético, reprimidos ou negligenciados no padrão capitalista da racionalização capitalista, não com o auxílio das imagens de mundo metafísica ou religiosamente satisfatórias, mas fazendo-os valer praticamente nas formas de vida novas de uma sociedade revolucionada dessa ou daquela maneira.

A despeito das diferenças de *conteúdo*, essas visões de mundo partilham ainda com as ideologias da primeira geração – com as derivações do direito natural racional, do utilitarismo, em geral da filosofia da sociedade e da história burguesas – a *forma* de representações totalizantes de ordem, destinadas à consciência política dos companheiros e parceiros de luta. Justamente essa forma de uma *interpretação completa, capaz de integração e global, projetada da perspectiva do mundo da vida, tem de decompor-se com a estrutura comunicativa da modernidade desenvolvida.* Quando os vestígios auráticos do sagrado são eliminados primeiramente e os produtos da imaginação sintetizadora, ligada a imagens de mundo, se dissipam, a forma de entendimento plenamente diferenciada em sua base de validade se torna tão transparente que a práxis comunicativa não concede mais nichos para a violência estrutural das ideologias. Os imperativos dos subsistemas autonomizados precisam então atuar de fora sobre os âmbitos de ação social integrados, de maneira *reconhecível*; eles não podem mais se esconder atrás do desnível de racionalidade entre o âmbito de ação sagrado e o profano e passam a atravessar discretamente as orientações de ação a fim de subsumir o mundo da vida sob nexos funcionais intuitivamente inacessíveis.

Mas se o mundo da vida racionalizado perde suas possibilidades estruturais para a formação de ideologia, se os fatos que testemunham a favor de uma instrumentalização do mundo da vida mal podem ainda ser escamoteados e não podem mais ser repelidos do seu horizonte, é de esperar que a concorrência entre as formas de integração sistêmica e social sobressaia *abertamente*. As sociedades do capitalismo tardio, a que concerne a descrição da pacificação operada pelo Estado de bem-estar social, não confirmam, porém, essa suspeita. Manifestamente, elas desenvolveram um equivalente funcional para a formação de ideologia. No lugar da tarefa, a ser preenchida positivamente, de cobrir ideologicamente uma determinada necessidade de interpretação, entra a exigência negativa de não deixar sequer emergir operações de interpretação no nível de integração das ideologias. Agora, o mundo da vida se constitui constantemente na forma de um saber global intersubjetivamente partilhado pelos membros; assim, o equivalente procurado para as ideologias não mais disponíveis não poderia consistir em que ele permaneça difuso no saber cotidiano que aparece de forma totalizada; em todo caso, nem sequer é alcançado o nível de articulação em que o saber pode ser aceito unicamente como válido segundo os critérios da modernidade cultural. *A consciência cotidiana* é privada de sua força sintetizadora, ela *é fragmentada*.

De fato, um tal efeito se dá porque a diferenciação, característica do racionalismo ocidental, de ciência, moral e arte não tem por consequência somente a autonomização de setores elaborados de maneira especializada, mas também de sua separação em relação a uma corrente de tradições prosseguida *de modo naturalizado* na práxis cotidiana. Essa separação foi sentida como problema reiteradamente. As tentativas de superar a "filosofia" e a arte se rebelaram contra as estruturas que submetem a consciência cotidiana aos critérios das culturas de *experts* exclusivas, desenvolvidas em seu sentido intrínseco, isolando-a, contudo, de seus afluxos.[21] A consciência cotidiana se vê remetida a tradições que já são suspensas em sua pretensão de validade, e permanece, porém, estilhaçada desesperadamente onde quer que fuja ao círculo mágico do tradicionalismo. No lugar da consciência "falsa" aparece hoje a consciência *fragmentada*, que evita o esclarecimento sobre o mecanismo de reificação. Somente com isso são preenchidas as condições de uma *colonização do mundo da vida*: os imperativos dos subsistemas autonomizados invadem *de fora* o mundo da vida, tão logo despidos de seu véu ideológico — como senhores coloniais em uma sociedade tribal —, forçando-o à assimilação; mas as perspectivas dispersas da cultura nativa não se deixam mais coordenar a ponto de que o jogo da metrópole e do mercado mundial possa ser discernido a partir da periferia.

A teoria da reificação no capitalismo tardio, reformulada em termos de sistema/mundo da vida, carece, portanto, da complementação por parte de uma análise da modernidade cultural, ocupando o lugar de uma teoria ultrapassada da consciência de classe. Em vez de servir à crítica da ideologia, ela teria de explicar o empobrecimento cultural e a fragmentação da consciência cotidiana; em vez de correr atrás dos vestígios dispersos de uma consciência revolucionária, ela teria de investigar as condições de um reacoplamento da cultura racionalizada com uma comunicação cotidiana dependente de tradições vitais.

(3) *Tendências de juridificação*

Expliquei os sintomas da reificação que se apresentam nas sociedades capitalistas desenvolvidas recorrendo às intervenções que os subsistemas

---

21 À intervenção sem mediações dos *experts* sobre o cotidiano e à cientificização da práxis correspondem as tendências de desprofissionalização que U. Oevermann quer explicar com uma teoria exigente (só apresentada oralmente).

controlados por *media* economia e Estado realizam na reprodução simbólica do mundo da vida com meios monetários e burocráticos. No entanto, segundo nossa hipótese, uma "colonização do mundo da vida" deve poder ocorrer somente:

— se as formas de vida tradicionais se decompuseram a tal ponto que os componentes estruturais do mundo da vida (cultura, sociedade e personalidade) se diferenciaram amplamente;
— se as relações de intercâmbio entre os subsistemas e o mundo da vida são reguladas por meio de papéis diferenciados (para a ocupação nos locais organizados de trabalho e para a demanda das economias privadas, para a relação do cliente com as burocracias públicas e para a participação formal no processo de legitimação);
— se as abstrações reais, mediante as quais a força de trabalho dos ocupados se torna disponível e os votos dos cidadãos dotados de direitos eleitorais se tornam mobilizáveis, podem ser aceitas pelos concernidos em troca de compensações conforme o sistema;
— se essas reparações são financiadas a partir dos incrementos do crescimento capitalista, de acordo com o padrão assumido pelo Estado de bem-estar social, canalizando-as para aqueles papéis em que as esperanças na autorrealização e autodeterminação, privatizadas e subtraídas do mundo do trabalho e da esfera pública, são primariamente depositadas, isto é, os papéis de consumidor e cliente.

Ora, os enunciados sobre uma colonização interna do mundo da vida se encontram em um grau relativamente alto de generalização. Isso não é tão inabitual para as reflexões no âmbito da teoria da sociedade, como mostra mesmo o exemplo do funcionalismo sistêmico. Mas uma tal teoria, exposta sempre ao perigo de sobregeneralização, tem de poder indicar ao menos *qual tipo* de dados empíricos se ajusta a ela. Por esse motivo, pretendo ilustrar as evidências pelas quais a tese da colonização interna poderia ser examinada recorrendo a um exemplo, mas, exatamente, à juridificação dos âmbitos de ação comunicativamente estruturados. Escolho esse caso porque ele não oferece metodológica e substantivamente nenhum problema particularmente agravante. O desenvolvimento jurídico faz parte das áreas de pesquisa inquestionadas da sociologia, clássicas desde Durkheim e Weber.

Se é certo que a reprodução simbólica do mundo da vida não se deixa repolarizar em favor dos fundamentos da integração sistêmica sem efeitos colaterais patológicos, e se exatamente essa tendência é o resultado colateral inevitável de um arranjo bem-sucedido baseado no Estado de bem-estar social, então, nos âmbitos da reprodução cultural, da integração social e da socialização, teria de efetuar-se, sob as condições mencionadas, uma assimilação aos âmbitos de ação formalmente organizados. Ora, denominamos "formalmente organizadas" aquelas relações sociais que somente se constituem nas formas do direito moderno. Por isso, é de esperar que o ajuste da integração social à integração sistêmica assuma a figura de processos de juridificação. Os efeitos de reificação prognosticados teriam de deixar-se demonstrar também nesse plano analítico, mais precisamente, como consequência sintomática de *uma espécie determinada* de juridificação.

Pretendo analisar essa juridificação específica recorrendo ao exemplo do direito de família e do direito escolar. Ela é apenas o prolongamento tardio de uma juridificação que acompanhou a sociedade burguesa desde os seus começos. A expressão "juridificação" se refere, no seu sentido mais geral, à tendência, a ser observada nas sociedades modernas, de multiplicação do direito escrito. Podemos distinguir aí a *expansão* do direito, isto é, a normatização jurídica de novos estados de coisas sociais, até então regulados informalmente, e a *condensação* do direito, a dissolução especializante dos fatos jurídicos globais em outros fatos particulares.[22] Otto Kirchheimer introduziu o termo durante a República de Weimar e, na época, teve em vista sobretudo a institucionalização do conflito de classes segundo o direito de negociação coletiva e o direito de trabalho, em geral, a contenção dos confrontos sociais e das lutas políticas. Esse desenvolvimento rumo ao Estado de bem-estar social, que encontrou sua expressão nos direitos de participação social da Constituição de Weimar, contando com grande atenção na doutrina coetânea do direito público (sobretudo em Heller, Smend e Carl Schmitt), é apenas o último elo em uma cadeia de ondas de juridificação. Em uma estilização grosseira, podemos distinguir quatro processos

---

22 Voigt, "Verrechtlichung in Staat und Gesellschaft", em id. (org.), *Verrechtlichung*, p.16.

de juridificação que marcaram época. A primeira onda leva ao *Estado burguês*, que se constituiu à época do absolutismo na Europa ocidental, sob a figura do sistema de Estados europeu. A segunda onda leva ao *Estado de direito*, que assumiu uma forma exemplar na monarquia da Alemanha do século XIX. A terceira onda leva ao *Estado democrático de direito*, que se propagou na esteira da Revolução Francesa na Europa e na América do Norte. A última onda até agora leva finalmente ao *Estado democrático e social de direito*, obtido pela luta do movimento operário europeu no curso do século XX e codificado exemplarmente no artigo 21 da Lei Fundamental da República Federal da Alemanha. Gostaria de caracterizar essas *quatro ondas globais de juridificação* segundo os pontos de vista do desacoplamento de sistema e mundo da vida e do conflito do mundo da vida com a dinâmica própria dos subsistemas autonomizados.

Quatro ondas de juridificação

(a) O Estado burguês

O desenvolvimento jurídico europeu na fase do absolutismo se deixa entender no fundamental como a institucionalização daqueles dois *media* através dos quais a economia e o Estado se diferenciam em subsistemas. O *Estado burguês* [*bürgerlicher Staat*] forma a ordem política no interior da qual se efetua a transformação da sociedade estamental dos começos da modernidade na sociedade aquisitiva capitalista. Por um lado, o intercâmbio dos possuidores de mercadorias individuais é normatizado no sentido de uma ordem de direito privado, talhada para pessoas de direito que agem estrategicamente e fecham contratos. Essa ordem jurídica suporta, como vimos, as características da positividade, universalidade e formalidade, e foi construída com base no conceito moderno de lei assim como no conceito de pessoa de direito, a qual pode fechar contratos, adquirir, alienar e herdar propriedade. Ela deve garantir a liberdade e a propriedade da pessoa privada, a segurança jurídica e a igualdade formal de todas as pessoas de direito perante a lei, e com isso a calculabilidade de todas ações juridicamente normatizadas. Por outro lado, o direito público autoriza um poder estatal soberano, dispondo de monopólio da violência, como fonte única da dominação legal. O soberano é liberado da orientação pelos conteúdos individuais ou finalidades estatais determinadas e definido instrumentalmente, isto é, unicamente na relação com os meios do exercício legal da dominação burocraticamente organizada. O meio da alocação efetiva de poder torna-se o fim exclusivo.

Com essa primeira onda de juridificação, constitui-se a "sociedade civil" [*bürgerliche Gesellschaft*], se empregarmos essa expressão no sentido da filosofia do direito de Hegel. A autocompreensão dessa fase encontrou no *Leviatã* de Hobbes sua expressão mais consequente. Em nosso contexto, isso é interessante na medida em que Hobbes constrói a ordem social exclusivamente a partir da perspectiva sistêmica de um Estado que constitui a sociedade civil; ele define o mundo da vida negativamente – este abrange tudo o que é excluído do sistema e confiado ao arbítrio privado. O mundo da vida é aquilo de que o direito privado e dominação legal emancipa o cidadão, o sumário das condições de vida corporativamente vinculadas e dependentes de *status*, as quais haviam encontrado sua expressão particularista no direito estamental referente à pessoa, à profissão, ao ofício e ao solo. O que resta disso no Estado burguês é atribuído a uma esfera do privado que pode ser caracterizada justamente de maneira apenas privativa – por meio de um mínimo de paz, que assegura a sobrevivência física, e pelo desatamento das necessidades empíricas dos sujeitos isolados, os quais competem por recursos escassos segundo as leis do mercado. O mundo da vida é o reservatório não determinado mais de perto, do qual os subsistemas economia e Estado extraem o que precisam para sua reprodução: operações de trabalho e disposição à obediência.[23]

A construção hobbesiana toca exatamente nos planos de abstração em que podem ser caracterizadas as inovações do Estado burguês, a saber: as medidas jurídicas para institucionalizar o dinheiro e o poder. Ao não levar em conta o substrato histórico das formas de vida pré-modernas, ela ante-

---

23 Preuss, "Der Staat und die indirekten Gewalten", em X Berliner Hobbes Colloquium; cf. também a investigação inovadora de Franz Neumann dos anos 1930, que agora se apresenta em tradução alemã: Neumann, *Die Herrschaft des Gesetzes*.

cipa na teoria o que Marx atribui mais tarde à realidade como abstrações reais. Sem aquele substrato do mundo da vida, o Estado não teria encontrado em sua forma absolutista nenhum fundamento de legitimação; sem esse substrato, ele tampouco poderia funcionar. Certamente, o Estado burguês acelera a dissolução desse substrato, do qual se nutre tacitamente; mas das formas de vida tradicionais consumidas, das condições de vida institucionalizadas em processo de dissolução, resultam as estruturas de um mundo da vida moderno, inicialmente marcado pela especificidade de classe, as quais Hobbes não pode perceber porque adota exclusivamente a perspectiva sistêmica do Estado burguês. Dessa perspectiva, tudo o que não é constituído nas formas do direito moderno tem de aparecer como *sem forma*. Mas o mundo da vida moderna é despojado de algumas estruturas tão pouco quanto as formas de vida históricas. As *outras* ondas de juridificação se deixam entender justamente de tal maneira que nelas um mundo da vida inicialmente posto à disposição do mercado e da dominação absolutista pouco a pouco faz valer suas reivindicações. Finalmente, os *media* como dinheiro e poder carecem de uma *ancoragem* em um mundo da vida moderno; apenas dessa maneira o Estado burguês pode obter uma legitimidade não parasitária, adequada ao nível moderno de justificação. No fim, o mundo da vida estruturalmente diferenciado, dependente funcionalmente dos Estados modernos, remanesce como única fonte de legitimação.

(b) O Estado de direito burguês

O *Estado de direito burguês* encontrou uma forma prototípica no constitucionalismo alemão do século XIX e foi elevado a conceito pelos teóricos do período do *Vormärz* (1815-1848) como Karl von Rotteck ou Robert von Mohl,[24] e mais tarde por F. J. Stahl.[25] Como conceito analítico, ele se refere,

---

24 Boldt, *Deutsche Staatslehre im Vormärz*.
25 Maus, "Entwicklung und Funktionswandel der Theorie des bürgerlichen Rechtsstaates", em Tohidipur (org.), *Der bürgerliches Rechtsstaat*, v.I., p.13ss. A célebre definição reza o seguinte: "O Estado deve ser um Estado de direito, que é a solução e também na verdade o impulso evolutivo da época moderna. Ele deve determinar

porém, ao aspecto mais geral de uma onda de juridificação que de modo algum é congruente com o desenvolvimento especial do direito na Alemanha.²⁶ Essa segunda onda significa a normatização constitucional de uma autoridade limitada e vinculada até então apenas pela forma legal e pelos meios burocráticos do exercício da dominação. Ora, os cidadãos recebem, como pessoas privadas, direitos públicos-subjetivos reclamáveis perante um soberano, de cuja formação da vontade eles ainda não tomam parte democraticamente. Por essa via da *constitucionalização do Estado de direito*, a ordem do direito privado civil se coordena com o aparelho do exercício da dominação de forma que o princípio da legalidade da administração pode ser interpretado como um "império da lei". Na esfera de liberdade dos cidadãos, a administração não deve poder intervir nem *contra*, nem *praeter*, nem *ultra legem*. As garantias da vida, da liberdade e da propriedade das pessoas privadas não surgem mais somente como efeitos colaterais funcionais de transações institucionalizadas de acordo com o direito privado; pelo contrário, com a ideia do Estado de direito, elas ganham o ranque de normas constitucionais moralmente justificadas, marcando a estrutura da ordem de dominação por inteiro.

Em termos de teoria da sociedade, esse processo pode ser considerado por seu turno de dois lados, das perspectivas do sistema e do mundo da vida. O Estado absolutista se compreendera exclusivamente como o advogado dos subsistemas diferenciados através do dinheiro e do poder, tratando o mundo da vida, deslocado para o âmbito privado, como matéria informe; essa ordem jurídica é enriquecida então por elementos com os quais a

---

exatamente os trilhos e os limites de sua atuação, assim como a esfera livre de seus cidadãos ao modo do direito, assegurando-os inviolavelmente, e não deve realizar as ideias éticas por incumbência do Estado, ou seja, diretamente, mais amplamente do que compete à esfera do direito, isto é, somente até a delimitação mais necessária. Este é o conceito de Estado de direito, não em absoluto que o Estado meramente maneje a ordem jurídica sem finalidades administrativas, ou que proteja de todo meramente os direitos do indivíduo, ele significa em geral não o objetivo e o conteúdo do Estado, mas o modo e o caráter de realizá-los" (Stahl, *Die Philosophie des Rechts*, v.II, p.137ss.).

26 Böckenförde, "Entstehung und Wandel des Rechtsstaatsbegriffs", em *Staat, Gesellschaft, Freiheit*, p.65ss.

dignidade de tutela do mundo da vida moderno próprio da burguesia se vê reconhecida. Considerado de fora, isso pode ser entendido como um primeiro passo com o qual o Estado moderno adquire para si uma legitimidade a partir do próprio direito, legitimações *sobre o fundamento* de um mundo da vida moderno.

(c) O Estado democrático de direito

O *Estado democrático de direito* tomou forma primeiramente na Revolução Francesa e desde Rousseau e Kant ocupa a teoria do Estado até os dias de hoje. Novamente, emprego o conceito analiticamente, mais precisamente para designar aquela onda de juridificação que resgata no direito constitucional a ideia de liberdade já inscrita no conceito de lei concebido de acordo com o direito natural. O poder estatal constitucionalizado é democratizado; os cidadãos são dotados, como cidadãos do Estado, de direitos de participação política. Leis entram em vigor tão somente quando têm a seu favor a suposição democraticamente assegurada de que expressam o interesse geral e que todos os concernidos teriam de poder consentir com elas. Essa exigência deve ser satisfeita por meio de um procedimento que vincula a legislação à formação da vontade parlamentar e à discussão pública. A *juridificação do processo de legitimação* prossegue na forma do direito de voto universal e igual, assim como na forma do reconhecimento da liberdade de organização para as associações e os partidos políticos. Com isso, também o problema da distribuição dos poderes se agudiza, isto é, o problema da relação mútua das instituições estatais funcionalmente diferenciadas de legislação, Executivo e Judiciário. Esse problema se colocara no interior do Estado de direito apenas para a relação entre executivo e justiça.

Em termos de teoria da sociedade, essa onda de democratização reside na mesma linha que a constitucionalização do Estado de direito precedente. O mundo da vida moderno se faz valer uma outra vez perante os imperativos de uma estrutura de dominação abstraída de todas as relações de vida concretas. Com isso, chega a um certo termo também o processo de ancoragem do *medium* poder em um mundo da vida racionalizado, e não mais diferenciado na burguesia.

A primeira onda de juridificação, constitutiva da sociedade civil [*bürgerliche Gesellschaft*], era ainda dominada por aquelas ambivalências que Marx havia exposto de maneira exemplar no trabalho assalariado "livre". A ironia dessa liberdade consistira em que a emancipação social dos trabalhadores assalariados – a saber, a liberdade de movimento e de escolha em que o contrato de trabalho e as afiliações em organizações se apoiam – seria paga com a proletarização de seu modo de vida, de modo algum tomada em conta normativamente. As duas ondas de juridificação seguintes já são suportadas pelo *pathos* dos movimentos de emancipação burgueses. Na linha da constitucionalização e da democratização de uma dominação burocrática aparecendo inicialmente em forma absolutista, torna-se patente o caráter *inequivocamente* garantidor da liberdade das normatizações jurídicas. Em toda parte onde perceptivelmente faz valer pretensões do mundo da vida contra a dominação burocrática, o direito formal civil perde a ambivalência de uma realização de liberdades pagas com efeitos colaterais destrutivos. O *Estado de bem-estar social* desdobrado no quadro do Estado democrático de direito, o qual não preciso ainda caracterizar, prossegue essa linha de uma *juridificação garantidora da liberdade*. À primeira vista, ele doma o sistema de ação econômico em analogia com o modo como as duas ondas de juridificação antecedentes domaram o sistema administrativo. Em todo caso, as conquistas do Estado de bem-estar social foram obtidas pela luta ou concedidas politicamente com o propósito de garantir a liberdade. Assim, os paralelos se impõem: da mesma maneira que a dinâmica interna do exercício burocrático do poder, a dinâmica própria do processo econômico de acumulação se reconcilia com as estruturas dotadas de sentido intrínseco, próprias de um mundo da vida também por sua vez racionalizado nesse meio-tempo.

(d) O Estado social e democrático de direito

De fato, o desenvolvimento até o *Estado social e democrático de direito* pode ser entendido como a constitucionalização de uma relação de poder social ancorado nas estruturas de classes. Os exemplos clássicos são a delimitação do tempo de trabalho, a liberdade de coalisão sindical e autonomia na negociação coletiva, proteção contra demissão, seguro social etc. Nesses casos, trata-se de processos de juridificação em um mundo do trabalho que de início estava sujeito ao poder de disposição irrestrito e ao poder organizacional dos proprietários privados dos meios de produção. Também aqui se trata de juridificações que equilibram o poder *no interior de um âmbito de ação já constituído juridicamente*.

Normas que restringem o conflito de classes e configuram o Estado de bem-estar social possuem um caráter de garantidor da liberdade da perspectiva de seus beneficiários e também da perspectiva do legislador democrático. Ambiguamente, isso não se aplica, porém, a todas as regulações do Estado de bem-estar social. Assim, à política social estatal esteve presa desde o início a *ambivalência da garantia e privação de liberdade*.[27] A primeira onda de juridificação, constitutiva da relação de capital e trabalho assalariado, deveu sua ambivalência a uma contradição entre o sentido socialmente emancipador das normas do direito privado civil, por um lado, e suas repercussões socialmente repressivas sobre aqueles que eram forçados a oferecer sua força de trabalho como mercadoria, por outro. A rede de garantias do Estado de bem-estar social se destina a atenuar agora esses efeitos externos de um processo de produção escorado no trabalho assalariado. Porém, quanto mais densamente essa rede se ata, com tanto mais evidência aparecem ambivalências *de outro tipo*. Os efeitos negativos dessa última onda de juridificação se fazem sentir não como efeitos colaterais, eles resultam *da própria estrutura da juridificação*. Agora são os próprios meios da garantia da liberdade que ameaçam a liberdade dos beneficiários.

No terreno da *política social estatal*, essa circunstância encontrou ampla atenção sob o título de "juridificação e burocratização como limites da política social".[28] Pelo exemplo do direito de seguro social foi apresentado repetidamente que as pretensões jurídicas à renda monetária no caso de seguro (por exemplo, doença ou velhice) significam certamente um progresso histórico em relação à tradição da assistência aos pobres, mas essa juridificação dos riscos à vida requer um preço digno de nota na forma de *inter-*

---

27 Guldimann et al., *Sozialpolitik als soziale Kontrolle*.
28 Cf. a literatura em Reidegeld, "Vollzugsdefizite sozialer Leistungen", em Voigt (org.), *Verrechtlichung*, p.275ss.

ferências reestruturadoras no mundo da vida dos titulares.²⁹ Esses custos surgem devido à execução burocrática e ao cumprimento monetário de pretensões no âmbito do direito social. Da estrutura do direito civil resulta a necessidade de formular as garantias do Estado do bem-estar social como pretensões jurídicas *individuais* para fatos legais gerais *especificados* com exatidão.

No direito social, a *individualização*, ou seja, a circunstância de que as pretensões são imputadas a um sujeito de direito que age estrategicamente e persegue seus interesses privados, talvez seja mais adequada ainda às situações de vida carentes de regulação do que no direito de família, por exemplo. Contudo, a definição individualizadora, por exemplo da aposentadoria, tem consequências onerantes para a autocompreensão dos concernidos e para suas relações com o cônjuge, com os amigos, vizinhos etc., consequências também para a disposição das comunidades solidárias a prestar auxílio subsidiário. Uma coerção considerável a redefinir as situações cotidianas parte sobretudo da *especificação do fato legal*, ou seja, nesse caso, o fato legal para a compensação do seguro social: "usualmente é compreendido como caso de seguro a 'ocorrência daquela vicissitude da vida contra a qual o seguro deve oferecer proteção'. Há compensação caso exista o direito ao benefício. Com a juridificação dos fatos sociais, portanto, também a estrutura do se-então do direito condicional, 'alheia' às relações sociais, às causações, dependências e necessidades sociais, é assumida no negócio da distribuição socioeconômica. Com essa estrutura, porém, não se pode reagir adequadamente, e sobretudo não preventivamente, à causação do fato a ser compensado".³⁰ Finalmente, a *generalidade* do fato legal é talhado para a *execução burocrática do benefício*, ou seja, para a administração que elabora o problema social dado com a pretensão jurídica. A situação carente de regulação, inserida no contexto de uma biografia e de uma forma de vida concreta, precisa ser submetida a uma abstração violenta, não somente porque ela tem de ser subsumida juridicamente, mas também porque, com isso, pode ser elaborada administrativamente. As burocracias operantes precisam proceder aí de maneira fortemente seletiva, *escolhendo* as emergências sociais que se deixam

---

29 Ferber, *Sozialpolitik in der Wohlstandsgesellschaft*.
30 Ibid., p.277.

compreender sob os fatos de compensação juridicamente simulados com os meios de uma dominação burocrática procedendo legalmente em geral. De resto, isso vai ao encontro de uma elaboração centralizada e computadorizada da emergência social em organizações remotas; estas somam as distâncias espaciais e temporais à distância social e psicológica do cliente em relação às burocracias do bem-estar.

Acresce que os riscos à vida ocorridos são pagos no mais das vezes na *forma de compensações monetárias*. Pensemos em exemplos como o ingresso no limite de idade ou a perda do local de trabalho; os problemas e as situações de vida alteradas tipicamente com tais eventos não suportam em via de regra nenhuma redefinição consumista. Para contrapesar essas inconveniências das compensações conformes ao sistema, foram instituídos *serviços sociais* que oferecem *suportes terapêuticos*.

Com isso, porém, as contradições da intervenção do Estado de bem-estar social apenas se reproduzem em um nível mais alto. A forma do tratamento administrativamente ordenado por parte de um *expert* contradiz no mais das vezes o objetivo da terapia de fomentar a iniciativa e autonomia do cliente: "o processo de providenciar serviços sociais ganha uma realidade própria, nutrida sobretudo da competência profissional do funcionário, das condições marginais da ação administrativa, dos 'dados' biográficos e atuais, da capacidade e disposição de cooperar daquele que solicita o serviço ou se sujeita a ele. A par dos problemas das reivindicações específicas às camadas sociais, também remanescentes nesses terrenos, ou ainda dos problemas da alocação por parte de tribunais, organizações penais e outros institutos e da destinação e configuração adequadas dos serviços na rede das organizações burocráticas do Estado de bem-estar social, essas formas de auxílios psíquicos, psicossociais e emancipatório requerem propriamente modos funcionais, critérios de racionalidade e formas de organização que são estranhas à administração burocraticamente estruturada".[31]

Pelas consequências paradoxais dos serviços sociais, em geral de uma terapeutocracia que se estende da execução de penas até o trabalho com jovens, até o sistema público de saúde e às medidas preventivas gerais de toda

---

[31] Ibid., p.281.

espécie, passando pelo acompanhamento médico de enfermidades psíquicas, toxicomanias e distúrbios de comportamento, pelas formas clássicas de trabalho social e pelas mais recentes formas de psicoterapia e dinâmica de grupo para aconselhamento, assistência psicológica e formação de grupos religiosos, mostra-se a ambivalência da última onda de juridificação do Estado de bem-estar social, com uma evidência especial. Na medida em que o Estado de bem-estar social vai além da pacificação do conflito de classes que se manifesta na esfera do trabalho, espalhando uma rede de relações de clientela através dos âmbitos privados da vida, tanto mais fortemente sobressaem os efeitos colaterais patológicos esperados de uma juridificação que ao mesmo tempo significa uma burocratização e uma monetarização dos âmbitos nucleares do mundo da vida. A *estrutura dilemática dessa juridificação* consiste em que as garantias dadas pelo Estado de bem-estar social devem servir ao objetivo da integração social, contudo promovem a desintegração daqueles contextos de vida que são desligados do mecanismo de entendimento coordenador da ação por conta de uma intervenção social segundo a forma do direito e são ajustados a *media* como o poder e o dinheiro. Nesse sentido, R. Pischas fala da crise da política social estatal como uma crise de integração social.[32]

Para uma análise empírica desses fenômenos, é importante esclarecer os critérios com base nos quais os aspectos da garantia de liberdade e privação de liberdade se deixam separar. Dos pontos de vista jurídicos, apresenta-se de início a divisão clássica dos direitos fundamentais em direitos de liberdades e direitos de participação; poder-se-ia suspeitar que a estrutura do direito for-

---

32 "No campo de disputa entre Estado de direito e Estado de bem-estar social, a política social, investindo uma configuração social 'ativa' na organização estatal da liberdade, ameaça subjugar o direito do indivíduo à autoajuda. Nesse ponto, o sistema estatal de serviços não dissolve apenas a distribuição de mandatos entre Estado e sociedade. Com a reconfiguração dos serviços sociais, ele marca *o padrão de vida em seu todo*: se a vida dos cidadãos é assegurada em forma juridificada contra *todas* as vicissitudes da vida, começando antes do nascimento e repercutindo para além da morte, como ensina o direito de cuidado dos enlutados, o indivíduo se instala nesses invólucros sociais de sua existência; ele leva sua vida livre de preocupações materiais, mas ao mesmo tempo ameaçado por uma desmedida de preocupação estatal como também pela angústia de sua perda" (Pitschas, "Soziale Sicherung durch fortschreitende Verrechtlichung", em Voigt (org.), op. cit., p.155).

mal civil se torna dilemática exatamente quando, com esses meios, não mais apenas os âmbitos do arbítrio privado devem ser delimitados negativamente, mas também o interesse e a participação nas instituições e nos serviços devem ser garantidos positivamente. No entanto, se for correta essa suspeita, teríamos de aguardar uma inversão da garantia de liberdade em privação de liberdade já na terceira onda de juridificação, a democratizante, e não somente na quarta, que estabelece o Estado de bem-estar social. De fato, há indícios conhecidos de que a *organização do exercício das liberdades civis* afeta consideravelmente as possibilidades da formação espontânea da opinião e da formação discursiva da vontade devido a uma segmentação do papel de eleitor, à concorrência de elites dirigentes, à formação vertical da opinião nos aparelhos dos partidos burocraticamente incrustados, às corporações parlamentares autonomizadas, às redes de comunicação poderosas etc. Mas com tais argumentos não se poderia derivar os aspectos de privação da liberdade da *forma* dos direitos de participação, mas unicamente do modo burocrático de sua *implementação*. Dificilmente se poderá contestar a inequivocidade dos princípios do direito de voto universal, também da liberdade de reunião, de imprensa e de opinião, que têm de ser interpretados também já no sentido dos direitos de participação democrática sob as condições da comunicação de massa moderna.

Um outro critério, que é antes de natureza própria à sociologia do direito e que pode ser interpretada na perspectiva da teoria da sociedade, vai mais longe, a saber, a classificação de normas jurídicas segundo o ponto de vista de saber se podem ser legitimadas somente por procedimentos no sentido do positivismo ou se são suscetíveis de uma justificação material. Se a legitimidade de uma norma jurídica é colocada em questão, em muitos casos basta a referência à formação de uma lei, de uma sentença judiciária ou de um ato administrativo. O positivismo jurídico colocou isso no conceito de uma legitimação por meio de procedimentos, sem, no entanto, ver que esse modo de legitimação não se basta a si mesmo, apenas remete à necessidade de justificação dos poderes estatais legitimadores.[33] Só que, em vista da massa alterável e constantemente multiplicada do direito positivo, os

---

33 Cf. v.I, p.382ss.

parceiros de direito modernos se contentam, em caso de dúvida, com uma legitimação por meio de procedimentos, visto que em muitos casos uma justificação material não só não é possível como também desprovida de sentido da perspectiva do mundo da vida. Isso se aplica a todos os casos em que o *direito serve de meio de organização para sistemas controlados por media*, que, com efeito, se autonomizaram de todo modo em relação aos contextos normativos da ação orientada ao entendimento. Em sua maioria, as matérias do direito econômico, comercial, empresarial e administrativo são significativas disso. Aqui o direito é combinado de tal maneira com os *media* dinheiro e poder que ele mesmo assume o papel de um *medium* de controle. O *medium direito* permanece associado, todavia, com o *direito como instituição*. Por *instituições* do direito eu entendo as normas jurídicas que não podem ser suficientemente legitimadas mediante a referência positivista aos procedimentos. São típicas delas os fundamentos do direito constitucional, os princípios do direito penal e processual penal assim como todas as regulações de tipicidade próxima à moral (como assassinato, aborto, estupro etc.). Tão logo na práxis cotidiana a validade *dessas* normas é colocada em questão, a referência à sua legalidade não basta. Elas carecem de uma justificação material *porque constam entre as ordens legítimas do mundo da vida* e formam o pano de fundo da ação comunicativa juntamente com as normas de ação informais.

Caracterizamos o direito moderno recorrendo a uma combinação do princípio de positivação e o de fundamentação. Essa estrutura possibilita ao mesmo tempo o prolongamento positivista das vias de fundamentação e a agudização moralizante da problemática da fundamentação deslocada até os fundamentos. Vemos então como o desacoplamento de sistema e mundo da vida se ajusta a essa estrutura jurídica. O direito empregado como *medium* de controle é desonerado da problemática da fundamentação e vinculado ao corpo jurídico, substantivamente carente de legitimação, somente por meio dos procedimentos formalmente corretos. As instituições do direito constam, em contrapartida, entre os componentes sociais do mundo da vida. Assim como as demais normas de ação que não são cobertas pelo poder de sanção estatal, elas podem ser moralizadas conforme o ensejo. Os fundamentos alterados de legitimação não tocam certamente a continuidade das normas jurídicas de imediato; eles podem dar o impulso, porém, a uma alteração legal (ou revolucionária no caso-limite) do direito vigente.

Na medida em que o direito funciona como *medium* complexo, associado ao dinheiro e ao poder, ele se estende a âmbitos de ação formalmente organizados, constituídos como tais imediatamente nas formas do direito formal civil. Em contrapartida, as instituições jurídicas não possuem nenhuma força *constitutiva*, mas somente função *regulativa*. Elas se encontram inseridas em um contexto político-cultural e social mais largo, estão em um contínuo com as normas éticas e remodelam os âmbitos de ação comunicativamente estruturados; conferem uma forma vinculante, sob sanções estatais, aos âmbitos de ação já constituídos informalmente. Desses pontos de vista, podemos distinguir também os processos de juridificação segundo a questão de saber se eles se conectam com as instituições prévias do mundo da vida, remodelando os âmbitos de ação socialmente integrados, ou se apenas condensam as relações jurídicas constitutivas dos âmbitos de ação sistemicamente integrados. Nesse ponto, a questão sobre o modo de legitimação adequado pode servir como um primeiro teste. As matérias jurídicas tecnificadas e desmoralizadas, crescendo junto com as complexidades do sistema econômico e administrativo, têm de ser julgadas em vista de imperativos funcionais e da concordância com as ordens antepostas. Visto historicamente, o aumento contínuo de direito escrito deveria incidir na maior parte sob essa categoria e simplesmente sinalizar um recurso multiplicado ao *medium* direito. As ondas de juridificação que marcaram época se caracterizam, de outro lado, por *novas instituições do direito*, as quais se espelham também na consciência jurídica da práxis cotidiana. Somente em vista dessa segunda categoria de juridificação se colocam as questões de uma avaliação normativa.

A primeira onda de juridificação possuía um caráter garantidor da liberdade na medida em que o direito privado civil e uma dominação burocrática exercida com os meios da legalidade suscitou de todo modo a emancipação das relações de poder e de dependência pré-modernas. As três ondas de juridificação seguintes garantiram um aumento de liberdade na medida em que puderam enlaçar a dinâmica política e econômica, liberada com a institucionalização jurídica dos *media* poder e dinheiro, no interesse dos cidadãos e dos sujeitos de direito privados. O desenvolvimento gradual até o Estado social e democrático de direito se dirige contra aquelas relações de poder e dependência modernas que surgiram com a empresa capitalista e com o aparelho de dominação burocrático, em geral com os âmbitos formalmente organizados da economia e do Estado. A dinâmica própria desses subsistemas de ação se efetua igualmente nas formas de organização do direito, mas de tal sorte que o direito assume aqui o papel de um *medium* de controle e não complementa os componentes institucionais do mundo da vida.

Em seu papel como *medium*, o direito vigente pode ser mais ou menos funcional; mas fora do horizonte de um mundo da vida não tem sentido perguntar sobre o caráter garantidor ou diminuidor da liberdade de normatizações jurídicas. A ambivalência da garantia e da privação da liberdade não pode ser atribuída a uma dialética de direito como instituição e direito como *medium*, visto que a alternativa de garantia e privação da liberdade apenas se coloca da perspectiva do mundo da vida, isto é, somente na relação com as instituições do direito.

Até aqui partimos do pressuposto de que o direito é usado como *medium* apenas no interior de âmbitos de ação formalmente organizados, e que ele, como *medium* de controle, permanece indiferente ao mundo da vida e às questões de justificação material que afloram em seu horizonte.

Esse pressuposto caduca, no entanto, com o intervencionismo do Estado de bem-estar social. A política social estatal tem de servir-se do direito justamente como *medium* para regular aquelas emergências que surgem nos âmbitos de ação comunicativamente estruturados. Certamente, o princípio da participação social e da compensação social é, em analogia com a liberdade de coalizão por exemplo, uma instituição ancorada no direito constitucional, conectando-se espontaneamente com as ordens legítimas do mundo da vida moderno. Mas o direito social, com que a compensação social é desdobrada, se distingue, por exemplo, do direito de negociação coletiva, por meio do qual a liberdade de coalizão se torna eficaz, em um aspecto importante: as medidas do direito social, via de regra os pagamentos compensatórios, não interferem, como os contratos coletivos de trabalho sobre salários e remunerações, em um âmbito de ação *de todo modo* formalmente organizado, mas regula situações de emergência que, como situações do mundo da vida, pertencem a um âmbito de ação comunicativamente estruturado. É por esse motivo que pretendo explicar os efeitos de reificação, que se deixam demonstrar no exemplo da política social estatal, com a premissa segundo a qual as *instituições do direito*, que garantem a compensação social, somente se tornam eficazes através de *um direito social utilizado como medium*. De pontos de vista da teoria da ação, o paradoxo dessa estrutura jurídica se deixa explicar como segue.

Na qualidade de *medium*, o direito social também é talhado para âmbitos de ação que primeiramente se constituem nas formas jurídicas de organização e se mantêm coesos unicamente por meio de mecanismos sistêmicos. Ao mesmo tempo, porém, o direito social se estende a situações de ação que se encontram inseridas em contextos informais do mundo da vida.

Ora, a política social estatal tem em nosso contexto apenas um valor ilustrativo. A tese da colonização interna afirma que, em consequência do crescimento capitalista, os subsistemas economia e Estado se tornam mais complexos e penetram cada vez mais profundamente na reprodução simbólica do mundo da vida. Essa tese precisa se deixar examinar em termos de sociologia do direito em toda parte onde os estofos tradicionalistas da modernização capitalista esgarçaram e os âmbitos centrais da reprodução cultural, da integração social e da socialização são desveladamente tragados na esteira do crescimento econômico e, com ele, da juridificação. Isso se aplica não somente às temáticas da proteção ambiental, segurança nuclear, proteção de dados etc., que na esfera pública foram tematizados de maneira bem-sucedida. A tendência à juridificação de esferas informalmente reguladas do mundo da vida se impõe em uma frente tanto mais ampla quanto mais tempo livre, cultura, repouso, turismo são abarcados perceptivelmente pelas leis da economia de mercadorias e pelas definições do consumo de massa, quanto mais as estruturas da família burguesa se ajustam visivelmente aos imperativos do sistema ocupacional, quanto mais a escola assume palpavelmente a função de distribuir as chances de profissão e de vida.

A estrutura da juridificação se caracteriza no direito escolar e de família por ambivalências análogas àquelas no âmbito do direito social. Para diversos aspectos do desenvolvimento do direito escolar[34] e de família na República Federal Alemã,[35] esses problemas, dominantes também na discussão sobre política do direito, ganharam relevo. Nos dois casos, a juridificação significa de início a *imposição de princípios do Estado de direito*, a observância dos direitos fundamentais da criança perante seus pais, da mulher perante o marido, do aluno perante a escola e os pais, dos professores e alunos perante a administração escolar estatal. Sob as rubricas "igualdade de direitos" e "bem-estar da criança", a posição autoritária do pai de família, ancorada ainda no código civil pelo regime matrimonial entre outras coisas, é desmontada em favor da distribuição mais simétrica das competências e direitos dos outros membros da família. À juridificação dessa relação de poder patriarcal na família, naturalizada e economicamente fundamentada, corresponde, do lado da escola, a constitucionalização da relação de poder particular que existiu até os anos 1950 entre a burocracia estatal e a escola. Enquanto os âmbitos nucleares do direito de família (casamento, obrigação de prover alimentos, regime de bens matrimoniais, divórcio, guarda parental e tutela) foram reformados pelo Judiciário e pelo legislador, a conformação da escola segundo o Estado de direito, ou seja, a normatização dos espaços juridicamente livres, definidos pela soberania escolar oficial, foi provocada inicialmente pelo Judiciário e efetuada pelas burocracias educacionais por vias administrativas.[36] A burocracia teve de providenciar para que os processos de ensino e as medidas escolares, na medida em que eram relevantes para a trajetória de vida do aluno e para os desejos dos pais, recebessem uma forma em que fossem acessíveis a exame judicial. Somente em tempos mais recentes a justiça solicitou ao legislador que se tornasse efetivo no sentido de direcionar a juridificação burocrática transbordante para as vias legais.[37]

---

34 Laaser, "Die Verrechtlichung des Schulwesens", em Projektgruppe Bildungsbericht (orgs.), *Bildung in der BRD*; Richter, *Bildungsverfassungsrecht*; id., *Grundgesetz und Schulreform*.

35 Simitis; Zenz (orgs.), *Familie und Familienrecht*, v.I e II. Cf. Finger, *Familienrecht*; Beitzke, *Familienrecht*.

36 Sobre a crescente atuação do Judiciário na regulação do sistema escolar, cf. Laaser, op. cit., p.1348ss.

37 A respeito da legislação escolar, cf. ibid., p.1357ss.

A ampliação da proteção jurídica e a imposição dos direitos fundamentais na família e na escola exigem uma diferenciação em alto grau de fatos legais particulares, exceções e consequências jurídicas. Por essa via, esses âmbitos de ação se abrem para as intervenções burocráticas e os controles judiciais. A família e a escola não são de modo algum âmbitos de ação formalmente organizados. Se fossem já na *raiz* constituídos segundo a forma do direito, a condensação de normas jurídicas poderia levar a uma redistribuição de dinheiro e poder sem o ajuste a um outro princípio de socialização. De fato, porém, existem nessas esferas do mundo da vida, *antes de toda* juridificação, normas e contextos de ação voltados de maneira funcionalmente necessária para o entendimento como mecanismo de coordenação da ação. A juridificação dessas esferas significa por isso não a condensação de uma rede de regulações formais já existente, mas a complementação e a remodelagem jurídica de um contexto comunicativo de ação; isso, todavia, não mediante as instituições do direito, mas através do direito como *medium*.

A formalização das relações na família e na escola significa para os participantes uma objetificação e *desmundanização* do convívio familiar e escolar formalmente regulados. Como sujeitos de direito, eles se defrontam reciprocamente em uma atitude objetivante, orientada ao êxito. Simitis descreve o papel complementar que o direito desempenha nos âmbitos de ação socialmente integradores: "O direito de família *complementa* um sistema moralmente assegurado de regras de comportamento social e é nesse aspecto estritamente complementar".[38] O mesmo se aplica à escola. Assim como o processo de socialização ali, aqui o processo pedagógico do ensino *se antecipa* de certo modo às regras jurídicas. Esses processos de formação familiar e escolar transcorrendo através da ação comunicativa precisam poder funcionar independentemente das regulações jurídicas. Porém, se a estrutura da juridificação exige controles administrativos e judiciais que não apenas *complementam* os contextos socialmente integrados por meio de instituições do direito, mas os *ajustam* ao *medium* direito, ocorrem distúrbios funcionais. Esta é explicação que a teoria da ação oferece para os efeitos negativos da juridificação, acentuados na discussão jurídica e na sociologia do direito.

---

38 Simitis; Zenz, *Familie und Familienrecht*, v.I, p.48.

Simitis e seus colaboradores investigaram empiricamente a estrutura dilemática de uma juridificação da família pelo exemplo do direito de guarda parental.[39] O grupo se concentra na práxis de decisão de tribunais de tutela. A proteção constitucional do bem-estar da criança pode ser imposta somente de tal modo que ao Estado se concedem possibilidades de intervenção em privilégios dos pais, outrora considerados invioláveis. A dialética dessa juridificação inspirou Simitis a fazer sua investigação: "Por mais indispensáveis que possam ser os serviços estatais, eles não acarretam apenas vantagens para os membros familiares individuais, mas fundamentam também, ao mesmo tempo, uma dependência crescente. A emancipação na família se efetua em torno do preço de um novo laço. Para poder se constituir como pessoa, o membro familiar individual se vê forçado a recorrer à colaboração do Estado. O que se apresenta à primeira vista, portanto, como instrumento para dissolver as estruturas de dominação intrafamiliares, revela-se na observação mais próxima também como o veículo de uma outra forma de dependência".[40] A investigação mostra que os juízes de tutela pesquisados julgam com base em informações insuficientes, e se orientam nesse ponto pelo "bem-estar corporal" da criança, à custa do bem-estar "espiritual". A falha psicológica demonstrada na práxis das sentenças judiciais não tem a ver, porém, tanto com a preparação especializada insuficiente dos juristas para essa tarefa, mas muito mais com a justicialização de circunstâncias que carecem de um *outro tipo* de tratamento: "Iniciativas [...] para averiguar ou estimular possibilidades melhores de dissolução de conflitos raramente são encontradas. Razões para isso podem ser buscadas entre os próprios pais, mas também em sua posição definida pelo direito processual (e factual), que os torna tendencialmente 'objetos' de negociações entre juízes e assistência a menores e, com isso, antes 'sujeitados ao processo' do que 'participantes do processo'".[41] Em praticamente todos os casos se torna patente "o quão pouco o juiz é capaz de alcançar com seus meios especificamente de jurista, não importa que se trate da comunicação com a criança, indis-

---

39 Simitis et al., *Kindeswohl*; Zenz, *Kindesmisshandlung und Kindesrecht*.
40 Simitis; Zenz (orgs.), op. cit., v.I, p.55.
41 Simitis et al., *Kindeswohl*, p.39; Zens, *Kindesmißhandlung und Kindesrechte*.

pensável para o processo, ou da compreensão dos fatores importantes para o seu desenvolvimento".[42] É o próprio *medium* do direito que lesiona as estruturas comunicativas dos âmbitos de ação juridificados.

Dessa perspectiva, torna-se compreensível a recomendação, feita no âmbito da política do direito, de que o legislador possa limitar a uma medida mínima as intervenções estatais necessárias para a proteção jurídica da criança: "entre as soluções possíveis em cada caso merecem prioridade aquelas que concedem ao juiz o mínimo espaço de decisão. Por isso, a regulação legal não pode favorecer como até hoje, em uma medida cada vez mais forte, uma intervenção judicial de longo alcance. Ao contrário, ela precisa primeiramente fazer tudo para desjusticializar o conflito".[43] Todavia, a substituição do juiz pelo terapeuta não é um remédio; o assistente social é apenas um *outro* expert, que não liberta o cliente da burocracia do Estado de bem-estar social de sua posição de objeto. A refuncionalização do direito de tutela em favor do elemento terapêutico apenas aceleraria a assimilação do direito de família ao direito de bem-estar do menor: "Nesse 'paradireito de família', uma autoridade estatal, o oficial da assistência ao menor, dá o tom. A educação se efetua aqui sob a vigilância estatal, e os pais são obrigados a prestar contas. A linguagem, sobretudo de muitos comentários mais antigos, permite reconhecer o objetivo melhor do que qualquer prescrição. A interferência do Estado compensa a normalidade rompida".[44]

Contudo, na proposta paradoxal de desjusticializar os conflitos familiares juridificados, é instrutiva a intuição subjacente. A juridificação de âmbitos de ação comunicativamente estruturados não deve ir além da imposição dos princípios do Estado de direito, além da institucionalização jurídica da constituição *exterior*, seja da família, seja da escola. No lugar do direito utilizado como *medium*, têm de entrar os procedimentos de regulação dos conflitos que são adequados às estruturas da ação orientada ao entendimento – processos discursivos de formação da vontade, processos de negociação e decisão orientados ao consenso. Essa exigência pode parecer

---

42 Simitis; Zenz (orgs.), op. cit., v.I, p.55.
43 Ibid., p.51-2.
44 Ibid., p.36.

ainda aceitável em certa medida para os âmbitos privados como os da família e de todo modo se situa na linha das orientações educacionais específicas das camadas médias. Para um âmbito público como o da escola, a exigência de desjusticialização e desburocratização se depara com resistências.[45] A exigência de uma pedagogização do ensino e de uma democratização das estruturas de decisão não é compatível sem mais com a neutralização do papel de cidadão,[46] e ainda menos com o imperativo do sistema econômico de desacoplar o sistema escolar do direito fundamental à formação e colocá-lo em contato direto com o sistema ocupacional. A querela atual em torno das orientações fundamentais da política escolar se deixa conceber em termos de teoria social como luta por ou contra a colonização do mundo da vida. Mas pretendo me restringir ao plano analítico da juridificação; esta não repercute no âmbito escolar com menos ambivalência do que na família.

A proteção jurídica de alunos e pais contra as medidas pedagógicas (como não promoção de classe, resultados dos exames etc.), ou contra os atos da escola e da administração educacional que restringem o direito fundamental (penalidades disciplinares), é paga com uma justicialização e uma burocratização que interferem profundamente nos processos de ensino e aprendizagem. Por um lado, os órgãos estatais são sobrecarregados por suas competências para problemas de política e direito escolar, em analogia ao modo como os tribunais de tutela são sobrecarregados pelas competências para cuidar do bem-estar da criança. Por outro lado, o *medium* do direito colide com a forma da ação pedagógica. A socialização escolar é decomposta em um mosaico de atos administrativos contestáveis. A subsunção da educação sob o *medium* direito gera a "sumarização abstrata dos participantes do processo pedagógico como sujeitos de direito individualizados em um sistema de produção e concorrência. A abstratividade consiste em que as normas do direito escolar valem sem considerar as pessoas concernidas, suas necessidades e interesses, descartando suas experiências e descosendo

---

[45] Reuter fala nesse contexto de uma "reconstrução da incumbência pedagógica na responsabilidade pedagógica das instituições de formação" (Reuter, "Bildung zwischen Politik und Recht", em Voigt, op. cit., p.130).

[46] Scheuner, *Das Mehrheitsprinzip in der Demokratie*, p.61-2.

seus contextos de vida".⁴⁷ Isso tem de ameaçar a liberdade pedagógica e a iniciativa do professor. A pressão para evitar litígios em relação às notas e a super-regulamentação curricular levam a fenômenos como a despersonalização, a inibição da inovação, o desmantelamento da responsabilidade, a imobilidade e assim por diante.⁴⁸ Frankenberg investiga as consequências da juridificação do trabalho pedagógico do ponto de vista de como os professores, na qualidade de destinatários das normas, percebem as ordens jurídicas e como reagem a elas.

Entre a forma direito, na qual a justiça e a administração escolar exercem suas competências, e uma missão educacional a ser cumprida somente por meio da ação orientada ao entendimento, existem diferenças estruturais que Frankenberg salienta bem: "Podemos reter como características dominantes da dimensão político-jurídica do trabalho pedagógico: (1) a discrepância entre as prescrições comportamentais e a situação concreta de ação, (2) uma 'cobertura dupla' para a 'missão educacional' do Estado por meio da 'competência de dar diretrizes' atribuída à administração escolar e a competência de apuração atribuída aos tribunais administrativos, (3) a demarcação imprecisa do espaço de ação pedagógico dos professores e (4) as ameaças de sanções eventuais, abertas ou ocultas, para o comportamento contrário às normas. À intrincabilidade do complexo normativo do direito escolar soma-se, portanto, a imprevisibilidade de ordens normativas decisivas para a práxis pedagógica".⁴⁹ Essas diferenças estruturais tornam os professores inseguros e provocam reações que Frankenberg descreve como transgressão ou acatamento do espaço de ação pedagógico, isto é, como superadaptação ou desobediência mascarada ao direito.

A conformação das relações de poder particulares da escola segundo o Estado de direito elimina os resíduos de um poder estatal absolutista; mas a remodelagem normativa desse âmbito de ação comunicativamente estruturado se efetua na forma da regulação intervencionista do Estado de

---

47 Frankenberg, *Verrechtlichung schulischer Bildung: Elemente einer Kritik und Theorie des Schulrechts*, p.217.
48 Reuter, "Bildung zwischen Politik und Recht", op. cit., p.126-7.
49 Frankenberg, op. cit., p.227-8.

bem-estar social. A escola controlada pela justiça e pela administração se transforma por baixo do pano em um instituto de assistência à vida que organiza e distribui a formação escolar como um serviço social. Como no caso da família, resulta daí, em termos de política do direito, a exigência de desjusticializar e sobretudo de desburocratizar o processo pedagógico. O quadro de uma constituição escolar de acordo com o Estado de direito, a qual transpõe "o direito privado do Estado para um direito genuinamente público", não deveria ser preenchido por meio do *medium* direito, mas por procedimentos de regulação de conflito orientados ao consenso – por "procedimentos de decisão, portanto, que consideram os participantes do processo pedagógico como maiores para defender seus interesses e regular seus próprios assuntos".[50]

Quando se investiga a estrutura paradoxal da juridificação em âmbitos como família, escola, política social etc., o sentido das exigências que resultam regularmente dessas análises é fácil de decifrar. Trata-se de impedir os âmbitos da vida que de maneira funcionalmente necessária dependem da integração social por meio de valores, normas e processos de entendimento de sucumbir aos imperativos sistêmicos dos subsistemas economia e administração, que aumentam com dinâmicas próprias, e de ser ajustados, através do *medium* direito, a um princípio de socialização que é disfuncional para eles.

---

50 Ibid., p.248; nessa direção aponta também o projeto de uma lei regional que a comissão sobre direito escolar do Congresso Alemão de Juristas submeteu, em Deutscher Juristentag, *Schule im Rechtsstaat*, v.I.

3
Tarefas de uma teoria crítica da sociedade

Fui no encalço da tese da colonização interna lançando mão das tendências mais recentes de juridificação na República Federal Alemã também para mostrar em um exemplo como os processos de abstração real a que Marx dirigira sua atenção podem ser analisados sem que disponhamos de um equivalente para a teoria do valor. Com isso, retorno à questão central de saber se na situação atual das ciências sociais é necessário e possível substituir a teoria do valor ao menos na medida em que esta permite associar enunciados teóricos sobre sistema e mundo da vida entre si. Marx concebera o nexo sistêmico da autovalorização do capital, como vimos, na qualidade de uma totalidade fetichizada; daí resultara a exigência metodológica de decifrar tudo o que deve ser colocado corretamente sob uma descrição típica de teoria dos sistemas como um processo simultâneo de reificação do trabalho vivo. Essa pretensão de longo alcance caduca, porém, quando reconhecemos no sistema econômico capitalista não apena uma nova formação de relações de classes, mas um nível avançado de diferenciação sistêmica com direito próprio. Sob essa premissa, a *questão semântica* de como algo pode ser traduzido de uma linguagem teórica à outra se transforma na *questão empírica* de saber quando o crescimento do complexo monetário-burocrático afeta âmbitos de ação que não podem ser ajustados aos mecanismos sistemicamente integradores sem efeitos colaterais patológicos. A análise da teoria parsoniana dos *media* me levou à suposição de que esse limite é transgredido com a penetração de imperativos sistêmicos em âmbitos da reprodução cultural, da integração social e da socialização. Essa suposição carece de exame empírico com base em "abstrações reais" que seriam demonstráveis nas zonas nucleares do mundo da vida. O problema semântico da associação das descrições em termos da teoria dos sistemas e da teoria da ação requer uma solução que não prejulgue questões substantivas.

Introduzi o conceito de sociedade como sistema pela via de uma objetivação *metódica* do mundo da vida, fundamentando a mudança da perspectiva do participante para a perspectiva do observador, vinculada a essa objetivação. Também essa fundamentação tem, como a teoria do valor, a forma de uma explicação conceitual; ela deve explicar o que significa para a reprodução simbólica do mundo da vida que a ação comunicativa seja substituída por interações controladas por *media*, que a linguagem, em sua função de coordenar a ação, seja substituída pelos *media* dinheiro e poder. Porém, nesse ponto não resultam *eo ipso* efeitos reificadores, como na transformação do trabalho concreto em abstrato. Pelo contrário, o ajuste a um outro mecanismo de coordenação da ação e, com isso, a um outro princípio de socialização terá por consequência uma reificação, isto é, uma deformação patológica das infraestruturas comunicativas do mundo da vida, somente se o mundo da vida não puder se retirar das funções atingidas, somente se não puder entregar sem dor essas funções aos sistemas de ação controlados por *media*, como parece ser o caso na reprodução material. Desse modo, os fenômenos de reificação perdem o *status* duvidoso de fatos que podem ser derivados de enunciados econômicos sobre relações de valor unicamente com base em transformações semânticas; pelo contrário, as "abstrações reais" formam então um âmbito de objetos empiricamente pesquisável. Elas se tornam o objeto de um programa de pesquisa que não mais carece da teoria do valor ou de um instrumento análogo de tradução.

Todavia, uma teoria da modernização capitalista conduzida com os meios da teoria da ação comunicativa segue de ponta a ponta o modelo marxiano em outro aspecto. Ela procede *criticamente* tanto em relação às ciências sociais contemporâneas como em relação à realidade social que devem apreender. Em relação à realidade das sociedades desenvolvidas, ela é crítica na medida em que estas não esgotam o potencial de aprendizagem de que dispõem culturalmente, entregando-se a um aumento descontrolado de complexidade. A complexidade sistêmica crescente interfere aqui, como vimos, em acervos não regeneráveis como uma violência naturalizada – ela não flanqueia apenas as formas de vida tradicionais, mas ataca também a infraestrutura comunicativa de mundos da vida amplamente racionalizados. Porém, aquela teoria procede criticamente também em relação às abordagens nas ciências sociais que não podem decifrar os paradoxos da racionalização social porque elevam a objeto os sistemas sociais complexos apenas sob um aspecto abstrato a cada vez, sem prestar contas (no sentido de uma sociologia reflexiva) da constituição histórica de seu âmbito de objetos.[1] No entanto, a teoria crítica da sociedade não procede com as orientações de pesquisa estabelecidas como concorrente; ao partir do seu conceito sobre o surgimento das sociedades modernas, ela procura explicar em que consiste a limitação específica e o direito relativo daquelas abordagens.

Se deixarmos de lado a abordagem subcomplexa da teoria do comportamento, são sobretudo *três orientações de pesquisa* que se ocupam hoje com os fenômenos das sociedades modernas. Não se pode dizer sequer que concorram entre si, pois mal entram em relação mútua. Tentativas de uma comparação teórica não desembocam em uma crítica recíproca; a crítica fecunda que poderia fomentar um empreendimento comum mal se desenvolve para além das distâncias, quando muito no próprio campo.[2] Ora, essa falta de compreensão recíproca tem sua boa razão: os âmbitos de objetos das abordagens de pesquisa concorrentes não se tocam; pois se devem a abstrações unilateralizadoras que retalham inconscientemente o nexo de sistema e mundo da vida, constitutivo das sociedades modernas.

Em conexão com Max Weber, em parte também com a historiografia marxista, constituiu-se uma *abordagem de pesquisa* de orientação comparativa, procedendo com tipologias e sobretudo *informada pela história social*, a qual se apresenta hoje frequentemente sob o título de *história da sociedade*. Nesse contexto, a dinâmica das lutas de classes encontra, dependendo da

---

1 Gouldner, *Die westliche Soziologie in der Krise*, v.I, p.29ss.; Gruenberg, "The Problem of Reflexivity in the Sociology of Science", *Philosophy of the Social Sciences*, v.8, p.321ss., 1978.

2 Cf. as contribuições de K. O. Hondrich, K. Eder, J. Habermas, N. Luhmann, J. Matthes, K. D. Opp, K. H. Tjaden para a "comparação teórica na sociologia", em Lepsius (org.), *Zwischenbilanz der Soziologie*, p.14ss.

posição de autores tão diversos como R. Bendix, R. Lepsius, C. W. Mills, B. Moore ou U. Wehler, ora uma maior, ora uma menor atenção; o cerne teórico é sempre formado, porém, por suposições a respeito das diferenças estruturais da sociedade em sistemas de ação funcionalmente especificados. O estreito contato com a pesquisa histórica não permite que a *teoria da diferenciação estrutural* desemboque, porém, em um programa dirigido de maneira teoricamente mais forte, por exemplo, em um funcionalismo sistêmico. Pelo contrário, a análise é disposta de tal modo que os processos de modernização são referidos ao plano da diferenciação institucional. Nesse caso, o modo de consideração funcionalista não se separa do estruturalista a ponto de desdobrar a concorrência, inscrita aí, entre ambas as estratégias conceituais. A modernização da sociedade é analisada certamente em suas ramificações, mas prepondera uma noção unidimensional do processo de diferenciação estrutural em seu todo. Este é concebido não como um processo de diferenciação de segunda ordem, como um desacoplamento de sistema e mundo da vida, que, quando progride longe o suficiente, possibilita reações dos subsistemas controlados por *media* sobre os mundos da vida, estruturalmente diferenciados por seu turno. Dessa perspectiva de pesquisa, as patologias da modernidade não chegam, por esse motivo, ao campo de visão enquanto tais; faltam instrumentos conceituais para a distinção adequada entre (a) a diferenciação estrutural do mundo da vida, em particular de seus componentes sociais, (b) a autonomização de sistemas de ação diferenciados através de *media* de controle, assim como a diferenciação interna desses subsistemas, e finalmente (c) aqueles processos de diferenciação que ao mesmo tempo desdiferenciam os âmbitos de ação socialmente integrados no sentido de uma colonização do mundo da vida.

Em conexão com a teoria econômica neoclássica, de um lado, e com o funcionalismo das ciências sociais, de outro, constituiu-se uma *abordagem de pesquisa própria à teoria dos sistemas*, a qual se impôs sobretudo na economia e nas ciências da administração. Essas *ciências dos sistemas* seguem por assim dizer o crescimento dos dois subsistemas controlados por *media*. Na medida em que se ocuparam precipuamente com a complexidade interna do sistema econômico e do sistema administrativo, elas puderam se contentar com modelos fortemente idealizados. Pelo fato de que tiveram de incluir as delimitações dos entornos sociais respectivos na análise, surgiu, porém, a necessidade de uma teoria integrada que se estenda também à interação entre os dois subsistemas, Estado e economia, funcionalmente entrelaçados.

Somente com o passo seguinte de abstração, que submete a sociedade no seu todo a conceitos da teoria dos sistemas, as ciências dos sistemas excederam as suas contas. A *teoria dos sistemas*, desenvolvida primeiramente por Parsons e levada adiante de modo consequente por Luhmann, coloca o surgimento e o desdobramento das sociedades modernas unicamente do ponto de vista funcionalista da complexidade sistêmica crescente. Depois que o funcionalismo sistêmico se purgou da ganga da tradição sociológica, ele passa a ser insensível, no entanto, às patologias sociais que podem ser depreendidas sobretudo das características estruturais de âmbitos de ação socialmente integrados. Pois ele transfere os destinos consumados nos mundos da vida comunicativamente estruturados para o plano da dinâmica de *media* e, ao assimilá-los a desequilíbrios de relações de intercâmbio intersistêmico da perspectiva do observador, retira deles o significado de deformações que ameaçam a identidade, como são percebidos da perspectiva do participante.

A partir da fenomenologia, da hermenêutica e do interacionismo simbólico, desenvolveu-se enfim uma *abordagem de pesquisa própria à teoria da ação*. As diversas orientações de uma *sociologia compreensiva* concordam, na medida em que no todo procedem com generalizações, em um interesse por esclarecer as estruturas de imagens de mundo e formas de vida. A peça central é formada por uma *teoria da vida cotidiana*, que também encontra uma ligação com a pesquisa histórica, como nos trabalhos de E. P. Thompson. Na medida em que este é o caso, os processos de modernização podem ser expostos do ângulo de visão dos mundos da vida específicos às camadas e aos grupos sociais; o cotidiano das subculturas arrastadas para dentro dos processos de modernização é descerrado com os meios da pesquisa antropológica de campo. Ocasionalmente, esses estudos se condensam em fragmentos de uma história escrita da perspectiva dos vencidos. Então a modernização aparece como a história de sofrimento daqueles que tiveram de pagar o preço pela imposição do novo modo de produção e do sistema moderno dos Estados, na moeda de tradições e formas de vida desmoronadas. Essas pesquisas agudizam a sensibilidade para as não simultaneidades históricas, conferem um estímulo para a recordação crítica, no sentido de Benjamin. Mas concedem à dinâmica sistêmica própria do desenvolvimento econômico e da formação das nações e dos Estados um lugar tão mínimo como ao sentido intrínseco estrutural de mundos da vida racionalizados. Os espelhamentos subculturais em que as patologias sociais da modernidade são refrangidas e refletidas conservam por esse motivo a subjetividade e a contingência de eventos *incompreendidos*.

Uma teoria crítica da sociedade pode se certificar dos resultados dessas três orientações de pesquisa tanto mais quanto mais exatamente ela lhes demonstra *em detalhe* que os âmbitos de objetos que aceitam ingenuamente somente *surgiram* na constelação dos começos da modernidade, mais exatamente como uma consequência do desacoplamento de sistema e mundo da vida.

Enquanto a teoria da diferenciação estrutural não separa suficientemente os aspectos do sistema e os do mundo da vida, a abordagem de pesquisa da teoria dos sistemas e a da teoria da ação acabam isolando e sobregeneralizando respectivamente um dos dois aspectos. Em todos os três casos, as abstrações metodológicas têm a mesma consequência. As teorias da modernidade, que possibilitam essas abordagens de pesquisa, permanecem insensíveis àquilo que Marx denominara "abstrações reais"; essas são acessíveis a uma análise que *ao mesmo tempo* investiga a racionalização dos mundos da vida e o aumento de complexidade dos subsistemas controlados por *media*, mantendo em vista a natureza paradoxal de suas interferências. Como foi mostrado, pode-se falar de condições de vida paradoxais em um sentido não metafórico quando a diferenciação estrutural dos mundos da vida é descrita como racionalização; patologias sociais não se deixam medir por estados-alvo biológicos, mas por contradições em que interações comunicativamente entrelaçadas podem se enredar porque ilusões e autoilusões podem alcançar um poder objetivo em uma práxis comunicativa dependente da facticidade de pretensões de validade.

Com "abstrações reais", no entanto, Marx não se referira apenas àqueles paradoxos que são sentidos pelos próprios participantes como deformações de seu mundo da vida, mas sobretudo aos paradoxos que se revelam somente a uma análise da reificação (ou da racionalização). É desse gênero o paradoxo de que as desonerações sistemáticas possibilitadas pela racionalização do mundo da vida se transformam em sobrecarga da infraestrutura comunicativa desse mundo da vida. Para a tese weberiana da racionalização, propus essa leitura depois de fazer a tentativa de tornar fecunda uma *quarta* abordagem de pesquisa, o *estruturalismo genético* da psicologia do desenvolvimento, para apropriar a sociologia da religião de Weber, a teoria da comunicação de Mead e a teoria da integração social de Durhkheim.[3] Por essa via, desenvolvi um quadro categorial que não é naturalmente um fim em si mesmo. Pelo contrário, ele deve se comprovar na tarefa de identificar e explicar aquelas patologias da modernidade das quais as outras abordagens de pesquisa passam ao largo por razões metodológicas.

Foi exatamente isso que teoria crítica mais antiga se colocara como tarefa, antes de se distanciar cada vez mais das pesquisas das ciências sociais no começo dos anos 1940. Por esse motivo, pretendo (1) recordar os complexos temáticos que ocuparam a primeira teoria crítica e (2) mostrar como algumas dessas intenções podem ser retomadas sem as suposições de filosofia da história a que se prendiam na época. Nesse ponto (3) vou me alongar um pouco mais detalhadamente sobre um tema: o significado alterado que cabe à crítica do positivismo hoje, na era do pós-positivismo.

(1) *O espectro temático da primeira teoria crítica*

O trabalho do Instituto de Pesquisa Social foi dominado no essencial por seis temas até o começo dos anos 1940, quando o círculo de colaboradores reunidos em Nova York se dissolveu. Esses interesses de pesquisa se espelham nos ensaios que dão o tom teórico, publicados na seção principal da *Revista de Pesquisa Social*. Trata-se (a) das formas de integração das sociedades pós-liberais, da (b) socialização e desenvolvimento familiar, (c) das mídias de massa e cultura de massa, (d) da psicologia social do protesto

---

3 Mayrl, "Genetic Structuralism and the Social Analysis of Social Consciousness", *Theory and Society*, v.5, p.20ss., 1978.

paralisado, (e) teoria da arte, e (f) da crítica do positivismo e da ciência.[4] Nesse espectro temático se espelha a ideia programática de Horkheimer de uma ciência social interdisciplinar.[5] Nessa fase, o questionamento central que caracterizei antes sob a rubrica "racionalização como reificação" deveria ser elaborado com os meios diferenciados de diversas disciplinas nas ciências sociais.[6] Antes de a "crítica da razão instrumental" estreitar novamente o processo de reificação, tornando-o um tema da filosofia da história, Horkheimer e seu círculo haviam convertido as "abstrações reais" em objeto de pesquisas empíricas. Desse ponto de vista teórico, é fácil de descobrir a unidade na multiplicidade dos temas nomeados.

(a) Depois das profundas alterações do capitalismo liberal, o conceito de reificação carecia primeiramente de uma especificação.[7] Sobretudo a ordem nazista deu ensejo a investigar a relação alterada de economia e Estado, a fim de responder à questão de saber se, com a transição da República de Weimar ao Estado autoritário, surgira também um novo princípio de organização da sociedade, se o fascismo demonstrava similitudes mais fortes com as sociedades capitalistas do Ocidente, ou, em vista de sua constituição política totalitária, mais pontos em comum com o stalinismo. Pollock e Horkheimer tendiam à concepção de que, com o regime nazista, em analogia com o regime soviético, se estabelecera uma *ordem de capitalismo de Estado*, na qual a propriedade privada dos meios de produção preserva tão somente um caráter formal, ao passo que o controle do processo econômico em seu todo passa do mercado para as burocracias planificadoras; a direção dos grandes conglomerados se amalgama aí com as elites dos partidos e da administração. De acordo com essa concepção, corresponde ao Estado autoritário uma sociedade totalmente administrada. A forma da integração

---

4 Cf. a reimpressão em nove volumes da *Revista de Pesquisa Social* pela Kösel Verlag.

5 Cf. o inventário em Bonß; Honneth (orgs.), *Sozialforschung als Kritik*; Brandt, "Ansichten kritischer Sozial-Forschung 1930-1980", *Leviathan*, cad. esp., n.4, p.9ss., 1981.

6 Dubiel, *Wissenschaftsorganisation und politische Erfahrung*, parte 2.

7 Cf. a seguir Dubiel; Söllner, "Die Nationalsozialismusforschung des Instituts für Sozialforschung", em Horkheimer et al., *Recht und Staat im Nationalsozialismus*, p.7ss.

social é determinada por um exercício (ao menos na intenção) racional com respeito a fins de uma dominação administrativa controlada e centralizada.

Neumann e Kirchheimer contradiziam essa teoria do capitalismo de Estado com a tese de que o Estado autoritário representava apenas o invólucro totalitário de um capitalismo monopolista permanecido intocado, em que o mecanismo de mercado funciona tanto quanto antes. De acordo com essa concepção, também o fascismo desdobrado não elimina o primado dos imperativos econômicos em relação ao Estado. Os compromissos entre as elites da economia, do partido e da administração se dão *na base de um sistema econômico de capitalismo privado*. Dessa perspectiva, despontam claramente as analogias estruturais entre as sociedades capitalistas desenvolvidas, apresentando-se politicamente nas formas seja de um regime democrático, seja de uma democracia de massa. Uma vez que o Estado totalitário não é visto como centro do poder, a integração social tampouco se efetua exclusiva ou preponderantemente nas formas de uma racionalidade administrativa tecnocraticamente generalizada.[8]

(b e c) A relação entre o sistema econômico e o administrativo decide sobre como a sociedade integra e a quais formas de racionalidade o contexto de vida dos indivíduos se submete. Só que a subsunção dos indivíduos socializados sob o padrão dominante de controle social, sob o próprio processo de reificação, teria de ser estudado em um outro lugar: na família, que prepara como agência de socialização os adolescentes para os imperativos do sistema ocupacional, e na esfera pública político-cultural, em que a cultura de massa gera, por meio de mídias de massa, a disposição à obediência perante as instituições políticas. A teoria do capitalismo de Estado pode esclarecer somente o *tipo* de integração social. A psicologia social analítica que Erich Fromm,[9] na tradição dos freudianos de esquerda,[10] associara aos questionamentos da teoria social marxista se destina a explicar, em contra-

---

8 Como H. Marcuse já expõe na época: "Some Social Implications of Modern Technology", *Zeitschrift für Sozialforschung*, v.9, p.414ss., 1941.

9 Fromm, "Über Methode und Aufgabe einer analytischen Sozialpsychologie", *Zeitschrift für Sozialforschung*, v.1, p.28ss., 1932.

10 Dahmer, *Libido und Gesellschaft*; id. (org.), *Analytische Sozialpsychologie*.

partida, os *processos* pelos quais a consciência individual se adapta às exigências funcionais de um sistema que coalesce com a economia monopolista e com o Estado autoritário.

Os colaboradores do Instituto investigam, por um lado, a *mudança estrutural da pequena família burguesa*, a qual levara à perda de função e à debilitação da posição autoritária do pai e ao mesmo tempo mediatizara o santuário familial, abandonando os adolescentes cada vez mais à intervenção socializadora de instâncias extrafamiliares; e, por outro lado, investigam o *desdobramento de uma indústria cultural* que dessublimara a cultura, privando-a de seus conteúdos racionais e refuncionalizando-a para as finalidades de controle manipulador da consciência. Enquanto isso, a reificação, como em Lukács, permanece uma categoria da filosofia da consciência; ela é depreendida das atitudes e modos de comportamento dos indivíduos. No entanto, os fenômenos da consciência reificada devem ser explicados empiricamente, com base na teoria psicanalítica da personalidade. O caráter autoritário, facilmente manipulável, marcado por um Eu fraco, aparece em formas fenomênicas típicas da época; as formações correspondentes do Supereu são atribuídas a um concurso complicado de estrutura social e destinos pulsionais.

Novamente se delineiam duas linhas de interpretação. Horkheimer, Adorno e Marcuse se atêm à teoria freudiana das pulsões e contam com a dinâmica de uma natureza interna que, embora reaja à pressão social, permanece resistente contra o poder da socialização em seu cerne.[11] Fromm, em contrapartida, acolhe os estímulos da psicologia do Eu e transfere o processo do desenvolvimento do Eu para o *medium* das interações sociais que penetram e estruturam o substrato natural das moções pulsionais.[12] Uma outra frente se forma na questão sobre o caráter ideológico da cultura de massa, entre Adorno, por um lado, e Benjamin, por outro. Enquanto Adorno (com Löwenthal e Marcuse) contrapõe irreconciliavelmente o teor

---

[11] Essa posição não se alterou mais tarde: cf. Adorno, "Soziologie und Psychologie", em id. (org.), *Sociologica*; Marcuse, *Eros and Civilization*; id., "Das Veralten der Psychoanalyse", em *Kultur und Gesellschaft*, v.2, p.85ss.

[12] Fromm, *Escape from Freedom*.

de experiência da arte autêntica ao consumo cultural, Benjamin põe insistentemente suas esperanças nas iluminações profanas que devem poder resultar de uma arte de massa despida de sua aura.

(d) Assim, no curso dos anos 1930, o círculo mais estreito dos membros do Instituto desenvolve uma posição consistente no que concerne a todos os três temas: consolida-se a imagem monolítica de uma sociedade totalmente administrada; a esta correspondem um modo repressivo de socialização, que exclui a natureza interna, e um controle social que tudo penetra, exercida por meio dos canais de comunicação de massa. Contrariamente, as posições de Neumann e Kirchheimer, de Fromm e Benjamin, não se deixam levar a um mesmo denominador; é comum a eles, porém, a avaliação diferenciada do caráter complexo e contraditório tanto das formas de integração das sociedades pós-liberais como da socialização familiar e da cultura de massa. Somente essas abordagens concorrentes poderiam ter oferecido pontos de partida para uma análise que se dirigisse aos potenciais de resistência contra a reificação da consciência. Todavia, as experiências que os emigrantes alemães puderam fazer no horizonte da história contemporânea dos anos 1930 deu ensejo antes para a investigação dos mecanismos com os quais a paralisação dos potenciais de protesto podia ser explicada. É nessa direção que apontavam também os estudos sobre a consciência política de trabalhadores e empregados, em particular sobre a formação de preconceitos antissemitas que o Instituto assumiu ainda na Alemanha e levou adiante na América até os fins dos anos 1940.[13]

(e e f) Os processos de reificação da consciência puderam ser elevados a objeto de um programa de pesquisa empírica de grande envergadura depois que a teoria do valor perdera sua função de fundamentação. No entanto, com isso também o conteúdo normativo do direito natural racional, conservado na teoria do valor, se vira abandonado.[14] Esse lugar foi ocupado depois,

---

13 Fromm, *Arbeiter und Angestellte am Vorabend des Dritten Reiches: Eine sozialpsychologische Untersuchung*; Institut für Sozialforschung (org.), *Autorität und Familie*; Adorno et al. *The Authoritarian Personality*.

14 Lange, "Wertformanalyse, Geldkritik und die Konstruktion des Fetischismus bei Marx", *Neue Philosophische*, v.13, p.24ss., 1978.

como vimos, pela teoria da racionalização social mediada por Lukács. O conteúdo normativo do conceito de reificação tinha de ser arrancado então do potencial racional da cultura moderna. Por esse motivo, a teoria crítica conserva em seu período clássico uma relação completamente afirmativa com a arte e a filosofia da época burguesa. As artes – em Löwenthal e Marcuse sobretudo a literatura clássica alemã, em Benjamin e Adorno a vanguarda literária e musical – são o objeto privilegiado de uma crítica da ideologia que anseia por separar os conteúdos transcendentes da arte autêntica, sejam utópicos, sejam críticos, dos componentes ideologicamente consumados dos ideais burgueses. Por isso, também a filosofia, como guardiã desses ideais burgueses, conserva um significado central: "Razão" – Marcuse diz naquela dissertação que complementa a demarcação programática que Horkheimer traça entre teoria crítica e teoria tradicional – "é a categoria fundamental do pensamento filosófico, a única por meio da qual este se mantém ligado ao destino da humanidade".[15] E em seguida: "Razão, espírito, moralidade, conhecimento, felicidade não são apenas categorias da filosofia burguesa, mas assuntos da humanidade. Como tais devem ser conservados, e mesmo recuperados de maneira nova. Se a teoria crítica se ocupa com as doutrinas filosóficas nas quais se deva falar ainda do ser humano, ela se ocupa antes de tudo com os mascaramentos e as más interpretações sob os quais se falava do ser humano no período burguês".[16]

No entanto, a contraposição da crítica da ideologia com a tradição pode mirar o teor de verdade dos conceitos e problemas filosóficos, a *apropriação* de seu conteúdo *sistemático*, porque a crítica é *guiada* por *suposições teóricas*; na época, a teoria crítica se apoiava ainda na filosofia da história marxista, isto é, na convicção de que as forças produtivas desdobravam uma força objetivamente explosiva. Somente sob esse pressuposto a crítica podia se limitar à "conscientização das possibilidades para as quais a própria situação histórica está amadurecida".[17]

---

15 Marcuse, "Philosophie und Kritische Theorie", *Zeitschrift für Sozialforschung*, v.6, p.632, 1937.
16 Ibid., p.640.
17 Ibid., p.647.

Sem uma *teoria* da história, não poderia haver uma *crítica* imanente, aplicada às figuras do espírito objetivo, que distinguisse "entre o que o ser humano e as coisas poderiam ser e o que elas são factualmente"[18] — pois ela teria de entregar-se historicamente aos critérios *respectivos* de uma época. O programa de pesquisa dos anos 1930 se ergueu e caiu com a confiança, sustentada pela filosofia da história, em um potencial racional da cultura burguesa que seria liberado em movimentos sociais sob a pressão das forças produtivas desenvolvidas. De modo irônico, porém, Horkheimer, Marcuse e Adorno se deixaram reforçar, justamente por seus trabalhos de crítica da ideologia, na suposição de que a cultura perde sua autonomia nas sociedades pós-liberais e é incorporada à engrenagem do sistema econômico-administrativo nas formas dessublimadas da cultura de massa. O desenvolvimento das forças produtivas, até mesmo o próprio pensamento crítico, se move para seu contrário cada vez mais, na perspectiva de uma turva assimilação. Na medida em que, na sociedade totalmente administrada, se corporifica tão somente a razão instrumental expandida em totalidade, tudo o que é se transforma em abstração real — mas então o que é capturado e desfigurado por essas abstrações tem de escapar ao acesso empírico.

Pela fragilidade dos fundamentos ligados à filosofia da história se pode tornar claro por que essa tentativa de uma teoria crítica da sociedade, conduzida em forma interdisciplinar, tinha de fracassar e por que Horkheimer e Adorno acabaram reduzindo esse programa às considerações especulativas sobre a *Dialética do Esclarecimento*. As suposições do materialismo histórico sobre a relação dialética de forças produtivas e relações de produção haviam se transformado em enunciados pseudonormativos sobre uma teleologia da história. Esta foi considerada a força propulsora para a realização de uma razão que se expusera ambiguamente nos ideais burgueses. A teoria crítica poderia se certificar de seus fundamentos normativos tão somente em termos de filosofia da história. Esse solo não era resistente para um programa de pesquisa empírico.

Isso se tornou patente também pela falta de um âmbito de objetos claramente delimitado, como a práxis cotidiana do mundo da vida, na qual as

---

18 Marcuse, "Zum Begriff des Wesens", *Zeitschrift für Sozialforschung*, v.5, p.23, 1936.

estruturas da racionalidade se corporificam e os processos de entendimento podem ser identificados. As categorias da teoria crítica contrapõem a consciência dos indivíduos imediatamente aos mecanismos de integração social prolongados até o interior, até o intrapsíquico. Pelo contrário, a teoria da ação comunicativa pode se certificar do conteúdo racional de estruturas antropologicamente profundas em uma análise que procede *inicialmente* de maneira reconstrutiva, isto é, a-histórica. Ela descreve as estruturas da ação e do entendimento que se depreendem do saber intuitivo de membros competentes das sociedades modernas. Nenhum caminho sai dela para retornar a uma teoria da história que não separa *a fortiori* os problemas de lógica e dinâmica de desenvolvimento.

Com esse expediente, tentei libertar o materialismo histórico de seu lastro na filosofia da história.[19] Ou seja, são necessárias duas abstrações – a abstração do desdobramento de estruturas cognitivas em relação à dinâmica social dos eventos, e a abstração da evolução social em relação à concreção histórica das formas de vida. Ambas eliminam aquelas confusões categoriais de que é tributário o pensamento da filosofia da história. Uma tal teoria não pode mais se aplicar aos ideais imanentes às formas de vida concretas, às formas de vida transmitidas; ela tem de orientar-se pela possibilidade de processos de aprendizagem que se abre com um nível de aprendizagem histórico já alcançado. Ela tem de renunciar ao julgamento crítico e à classificação normativa de totalidades, formas de vida e culturas, de contextos de vida e épocas *em seu todo*. E, no entanto, ela pode retomar algumas das intenções para as quais o programa de pesquisa interdisciplinar da teoria crítica mais antiga é tão instrutivo quanto antes.

(2) *Os pontos de contato para a teoria da ação comunicativa*

No final de uma complicada investigação sobre os traços fundamentais da teoria da ação comunicativa, essa indicação não pode ser entendida nem mesmo como uma *promissory note*. Ela contém menos uma promessa do que uma suspeita. Para não deixá-la completamente infundada, gostaria de acres-

---

19 Habermas, *Para a reconstrução do materialismo histórico*.

centar algumas elucidações, na ordem dos temas nomeados há pouco. Decidi-me por essas observações ilustrativas também porque queria acentuar o caráter completamente aberto e a capacidade de conexão de uma abordagem de teoria social cuja fecundidade se pode comprovar unicamente nas pesquisas ramificadas das ciências sociais e da filosofia. O que a teoria da sociedade pode operar por si mesma assemelha-se à força de focalização de uma lente ustória. É somente quando as ciências sociais não atiçarem mais nenhum pensamento que o tempo da teoria da sociedade terá se esgotado.

ad (a) *Sobre as formas de integração das sociedades pós-liberais*

O racionalismo ocidental surgiu no quadro de sociedades capitalistas burguesas. Por isso, com Marx e Max Weber, investiguei as condições de partida da modernização em sociedades desse tipo, seguindo o fio do desenvolvimento capitalista. Nas sociedades pós-liberais, esse fio se bifurca; em uma direção, a modernização é impulsionada mais além pelos problemas endogenamente gerados dos processos de acumulação econômicos, na outra, pelos problemas dos esforços estatais de racionalização. Pelo *fio de desenvolvimento do capitalismo organizado* se constitui a ordem política das democracias de massa do Estado de bem-estar social; todavia, sob a pressão de crises econômicas, o modo de produção, ameaçado pelas consequências da desintegração social, pôde ser preservado em alguns locais, por algum tempo, apenas em formas de ordens autoritárias ou fascistas. No *fio de desenvolvimento do socialismo burocrático* se constituiu a ordem política de ditaduras de partidos políticos. A dominação coercitiva stalinista cedeu entrementes a regimes moderados; rudimentos para um movimento sindical democrático e uma formação da vontade democrática no interior do partido se tornaram visíveis apenas na Polônia momentaneamente. Tanto os desvios fascistas quanto os democráticos do padrão respectivamente dominante dependem de maneira manifestadamente forte de particularidades nacionais, em especial das culturas políticas desses países. As ramificações tornam necessárias, em todo caso, especificações históricas, e isso já no plano mais geral dos tipos de integração social e das patologias sociais correspondentes. Se nos restringimos, em uma simplificação baseada em tipos ideais, às duas *variantes dominantes das sociedades pós-liberais* e partimos da premissa de que os fenômenos de alienação aparecem como deformações do mundo da vida sistemicamente induzidas, é possível indicar alguns passos para uma análise comparativa dos princípios de organização social, do tipo de tendências de crise e das formas de patologia social.

De acordo com nossas suposições, um mundo da vida amplamente racionalizado faz parte das condições de partida dos processos de modernização. Dinheiro e poder precisam ser ancorados como *media* no mundo da vida, isto é, institucionalizados com os meios do direito positivo. Se essas condições iniciais são preenchidas, podem se diferenciar em um sistema econômico e um sistema administrativo, os quais se referem um ao outro complementarmente, entrando em intercâmbio com seus entornos por meio de *media* de controle. Nesse nível de diferenciação sistêmica surgiram sociedades modernas, de início capitalistas e mais tarde, demarcando-se contra estas, sociedades socialista-burocráticas. Um fio capitalista de modernização se abre tão logo o sistema econômico desdobra uma dinâmica de crescimento própria e ganha a liderança com seus problemas endogenamente gerados, isto é, assume o primado evolucionário para a sociedade como um todo. O fio da modernização toma um rumo diferente se o sistema de ação administrativo, com base nos meios de produção amplamente estatizados e da dominação institucionalizada do partido único, alcança uma autonomia similar em relação ao sistema econômico.

Na medida em que esses princípios de organização se impõem, surgem (como exposto na Figura 39) as relações de intercâmbio entre os dois subsistemas funcionalmente entrelaçados e os componentes sociais do mundo da vida, no qual os *media* estão ancorados. O mundo da vida, desonerado das tarefas da reprodução material, pode se diferenciar, por um lado, em suas estruturas simbólicas, liberando os desenvolvimentos da modernidade cultural, dotados de sentido intrínseco; por outro lado, a esfera privada e a esfera pública são então colocadas à distância também na qualidade de entornos sistêmicos. Dependendo de o primado evolucionário ser do sistema econômico ou do aparelho estatal, são antes as economias domésticas privadas ou antes as afiliações politicamente relevantes que oferecem a porta de entrada para as crises, descarregadas dos subsistemas sobre o mundo da vida.

Perturbações na reprodução material do mundo da vida assumem em sociedades modernizadas a figura de desequilíbrios sistêmicos renitentes; estes repercutem ou imediatamente como *crises*, ou despertam *patologias* no mundo da vida.

As crises de controle foram investigadas de início no ciclo conjuntural dos sistemas de economia de mercado; mas no socialismo burocrático tendências de crises nascem dos mecanismos de autobloqueio das administrações planificadoras em analogia ao modo como, por outro lado, resultam das interrupções endógenas do processo de acumulação. Os paradoxos da racionalidade da planificação podem ser explicados em analogia com a racionalidade da troca, porque as orientações racionais da ação entram em contradição consigo mesmas mediante efeitos sistêmicos não intencionados. Essas tendências de crise não são assimiladas apenas no sistema parcial em que surgem respectivamente, mas também no sistema de ação complementar respectivo, para o qual podem ser deslocadas. Assim como a economia capitalista depende das operações organizacionais do Estado, a burocracia planificadora socialista depende das operações de autocontrole da economia. O capitalismo desenvolvido oscila entre as políticas contrárias das "forças autocurativas do mercado" e do intervencionismo estatal.[20] Ainda mais marcada é a estrutura dilemática, por outro lado, onde as políticas oscilam sem saída entre a planificação central reforçada e a descentralização, entre os programas econômicos orientados ao investimento e ao consumo.

No entanto, esses *desequilíbrios sistêmicos* repercutem como *crises* somente quando as operações da economia e do Estado permanecem manifestadamente abaixo de um nível de exigência estabelecido e estorvam a reprodução simbólica do mundo da vida ao provocar ali conflitos e reações de resistência. O componente social do mundo da vida é imediatamente atingido por isso. Antes de tais conflitos ameaçarem os âmbitos nucleares da integração

---

20 Sobre a discussão a respeito do colapso da política econômica keynesiana nas sociedades ocidentais, cf. Roberts, "The Breakdown of the Keynesian Model", *Public Interest*, p.20ss., 1978; Kregel, "From Post-Keynes to Pre-Keynes", *Social Research*, v.46, p.212ss., 1979; Wisman, "Legitimitation, Ideology-Critique, and Economics", *Social Research*, v.46, p.291ss., 1979; Davidson, "Post-Keynesian Economics", *Public Interest*, p.151ss., 1980.

social, eles são deslocados para a periferia: antes de ocorrer estados anômicos, chega-se aos fenômenos de privação de legitimação ou de motivação (cf. Figura 22, p.223 neste volume). Porém, caso se consiga abafar as crises de controle, isto é, as perturbações percebidos na reprodução material, lançando-se mão dos recursos do mundo da vida, surgirão *patologias do mundo da vida*. Os recursos do mundo da vida foram apresentados na Figura 21 (p.222 neste volume) como contribuições para a reprodução cultural, integração social e socialização. Para a continuidade da economia e do Estado, os recursos nomeados na coluna do meio são relevantes para a preservação da sociedade: aqui, nas ordens institucionais do mundo da vida, os subsistemas estão finalmente ancorados.

Ora, pode-se representar a *substituição das crises de controle por patologias do mundo da vida* de tal sorte que os estados anômicos são evitados, e as legitimações e motivações importantes para a continuidade das ordens institucionais são asseguradas à custa dos *demais* recursos (e mediante abusos destes). A cultura e a personalidade são atacadas em favor de uma estabilização da sociedade que gerencie as crises (a primeira e a terceira coluna *versus* a segunda no esquema dos recursos da Figura 21). As consequências dessa substituição podem ser esclarecidas pela Figura 22: em vez de fenômenos anômicos (e em vez de privação de legitimação e de motivação ocorrendo para a anomia) surgem fenômenos de alienação e insegurança de identidades coletivas. Atribuí esses fenômenos à colonização do mundo da vida, caracterizando-os como reificação da práxis comunicativa cotidiana.

Todavia, as deformações do mundo da vida assumem a figura de uma *reificação de relações comunicativas* apenas em sociedades capitalistas, ou seja, ali onde as crises são transferidas ao mundo da vida através da porta de entrada das economias domésticas privadas. Trata-se aí não do estiramento de um único *medium*, mas da monetarização e da burocratização dos âmbitos de ação de ocupados e consumidores, de cidadãos e clientes de burocracias estatais. As deformações do mundo da vida assumem uma *outra* figura em sociedades nas quais as crises penetram o mundo da vida através da porta das afiliações politicamente relevantes. Também aqui, nas sociedades socialista-burocráticas, os âmbitos de ação dependentes da integração social são repolarizados em favor dos mecanismos de integração sistêmica. Mas no lugar da reificação das relações comunicativas aparecem *os simulacros de relações comunicativas* nos âmbitos burocraticamente ressecados, coercitivamente humanizados de um relacionamento pseudopolítico. Essa *pseudopolitização* se relaciona simetricamente com a privatização reificadora em determinados aspectos. O mundo da vida não é assimilado imediatamente ao sistema, ou seja, aos âmbitos de ação juridificados, formalmente organizados; pelo contrário, as organizações sistemicamente autonomizadas do aparelho estatal e da economia são ficticiamente transportadas para um horizonte *simulado* de mundo da vida. Na medida em o sistema é drapeado como mundo da vida, este é absorvido por aquele.[21]

ad (b) Socialização familial e desenvolvimento do Eu

O diagnóstico do desacoplamento de sistema e mundo da vida oferece também uma perspectiva alterada para a avaliação da mudança estrutural da família, da educação e do desenvolvimento da personalidade. Para uma psicanálise atraída pelo marxismo, a doutrina do complexo de Édipo, interpretada sociologicamente, formava o eixo para explicar como os imperativos funcionais do sistema social podiam se impor nas estruturas do Supereu do caráter social dominante. Assim, por exemplo, as investigações de Löwenthal sobre a literatura dos dramas e romances do século XIX servem à demonstração detalhada de que as coerções do sistema econômico, condensadas em hierarquias de *status*, papéis profissionais e estereótipos de gênero, interferem no mais íntimo da história de vida e do desenvolvimento da personalidade através de padrões de dependência e socialização intrafamiliares – a intimidade das relações altamente personalizadas oculta apenas violência de nexos econômicos cegos, experimentados como destino e autonomizados em relação à esfera privada.[22]

A família é considerada assim a agência por meio da qual os imperativos sistêmicos se imiscuem nos destinos pulsionais; em sua estrutura comuni-

---

21 Arato, "Critical Theory and Authoritarian State Socialism", em Held; Thompson, *Habermas: Critical Debates*.
22 Löwenthal, *Gesammelte Schriften*, v.II.

cativa interna, ela não é, no entanto, levada a sério. Visto que a família fora observada tão somente dos pontos de vista funcionalistas e jamais alcançara um peso próprio segundo os pontos de vista estruturalistas, as transformações da família burguesa que marcaram época foram mal compreendidas, em particular o resultado de um nivelamento da autoridade paterna pôde ser interpretado erroneamente. Parecia que os imperativos sistêmicos receberiam por meio da família mediatizada a oportunidade de um acesso imediato, quando muito refreado pelo *medium* brando da cultura de massa, aos processos intrapsíquicos. Em contrapartida, se reconhecemos na mudança estrutural da pequena família burguesa *também* a racionalização do mundo da vida dotada de sentido intrínseco; se vemos que nos padrões de relação igualizados, nas formas de relacionamento individuados e nas práticas educacionais liberalizadas se solta *também* uma fração do potencial de racionalidade inscrito na ação comunicativa, então uma *outra* luz incide sobre as condições de socialização alteradas das famílias das camadas médias.

Os indicadores empíricos depõem antes em favor de uma autonomização da pequena família, na qual os processos de socialização se efetuam por meio do *medium* de uma ação de entendimento amplamente desinstitucionalizada. Aqui se constituem infraestruturas comunicativas que se desligam dos enredamentos latentes nos nexos funcionais. A contraposição do "ser humano", que se formou na esfera íntima da liberdade e da humanidade, e do "burguês", que na esfera do trabalho social obedece a necessidades funcionais, sempre foi ideologia. Esta, porém, assumiu um outro significado. Os mundos da vida familiais veem o rosto dos imperativos do sistema de ação econômico e do administrativo que se aproximam de fora, em vez de ser mediatizados por eles pelas costas. Nas famílias e em seus entornos, é possível observar uma polarização entre os âmbitos de ação comunicativamente estruturados e os formalmente organizados, a qual coloca os processos de socialização sob outras condições – e os expõe a um outro tipo de ameaça. Depõem em favor disso dois indícios rudimentares da psicologia social: o significado decrescente da problemática edipiana e o significado crescente das crises de adolescência.

Já desde muito tempo médicos da escola psicanalítica observam uma mudança de sintomas nos fenômenos de enfermidades típicas da época. As histerias clássicas estão quase extintas; o número de neuroses compulsivas se reduz drasticamente; em vez disso, acumulam-se os distúrbios narcísicos.[23] Christopher Lash tomou essa mudança de sintomas como ensejo para um diagnóstico de época que se estende para além do âmbito clínico.[24] Este confirma que as alterações significativas do presente escapam a uma explicação em psicologia social que se dedique à problemática edipiana, à interiorização de uma repressão social meramente mascarada na autoridade parental. Essas alterações são mais bem apreendidas pelas explicações que partem da premissa de que as estruturas comunicativas liberadas na família representam condições de socialização tão *exigentes* como *suscetíveis*. Surge um potencial de irritação; com ele cresce também a probabilidade de que as instabilidades do comportamento parental repercutam de maneira desproporcionalmente forte, mais exatamente no sentido de uma negligência sutil.

Também o outro fenômeno – o aguçamento da problemática da adolescência – depõe em favor do significado socializador do desacoplamento de sistema e mundo da vida.[25] Se os imperativos sistêmicos se insinuam menos na família, sedimentando-se em comunicações sistematicamente distorcidas e interferindo discretamente na formação do *self*, e chegam até a família muito mais de fora, sem mistério, então tanto mais cedo se formam as disparidades entre as competências, as atitudes e os motivos, de um lado, e as exigências funcionais dos papéis dos adultos, de outro lado. De todo modo, os problemas de desligamento da família e da constituição de uma identidade própria tornam o desenvolvimento juvenil em sociedades modernas, dificilmente ainda assegurado em termos institucionais, um teste crítico para a capacidade de conexão da geração antecedente com a seguinte. Mas se as condições de socialização da família não se conciliam mais funcionalmente com as condições de afiliação das organizações que os adolescentes devem um dia satisfazer, os problemas que o jovem tem de solucionar na

---

23 Kohut, *Narzismus, eine Theorie der Behandlung narzistischer Persönlichkeitsstörungen*; id., *Die Heilung des Selbst*.
24 Lash, *The Culture of Narcissism: American Life in an Age of Diminishing Expectations*.
25 Blos, *On Adolescence*; Erikson, *Identität und Lebenszyklus*.

adolescência se tornam insolúveis para cada vez mais jovens. Um indício disso é o significado social e mesmo político que as culturas de protesto e desistência ganharam desde o fim dos anos 1960.[26]

O novo questionamento não pode ser elaborado, todavia, com os meios teóricos antigos. Se colocamos as mudanças da socialização familial que fizeram época em conexão com uma racionalização do mundo da vida, a interação socializadora tem de formar o ponto de referência para a análise do desenvolvimento do Eu – e a comunicação sistematicamente distorcida, ou seja, a reificação das relações interpessoais, o ponto de partida para a pesquisa da patogênese. A teoria da ação comunicativa oferece um quadro em que o modelo estrutural de Eu, Isso e Supereu pode ser reformulado.[27] No lugar de uma teoria das pulsões que representa a relação entre Eu e natureza interna em termos de filosofia da consciência, segundo o modelo das relações entre sujeito e objeto, entra então uma teoria da socialização que vincula Freud com Mead, faz justiça às estruturas da intersubjetividade e substitui as hipóteses sobre os destinos pulsionais por hipóteses sobre a história da interação e a formação da identidade.[28] Essa abordagem pode (a) retomar os desenvolvimentos mais recentes na pesquisa psicanalítica, em particular a teoria das relações de objeto[29] e a psicologia do Eu;[30]

---

26 Döbert, Nunner-Winkler, *Adoleszenzkrise und Identitätsbildung*; Ziehe, *Pubertät und Narzissmus*; Merelman, "Moral Development and Potential Radicalism in Adolescence", *Youth and Society*, v.9, p.29ss., 1977; Rootes, "Politics of Moral Protest and Legitimation Problems of the Modern Capitalist State", *Theory and Society*, v.9, p.473ss., 1980.

27 Habermas, *Conhecimento e interesse*; Lorenzer, *Sprachzerstörung und Rekonstruktion*; Menne et al., *Sprache, Handlung und Unbewußtes*

28 Habermas, "Moralentwicklung und Ich-Identität", em *Zur Rekonstruktion des Historischen Materialismus*; Keagan, "The Evolving Self: A Process Conception for Ego Psychology", *The Counseling Psychologist*, v.8, n.2, p.5-34, 1979.

29 Fairbairn, *An Object Relations Theory of Personality*; Winnicott, *The Maturational Process and the Facilitating Environment*.

30 Jacobson, *The Self and the Object World*; Mahler, *Symbiose und Individuation*, v.I e v.II; Kohut, *Narzismus, eine Theorie der Behandlung narzistischer Persönlichkeitsstrukturen*; id., *Introspekttion, Empathie und Psychoanalyse*; Kernberg, *Borderline-Störungen und pathologischer Narzißmus*.

(b) conectar-se com a teoria dos mecanismos de defesa[31] de tal modo que os nexos entre as barreiras intrapsíquicas da comunicação de um lado, e as perturbações da comunicação no plano interpessoal, de outro, se tornam palpáveis;[32] e (c) se valer das suposições sobre mecanismos de superação de conflitos consciente e inconsciente, a fim de produzir o vínculo entre a ortogênese e a patogênese. O desenvolvimento cognitivo e sociomoral, pesquisado na tradição de Piaget, se efetua segundo padrões estruturais que oferecem primeiramente uma base de comparação confiável para os desvios clínicos intuitivamente apreendidos.[33]

ad (c) *Mídias de massa e cultura de massa*

Assim como a teoria da ação comunicativa faz valer a legalidade intrínseca da interação socializadora com a distinção entre sistema e mundo da vida, com a distinção entre dois tipos contrários de *media* de comunicação ela cria uma sensibilidade também para o potencial ambivalente da comunicação de massa. Ela assume um tom cético em relação à tese de que a esfera pública é liquidada nas sociedades pós-liberais. Segundo as representações de Horkheimer e Adorno, os fluxos de comunicação controlados por meio de mídias de massa entram *no lugar* daquelas estruturas de comunicação que outrora haviam possibilitado a discussão pública e a autocompreensão de um público de cidadãos e pessoas privadas. As mídias eletrônicas, passando da escrita à imagem e ao som, ou seja, primeiramente o cinema e o rádio, depois a televisão, apresentam-se como um aparato que penetra e domina inteiramente a linguagem cotidiana comunicativa. De um lado, ele trans-

---

31 Freud, *Das Ich und die Abwehrmechanismen*; Miller, Swanson, *Inner Conflict and Defense*; Murphy, "The Problem of Defense and the Concept of Coping", em Anthony; Koupernik (orgs.), *The Child in his Family*; Haan, "A Tripartite Model of Ego-Functioning", *Journal of Nervous and Mental Disease*, v.148, p.14ss., 1969.
32 Döbert; Habermas; Nunner-Winkler, *Entwicklung des Ichs*; Selman, *The Growth of Interpersonal Understanding*.
33 Damon (org.), *New Directions for Child Development*, v.1: Moral Development; Furth, *Piaget and Knowledge*.

forma os conteúdos autênticos da cultura moderna em estereótipos esterilizados e ideologicamente eficazes de uma cultura de massa que meramente duplica o existente; de outro lado, consome a cultura purgada de todos os momentos subversivos e transcendentes em prol de um sistema abrangente, sobreposto aos indivíduos, que em parte reforça, em parte substitui os controles comportamentais internos debilitados. O modo de funcionar da indústria cultural deve se relacionar especularmente com o modo de funcionar do aparelho psíquico, que, enquanto a interiorização da autoridade paterna ainda funcionava, submetera a natureza pulsional ao controle do Supereu, como a técnica submete a natureza externa à sua dominação.

É possível levantar contra essa teoria não apenas as reservas empíricas que sempre podem ser levadas a campo contra supersimplificações estilizantes: que ela procede a-historicamente e não considera a mudança estrutural da esfera pública burguesa; e que ela não é suficientemente complexa para dar conta das diferenciações nacionais acentuadas, a começar pelas diferenças na estrutura organizacional das emissoras no âmbito privado, estatal e do direito público, até chegar às diferenças na configuração dos programas, nos hábitos de recepção, na cultura política etc. Tem mais peso a objeção de princípio que resulta do dualismo de *media* investigado anteriormente.[34]

Distingui duas espécies de *media* que podem desonerar o arriscado e dispendioso mecanismo de coordenação do entendimento. Por um lado, *media de controle*, por meio dos quais os subsistemas se diferenciam do mundo da vida; por outro lado, *formas generalizadas da comunicação*, que não substituem o entendimento linguístico, mas permanecem atados a contextos meramente condensadores e, por isso, contextos próprios do mundo da vida. Enquanto os *media* de controle desacoplam a coordenação da ação da formação linguística do consenso em geral e neutralizam-na perante a alternativa de acordo ou entendimento fracassado, trata-se no outro caso de uma especialização de processos de formação linguística de consenso que permanecem dependentes do acesso aos recursos de um pano de fundo próprio do mundo da vida. Entre essas formas generalizadas de comunicação constam as *mídias*

---

34 Cf., neste volume, p.425ss.

de massa. Elas desligam os processos comunicativos da provincialidade de contextos limitados no espaço e no tempo e fazem surgir esferas públicas ao produzir a simultaneidade abstrata de uma rede, mantida virtualmente presente, de conteúdos comunicativos muito distanciados no espaço e no tempo e ao disponibilizar mensagens para contextos multiplicados.

Essas *esferas públicas determinadas por mídias hierarquizam e destravam* ao mesmo tempo o horizonte das comunicações possíveis; um aspecto não se deixa separar do outro – e nisso se fundamenta seu *potencial ambivalente*. As mídias de massa podem canalizar unilateralmente os fluxos comunicativos em uma rede centralizada, do centro à periferia ou de cima a baixo, reforçando consideravelmente a eficácia dos controles sociais. O esgotamento desse *potencial autoritário* permanece, porém, sempre precário visto que nas próprias estruturas comunicativas se insere o contrapeso de um *potencial emancipatório*. As mídias de massa podem ao mesmo tempo escalonar, arrebatar e condensar os processos de entendimento, mas desoneram as interações apenas na primeira instância das tomadas de posição de sim ou não sobre pretensões criticáveis; também as comunicações abstraídas e enfeixadas não podem ser seguramente protegidas contra as possibilidades de contradição de atores imputáveis.

Na medida em que a pesquisa sobre comunicação não é reduzida em termos empiristas e as dimensões da reificação da práxis cotidiana comunicativa são consideradas de modo geral,[35] ela confirma essa ambivalência. Certamente, sobretudo a pesquisa acerca da recepção e a análise dos programas oferecem reiterados exemplos para aquelas teses de crítica cultural que principalmente Adorno desenvolveu com certa pregnância excessiva. Nesse meio-tempo, porém, foram salientadas de maneira igualmente enérgica as contradições que resultam

---

35 Mills, *Politics, Power and People*; Rosenberg; White (orgs.), *Mass Culture*; Gouldner, *The Dialectics of Ideology and Technology*; Barnouw, *The Sponsor*; Smythe, "Communications: Blind Spot of Western Marxism", *Canadian Journal of Political and Social Theory*, v.1, n.3, p.1-27, 1977; Gitlin, "Media Sociology: The Dominant Paradigm", *Theory and Society*, v.6, p.205ss., 1978.

- de que as emissoras são expostas a interesses concorrentes e não podem integrar sem atritos os pontos de vista econômicos, político-ideológicos, profissionais e ligados à estética de mídia;[36]
- de que as mídias de massa normalmente não podem se furtar sem conflitos às obrigações que lhes competem por sua incumbência jornalística;[37]
- de que as emissões de modo algum podem corresponder apenas ou mesmo apenas preponderantemente aos *standards* da cultura de massa,[38] e ainda que adotem as formas triviais de entretenimento popular, é muito provável que possam conter mensagens críticas – *"popular culture as popular revenge"*;[39]
- de que as mensagens ideológicas não acertam seus destinatários porque o significado subcultural pretendido se inverte no seu contrário sob as condições da recepção de um determinado pano de fundo;[40]
- de que o sentido intrínseco da práxis cotidiana comunicativa se põe em defesa contra um acesso manipulador imediato das mídias de massa;[41]

---

36 Kellner, "Network Television and American Society. Introduction to a Critical Theory of Television", *Theory and Society*, v.10, p.31ss., 1981.
37 Ibid., p.38ss.
38 Singlewood, *The Myth of Mass Culture*.
39 Kellner, "TV, Ideology and Emancipatory Popular Culture", *Socialist Review*, v.45, p.13ss., 1979.
40 Kellner, "Kulturindustrie und Massenkommunikation. Die Kritische Theorie und ihre Folgen", em Bonß, Honneth (orgs.), *Sozialforschung als Kritik*, p.482ss.
41 Desde as primeiras pesquisas de rádio conduzidas por P. Lazarsfeld (Lazarsfeld; Berelson; Gaudet, *The People's Choice*; Lazarsfeld; Katz, *Personal Influence*) acerca da "natureza de dois níveis" dos fluxos comunicativos e do papel dos "líderes de opinião", o peso próprio da "comunicação cotidiana" em relação à "comunicação de massa" foi reiteradamente confirmada: "in the last analysis it is people talking with people more than people listening to, or reading, or looking at the mass media that really causes opinions to change" ["em última análise, são pessoas conversando com pessoas mais do que pessoas ouvindo, lendo ou vendo a mídia de massa o que realmente faz as opiniões mudarem". (N. T.)] (Mills, *Kritik der soziologischen Denkweise*, p.590). Cf. também Negt; Kluge, *Öffentlichkeit und Erfahrung*; Negt, *Geschichte und Eigensinn*.

— e de que o desenvolvimento técnico das mídias eletrônicas não transcorre necessariamente na direção de uma centralização das redes, mesmo que *"video pluralism"* e *"television democracy"* não sejam por ora mais do que visões anarquistas.[42]

ad (d) *Novos potenciais de protesto*

A tese da colonização do mundo da vida, desenvolvida em conexão com a teoria de Max Weber sobre a racionalização social, apoia-se em uma crítica da razão funcionalista que converge com uma crítica da razão instrumental apenas na intenção — e no emprego irônico da expressão "razão". Uma diferença considerável consiste em que a teoria da ação comunicativa concebe o mundo da vida como uma esfera em que os processos de reificação não aparecem como meros reflexos — como fenômenos de uma integração repressiva que parte da economia oligopolista e do aparelho autoritário do Estado. Nesse aspecto, a teoria crítica mais antiga meramente repete os erros do funcionalismo marxista.[43] As indicações sobre a relevância socializadora do desacoplamento de sistema e mundo da vida e as observações a respeito do potencial ambivalente das mídias de massa e da cultura de massa mostram a esfera privada e a esfera pública à luz de um mundo da vida racionalizado, em que os imperativos sistêmicos *se chocam* com as estruturas comunicativas dotadas de sentido intrínseco. O ajuste da ação comunicativa a interações controladas por *media* e a deformação das estruturas de uma intersubjetividade vulnerável não são de modo algum processos *pré-decididos*, que se deixam inferir com alguns poucos conceitos globais. A análise das patologias do mundo da vida requer a investigação imparcial de tendências e *contratendências*. O fato de que, nas democracias de massas do Estado de bem-estar social, o conflito de classes que marcou as sociedades capitalistas na fase de seu desdobramento foi institucionalizado e, com isso, paralisado não significa a paralisia dos potenciais de protesto em geral. Mas os potenciais de protesto surgem agora em

---

42 Enzensberger, "Baukasten zu einer Theorie der Medie", em *Palaver*.
43 Benhabib, "Die Moderne und die Aporien der Kritischen Theorie", manuscrito, p.127ss.

outras linhas de conflito, a saber, ali onde também são de esperar, se a tese da colonização do mundo da vida está correta.

Nas sociedades desenvolvidas do Ocidente, nos últimos dez, talvez vinte anos, desenvolveram-se conflitos que em diversos aspectos se desviam do padrão de conflito distributivo institucionalizado no Estado de bem-estar social. Não se inflamam mais nos âmbitos da reprodução material, não são mais canalizados através de partidos e associações, e tampouco são apaziguáveis na forma de compensações conformes ao sistema. Pelo contrário, os novos conflitos surgem nos âmbitos da reprodução cultural, da integração social e da socialização; são sustentados em formas de protesto subinstitucionais, em todo caso extraparlamentares; e nos déficits subjacentes se espelha uma reificação dos âmbitos de ação comunicativamente estruturados que não se resolve com os *media* dinheiro e poder. Não se trata primariamente de compensações que o Estado de bem-estar social pode conceder, mas da defesa e da restituição de modos de vida ameaçados ou da imposição de modos de vida renovados. Em suma, os novos conflitos não se inflamam nos *problemas de distribuição*, mas nas questões da *gramática das formas de vida*.

Esse novo tipo de conflito é expressão daquela "revolução silenciosa" que R. Inglehart constatou na mudança de valores e atitudes de populações inteiras.[44] As investigações de Hildebrandt, Dalton, Barnes e Kaase confirmam a mudança temática da "velha política",[45] que se refere às questões de segurança econômica e social, interna e militar, para uma "nova política"; novos são os problemas da qualidade de vida, da igualdade de direitos, da autorrealização individual, da participação e dos direitos humanos. Decifrada segundo as características do Estado de bem-estar social, a "velha política" é escorada antes de tudo por empresários, trabalhadores e a classe média ligada à indústria e ao comércio, ao passo que a nova política encontra segmento mais forte na nova classe média, na geração mais jovem e nos grupos com formação escolar qualificada. Esses fenômenos combinam com a tese da colonização interna.

---

44 Inglehart, "Wertwandel und politisches Verhalten", em Matthes (org.), *Sozialer Wandel in Westeuropa*.

45 Hildebrandt; Dalton, "Die neue Politik", *Politische Vierteljahresschrift*, v.18, p.230ss., 1977; Barnes et al., *Political Action*.

Se partimos da premissa de que o crescimento do complexo econômico-administrativo desencadeia processos de erosão no mundo da vida, é de esperar uma sobreposição dos velhos conflitos pelos novos. Surge uma linha de conflito entre o centro das camadas *imediatamente* implicadas no processo de produção, as quais têm um interesse em defender o crescimento capitalista como fundamento do compromisso do Estado de bem-estar social, por um lado, e uma periferia multifacetada, por outro. Dela fazem parte aqueles grupos que estão mais distantes do "núcleo de desempenho produtivista" das sociedades do capitalismo tardio,[46] que se sensibilizam mais fortemente com as consequências autodestrutivas do crescimento de complexidade ou são mais fortemente atingidos por elas.[47] Os temas da crítica do crescimento são o laço unificador entre esses grupos heterogêneos. Para esse protesto, nem os movimentos de emancipação burgueses nem as lutas do movimento operário organizado oferecem um modelo. Paralelos históricos se encontram bem mais nos movimentos do romantismo social durante o industrialismo incipiente, suportados por artesãos, plebeus e trabalhadores, nos movimentos defensivos da classe média populista, nas tentativas de evasão dos "reformistas da vida", do Wandervogel* etc., alimentadas pela crítica burguesa da civilização.

A classificação dos potenciais de protesto e retração no presente se choca com grandes dificuldades, já que as cenas, os agrupamentos e os temas mudam rapidamente. Na medida em que se formam núcleo organizacionais no plano partidário e associativo, os membros são recrutados de um mesmo reservatório difuso.[48] Na República Federal da Alemanha, as seguintes

---

46 Hirsch, "Alternativbewegung – eine politische Alternative", em Roth (org.), *Parlamentarisches Ritual und politische Alternative*.

47 Foi muito prestimosa para mim a consulta a um manuscrito de K. W. Brand, "Zur Diskussion um Entstehung, Funktion und Perspektive der Ökologie – und Alternativbewegung".

* Wandervogel, ave migratória, era o nome genérico de um movimento volumoso de jovens alemães no final do século XIX, começo do XX, que pregava um estilo de vida próximo à natureza. (N. T.)

48 Hirsch, "Alternativbewegung – eine politische Alternative", op. cit.; Huber, *Wer soll das alles ändern?*

rubricas servem atualmente para identificar as diversas correntes: movimento contra energia nuclear e movimento ecológico; movimento pacifista (incluindo o tema do conflito norte-sul); movimento de iniciativas civis; movimento alternativo (que abrange as cenas das grandes cidades, com ocupação de casas e projetos alternativos, tanto quanto as comunas rurais); minorias (idosos, homossexuais, pessoas com deficiência etc.); o cenário terapêutico com grupos de ajuda e seitas juvenis; fundamentalismo religioso; movimento de protesto tributário, protesto educacional de associações de pais, resistência a "reformas modernistas"; e finalmente o movimento de mulheres. Internacionalmente são importantes, além disso, os movimentos autonomistas que lutam pela independência regional, linguística, cultural e também confessional.

Gostaria de distinguir nesse espectro os potenciais de emancipação daqueles de resistência e retração. Depois do movimento norte-americano por direitos civis, que desembocou nesse meio-tempo na autoafirmação particularista de subculturas negras, somente o movimento feminista se encontra na tradição dos movimentos de emancipação socialistas e burgueses: a luta contra a repressão patriarcal e pelo cumprimento de uma promessa que se ancora há muito nos fundamentos universalistas reconhecidos da moral e do direito confere ao feminismo a força propulsora de um movimento desafiador, ao passo que todos os demais movimentos têm um caráter bem mais defensivo. O movimento de resistência e o de retração se dirigem ao *represamento* de âmbitos de ação formalmente organizados em favor dos comunicativamente estruturados, não à conquista de novos territórios. No entanto, um núcleo particularista vincula o feminismo a esses movimentos: a emancipação das mulheres não deve produzir apenas a igualdade de direitos *formal*, eliminando prerrogativas masculinas, mas também derrubar formas de vida concretas, marcadas por monopólios masculinos. De resto, dada a herança histórica da divisão de trabalho por gênero, às qual as mulheres foram submetidas na pequena família burguesa, elas dispõem de virtudes contrastantes, de um registro complementar ao mundo dos homens, contraposto à práxis cotidiana unilateralmente racionalizada.

No interior dos movimentos de resistência, por sua vez, a defesa do *status quo* tradicional e social se deixa distinguir de uma atitude defensiva que já opera no solo do mundo da vida racionalizado e experimenta novas formas de cooperação e convívio. Lançando mão desse critério, é possível demarcar o protesto da antiga classe média contra uma ameaça à vizinhança por parte de grandes projetos tecnológicos, o protesto de pais contra o sistema escolar como um todo, o protesto tributário (conforme o padrão do movimento californiano pela Proposição 13), e também a maioria dos movimentos autonomistas, em relação aos núcleos dos novos potenciais de conflito: o *movimento juvenil e alternativo* em favor de uma crítica do crescimento, atiçada *pelos temas ecológicos e pacifistas*, forma o seu foco comum. Que esses conflitos se deixam conceber como resistência contra uma colonização do mundo da vida é algo que gostaria de comprovar ao menos ligeiramente.[49]

As finalidades, as atitudes e os modos de ação difundidos entre os grupos juvenis de protesto podem se tornar compreensíveis de início como reações a determinadas *situações problemáticas*, percebidos com enorme sensibilidade:

Problemas "verdes". A intervenção da grande indústria nos equilíbrios ecológicos, a escassez de riquezas naturais não regeneráveis e o desenvolvimento demográfico colocam sobretudo as sociedades industrialmente desenvolvidas perante grandes problemas – mas esses desafios são de início abstratos e requerem soluções técnicas e econômicas que por sua vez têm de ser planejadas globalmente e implementadas com meios administrativos. O que desencadeia o protesto são antes as destruições tangíveis do entorno urbano, a dispersão urbana, a industrialização e a contaminação da paisagem, os ônus à saúde causados pelos males da civilização, os efeitos colaterais farmacêuticos etc., ou seja, desenvolvimentos que tangem perceptivelmente os *fundamentos orgânicos do mundo da vida* e trazem à consciência drasticamente os critérios da habitabilidade, os limites inflexíveis da desatenção a necessidades sensíveis e estéticas de fundo.

Problemas de supercomplexidade. Para o medo diante das possibilidades de destruição militar, de usinas nucleares, de lixo atômico, manipulação genética, de armazenamento e utilização central de dados privados etc., há certamente boas razões. Essas angústias reais se vinculam, porém, com o

---

49 Raschke, "Politik und Wertwandel in den westlichen Demokratien", *Beilage zur Wochenzeitung Das Parlament*, p.23ss., 1980.

espanto diante de uma nova categoria de riscos literalmente invisíveis, palpáveis apenas da perspectiva sistêmica, que irrompem no mundo da vida, mas ao mesmo tempo estouram suas dimensões. As angústias atuam como catalisadores de um sentimento de sobrecarga em vista das consequências possíveis de processos que, dado que colocados em marcha por nós técnica e politicamente, são moralmente imputáveis e, no entanto, não podem mais ser objetos de responsabilização moral por causa de sua ordem de grandeza incontrolável. A resistência se dirige aqui contra abstrações impingidas ao mundo da vida: elas têm de ser assimiladas no interior do mundo da vida embora transgridam os *limites sensíveis da complexidade*, centrados, espaciais, sociais e temporais, mesmo em mundos da vida bastante diferenciados.

Sobrecargas da infraestrutura comunicativa. O que alcança expressão flagrante nas formas fenomênicas do movimento terapêutico e de um fundamentalismo religioso renovado também se encontra, como impulso, atrás da maioria dos projetos alternativos e de muitas iniciativas civis – o sofrimento por fenômenos de privação, típicos de uma práxis cotidiana culturalmente empobrecida e unilateralmente racionalizada. Assim, características atributivas como gênero, idade, cor de pele, também vizinhança comunal e pertença a confissões religiosas, servem à construção e demarcação de comunidades, à produção de comunidades de comunicação protegidas em subculturas, que vão ao encontro da busca por identidade pessoal e coletiva. A valorização do particular, do enraizado, provincial, dos espaços sociais apreensíveis, das formas de relacionamento descentralizados e das atividades desespecializadas, das tabernas segmentadas, das interações simples e esferas públicas desdiferenciadas, destina-se a promover a revitalização de possibilidades expressivas e comunicativas soterradas. Nesse contexto consta também a resistência contra as intervenções reformadoras, que se invertem no oposto porque os meios de sua implementação contrariam os objetivos declarados de integração social.

Os novos conflitos surgem, portanto, nas interfaces entre o sistema e o mundo da vida. Anteriormente expus como o intercâmbio entre a esfera privada e a esfera pública, por um lado, e o sistema econômico e o administrativo, por outro, decorre através dos *media* dinheiro e poder, e como ele é institucionalizado nos papéis do ocupado e do consumidor, do cliente e do cidadão. Exatamente esses papéis são os alvos do protesto. A práxis alternativa se dirige contra a instrumentalização do trabalho profissional dependente de lucro, contra a mobilização da força de trabalho dependente de mercado, contra o alongamento da pressão por concorrência e produtividade que chega até a escola fundamental. Ele mira também contra a monetarização dos serviços, das relações e dos tempos, contra a redefinição consumista dos âmbitos privados e dos estilos pessoais de vida. Além disso, a relação dos clientes com os institutos de serviços públicos deve ser desfeita e refuncionalizada de maneira participativa, segundo o modelo das organizações de autoajuda; nessa direção apontam modelos de reforma sobretudo no âmbito da política social e de saúde (aqui, por exemplo, na assistência psiquiátrica). Finalmente, aquelas formas de protesto que vão da explosão sem rumo dos tumultos juvenis ("Zurique em chamas"), passam por violações de regras calculadas ou surrealistas (no estilo do movimento norte-americano de direitos civis e do protesto estudantil), até chegar às provocações violentas e intimidações, negam as definições do papel de cidadão e as rotinas de uma imposição de interesses segundo a racionalidade com respeito a fins.

O abrandamento parcial dos papéis sociais de ocupado e consumidor, cliente e cidadão, deve liberar, segundo as *ideias programáticas* de alguns teóricos, o caminho para *contrainstituições*, que o mundo da vida desenvolveria a partir de si mesmo a fim de limitar a dinâmica própria do sistema econômico e do sistema político-administrativo. Por um lado, essas instituições devem ramificar a partir do sistema econômico um segundo setor, informal, não mais operando orientado ao lucro, e, por outro lado, contrapor ao sistema partidário novas formas de uma "política em primeira pessoa", ao mesmo tempo expressiva e ligada à democracia de base.[50] Tais instituições reverteriam exatamente aquelas operações de abstração e neutralização através das quais, nas sociedades modernas, o trabalho e a formação política da vontade são conectados às interações controladas por *media*. Enquanto a

---

50 Sobre a economia dual: Gorz, *Abschied vom Proletariat*; Huber, op. cit. Sobre os efeitos dos partidos democráticos de massa no contexto do mundo da vida dos eleitores, cf. Offe, "Konkurrenzpartei und kollektive politische Identität", em Roth (org.), *Parlamentarisches Ritual und politische Alternative*.

empresa capitalista e o partido de massas (como "organização de aquisição do poder neutra em relação a visões de mundo") generalizam seus âmbitos sociais de captação por meio de mercados de trabalho e esferas públicas produzidas, tratando seus ocupados ou seus eleitores como forças de trabalho abstratas ou sujeitos de decisão e colocando à distância, como entornos sistêmicos, aquelas esferas unicamente nas quais as identidades pessoais e coletivas podem se constituir, as contrainstituições devem desdiferenciar uma parte dos âmbitos de ação formalmente organizados, escapando à intervenção dos *media* de controle e devolvendo esses "territórios libertados" ao mecanismo de entendimento como coordenador da ação.

Por mais irrealistas que possam ser essas ideias, elas são significativas do sentido político dos novos movimentos de resistência e retração que reagem à colonização do mundo da vida. Esse sentido é obscurecido tanto na autocompreensão dos participantes como na atribuição ideológica dos adversários se a racionalidade da modernidade cultural é precipitadamente equiparada à racionalidade da manutenção de continuidade de sistemas econômicos e administrativos – portanto, sem que a racionalização do mundo da vida seja distinguida cuidadosamente do aumento de complexidade do sistema social. Essa confusão explica as frentes oblíquas, que nublam as oposições políticas, entre o antimodernismo dos jovens conservadores[51] e a defesa neoconservadora de uma pós-modernidade[52] que priva a modernidade em conflito consigo mesma de seu conteúdo racional e de suas perspectivas de futuro.[53]

(3) *Teoria da racionalidade e contexto social. Rechaço de pretensões fundamentalistas*

Com a presente investigação, pretendo introduzir uma teoria da ação comunicativa que esclareça os fundamentos normativos de uma teoria crítica

---

51 Guggenberger, *Bürgerinitiativen in der Parteiendemokratie*.
52 Berger; Berger; Kellner, *Das Unbehagen in der Modernität*.
53 Habermas, "Die Moderne – ein unvollendetes Projekt", em *Kleine politische Schriften I-IV*, p.444ss.; Baier, "Wer unsere Köpfe Kolonialisiert", *Literaturmagazin*, Heidelberg, v.9, p.74-87, 1978.

da sociedade. A teoria da ação comunicativa deve oferecer uma alternativa à filosofia da história a que esteve atada ainda à teoria crítica mais antiga e que se tornou insustentável; ela se recomenda como quadro no interior do qual a pesquisa interdisciplinarmente disposta a respeito do padrão seletivo da modernização capitalista pode ser retomada. As referências ilustrativas sobre (a) até (d) se destinavam a tornar plausível essa pretensão. Os dois outros temas, nomeados em (e) e (f), lembram, porém, que a investigação do que Marx havia denominado "abstrações reais" concerne às tarefas de uma teoria da modernidade no âmbito das ciências sociais, não às suas tarefas *filosóficas*.

A teoria da sociedade não precisa mais se certificar dos conteúdos normativos da cultura burguesa, da arte e do pensamento filosófico por uma via indireta, isto é, pela crítica da ideologia; com o conceito de razão comunicativa, inserida no uso da linguagem orientado ao entendimento, ela espera novamente da filosofia tarefas sistemáticas. As ciências sociais podem estabelecer uma relação cooperativa com uma filosofia que assume a tarefa de colaborar para uma teoria da racionalidade.

Ora, com a cultura moderna em seu todo as coisas não se passam diferentemente do que com a física de Newton e suas sucessoras; ela carece de uma fundamentação filosófica tão pouco quanto a ciência. Como vimos, a cultura vicejou na modernidade, a partir de si mesma, aquelas estruturas de racionalidade com que Max Weber se depara depois, descrevendo-as como esferas de valores culturais. Com a ciência moderna, com o direito positivo, com as éticas profanas guiadas por princípios, com uma arte que se tornou autônoma e com a crítica de arte institucionalizada, cristalizaram-se, sem a assistência da filosofia, três momentos da razão. Também sem a instrução por parte da crítica da razão pura e da razão prática, os filhos e as filhas da modernidade aprendem como dividir a tradição cultural, sob cada um desses aspectos de racionalidade, em questões de verdade, em questões de justiça ou de gosto, prosseguindo-a. As ciências repelem passo a passo os elementos de imagens de mundo e renunciam a uma interpretação da natureza e da história em seu todo. As éticas cognitivistas afastam os problemas da vida boa e se concentram nos aspectos estritamente deônticos, capazes de universalização, de sorte que do bom reste apenas o justo. E uma arte que se tornou autônoma insiste na expressão cada vez mais pura da experiência estética fundamental que a subjetividade descentralizada, apartada das estruturas espaciais e temporais do cotidiano, faz no trato consigo mesma – a subjetividade se liberta aqui das convenções da percepção diária e da atividade voltada a fins, dos imperativos do trabalho e do útil.

Essas unilateralizações grandiosas que constituem a assinatura da modernidade não carecem de fundação e de justificação no sentido de fundamentações transcendentais, mas certamente do autoentendimento sobre o caráter desse saber e de uma resposta às duas questões seguintes: se a razão separada objetivamente em seus momentos pode ainda guardar uma unidade, e como as culturas de *experts* podem ser mediadas com a práxis cotidiana. As considerações do capítulo introdutório e da primeira consideração intermediária se destinavam a pôr em evidência provisoriamente como uma pragmática formal pode se encarregar dessas questões. Com esse fundamento, a *teoria das ciências*, a *teoria do direito e da moral* e a *estética* podem *reconstruir* então, em cooperação com as disciplinas históricas correspondentes, tanto o surgimento como a *história interna* daqueles complexos de saber que se diferenciaram sob cada um dos aspectos de validade, seja o da verdade, seja o da correção normativa ou da autenticidade. Assim, a mediação dos momentos da razão não é um problema menor que a separação dos aspectos de racionalidade sob os quais as questões de verdade, justiça e gosto são diferenciadas entre si. Somente a investigação persistente daqueles fios sinuosos pelos quais a ciência, a moral e a arte também se comunicam *umas com as outras* protege contra uma redução empirista da problemática da racionalidade.

Pois, em cada uma dessas esferas, os processos de diferenciação são acompanhados de *contramovimentos* que, sob o primado do aspecto de validade respectivamente dominante, recuperam os outros dois aspectos inicialmente excluídos. Assim, as *abordagens de pesquisa não objetivistas* no interior das ciências humanas,[54] sem ameaçar o primado das questões de verdade, fazem valer também pontos de vista da crítica moral e da crítica estética; somente por meio disso uma teoria crítica da sociedade se torna possível. A discussão

---

54 Bernstein, *The Restructuring of Social and Political Theory*.

sobre a ética da responsabilidade e a ética da convicção e a consideração mais forte dos motivos hedonistas[55] colocam em jogo, no interior das éticas universalistas, os pontos de vista do *cálculo das consequências* e da *interpretação das necessidades*, que residem no âmbito de validade do cognitivo e do expressivo; por esse caminho, ideias materialistas podem encontrar uma entrada, sem pôr em risco a autonomia da moral.[56] A arte pós-vanguardista finalmente se caracteriza pela simultaneidade de orientações realistas e engajadas com as continuidades autênticas daquela modernidade clássica que pusera em relevo o sentido intrínseco do estético;[57] com a arte realista e engajada, novamente entram em ação na própria arte, no nível da riqueza de formas que a vanguarda liberou, os momentos do cognitivo e do prático-moral. Assim, é como se em tais contramovimentos os momentos radicalmente diferenciados quisessem remeter a uma unidade que, no entanto, não pode ser reconquistada no plano das imagens de mundo, mas apenas aquém das culturas de *experts*, em uma práxis comunicativa cotidiana não reificada.

Como um semelhante papel afirmativo da filosofia se relacionaria com a reserva que a teoria crítica sempre guardou não apenas perante a atividade científica estabelecida, mas também perante as pretensões sistemáticas da filosofia? Uma tal teoria da racionalidade não se exporia às mesmas objeções que o pragmatismo e a hermenêutica levantaram, com razão, contra todo tipo de fundamentalismo?[58] As investigações que empregam sem rubor o conceito de razão comunicativa não revelariam pretensões de justificação universalistas que têm de sucumbir às reservas metafilosóficas fundamentadas demasiado bem contra as teorias da origem e da fundamentação últi-

---

55 Que a teoria da ética do discurso, proposta por K. O. Apel ("Sprechakttheorie und transzendentale Sprachpragmatik, zur Frage der Begründung ethischer Normen", em *Sprachpragmatik und Philosophie*) e por mim considera o cálculo das consequências e sobretudo a interpretação das necessidades como componentes essenciais da argumentação moral é algo que S. Benhabib acentua, em "The Methodological Illusions of Modern Political Theory", *Neue Hefte für Philosophie*, n.21, p.47ss., 1982.

56 Desse ponto de vista, vale a pena reler, tanto quanto antes, um ensaio de M. Horkheimer, "Materialismus und Moral", *Zeitschrift für Sozialforschung*, v.2, p.162ss., 1933.

57 Bürger, *Theorie der Avantgarde*.

58 Rorty, *Der Spiegel der Natur. Eine Kritik der Philosophie*.

ma? O esclarecimento historicista e o materialismo não teriam obrigado o pensamento filosófico a uma autorresignação para qual a tarefa de uma teoria da racionalidade deve parecer exaltada de pronto? A teoria da ação comunicativa visa, com efeito, àquele momento de incondicionalidade que, com as pretensões de validade criticáveis, se insere nas condições dos processos de formação de consensos – *como* pretensões, esses processos transcendem todas as limitações espaciais e temporais, todas as limitações provinciais do respectivo contexto. A essas questões não quero responder com os argumentos já aduzidos na Introdução. Para concluir, gostaria de alegar tão somente dois *argumentos metodológicos* que depõem contra a suspeita de que a teoria da ação comunicativa se faz devedora de pretensões fundamentalistas.

De início, é preciso ver como a filosofia altera seu papel quando entra em uma cooperação com as ciências. Como via de alimentação de uma teoria da racionalidade, ela se encontra em divisão de trabalho com ciências que procedem reconstrutivamente, que se aplicam ao saber pré-teórico de sujeitos competentes que julgam, agem e falam, e também aos sistemas de saber coletivo transmitido, a fim apreender os fundamentos da racionalidade da experiência e do juízo, da ação e do entendimento linguístico. Também as reconstruções efetuadas com os meios filosóficos mantêm um caráter hipotético nesse contexto; por causa de sua pretensão fortemente universalista, dependem de outros exames, efetuados indiretamente. Isso pode acontecer de modo que as reconstruções de pressuposições universais e necessárias da ação orientada ao entendimento, da fala argumentativa e do pensamento objetivante, do juízo moral e da crítica estética entram por sua vez em teorias empíricas, destinadas a explicar *outros* fenômenos: por exemplo, a ontogênese da linguagem e das capacidades comunicativas, do juízo moral e da competência social; ou a mudança estrutural das imagens de mundo religiosas e metafísicas; ou o desenvolvimento de sistemas jurídicos, em geral das formas da integração social.

Da perspectiva da história da teoria, tentei mostrar, lançando mão dos trabalhos de G. H. Mead, M. Weber e E. Durkheim, como nesse tipo de teoria ao mesmo tempo empírica e reconstrutiva as operações da ciência experimental e da análise conceitual filosófica se engatam umas nas outras.

A teoria genética do conhecimento de J. Piaget é o melhor exemplo para essa divisão do trabalho cooperativo.[59]

Uma filosofia que expõe seus resultados a tais exames indiretos é guiada pela consciência falibilista de que a teoria da racionalidade que um dia quis desenvolver solitariamente pode ser esperada, de agora em diante, da coerência feliz de diversos fragmentos teóricos. No plano em que as teorias se encontram na relação de complementação e pressuposição recíproca, a *coerência* é o único critério de avaliação, pois verdadeiras ou falsas são somente as proposições singulares que se deixam derivar das teorias. Se abandonarmos uma vez as pretensões fundamentalistas, não nos será permitido contar mais com uma hierarquia de ciências — as teorias, não importa se procedem das ciências sociais ou da filosofia, têm de *combinar umas com as outras*; do contrário, uma coloca a outra sob uma luz problemática, e é preciso observar se basta rever uma das duas em cada caso.

O caso de teste para uma teoria da racionalidade com a qual a compreensão moderna de mundo gostaria de certificar-se de sua universalidade ocorreria, todavia, somente se as figuras opacas do pensamento mítico se deixassem aclarar, se as manifestações bizarras de culturas estranhas se deixassem esclarecer, mais exatamente se se deixassem esclarecer *de tal modo* que não conceberíamos apenas os processos de aprendizagem que "nos" separam "deles", mas também nos inteiraríamos de que também *desaprendemos* no curso de nossos processos de aprendizagem. Uma teoria da sociedade que não pode excluir *a priori* essa possibilidade de desaprender precisa também se comportar criticamente contra a pré-compreensão que se emaranha nela a partir do próprio ambiente social, ou seja, precisa estar aberta à autocrítica. Processos de desaprendizado se descerram somente à crítica das

---

59 Kitchener, "Genetic Epistemology, Normative Epistemology, and Psychologism", *Synthese*, v.45, p.257ss., 1980; Kesselring, *Piagets genetische Erkenntnistheorie und Hegels Dialektik*; eu mesmo investiguei a peculiaridade metodológica das ciências que procedem reconstrutivamente pelo exemplo da divisão de trabalho entre filosofia e psicologia na teoria de Kohlberg sobre o desenvolvimento da consciência moral (Habermas, "Interpretieve Sociale Wetenschap versus Radicale Hermeneutiek", *Kennis Methode*, v.5, p.4ss., 1981).

deformações que se fundam no aproveitamento seletivo de um potencial de racionalidade e de entendimento outrora acessível, mas agora soterrado.

A teoria da sociedade apoiada na teoria da ação comunicativa não pode se desviar para as vias fundamentalistas também por uma outra razão. Na medida em que se refere a estruturas do mundo da vida, ela tem de explicitar um saber de fundo do qual ninguém pode dispor arbitrariamente. Como ao leigo, o mundo da vida é "dado" ao teórico inicialmente na qualidade de seu próprio mundo da vida, e isso de um modo paradoxal. O modo da pré-compreensão ou do conhecimento intuitivo do mundo da vida, a partir do qual convivemos, agimos e falamos uns com os outros, contrasta peculiarmente, como vimos, com o tipo do saber explícito de algo. O saber de horizonte que suporta *de maneira muda* a práxis comunicativa cotidiana é paradigmático da *certeza* com que o pano de fundo do mundo da vida é presente; e, no entanto, não satisfaz o critério de um *saber* que se encontra em uma relação interna com pretensões de validade e por isso pode ser criticado. O que se encontra fora de toda dúvida aparece exatamente como se não pudesse nunca se tornar problemático; como o não problemático por excelência, um mundo da vida pode colapsar quando muito. Somente sob a pressão da situação de um problema que vem ao nosso encontro os componentes relevantes de um tal pano de fundo são arrancados do modo da familiaridade inquestionável e trazidos à consciência como algo que necessita de *certificação*. Somente um terremoto nos chama a atenção para o fato de que havíamos considerado inabalável o chão sobre o qual estamos e andamos diariamente. Mesmo em tais situações apenas um pequeno recorte do saber de fundo se torna incerto, desprendido de sua inserção em tradições complexas, relações solidárias e competências. Dado o ensejo objetivo de entender-nos sobre uma situação que se tornou problemática, o saber de fundo se transforma em saber explícito apenas parte por parte.

Daí resulta uma consequência metodológica importante para ciências que se ocupam com a tradição cultural, com a integração social e com a socialização dos indivíduos — uma consequência sobre a qual o pragmatismo e a filosofia hermenêutica tomaram clareza, cada um a seu modo, quando duvidaram da possibilidade da dúvida cartesiana. O que Alfred Schütz, que descreveu o modo da familiaridade inquestionável do mundo da vida de maneira tão convincente, não reconheceu, contudo, é exatamente esse problema: que não depende da escolha de uma atitude teórica se um mundo da vida escapa ou se abre, em sua autoevidência opaca, ao olhar inquiridor do fenomenólogo. Tanto quanto a qualquer outro cientista social, a totalidade do saber de fundo constitutivo da estrutura do mundo da vida não lhe está à disposição – a não ser que se apresente um *desafio objetivo* em vista do qual o *mundo da vida se tornasse problemático em seu todo*. Por isso, uma teoria que quer se certificar das estruturas universais do mundo da vida não poderá proceder de maneira transcendental; ela somente pode esperar estar à altura da *ratio essendi* de seus objetos se há razão para supor que o contexto objetivo de vida no qual o próprio teórico se encontra providencia para que se lhe abra a *ratio cognoscendi*.

Essa consequência alude ao ponto crucial da crítica da ciência que Horkheimer apresentou em seu ensaio programático sobre "Teoria tradicional e teoria crítica": "A representação tradicional da teoria é abstraída da atividade científica como ela se efetua no interior da divisão de trabalho em uma dada etapa. Ela corresponde à atividade do estudioso como é executada a par de todas as demais atividades na sociedade, sem que o nexo entre as diversas atividades se torne imediatamente transparente. Nessa representação, não aparece por isso a função social real da ciência, não o que a teoria significa na existência humana, mas meramente o que ela significa na esfera desligada onde é gerada sob as condições históricas".[60] Em contraposição a isso, a teoria crítica da sociedade se inteira da autorreferencialidade de seu exercício; ela sabe que também pertence, mediante o ato de conhecer, ao contexto objetivo de vida que trata de apreender. A teoria não permanece exterior ao contexto de surgimento, ela o acolhe reflexivamente em si: "Nesse fazer intelectual entraram juntamente as necessidades e os fins, as experiências e as capacidades, os hábitos e as tendências da forma atual do ser humano".[61] O mesmo se aplica ao contexto de aplicação: "Assim como a influência do material sobre a teoria, também a aplicação da teoria ao ma-

---

60 Horkheimer, "Traditionelle und kritische Theorie", *Zeitschrift für Sozialforschung*, v.6, p.253, 1937.
61 Ibid., p.260.

terial não é apenas um processo intracientífico, mas ao mesmo tempo um processo social".[62]

Na célebre introdução metodológica à crítica da economia política de 1857, Marx empregou para suas categorias centrais o tipo de reflexão exigida por Horkheimer. Marx explica ali por que as suposições fundamentais da economia política se baseiam em uma *abstração* aparentemente simples, mas de fato complicada em termos de lógica da pesquisa e seminal em termos de estratégia teórica: "Foi um enorme progresso de Adam Smith ter jogado fora toda determinidade da atividade geradora de riqueza – o trabalho por excelência, nem manufatura, nem trabalho comercial, nem trabalho de agricultura, mas tanto um como o outro. Juntamente com a generalidade abstrata da atividade criadora de riqueza, agora também a generalidade do objeto determinado como riqueza, o produto em geral ou de novo o trabalho em geral, como trabalho passado, objetificado. O quão difícil e grande foi essa passagem se mostra em como o próprio Adam Smith ainda recai de tempos em tempos no sistema fisiocrático. Ora, pôde parecer como se, com isso, tivesse sido encontrada apenas a expressão abstrata para a relação mais simples e mais antiga, onde os seres humanos – seja em que forma social for – aparecem como produzindo. Isso é correto de um lado. De outro, não. [...] A indiferença em relação ao trabalho determinado corresponde a uma forma social em que os indivíduos transitam com desenvoltura de um trabalho a outro, e o tipo determinado do trabalho lhes é contingente e por isso indiferente. O trabalho se tornou

---

[62] Ibid., p.252; do mesmo modo determinei a seu tempo o nexo de teoria social e práxis científica: "O materialismo histórico pretende oferecer uma explicação da evolução social tão abrangente a ponto de se referir não apenas ao contexto de surgimento como também ao contexto de aplicação da própria teoria. A teoria especifica as condições sob as quais uma autorreflexão da história da espécie se tornou objetivamente possível; e nomeia ao mesmo tempo o destinatário que, com a ajuda da teoria, pode ter clareza sobre si mesmo e sobre seu papel potencialmente emancipatório no processo histórico. Com a reflexão sobre seu contexto de surgimento e com a antecipação de seu contexto de aplicação, a própria teoria se compreende como um momento catalisador necessário do mesmo contexto de vida social que analisa; mais precisamente, ela o analisa na qualidade de um contexto integral de coerção do ponto de vista de sua supressão possível". (Habermas, *Teoria e práxis*, p.26).

aqui não apenas na categoria, mas na realidade, meio de criar riqueza em geral e cessou de confundir-se com os indivíduos em uma particularidade, como determinação. Um tal estado existe na forma mais desenvolvida de existência moderna das sociedades burguesas – nos Estados Unidos. Aqui, portanto, a abstração da categoria 'trabalho', 'trabalho em geral', trabalho *sans phrase*, o ponto de partida da economia moderna, se torna praticamente verdadeira pela primeira vez".[63] Adam Smith somente pôde estabelecer os fundamentos da economia moderna depois que surgiu um modo de produção que, como o capitalista, forçou a transformação das atividades concretas em operações abstratas dada a diferenciação de um sistema econômico controlado por meio de valores de troca, intervindo no mundo do trabalho com essa *abstração real* e criando assim *um problema* para os próprios concernidos: "A abstração mais simples, portanto, que a economia moderna coloca na ponta e que expressa uma relação antiquíssima e válida para todas as formas sociais, aparece, porém, apenas nessa abstração de maneira praticamente verdadeira, como categoria da sociedade a mais moderna".[64]

Uma teoria da sociedade que pretende universalidade para suas categorias sem poder aplicá-las em seu objeto de modo simplesmente convencional permanece cativa da autorreferencialidade que Marx demonstrou no exemplo do trabalho abstrato. Anteriormente, interpretei a abstração e a indiferença do trabalho concreto como caso especial do ajuste dos âmbitos de ação comunicativamente estruturados às interações controladas por *media* – uma interpretação que decifra a deformação do mundo da vida com o auxílio de uma *outra* categoria, a saber, aquela da ação orientada ao entendimento. Também para esta vale o que Marx mostrou para a categoria do trabalho: "como mesmo as categorias as mais abstratas, apesar de sua validade para todas as épocas – precisamente por causa de sua abstração – são igualmente, na determinidade dessa própria abstração, o produto de condições históricas e possuem sua validade plena apenas para e no interior dessas condições".[65] A teoria da ação comunicativa pode explicar por que é

---

63 Marx, *Grundrisse der Kritik der Politischen Ökonomie*, p.24-5.
64 Ibid., p.25.
65 Idem.

assim: o próprio desenvolvimento social tem de fazer surgir situações problemáticas que abrem objetivamente para os contemporâneos um acesso privilegiado às estruturas universais de seu mundo da vida.

Ora, a teoria da modernidade que esbocei a traços muito largos permite reconhecer o seguinte de todo modo. Nas sociedades modernas, os espaços de contingência para as interações desvinculadas dos contextos normativos se ampliam a tal ponto que o sentido intrínseco da ação comunicativa "se torna praticamente verdadeiro", tanto nas formas de relacionamento desinstitucionalizadas da esfera privada familial como na esfera pública marcada por mídias de massa. Ao mesmo tempo, os imperativos de subsistemas autonomizados penetram o mundo da vida e, pela via da monetarização e da burocratização, forçam a uma assimilação da ação comunicativa aos âmbitos de ação formalmente organizados mesmo ali onde o mecanismo do entendimento como coordenador da ação é funcionalmente necessário. Talvez essa ameaça provocativa, um desafio que coloca em questão as estruturas simbólicas do mundo da vida *em seu todo*, possa tornar plausível por que elas se tornaram acessíveis *para nós*.

Referências bibliográficas

ABEL, Th. The Operation Called Verstehen. *American Journal of Sociology*, v.54, n.3, p.211-8, 1948. (Reimp. em DALLMAYR, F. R.; MCCARTHY, Th. A. *Understanding and Social Inquiry*. Notre Dame: University of Notre Dame Press, 1977.)

ACHAM, K. *Analytische Geschichtsphilosophie*. Freiburgo: Alber, 1974.

ADORNO, Th. W. Ästhetische Theorie. In: *Gesammelte Schriften*. v.17. Frankfurt am Main: Suhrkamp, 1970. [Ed. port.: *Teoria estética*. Lisboa: Edições 70, 2008.]

_____. Der Essay als Form. In: *Gesammelte Schriften*. v.11. Frankfurt am Main: Suhrkamp, 1974.

_____. Die Aktualität der Philosophie. In: *Gesammelte Schriften*. v.1. Frankfurt am Main: Suhrkamp, 1973.

_____. Die Idee der Naturgeschichte. In: *Gesammelte Schriften*. v.1. Frankfurt am Main: Suhrkamp, 1973.

_____. Negative Dialektik. In: *Gesammelte Schriften*. v.6. Frankfurt am Main: Suhrkamp, 1973. [Ed. bras.: *Dialética negativa*. Rio de Janeiro: Zahar, 2009.]

_____. Soziologie und Psychologie. In: _____ (Org.). *Sociologica*. Frankfurt am Main: Europäische Verlagsanstalt, 1955.

_____. Über den Fetischcharakter in der Musik und die Regression des Hörens. In: *Gesammelte Schriften*. v.14. Frankfurt am Main: Suhrkamp, 1973.

_____. Zur Metakritik der Erkenntnistheorie. In: *Gesammelte Schriften*. v.5. Frankfurt am Main: Suhrkamp, 1971.

_____ et al. *Der Positivismusstreit in der deutschen Soziologie*. Neuwied: Luchterhand, 1969.

_____ et al. *The Authoritarian Personality*. Nova York: Harper & Brothers, 1950. [Ed. bras.: *Estudos sobre a personalidade autoritária*. São Paulo: Editora Unesp, 2019. (Seleção de capítulos da edição original.)]

ADRIAANSENS, H. P. M. The Conceptual Dilemma: Towards a Better Understanding of the Development in Parsonian Theory. *British Journal of Sociology*, v.30, n.1, p.5-24, 1979.

ALBERT, H. *Plädoyer für kritischen Rationalismus*. Munique: Piper, 1971.

_____; TOPITSCH, E. (Orgs.). *Werturteilsstreit*. Darmstadt: WBG, 1971.

ALEXANDER, J. *Theoretical Logic in Sociology*. v.IV: The Modern Reconstruction of Classical Thought: Talcott Parsons. Berkeley: University of California Press, 1983.

ALEXY, R. Eine Theorie des praktischen Diskurses. In: OELMÜLLER, W. (Org.). *Transzendentalphilosophische Normenbegründungen*. Paderborn: Schöningh, 1978.

_____. *Theorie juristischer Argumentation*. Frankfurt am Main: Suhrkamp, 1978.

ALLPORT, G. W. *Personality*. Nova York: Henry Holt & Co., 1937.

ALSTON, P. *Philosophy of Language*. Englewood Cliffs: Prentice-Hall, 1964.

ANSCOMBE, G. E. M. *Intention*. Oxford: Basil Blackwell, 1957.

APEL, K.-O. Das Apriori der Kommunikationsgemeinschaft und die Grundlagen der Ethik. In: *Transformation der Philosophie*. v.II. Frankfurt am Main: Suhrkamp, 1973. [Ed. bras.: *Transformação da filosofia*. 2v. São Paulo: Loyola, 2000.]

_____. Das Problem der philosophischen Letztbegründung im Lichte einer transzendentalen Sprachpragmatik. In: KANITSCHEIDER, B. (Org.). *Sprache und Erkenntnis*. Innsbruck: Institut für Sprachwissenschaft der Universität Innsbruck, 1976.

_____. *Der Denkweg von Charles S. Peirce*. Frankfurt am Main: Suhrkamp, 1975.

_____. Die Entfaltung der sprachanalytischen Philosophie. In: *Transformation der Philosophie*. v.II. Frankfurt am Main: Suhrkamp, 1973. [Ed. bras.: *Transformação da filosofia*. 2v. São Paulo: Loyola, 2000.]

_____. *Die Erklären/Verstehen-Kontroverse*. Frankfurt am Main: Suhrkamp, 1979.

_____. *Die Idee der Sprache in der Tradition des Humanismus von Dante bis Vico*. Bonn: Archiv für Begriffsgeschichte, 1963.

_____. Intentions, Conventions and Reference of Things. In: PARRET, H.; BOUVERESSE, J. (Orgs.). *Meaning and Understanding*. Berlim: De Gruyter, 1981.

_____. Sprechakttheorie und transzendentale Sprachpragmatik, zur Frage der Begründung ethischer Normen. In: _____ (Org.). *Sprachpragmatik und Philosophie*. Frankfurt am Main: Suhrkamp, 1976.

_____. Szientismus oder transzendentale Hermeneutik. In: *Transformation der Philosophie*. v.I. Frankfurt am Main: Suhrkamp, 1973. [Ed. bras.: *Transformação da filosofia*. 2v. São Paulo: Loyola, 2000.]

_____. The Common Presuppositions of Hermeneutics and Ethics: Types of Rationality beyond Science and Technology. In: BÄRMARK, J. (Org.). *Perspectives in Metascience*. Göteborg: Vetenskaps, 1980.

_____. Three Dimensions of Understanding Meaning in Analytic Philosophy: Linguistic Conventions, Intentions, and Reference to Things. *Philosophy and Social Criticism*, v.7, p.115-42, 1980.

APEL, K.-O. *Transformation der Philosophie*. 2v. Frankfurt am Main: Suhrkamp, 1973. [Ed. bras.: *Transformação da filosofia*. 2v. São Paulo: Loyola, 2000.]

_____. Zwei Paradigmatische Antworten auf die Frage nach der Logosauszeichnung der menschlichen Sprache. In: LÜTZELER, H. (Org.). *Kulturwissenschaften*. Bonn: Bouvier, 1980.

_____ (Org.). *Sprachpragmatik und Philosophie*. Frankfurt am Main: Suhrkamp, 1976.

_____; MANNINEN, J.; TUOEMALA, R. (Orgs.). *Neue Versuche über Erklären und Verstehen*. Frankfurt am Main: Suhrkamp, 1978.

ARATO, A. Critical Theory and Authoritarian State Socialism. In: HELD, D.; THOMPSON, J. B. *Habermas*: Critical Debates. Cambridge, Mass.: MIT Press, 1982.

_____; BREINES, P. *The Young Lukács and the Origins of Western Marxism*. Nova York: Seabury Press, 1979.

ARBEITSGRUPPE BIELEFELDER SOZIOLOGEN (Org.). *Alltagswissen, Interaktion und gesellschaftliche Wirklichkeit*. 2v. Reinbek: Rowohlt, 1973.

ARENDT, H. *The Life of Mind*. 2v. Nova York: Harcourt Brace Jovanovich, 1978. [Ed. bras.: *A vida do espírito*: o pensar, o querer, o julgar. Rio de Janeiro: Civilização Brasileira, 2009.]

_____. *The Human Condition*. Nova York: Doubleday and Co., 1958. [Ed. bras.: *A condição humana*. São Paulo: Forense Universitária, 2016.]

ARNASSON, J. P. Arbeit und instrumentales Handeln. In: HONNETH, A.; JAEGGI, U. (Orgs.). *Arbeit, Handlung, Normativität*. Frankfurt am Main: Suhrkamp, 1980.

_____. *Zwischen Natur und Gesellschaft*. Frankfurt am Main: Europäische Verlagsanstalt, 1970.

ARONOVITCH, H. Rational Motivation. *Philosophy and Phenomenological Research*, v.40, n.2, p.173-93, 1979.

ATTEWELL, P. Ethnomethodology since Garfinkel. *Theory and Society*, v.1, p.179-210, 1974.

AUNE, B. On the Complexity of Avowals. In: BLACK, M. (Org.). *Philosophy in America*. Londres: George Allen & Unwin, 1965.

AUSTIN, J. L. *Zur Theorie der Sprechakte*. Stuttgart: Reclam, 1972.

_____. *How to Do Things with Words*. Oxford: Oxford University Press, 1962. [Ed. bras.: *Quando dizer é fazer*. Porto Alegre: Artes Médicas, 1990.]

AUWÄRTER, M.; KIRSCH, E.; SCHRÖTER, M. Die konversationelle Generierung von Situationsdefinitionen im Spiel 4-6 jähriger Kinder. In: MATTHES, J. (Org.). *Soziologie in der Gesellschaft*. Bremen: Universität Bremen, 1981.

_____; _____; _____ (Orgs.). *Kommunikation, Interaktion, Identität*. Frankfurt am Main: Suhrkamp, 1976.

BACH, K.; HANISCH, R. M. *Linguistic Communication and Speech Acts.* Cambridge: MIT Press, 1979.

BACKHAUS, H. G. Zur Dialektik der Wertform. In: SCHMIDT, A. (Org.). *Beiträge zur Marxistischen Erkenntnistheorie.* Frankfurt am Main: Suhrkamp, 1969.

BAHRDT, H. P. *Industriebürokratie.* Stuttgart: Enke, 1958.

BAIER, K. *The Moral Point of View.* Ithaca: Cornell University Press, 1964.

BAIER, L. Wer unsere Köpfe kolonialisiert. *Literaturmagazin*, Heidelberg, n.9, p.74-87, 1978.

BALLMER, Th. T. B. Probleme der Klassifikation von Sprechakten. In: GREWENDORF, G. (Org.). *Sprechakttheorie und Semantik.* Frankfurt am Main: Suhrkamp, 1979.

BARKER, M. Kant as a Problem for Weber. *British Journal of Sociology*, v.31, n.2, p.224-45, 1980.

BARNES, S. H.; KAASE, M. et al. *Political Action.* Beverly Hills; Londres: Sage Publications, 1979.

BARNOUW, E. *The Sponsor.* Nova York: Oxford University Press, 1977.

BARTSCH, R. Die Rolle von pragmatischen Korrektheitsbedingungen bei der Interpretation von Äußerungen. In: GREWENDORF, G. (Org.). *Sprechakttheorie und Semantik.* Frankfurt am Main: Suhrkamp, 1979.

BAUM, R. C. Communication and Media. In: LOUBSER, J. J.; BAUM, R. C.; EFFRAT, A.; LIDZ, V. M. (Orgs.). *Explorations in General Theory in Social Science.* v.2. Nova York: Free Press, 1976. [FS Parsons]

_____. Introduction to Generalized Media in Action. In: LOUBSER, J. J.; BAUM, R. C.; EFFRAT, A.; LIDZ, V. M. (Orgs.). *Explorations in General Theory in Social Science.* v.2. Nova York: Free Press, 1976. [FS Parsons]

_____. On Societal Media Dynamics. In: LOUBSER, J. J.; BAUM, R. C.; EFFRAT, A.; LIDZ, V. M. (Orgs.). *Explorations in General Theory in Social Science.* v.2. Nova York: Free Press, 1976. [FS Parsons]

BAUMEISTER, Th.; KULENKAMPFF, J. Geschichtsphilosophie und philosophische Ästhetik. *Neue Hefte für Philosophie*, v.5, p.74-104, 1973.

BAUMGARTNER, H. M. *Kontinuität und Geschichte.* Frankfurt am Main: Suhrkamp, 1972.

_____; RÜSEN, J. (Orgs.). *Geschichte und Theorie.* Frankfurt am Main: Suhrkamp, 1976.

BECK, G. *Sprechakte und Sprachfunktionen.* Tübingen: Niemeyer, 1980.

BECK, M. *Objektivität und Normativität.* Reinbek: Rowohlt, 1974.

BECKERMANN, A. (Org.). *Analytische Handlungstheorie*: Handlungserklärungen. Frankfurt am Main: Suhrkamp, 1977.

BEITZKE, G. *Familienrecht.* Munique: Beck, 1979.

BELL, D. *The Winding Passage*. Cambridge, Mass.: ABT Books, 1980.

_____. *The Cultural Contradictions of Capitalism*. Nova York: Basic Books, 1976.

_____. *The End of Ideology*. Nova York: Free Press, 1966.

BELLAH, R. N. *Beyond Belief*. Nova York: Harper& Row, 1970.

BENDIX, R. Two Sociological Traditions. In: _____; ROTH, G. *Scholarship and Partisanship*. Berkeley: University of California Press, 1971.

_____. *Max Weber*: Das Werk. Munique: R. Piper, 1964.

_____; ROTH, G. *Scholarship and Partisanship*. Berkeley: University of California Press, 1971.

BENHABIB, S. The Methodological Illusions of Modern Political Theory: The Case of Rawls and Habermas. *Neue Hefte für Philosophie*, n.21, p.47-74, 1982.

_____. Rationality and Social Action: Critical Reflections on Weber's Methodological Writings. *Philosophical Forum*, v.12, n.4, p.356-75, jul. 1981.

BENJAMIN, W. Das Kunstwerk im Zeitalter seiner technischen Reproduzierbarkeit. In: *Gesammelte Schriften*. v.1. Frankfurt am Main: Suhrkamp, 1974.

_____. *Ursprung des deutschen Trauerspiels*. Frankfurt am Main: Suhrkamp, 1963.

BENNETT, J. *Linguistic Behavior*. Cambridge: Cambridge University Press, 1976.

BERGER, P. L. *Zur Dialektik von Religion und Gesellschaft*. Frankfurt am Main: Fischer, 1973.

_____; BERGER, B.; KELLNER, H. *Das Unbehagen in der Modernität*. Frankfurt am Main: Campus, 1975.

_____; LUCKMANN, Th. *Die gesellschaftliche Konstruktion der Wirklichkeit*. Frankfurt am Main: Fischer, 1969. [Ed. bras.: *A construção social da realidade*. 36.ed. Petrópolis: Vozes, 2014.]

BERNSTEIN, R. J. *Restrukturierung der Gesellschaftstheorie*. Frankfurt am Main: Suhrkamp, 1979.

_____. *The Restructuring of Social and Political Theory*. Nova York: Harcourt Brace Jovanovich, 1976.

_____. *Praxis and Action*. Filadélfia: University of Pennsylvania Press, 1971.

BINKLEY, T. The Principle of Expressibility. *Philosophy and Phenomenological Research*, v.39, n.3, p.307-25, 1979.

BIRCHALL, B. C. Moral Life as the Obstacle to the Development of Ethical Theory. *Inquiry*, v.21, n.1-4, p.409-24, 1978.

BIRNBAUM, N. Konkurrierende Interpretationen der Genese des Kapitalismus: Marx und Weber. In: SEYFARTH, C.; SPRONDEL, W. M. (Orgs.). *Religion und gesellschaftliche Entwicklung*. Frankfurt am Main: Suhrkamp, 1973.

BITTNER, R. Ein Abschnitt sprachanalytischer Ästhetik. In: _____; PFAFF, P. (Orgs.). *Das ästhetische Urteil*. Colônia: Kiepenheuer & Witsch, 1977.

BLACK, M. Reasonableness. In: DEARDEN, R. F.; HIRST, D. H.; PETERS, R. S. (Orgs.). *Reason*. v.II. Londres: Routledge & Kegan Paul, 1972.

BLAIR, J. A.; JOHNSON, R. H. (Orgs.). *Informal Logic*. Iverness, Calif.: Edgepress, 1980.

BLOCH, M. The Past and the Present in the Present. *Man*, v. 12, n.2, p.278-92, 1978.

_____. The Disconnection between Power and Rank as a Process: An Outline of the Development of Kingdoms in Central Madagaskar. In: FRIEDMAN, J.; ROWLANDS, M. J. (Orgs.). *The Evolution of Social Systems*. Londres: Gerald Duckworth, 1977.

_____. Symbols, Song, Dance and Features of Articulation: Is Religion an Extreme Form of Traditional Authority? *Archives Européennes de Sociologie*, v.15, n.1, p.55-81, 1974.

BLOS, P. *On Adolescence*. Nova York: Free Press, 1962.

BLUMENBERG, H. Selbsterhaltung und Beharrung. In: EBELING, H. (Org.). *Subjektivität und Selbsterhaltung*. Frankfurt am Main: Suhrkamp, 1976.

_____. *Säkularisierung und Selbstbehauptung*. Frankfurt am Main: Suhrkamp, 1974.

_____. *Der Prozeß der theoretischen Neugierde*. Frankfurt am Main: Suhrkamp, 1973.

BLUMER, H. Sociological Implications of the Thought of George H. Mead. *American Journal of Sociology*, v.71, n.5, p.535-44, 1966.

BÖCKENFÖRDE, E. W. Entstehung und Wandel des Rechtsstaatsbegriffs. In: *Staat, Gesellschaft, Freiheit*. Frankfurt am Main: Suhrkamp, 1976.

BÖHLER, D. Philosophische Hermeneutik und Hermeneutische Methode. In: FUHRMANN, M.; JAUSS, H. R.; PANNENBERG, W. (Orgs.). *Text und Applikation*. Munique: Fink, 1981.

_____. Philosophische Hermeneutik und Hermeneutische Methode. In: HARTUNG, H.; HEISTERMANN, W.; STEPHAN, P. M. *Fruchtblätter: Veröffentlichungen der Pädagogische Hochschule Berlin*. Berlim: Pädagogische Hochschule, 1977.

BÖHME, G.; DAELE, W. v. d.; KROHN, W. *Experimentelle Philosophie*. Frankfurt am Main: Suhrkamp, 1977.

BOLDT, H. *Deutsche Staatslehre im Vormärz*. Düsseldorf: Droste, 1975.

BONß, W. *Die Einübung des Tatsachenblicks*. Frankfurt am Main: Suhrkamp, 1982.

_____. *Kritische Theorie und empirische Sozialforschung*. Alemanha, 1981. Dissertação (Doutorado) – Universität Bielefeld.

_____; HONNETH, A. (Orgs.). *Sozialforschung als Kritik*: Zum sozialwissenschaftlichen Potential der Kritischen Theorie. Frankfurt am Main: Suhrkamp, 1982.

_____; SCHINDLER, N. Kritische Theorie als interdisziplinäre Materialismus. In: _____; HONNETH, A. (Orgs.). *Sozialforschung als Kritik*: Zum sozialwissenschaftlichen Potential der Kritischen Theorie. Frankfurt am Main: Suhrkamp, 1982.

BOSSERT, Ph. J. The Explication of "the World" in Constructionalism and Phenomenology. *Man and World*, v.6, p.231-51, 1973.

BOTTOMORE, T.; NISBET, R. *A History of Sociological Analysis*. Nova York: Basic Books, 1978.

BRAND, G. *Welt, Ich und Zeit*. Den Haag: Nijhoff, 1955.

BRAND, K. W. *Neue soziale Bewegungen. Entstehung, Funktion, Perspektive neuer Protestpotentiale*. Opladen: Westdeutscher Verlag, 1982.

_____. Zur Diskussion und Entstehung, Funktion und Perspektive der Ökologie und Alternativbewegung. Munique, 1980. (manusc. não publ.)

BRAND, M.; WALTON, D. (Orgs.). *Action Theory*. Dordrecht: Reidel, 1976.

BRANDT, G. Ansichten kritischer Sozialforschung 1930-1980. *Leviathan*, cad. esp., n.4, p.9-56, 1981.

BRENNER, R. The Origins of Capitalist Development: A Critique of Neo-Smithian Marxism. *New Left Review*, n.104, p.25-92, 1977.

BROUGHTON, J. Piaget's Structural Developmental Psychology I: Piaget and Structuralism. *Human Development*, v.24, n.2, p.78-109, 1981.

_____. Piaget's Structural Developmental Psychology III: Function and the Problem of Knowledge. *Human Development*, v.24, n.2, p.257-85, 1981.

_____. Genetic Metaphysics. In: RIEBER, R. W. (Org.). *Body and Mind*: Past, Present and Future. Nova York: Academic Press, 1980.

_____. The Development of Self, Mind, Reality and Knowledge. In: DAMON, W. (Org.). *New Directions for Child Development*. v.I: Moral Development. São Francisco: Jossey-Bass, 1978.

BRUNKHORST, H. Zur Dialektik von Verwertungssprache und Klassensprache. Frankfurt am Main, 1980. (manusc. não publ.)

BUBNER, R. Kann Theorie ästhetisch werden? Zur Hauptmotiv der Philosophie Adornos. *Neue Rundschau*, v.89, p.537-52, 1978.

_____. *Handlung, Sprache und Vernunft*. Frankfurt am Main: Suhrkamp, 1976.

_____. *Dialektik und Wissenschaft*. Frankfurt am Main: Suhrkamp, 1973.

_____; CRAMER, K.; WIEHL, R. (Orgs.). *Hermeneutik und Dialektik*. 2v. Tübingen: Mohr, 1970.

BUCK-MORSS, S. *The Origin of Negative Dialectics*. Nova York: Free Press, 1977.

BÜHLER, K. *Sprachtheorie*. Jena: Fischer, 1934.

BÜRGER, P. *Theorie der Avantgarde*. Frankfurt am Main: Suhrkamp, 1974.

BURGER, Th. Talcott Parsons: The Problem of Order in Society. *American Journal of Sociology*, v.83, n.2, p.320-39, 1977.

_____. *Max Weber's Theory of Concept Formation*. Durham: Duke University Press, 1976.

BURLESON, B. R. On the Foundations of Rationality: Toulmin, Habermas, and the *a priori* of Reason. *Journal of the American Forensic Association*, v.16, n.2, p.112-27, 1979.

BUSSE, W. Funktionen und Funktion der Sprache. In: SCHLIEBEN-LANGE, B. (Org.). *Sprachtheorie*. Hamburgo: Hoffmann & Campe, 1975.

CAMPBELL, B. G. Toward a Workable Taxonomy of Illocutionary Forces, and its Implication to Works of Imaginative Literature. *Language and Style*, v.8, n.1, p.3-20, 1975.

CARR, D. M. The Logic of Knowing How and Ability. *Mind*, New Series, v.88, n.351, p.394-409, 1979.

_____. The "Fifth Meditation" and Husserl's Cartesianism. *Philosophy and Phenomenological Research*, v.34, n.1, p.14-35, 1973.

CASSIRER, E. *Philosophie der symbolischen Formen*. 2v. Darmstadt: Wissenschaftliche Buchgesellschaft, 1958. [Ed. bras.: *A filosofia das formas simbólicas*. 3v. São Paulo: Martins Fontes, 2001-2011.]

CASTAÑEDA, H.-N. Indicators and Quasi-Indicators. *American Philosophical Quarterly*, v.4, n.2, p.85-100, 1967.

CASTORIADIS, C. *Durchs Labyrinth, Seele, Vernunft, Gesellschaft*. Frankfurt am Main: Suhrkamp, 1981.

CAVELL, St. *The Claim of Reason*. Oxford: Clarendon Press, 1979.

_____. *Must We Mean what We Say?* Cambridge: Cambridge University Press, 1976.

CHURCHILL, L. *Questioning Strategies in Sociolinguistics*. Rowley, Mass.: Newbury, 1978.

CICOUREL, A. V. *Methode und Messung in der Soziologie*. Frankfurt am Main: Suhrkamp, 1975.

_____. *Theory and Method in a Study of Argentine Fertility*. Nova York: Wiley, 1974.

_____. *Cognitive Sociology*. Londres: Penguin Education, 1973.

_____. *The Social Organization of Juvenile Justice*. Nova York: Wiley, 1968.

CLAESSENS, D. Rationalität revidiert. *Kölner Zeitschrift für Soziologie und Sozialpsychologie*, v.17, p.465-76, 1965.

COLE, M.; GAY, J.; GLICK, J.; SHARP, D. *The Cultural Concept of Learning and Thinking*. Nova York: Basic Books, 1971.

CONDORCET, J.-A.-N. *Entwurf einer historischen Darstellung der Fortschritte des menschlichen Geistes*. Org. W. Alff. Frankfurt am Main: Suhrkamp, 1963.

_____. *Esquisse d'un Tableu Historique des Progrès de l'Esprit Humain*. Obra póstuma de Condorcet. [Paris?]: [s.n.], 1795. [Ed. bras.: *Esboço de um quadro histórico dos progressos do espírito humano*. Campinas: Editora da Unicamp, 2013.]

COOK, G. A. *The Self as Moral Agent*: A Study in the Philosophy of George Herbert Mead. New Haven, 1966. Tese (Doutorado) — Yale University.

COOPER, B. Hermeneutics and Social Science. *Philosophy of the Social Sciences*, v.11, n.1, p.79-90, 1981.

CORTI, W. R. (Org.). *The Philosophy of G. H. Mead*. Winterthur: Amriswiler Bücherei, 1973.

COULTER, J. The Ethnomethodological Programme in Contemporary Sociology. *The Human Context*, v.6, p.103-22, 1974.

COULTHARD, M. *An Introduction into Discourse Analysis*. Londres: Pearson, 1977.

COUNT, E. W. *Das Biogramm*. Frankfurt am Main: Fischer, 1970.

DAHMER, H. (Org.). *Analytische Sozialpsychologie*. Frankfurt am Main, 1980.

_____. Psychoanalyse und Gesellschaftstheorie. *Psyche*, v.29, n.11, p.991-1010, 1975.

_____. *Libido und Gesellschaft*. Frankfurt am Main: Suhrkamp, 1973.

DAHRENDORF, R. *Lebenschancen*. Frankfurt am Main: Suhrkamp, 1979.

_____. *Gesellschaft und Demokratie in Deutschland*. Munique: Piper, 1965.

_____. *Homo Sociologicus*. Köln: Westdeutscher Verlag, 1958.

DALLMAYR, F. R.; MCCARTHY, Th. A. (Orgs.). *Understanding and Social Inquiry*. Notre Dame: University of Notre Dame Press, 1977.

DAMON, W. (Org.). *New Directions for Child Development*. v.I: Moral Development. São Francisco: Jossey-Bass, 1978.

_____. *New Directions for Child Development*. v.II: Social Cognition. São Francisco: Jossey-Bass, 1978.

_____. *The Social World of the Child*. São Francisco: Jossey-Bass, 1977.

DANTO, A. C. Basishandlungen. In: MEGGLE, G. (Org.). *Analytische Handlungstheorie*: Handlungsbeschreibungen. Frankfurt am Main: Suhrkamp, 1977.

_____. *Analytische Philosophie der Geschichte*. Frankfurt am Main: Suhrkamp, 1974.

_____. *Analytical Philosophy of Action*. Cambridge: Cambridge University Press, 1973.

DASEN, P. R. Cross-Cultural Piagetian Research: A Summary. *Journal of Cross-Cultural Psychology*, v.3, n.1, p.23-40, 1972.

DAVIDSON, P. Post-Keynesian Economics. *Public Interest*, ed. esp., 1980. (reimp. In: BELL, D.; KRISTOL, I. (Orgs.). *The Crisis in Economic Theory*. Nova York: Basic Books, 1981.)

DAVIS, St. Speech Acts, Performance and Competence. *Journal of Pragmatics*, v.3, n.5, p.497-505, 1979.

DAVISON, M. L.; KING, P. M.; KITCHENER, K. S.; PARKER, C. A. The Stage Sequence Concept in Cognitive and Social Development. *Developmental Psychology*, v.16, n.2, p.121-31, 1980.

DEAN, J. W. The Dissolution of the Keynesian Consensus. *Public Interest*, ed. esp., 1980.

DEARDEN, R. F.; HIRST, D. H.; PETERS, R. S. (Orgs.). *Reason*. v.II. Londres: Routledge & Kegan Paul, 1972.

DEUTSCHER JURISTENTAG. *Schule im Rechtsstaat*. v.I. Munique: Beck, 1981.

DIEDERICH, W. (Org.). *Beiträge zur diachronischen Wissenschaftstheorie*. Frankfurt am Main: Suhrkamp, 1974.

DIXON, K. Is Cultural Relativism Self-Refuting? *British Journal of Sociology*, v.28, n.1, p.75-88, 1977.

DÖBERT, R. The Role of Stage-Models within a Theory of Social Evolution Illustrated by the European Witchcraze. In: HARRE, R.; JENSEN, U. J. (Orgs.). *Studies in the Concept of Evolution*. Brighton: Harvester Press, 1981.

_____. Methodologische und forschungsstrategische Implikationen von evolutionstheoretischen Stadienmodellen. In: JAEGGI, U.; HONNETH, A. (Orgs.). *Theorien der Historischen Materialismus*. Frankfurt am Main: Suhrkamp, 1977.

_____. Systemtheorie und die Entwicklung religiöser Deutungssysteme. Frankfurt am Main: Suhrkamp, 1975.

_____. Die evolutionäre Bedeutung der Reformation. In: SEYFARTH, C.; SPRONDEL, W. M. (Orgs.). *Religion und gesellschaftliche Entwicklung*. Frankfurt am Main: Suhrkamp, 1973.

_____. Zur Logik des Übergangs von archaischen zu hochkulturellen Religionssystemen. In: EDER, K. (Org.). *Die Entstehung von Klassengesellschaften*. Frankfurt am Main: Suhrkamp, 1973.

_____; HABERMAS, J.; NUNNER-WINKLER, G. (Orgs.). *Entwicklung des Ichs*. Köln: Kiepenheuer & Witsch, 1977.

_____; NUNNER-WINKLER, G. *Adoleszenzkrise und Identitätsbildung*. Frankfurt am Main: Suhrkamp, 1975.

DOISE, W.; MUGNY, G.; PERRET-CLERMONT, A. N. Social Interaction and Cognitive Development: Further Evidence. *European Journal of Social Psychology*, v.6, n.2, p.245-7, 1976.

DOUGLAS, J. D. (Org.). *Understanding Everyday Life*. Londres: Routledge & Kegan Paul, 1971.

DOUGLAS, M. *Natural Symbols*. Londres: Cresset, 1973. [Ed. bras.: *Símbolos naturais*. São Paulo: Editora Unesp, 2021.]

DREIER, R. Zu Luhmanns systemtheoretischer Neuformulierung des Gerechtigkeitsproblems. In: *Recht, Moral, Ideologie*. Frankfurt am Main: Suhrkamp, 1981.

DREITZEL, H. P. *Das gesellschaftliche Leiden und das Leiden an der Gesellschaft*. Stuttgart: Enke, 1968.

DUBIEL, H. *Wissenschaftsorganisation und politische Erfahrung*. Frankfurt am Main: Suhrkamp, 1978.

_____; SÖLLNER, A. Die Nationalsozialismusforschung des Instituts für Sozialforschung. In: HORKHEIMER, M. et al. *Recht und Staat im Nationalsozialismus*. Org. H. Dubiel; A. Söllner. Frankfurt am Main: Europäische Verlagsanstalt, 1981.

DUBIN, R. Parsons' Actor: Continuities in Social Theory. In: PARSONS, T. *Sociological Theory and Modern Society*. Nova York: Free Press, 1967.

DÜLMEN, R. van. Formierung der europäischen Gesellschaft in der Frühen Neuzeit. *Geschichte und Gesellschaft*, v.7, n.1, p.5-41, 1981.

_____. *Reformation als Revolution*. Munique: Deutscher Taschenbuch-Verlag, 1977.

DUMMETT, M. What Is a Theory of Meaning? In: EVANS, G.; MCDOWELL, J. (Orgs.). *Truth and Meaning*. Oxford: Clarendon Press, 1976.

DURKHEIM, E. Bestimmung der moralischen Tatsache. In: *Soziologie und Philosophie*. Frankfurt am Main: Suhrkamp, 1967. [Ed. bras.: *Sociologia e filosofia*. São Paulo: WMF Martins Fontes, 2021.]

_____. *De la Division du travail social*. Paris: Presses Universitaires de France, 1930. [Ed. bras.: *Da divisão do trabalho social*. São Paulo: Martins Fontes, 1999.]

_____. *Die elementaren Formen des religiösen Lebens*. Frankfurt am Main: Suhrkamp, 1981. [Ed. bras.: *As formas elementares de vida religiosa*. São Paulo: Paulus, 2001.]

_____. *Education et sociologie*. Paris: Presses Universitaires de France, 1922. [Ed. bras.: *Educação e sociologia*. Petrópolis: Vozes, 2011.]

_____. Le Dualisme de la nature humaine et ses conditions sociales. In: FILLOUX, J.-C. (Org.). *La Science sociale et l'action*. Paris: Presses Universitaires de France, 1970.

_____. Le Dualisme de la nature humaine et ses conditions sociales. *Scientia*, v.XV, p.206-21, 1914.

_____. *Leçons de sociologie, Physique des moeurs et du droit*. Paris: Presses Universitaires de France, 1969. [Ed. bras.: *Lições de sociologia*. São Paulo: WMF Martins Fontes, 2016.]

_____. *Les Formes élémentaires de la vie religieuse*. Paris: Presses Universitaires de France, 1968. [Ed. bras.: *As formas elementares de vida religiosa*. São Paulo: Paulus, 2001.]

_____. *Soziologie und Philosophie*. Frankfurt am Main: Suhrkamp, 1967. [Ed. bras.: *Sociologia e filosofia*. São Paulo: WMF Martins Fontes, 2021.]

_____. *Montesquieu et Rousseau, précurseurs de la sociologie*. Org. e pref. Armand Cuvillier. Introd. Georges Davy. Paris: Rivière, 1953. [Ed. bras.: *Montesquieu e Rousseau: pioneiros da Sociologia*. São Paulo: Madras, 2008.]

_____. *Pragmatisme et Sociologie*. Paris: Vrin, 1955. [Ed. bras.: *Pragmatismo e sociologia*. Santa Catarina: Ed. Universidade Federal de Santa Catarina, 2004.]

_____. *Sociologie et philosophie*. Paris: Presses Universitaires de France, 1951. [Ed. bras.: *Sociologia e filosofia*. São Paulo: WMF Martins Fontes, 2021.]

DURKHEIM, E. *Über die Teilung der sozialen Arbeit*. Frankfurt am Main: Suhrkamp, 1977. [Ed. bras.: *Da divisão do trabalho social*. São Paulo: Martins Fontes, 1999.]
EBELING, H. (Org.). *Subjektivität und Selbsterhaltung*. Frankfurt am Main: Suhrkamp, 1976.
ECCLES, J. C. *Facing Realities*. Nova York; Heidelberg: Springer-Verlag, 1970.
ECKBERG, D. L.; HILL, L. The Paradigm Concept and Sociology: A Critical Review. *American Sociological Review*, v.44, n.6, p.925-37, 1979.
ECKENSBERGER, L. H.; SILBERSTEIN, R. K. (Orgs.). *Entwicklung sozialer Kognitionen*. Stuttgart: Klett-Cotta, 1980.
EDELMANN, M. *The Symbolic Use of Politics*. Urbana: University of Illinois Press, 1964.
EDER, K. Zur Rationalisierungsproblematik des modernen Rechts. *Soziale Welt*, v.29, n.2, p.247-56, 1978.
_____. *Die Entstehung staatlich organisierter Gesellschaften*. Frankfurt am Main: Suhrkamp, 1976.
_____ (Org.). *Die Entstehung von Klassengesellschaften*. Frankfurt am Main: Suhrkamp, 1973.
EIBL-EIBESFELD, I. *Grundriß der vergleichenden Verhaltensforschung*. Munique: Piper, 1967.
EISEN, A. The Meanings and Confusions of Weberian Rationality. *British Journal of Sociology*, v.29, n.1, p.57-70, 1978.
EISENSTADT, S. N. Cultural Traditions and Political Dynamics: The Origins and Modes of Ideological Politics. *British Journal of Sociology*, v.32, p.155-81, 1981.
EKEH, P. P. *Social Exchange Theory*. Londres: Heinemann, 1964.
ELEY, L. *Transzendentale Phänomenologie und Systemtheorie*. Freiburgo: Rombach, 1972.
ELKIND, D. Egozentrismus in der Adoleszenz. In: DÖBERT, R.; HABERMAS, J.; NUNNER-WINKLER, G. (Orgs.). *Entwicklung des Ichs*. Köln: Kiepenheuer & Witsch, 1977.
ELSTER, J. *Ulysses and the Sirens*: Studies in Rationality and Irrationality. Cambridge: Cambridge University Press, 1979.
ENZENSBERGER, H. M. Baukasten zu einer Theorie der Medien. In: *Palaver*. Frankfurt am Main: Suhrkamp, 1974.
ERIKSON, E. H. *Identität und Lebenszyklus*. Frankfurt am Main: Suhrkamp, 1973.
ETZIONI, A. Elemente einer Makrosoziologie. In: ZAPF, W. (Org.). *Theorien des sozialen Wandels*. Köln: Kiepenheuer & Witsch, 1969.
_____. *The Active Society*. Nova York: Free Press, 1968.
EUCHNER, W. *Naturrecht und Politik bei J. Locke*. Frankfurt am Main: Suhrkamp, 1969.
EVANS-PRITCHARD, E. E. *Witchcraft, Oracles and Magic among the Azande*. Oxford: Clarendon Press, 1937. [Ed. bras.: *Bruxaria, oráculos e magia entre os Azande*. Rio de Janeiro: Zahar, 2004.]

EVANS-PRITCHARD, E. E. Levy-Bruhl's Theory of Primitive Mentality. *Bulletin of the Faculty of Arts*, v.2, p.1-41, 1934.

FAIRBAIRN, W. R. D. *An Object Relations Theory of Personality*. Nova York: Basic Books, 1952.

FALES, E. Truth, Tradition, Rationality. *Philosophy of the Social Sciences*, v.6, n.2, p.97-113, 1976.

FELEPPA, R. Hermeneutic Interpretation and Scientific Truth. *Philosophy of the Social Sciences*, v.11, n.1, p.53-64, 1981.

FENN, R. K. The Process of Secularization: A Post-Parsonian View. *Journal for the Scientific Study of Religion*, v.9, p.117-36, 1970.

FERBER, Chr. von. *Sozialpolitik in der Wohlstandsgesellschaft*. Hamburgo: Wegner, 1967.

FERRAROTTI, F. The Destiny of Reason and the Paradox of the Sacred. *Social Research*, v.46, n.4, p.648-81, 1979.

FETSCHER, I. *Rousseaus politische Philosophie*. Frankfurt am Main: Suhrkamp, 1975.

FINE, B. On the Origins of Capitalist Development. *New Left Review*, v.109, p.88ss., 1978.

FINGER, P. *Familienrecht*. Königstein: Athenäum, 1979.

FINOCCHIARO, M. A. The Psychological Explanation of Reasoning: Logical and Methodological Problems. *Philosophy of the Social Sciences*, v.9, p.277-91, 1979.

FIRTH, R. *Elements of Social Organization*. Londres: Tavistock, 1971. [Ed. bras.: *Elementos de organização social*. Rio de Janeiro: Zahar, 1974.]

FISHER, W. R. Toward a Logic of Good Reasons. *Quarterly Journal of Speech*, v.64, p.376-84, 1978.

FLAVELL, J. H. The Concept of Development. In: MÜSSEN, P. H. (Org.). *Carmichael's Manual of Child Psychology*. v.I. Nova York: Wiley, 1970.

_____. *The Development of Role-Taking and Communication Skills in Children*. Nova York: Wiley, 1968.

_____. *The Developmental Psychology of Jean Piaget*. Princeton: Van Nostrand, 1963.

FLEISCHMANN, E. De Weber à Nietzsche. *Archives Européennes de Sociologie*, v.5, p.190-238, 1964.

FØLLESDAL, D. Comments on Stenius *Mood and Language Game*. *Synthese*, v.17, p.275-80, 1967.

FORTES, M. *Kinship and Social Order*. Chicago: Aldine, 1969.

_____; EVANS-PRITCHARD, E. E. Afrikanische Politische Systeme, Einleitung. In: KRAMER, F.; SIGRIST, Chr. (Orgs.). *Gesellschaften ohne Staat*. v.I. Frankfurt am Main: Syndikat, 1978.

_____; _____ (Orgs.). *African Political Systems*. Oxford: Oxford University Press, 1970.

FOUCAULT, M. *Archäologie des Wissens*. Frankfurt am Main: Suhrkamp, 1973. [Ed. bras.: *A arqueologia do saber*. Rio de Janeiro: Forense Universitária 2008.]

_____. *Wahnsinn und Gesellschaft*. Frankfurt am Main: Suhrkamp, 1973.

FRANKENBERG, G. *Verrechtlichung schulischer Bildung. Elemente einer Kritik und Theorie des Schulrechts*. Munique, 1978. Tese (Doutorado) – Universidade de Munique.

_____; RÖDEL, U. *Von der Volkssouveränität zum Minderheitenschutz*: die Freiheit politischer Kommunikation im Verfassungstaat, untersucht am Beispiel der Vereinigten Staaten von Amerika. Frankfurt am Main: Europäische Verlagsanstalt, 1981.

FRENTZ, Th. S.; FARRELL, Th. B. Language-Action: A Paradigm for Communication. *Quarterly Journal of Speech*, v.62, p.333-49, 1976.

FREUD, A. *Das Ich und die Abwehrmechanismen*. Munique: Kindler, 1964.

FREYER, H. *Soziologie als Wirklichkeitswissenschaft*. Darmstadt: Teubner, 1964.

FREYHOLD, M. von. *Autoritarismus und politische Apathie*. Frankfurt am Main: Europäische Verlagsanstalt, 1971.

FRIEDRICHS, R. W. *A Sociology of Sociology*. Nova York: Free Press, 1970.

FROMM, E. *Arbeiter und Angestellte am Vorabend des Dritten Reiches*: Eine sozialpsychologische. Org. W. BONß. Stuttgart: Deutsche Verlagsanstalt, 1980.

_____. *Escape from Freedom*. Nova York: Farrar & Rinehart, 1942.

_____. Über Methode und Aufgabe einer analytischen Sozialpsychologie. *Zeitschrift für Sozialforschung*, v.1, n.1-2, p.28-54, 1932.

FURTH, H. G. *Piaget and Knowledge*. Chicago: University of Chicago Press, 1981.

_____. *The World of Grown-ups*: Childrens' Conceptions of Society. Nova York: Elsevier, 1980.

GABRIEL, K. *Analysen der Organisationsgesellschaft*. Frankfurt am Main: Campus, 1979.

GADAMER, H.-G. Mythos und Vernunft. In: *Kleine Schriften*. v.IV. Tübingen: Mohr, 1977.

_____. Platon und die Vorsokratiker. In: *Kleine Schriften*. v.III. Tübingen: Mohr, 1972.

_____. *Wahrheit und Methode*. Tübingen: Mohr, 1960. [Ed. bras: *Verdade e método*. Petrópolis: Vozes, 1997.]

_____; VOGLER, P. (Orgs.). *Neue Anthropologie*. v.III. Stuttgart: Thieme, 1972.

GÄFGEN, G. Formale Theorie des strategischen Handelns. In: LENK, H. (Org.). *Handlungstheorien*. v.1. Munique: Fink, 1980.

_____. *Theorie der wirtschaftlichen Entscheidung*. Tübingen: Mohr, 1968.

GARDINER, P. (Org.). *The Philosophy of History*. Oxford: Oxford University Press, 1974.

GARFINKEL, H. *Studies in Ethnomethodology*. Englewood Cliffs: Prentice Hall, 1967.

GEACH, P. Ontological Relativity and Relative Identity. In: MUNITZ, M. K. (Org.). *Logic and Ontology*. Nova York: New York University Press, 1973.

GEHLEN, A. *Der Mensch*. Bonn: Athenäum, 1950.

GELLNER, E. The Savage and the Modern Mind. In: HORTON, R.; FINNEGAN, R. (Orgs.). *Modes of Thought*. Londres: Faber, 1973.

GERAETS, F. (Org.). *Rationality Today*. Ottawa: Ed. de l'Université d'Ottawa, 1979.

GERTH, H.; MILLS, C. W. *Character and Social Structure*. Nova York: Harcourt, Brace and Company, 1953.

GETHMANN, C. F. (Org.). *Theorie des wissenschaftlichen Argumentierens*. Frankfurt am Main: Suhrkamp, 1980.

_____. *Protologik*. Frankfurt am Main: Suhrkamp, 1979.

GEULEN, D. *Das vergesellschaftete Subjekt*. Frankfurt am Main: Suhrkamp, 1977.

GIDDENS, A. *Studies in Social and Political Theory*. Londres: Hutchinson, 1977.

_____. *New Rules of Sociological Method*. Londres: Hutchinson, 1976.

_____. Marx, Weber und die Entwicklung des Kapitalismus. In: SEYFARTH, C.; SPRONDEL, W. M. (Orgs.). *Religion und gesellschaftliche Entwicklung*. Frankfurt am Main: Suhrkamp, 1973.

GIEGEL, H. J. *Zur Logik seelischer Ereignisse*. Frankfurt am Main: Suhrkamp, 1969.

GIPPER, H. *Gibt es ein sprachliches Relativitätsprinzip?* Frankfurt am Main: Fischer, 1972.

GIRNDT, H. *Das soziale Handeln als Grundkategorie der erfahrungswissenschaftlichen Soziologie*. Tübingen: Mohr, 1967.

GITLIN, T. Media Sociology: The Dominant Paradigm. *Theory and Society*, v.6, n.2, p.205-53, 1978.

GLOCK, Ch. Y.; HAMMOND, Ph. E. (Orgs.). *Beyond the Classics?* Essays in the Scientific Study of Religions. Nova York: Harper & Row, 1973.

GLUCKMANN, M. Rituals of Rebellion in South East Africa. In: *Order and Rebellion in Tribal Africa*. Londres: Cohen & West, 1963.

GODELIER, M. Infrastructures, Societies, and History. *Current Anthropology*, v.19, n.4, p.763-71, 1978.

_____. Mythos und Geschichte. In: EDER, K. (Org.). *Die Entstehung von Klassengesellschaften*. Frankfurt am Main: Suhrkamp, 1973.

_____. *Ökonomische Anthropologie*. Hamburgo: Rowohlt, 1973.

GOFFMAN, E. *Rahmenanalyse*. Frankfurt am Main: Suhrkamp, 1977.

_____. *Interaktionsrituale*. Frankfurt am Main: Suhrkamp, 1971.

_____. *Das Individuum im öffentlichen Austausch*. Frankfurt am Main: Suhrkamp, 1974.

_____. *Wir spielen alle Theater*: Die Selbstdarstellung im Alltag. Munique: Piper, 1968.

GOLDMANN, A. I. *A Theory of Human Action*. Englewood Cliffs: Prentice Hall, 1970.

GOLDSCHEID, R.; SCHUMPETER, J. *Die Finanzkrise des Steuerstaates*. Org. R. Hickel. Frankfurt am Main: Suhrkamp, 1976.

GOLDTHORPE, J. H. A Revolution in Sociology? *Sociology*, v.7, n.3, p.449-62, 1973.

GORZ, A. *Abschied vom Proletariat*. Frankfurt am Main: Athenäum, 1980. [Ed. bras.: *Adeus ao proletariado*. Rio de Janeiro: Forense-Universitária, 1987.]

GOULD, M. Development and Revolution in Science. Starnberg: Max-Planck--Institut, 1977. (manusc. não publ.)

_____. Systems Analysis, Macrosociology, and the Generalized Media of Social Action. In: LOUBSER, J. J.; BAUM, R. C.; EFFRAT, A.; LIDZ, V. M. (Orgs.). *Explorations in General Theory in Social Science*. v.2. Nova York: Free Press, 1976. [FS Parsons]

GOULDNER, A. W. *The Dialectics of Ideology and Technology*. Nova York: Seabury Press, 1976.

_____. *Die westliche Soziologie in der Krise*. 2v. Reinbeck: Rowohlt, 1974.

_____. *The Coming Crisis of Western Sociology*. Nova York: Heinemann, 1970.

GRAHAM, K. Belief and the Limits of Irrationality. *Inquiry*, v.17, n.1-4, p.315-26, 1974.

GRAUMANN, C. F. *Zur Phänomenologie und Psychologie der Perspektivität*. Berlim: De Gruyter, 1960.

GRENE, M. Tacit Knowing: Grounds for a Revolution in Philosophy. *Journal of the British Society for Phenomenology*, v.8, n.3, p.164-71, 1977.

GRENZ, F. *Adornos Philosophie in Grundbegriffen*. Frankfurt am Main: Suhrkamp, 1974.

GREWENDORF, G. Haben explizit performative Äußerungen einen Wahrheitswert? In: _____ (Org.). *Sprechakttheorie und Semantik*. Frankfurt am Main: Suhrkamp, 1979.

_____ (Org.). *Sprechakttheorie und Semantik*. Frankfurt am Main: Suhrkamp, 1979.

GRICE, H. P. Intendieren, Meinen, Bedeuten. In: MEGGLE, G. *Handlung, Kommunikation, Bedeutung*. Frankfurt am Main: Suhrkamp, 1979.

_____. Sprecher, Bedeutung und Intentionen. In: MEGGLE, G. *Handlung, Kommunikation, Bedeutung*. Frankfurt am Main: Suhrkamp, 1979.

_____. Logic and Conversation. In: COLE, P.; MORGAN, J. L. (Orgs.). *Syntax and Semantics*. v.III. Nova York: Academic Press, 1974.

GRIESSINGER, A. *Das symbolische Kapital der Ehre*: Streikbewegungen und Kollektiv Bewußtsein deutscher Handwerksgesellen im 18. Jh. Frankfurt am Main: Ullstein, 1981.

GROETHUYSEN, B. *Die Entstehung der bürgerlichen Welt- und Lebensanschauung in Frankreich*. 2v. Frankfurt am Main: Suhrkamp, 1979.

GROSSKLAUS, G.; OLDEMEYER, E. (Orgs.). *Werte in kommunikativen Prozessen*. Stuttgart: Klett-Cotta, 1980.

GRUENBERG, B. The Problem of Reflexivity in the Sociology of Science. *Philosophy of the Social Sciences*, v.8, n.4, p.321-43, 1978.

GRÜNBERGER, J. *Die Perfektion des Mitgliedes*: Die soziologische Systemtheorie als seine Soziologie regelgeleiteten Verhaltens. Berlim: Duncker & Humblot, 1981. (Soziologische Schriften, v.36.)

GUGGENBERGER, B. *Bürgerinitiativen in der Parteiendemokratie*. Stuttgart: Kohlhammer, 1980.

GULDIMANN, T.; RODENSTEIN, M.; RÖDEL, U.; STILLE, F. *Sozialpolitik als soziale Kontrolle*. Frankfurt am Main: Suhrkamp, 1978.

GUMBRECHT, H. U.; REICHARDT, R.; SCHLEICH, Th. (Orgs.). *Sozialgeschichte der Aufklärung in Frankreich*. 2v. Munique: Oldenbourg, 1981.

GURWITSCH, A. *The Field of Consciousness*. Pittsburgo: Duquesne University Press, 1964.

GUSTAFSON, D. Expressions of Intentions. *Mind*, v.83, n.331, p.321-40, 1974.

_____. The Natural Expression of Intention. *Philosophical Forum*, Boston, v.2, p.299-315, 1971.

HAAN, N. Two Moralities in Action Context. *Journal of Personality and Social Psychology*, v.36, p.286-305, 1978.

_____. A Tripartite Model of Ego-Functioning. *Journal of Nervous and Mental Disease*, v.148, n.1, p.14-30, 1969.

HABERMAS, J. *A nova obscuridade*. São Paulo: Editora Unesp, 2015.

_____. A doutrina clássica da política em sua relação com a filosofia social. In: *Teoria e práxis*. Trad. Rúrion Melo. São Paulo: Editora Unesp, 2013.

_____. Dogmatismo, razão e decisão: sobre teoria e práxis na civilização cientificizada. In: *Teoria e práxis*. Trad. Rúrion Melo. São Paulo: Editora Unesp, 2013.

_____. *Erkenntnis und Interesse*. Frankfurt am Main: Suhrkamp, 1968. [Ed. bras.: *Conhecimento e interesse*. Trad. Luiz Repa. São Paulo: Editora Unesp, 2014.]

_____. (Org.). *Hermeneutik und Ideologiekritik*. Frankfurt am Main: Suhrkamp, 1971.

_____. Intentionalistische Semantik (1975-1976). In: *Vorstudien und Ergänzungen zur Theorie des kommunikativen Handelns*. Frankfurt am Main: Suhrkamp, 1984.

_____. Interpretieve Sociale Wetenschap versus Radicale Hermeneutiek. *Kennis en Methode*, v.5, n.1, p.4-23, 1981.

_____. *Kleine politische Schriften I-IV*. Frankfurt am Main: Suhrkamp, 1981.

_____. *Kultur und Kritik*. Frankfurt am Main: Suhrkamp, 1973.

_____. Legitimationsprobleme im modernen Staat. In: KIELMANSEGG, P. G. (Org.). *Legitimationsprobleme politischer Systeme*: Politische Vierteljahresschrift Sonderhefte. v.VII. Wiesbaden: VS Verlag, 1976.

_____. *Legitimationsprobleme im Spätkapitalismus*. Frankfurt am Main: Suhrkamp, 1973. [Ed. bras.: *Crise de legitimação no capitalismo tardio*. Rio de Janeiro: Tempo Brasileiro, 2002.]

HABERMAS, J. *Philosophisch-politische Profile*. ed. ampl. Frankfurt am Main: Suhrkamp, 1981.

_____. Rekonstruktive *vs.* verstehende Sozial wissenschaften. In: *Moralbewußtsein und kommunikatives Handeln*. Frankfurt am Main: Suhrkamp, 1983.

_____. Reply to my Critics. In: HELD, D.; THOMPSON, J. B. *Habermas*: Critical Debates. Cambridge, Mass.: MIT Press, 1981.

_____. Some Aspects of the Rationality of Action. In: GERAETS, F. (Org.). *Rationality Today*. Ottawa: Ed. de l'Université d'Ottawa, 1979.

_____. *Stichworte zur geistigen Situation der Zeit*. Frankfurt am Main: Suhrkamp, 1979.

_____. *Strukturwandel der Öffentlichkeit*. Neuwied: Luchterhand, 1962. [Ed. bras.: *Mudança estrutural da esfera pública*. Trad. Denílson Werle. São Paulo: Editora Unesp, 2014.]

_____. Tarefas críticas e conservadoras da sociologia. In: *Teoria e práxis*. Trad. Rúrion Melo. São Paulo: Editora Unesp, 2013.

_____. *Technik und Wissenschaft als Ideologie*. Frankfurt am Main: Suhrkamp, 1968. [Ed. bras.: *Técnica e ciência como "ideologia"*. Trad. Felipe Gonçalves Silva. São Paulo: Editora Unesp, 2014.]

_____. *Theorie und Praxis*. reed. Frankfurt am Main: Suhrkamp, 1971. [Ed. bras.: *Teoria e práxis*. Trad. Rúrion Melo. São Paulo: Editora Unesp, 2013.]

_____. Universalpragmatische Hinweise auf das System der Ich-Abgrenzungen. In: AUWÄRTER, M.; KIRSCH, E.; SCHRÖTER, M. (Orgs.). *Kommunikation, Interaktion, Identität*. Frankfurt am Main: Suhrkamp, 1976.

_____. Wahrheitstheorien. In: FAHRENBACH, H. (Org.). *Wirklichkeit und Reflexion*. Pfullingen: Neske, 1973.

_____. Was heißt Universalpragmatik? In: Apel, K. O. (Org.). *Sprachpragmatik und Philosophie*. Frankfurt am Main: Suhrkamp, 1976.

_____. Wozu noch Philosophie? In: *Philosophisch-politische Profile*. Frankfurt am Main: Suhrkamp, 1981.

_____. *Zur Logik der Sozialwissenschaften*. Frankfurt am Main: Suhrkamp, 1970. [Ed. bras.: *Sobre a lógica das ciências sociais*. Petrópolis: Vozes, 2009.]

_____. *Zur Rekonstruktion des Historischen Materialismus*. Frankfurt am Main: Suhrkamp, 1976. [Ed. bras.: *Para a reconstrução do materialismo histórico*. Trad. Rúrion Melo. São Paulo: Editora Unesp, 2016.]

_____; LUHMANN, N. *Theorie der Gesellschaft oder Sozialtechnologie*. Frankfurt am Main: Suhrkamp, 1971.

HACKER, P. M. S. *Einsicht und Täuschung*. Frankfurt am Main, 1978.

_____. *Illusion and Insight*. Oxford: Oxford University Press, 1972.

HALLIDAY, M. A. K. *System and Function in Language, Selected Papers*. Oxford: Oxford University Press, 1976.

HAMPSHIRE, St. *Feeling and Expression*. Londres: Lewis, 1961.

HARRE, R. *Social Being*. Oxford: Blackwell, 1979.

_____. The Structure of Tacit Knowledge. *Journal of the British Society for Phenomenology*, v.8, n.3, p.172-7, 1977.

_____; JENSEN, U. J. (Orgs.). *Studies in the Concept of Evolution*. Brighton: Harvester Press, 1981.

_____; SECORD, P. F. *Explanation of Behavior*. Totowa, NJ: Rowman and Littlefield, 1972.

HARTEN, H. Chr. *Der vernünftige Organismus oder die gesellschaftliche Evolution der Vernunft*. Frankfurt am Main: Syndikat, 1977.

HARTMANN, N. *Das Problem des geistigen Seins*. Berlim: De Gruyter, 1932.

HEAL, J. Common Knowledge. *Philosophical Quarterly*, v.28, n.111, p.116-31, 1978.

HEATH, A. The Rational Model of Man. *Archives Européennes de Sociologie*, v.15, n.2, p.184-205, 1974.

HEGSELMANN, R. *Normativität und Rationalität*. Frankfurt am Main: Campus, 1979.

HEIDEGGER, M. *Sein und Zeit*. Tübingen: Neomarius, 1949. [Ed. bras.: *Ser e tempo*. 10. ed. Petrópolis: Vozes, 2015.]

HELD, D. *Introduction to Critical Theory*. Londres: Hutchinson, 1980.

_____; THOMPSON, J. B. *Habermas*: Critical Debates. Cambridge, Mass.: MIT Press, 1982.

HELLER, A. et al. *Die Seele und das Leben*. Frankfurt am Main: Suhrkamp, 1977.

HENLE, P. (Org.). *Sprache, Denken, Kultur*. Frankfurt am Main: Suhrkamp, 1969.

HENNIS, W. *Politik und praktische Philosophie*. Stuttgart: Klett-Cotta, 1963.

HENRICH, D. Begriffe und Grenzen von Identität. In: MARQUARD, O.; STIERLE, K. (Orgs.). *Identität, Poetik und Hermeneutik*. v.VIII. Munique: Fink, 1979.

_____. Die Grundstruktur der modernen Philosophie. In: EBELING, H. (Org.). *Subjektivität und Selbsterhaltung*. Frankfurt am Main: Suhrkamp, 1976.

_____. Selbstbewußtsein. In: BUBNER, R.; CRAMER, K.; WIEHL, R. (Orgs.). *Hermeneutik und Dialektik*. v.I. Tübingen: Mohr, 1970.

_____. *Fichtes ursprüngliche Einsicht*. Frankfurt am Main: Klostermann, 1967.

HERTZBERG, L. Winch on Social Interpretation. *Philosophy of the Social Sciences*, v.10, n.2, p.151-71, 1980.

HESSE, M. In Defence of Objectivity. *Proceedings of the Aristotelian Society 1972*. Londres: Oxford University Press, 1973.

HILDEBRANDT, K.; DALTON, R. J. Die neue Politik. *Politische Vierteljahresschrift*, v.18, p.230-56, 1977.

HIRSCH, J. Alternativbewegung – eine politische Alternative. In: ROTH, R. (Org.). *Parlamentarisches Ritual und politische Alternative*. Frankfurt am Main: Campus, 1980.

HOBERG, R. *Die Lehre vom sprachlichen Feld*. Düsseldorf: Schwann, 1970.

HÖFFE, O. (Org.). *Über J. Rawls Theorie der Gerechtigkeit*. Frankfurt am Main: Suhrkamp, 1977.

_____. *Strategien der Humanität*. Munique: Alber, 1975.

HOHL, H. *Lebenswelt und Geschichte*. Freiburgo: Karl Alber, 1962.

HOLLIS, M. The Limits of Rationality. In: WILSON, B. R. (Org.). *Rationality*. Oxford: Blackwell, 1970.

HÖLSCHER, L. *Öffentlichkeit und Geheimnis*. Stuttgart: Klett-Cotta, 1979.

HONNETH, A. Adorno und Habermas. *Telos*, v.39, 1979.

_____; JAEGGI, U. (Orgs.). *Arbeit, Handlung, Normativität*. Frankfurt am Main: Suhrkamp, 1980.

HORKHEIMER, M. Vernunft und Selbsterhaltung. In: EBELING, H. (Org.). *Subjektivität und Selbsterhaltung*. Frankfurt am Main: Suhrkamp, 1976.

_____. *Kritische Theorie*. 2v. Frankfurt am Main: Fischer, 1968. [Ed. bras.: *Teoria crítica*. v.I. São Paulo: Perspectiva, 2019.]

_____. *Zur Kritik der instrumentellen Vernunft*. Frankfurt am Main: Fischer, 1967. [Ed. bras.: *Eclipse da razão*. São Paulo: Editora Unesp, 2016.]

_____. Traditionelle und kritische Theorie. *Zeitschrift für Sozialforschung*, v.6, p.245-94, 1937.

_____. Materialismus und Moral. *Zeitschrift für Sozialforschung*, v.2, n.2, p.162-97, 1933.

_____; ADORNO, Th. W. *Dialektik der Aufklärung*. Amsterdã: Querido, 1947. [Ed. bras.: *Dialética do Esclarecimento*. Rio de Janeiro: Zahar, 1985.]

_____ et al. *Recht und Staat im Nationalsozialismus*. Org. H. Dubiel e A. Söllner. Frankfurt am Main: Europäische Verlagsanstalt, 1981.

HÖRMANN, H. *Meinen und Verstehen*. Frankfurt am Main: Suhrkamp, 1976.

_____. *Psychologie der Sprache*. Heidelberg: Springer, 1967.

HÖRSTER, D. *Erkenntnis-Kritik als Gesellschaftstheorie*. Hannover: [s.n.], 1978.

HORTON, R. Professor Winch on Safari. *Archives Européennes de Sociologie*, v.17, n.1, p.157-80, 1976.

_____. African Thought and Western Science. In: WILSON, B. R. (Org.). *Rationality*. Oxford: Blackwell, 1970.

_____; FINNEGAN, R. (Orgs.). *Modes of Thought*. Londres: Faber, 1973.

_____; LEVY-BRUHL, L. Dürkheim and the Scientific Revolution. In: _____; FINNEGAN, R. (Orgs.). *Modes of Thought*. Londres: Faber, 1973.

HOWE, R. H. Max Weber's Elective Affinities, Sociology within the Bounds of Pure Reason. *American Journal of Sociology*, v.84, n.2, p.366-85, 1978.

HUBER, J. *Wer soll das alles ändern?* Berlim: Rotbuch, 1980.

HUMMEL, R. P. *The Bureaucratic Experience*. Nova York: St. Martin's Press, 1977.

HURRELMANN, K. *Sozialisation und Lebenslauf*. Hamburgo: Rowohlt, 1976.

HUSSERL, E. *Erfahrung und Urteil*: Untersuchungen zur Genealogie der Logik. Hamburgo: Claassen & Goverts, 1948.

_____. Formale und transzendentale Logik. *Jahrbuch für Philosophie und phänomenologische Forschung*, Halle, v.X, p.1-298, 1929.

HUTCHESON, P. Husserl's Problem of Intersubjectivity. *Journal of the British Society for Phenomenology*, v.11, n.2, p.144-62, 1980.

HYMES, D. Models of the Interactions of Language and Social Life. In: GUMPERZ, J. J.; HYMES, D. (Orgs.). *Directions in Sociolinguistics*. Nova York: Holt, Rinehart and Winston, 1972.

_____ (Org.). *Language in Culture and Society*: A Reader in Linguistics and Antrhopology. Nova York: Harper & Row, 1964.

INGLEHART, R. Wertwandel und politisches Verhalten. In: MATTHES, J. (Org.). *Sozialer Wandel in Westeuropa*. Frankfurt am Main; Nova York: Campus, 1979.

INSTITUT FÜR SOZIALFORSCHUNG (Org.). *Autorität und Familie*. Paris: Alcan, 1936.

JACOBS, S. Recent Advances in Discourse Analysis. *Quarterly Journal of Speech*, v.66, n.4, p.450-60, 1980.

JACOBSON, E. *The Self and the Object World*. Nova York: International Universities Press, 1964.

JAEGGI, U.; HONNETH, A. (Orgs.). *Theorien des Historischen Materialismus*. Frankfurt am Main: Suhrkamp, 1977.

JAKOBSON, R. Linguistik und Poetik (1960). In: HOLENSTEIN, E.; SCHELBERT, T. (Orgs.). *Poetik*. Frankfurt am Main: Suhrkamp, 1979.

JARVIE, I. C. *Die Logik der Gesellschaft*. Munique: List, 1974.

_____ et al. On the Limits of Symbolic Interpretation in Anthropology. *Current Anthropology*, v.17, n.4, p.687-701, 1976.

JAY, M. *Dialektische Phantasie*. Frankfurt am Main: Fischer, 1976.

JENSEN, St.; NAUMANN, J. Commitments: Medienkomponente einer Kulturtheorie? *Zeitschrift für Soziologie*, v.9, n.1, p.79-99, 1980.

JOAS, H. *Praktische Intersubjektivität*. Frankfurt am Main: Suhrkamp, 1980.

_____. *Die gegenwärtige Lage der Rollentheorie*. Frankfurt am Main: Athenäum, 1973.

JONAS, F. *Geschichte der Soziologie*. 4v. Hamburgo: Rowohlt, 1968-1969.

_____. Was heisst ökonomische Theorie? Vorklassisches und klassisches Denken. *Schmollers Jahrbuch*, v.78, p.543-58, 1958.

KAISER, G. *Benjamin, Adorno*. Frankfurt am Main: Athenäum, 1974.

KALBERG, St. Max Weber's Types of Rationality: Cornerstones for the Analysis of Rationalization Processes in History. *American Journal of Sociology*, v.85, n.5, p.1145-79, 1980.

_____. The Discussion of Max Weber in Recent German Sociological Literature. *Sociology*, v.13, n.1, p.127-39, 1979.

KAMBARTEL, F. (Org.). *Praktische Philosophie und konstruktive Wissenschaftstheorie*. Frankfurt am Main: Suhrkamp, 1975.

KANNGIESSER, S. Sprachliche Universalien und diachrone Prozesse. In: APEL, K. O. (Org.). *Sprachpragmatik und Philosophie*. Frankfurt am Main: Suhrkamp, 1976.

KAPLAN, B. Meditation on Genesis. *Human Development*, v.10, n.2, p.65-87, 1967.

KÄSLER, D. (Org.). *Klassiker des soziologischen Denkens*. v.I. Munique: Beck, 1976.

_____. *Klassiker des soziologischen Denkens*. v.II. Munique: Beck, 1978.

_____. *Max Weber*. Munique: Beck, 1972.

KAUFER, D. S. The Competence/Performance Distinction in Linguistic Theory. *Philosophy of the Social Sciences*, v.9, n.3, p.257-75, 1979.

KAULBACH, F. *Ethik und Metaethik*. Darmstadt: Wissenschaftliche Buchgesellschaft, 1974.

KEAGAN, R. G. The Evolving Self: A Process Conception for Ego Psychology. *Counseling Psychologist*, v.8, n.2, p.5-34, 1979.

KEKES, J. Rationality and the Social Sciences. *Philosophy of the Social Sciences*, v.9, n.1, p.105-13, 1979.

KELLER, M. *Kognitive Entwicklung und soziale Kompetenz*. Stuttgart: Klett, 1976.

KELLNER, D. Kulturindustrie und Massenkommunikation. Die kritische Theorie und ihre folgen. In: BONß, W.; HONNETH, A. (Orgs.). *Sozialforschung als Kritik*. Frankfurt am Main: Suhrkamp, 1982.

_____. Network Television and American Society: Introduction to a Critical Theory of Television. *Theory and Society*, v.10, n.1, p.31-62, 1981.

_____. TV, Ideology and Emancipatory Popular Culture. *Socialist Review*, v.45, p.13-53, 1979.

KENNY, A. *Will, Freedom and Power*. Oxford: Blackwell, 1975.

KERNBERG, O. *Borderline-Störungen und pathologischer Narzißmus*. Frankfurt am Main: Suhrkamp, 1978.

KESSELRING, Th. *Piagets genetische Erkenntnistheorie und Hegels Dialektik*. Frankfurt am Main: Suhrkamp, 1981.

KETY, S. S. From Rationalization to Reason. *American Journal of Psychiatry*, v.131, n.9, p.957-63, 1974.

KIPPENBERG, H. G. Zur Kontroverse über das Verstehen fremden Denkens. In: _____; LUCHESI, B. (Orgs.). *Magie*. Frankfurt am Main: Suhrkamp, 1978.

KITCHENER, R. F. Genetic Epistemology, Normative Epistemology and Psychologism. *Synthese*, v.45, p.257-80, 1980.

KLEIN, W. Argumentation und Argument. *Zeitschrift für Literaturwissenschaft und Linguistik*, v.10, n.38-39, 1980.

KNAUER, J. T. Motive and Goal in Hannah Arendt's Concept of Political Action. *American Political Science Review*, v.74, n.3, p.721-33, 1980.

KOHLBERG, L. *Zur kognitiven Entwicklung des Kindes*. Frankfurt am Main: Suhrkamp, 1974.

KOHUT, H. *Introspektion, Empathie und Psychoanalyse*. Frankfurt am Main: Suhrkamp, 1976.

_____. *Narzismus, eine Theorie der Behandlung narzistischer Persönlichkeitsstrukturen*. Frankfurt am Main: Suhrkamp, 1973.

_____. *Die Heilung des Selbst*. Frankfurt am Main: Suhrkamp, 1969.

KONDYLIS, P. *Die Aufklärung im Rahmen des neuzeitlichen Rationalismus*. Stuttgart: Ernst Klett, 1981.

KÖNIG, R. *E. E. Durkheim zur Diskussion*. Munique: Carl Hanser, 1978.

_____. E. Durkheim. In: KÄSLER, D. *Klassiker des soziologischen Denkens*. v.I. Munique: Beck, 1976.

KOSELLECK, R.; STEMPEL, W. D. (Orgs.). *Geschichte, Ereignis und Erzählung*. Munique: Fink, 1973.

KOYRÉ, A. *Von der geschlossenen Welt zum unendlichen Universum*. Frankfurt am Main: Suhrkamp, 1969.

KRAHL, J. Zum Verhältnis von "Kapital" und Hegelscher Wesenslogik. In: NEGT, O. (Org.). *Aktualität und Folgen der Philosophie Hegels*. Frankfurt am Main: Suhrkamp, 1970.

KRAMER, F.; SIGRIST, Chr. (Orgs.). *Gesellschaften ohne Staat*. 2v. Frankfurt am Main: Syndikat, 1978.

KRAPPMANN, L. *Soziologische Dimensionen der Identität*. Stuttgart: Klett-Cotta, 1971.

KRECKEL, M. *Communicative Acts and Shared Knowledge in Natural Discourse*. Londres: Academic Press, 1981.

KREGEL, J. A. From Post-Keynes to Pre-Keynes. *Social Research*, v.46, n.2, p.212-39, 1979.

KRELLE, W. *Präferenz- und Entscheidungstheorie*. Tübingen: Mohr, 1968.

KREPPNER, K. *Zur Problematik der Messung in den Sozialwissenschaften*. Stuttgart: Klett, 1975.

KRIEDTE, P.; MEDICK, H.; SCHLUMBOHM, J. *Industrialisierung vor der Industrialisierung*. Göttingen: Vandenhoeck und Ruprecht, 1978.

KRIKORIAN, Y. H. (Org.). *Naturalism and Human Spirit*. Nova York: Columbia University Press, 1944.

KROHN, W. Die neue Wissenschaft der Renaissance. In: BÖHME, G.; DAELE, W. v. d.; KROHN, W. *Experimentelle Philosophie*. Frankfurt am Main: Suhrkamp, 1977.

_____. Zur soziologischen Interpretation der neuzeitlichen Wissenschaft. In: _____; ZILSEL, E. (Orgs.). *Die sozialen Ursprünge der neuzeitlichen Wissenschaft*. Frankfurt am Main: Suhrkamp, 1976.

KUHLMANN, W. *Reflexion und kommunikative Erfahrung*. Frankfurt am Main: Suhrkamp, 1975.

KUHN, Th. S. *Die Entstehung des Neuen*. Frankfurt am Main: Suhrkamp, 1977.

_____. *Die Struktur wissenschaftlicher Revolutionen*. Frankfurt am Main: Suhrkamp, 1967. [Ed. bras.: *A estrutura das revoluções científicas*. São Paulo: Perspectiva, 1997.]

_____. The Phenomenological Concept of Horizon. In: FABER, M. (Org.). *Philosophical Essays in Memory of E. Husserl*. Cambridge, Mass.: Harvard University Press, 1940.

KUMMER, W. *Grundlagen der Texttheorie*. Hamburgo: Rowohlt, 1975.

KURDEK, L. A. Perspective Taking as the Cognitive Basis of Children's Moral Development. *Merrill-Palmer Quarterly*, v.24, p.3-28, 1978.

LAASER, A. Die Verrechtlichung des Schulwesens. In: PROJEKTGRUPPE BILDUNGSBERICHT (Org.). *Bildung in der BRD*. Hamburgo: Reinbek, 1980.

LAKATOS, I.; MUSGRAVE, A. (Orgs.). *Criticism and the Growth of Knowledge*. Cambridge: Cambridge University Press, 1970.

LANDGREBE, L. *Philosophie der Gegenwart*. Bonn: Athenäum, 1952.

_____. *Phänomenologie und Metaphysik*. Hamburgo: M. von Schröder, 1949.

LANDSHUT, S. *Kritik der Soziologie*. Leipzig; Neuwied: Luchterhand, 1969.

LANGE, E. Wertformanalyse, Geldkritik und die Konstruktion des Fetischismus bei Marx. *Neue Hefte für Philosophische*, v.13, p.1-46, 1978.

LASH, Chr. *The Culture of Narcissism*: American Life in an Age of Diminishing Expectations. Nova York: W. W. Norton, 1978.

LAZARSFELD, P.; BERELSON, B.; GAUDET, H. *The People's Choice*. Nova York: Columbia University Press, 1948.

_____; KATZ, E. *Personal Influence*. Nova York: Free Press, 1955.

LEACH, W. *Political System of Highland Burma*. Londres: Athlone, 1964.

LEDERER, R. *Neokonservative Theorie und Gesellschaftsanalyse*. Frankfurt am Main: Peter Lang, 1979.

LEIST, A. *Über einige Irrtümer der intentionalen Semantik*. series A, paper n.51. Trier: Linguistic Agency, University of Trier, 1978.

_____. Was heißt Universalpragmatik? *Germanistische Linguistik*, v.8, n.5-6, p.79-112, 1977.

LENK, H. *Handlungstheorien*. v.1. Munique: Fink, 1980.

LENK, H. *Handlungstheorien*. v.3. Munique: Fink, 1981.

_____ (Org.). *Handlungstheorien*. v.4. Munique: Fink, 1977.

LEPENIES, W.; RITTER, H. H. (Orgs.). *Orte des wilden Denkens*. Frankfurt am Main: Suhrkamp, 1970.

LEPSIUS, R. (Org.). *Zwischenbilanz der Soziologie*. Stuttgart: Enke, 1976.

LERNER, R. M. Adolescent Development: Scientific Study in the 1980's. *Youth and Society*, v.12, n.3, p.251-75, 1981.

LÉVI-STRAUSS, C. *Strukturelle Anthropologie*. v.I. Frankfurt am Main: Suhrkamp, 1975. [Ed. bras.: *Antropologia estrutural*. v.I. São Paulo: Cosac & Naify, 2012.]

_____. *Das wilde Denken*. Frankfurt am Main: Suhrkamp, 1973. [Ed. bras.: *O pensamento selvagem*. Campinas, SP: Papirus, 2021.]

LEVITA, D. J. de. *Der Begriff der Identität*. Frankfurt am Main: Suhrkamp, 1971.

LEVY-BRUHL, L. *La Mentalité primitive*. Paris: Félix Alcan, 1922.

LEWIN, K. *Field Theory in the Social Sciences*. Nova York: Harper and Row, 1951. [Ed. bras.: *Teoria de campo em ciência social*. São Paulo: Pioneira, 1965.]

LEWIS, D. Convention: A Philosophical Study. Cambridge, Mass.: Harvard University Press, 1969. [Ed. alemã: *Konventionen*: eine sprachphilosophische abhandlung. Berlim; Nova York: De Gruyter, 1975.]

LIDZ, Ch. W.; LIDZ, V. M. Piaget's Psychology of Intelligence and the Theory of Action. In: LOUBSER, J. J.; BAUM, R. C.; EFFRAT, A.; LIDZ, V. M. (Orgs.). *Explorations in General Theory in Social Science*. 2v. Nova York: Free Press, 1976. [FS Parsons]

LIDZ, V. M., Introduction to General Action Analysis. In: LOUBSER, J. J.; BAUM, R. C.; EFFRAT, A.; LIDZ, V. M. (Orgs.). *Explorations in General Theory in Social Science*. 2v. Nova York: Free Press, 1976. [FS Parsons]

LIPPITZ, W. Der phänomenologische Begriff der "Lebenswelt" seine Relevanz für die Sozialwissenschaften. *Zeitschrift für Philosophische Forschung*, v.32, p.416-35, 1978.

LLOYD, B. B. *Perception and Cognition*. Harmondsworth: Penguin, 1972.

LOCKE, D. Who I Am. *Philosophical Quarterly*, v.29, n.117, p.302-18, 1979.

LOEVINGER, J. *Ego Development*. São Francisco: Jossey-Bass, 1976.

LOHMANN, G. Gesellschaftskritik und normativer Maßstab. In: HONNETH, A.; JAEGGI, U. (Orgs.). *Arbeit, Handlung, Normativität*. Frankfurt am Main: Suhrkamp, 1980.

LORENZEN, P. Szientismus vs. Dialektik. In: BUBNER, R.; CRAMER, K.; WIEHL, R. (Orgs.). *Hermeneutik und Dialektik*. v.I. Tübingen: Mohr, 1970.

_____. *Normative Logic and Ethics*. Mannheim: Bibliographisches Institut, 1969.

_____; SCHWEMMER, O. *Konstruktive Logik, Ethik und Wissenschaftstheorie*. Mannheim: Bibliographisches Institut, 1973.

LORENZER, A. *Sprachzerstörung und Rekonstruktion*. Frankfurt am Main: Suhrkamp, 1979.

_____. *Sprachspiel und Interaktionsformen*. Frankfurt am Main: Suhrkamp, 1977.

LOTTES, G. *Politische Aufklärung und plebejisches Publikum*. Munique: Oldenbourg, 1979.

LOUBSER, J. J.; BAUM, R. C.; EFFRAT, A.; LIDZ, V. M. (Orgs.). *Explorations in General Theory in Social Science*. 2v. Nova York: Free Press, 1976. [FS Parsons]

LÖWENTHAL, L. Das bürgerliche Bewußtsein in der Literatur. In: *Gesammelte Schriften*. v.II. Frankfurt am Main: Suhrkamp, 1981.

_____. *Gesammelte Schriften*. v.I. Frankfurt am Main: Suhrkamp, 1980.

_____. *Gesammelte Schriften*. v.II. Frankfurt am Main: Suhrkamp, 1981.

_____. *Gesellschaftswandel und Kulturkrise*. Frankfurt am Main: Fischer, 1979.

LÖWITH, K. Max Weber und Karl Marx. In: *Gesammelte Abhandlungen*. Stuttgart: Kohlhammer, 1960.

LÜBBE, H. *Geschichtsbegriff und Geschichtsinteresse*. Basel: Schwabe, 1977.

_____. *Fortschritt als Orientierungsproblem*. Freiburgo: Rombach, 1975.

LUCE, R. D.; RAIFFA, H. *Games and Decisions*. Nova York: Wiley, 1957.

LUCKMANN, Th. Zwänge und Freiheiten im Wandel der Gesellschaftsstruktur. In: GADAMER, H. G.; VOGLER, P. (Orgs.). *Neue Anthropologie*. v.III. Stuttgart: Thieme, 1972.

_____. On the Boundaries of the Social World. In: NATANSON, M. (Org.). *Phenomenology and Social Reality*. Den Haag: Nijhoff, 1970.

LUHMANN, N. Allgemeine Theorie organisierter Sozialsysteme. In: *Soziologische Aufklärung*. v.II. Opladen: Westdeutscher Verlag, 1975.

_____. Einführende Bemerkungen zu einer Theorie symbolisch generalisierter Kommunikationsmedien. *Zeitschrift für Soziologie*, v.3, p.236-55, 1974.

_____. Einleitung zu E. Durkheim. In: DURKHEIM, E. *Über die Teilung der sozialen Arbeit*. Frankfurt am Main: Suhrkamp, 1977.

_____. Interaktion, Organisation, Gesellschaft. In: *Soziologische Aufklärung*. v.II. Opladen: Westdeutscher Verlag, 1975.

_____. Interpenetration: Zum Verhältnis personaler und sozialer Systeme. *Zeitschrift für Soziologie*, v.6, p.62-76, 1977.

_____. *Legitimation durch Verfahren*. Neuwied: Luchterhand, 1969.

_____. *Macht*. Stuttgart: Engke, 1975.

_____. Normen in soziologischer Perspektive. *Soziale Welt*, v.20, n.1, p.28-48, 1969.

_____. *Politische Planung*. Opladen: Westdeutscher Verlag, 1971.

_____. Selbstthematisierungen des Gesellschaftssystems. In: *Soziologische Aufklärung*. v.II. Opladen: Westdeutscher Verlag, 1975.

_____. *Soziologische Aufklärung*. v.I. Opladen: Westdeutscher Verlag, 1970.

LUHMANN, N. *Soziologische Aufklärung.* v.II. Opladen: Westdeutscher Verlag, 1975.

_____. *Soziologische Aufklärung.* v.III. Opladen: Westdeutscher Verlag, 1981.

_____. Systemtheoretische Argumentationen. In: HABERMAS, J.; LUHMANN, N. *Theorie der Gesellschaft oder Sozialtechnologie.* Frankfurt am Main: Suhrkamp, 1971.

_____. Talcott Parsons: Zur Zukunft eines Theorieprogramms. *Zeitschrift für Soziologie,* v.9, n.1, p.5-17, 1980.

_____. Zweck, Herrschaft, System. *Der Staat: Zeitschrift für Staatslehre und Verfassungsgeschichte, deutsches und europäisches öffentliches Recht,* Berlim: Duncker & Humblot, v.3, p.129-58, 1964.

_____. *Zweckbegriff und Systemrationalität.* Tübingen: Mohr, 1968.

LUKÁCS, G. *Geschichte und Klassenbewußtsein.* Neuwied: Luchterhand, 1968. [Ed. bras.: *História e consciência de classe.* São Paulo: Martins Fontes, 2012.]

_____. *Wider den mißverstandenen Realismus.* Hamburgo: Claassen, 1958.

LUKES, St. *Emile Durkheim.* Londres: Allen Lane, 1973.

_____. Some Problems about Rationality. In: WILSON, B. R. (Org.). *Rationality.* Oxford: Blackwell, 1970.

MACINTYRE, A. *Against the Self Images of the Age.* Londres: Duckworth, 1971.

_____. The Idea of Social Science. In: *Against the Self Images of the Age.* Londres: Duckworth, 1971.

_____. Rationality and the Explanation of Action. In: *Against the Self Images of the Age.* Londres: Duckworth, 1971.

_____. *Das Unbewusste.* Frankfurt am Main: Suhrkamp, 1968.

MACPHERSON, C. B. *Die politische Theorie des Besitzindividualismus.* Frankfurt am Main: Suhrkamp, 1967. [Ed. bras.: *A teoria política do individualismo possessivo.* Rio de Janeiro: Paz e Terra, 1979.]

MAHLER, M. *Symbiose und Individuation.* 2v. Stuttgart: Klett-Cotta, 1972.

MAIER, F. *Intelligenz als Handlung.* Stuttgart: Schwabe, 1978.

MAIER, H. *Die ältere deutsche Staats- und Verwaltungslehre.* Neuwied: Luchterhand, 1966.

MAIR, L. *An Introduction to Social Anthropology.* ed. rev. Oxford: Clarendon Press, 1972. [Ed. bras.: *Introdução à antropologia social.* Rio de Janeiro: Zahar, 1969.]

MALINOWSKI, B. *Magie, Wissenschaft und Religion.* Frankfurt am Main: Fischer, 1973.

_____. *Argonauts of the Western Pacific.* Nova York: Dutton, 1922. [Ed. bras.: *Argonautas do Pacífico ocidental.* 2.ed. São Paulo: Abril Cultural, 1978. (Coleção Os Pensadores).]

_____. Kula: The Circulation Exchange of Valuables in the Archipelago of Eastern New Guinea. *Man,* v.20, n.51, p.97-105, 1920.

MANNHEIM, K. *Ideologie und Utopie.* Bonn: Cohen, 1929. [Ed. bras.: *Ideologia e utopia.* São Paulo: LTC, 1986.]

MANNHEIM, K. Historismus. *Archiv für Sozialwissenschaft und Sozialpolitik*, v.52, n.1, p.1-60, 1924.

MARCUS, St. *Engels, Manchester and the Working Class*. Londres: Weidenfeld and Nicolson, 1974.

MARCUSE, H. *Der eindimensionale Mensch*. Neuwied: Luchterhand, 1965. [Ed. bras.: *A ideologia da sociedade industrial*. 4.ed. Rio de Janeiro: Zahar, 1973.]

_____. *Eros and Civilization*. Boston: Beacon, 1955. [Ed. bras.: *Eros e civilização*. 8.ed. São Paulo: LTC, 1982.]

_____. *Industrialisierung und Kapitalismus*. In: STAMMER, O. (Org.). *Max Weber und die Soziologie heute*. Tübingen: Mohr, 1965.

_____. *Konterrevolution und Revolte*. Frankfurt am Main: Suhrkamp, 1973. [Ed. bras.: *Contrarrevolução e revolta*. 2ed. Rio de Janeiro: Zahar, 1981.]

_____. *Kultur und Gesellschaft*. v.2. Frankfurt am Main: Suhrkamp, 1965. [Ed. bras.: *Cultura e sociedade*. São Paulo: Paz e Terra, 2007.]

_____. Philosophie und Kritische Theorie. *Zeitschrift für Sozialforschung*, v.6, n.3, p.625-47, 1937.

_____. Some Social Implications of Modern Technology. *Zeitschrift für Sozialforschung*, v.9, n.3, p.414-39, 1941.

_____. Über den affirmativen Charakter der Kultur. In: *Gesammelte Schriften*. v.III. Frankfurt am Main: Suhrkamp, 1979.

_____. *Versuch über Befreiung*. Frankfurt am Main: Suhrkamp, 1969. [Ed. port.: *Um ensaio para a libertação*. Lisboa: Bertrand, 1977.]

_____. Zum Begriff des Wesens. *Zeitschrift für Sozialforschung*, v.5, n.1, p.1-39, 1936.

MARKOWITZ, J. *Die soziale Situation*. Frankfurt am Main: Suhrkamp, 1980.

MARKS, St. R. Durkheim's Theory of Anomie. *American Journal of Sociology*, v.80, n.2, p.329-63, 1974.

MARQUARD, O. *Schwierigkeiten mit der Geschichtsphilosophie*. Frankfurt am Main: Suhrkamp, 1973.

MARTIN, R. Hobbes and the Doctrine of Natural Rights: The Place of Consent in his Political Philosophy. *Western Political Quarterly*, v.33, n.3, p.380-92, 1980.

MARTINICH, A. P. Conversational Maxims and some Philosophical Problems. *Philosophical Quarterly*, v.30, n.120, p.215-28, 1980.

MARX, K. *Das Kapital*. v.I. Berlim: Dietz, 1960. [Ed. bras.: *O capital*: crítica da economia política. Lv. I: O processo de produção do capital. Trad. Rubens Enderle. São Paulo: Boitempo, 2013. (Coleção Marx-Engels.)]

_____. *Grundrisse der Kritik der Politischen Ökonomie*. Berlim: Dietz, 1953. [Ed. bras.: *Grundrisse*: manuscritos econômicos de 1857-1858. São Paulo: Boitempo, 2011. (Coleção Marx-Engels.)]

MATTHES, J. (Org.). *Sozialer Wandel in Westeuropa*. Frankfurt am Main; Nova York: Campus, 1979.

MATTIK, P. Die Marxsche Arbeitswerttheorie. In: EBERLE, F. (Org.). *Aspekte der Marxschen Theorie*. v.I. Frankfurt am Main: Suhrkamp, 1973.

MAUS, I. Entwicklung und Funktionswandel der Theorie des bürgerlichen Rechtsstaates. In: TOHIDIPUR, M. (Org.). *Der bürgerliche Rechtsstaat*. v.I. Frankfurt am Main: Suhrkamp, 1978.

MAUSS, M. Die Gabe. In: *Soziologie und Anthropologie*. v.II. Munique: Hanser, 1975. [Ed. bras.: *Sociologia e antropologia*. São Paulo: Ubu, 2017.]

MAYNTZ, R. (Org.). *Bürokratische Organisation*. Köln: Kiepenheuer & Witsch, 1968.

MAYRL, W. W. Genetic Structuralism and the Analysis of Social Consciousness. *Theory and Society*, v.5, n.1, p.19-44, 1978.

MCCALL, G. J.; SIMONS, J. L. *Identity and Interactions*. Nova York: Free Press, 1966.

MCCARTHY, Th. A. Rationality and Relativism. In: HELD, D.; THOMPSON, J. B. *Habermas*: Critical Debates. Cambridge, Mass.: MIT Press, 1982.

_____. Einwände. In: OELMÜLLER, W. (Org.). *Transzendentalphilosophische Normenbegründungen*. Paderborn: Schöningh, 1978.

_____. *The Critical Theory of Jürgen Habermas*. Cambridge, Mass.: MIT Press, 1978.

_____. The Problem of Rationality in Social Anthropology. *Stony Brook Studies in Philosophy*, v.1, p.1-121, 1974.

MCCLOSKEY, O. On Durkheim, Anomie, and the Modern Crisis. *American Journal of Sociology*, v.81, n.6, p.1481-8, 1976.

MCHUGH, P. On the Failure of Positivism. In: DOUGLAS, J. D. (Org.). *Understanding Everyday Life*. Londres: Routledge & Kegan Paul, 1971.

_____ et al. *On the Beginning of Social Inquiry*. Londres: Routledge, 1974.

MCKINNEY, J. C.; TIRYAKAN, E. A. (Orgs.). *Theoretical Sociology*. Nova York: Prentice Hall, 1970.

MCPHAIL, C.; REXROAT, C. Mead *vs.* Blumer: The Divergent Perspectives of Social Behaviorism and Symbolic Interactionism. *American Sociological Review*, v.44, p.449-67, 1979.

MEAD, G. H. Fragmente über Ethik. In: *Geist, Identität und Gesellschaft*. Frankfurt am Main: Suhrkamp, 1969. [Ed. bras.: *Mente, self e sociedade*. 1.ed. Petrópolis: Vozes, 2022.]

_____. *Geist, Identität und Gesellschaft*. Frankfurt am Main: Suhrkamp, 1969. [Ed. bras.: *Mente, self e sociedade*. 1.ed. Petrópolis: Vozes, 2022.]

_____. *Mind, Self, and Society*. Org. Ch. W. Morris. Chicago: University of Chicago Press, 1934. (Ed. alemã: *Geist, Identität und Gesellschaft*. Frankfurt am Main: Suhrkamp, 1969.) [Ed. bras.: *Mente, self e sociedade*. Org. Charles W. Morris. Petrópolis: Vozes, 2022.]

MEAD, G. H. *On Social Psychology*. Org. A. Strauss. Chicago: University of Chicago Press, 1956. (Ed. alemã: *Sozialpsychologie*. Newied; Berlim: Luchterhand, 1969.)
_____. *Philosophie der Sozialität*. Org. H. Kellner. Frankfurt am Main: Suhrkamp, 1969.
_____. *Selected Writings*. Org. A. J. Reck. Indianápolis: Bobbs-Merrill, 1964.
_____. *The Philosophy of the Act*. Org. Ch. W. Morris. Chicago: University of Chicago Press, 1938.
MEGGLE, G. *Grundbegriffe der Kommunikation*. Berlim: De Gruyter, 1981.
_____. *Handlung, Kommunikation, Bedeutung*. Frankfurt am Main: Suhrkamp, 1979.
_____ (Org.). *Analytische Handlungstheorie*: Handlungsbeschreibungen. Frankfurt am Main: Suhrkamp, 1977.
MENNE, K. et al. *Sprache, Handlung und Unbewußtes*. Frankfurt am Main: Athenäum, 1976.
MENZIES, K. *Talcott Parsons and the Social Image of Man*. Londres: Routledge & Kegan Paul, 1976.
MERELMAN, R. M. Moral Development and Potential Radicalism in Adolescence. *Youth and Society*, v.9, n.1, p.29-54, 1977.
MERLEAU-PONTY, M. *Die Abenteuer der Dialektik*. Frankfurt am Main: Suhrkamp, 1968. [Ed. bras.: *As aventuras da dialética*. São Paulo: WMF Martins Fontes, 2006.]
MEYER, M. *Formale und handlungstheoretische Sprachbetrachtungen*. Stuttgart: Klett-Cotta, 1976.
MILLER, D. *George Herbert Mead*: Self, Language and the World. Chicago: University of Chicago Press, 1980.
MILLER, D. R.; SWANSON, G. E. *Inner Conflict and Defence*. Nova York: Schocken Books, 1966.
MILLER, M. Moralität und Argumentation. In: KELLER, M.; ROEDERS, P.; SILBEREISEN, R. K. (Orgs.). *Newsletter Soziale Kognition*. v.3. Berlim: Technische Hochschule, 1980.
_____. Zur Ontogenese moralischer Argumentationen. *Zeitschrift für Literaturwissenschaft und Linguistik*, v.10, n.38-39, p.58-108, 1980.
_____. *Zur Logik der frühkindlichen Sprachentwicklung*. Stuttgart: Klett-Cotta, 1976.
MILLS, C. W. *Kritik der soziologischen Denkweise*. Neuwied: Luchterhand, 1963.
_____. *Power, Politics and People*. Nova York: Oxford University Press, 1963.
MISCHEL, Th. *Psychologische Erklärungen*. Frankfurt am Main: Suhrkamp, 1981.
MOMMSEN, W. *Max Weber, Gesellschaft, Politik und Geschichte*. Frankfurt am Main: Suhrkamp, 1974.
_____. *Max Weber und die deutsche Politik, 1890-1920*. Tübingen: Mohr, 1959.
MOORE, G. E. Proof of an External World. In: *Proceedings of the British Academy*, v.XXV. Londres: Humphrey Milford, 1939.

MÖRCHEN, H. *Macht und Herrschaft im Denken von Heidegger und Adorno*. Stuttgart: Ernst Klett, 1980.

MORIN, E. *Das Rätsel des Humanen*. Munique: Piper, 1973.

MORRIS, Ch. W. *Pragmatische Semiotik und Handlungstheorie*. Frankfurt am Main: Suhrkamp, 1977.

_____. *Signs, Language and Behavior*. Englewood Cliffs: Prentice-Hall, 1946.

_____. *Foundations of the Theory of Signs*: Foundations of the Unity of Sciences. v.I. Chicago: University of Chicago Press, 1938.

MULLIGAN, G.; LEDERMANN, B. Social Facts and Rules of Practice. *American Journal of Sociology*, v.83, n.3, p.539-50, 1977.

MÜNCH, R. Max Webers Anatomie des okzidentalen Rationalismus. *Soziale Welt*, v.29, p.217-46, 1978.

_____. T. Parsons und die Theorie des Handelns, I. *Soziale Welt*, v.30, n.4, p.385-409, 1979.

_____. T. Parsons und die Theorie des Handelns, II. *Soziale Welt*, v.31, n.1, p.3-47, 1980.

_____. Über Parsons zu Weber, von der Theorie der Rationalisierung zur Theorie der Interpenetration. *Zeitschrift für Soziologie*, v.9, n.1, p.18-53, 1980.

MURPHY, L. B. The Problem of Defence and the Concept of Coping. In: ANTHONY, F. J.; KOUPERNIK, C. (Orgs.). *The Child in his Family*. Nova York: Wiley, 1970.

MÜSSEN, P. H. (Org.). *Carmichael's Manual of Child Psychology*. v.I. Nova York: Wiley, 1970.

NARR, W. D.; OFFE, C. (Orgs.). *Wohlfahrtsstaat und Massenloyalität*. Köln: Kiepenheuer und Witsch, 1975.

NATANSON, M. (Org.). *Phenomenology and Social Reality*. Den Haag: Nijhoff, 1970.

_____. *The Social Dynamics of G. H. Mead*. Washington: Public Affairs Press, 1956.

NEEDHAM, J. *Wissenschaftlicher Universalismus*. Frankfurt am Main: Suhrkamp, 1977.

NEGT, O. *Geschichte und Eigensinn*. Munique: Zweitausendeins, 1981.

_____ (Org.). *Aktualität und Folgen der Philosophie Hegels*. Frankfurt am Main: Suhrkamp, 1970.

_____; KLUGE, A. *Öffentlichkeit und Erfahrung*. Frankfurt am Main: Suhrkamp, 1970.

NELSON, B. *Der Ursprung der Moderne*. Frankfurt am Main: Suhrkamp, 1977.

_____. Über den Wucher. In: KÖNIG, R.; WINCKELMANN, J. (Orgs.). *Max Weber*. Köln: Westdeutscher, 1963.

NEUENDORFF, H. Artikel "Soziologie". In: *Evangelisches Staatslexikon*. Stuttgart: Kreuz, 1975.

_____. *Der Begriff des Interesses*. Frankfurt am Main: Suhrkamp, 1973.

NEUMANN, F. *Die Herrschaft des Gesetzes*. Frankfurt am Main: Suhrkamp, 1980.

NEWCOMB, Th. M. *Social Psychology*. Nova York: Dryden Press, 1950.

NIELSEN, K. Rationality and Relativism. *Philosophy of the Social Sciences*, v.4, n.4, p.313-31, 1974.

NISBET, R. A. F. *The Sociology of Emile Durkheim*. Nova York: Oxford University Press, 1964.

NORMAN, R. *Reasons for Actions*: A Critique of Utilitarian Rationality. Nova York: Basil Blackwell, 1971.

NORRICK, N. R. Expressive Illocutionary Acts. *Journal of Pragmatics*, v.2, p.277-91, 1978.

OELMÜLLER, W. (Org.). *Transzendentalphilosophische Normenbegründungen*. Paderborn: Schöningh, 1978.

_____. *Normenbegründung, Normendurchsetzung*. Paderborn: Schöningh, 1978.

OEVERMANN, U. Programmatische Überlegungen zu einer Theorie der Bildungsprozesse und einer Strategie der Sozialisationsforschung. In: HURRELMANN, K. (Org.). *Sozialisation und Lebenslauf*. Hamburgo: Rowohlt, 1976.

_____ et al. Die Methodologie einer objektiven Hermeneutik und ihre allgemeine forschungslogische Bedeutung in den Sozialwissenschaften. In: SOEFFNER, H. G. (Org.). *Interpretative Verfahren in den Sozialwissenschaften*. Stuttgart: Metzler, 1979.

OFFE, C. Konkurrenzpartei und kollektive politische Identität. In: ROTH, R. (Org.). *Parlamentarisches Ritual und politische Alternative*. Frankfurt am Main: Campus, 1980.

_____. Unregierbarkeit. In: HABERMAS, J. *Stichworte zur geistigen Situation der Zeit*. Frankfurt am Main: Suhrkamp, 1979.

_____ *Strukturprobleme des kapitalistischen Staates*. Frankfurt am Main: Suhrkamp, 1972.

PARSONS, T. A Paradigm of the Human Condition. In: *Action Theory and the Human Condition*. Nova York: Free Press, 1978.

_____. *Action Theory and the Human Condition*. Nova York: Free Press, 1978.

_____. Belief, Unbelief, and Disbelief. In: *Action Theory and the Human Condition*. Nova York: Free Press, 1978.

_____. Comment on R. Stephen Warner's "Toward a Redefinition of Action Theory: Paying the Cognitive Element its Due". *American Journal of Sociology*, v.83, n.6, p.1350-8, 1978.

_____. Durkheim on Religion Revisited. Another Look at the Elementary Forms of the Religious Life. In: GLOCK, Ch. Y.; HAMMOND, Ph. E. (Orgs.). *Beyond the Classics? Essays in the Scientific Study of Religions*. Nova York: Harper & Row, 1973.

_____. Durkheim's Contribution to the Theory of Integration of Social Systems. In: *Sociological Theory and Modern Society*. Nova York: Free Press, 1967.

_____. Education and Sociology. Nova York: Free Press, 1956.

PARSONS, T. *Essays in Sociological Theory*. ed. rev. Nova York: Free Press, 1949.

_____. Introduction. In: WEBER, M. *The Sociology of Religion*. Boston: Beacon, 1964.

_____. On Building Social Systems Theory: A Personal History. In: *Social Systems and the Evolution of Action Theory*. Nova York: Free Press, 1977.

_____. On the Concept of Influence. In: *Sociological Theory and Modern Society*. Nova York: Free Press, 1967.

_____. On the Concept of Political Power. In: *Sociological Theory and Modern Society*. Nova York: Free Press, 1967.

_____. On the Concept of Value Commitment. *Sociological Inquiry*, v.38, p.135-60, 1968.

_____. Pattern Variables Revisited: A Response to R. Dubin. In: *Sociological Theory and Modern Society*. Nova York: Free Press, 1967.

_____. *Politics and Social Structure*. Nova York: Free Press, 1969.

_____. Religion in Postindustrial America. In: *Action Theory and the Human Condition*. Nova York: Free Press, 1978.

_____. Review of Harold J. Bershady. In: *Social Systems and the Evolution of Action Theory*. Nova York: Free Press, 1977.

_____. Social Interaction. In: SILLS, David L. (Org.). *International Encyclopaedia of the Social Sciences*. Nova York: Macmillan, 1968. p.429-40.

_____. Social Interaction. In: *Social Systems and the Evolution of Action Theory*. Nova York: Free Press, 1977.

_____. *Social Systems and the Evolution of Action Theory*. Nova York: Free Press, 1977.

_____. Social Systems. In: *Social Systems and the Evolution of Action Theory*. Nova York: Free Press, 1977.

_____. *Societies*: Evolutionary and Comparative Perspectives. Englewood Cliffs: Prentice Hall, 1966.

_____. *Sociological Theory and Modern Society*. Nova York: Free Press, 1967.

_____. Some Problems of General Theory in Sociology. In: MCKINNEY, J. C.; TIRYAKIAN, E. A. (Orgs.). *Theoretical Sociology*. Nova York: Prentice Hall, 1970.

_____. Some Reflections of the Place of Force in Social Process. In: *Sociological Theory and Modern Society*. Nova York: Free Press, 1967.

_____. The Motivation of Economic Activities. In: *Essays in Sociological Theory*. ed. rev. Nova York: Free Press, 1949.

_____. The Professions and the Social Structure. In: *Essays in Sociological Theory*. ed. rev. Nova York: Free Press, 1949.

_____. *The Social System*. Nova York: Free Press, 1951.

_____. *The Structure of Social Action*. Nova York: Free Press, 1949. [Ed. bras.: *A estrutura da ação social*. 2v. Petrópolis: Vozes, 2010.]

PARSONS, T. *The System of Modern Societies*. Englewood Cliffs: Prentice Hall, 1971. [Ed. bras.: *O sistema das sociedades modernas*. São Paulo: Pioneira, 1974.]

_____. *Toward a General Theory of Action*. Nova York: Harper Torchbooks, 1951.

_____ et al. (Orgs.). *Theories of Society*. Nova York: Free Press, 1961.

_____ et al. *Working Papers in the Theory of Action*. Nova York: Free Press, 1953.

_____; PLATT, M. *The American University*. Cambridge, Mass.: Harvard University Press, 1973.

_____; SMELSER, N. J. *Economy and Society*. Londres; Nova York: Francis & Taylor; Free Press, 1956.

PATTERSON, J. W. Moral Development and Political Thinking: The Case of Freedom of Speech. *Western Political Quarterly*, v.32, n.1, p.7-20, mar. 1979.

PATZIG, G. *Tatsachen, Normen, Sätze*. Stuttgart: Reclam, 1980.

PERELMAN, Ch.; OLBRECHTS-TYTECA, L. *La Nouvelle rhétorique*. 2.ed. Bruxelas: Éditions de l'Université de Bruxelles, 1970.

PEUKERT, U. *Interaktive Kompetenz und Identität*. Düsseldorf: Patmos, 1979.

PHILIPPS, D. L. Paradigms and Incommensurability. *Theory and Society*, v.2, p.37-61, 1975.

_____; MOUNCE, H. O. *Moral Practices*. Londres: Routledge & Kegan Paul, 1970.

PIAGET, J. *Abriss der genetischen Epistemologie*. Olten: Walter Verlag, 1974.

_____. *Die Entwicklung des Erkennens*. v.III. Stuttgart: Klett, 1973.

_____. Piaget's Theory. In: MÜSSEN, P. H. (Org.). *Carmichael's Manual of Child Psychology*. v.I. Nova York: Wiley, 1970.

_____. *The Child's Conception of Physical Causality*. Londres: Routlege & Kegan Paul, 1930.

PITKIN, H. *Wittgenstein and Justice*. Berkeley: University of California Press, 1972.

PITSCHAS, R. Soziale Sicherung durch fortschreitende Verrechtlichung. In: VOIGT, R. *Verrechtlichung*. Frankfurt am Main: Athenäum, 1980.

POLANYI, M. *The Tacit Dimension*. Nova York: Doubleday, 1966. [Ed. port.: *A dimensão tácita*. Lisboa: Inovatec, 2010.]

_____. *Personal Knowledge*. Londres: Routledge & Kegan Paul, 1958. [Ed. port.: *Conhecimento pessoal*: por uma filosofia pós-crítica. Lisboa: Inovatec, 2013.]

POLE, D. The Concept of Reason. In: DEARDEN, R. F.; HIRST, D. H.; PETERS, R. S. (Orgs.). *Reason*. v.II. Londres: Routledge & Kegan Paul, 1972.

_____. *Conditions of Rational Inquiry*. Londres: Athlone Press, 1961.

POLLNER, M. Mundane Reasoning. *Philosophy of Social Sciences*, v.4, p.35-54, 1974.

POPE, W.; COHEN, J. On R. Stephen Warner's "Toward a Redefinition of Action Theory: Paying the Cognitive Element its Due". *American Journal of Sociology*, v.83, n.6, p.1359-67, 1978.

_____; _____; HAZELRIGG, E. On the Divergence of Weber and Durkheim: A Critique of Parsons' Convergence Thesis. *American Sociological Review*, v.40, n.4, p.417-27, 1975.

POPITZ, H. *Der Begriff der sozialen Rolle als Element der soziologischen Theorie*. Tübingen: Mohr, 1967.

POPPER, K. R. Reply to my Critics. In: SCHILP, P. A. (Org.). *The Philosophy of K. Popper*. La Salle: Open Court, 1974.

_____. *Objektive Erkenntnis*. Hamburgo: Hoffmann & Campe, 1973.

_____. *Die offene Gesellschaft und ihre Feinde*. v.II. Berna: Francke, 1958. [Ed. bras.: *A sociedade aberta e seus inimigos*. 2v. [s.L.]: APGIQ, 2006.]

_____; ECCLES, J. C. *The Self and its Brain*. Berlim: Springer, 1977. [Ed. bras.: *O Eu e seu cérebro*. 2.ed. Campinas, SP: Papirus, 1995.]

POTHAST, U. *Über einige Fragen der Selbstbeziehung*. Frankfurt am Main: Klostermann, 1971.

PREUSS, U. K. Der Staat und die indirekten Gewalten. In: BERLINER HOBBES COOLOQUIUM, 10. 12-14 out. 1980, Berlin.

PREWO, R. *Max Webers Wissenschaftsprogramm*. Frankfurt am Main: Suhrkamp, 1979.

PROJEKTGRUPPE BILDUNGSBERICHT (Org.). *Bildung in der BRD*. Hamburgo: Reinbek, 1980.

RAISER, K. *Identität und Sozialität*: George Herbert Meads Theorie der Interaktion und ihre Bedeutung für die theologische Anthropologie. Munique: Chr. Kaiser, 1971.

RASCHKE, J. Politik und Wertwandel in den westlichen Demokratien. In: *Aus Politik und Zeitgeschichte*. Beilage zur Wochenzeitung "Das Parlament", v.36, 1980.

RAWLS, J. The Kantian Constructivism in Moral Theory. *Journal of Philosophy*, v.77, n.9, p.515-72, 1980.

_____. *Eine Theorie der Gerechtigkeit*. Frankfurt am Main: Suhrkamp, 1975.

RECK, A. The Philosophy of G. H. Mead. *Tulane Studies in Philosophy*, v.12, p.5-51, 1963.

REICHELT, H. *Zur logischen Struktur des Kapitalbegriffs*. Frankfurt am Main: Europaische Verlagsanstalt, 1970.

REIDEGELD, E. Vollzugsdefizite sozialer Leistungen. In: VOIGT, R. (Org.). *Verrechtlichung*. Frankfurt am Main: Athenäum, 1980.

REISS, D. The Family and Schizophrenia. *American Journal of Psychiatry*, v.133, n.2, p.181-5, 1976.

REST, J. R. Development in Moral Judgement Research. *Developmental Psychology*, v.16, n.4, p.251-6, 1980.

REUTER, L. R. Bildung zwischen Politik und Recht. In: VOIGT, R. *Verrechtlichung*. Frankfurt am Main: Athenäum, 1980.

RHEES, R. *Without Answers*. Londres: Routledge & Kegan Paul, 1969.

RICHTER, I. *Grundgesetz und Schulreform*. Weinheim: Beltz, 1974.

_____. *Bildungsverfassungsrecht*. Stuttgart: Klett, 1973.

RICOEUR, P. *Die Interpretation*. Lv.III. Frankfurt am Main: Suhrkamp, 1969.

RIEBER, R. W. (Org.). *Body and Mind: Past, Present and Future*. Nova York: Academic Press, 1980.

RIESMAN, D. *Die einsame Masse*. Darmstadt: Luchterhand, 1956. [Ed. bras.: A multidão solitária. São Paulo: Perspectiva, 1971.]

RISKIN, J. M.; FAUNCE, E. E. An Evaluative Review of Family Interaction Research. *Family Process*, v.11, n.4, p.365-455, 1972.

ROBERTS, P. C. The Breakdown of the Keynesian Model. *Public Interest*, 1978.

ROCHE, M. Die philosophische Schule der Begriffsanalyse. In: WIGGERSHAUS, R. (Org.). *Sprachanalyse und Soziologie*. Frankfurt am Main: Suhrkamp, 1975.

ROHRMOSER, G. *Herrschaft und Versöhnung*. Freiburgo: Rombach, 1972.

_____. *Das Elend der Kritischen Theorie*. Freiburgo: Rombach, 1970.

ROMMETVEIT, R. *On Message-Structure*. Nova York: Wiley, 1974.

ROOTES, Chr. A. Politics of Moral Protest and Legitimation Problems of the Modern Capitalist State. *Theory and Society*, v.9, n.3, p.473-502, 1980.

RORTY, R. *Der Spiegel der Natur*: Eine Kritik der Philosophie. Frankfurt am Main; Nova York: Campus, 1981. [Ed. bras.: *A filosofia e o espelho da natureza*. Rio de Janeiro: Relume Dumará, 1995.]

_____. *Philosophy and the Mirror of Nature*. Princeton: Princeton University Press, 1979. [Ed. bras.: *A filosofia e o espelho da natureza*. Rio de Janeiro: Relume Dumará, 1995.]

_____ (Org.). *The Linguistic Turn*. Chicago: University of Chicago Press, 1964.

ROSE, A. M. (Org.). *Human Behavior and Social Processes*. Boston: Mifflin, 1962.

ROSE, G. *The Melancholy Science*: An Introduction to the Thought of Th. W. Adorno. Londres: Macmillan Press, 1978.

ROSENBERG, B.; WHITE, D. (Orgs.). *Mass Culture*. Glencoe, Ill.: Free Press, 1957.

ROTENSTREICH, N. An Analysis of Piagets Concept of Structure. *Philosophy Phenomenological Research*, v.37, n.3, p.368-80, 1977.

ROTH, R. (Org.). *Parlamentarisches Ritual und politische Alternative*. Frankfurt am Main: Campus, 1980.

ROTH, G. Max Weber: A Bibliographical Essay. *Zeitschrift für Soziologie*, v.6, n.1, p.91-102, 1977.

ROTHACKER, E. *Die dogmatische Denkform in den Geisteswissenschaften und das Problem des Historismus*. Mainz: Akademie der Wissenschaften und der Literatur, 1954.

_____. *Logik und Systematik der Geisteswissenschaften*. Bonn: Bouvier, 1948.

RÜSEN, J. *Für eine erneuerte Historik*. Stuttgart: Friedrich Frommann, 1976.

RYAN, A., Normal Science or Political Ideology? In: LASLETT, P.; RUNCIMAN, W. G.; SKINNER, O. (Orgs.). *Philosophy, Politics and Society*. v.IV. Cambridge: Blackwell, 1972.

RYLE, G. *The Concept of Mind*. Londres: Hutchinson's University Library, 1949.

SACKS, H.; SCHEGLOFF, E.; JEFFERSON, G. A Simplist Systematics for the Organization of Turn-Taking for Conversation. *Language*, v.50, n.4, parte I, p.696-735, 1974.

SARBIN, Th. R. Role-Theory. In: LINDSEY, G. (Org.). *Handbook of Social Psychology*. v.I. Cambridge: Cambridge University Press, 1954.

SAVIGNY, E. von *Die Philosophie der normalen Sprache*. Frankfurt am Main: Suhrkamp, 1974.

SCHADEWALDT, W. *Die Anfänge der Philosophie bei den Griechen*: Frankfurt am Main: Suhrkamp, 1978.

SCHAPP, W. *In Geschichten verstrickt*. Wiesbaden: Heymann, 1976.

SCHEIT, H. Studien zur Konsensustheorie der Wahrheit. Munique: Univers. Munique, 1981. [manusc. não publ.]

SCHELER, M. *Die Wissensformen und die Gesellschaft*. Berna: Francke, 1960.

SCHELLING, W. A. *Sprache, Bedeutung, Wunsch*. Berlim: Duncker und Humblot, 1978.

SCHENKEN, J. (Org.). *Studies in the Organization of Conversational Interaction*. Nova York: Academic Press, 1978.

SCHEUNER, U. *Das Mehrheitsprinzip in der Demokratie*. Opladen: Westdeutscher, 1973.

SCHIFFER, St. R. *Meaning*. Oxford: Clarendon, 1972.

SCHLIEBEN-LANGE, B. *Linguistische Pragmatik*. Stuttgart: Kohlhammer, 1975.

SCHLIEBEN-LANGE, B. (Org.). *Sprachtheorie*. Hamburgo: Hoffmann & Campe, 1975.

SCHLUCHTER, W. (Org.). *Max Webers Studie über das antike Judentum*. Frankfurt am Main: Suhrkamp, 1981.

_____. Die Paradoxie der Rationalisierung. In: *Rationalismus der Weltbeherrschung*. Frankfurt am Main: Suhrkamp, 1980.

_____. *Rationalismus der Weltbeherrschung*. Frankfurt am Main: Suhrkamp, 1980.

_____ (Org.). *Verhalten, Handeln und System*. Frankfurt am Main: Suhrkamp, 1980.

_____. *Die Entwicklung des okzidentalen Rationalismus*. Tübingen: Mohr, 1979.

_____. *Wertfreiheit und Verantwortungsethik, zum Verhältnis von Wissenschaft und Politik bei Max Weber*. Tübingen: Mohr, 1971.

SCHMIDT, A. *Die Kritische Theorie als Geschichtsphilosophie*. Munique: Hanser, 1976.

_____. *Zur Idee der Kritischen Theorie*. Munique: Ullstein, 1974.

_____ (Org.). *Beiträge zur Marxistischen Erkenntnistheorie*. Frankfurt am Main: Suhrkamp, 1969.

SCHMUCKER, J. F. *Adorno-Logik des Zerfalls*. Stuttgart: Frommann-Holzboog, 1977.
SCHNÄDELBACH, H. *Reflexion und Diskurs*. Frankfurt am Main: Suhrkamp, 1977.
SCHÖNRICH, G. *Kategorien und transzendentale Argumentation*. Frankfurt am Main: Suhrkamp, 1981.
SCHÜTZ, A. *Theorie der Lebensformen*. Frankfurt am Main: Suhrkamp, 1981
_____. *Collected Papers*. v.I. Den Haag: Nijhoff, [1967] 1971.
_____. *Das Problem der Relevanz*. Frankfurt am Main: Suhrkamp, 1971.
_____. *Das Problem der transzendentalen Intersubjektivität bei Husserl*. *Philosophische Rundschau*, v.5, n.2, p.81-107, 1957.
_____. *Der sinnhafte Aufbau der sozialen Welt*. Viena: Springer, 1932.
_____; LUCKMANN, Th. *Strukturen der Lebenswelt*. Frankfurt am Main: Suhrkamp, 1979.
SCHÜTZE, F. *Sprache soziologisch gesehen*. 2v. Munique: Fink, 1975.
_____; MEINFELD, W.; SPRINGER, W.; WEYMANN, A. Grundlagentheoretische Voraussetzungen methodisch kontrollierten Fremdverstehens. In: ARBEITSGRUPPE BIELEFELDER SOZIOLOGEN (Org.). *Alltagswissen, Interaktion und gesellschaftliche Wirklichkeit*. v.II. Reinbek: Rowohlt, 1973.
SCHWAB, M. *Redehandeln*. Königstein: Hain, 1980.
SCHWEMMER, O. *Philosophie der Praxis*. Frankfurt am Main: Suhrkamp, 1971.
SEARLE, J. R. A Taxonomy of Illocutionary Acts. In: *Expression and Meaning*. Cambridge: Cambridge University Press, 1979.
_____. *Expression and Meaning*. Cambridge: Cambridge University Press, 1979.
_____. Intentionalität und der Gebrauch der Sprache. In: GREWENDORF, G. (Org.). *Sprechakttheorie und Semantik*. Frankfurt am Main: Suhrkamp, 1979.
_____. Literal Meaning. In: *Expression and Meaning*. Cambridge: Cambridge University Press, 1979.
_____. *Speech Acts*. Londres: Cambridge University Press, 1969.
SEARS, D. O.; LAU, R. R.; TYLER, T. R.; ALLEN, H. M. Self-Interest *vs*. Symbolic Politics. *American Political Science Review*, v.74, n.3, p.670-84, 1980.
SEIDMAN, St.; GRUBER, M. Capitalism and Individuation in the Sociology of Max Weber. *British Journal of Sociology*, v.28, n.4, p.498-508, 1977.
SEILER, B. *Die Reversibilität in der Entwicklung des Denkens*. Stuttgart: Klett, 1972.
SELMAN, R. L. *The Growth of Interpersonal Understanding*. Nova York: Academic Press, 1980.
_____; BYRNE, D. F. Stufen der Rollenübernahme. In: DÖBERT, R.; HABERMAS, J.; NUNNER-WINKLER, G. (Orgs.). *Entwicklung des Ichs*. Köln: Kiepenheuer & Witsch, 1977.

_____; JACQUETTE, D. Stability and Oszillation in Interpersonal Awareness. In: KEASY, C. B. (Org.). *Nebraska Symposion on Motivation*. Lincoln: University of Nebraska Press, 1977.

SEYFARTH, C.; SCHMIDT, G. *Max Weber Bibliographie*. Stuttgart: Enke, 1977.

_____; SPRONDEL, W. M. (Orgs.). *Religion und gesellschaftliche Entwicklung*. Frankfurt am Main: Suhrkamp, 1973.

SHUBIK, M. *Spieltheorie und Sozialwissenschaften*. Frankfurt am Main; Hamburgo: Fischer, 1965.

SHWAYDER, D. S. *The Stratification of Behavior*. Londres: Routledge & Kegan Paul, 1965.

SIGEL, I. E. (Org.). *Piagetian Theory and Research*. Hillsdale: Erlbaum, 1981.

SIGRIST, Chr. *Regulierte Anarchie*: Untersuchungen zum Fehlen und zur Entstehung politischer Herrschaft in segmentären Gessellschaften Afrikas. Frankfurt am Main: Syndikat, 1979.

_____. Gesellschaften ohne Staat und die Entdeckungen der Sozialanthropologie. In: KRAMER, F.; SIGRIST, Chr. (Orgs.). *Gesellschaften ohne Staat*. v.I. Frankfurt am Main: Syndikat, 1978.

SILBEREISEN, R. (Org.). *Soziale Kognition*. Berlim: Technische Universität, 1977.

SIMITIS, S. et al. *Kindeswohl*. Frankfurt am Main: Suhrkamp, 1979.

_____; ZENZ, G. (Orgs.). *Familie und Familienrecht*. 2v. Frankfurt am Main: Suhrkamp, 1975.

SIMON, H. *Models of Man*: Social and Rational. Nova York: John Wiley and Sons, 1957.

SINGLEWOOD, A. *The Myth of Mass Culture*. Londres: Macmillan, 1977.

SKJERVHEIM, H. *Objectivism and the Study of Man*. Oslo: Universitetsforlaget, 1959. (reprod. *Inquiry*, v.17, n.1-4, p.213-39 e p.265-302, 1974.)

SKLAIR, L. *The Sociology of Progress*. Londres: Routledge & Kegan Paul, 1970.

SMYTHE, D. Communications: Blind Spot of Western Marxism. *Canadian Journal of Political and Social Theory*, v.1, n.3, p.1-27, 1977.

SNELL, B. *Die Entdeckung des Geistes*. Hamburgo: Claassen, 1946.

SOEFFNER, H. G. (Org.). *Interpretative Verfahren in den Sozialwissenschaften*. Stuttgart: Metzler, 1979.

SOHN-RETHEL, S. *Geistige und körperliche Arbeit*. Frankfurt am Main: Suhrkamp, 1970.

SPAEMANN, R. *Zur Kritik der politischen Utopie*. Stuttgart: Klett, 1977.

SPENGLER, T. Die Entwicklung der chinesischen Wissenschafts-und Technikgeschichte. Einleitung. In: NEEDHAM, J. *Wissenschaftlicher Universalismus*. Frankfurt am Main: Suhrkamp, 1977.

SPRONDEL, W. M.; GRATHOFF, R. (Org.). *A. Schütz und die Idee des Alltags in den Sozialwissenschaften.* Stuttgart: Enke, 1979.

_____, SEYFARTH, C. (Orgs.), *Max Weber und das Problem der gesellschaftlichen Rationalisierung.* Stuttgart: Enke, 1981.

_____; _____ (Orgs.). *Max Weber und die Rationalisierung des sozialen Handelns.* Stuttgart: Enke, 1981.

STAHL, F. J. *Die Philosophie des Rechts.* 2v. Darmstadt: Wissenschaftliche Buchgesellschaft, 1963.

STAMMER, O. (Org.). *Max Weber und die Soziologie heute.* Tübingen: Mohr, 1965.

STEGMÜLLER, W. *Probleme und Resultate der Wissenschaftstheorie und Analytischen Philosophie.* v.I. Berlim; Heidelberg; Nova York: Springer, 1969.

STEINER, F. Notiz zur vergleichenden Ökonomie. In: KRAMER, F.; SIGRIST, Chr. (Orgs.). *Gesellschaften ohne Staat.* v.I. Frankfurt am Main: Syndikat, 1978.

STEINER, H. Das Handlungsmodell des symbolischen Interaktionismus. In: LENK, H. (Org.). *Handlungstheorien.* v.4. Munique: Fink, 1977.

STEINFELS, P. *The Neoconservatives.* Nova York: Simon & Schuster, 1979.

STENIUS, E. Mood and Language-Game. *Synthese,* v.17, n.3, p.254-74, 1967.

STRASSER, H. *The Normative Structure of Sociology.* Londres: Routledge & Kegan Paul, 1976.

STRAUSS, L. *Naturrecht und Geschichte.* Stuttgart: Koehler, 1956.

STRAWSON, P. *Freedom and Resentment.* Londres: Methuen, 1974.

_____. Intention and Convention in Speech Acts. *Philosophical Review,* v.73, n.4, p.439-60, 1964.

SULLIVAN, H. S. *The Interpersonal Theory of Psychiatry.* Nova York: Norton, 1953.

SULLIVAN, W. M. Communication and the Recovery of Meaning: An Interpretation of Habermas. *International Philosophical Quarterly,* v.18, n.1, p.69-86, 1978.

SWIDLER, A. The Concept of Rationality in the Work of Max Weber. *Sociological Inquiry,* v.43, n.1, p.35-42, 1973.

TAMBIAH, S. J. Form and Meaning of Magical Acts. In: HORTON, R.; FINNEGAN, R. (Orgs.). *Modes of Thought.* Londres: Faber, 1973.

TAYLOR, Ch. *Language and Human Nature.* Ottawa: Carleton University, 1978.

_____. Erklärung des Handelns. In: *Erklärung und Interpretation in den Wissenschaften vom Menschen.* Frankfurt am Main: Suhrkamp, 1975.

_____. *Hegel.* Cambridge: Cambridge University Press, 1975.

TAYLOR, P. W. *Normative Discourse.* Englewood Cliffs: Prentice-Hall, 1961.

TENBRUCK, F. H. Das Werk Max Webers. *Kölner Zeitschrift für Soziologie und Sozialpsychologie,* v.27, p.663-702, 1975.

_____. Zur deutschen Rezeption der Rollentheorie. *Kölner Zeitschrift für Soziologie und Sozialpsychologie,* v.13, p.1-40, 1961.

THEUNISSEN, M. *Kritische Theorie der Gesellschaft*: zwei Studien. Berlim: De Gruyter, 1981.

_____. *Sein und Schein*: Die kritische Fuktion der Hegelschen Logik. Berlim: Suhrkamp, 1978.

_____. Die Verwirklichung der Vernunft. *Beiheft der Philosophischen Rundschau*, v.17, supl.6, p.1-89, 1970.

_____. *Der Andere*: Studien zur Sozialontologie Der Gegenwart. Berlim: De Gruyter, 1965.

THOMPSON, E. P. *Plebejische Kultur und moralische Ökonomie*. Frankfurt am Main: Ullstein, 1980.

THOMPSON, J. Universal Pragmatics. In: HELD, D.; THOMPSON, J. B. (Orgs.). *Habermas*: Critical Debates. Cambridge, Mass.: MIT Press, 1982.

TILLY, Ch. Reflections on the History of European State-Making. In: _____ (Org.). *The Formation of National States in Western Europe*. Princeton: Princeton University Press, 1975.

TOHIDIPUR, M. (Org.). *Der bürgerliche Rechtsstaat*. v.I. Frankfurt am Main: Suhrkamp, 1978.

TOULMIN, St. *Human Understanding*. Princeton: Princeton University Press, 1972.

_____. *The Uses of Argument*. Cambridge: Cambridge University Press, 1958. (Ed. alemã: *Der Gebrauch von Argumenten*. Kronberg: Scriptor-Verlag, 1975.) [Ed. bras.: *Os usos do argumento*. São Paulo: WMF Martins Fontes, 2006.]

_____; RIEKE, R.; JANIK, A. *An Introduction to Reasoning*. Nova York: Macmillan, 1979.

TROELTSCH, E. *Der Historismus und seine Probleme*. Tübingen: Mohr, 1922.

TUGENDHAT, E. Der Absolutheitsanspruch der Moral und die historische Erfahrung. Berlim, 1979. (manusc. não publ.)

_____. *Selbstbewußtsein und Selbstbestimmung*. Frankfurt am Main: Suhrkamp, 1979.

_____. *Vorlesungen zur Einführung in die sprachanalytische Philosophie*. Frankfurt am Main: Suhrkamp, 1976.

_____. *Der Wahrheitsbegriff bei Husserl und Heidegger*. Berlim: De Gruyter, 1970.

TURIEL, E. Social Regulations and Domains of Social Concepts. In: DAMON, W. (Org.). *New Directions for Child Development*. v.I. São Francisco: Jossey-Bass, 1978.

_____. The Development of Social Concepts. In: DE PALMA, D.; FOLEY, J. (Org.). *Moral Development*. Hillsdale, NJ: Lawrence Erlbaum Associates, 1975.

ULMER, K. *Philosophie der modernen Lebenswelt*. Tübingen: Mohr, 1972.

VALIN, R. D. van. Meaning and Interpretation. *Journal of Pragmatism*, v.4, p.213-31, 1980.

VAN DE VOORT, W. *Die Bedeutung der sozialen Interaktion für die Entwicklung der kognitiven Strukturen*. Frankfurt am Main, 1977. Dissertação (Filosofia).

VOGEL, U. Einige Überlegungen zum Begriff der Rationalität bei Max Weber. *Kölner Zeitschrift für Soziologie und Sozialpsychologie*, v.25, p.532-50, 1973.

VOIGT, R. (Org.). *Verrechtlichung*. Frankfurt am Main: Athenäum, 1980.

_____. Verrechtlichung in Staat und Gesellschaft. In: *Verrechtlichung*. Frankfurt am Main: Athenäum, 1980.

VÖLZING, P.-L. Argumentation: ein Forschungsbericht. *Zeitschrift für Literaturwissenschaft und Linguistik*, v.10, n.38-39, p.204-235, 1980.

VÖLZING, V. L. *Begründen, Erklären, Argumentieren*. Heidelberg: Quelle & Meyer, 1979.

VYGOTSKY, L. S. *Denken und Sprechen*. Frankfurt am Main: Fischer, 1961. [Ed. bras.: *Pensamento e linguagem*. São Paulo: Martins Fontes, 2008.]

WARNER, R. St. Toward a Redefinition of Action Theory: Paying the Cognitive Elements its Due. *American Journal of Sociology*, v.83, n.6, p.1317-49, 1978.

WATSON-FRANKE, M.-B.; WATSON, L. C. et al. Understanding in Anthropology: A Philosophical Reminder. *Current Anthropology*, v.16, n.2, p.247-62, 1975.

WATZLAWICK, P.; BEAVIN, J. H.; JACKSON, D. D. *Pragmatics of Human Communication*. Nova York: Norton, 1967.

WEAKLAND, J. H. The Double-Bind Theory: by Self-Reflexive Hindsight. *Family Process*, v.13, n.3, p.269-77, 1974.

WEBER, M. *Die Protestantische Ethik und der Geist des Kapitalismus*. Org. J. Winckelmann. v.I. Hamburgo: Siebenstern, 1973. [Ed. bras.: *A ética protestante e o "espírito" do capitalismo*. São Paulo: Companhia das Letras, 2004.]

_____. *Die Protestantische Ethik*. Org. J. Winckelmann. v.II. Hamburgo: Siebenstern, 1972. [Ed. bras.: *A ética protestante e o "espírito" do capitalismo*. São Paulo: Companhia das Letras, 2004.]

_____. *Gesammelte Aufsätze zur Religionssoziologie*. v.I. Tübingen: Mohr, 1963.

_____. *Gesammelte Aufsätze zur Religionssoziologie*. v.II. Tübingen: Mohr, 1966.

_____. *Gesammelte Aufsätze zur Religionssoziologie*. v.III. Tübingen: Mohr, 1966.

_____. *Gesammelte Aufsätze zur Sozial- und Wirtschaftsgeschichte*. Tübingen: Mohr, 1924.

_____. *Gesammelte Aufsätze zur Wissenschaftslehre*. Org. J. Winckelmann. Tübingen: Mohr, 1968.

_____. *Gesammelte Politische Schriften*. Org. J. Winckelmann. Tübingen: Mohr, 1958.

_____. *Methodologische Schriften*. Org. J. Winckelmann. Frankfurt am Main: Fischer, 1968.

_____. *The Sociology of Religion*. Boston: Beacon, 1964.

_____. *Wirtschaft und Gesellschaft*. Org. J. Winckelmann. Köln: Kiepenheuer & Witsch, 1964. [Ed. bras.: *Economia e sociedade*. 2v. Brasília: Editora UnB, 2015.]

WEHLER, H. U. *Modernisierungstheorie und Geschichte*. Göttingen: Vandenhoeck und Ruprecht, 1975.

WEISGERBER, L. *Die Muttersprache im Aufbau unserer Kultur*. Düsseldorf: Schwann, 1957.

WEISS, J. *Max Webers Grundlegung der Soziologie*. Munique: Saur, 1975.

WELLMER, A. *Praktische Philosophie und Theorie der Gesellschaft*: Zum Problem der normativen Grundlagen einer kritischen Sozialwissenschaft. Konstanz: Universitätsverlag, 1979.

_____. Thesen über Vernunft, Emanzipation und Utopie. Frankfurt am Main, 1979. (manusc. não publ.)

_____. Die sprachanalytische Wende der Kritischen Theorie. In: JAEGGI, U.; HONNETH, A. (Orgs.). *Theorien des Historischen Materialismus*. Frankfurt am Main: Suhrkamp, 1977.

_____. On Rationality. Konstanz, I-IV, 1977. (manusc. não publ.)

WERNER, H.; KAPLAN, B. *Symbolformation*. Nova York: Lawrence Erlbaum Associates, 1963.

WHITE, A. R. *Truth*. Nova York: Macmillan, 1970.

WHORF, B. L. *Language, Thought, and Reality*. Cambridge, Mass.: MIT Press, 1956.

WIENER, N. *Kybernetik, Regelung und Nachrichtenübertragung mit Lebewesen und in der Maschine*. Düsseldorf: Econ, 1963.

WIGGERSHAUS, R. (Org.). *Sprachanalyse und Soziologie*. Frankfurt am Main: Suhrkamp, 1975.

WILLKE, H. Zum Problem der Integration komplexer Sozialsysteme: Eine theoretisches Konzept. *Kölner Zeitschrift für Soziologie und Sozialpsychologie*, v. 30, p. 228-52, 1978.

WILSON, B. R. (Org.). *Rationality*. Oxford: Blackwell, 1970.

WILSON, Th. P. Theorien der Interaktion und Modelle soziologischer Erklärung. In: ARBEITSGRUPPE BIELEFELDER SOZIOLOGEN (Org.). *Alltagswissen, Interaktion und gesellschaftliche Wirklichkeit*. 2v. Reinbek: Rowohlt, 1973.

WIMMER, R. *Universalisierung in der Ethik*. Frankfurt am Main: Suhrkamp, 1980.

WINCH, P. Understanding a Primitive Society. In: WILSON, B. R. (Org.). *Rationality*. Oxford: Blackwell, 1970.

_____. *The Idea of a Social Science*. Londres: Routledge, 1959.

WINCKELMANN, J. *Legitimität und Legalität in M. Webers Herrschaftssoziologie*. Tübingen: Mohr, 1952.

WINNICOTT, D. W. *The Maturational Process and the Facilitating Environment*. Nova York: International Universities Press, 1965.

WISMAN, J. D. Legitimation, Ideology-Critique and Economics. *Social Research*, v. 46, n. 2, p. 291-320, 1979.

WITTGENSTEIN, L. *Über Gewißheit*. Frankfurt am Main: Suhrkamp, 1970. [Ed. port.: *Da certeza*. Lisboa: Edições 70, 2012.]

WITTGENSTEIN, L. Zettel. In: *Schriften*. v.V. Frankfurt am Main: Suhrkamp, 1970.

_____. Philosophische Grammatik. In: *Schriften*. v.IV. Frankfurt am Main: Suhrkamp, 1969.

_____. Philosophische Untersuchungen. In: *Schriften*. v.I. Frankfurt am Main: Suhrkamp, 1960.

WOLFF, K. H. (Org.). *Emile Durkheim 1858-1917: A Collection of Essays, with Translations and a Bibliography*. Columbus: Ohio State University Press, 1960.

_____ (Org.). *Essays on Sociology and Philosophy*. Nova York: Harper & Row, 1960.

WOLFF, St. Handlungsformen und Arbeitssituationen in staatlichen Organisationen. In: TREUTNER, E.; WOLFF, St.; BONß, W. *Rechtsstaat und situative Verwaltung*. Frankfurt am Main: Campus, 1978.

WOLIN, Sh. S. Paradigms and Political Theories. In: KING, R.; PAREKH, B. C. (Orgs.). *Politics and Experience*. Cambridge: Cambridge University Press, 1968.

WRIGHT, G. H. von. Erwiderungen. In: APEL, K.-O.; MANNINEN, J.; TUOEMALA, R. (Orgs.). *Neue Versuche über Erklären und Verstehen*. Frankfurt am Main: Suhrkamp, 1978.

WRIGHT, G. H. von. *Explanation and Understanding*. Londres: Cornell University, 1971.

WRIGHTON, D. The Problem of Understanding. *Philosophy of the Social Sciences*, v.11, n.1, p.49-52, 1981.

WUNDERLICH, D. (Org.). *Linguistische Pragmatik*. Frankfurt am Main: Athenäum, 1972.

_____. Aspekte einer Theorie der Sprechhandlungen. In: LENK, H. (Org.). *Handlungstheorien*. v.4. Munique: Fink, 1977.

_____. *Grundlagen der Linguistik*. Hamburgo: Rowohlt, 1974.

_____. Skizze zu einer integrierten Theorie der grammatischen und pragmatischen Bedeutung. In: *Studien zur Sprechakttheorie*. Frankfurt am Main: Suhrkamp, 1976.

_____. *Studien zur Sprechakttheorie*. Frankfurt am Main: Suhrkamp, 1976.

_____. Was ist das für ein Sprechakt? In: GREWENDORF, G. (Org.). *Sprechakttheorie und Semantik*. Frankfurt am Main: Suhrkamp, 1979.

_____. Zur Konventionalität von Sprechhandlungen. In: WUNDERLICH, D. (Org.). *Linguistische Pragmatik*. Frankfurt am Main: Athenäum, 1972.

YOUNISS, J. A Revised Interpretation of Piaget. In: SIGEL, I. E. (Org.). *Piagetian Theory and Research*. Hillsdale, NJ: Erlbaum, 1981.

_____. *Parents and Peers in Social Development*. Chicago: University of Chicago Press, 1980.

_____. Dialectical Theory and Piaget on Social Knowledge. *Human Development*, v.21, n.4, p.234-47, 1978.

_____. Socialization and Social Knowledge. In: SILBEREISEN, R. (Org.). *Soziale Kognition*. Berlim: Technische Universität, 1977.

ZANER, R. M. Theory of Intersubjectivity. *Social Research*, v.28, p.71-93, 1961.

ZAPF, W. Die soziologische Theorie der Modernisierung. Soziale Welt, v.26, p.212-26, 1975.

_____ (Org.). *Theorien des sozialen Wandels*. Köln: Kiepenheuer & Witsch, 1969.

ZARET, D. From Weber to Parsons and Schütz: The Eclipse of History in Modern Social Theory. *American Journal of* Sociology, v.85, n.5, p.1180-201, 1980.

ZELENY, J. *Die Wissenschaftslogik und das Kapital*. Frankfurt am Main: Europäischer Verlagsanstalt, 1973.

ZENZ, G. *Kindesmißhandlung und Kindesrechte*. Frankfurt am Main: Suhrkamp, 1979.

ZIEHE, Th. *Pubertät und Narzißmus*. Frankfurt am Main: Europäische Verlagsanstalt, 1975.

ZIMMERMANN, D. H. Ethnomethodology. *American Sociologist*, v.13, p.6-15, 1978.

_____; POWER, M. The Everyday World as a Phenomenon. In: DOUGLAS, J. D. (Org.). *Understanding Everyday Life*. Londres: Routledge & Kegan Paul, 1971.

ZIMMERMANN, J. *Sprachanalytische Ästhetik*. Stuttgart: Frommann-Holzboog, 1980.

Índice onomástico

A
Adler, Max 392
Adorno, Theodor 25-6, 126n, 476, 498n, 504-5, 527, 568, 570-1, 581, 583
Alexander, Jeffrey 304n, 366n, 381
Aristóteles 155, 178, 515
Agostinho 38
Austin, J. L. 28, 117

B
Bales, Robert 380-1
Bauer, Otto 525
Baum, R. C. 399n, 449-51
Bellah, Robert 295, 442-3
Bendix, Reinhard 562
Benjamin, Walter 93n, 497n, 564, 568-70
Berger, Peter 218
Blumer, Herbert 28n, 219
Boas, Franz 248
Brunkhorst, Hauke 509-10

C
Carnap, Rudolf 28

D
Danto, Arthur 215
Dubin, R. 304, 366, 377-80

Durkheim, Émile 12, 25, 26, 31, 61, 65, 87-8, 89-91, 93-101, 103-5, 107-8, 120-2, 124n, 131-47, 149-52, 154, 159, 162, 173-4, 183-90, 211, 219, 225-9, 239-40, 264, 267, 281, 288-9, 301-2, 308, 309, 314-6, 324-5, 326n, 328, 367, 435, 440, 462, 499, 500, 535, 596

E
Eder, Klaus 265, 269, 561n

F
Fortes, Meyer 241, 251
Foucault, Michel 175
Frankenberg, G. 557
Freud, Sigmund 37, 72, 76, 105n, 302, 308, 367, 580
Fromm, Erich 567, 568-9

G
Geach, P. T. 169
Gehlen, Arnold 41n, 126n, 175, 229n
Gluckmann, M. 250
Godelier, M. 257

H
Hegel, G. W. E. 25, 160, 175, 302, 307, 511-2, 515, 538

Henrich, D. 159, 164-6, 169
Hobbes, Thomas 135, 307, 320-2, 324, 538-9
Horkheimer, Max 461, 504-5, 530, 566, 568, 570-1, 581, 595n, 599-600
Husserl, Edmund 191, 197-8, 204-6, 209, 218, 224, 307, 393

K
Kant, Immanuel 25, 98, 153-5, 157, 302-3, 389, 391, 392, 444, 541
Kirchheimer, Otto 536, 567, 569
Kohlberg, Lawrence 265, 597n

L
Lash, Christopher 579
Lévi-Strauss, Claude 347
Lidz, Charles 386
Lidz, Viktor 310, 386, 401-2
Locke, John 322-4
Lohmann, Georg 511
Loubser, J. J. 427
Löwenthal, Leo 498n, 568, 570, 577
Lukács, Georg 25, 283, 498n, 503, 529, 568, 570
Luckmann, Thomas 201, 203, 208, 218, 239, 475
Luhmann, Niklas 143n, 175n, 237-8, 262, 277n, 304n, 319n, 361, 402, 405, 434, 469, 471, 475-6, 563

M
Malinowski, B. 247, 329
Marcuse, Herbert 527, 530, 567n, 568, 570-1
Marx, Karl 12, 16, 18, 20, 25, 183, 257, 281, 302, 307, 356, 435, 449, 461, 477, 489, 494, 500, 503-17, 526, 529-30, 539, 542, 559, 564, 573, 593, 600-1
Mead, George Herbert 12, 25-6, 27n, 28-31, 33-43, 45-7, 51-8, 60-5, 67-72, 75-7, 79-81, 83-8, 98-9, 105, 106-8, 112, 120, 122, 127, 131-2, 144, 151-66, 171-5, 177-9, 183, 189, 206, 216, 219-20, 224-8, 264, 301-2, 309, 440, 462, 499, 565, 580, 596
Menzies, Ken 304
Millar, John 183
Mills, C. Wright 562
Morris, Charles 27n, 46
Münch, Richard 303n, 366n, 390n, 452-8

N
Newton, sir Isaac 593

O
Offe, C. 519, 521

P
Parsons, Talcott 12, 89n, 97n, 103n, 105n, 219, 235, 237, 253, 272, 297, 301-8, 309-32, 334-8, 340-59, 361-404, 406, 408n, 409, 412-3, 416-7, 420, 422-3, 425-8, 431, 433-55, 457-8, 461, 464, 481, 486, 488, 497, 508, 510, 512, 517, 563
Piaget, Jean 37, 65, 85, 225, 386, 581, 597
Polanyi, Karl 250
Popper, sir Karl 28, 126n

R
Rawls, John 153n, 444
Reichenbach, H. 28
Renner, Karl 525
Ritter, Joachim 175
Rousseau, J. J. 137, 541

S
Saussure, F. de 347
Schapp, W. 231
Schluchter, Wolfgang 265, 304n, 461

Schumpeter, Joseph 409
Schütz, Alfred 196, 198n, 201, 203-9, 218, 224, 598
Simmel, Georg 392
Simitis, S. 553-4
Smith, Adam 183, 600-1
Spencer, Herbert 93-4n, 183-7, 314, 324, 324-5n

T
Tugendhat, Ernst 27n, 32n, 38n, 42, 62, 66, 159, 166-8
Turner, R. H. 219

W
Weber, Max 25, 90n, 93, 102, 132, 135, 137, 147, 217, 227-8, 236, 278, 282, 285, 289, 294, 301, 302, 307-8, 311, 314, 316, 324, 326n, 342-3, 348, 351, 367, 382-3, 390, 406, 430, 435, 438-9, 444-50, 452-3, 455-8, 461-2, 463-9, 475-84, 488, 490-4, 496-8, 500, 503-6, 508, 514, 516, 531, 535, 561, 565, 573, 585, 593, 596
Wehler, Hans-Ulrich 562
Wittgenstein, Ludwig 28, 31, 45, 47-9, 51, 54, 117, 145, 191

SOBRE O LIVRO

Formato: 16 x 23 cm
Mancha: 27,8 x 48 paicas
Tipologia: Venetian 301 12,5/16
Papel: Off-white 80 g/m² (miolo)
Cartão Supremo 250 g/m² (capa)
1ª *edição Editora Unesp*: 2022

EQUIPE DE REALIZAÇÃO

Capa
Vicente Pimenta

Edição de texto
Tulio Kawata (Copidesque)
Miguel Yoshida (Revisão)

Editoração eletrônica
Eduardo Seiji Seki (Diagramação)

Assistência editorial
Alberto Bononi
Gabriel Joppert

Coleção Habermas

A inclusão do outro: Estudos de teoria política

A nova obscuridade: Pequenos escritos políticos V

Conhecimento e interesse

Fé e saber

*Mudança estrutural da esfera pública:
Investigações sobre uma categoria da sociedade burguesa*

Na esteira da tecnocracia: Pequenos escritos políticos XII

O Ocidente dividido: Pequenos escritos políticos X

Para a reconstrução do materialismo histórico

Sobre a constituição da Europa: Um ensaio

Técnica e ciência como "ideologia"

Teoria e práxis: Estudos de filosofia social

Textos e contextos

Rettec artes gráficas e editora

Rua Xavier Curado, 388 • Ipiranga - SP • 04210 100
Tel.: (11) 2063 7000 • Fax: (11) 2061 8709
rettec@rettec.com.br • www.rettec.com.br